Religionspädagogik

I0876123

Lehrwerk Evangelische Theologie (LETh)

Unter Autorenschaft von
Michael Domsgen, Beate Ego, Katharina Greschat,
Isolde Karle, Ulrich H. J. Körtner, Christof Landmesser,
Rochus Leonhardt, Wolf-Friedrich Schäufele
und Henning Wrogemann

Band 8

Michael Domsgen

Religionspädagogik

Studienausgabe

EVANGELISCHE VERLAGSANSTALT
Leipzig

Foto: Jörg Hammerbacher

Michael Domsgen, Dr. theol., Jahrgang 1967, studierte evangelische Theologie in Halle, Jena, Bern, Kiel und Tübingen. Seit 2006 ist er Professor für Evangelische Religionspädagogik an der Theologischen Fakultät und seit 2011 kooptiertes Mitglied der Philosophischen Fakultät III (Erziehungswissenschaften) der Martin-Luther-Universität Halle-Wittenberg.
2011 gründete er die Forschungsstelle »Religiöse Kommunikations- und Lernprozesse«, deren Leitung er seitdem innehat. Der Schwerpunkt liegt hier auf der empirischen Erforschung religiöser Kommunikations- und Lernprozesse.

Bibliographische Information der Deutschen Nationalbibliothek
Die Deutsche Nationalbibliothek verzeichnet diese Publikation in der Deutschen Nationalbibliographie; detaillierte bibliographische Daten sind im Internet über http://dnb.dnb.de abrufbar.

© 2022 by Evangelische Verlagsanstalt GmbH, Leipzig
Printed in Germany

Das Werk einschließlich aller seiner Teile ist urheberrechtlich geschützt. Jede Verwertung außerhalb der Grenzen des Urheberrechtsgesetzes ist ohne Zustimmung des Verlags unzulässig und strafbar. Das gilt insbesondere für Vervielfältigungen, Übersetzungen, Mikroverfilmungen und die Einspeicherung und Verarbeitung in elektronischen Systemen.

Das Werk wurde auf alterungsbeständigem Papier gedruckt.

Cover und Layout: Kai-Michael Gustmann, Leipzig
Satz: Evangelische Verlagsanstalt GmbH
Druck und Binden: BELTZ Bad Langensalza GmbH

ISBN 978-3-374-07185-2 // eISBN (PDF) 978-3-374-05491-6
www.eva-leipzig.de

Zum Lehrwerk

Das Lehrwerk Evangelische Theologie (LETh) bietet einen Überblick über alle Fächer der Evangelischen Theologie nebst einer Einführung für Theologinnen und Theologen in die Religionswissenschaft. Auf dem aktuellen Stand der Forschung vermittelt es das Grundwissen für Studium und Examen. Zielgruppe sind Studierende der Evangelischen Theologie im Hauptfach sowie im Diplom- oder Magisterstudium Evangelische Theologie. In besonderer Weise dürfen sich Studierende mit dem Berufsziel Pfarramt und Lehramt – hier vor allem, aber nicht ausschließlich am Gymnasium – angesprochen fühlen. Das Lehrwerk lässt sich aber auch unabhängig von modularisierten Studiengängen benutzen. Das Bemühen um einen klaren Aufbau der Bände und eine griffige Sprache, bei der Fachterminologie und gutes Deutsch zusammenfinden, zielt auf eine Leserschaft, die Freude an theologischer Bildung hat.

Die Bände des Lehrwerks wollen keine historisierende Darstellung der einzelnen theologischen Fächer und Teildisziplinen geben, sondern gegenwartsbezogenes theologisches Grundwissen vermitteln. Dabei bemühen sich die Autoren, den Gesichtspunkt der fachwissenschaftlichen Relevanz von Theologie mit der praxisorientierten Ausrichtung auf das künftige Berufsfeld der Studierenden zu verbinden. Die Leitfrage bei der Stoffauswahl lautet: Welches Grundwissen ist für den Erwerb der im Pfarramt oder im Lehramt geforderten theologischen Kompetenz entscheidend?

Für jeden Band ist selbstverständlich sein Autor oder seine Autorin verantwortlich. Zugleich aber wurde jeder Einzelband vor dem Erscheinen im Herausgeberkreis im Hinblick auf inhaltliche Grundentscheidungen und Aufbau gründlich diskutiert. Auf diese Weise werden Querverbindungen hergestellt und Überschneidungen vermieden, um dem Gesamtwerk bei aller theologischen Pluralität die nötige Geschlossenheit zu verleihen. Den Leserinnen und Lesern sollen auf diese Weise die innere Einheit der Theologie und die bestehenden Zusammenhänge zwischen ihren Einzeldisziplinen, ihren Fragestellungen und Methoden deutlich werden (enzyklopädischer Aspekt).

Der Umfang der Bände und ihr Aufbau richten sich nach den Erfordernissen des für Studierende im Rahmen von Prüfungsvorbereitungen rezipierbaren Stoffes. Die Hardcovereinbände sind strapazierfähig, die Ladenpreise bezahlbar.

Bis 2022 erscheint das Lehrwerk Evangelische Theologie in zehn Bänden (zwei Bände pro Jahr):

2018:	Band 5:	Dogmatik (Ulrich H. J. Körtner)
	Band 9:	Ökumenische Kirchenkunde (Ulrich H. J. Körtner)
2019:	Band 6:	Ethik (Rochus Leonhardt)
	Band 8:	Religionspädagogik (Michael Domsgen)
2020:	Band 7:	Praktische Theologie (Isolde Karle)
	Band 10:	Religionswissenschaft und Interkulturelle Theologie (Henning Wrogemann)
2021:	Band 1:	Altes Testament (Beate Ego)
	Band 4:	Kirchengeschichte II: Vom Spätmittelalter bis zur Gegenwart (Wolf-Friedrich Schäufele)
2022:	Band 2:	Neues Testament (Christof Landmesser)
	Band 3:	Kirchengeschichte I: Von der Alten Kirche bis zum Hochmittelalter (Katharina Greschat)

Allen Bänden sind ein Literaturverzeichnis sowie Register – je nach Notwendigkeit zu Personen, Sachen und Bibelstellen – beigegeben. Die verwendeten Literaturabkürzungen richten sich nach der jeweils aktuellsten Ausgabe des *Internationalen Abkürzungsverzeichnisses für Theologie und Grenzgebiete* (IATG), die Abkürzungen der Bibelstellen nach den *Loccumer Richtlinien.*

Leipzig, im September 2017 Verlag und Autorenschaft

Inhalt

4. Systematische Perspektiven

5. Religionspädagogische Perspektiven

6. Handlungsorientierende Perspektiven

7. Ausblick

Anhang

Vorwort

Religionspädagogik soll »pünktlich« agieren. So hat es Rudolf Englert bereits vor drei Jahrzehnten gefordert. Sie muss versuchen, gegenwärtige Entwicklungen sensibel wahrzunehmen, vor dem Hintergrund klar zu definierender Kriterien zu deuten, um handlungsorientierende Impulse geben zu können. Dazu gehört, nicht geschichtsvergessen zu agieren, sondern sich in der langen Traditionslinie christlich motivierten Lehrens und Lernens zu verorten und dabei die eigene Position deutlich zu markieren.

Die hier entwickelte Religionspädagogik versteht sich als kontextuelle Religionspädagogik. Sie reflektiert Lernprozesse von vornherein in ihrem Kontextbezug. Damit einher geht der Versuch, die – gerade auch in Sachen Religion – sehr unterschiedlichen Lebenswelten heutiger Menschen zu berücksichtigen und aufzunehmen. Dazu werden christlich motivierte Lehr- und Lernprozesse in problemgeschichtlicher, empirischer und komparativer sowie systematischer Perspektive in den Blick genommen und spezifisch konturiert, indem in Weiterentwicklung des Bildungsbegriffs auf Empowerment-Diskurse Bezug genommen wird.

Von dort her erhalten auch die handlungsorientierenden Perspektiven ihr eigenes Gepräge, die hinsichtlich der Lernorte Familie, Gemeinde und Schule exemplarisch vertieft werden.

In diesem Lehrbuch verdichtet sich viel von dem, was ich in den letzten Jahren seit meinem Ruf auf die Professur für Evangelische Religionspädagogik an der Theologischen Fakultät der Martin-Luther-Universität Halle-Wittenberg im Jahr 2006 religionspädagogisch reflektiert und im Austausch mit Studierenden sowie Kolleginnen und Kollegen entwickelt habe. Ich habe hier viel im interdisziplinären Gespräch lernen können und danke dafür herzlich meinen Kolleginnen und Kollegen an der Theologischen Fakultät und der Philosophischen Fakultät III, deren kooptiertes Mitglied ich bin. Sehr profitiert habe ich zudem vom Austausch mit meinen Fachkollegen, mit denen ich auch Unfertiges bedenken konnte. Besonders danke ich Christian Grethlein, Christhard Lück, Frank M. Lütze und Anne Steinmeier. Mit ihnen habe ich vieles im offenen Gespräch vertiefen und weiterentwickeln können. Das gilt auch für das regelmäßige Forschungskolloquium, in dem ich viele Impulse von meinen jüngeren Kolleginnen und Kollegen erhalten habe. Einige aus diesem Kreis haben mir auch bei der kritischen Durchsicht durch das Manuskript wertvolle Impulse gegeben. Dafür danke ich Georg Bucher, Tobias Foss, Ariane Schneider, Teresa Tenbergen und Ulrike Witten.

Clara Bertram, Theresa Beyrich, Philipp Gramstat, Franziska Grave, Merle Koller, Anika Mehner, Karsten Pahls und Charlotte Wagner halfen mir bei der Literaturrecherche, der Überprüfung der Quellen, der Erstellung des Namenregisters und den Korrekturen. Auch ihnen vielen Dank.

Wenn dieses Buch erscheinen wird, jährt sich der Geburtstag meines Vaters Werner Domsgen (1919–1998) zum 100. Mal. Ich gedenke seiner in großer Dankbarkeit. Erst als Katechet, später dann als Pfarrer hat er sich gemeinsam mit meiner Mutter Roswitha Domsgen mit Herz und Leidenschaft dafür eingesetzt, Evangelium in einer Gesellschaft zu kommunizieren, in der – staatlich forciert – Kirche und Religion an den Rand gedrängt wurden.

Dass die Kirchen in der Friedlichen Revolution 1989 zu Räumen des Aufbruchs wurden, gehört für mich zu den prägenden Erfahrungen meines Lebens. Die Einheit Deutschlands eröffnete mir Möglichkeiten, von denen ich früher nicht zu träumen gewagt hätte. Dazu gehört auch meine akademische Laufbahn. Vor allem aber ermöglichte sie mir, dass ich meine Frau Eva Domsgen kennenlernen konnte und wir gemeinsam mit unseren Söhnen Daniel, Johannes, Benjamin, Matthias und Jonas durchs Leben gehen können.

Meine Frau und unsere Söhne haben mir bei meinem Nachdenken über Fragen des religiösen Lehrens und Lernens in all den Jahren immer wieder neu die Fenster zum Leben aufgestoßen. Was sie für mich bedeuten, geht weit über die dürren Worte im akademischen Diskurs hinaus.

Halle, Wernigerode, 9. November 2018 Michael Domsgen

1. Einführung

Religionspädagogik in einem Lehrwerk Evangelische Theologie vorzustellen und zu entfalten, heißt, sie in evangelischer Perspektive zu beschreiben. Das ist keineswegs nur als pragmatische Entscheidung zu begreifen, sondern nimmt ernst, dass es Religion »niemals abstrakt«, quasi »als religiöses ›Esperanto‹« gibt, sondern nur in »Gestalt einer konkreten, empirischen Religion«[1]. Deshalb kann es auch im Nachdenken über darauf bezogene Fragen des Lehrens und Lernens nicht eine einzige Religionspädagogik geben. Vielmehr schlagen sich in den religionspädagogischen Entwürfen immer auch die Spezifika bestimmter religiöser Positionierungen und Rückbindungen nieder.

1.1 Begriffliche Annäherungen

Entstanden ist der Begriff Religionspädagogik im Protestantismus an der Wende vom 19. zum 20. Jahrhundert, fand aber seit Anfang des 20. Jahrhunderts auch im Katholizismus Verwendung und wird dort bis in die Gegenwart hinein für den Bereich schulischen Lernens benutzt. Inzwischen wird er auch im Bereich des orthodoxen Christentums, des Judentums und des Islams angewendet,[2] so dass von »Religionspädagogik im Plural«[3] gesprochen werden kann.

Dabei ergeben sich innerhalb der unterschiedlichen religionspädagogischen Entwürfe gemeinsame Fragestellungen und Profilierungen. Sehr deutlich zeigt sich das in der Entwicklung der evangelischen und katholischen Religionspädagogik, die – »besonders seit den 1970er Jah-

1 Dressler, Unterscheidungen, 132.
2 Zum Überblick darüber vgl. Schweitzer, Religionspädagogik, 2015.
3 Schweitzer, Religionspädagogik im Plural, 66–74.

ren« – »weitgehend parallel verläuft«[4], aber doch – vor allem in ihrer kirchentheoretischen Rückbindung – ihre Spezifika aufweist. Auch zu den Religionspädagogiken anderer Religionen und Konfessionen ergeben sich vielfältige Bezüge. Dabei sind es vor allem die gemeinsamen Aufgabenfelder (das betrifft besonders den schulischen Religionsunterricht) sowie die gesamtgesellschaftlichen Herausforderungen (hier wäre das interreligiöse Lernen zu nennen), die reflektiert werden. Allerdings ist hier auf »sehr unterschiedliche Entwicklungsstände in der Disziplinentwicklung«[5] zu verweisen. Religionspädagogische Gesamtentwürfe im Sinne einer modernen Theorie christlich-orthodoxer, jüdischer oder muslimischer Bildung liegen für Deutschland noch nicht vor, so dass vergleichende Perspektiven in dieser Richtung nur auszugsweise eingeholt werden können.[6]

Alle Religionspädagogiken eint, dass sie religiöse Lehr- und Lernprozesse reflektieren, also als Theorie einer Praxis zu verstehen sind. Insofern bleibt als erstes Zwischenergebnis festzuhalten: *Religionspädagogik ist die Theorie religiösen Lehrens und Lernens.*

1.1.1 Religiöses Lehren und Lernen im Modus von Bildung, Erziehung und Sozialisation

Religiöses Lernen geschieht – wie jegliches Lernen – nicht ausschließlich in organisierten und intentionalen, also absichtsvoll arrangierten Settings, sondern auch »spontan, ungeplant und nebenbei«[7]. Für Ersteres steht in prominenter Weise die Schule und für das Feld religiösen Lernens der Religionsunterricht. Auch die Gemeinde mit ihrer Konfirmandenarbeit ist hier zu nennen. Letzteres findet sich eher in der Familie, insofern Kinder im alltäglichen Vollzug am Beispiel ihrer Bezugspersonen bestimmte Einstellungen und Verhaltensweisen quasi nebenbei lernen. Allerdings ist beides auch miteinander verwoben. In der Schule beispielsweise wird eben nicht nur das gelernt, was in Lehrplänen fixiert

---

4 Wegenast, Geschichte der Religionspädagogik, 43.

5 Schweitzer, Art. Religionspädagogik, 2015, 1.

6 Einen guten Überblick zum Judentum und Islam gibt Schröder, Religionspädagogik, 365–388. Zum orthodoxen Christentum vgl. Stogiannidis, Leben und Denken; Danilovich, Religiöses Lernen im Jugendalter.

7 Porzelt, Grundlegung, 11.

ist. Vielmehr bilden Personen, Räume, Strukturen und Ordnungen ein eigenes Curriculum, also eine Art »heimlichen Lehrplan«[8], der den eigentlichen Lehrplan unterstützen, aber auch konterkarieren kann. Zudem ist zu berücksichtigen, dass dieselben intentional wie nichtintentional bestimmten Voraussetzungen bei unterschiedlichen Kindern zu verschiedenen Ergebnissen führen können. Denn Lernprozesse brauchen Impulse – ganz gleich ob sie bewusst oder unbewusst angestoßen werden –, aber sie verlaufen jeweils spezifisch, insofern die Lernenden diese Impulse individuell verarbeiten. Alle drei Aspekte müssen deshalb gleichermaßen im Blick sein. Sie markieren quasi drei Modi des Lernens, die zu unterscheiden, aber nicht zu trennen sind. Insofern lässt sich präzisierend festhalten: *Religionspädagogik ist die Theorie religiösen Lehrens und Lernens im Modus von Bildung, Erziehung und Sozialisation.*

Mit dem Bildungsbegriff, einem typisch deutschen und erst im 18. und 19. Jahrhundert aufkommenden Terminus, rückt der Einzelne in seiner Selbsttätigkeit und Selbstreflexivität in den Mittelpunkt, und das nicht nur im Blick auf sein Wissen. »Bildung meint Welterschließung, und diese beginnt in der frühesten Kindheit.«[9] Mit Peter Biehl (1931–2006) ließe sich formulieren: »Bildung umfaßt den lebenslangen, prinzipiell offenen Prozeß der Subjektwerdung des Menschen. Subjektwerdung vollzieht sich in Individualität, Sozialität und Mitkreatürlichkeit.«[10]

Bildung nimmt also den Lernenden über die individuelle Perspektive hinaus immer auch in seiner sozialen und kontextuellen Einbindung in den Blick. So verstandene Bildung steht in einer gewissen Spannung zur Ausbildung, wie sie in den Bildungsinstitutionen unserer Gesellschaft stattfindet. Die persönliche Entfaltung des Menschen ist zwar nicht ohne von außen kommende Anstöße denkbar, »sperrt sich aber gegen vorgeordnete Autorität, Zeitdruck und Effizienzdenken ebenso wie gegen vorgegebene Lernstoffe und Lernziele«[11]. Zur Bildung

8 Der Begriff wurde Ende der 1960er Jahre in Anlehnung an das englische »hidden curriculum« geprägt; vgl. Jackson, 29.

9 Schweitzer, Bildung, 28.

10 Biehl, Theologische Aspekte, 579.

11 Kunstmann, Religionspädagogik, 45. Die folgenden Seitenangaben im Text beziehen sich darauf.

gehören Freiheit und die Möglichkeit, in unterschiedlichen Situationen eigenständige Entdeckungen machen zu können. Alles im Leben kann bildend wirken, »faktisch tut das aber vor allem die intensive Begegnung, die eine innere Resonanz auslöst und als bedeutsam erfahren wird« (45). Religiöse Bildung hat dementsprechend eine »persönlich ausgeformte bzw. sich ausformende Religiosität« (46) im Blick. Insofern handelt es sich hier nicht nur um einen deskriptiven, sondern um einen normativen Begriff, worauf später noch zurückzukommen sein wird.

Einen anderen Akzent setzt der Erziehungsbegriff. Die damit bezeichnete Tätigkeit kann als Reaktion auf das Phänomen von Geburt und Tod verstanden werden. »Um die Gattung über den physischen Tod ihrer Mitglieder hinaus zu erhalten, entsteht [...] eine gesonderte Tätigkeit, welche dieses geschichtlich-gesellschaftliche Erbe erhält [...]. Dabei stellt sich Erziehung zunächst als Vermittlung des nichtgenetischen Erbes durch die ältere Generation an die jüngere dar.«[12] Der Erziehungsbegriff nimmt religiöses und christliches Lernen also von vornherein als interpersonales Geschehen in den Blick, wobei der Intentionalität, also der bewussten und zielgerichteten Einwirkung, ein besonderer Stellenwert zukommt. Auch hier ist das Subjekt ins Zentrum gestellt, weshalb Erziehung eine Doppelsinnigkeit auszeichnet. Sie setzt sich aus zwei Tätigkeiten zusammen, aus Aneignung und Vermittlung, wobei »die individuelle Verfasstheit des Zöglings, sein Modus« (73) zu berücksichtigen ist. Von hier aus kommen auch die Ortsbedingungen in den Blick. Denn »Erziehung lässt sich als ein Orthandeln begreifen, das Orte schafft, auf solche aufmerksam und sie zugänglich macht oder auch verschließt« (74). Man könnte hier – in Ergänzung zur Intentionalität, die an ein Sozialverhältnis gebunden ist, von der funktionalen Seite der Erziehung sprechen, insofern über bestimmte Verhältnisse Wirkungen erzielt werden sollen. »Subjekte können sich durch die Aneignung der Ortsbedingungen und der an diesen gegebenen sozialen Strukturen entwickeln, indem sie die Kontrolle über ihre Bewegungen in diesen Räumen gewinnen.« (74) Eine solche Sichtweise weitet den Erziehungsbegriff aus und geht in den Sozialisationsbegriff über, indem alle »Auswirkungen, die von sozialen, personalen und gegenständlichen Umwelten auf die Person ausgehen, etwa auch die ›unerwünschten Wirkungen‹

12 Winkler, Erziehung, 66. Die folgenden Seitenangaben im Text beziehen sich darauf.

von Erziehungsinstitutionen«[13] thematisiert werden. Mit dem Terminus Sozialisation wird also die Entwicklung der Persönlichkeit im sozialen und kulturellen Kontext beschrieben. Wie beim Bildungsbegriff wird damit die Gesamtheit des Lebenslaufs in den Blick genommen, dies allerdings nicht in der ausschließlichen Fokussierung des Subjekts, sondern »im Spannungsfeld von Individuum und Gesellschaft« (80). Sozialisation als lebenslanger Prozess umfasst verschiedene Phasen. »Der primären, familialen Sozialisation folgt die sekundäre, Bildungs- und Ausbildungszeiten umfassende des Heranwachsenden und schließlich die tertiäre Sozialisation des Erwachsenen bis zum Alter.« (85) Dies kann jedoch aufgrund der Flexibilisierungen der Biographie deutlich divergieren.

1.1.2 Religiöses Lehren und Lernen in evangelischer Perspektive

Dass es trotz gemeinsamer struktureller Herausforderungen in den unterschiedlichen Modi religiösen Lehrens und Lernens sowie – damit verbunden – trotz vergleichbarer Bezugnahmen auf erziehungswissenschaftliche Diskurse zu unterschiedlichen Gewichtungen und Profilierungen in den einzelnen Religionspädagogiken kommt, hat mehrere Ursachen. Zum einen wirkt sich hier aus, dass pädagogisches Handeln in seiner Praxis nie nur wahrgenommen, sondern immer auch verbessert werden soll. Die dafür zu entwickelnden Leitbegriffe wechseln, was zu einem großen Teil an den Herausforderungen liegt, die der Kontext mit sich bringt. Zum anderen spielen immer auch theologische Perspektiven eine grundlegende Rolle. Wenn es Religion nie an sich, sondern nur in Gestalt verschiedener Religionen gibt, kann es auch keine einheitliche Religionspädagogik geben, sondern nur Theorien religiösen Lehrens und Lernens in bestimmten Perspektiven. In diesem Lehrbuch soll die evangelische Perspektive entfaltet werden, und zwar nicht primär im Sinne einer Konfessionszugehörigkeit, sondern im Rekurrieren auf das Evangelium als »maßgeblichen Bezugspunkt evangelischer Theologie«[14]. Deshalb ist ergänzend einzufügen: *Religionspädagogik ist*

---

13 Helsper, Sozialisation, 80. Die folgenden Seitenangaben im Text beziehen sich darauf.

14 Dalferth, Evangelische Theologie, 20.

die Theorie religiösen Lehrens und Lernens im Modus von Bildung, Erziehung und Sozialisation in evangelischer Perspektive.

Die diese Grundrichtung aufnehmende religionspädagogische »Leitfrage« lautet demensprechend, »wie eine das Christliche in Anspruch nehmende Praxis ›deutlicher evangelisch‹ werden könnte«[15]. Anstöße dazu kommen aus all denjenigen Diskursen, die diese Intention unterstützen, und sind nicht von ihrer Konfessions- und Religionszugehörigkeit abhängig. »Weder die Wissensbestände noch die Adressaten einer Religionspädagogik in evangelischer Perspektive müssen ›evangelisch‹ sein.«[16]

In dieser Grundtendenz sind auch die reformatorischen Impulse aufzunehmen und zu würdigen.[17] Sie geben dem religionspädagogischen Nachdenken eine eigene Prägung, insofern sie eine spezifische Art des Zugangs zum Evangelium beschreiben.

Religionspädagogisch ist die Offenlegung der eigenen Zugänge von entscheidender Bedeutung, wird dadurch doch eine Stoßrichtung markiert, mit der Gewichtungen vorgenommen und Materialien geordnet werden. Ein besonderes Gewicht erhält dies dadurch, insofern evangelisch motiviertes Lehren und Lernen nicht trennscharf vom allgemeinen Lehren und Lernen abgegrenzt werden kann. Zwar gibt es durchaus eine Spezifik, doch kommt es immer auch zu Überschneidungen. Einen gewissen Kulminationspunkt bildet die Frage nach der anthropologischen Verfasstheit in Sachen Religion.[18] Haben wir es hier mit einem jedem Menschen innewohnenden Bedürfnis, einer Sehnsucht oder einer Struktur zu tun, an die angeknüpft werden kann? Gehört Religion quasi zur »anthropologischen Grundausstattung«[19]? Diskutiert werden diese Fragen im religionstheoretischen Zugriff. Religion steht dann für eine spezifische Art und Weise der Welt- und Lebensdeutung, die an »Deutungsprozesse allgemeiner Art«[20] anknüpfen kann und in denen Menschen sich selbst »im Ausgriff auf eine letzte unbedingte und das eigene Dasein tragende Dimension der Wirklichkeit zu verstehen versu-

15 Schröder, Religionspädagogik, 13 (unter Verweis auf Dalferth, ebd.).

16 Ebd.

17 Vgl. die Ausführungen im zweiten Teil unter 2.1.4 sowie im vierten Teil unter 4.1.3.

18 Vgl. die Ausführungen im vierten Teil unter 4.1.1.

19 Englert, Religionspädagogische Grundfragen, 279.

20 Korsch, Religion – Identität – Differenz, 274.

chen«[21]. Ein solch weit gefasster Religionsbegriff dient hier als konstruierte Kategorie für eine Sammelbezeichnung jener »Sinnsysteme, Fragehaltungen und Erfahrungsweisen, in denen sich eine letzte Wertorientierung von einzelnen oder Gruppen ausspricht«[22]. Der große Vorteil einer solchen Sichtweise liegt in der Weitung der Wahrnehmungsperspektive. Die »semantische Offenheit und pragmatische Vielfalt« des Religionsbegriffs verhilft dazu, die »Grenzen des Gegenstandsbereichs«[23] einer Religionspädagogik auszuloten. Zugleich besteht die Gefahr einer verengten Bestimmung, indem beispielsweise Lebensstilfragen eher sekundär in den Blick geraten. Karl Ernst Nipkow (1928–2014) hat auf die damit verbundenen Probleme bereits früh weitsichtig hingewiesen und dafür plädiert, Religionspädagogik nicht von einem allgemeinen Religionsbegriff her zu begründen.[24] Als diskursstiftender, das Gespräch eröffnender Terminus hat er eine große Kraft, die aufzunehmen ist. Als »identity marker« einer Religionspädagogik, die sich pädagogisch *und* theologisch verortet, ist er nur schwerlich geeignet, weil er in der Gefahr steht, in seiner Kontur unscharf zu werden.

Religionspädagogik als Wissenschaft zwischen Theologie und Pädagogik steht hier in einer gewissen Spannung, auf die bereits Günter R. Schmidt (geb. 1935) eindrücklich hingewiesen hat, indem er zwischen einer allgemeinen und einer christlichen Religionspädagogik unterscheidet, insofern jede der beiden Bezugswissenschaften dazu tendiere, »innerhalb ihres Rahmens eine Religionspädagogik zu entwickeln«[25]. Während Erstere die Pluralität religiöser Ansprüche in den Blick nimmt, »ohne über ein eigenes fachliches Kriterium zur Bewertung ihrer Wahrheit zu verfügen« (24 f.), geht Letztere vom Wahrheitsgehalt christlicher Symbole aus, reflektiert deren Verstehen, versucht »Begegnungen mit Erscheinungsformen gegenwärtigen christlichen Lebens« (31) zu vermitteln und von ihnen her »ethische Besinnung und ein persönliches Ethos zu fördern« (32). Letztlich jedoch geht es nicht um ein Entweder-Oder, sondern vielmehr um eine Vermittlung beider Perspektiven. Religionspädagogik hat religiös relevante Lernprozesse

21 Lauster, Religion als Lebensdeutung, 146.

22 Nipkow, Grundfragen 1, 169.

23 Schröder, Religion, 193.

24 Vgl. Nipkow, Grundfragen 1, 129–166.

25 Schmidt, Religionspädagogik zwischen Theologie und Pädagogik, 21. Die folgenden Seitenangaben im Text beziehen sich darauf.

möglichst weit wahrzunehmen, »bleibt aber um ihrer theologischen Urteilsfähigkeit und ihrer Handlungsorientierung willen wesentlich auf das Christentum (*mutatis mutandis* auf Judentum oder Islam) bezogen«[26]. In der Wahrnehmungsperspektive ist sie dazu angehalten, religiöse Kommunikation möglichst breit in den Blick zu nehmen. Der religionstheoretische Diskurs bietet hier vielfältige Anregungen. In evangelischer Perspektive liegt der Fokus jedoch auf der Kommunikation des Evangeliums im Medium von Bildung, Erziehung und Sozialisation. Evangelische Religionspädagogik ist keine reine Wahrnehmungswissenschaft, sondern ist als Handlungswissenschaft immer auch der Anregung und Verbesserung von am Evangelium orientierten Lernprozessen verpflichtet.

Lehr- und Lernprozesse in evangelischer Perspektive zu beschreiben, will zwar zur Integration unterschiedlicher Perspektiven beitragen, möchte dabei jedoch »nicht integralistisch«[27] sein, zielt also nicht »auf ein geschlossenes christliches pädagogisches System«, sondern will in »wechselseitiger Offenheit und Respektierung der jeweiligen Eigenständigkeit«[28] theologische und nichttheologische Perspektiven miteinander verschränkend aufnehmen. Das trifft auch und im Besonderen auf die Zielbestimmung religionspädagogischen Arbeitens zu.

1.1.3 Religiöses Lehren und Lernen im Horizont christlich motivierten Empowerments

In der Gegenstandsbestimmung einer Religionspädagogik, die sich ihrer theologischen und pädagogischen Verortung gewiss ist, hat sich die Formel von der Kommunikation des Evangeliums bewährt. Die auf Ernst Lange (1927–1974) zurückgehende Formulierung ist religionspädagogisch nicht nur deshalb von Interesse, weil sie theologische (Evangelium) und erfahrungs- bzw. humanwissenschaftliche Perspektiven (Kommunikation) zusammenführt, sondern auch, weil sie den Menschen als Kommunizierenden von vornherein in seinen Beziehungen zu anderen wahrnimmt und auf diese Weise die Kontextualität mit berücksichtigt. Ebenso wichtig ist, dass damit in Erinnerung gerufen

26 Schröder, Religion, 193.

27 Nipkow, Bildung als Lebensbegleitung, 18.

28 Ebd.

wird, dass »der Vorgang des Kommunizierens konstitutiv in Wechselwirkung steht mit dem Gehalt des Evangeliums, oder schärfer: dass sich das Evangelium (für diejenigen, die an der Kommunikation teilhaben) erst im Vollzug von Kommunikation konstituiert«[29]. Allgemein menschliche und christliche Kommunikationsformen gehen ineinander über. Für eine am Evangelium orientierte Religionspädagogik heißt das, dass sie einerseits in der Wahrnehmung auf allgemein menschliche Kommunikationsformen bezogen ist, andererseits jedoch in der Handlungsorientierung eine vom Evangelium bestimmte Richtung anbahnen will. Denn das Evangelium selbst ist »von menschlichen Kommunikationsvorgängen zwar nicht zu trennen, wohl aber zu unterscheiden, handelt es sich doch nicht um eine fixierbare Lehre, sondern um das Ereignis und Widerfahrnis, dass Gottes heilvolle Gegenwart des Lebens einen Menschen verändert und neu orientiert«[30]. Hier liegt die inhaltliche Spezifik wie auch die Zielrichtung von Lehr- und Lernprozessen, die sich am Evangelium orientieren und von ihm inspiriert sind.

Worin liegt die Zielrichtung religionspädagogischer Bemühungen? Im Fachdiskurs finden sich unterschiedliche Bestimmungen, die in aller Regel eher abstrakt ausfallen. Friedrich Schweitzer (geb. 1954) spricht mit Blick auf die Lebensgeschichte von »Identitätsbildung und Sinnfindung«[31], Bernd Schröder (geb. 1965) von »›Subjektwerdung fordern‹ als Maxime religionspädagogisch reflektierten Handelns«[32] oder Joachim Kunstmann (geb. 1961) (unter Aufnahme von Überlegungen von Ulrich Hemel (geb. 1956) von »Mündigkeit und Emanzipation, Reife und Identität, Menschenwürde und Humanität«[33], wobei er zu Recht anmerkt, dass diese »ausgesprochen plausible und weit reichende Liste [...] bis heute religionspädagogisch kaum wirklich eingelöst«[34] ist.

[*Identität*]

Mit dem Identitätsbegriff rückt die allgemein menschliche Frage »Wer bin ich?« in das Blickfeld. Dabei sind Aspekte der Selbst- und Fremdwahrneh-

29 Schröder/Domsgen, Vorwort, 9 (im Original teilweise kursiv).

30 Körtner, Dogmatik,18 f.

31 Schweitzer, Religionspädagogik, 69.

32 Schröder, Religionspädagogik, 232.

33 Kunstmann, Religionspädagogik, 46.

34 A. a. O., 47.

mung zu bedenken. Die eigene Sichtweise und diejenigen der anderen sind zu kombinieren. »Der einfachste anthropologische Zugang zu Identität liegt demnach in dem Phänomen, dass sich jeder Mensch selbst wahrnimmt und von anderen wahrgenommen wird«[35]. Insofern treten sozial-kulturelle Beziehungen in das Blickfeld. »Historisch gesehen ist die sogenannte *Moderne* als entscheidender Beschleuniger von Identitätsfragen anzusehen, da erst in modernen Gesellschaften die Fragen nach der eigenen Positionierung, dem eigenen Lebensentwurf und schließlich auch der eigenen religiösen Orientierung von breitenwirksamer Relevanz werden«[36]. Insgesamt gesehen entwickelt sich Identität »als eine Balanceleistung des Individuums, das sich ständig in einem Aushandlungsprozess rund um Kohärenz, Kontinuität, Autonomie bzw. Anerkennung und Authentizität befindet«[37]. Zwei Hauptströme lassen sich in der Entwicklung der Diskussion aufzeigen: Erik H. Erikson (1902–1994) profilierte Identität als psychosoziales Entwicklungsthema. Darauf bauen dann Überlegungen in der sozialpsychologischen Forschung auf (Heiner Keupp, geb. 1943). Ein zweiter Strom geht auf George Herbert Mead (1863–1931) zurück, der das Zueinander von Individuum und Gesellschaft in das Zentrum rückt. Religionspädagogisch ergeben sich daraus zwei wichtige Grundthemen, auf die Viera Pirker (geb. 1977) verweist. Zum einen treten in der Betonung des emanzipatorischen Aspekts Mündigkeit und Handlungsfähigkeit als grundlegende Perspektiven in das Zentrum. Fragen der religiösen Identität sind dabei nicht ausschließlich im Fokus. Vielmehr bildet Religion den »handlungsleitenden Kontext [...] im Glauben an die Entfaltung des Einzelnen, im Eintreten für die Anderen und für seine Rechte sowie im unbedingten Ernstnehmen des Subjekts«[38]. Zum anderen ergibt sich gerade hier die Anfrage, ob sich Religionspädagogik auf die »Ausbildung *religiöser Identität*« zu beschränken habe, wobei sich hier grundlegende Fragen ergeben, die zu reflektieren wären: »Ist religiöse Identität ein Grundmuster der Persönlichkeit oder ein Teilaspekt unter vielen? Bildet der Glauben das Zentrum religiöser Identität? Kann ein solches Zentrum überhaupt pädagogisch erreicht werden? Ist religiöse Identität ein kollektiver oder ein individueller Begriff? Wie wird sie für Andere sichtbar und erfahrbar? Wie geben Kinder, Jugendliche und Erwachsene subjektiv Auskunft über ihre religiöse Identität?«[39]

[Subjektwerdung]

Wer vom Subjekt redet, nimmt den einzelnen Menschen in den Blick, bleibt dabei aber nicht auf der beschreibenden (deskriptiven) Ebene stehen, sondern formuliert damit auch eine Zielvorstellung (normative Ebene). Subjekt steht

35 Altmeyer, Identität, 2.

36 Ebd.

37 Pirker, Identität, 39.

38 A. a. O., 42.

39 Ebd.

für das, »worauf Entwicklung, Selbstverwirklichung, Bildung, aber auch Sozialisation und Erziehung (als grundlegende Formen der Einwirkung Anderer auf den Einzelnen), zielen beziehungsweise zielen *sollten*«[40]. Gemeint sind damit die Bewusstheit seiner selbst, die gleichberechtige Anerkennung anderer, die Lebensgestaltung in Freiheit und Verantwortungsübernahme für sich selbst, für andere und die gesellschaftliche und natürliche Umwelt. Religionspädagogisch steht die Orientierung am Subjekt für die programmatische Abkehr von einer sich an Inhalten und deren Reproduktion orientierenden Erziehung hin zur *»pädagogischen Grundfigur einer ›Freiheit eröffnenden Führung‹«*[41]. Daraus resultiert eine Sensibilität für die »Sinnrichtung der auf Befreiung des Menschen gerichteten Botschaft«[42], die auch in pädagogischen Bezügen ihren Niederschlag finden muss. Bernd Schröder spricht deshalb von »Subjektwerdung fördern« als »Maxime religionspädagogisch reflektierten Handelns«[43].

Allerdings wird der inzwischen religionspädagogisch selbstverständlich gebrauchte Begriff des Subjekts oft sehr allgemein und abstrakt verwendet. Mit Reinhold Boschki (geb. 1961) lässt sich deshalb kritisch festhalten: »Der Blick ist auf die konkreten Subjekte zu richten, die als Mädchen und Jungen, Jugendliche und Erwachsene, Männer und Frauen in Berührung mit religiösen Bildungsmaßnahmen kommen (sollen). Auch wird die grundsätzliche Ambivalenz des Subjekts zu wenig reflektiert, wenn der Fokus religionspädagogischer Theoriebildung einseitig auf dem Subjekt als bildungsnah und lernbereit liegt. Macht-, Gesellschafts- und ökonomiekritische Analysen müssen stärker rezipiert werden, um die sozialen Ohnmachtsstrukturen zu erfassen, in denen Subjekte heute leben.«[44]

[*Mündigkeit*]

Ursprünglich wurde mit dem Begriff die Stellung des Hausherrn gegenüber seinen Familienangehörigen und dem Gesinde bezeichnet. Mündig zu sein, bedeutete, sich aus der Herrschaft und dem Schutz des Hausherrn gelöst zu haben. Darin eingeschlossen sind zwei Komponenten: »Unabhängigkeit als Negation eines vergangenen und Selbständigkeit als Behauptung eines gegenwärtigen Zustandes.«[45] Immanuel Kant (1724–1804) definierte Aufklärung als »Ausgang des Menschen aus seiner selbst verschuldeten Unmündigkeit«[46] und forderte dazu auf: »Habe den Mut, dich deines eigenen Verstandes zu

40 Schröder, Religionspädagogik, 233.

41 Nipkow, Grundfragen 2, 96.

42 Ebd.

43 Schröder, Religionspädagogik, 232–248.

44 Boschki, Subjekt, 8.

45 Sommer, Mündigkeit, 225.

46 Kant, Beantwortung, 53.

> bedienen!«[47] Damit ist die Richtung vorgegeben, in der die emanzipatorische Pädagogik, die seit den 1970er Jahren aufkam, den Mündigkeitsbegriff aufnahm. »Sie erhob die Mündigkeit des Subjekts, die aus dem Kampf gegen die aufoktroyierten gesellschaftlichen Zwänge erwächst, zum Zweck von Erziehung und Bildung und damit zum konstitutiven Prinzip der Erziehungswissenschaft.«[48] Um die Umsetzung solcher Perspektiven hat sich vor allem der brasilianische Pädagoge PAULO FREIRE (1921–1997) verdient gemacht, dessen konzeptionelle Überlegungen auch religionspädagogisch rezipiert wurden.[49]

In der Summe zeichnet sich als Konsens ab, »einen positiven Beitrag für die Ich-Stärkung zu leisten«[50]. Allerdings ergibt sich hier die Gefahr eines bloß affirmativen Anschlusses an allgemein Plausibles, bei der die Sperrigkeit und bisweilen auch Widerständigkeit theologischer Perspektiven nicht immer gleichermaßen deutlich zur Sprache kommen. Zudem zeigt sich, dass die Lebenswirklichkeiten heutiger Menschen so plural sind, dass Verallgemeinerungen nur schwer einbezogen werden können.

> [*affirmativ*]
> Das lateinische *affirmare* bedeutet bestätigen, befestigen, bekräftigen. Affirmativ sind Aussagen dann, wenn sie bejahend, bestätigend bzw. zustimmend ausfallen. In sprachwissenschaftlicher Perspektive steht affirmativ im Gegensatz zu einer pejorativen (lat. *peior*, schlechter), also negativ wertenden Bedeutung.

Notwendig wäre eine Zielbestimmung, die inhaltlich profiliert werden kann und gleichzeitig dynamisch genug ist, um unterschiedliche menschliche Verfasstheiten und gegenwärtige Herausforderungen aufzunehmen. Das wird an späterer Stelle genauer zu entfalten sein. An dieser Stelle genügt es, sich KARL ERNST NIPKOWS Maßgabe einer Religionspädagogik zu vergegenwärtigen, die sich theologisch wie pädagogisch vergewissert: »Die pädagogische Sachgemäßheit muß gleichsam vom Theologen theologisch gefordert, die theologische Sachgemäßheit vom Pädagogen pädagogisch gefordert werden können.«[51]

---

47 Ebd.

48 Mette, Mündigkeit, 50.

49 Vgl. Freire, Unterdrückung und Befreiung; Ders., Bildung und Hoffnung; Ders., Pädagogik der Autonomie.

50 Ziebertz, Warum die religiöse Dimension der Wirklichkeit erschließen?, 116.

51 Nipkow, Grundfragen 1, 178.

Unter dieser Vorgabe können Empowerment-Diskurse ein großes Potenzial entfalten, insofern sich damit einerseits an bisherige Begrifflichkeiten anschließen ließe und andererseits darüber hinausgehend Diskurse aufgenommen werden könnten, die gegenwärtig noch zu wenig im Blick sind. Diese Perspektiven sollen in diesem Lehrbuch stark gemacht werden. Sie könnten dafür sensibilisieren, dass pädagogisches Handeln zwar einerseits auf Befähigung abzielt, andererseits aber immer auch im Blick haben muss, dass die erworbenen Fähigkeiten zur Anwendung gebracht werden können. Sonst besteht die Gefahr, dass religionspädagogische Aktivitäten auf der Ebene des Postulats verbleiben und letztlich irrelevant sind. Befähigung und Bevollmächtigung sind im Zusammenhang zu sehen.[52]

[*Empowerment*]

Bereits ein kurzer Blick in die einschlägigen Datenbanken und Bibliothekskataloge unter dem Stichwort *empowerment* zeigt, dass die sich damit verbindende Literatur nicht nur in quantitativer Hinsicht nahezu unüberschaubar ist, sondern auch ein breites, interdisziplinär angelegtes Feld umspannt. Die darin in Anschlag gebrachten Definitionen, Theoriebezüge und Anwendungsfelder lassen sich einzig noch durch die programmatische Inanspruchnahme des Wortes, das sich im Deutschen wohl am besten mit dem Begriffspaar »Befähigung« und »Be(voll)mächtigung« wiedergeben lässt, verbinden. Mit dem Düsseldorfer Soziologen und Pädagogen Norbert Herriger (geb. 1953) lässt sich resümieren: »Empowerment beschreibt mutmachende Prozesse der Selbstbemächtigung, in denen Menschen in Situationen des Mangels, der Benachteiligung oder der gesellschaftlichen Ausgrenzung beginnen, ihre Angelegenheiten selbst in die Hand zu nehmen, in denen sie sich ihrer Fähigkeiten bewußt werden, eigene Kräfte entwickeln und ihre individuellen und kollektiven Ressourcen zu einer selbstbestimmten Lebensführung nutzen lernen.«[53]

Semantisch lassen sich verschiedene Begriffsdimensionen identifizieren, die oftmals überlappend gebraucht werden. Zunächst ist der Empowerment-Begriff ein eminent politischer. »Power« lässt sich in seiner Kernbedeutung am präzisesten mit Macht übersetzen. In dieser Perspektive beschreibt Empowerment einen konflikthaften Prozess der Umverteilung von politischer Macht, in dessen Verlauf Menschen aus einer Position relativer Machtungleichheit austreten und sich ein Mehr an demokratischem Partizipationsvermögen und politischer Entscheidungsmacht aneignen. Neben dem Machtbegriff umreißt das englische »power« ein semantisches Feld, das im Deutschen mit Begriffen

52 Vgl. dazu die Ausführungen im fünften Teil.

53 Herriger, Empowerment in der sozialen Arbeit, 20.

wie Stärke, Kompetenz, Durchsetzungskraft und Vermögen beschreibbar ist. In dieser lebensweltlich-alltagsbezogenen Hinsicht bezeichnet Empowerment das Vermögen von Menschen, ihren Alltag autonom, aus eigener Kraft und in Selbstorganisation zu bewältigen.

Empowerment lässt sich sodann sowohl reflexiv als auch transitiv gebrauchen. In ersterer Hinsicht geht es um das »self-empowerment«, die Selbst-Bemächtigung, also um einen selbstinitiierten und selbstgesteuerten Prozess der (Wieder-)Herstellung von Lebenssouveränität auf der Ebene der Alltagsbeziehungen wie auch auf der Ebene der politischen Teilhabe. In transitiver Bedeutung (»to empower someone«) dient Empowerment zur Zielbestimmung professionellen helfenden Handelns, das Menschen vielfältige Vorräte an Ressourcen für ein gelingendes Lebensmanagement zur Verfügung stellen will, auf die diese bei Bedarf zurückgreifen können, um Lebensstärke und Kompetenz zur Selbstgestaltung ihrer Lebenswelt gewinnen zu können.

Georg Bucher (geb. 1982) untersucht in seiner Dissertation die Bezugsdiskurse der Gemeindepsychologie, der Theorie sozialer Arbeit, der Behinderten-/Heilpädagogik und der allgemeinen Pädagogik und macht darin deutlich, was in der Rezeption dessen an Impulsen gewonnen werden und wie der Empowerment-Begriff dazu verhelfen kann, vorhandene und angebahnte, aber nicht immer aufeinander bezogene Impulse der religionspädagogischen Diskussion miteinander zu verschränken und neu zu pointieren.[54] Pädagogisch gesehen kann der Begriff Empowerment als spezifische Akzentuierung des Bildungsbegriffs verstanden werden, der jetzt international geführt wird und sich konstitutiv der Frage nach der Macht und den Machtverhältnissen widmet. In theologischer Perspektive ist hier vor allem der Anschluss an die Denkfigur vom allgemeinen Priestertum von Interesse.

Eine empowermentsensible Religionspädagogik könnte ihre Handlungsfelder so gestalten, dass Menschen lernen, ihre eigene Subjektivität, ihre Bedürfnisse und Fähigkeiten zu entdecken, ihnen Ausdruck zu verleihen und sich sodann in solidarischer Vernetzung in deren Um- und Durchsetzung zu erfassen und dabei Selbstwertsteigerung und Gestaltungskraft zu erfahren. Nicht zuletzt dadurch könnte der Blick darauf gerichtet werden, wo die Spezifik christlich motivierten Lehrens und Lernens liegt. Der Sozialarbeitswissenschaftler Dieter Röh (geb. 1971) bringt die damit verbundenen grundlegenden Perspektiven gut auf den Punkt: »Die beiden im Empowerment-Begriff enthaltenen Qualitäten der Kraft, der Macht und des Mutes (Empowerment) auf der einen und die Fähigkeiten, Kompetenzen (Enablement) auf der anderen Seite machen deutlich, was es gleichermaßen für die gelingende Le-

54 Vgl. grundlegend dazu Bucher, Befähigung und Bevollmächtigung, 207–297.

bensführung braucht. In dieser Hinsicht stellt Empowerment so etwas wie das Scharnier dar, das die strukturellen Ressourcen (den gesellschaftlichen Möglichkeitsraum) und die personellen Ressourcen (den personalen Möglichkeitsraum) verbindet.«[55]

Genau dieser Horizont ist religionspädagogisch von großem Interesse, geht es doch nie nur um die Einzelnen an sich, sondern immer auch um deren soziale und gesellschaftliche Einbindung. Auf diese Weise rücken Fragen der Lebensgestaltung, Alltags- und Lebensrelevanz in das Zentrum. »Situationserschließung und Situationsbearbeitung«[56] werden von vornherein im Zusammenhang gesehen. Die Relevanz christlicher Religion erweist sich immer auch auf der Ebene der Lebensgestaltung, die nicht im Erleben oder Ausdruckshandeln einzelner Individuen aufgeht. Sie kann die Ebene des Umgangs mit Alltagsproblemen nicht ausblenden und ist immer als solidarische Aufgabe zu verstehen, die gesellschaftliche Aspekte einschließt.

Theologisch ist das insofern von Interesse, als das Evangelium als »Kraft der Veränderung eines Lebens durch Gottes Gegenwart« verstanden werden kann, »durch die ein Leben neu, offen für Gott und für die Nächsten«[57] wird. Darauf rekurrierende und davon motivierte Lehr- und Lernprozesse bewegen sich in diesem Horizont, auch wenn sie das vertrauensvolle Sich-Einlassen auf die »Dynamis des Neuwerdens eines Lebens« (87) nicht herstellen können. Evangelium und Glaube sind einander korrespondierende Pole, gehören also vom Grundsatz her in einen Zusammenhang. Allerdings ist dieser Zusammenhang nicht pädagogisch herstellbar, wenngleich er bei der Gestaltung von Lernprozessen im Blick sein muss. Denn er verdeutlicht den Anspruch, der dem Evangelium innewohnt, im Sinne einer »immer wieder neuen lebensgeschichtlichen Konkretion«, woraus eine »sich fortschreibende Vielfalt« (88) resultiert.

»Glaube ist das Ziel, aber nicht die Wirkung der christlichen Kommunikation des Evangeliums, denn wird geglaubt, dann verdankt sich das der freien Selbstvergegenwärtigung Gottes.« (96)[58] So wie der Glaube

---

55 Röh, Soziale Arbeit, 239.

56 Vgl. Brockmann/Stoodt, Schülerorientierung.

57 Dalferth, Theologie als Interpretationspraxis, 87 (im Original teilweise kursiv). Die folgenden Seitenangaben im Text beziehen sich darauf.

58 Im Original teilweise kursiv.

nicht Ziel der Theologie ist, sondern »das Verstehen des Verstehens, ohne das es nicht zum ausdrücklichen christlichen Glauben kommt« (96), legt auch eine sich theologisch und pädagogisch vergewissernde Religionspädagogik ihren Fokus auf das »Verstehen des Verstehens«, ohne damit die grundlegenden Korrespondenzen zwischen Evangelium und Glauben aus dem Blick zu verlieren. Vielmehr liegt gerade darin das Potenzial einer eigenen – neben Übereinstimmungen eben auch Widerständigkeiten aufzeigenden – Durchdringung humanwissenschaftlicher Diskurse. Das wird im Folgenden noch näher auszuführen sein.

Allerdings wird bereits hier deutlich, dass der Empowerment-Begriff das Potenzial besitzt, um eine »interpretative Vermittlung«[59] theologischer und humanwissenschaftlicher Perspektiven zu unterstützen. Insofern ist konkretisierend und fokussierend hinsichtlich der Definition des Begriffs Religionspädagogik an dieser Stelle festzuhalten: *Religionspädagogik ist die Theorie religiösen Lehrens und Lernens im Modus von Bildung, Erziehung und Sozialisation in evangelischer Perspektive im Horizont christlich motivierten Empowerments.*

Zugespitzt könnte man auch einfach von *Religionspädagogik als der Theorie evangelischen Empowerments* im Modus von Bildung, Erziehung und Sozialisation sprechen, wobei die letzten drei Begriffe deskriptiv zu verstehen sind. Empowerment dient dabei als »regulative Idee«[60]. Die Attributierung als evangelisch ist normativ ausgerichtet und nimmt die hier zu entwickelnde Theorie in eine Verständigungsbewegung mit hinein. Denn der Begriff »evangelisch« bewegt sich zwischen dem damit bezeichneten Konfessionsbezug und der Orientierung am Evangelium als einer Größe, die einerseits auf Vorfindliches rekurriert - man kann hier von einem »Grundimpuls«[61] sprechen - und andererseits (auch) gegenwärtig immer wieder »neu zum Vorschein« kommt, also »keine feststehende Größe«[62] ist. Damit wird eine Perspektive beschrieben, die eigene Akzente setzt und sich damit auch von anderen unterscheidet.[63]

---

59 Nipkow, Grundfragen 1, 211.

60 Schröder, Religionspädagogik, 224. Nipkow selbst spricht von der »Hauptfunktion des Bildungsbegriffs«, die »jeweils regulativer Natur« sei; Ders., Bildung, 59.

61 Grethlein, Christsein, 239.

62 Körtner, Dogmatik, 18.

63 Was das konkret bedeutet, lässt sich am Beispiel des Vaterunsers vor Augen führen.

Eine solche Einordnung verlangt nach einer mehrdimensionalen Bearbeitung. Bernd Schröder und Christian Grethlein (geb. 1954) unterscheiden in ihrem einführenden Überblick fünf Dimensionen der Religionspädagogik, die sich aus den unterschiedlichen Forschungsschwerpunkten innerhalb des Faches ergeben. Die *historische Religionspädagogik* befasst sich mit der Geschichte der einzelnen Lernorte sowie mit der »Theoriegeschichte des Faches und den Denkansätzen einzelner Fachvertreterinnen und -vertreter«[64]. Die »Grundsatzfragen«, die »in verschiedenen geschichtlichen Kontexten und Lernorten begegne(te)n oder lernortunabhängig von Bedeutung sind« (149), z. B. die Frage nach der Lehrbarkeit christlichen Glaubens, werden im Feld der *systematischen Religionspädagogik* bedacht. Ein »möglichst realistisches Bild der Rahmenbedingungen, Verfahren und Wirkungen religionspädagogisch reflektierten Handelns« (150) wird im Rahmen der *empirischen Religionspädagogik* zu zeichnen versucht. Die *vergleichende Religionspädagogik* wiederum setzt »die Erkenntnisse des Faches, die im Blick auf die Verhältnisse der Bundesrepublik Deutschland und die konfessionell gegliederte Religion gewonnen werden, in Beziehung zu religionspädagogischen Einsichten, die ihren Ort in anderen Ländern, Religionen und Kulturen haben« (159). Schließlich lässt sich noch die *didaktische Perspektive* hinzufügen, die »die Gestaltung von Lernprozessen« (151) in den Blick nimmt, die lernortspezifisch zu profilieren ist.

Die damit skizzierten Fragestellungen finden in den religionspädagogischen Gesamtentwürfen auf unterschiedliche Weise ihren Niederschlag. Exemplarisch sei auf vier unterschiedliche Varianten verwiesen: Während Bernd Schröder die fünf Dimensionen religionspädagogischer Reflexion zum strukturgebenden Prinzip erklärt und seine Religionspädagogik in historischer, systematischer, empirischer, vergleichender und handlungsorientierender Perspektive gliedert,[65] richtet Christian Grethlein seine Ausführungen an den unterschiedlichen »Orten religiösen, christlichen und kirchlichen Lernens«[66] aus. Fried-

---

Die Vateranrede Gottes sowie die Bitte um das Kommen des Gottesreiches setzen eigene Akzente, die sich in anderen Weltreligionen so nicht finden. Vgl. Barth, Das Vaterunser, 27.

64 Schröder/Grethlein, Religionspädagogik, 149. Die folgenden Seitenangaben im Text beziehen sich darauf.

65 Vgl. Schröder, Religionspädagogik.

66 Grethlein, Religionspädagogik, 307–541.

RICH SCHWEITZER wählt die »biographische Perspektive«[67], um die religionspädagogischen Handlungsfelder zu systematisieren. Für NORBERT METTE (geb. 1946) wiederum bilden die Herausforderungen durch die Veränderung der »soziokulturellen Voraussetzungen religionspädagogischen Handelns«[68] die maßgebliche Perspektive, an der er sich in seiner Darstellung orientiert.

Für jeden der genannten Vorschläge lassen sich gute Gründe finden. In der Summe markieren sie jeweils unverzichtbare Perspektiven in der Beschreibung einer religionspädagogischen Theorie. Insofern handelt es sich dabei nicht um inhaltliche Alternativen, sondern um mögliche strukturgebende Profilierungen.

Für die hier vorgelegte Darstellung spielen zwei Grundentscheidungen eine wesentliche Rolle. Zum einen soll von gegenwärtigen Herausforderungen ausgegangen werden, die entsprechend der bereits skizzierten Fachlogik in pädagogischer und theologischer Perspektive reflektiert werden. Auf dem Weg dahin allerdings sind historische, systematische, empirische und vergleichende Linien aufzunehmen, die sich aus der Geschichte christlich motivierten Lehrens und Lernens ergeben. Damit wird der Versuch unternommen, eine Religionspädagogik zu entwerfen, die – im Sinne RUDOLF ENGLERTS (geb. 1953) – »pünktlich«[69] agiert, also gegenwärtige Herausforderungen aufnimmt und zugleich geschichtsbewusst denkt, insofern sie sich bewusst in eine lange Traditionslinie stellt. Auf diese Weise soll versucht werden, mögliche Einseitigkeiten zu verhindern, die sich aus einer »Geschichtsvergessenheit«[70] ergeben können, von der – leider – auch die Entstehung der neuen Wissenschaftsdisziplin in der Wende vom 19. zum 20. Jahrhundert begleitet war. Aus diesem Grund reicht es nicht, bei der Entstehung des neuen Wissenschaftsbegriffes anzusetzen, wenngleich die damaligen Konstellationen sehr genau zur Kenntnis zu nehmen sind. Für die Darstellung in diesem Band folgt daraus, dass historische, systematische, vergleichende und empirische Perspektiven mit dem Ziel aufgenommen werden, die religionsdidaktische Herausforderung heute besser meistern zu

67 Schweitzer, Religionspädagogik, 197.

68 Mette, Religionspädagogik, 13.

69 Englert, Glaubensgeschichte und Bildungsprozeß, 693 ff.

70 Wegenast, Geschichte der Religionspädagogik, 40.

können. Sie werden also nicht um ihrer selbst willen entfaltet, sondern haben dienenden Charakter.

Aufgrund dieser Schwerpunktsetzung ergibt sich eine zweite Grundsatzentscheidung. Die didaktische Frage konkretisiert sich an verschiedenen Lernorten und Professionen, die dort zu Hause sind. Christian Grethlein hat bereits Ende der 1990er Jahre eine lernortstrukturierte Religionspädagogik vorgelegt, bei der Familie, Medien, Schule und Gemeinde in den Blick genommen wurden.[71] Vom Grundsatz her wird hier dieser Linie gefolgt, weil sich auf diese Weise sehr gut zeigen lässt, wie unterschiedlich religiöses Lehren und Lernen profiliert ist und was sich daraus für die Gestaltung der didaktischen Aufgabe ergibt. Zugleich erfolgt eine Reduktion auf die Lernorte Familie, Schule und Gemeinde. Die Medien haben in den letzten 20 Jahren eine rasante Entwicklung erfahren, so dass sie nicht mehr als eigenständiger Lernort abgegrenzt werden können. Vielmehr bestimmten sie unsere Lebenswirklichkeit auf fast allen Ebenen, durchdringen also auch Familie, Gemeinde und Schule. Sie bestimmen mittlerweile die Kontextbedingungen in grundlegender Weise. Deshalb werden sie in ihrer prägenden Kraft einerseits in der Reflexion der kontextuellen Vorstrukturierungen und Herausforderungen und andererseits in ihrer verknüpfenden Dimension bei der Reflexion der Lernorte selbst aufgenommen.[72] Auf diese Weise findet die Spezifik der medialen Prägungen nicht nur in der Struktur dieses Lehrbuchs ihre Entsprechung, sondern wird ebenso berücksichtigt, dass Studierende an Theologischen Fakultäten, Religionspädagogischen Instituten und Evangelischen Hochschulen zu *Professionals* in Feldern von Familie, Gemeinde und Schule ausgebildet werden.

---

71 Grethlein, Religionspädagogik, 307–541.

72 Vgl. die Ausführungen im dritten Teil unter 3.2.3 und im sechsten Teil unter 6.2.3.

1.2 (Religions)pädagogisches Handeln und seine Reflexion als Ausdruck spezifischer Anforderungen

Theorien entstehen, wenn eine herkömmliche Praxis an Grenzen stößt, wenn Vertrautes zum Problem wird und »intuitive(s) Wissen«[73] nicht (mehr) ausreicht. Die Religionspädagogik bildet hier keine Ausnahme. Ihr Entstehen an der Wende vom 19. zum 20. Jahrhundert ist Herausforderungen geschuldet, die im Feld des schulischen Religionsunterrichts ihren Ausdruck fanden, aber bei weitem nicht darauf beschränkt waren. Fragen des Lehrens und Lernens christlicher Religion wurden grundlegend reflektiert, weil die Praxis unübersehbare Probleme aufwarf. Die »offensichtliche Erfolglosigkeit des Religionsunterrichts«, verbunden mit seiner »grundsätzliche[n] Infragestellung«[74], ließ vor allem »theologisch liberal denkende, pädagogisch ›moderne‹ Religionslehrer (und -lehrerinnen)«[75] aktiv werden und führte zu verschiedenen Reformversuchen, die sich mit Robert Schelander (geb. 1960) in einer Reihe von Gegensatzpaaren zusammenfassen lassen:

»- weg von der Kirche hin zur Schule;
- weg von der Theologie hin zur Pädagogik und Psychologie;
- weg von der Katechetik hin zur Religionspädagogik;
- weg von der Dogmatik hin zum Begriff und Phänomen der Religion;
- weg von der alleinigen Orientierung an den religiösen Gegenständen des Religionsunterrichts (Bekenntnis, Katechismus etc.) hin zum Schüler und seinem religiösen Erleben;
- weg von der ›dogmatischen Methode‹ hin zu einer ›induktiven Methode‹, die religiöses Leben erzeugen könne;
- weg von einer reinen Wissensvermittlung mit einer Überfülle von Stoffen, dem sogenannten ›Memoriermaterialismus‹, hin zu einer Vermittlung von subjektiver Religion, sodaß nicht nur der Kopf, sondern auch das Herz der Schüler angesprochen werde.«[76]

Bevor die damit gesetzten Akzente genauer entfaltet und beschrieben werden, gilt es, sich einen wesentlichen Aspekt religionspädagogischer

73 Schweitzer, Religionspädagogik, 12.
74 Grethlein, Religionspädagogik, 68.
75 Schröder/Grethlein, Religionspädagogik, 152.
76 Schelander, Religionstheorie und Reformbewegung, 41 f.

Theoriebildung zu vergegenwärtigen: Religionspädagogik nimmt auf eine ihr vorausliegende Praxis Bezug, darf aber nicht mit ihr in eins gesetzt werden. Sie entwickelt vielmehr ihr Konzept im Blick auf Herausforderungen in der Praxis, die so fundamental sind, dass ein einfaches »weiter so« nicht ausreicht, um angemessen Religion lehren und lernen zu können. Christian Grethlein spricht deshalb völlig zu Recht von Religionspädagogik als dem »Programmbegriff für eine Krisenwissenschaft«[77]. Sie entstand, weil es in der Praxis religiösen Lehrens und Lernens Probleme gab, die ein systematisches Nachdenken darüber notwendig machten und zu einer Neukonzipierung der Praxis führte. Dass damit religionspädagogische Theoriebildung immer zeitbedingt ist, insofern sie auf neue Entwicklungen zu reagieren hat, lässt sich mit Rudolf Englert – wie bereits erwähnt – mit dem Begriff der »Pünktlichkeit«[78] beschreiben. Religionspädagogik in Theorie und Praxis muss die »Zeichen der Zeit«[79] erkunden und deuten, die sie momentan in besonderer Weise herausfordern um ›recht-zeitig‹ agieren zu können. Daraus folgernd ließe sich zugespitzt sagen: *Religionspädagogik ist ein theoriegeleitetes Praxisfach, insofern sie als wissenschaftliche Reflexion auf eine herausfordernde Praxis Bezug nimmt (Wahrnehmung), sie interpretiert (Deutung) und mit dieser Theorie diese Praxis anleiten und verbessern will (Handlungsorientierung).*

Die hier beschriebene Linie weist auf eine Entwicklung hin, die pädagogisches Handeln generell und damit letztlich auch das pädagogische Handeln in Sachen Religion betrifft. Es tritt in dem Maße hervor und wird zum Gegenstand grundlegenden Nachdenkens, wie es aus der Selbstverständlichkeit der »direkten Teilhabe an den Lebensvollzügen«[80] hinauswächst. Ein gesondertes pädagogisches Handeln differenziert sich dann aus, wenn das Notwendige nicht mehr allein über die Teilhabe an der sozialen Ordnung gelernt werden kann. Im Blick auf das Christentum ist nun auffällig, dass die junge Christenheit von Anfang an über Inhalt und Form ihrer Lehre nachgedacht und im Zusammenhang damit auch ein gesondertes pädagogisches Handeln ausgebildet

77 Grethlein, Religionspädagogik, 96.

78 Englert, Glaubensgeschichte und Bildungsprozeß, 159–169.

79 Pastoralkonstitution über die Kirche in der Welt von heute »Gaudium et spes«, zitiert nach: Rahner/Vorgrimler (Hg.), Kleines Konzilskompendium, 451.

80 Helsper, Pädagogisches Handeln, 16.

hat, und zwar lange bevor es ein allgemeines pädagogisches Handeln gegeben hat. Das geschah in besonders markanter, aber nicht ausschließlicher Weise im Rahmen des Katechumenats, also der Taufunterweisung (vgl. 2Tim 4,2; Tit 1,9; 2Joh 9 f.; Hebr 6,2), und fand seine Fortsetzung in den katechetisch agierenden Schulen des 3. Jahrhunderts (in Alexandrien und Caesarea) und im 5. Jahrhundert im Westen (Augustin) in Gestalt von differenzierten Entwürfen katechetischer Theorie und Praxis.[81] Von großer Bedeutung sind hier die Schulschriften und Katechismen der Reformation und Gegenreformation sowie schließlich die sog. »wissenschaftliche Katechetik« im 18. und 19. Jahrhundert in Deutschland. Offensichtlich bedarf Christsein spezieller Impulse und ergibt sich nicht einfach von selbst. Anders als beispielsweise im Judentum wird man nicht durch Geburt bzw. familiäre Bande (als Kind einer jüdischen Mutter) Christ, sondern durch Partizipation und damit auch durch Lernprozesse. Dass sich im Laufe der Zeit unterschiedliche Ausformungen und Intensitätsgrade eines solchen bewusst initiierten pädagogischen Handelns aufzeigen lassen, die mit der Prägung des Kontextes korrespondieren, steht dem nicht entgegen, sondern zeigt nur, dass diese Impulse nicht ein für alle Mal feststehen, sondern immer wieder neu zu konturieren sind.

Lange Zeit hinweg dominierte das pädagogische Handeln in Sachen Religion jegliches pädagogisches Handeln. Das änderte sich erst im 18. Jahrhundert, dem sog. »pädagogischen Jahrhundert«[82], in dem die »Erziehung des Menschengeschlechts durch eine geplante und gerichtete Beeinflussung«[83] zu einem eigenständigen Programm wurde. Waren bis dahin »pädagogische letztlich religiöse Fragen«[84], weil nur diese Perspektive nach einer geplanten und gerichteten Beeinflussung und Impulssetzung verlangte, so änderte sich das nun. Nicht nur das Christsein bedurfte für die Bevölkerung insgesamt einer eigens anzubahnenden Profilierung, sondern auch das Menschsein an sich. Damit einher gingen grundlegende Veränderungen, die nicht zuletzt die Stellung von Religion in der Gesellschaft betrafen, aber nicht allein darin aufgingen. Erziehung allgemein wurde erst in dem Maße problematisiert und da-

81 Vgl. Wegenast, Geschichte der Religionspädagogik, 40.
82 Vgl. Herrmann, Das pädagogische Jahrhundert.
83 Helsper, Pädagogisches Handeln, 16.
84 Ebd.

mit als eigens zu reflektierende Aufgabe bedacht, »als Religion sich in eine Pluralität von Konfessionen ausdifferenzierte, als die ständisch-feudale Ordnung relativiert wurde, die ›Industrie‹ und die Frage entsprechend geschulter und erzogener Arbeitskräfte Bedeutung gewann, der Ausbau des staatlichen Verwaltungsapparates eigene Ausbildungswege erforderlich machte, die aufkeimenden Naturwissenschaften religiöse Erklärungen der Welt in Frage stellten und den Menschen als Beherrscher und Gestalter der Welt entwarfen«[85].

Die Entstehung eines ausdifferenzierten allgemeinen pädagogischen Handelns ist mit emanzipatorischen Tendenzen gegenüber dem lange alles dominierenden pädagogischen Handeln in Sachen Religion verbunden. Das Menschsein an sich rückt als zentrale Herausforderung in den Mittelpunkt, an der sich nun auch die Frage nach dem Christsein zu orientieren hat. *Religiöses Lehren und Lernen wird also maßgeblich durch Diskurse in anderen Feldern bestimmt, die auf- bzw. übernommen werden oder von denen man sich abgrenzt.*[86]

Meist setzte sich eine Anpassung an herrschende kulturelle, politische oder ökonomische Entwicklungen durch. Insofern kann religiöses Lernen nie nur für sich allein in den Blick genommen werden. Die soziokulturellen Voraussetzungen sind immer mit zu bedenken. Das kann im Folgenden nur ansatzweise und holzschnittartig aufgenommen werden, ist aber vom Grundsatz her im Blick zu behalten. Auf diese Weise lassen sich Fragen und Herausforderungen markieren, die auch heute noch von Bedeutung sind.

---

85 Ebd. Genauer dazu vgl. Tenorth, »Alle alles zu lehren«.

86 Wichtige methodische Anregungen geben hier Diskurstheorie (vgl. Foucault, Archäologie des Wissens; Ders., Die Ordnung der Dinge) und Wissenssoziologie (vgl. Berger/Luckmann, Die gesellschaftliche Konstruktion der Wirklichkeit). Wie gewinnbringend eine solche Perspektive in praktisch-theologischer Hinsicht ist, lässt sich beispielsweise bei Christian Grethlein in der historischen Retrospektive auf Taufe (Ders., Taufpraxis, 13–84) und Abendmahl (Ders., Abendmahl, 21–106) erkennen.

1.3 Weiterführende Literatur

Georg Bucher/Michael Domsgen: Empowerment in religionspädagogischer Perspektive – Überlegungen zu einem Konzept mit theologischem und pädagogischem Potenzial vor dem Hintergrund gegenwärtiger Herausforderungen, in: ZThK 113 (2016), 407–439.

Martin Rothgangel, Religionspädagogik im Dialog I. Disziplinäre und interdisziplinäre Grenzgänge (Religionspädagogik innovativ 3.1), Stuttgart 2014.

Thomas Schlag/Jasmine Suhner (Hg.), Theologie als Herausforderung religiöser Bildung. Bildungstheoretische Orientierungen zur Theologizität der Religionspädagogik (Religionspädagogik innovativ 17), Stuttgart 2017.

Friedrich Schweitzer, Bildung (Theologische Bibliothek II), Neukirchen-Vluyn 2014.

2.
Problemgeschichtliche Perspektiven

Wenn im Folgenden nun der Blick zurück auf wesentliche Aspekte christlich motivierten Lehrens und Lernens gerichtet wird, dann geschieht das in religionspädagogischem Interesse, also in dem Bemühen, gegenwärtige Entwicklungen und Herausforderungen besser zu verstehen und so für wesentliche Fragen und Themen sensibilisiert zu werden. Es geht letztlich darum, was sich aus der Retrospektive religionspädagogisch lernen lässt. Dabei folge ich einem zweistufigen Zugang. Zunächst sollen grundlegende Aspekte einer bestimmten zeitlichen Epoche skizziert werden, um dann darauf aufbauend religionspädagogisch relevante Fragen fokussierend in den Blick zu nehmen.

2.1 Zur Praxis und Reflexion christlich motivierten Lehrens und Lernens von den Anfängen bis zur Entstehung der neuen Wissenschaftsdisziplin

Bei aller Notwendigkeit der Berücksichtigung und Reflexion gegenwärtig drängender Herausforderungen ist im Blick zu behalten, dass Gegenwärtiges immer nur von der Vergangenheit her zu verstehen ist. Das gilt auch für die Religionspädagogik. Denn obwohl sie erst relativ spät entstanden ist, steht sie in der Traditionslinie christlich motivierten Lehrens und Lernens, wobei hier der Einführung bzw. Initiation in das Christentum eine besondere Aufmerksamkeit zukam. Sie ist aufs Engste mit dem Begriff der Katechese verbunden.

[*Katechese*]

Der Begriff steht für einen kirchlichen Unterricht, der sich ursprünglich an Erwachsene richtet, die sich auf den Weg des Christseins machen wollen, und umfasst später kirchlich verantwortete pädagogische Bemühungen, die

> Glauben vertiefen oder auch eröffnen wollen. Das zugrundeliegende Verb κατηχεῖν/katecheín bezeichnet ursprünglich die mündliche Weitergabe einer Botschaft, wäre also mit »berichten«/»mitteilen« zu übersetzen. Bei PAULUS und darauf folgend hat es zumeist die Bedeutung von »unterweisen« und meint »eine verständliche religiöse Rede (vgl. 1Kor 14,19; Lk 1,4) als Unterrichtung oder Belehrung aus dem Gesetz (Röm 2,18) oder in der Lehre (»im Weg«) des Herrn (Apg 18,25). Verbunden mit der Taufe, die in der Alten Kirche »im Normalfall Erwachsenentaufe war«, wird Katechese »zur Bezeichnung des Taufunterrichts«[87].

Bei alledem erweisen sich die Kontextualisierungen von Christentum und Kirche als wichtige Faktoren, aber auch die Versuche, sich unter Bezug auf bestimmte Aspekte christlicher Überlieferung von herrschenden Prägungen und Strömungen abzugrenzen.

Im Folgenden sollen nun anhand ausgewählter Beispiele in einigen wenigen grundlegenden Perspektiven damit verbundene Aspekte zur Sprache kommen, ohne dass damit auch nur ansatzweise der Anspruch einer Rekonstruktion der Geschichte christlichen Lehrens und Lernens erhoben werden sollte. Vielmehr geht es um eine problemgeschichtliche Skizze, und hier vor allem darum, ausgewählte Perspektiven zu benennen, die für religionspädagogische Überlegungen heute erhellend sind. Leitend soll dabei die Frage sein, wie und wo Menschen über die Zeiten hinweg christliche Religion lernten und welche Herausforderungen sich damit verbanden. Dabei sollen in der Hauptsache zwei Perspektiven unterschieden werden. Zum einen geht es um diejenigen Lernprozesse, die – quasi nach innen gerichtet – die Inhalte christlichen Glaubens thematisieren und anderen nahe zu bringen versuchen. Zum anderen sind diejenigen Lernprozesse in den Blick zu nehmen, die sich – quasi nach außen gerichtet – um eine Verständigung mit dem allgemein Plausiblen bzw. dem, was außerhalb einer christlichen Lebensdeutung und -gestaltung postuliert wurde, bemühen. Beide Perspektiven sind letztlich aufeinander bezogen und lassen sich nicht voneinander trennen. Zugleich ist es sinnvoll, sie voneinander zu unterscheiden. Auf diese Weise treten die Kontextbedingungen in ihrer fundamentalen Bedeutung von vornherein hervor. Hier spielt eine wesentliche Rolle, welche Stellung dem Christentum innerhalb der Gesellschaft zukommt. Deshalb wird darauf auch in besonderer Weise verwiesen.

---

87 Bienert, Katechese/Katechetik, 853.

Dabei bildet sich die Zielstellung dieses Lehrbuchs, eine Religionspädagogik zu konzipieren, die auf die Verhältnisse in Deutschland ausgerichtet ist, auch im problemgeschichtlichen Zugriff ab, insofern nur diejenigen Entwicklungen Erwähnung finden, die dafür hauptsächlich von Bedeutung sind.

Analytisch strukturierend sollen die bereits vorgestellten Perspektiven der nach »innen« wie »außen« gerichteten Lernprozesse sein, die in einem ersten Schritt nachzuzeichnen sind. In einem zweiten Schritt soll dann die Frage, wie religiös gelernt wird, fokussierend zusammengefasst werden, indem die eingangs skizzierten Modi von Bildung, Erziehung und Sozialisation sowie der angestrebte Zielhorizont in den Blick genommen werden. Es gilt also, die Lehr- und Lernprozesse in Reflexion und Praxis hinsichtlich ihrer Prägungen für Bildung, Erziehung und Sozialisation sowie mit Blick auf ihr Profil in Empowerment-Perspektive einzuordnen. Bei Letzterem sollen beide Seiten, also Befähigung wie Bevollmächtigung, betrachtet werden.

2.1.1 Grundimpulse christlich motivierten Lehrens und Lernens im Spiegel der biblischen Überlieferung

a) Grundlegende Aspekte

Wer die durch Jesus Christus angestoßene und sich auf ihn beziehende Bewegung des Christentums beschreiben will, stößt bald auf den Begriff des Evangeliums. Für Paulus fungiert er als Schlüsselbegriff (vgl. Röm 1,1–4) eines »mehrschichtigen kommunikativen Vorgang[s]«[88], der sich einerseits in die jüdische Überlieferungstradition hineinstellt, sie aber andererseits auf Christus hin und von ihm herkommend interpretiert und neu zentriert. Dabei sind vor allem Tod und Auferstehung Jesu von zentraler Bedeutung. Sie lassen Jesu Wirken und sein Geschick in einem neuen Licht erscheinen. In den Evangelien wird dieser Zusammenhang in eigener Weise thematisiert, indem Jesus sowohl als Inhalt wie auch als Bote des Evangeliums zur Sprache kommt. »Inhalt und Medium koinzidieren«[89] also, wobei Jesus den Begriff der Gottesherrschaft nutzt,

---

88 Grethlein, Praktische Theologie, 162.

89 A. a. O., 163.

um »die liebende und wirksame Gegenwart Gottes«[90] zu kommunizieren. *Dabei spielen Lernprozesse eine grundlegende Rolle, ohne dass sich die Kommunikation des Evangeliums darin erschöpfen würde.* Zum Lehren und Lernen (vor allem im Erzählen von Gleichnissen und Parabeln) treten das gemeinschaftliche Feiern (in Form von Mahlgemeinschaften) und das Helfen zum Leben (Wunderheilungen als Befreiungsgeschehen auf die Gottesherrschaft hin).[91] Von großer Bedeutung dabei ist, dass es sich hier sowohl um christliche als auch um allgemein menschliche Kommunikationsformen handelt. Menschen lernen, feiern und helfen auch sonst. Durch die Botschaft von der Nähe des Gottesreiches werden diese Kommunikationsformen jedoch in besonderer Weise bestimmt und profiliert. Für religionspädagogisches Nachdenken festzuhalten ist dabei, dass die Frage nach der Spezifik christlich motivierten Lehrens und Lernens aufs Engste mit allgemein menschlichen Vollzügen verbunden ist und auch von dieser Seite her reflektiert werden muss.

Jesus selbst wird als Lehrer (Rabbi) bezeichnet, die ihm Nachfolgenden als seine Schüler.[92] Mit der Kategorie des Lehrers wird Jesu Wirken zwar »nicht vollständig«[93], aber doch zu einem wesentlichen Teil erfasst. Auffällig ist, dass Jesus sich dabei denjenigen zuwandte, die keine Reputation genossen und gemeinhin nicht im Fokus religiöser Lehre standen. Hier wird deutlich, dass Jesus »gerade sie für aufnahmebereit gegenüber seiner Botschaft vom anbrechenden Reich Gottes und in diesem Sinne für ebenso lernfähig wie lehrbefähigt hält: ein ›Abwärtstransfer‹ von Fähigkeiten, die in anderen zeitgenössischen Kulturen der Oberschicht zugeschrieben wurden«[94], und letztlich ein wichtiger Faktor für die Attraktivität der neuen Bewegung. Wer sich ihr anschloss, »trat schon relativ früh in eine bereits ausgebildete Lehr- und Sprachwelt ein«[95], die grundsätzlich allen Mitgliedern offenstand und zu einer

90 A. a. O., 165, unter Aufnahme einer Formulierung von Dalferth, Theologie und Gottes Gegenwart, 273: »Gott ist gegenwärtig und in seiner Liebe hier und jetzt wirksam« (im Original teilweise kursiv).

91 So die Begrifflichkeiten Grethleins zu den drei Kommunikationsmodi des Evangeliums in Aufnahme von Ausführungen Jürgen Beckers (vgl. Becker, Jesus von Nazareth, 178).

92 Vgl. Riesner, Jesus als Lehrer, 246–276.408–411.

93 Schröter, Jesus als Lehrer, 115.

94 Schröder, Religionspädagogik, 26, unter Bezug auf Theißen, Die Religion der ersten Christen, 152.

95 Schnelle, Das frühe Christentum und die Bildung, 141.

intensiven Auseinandersetzung mit Lernimpulsen anregte. *Die frühe Christenheit war eben auch eine »kreative literarische und denkerische Bewegung«*[96]. Wer sich ihr anschloss, wurde auf diese Weise Teil einer Lerngemeinschaft. Lernorte bzw. Lerngelegenheiten bildeten der Gottesdienst sowie insbesondere die Taufe. Taufe und Lernen gehören zusammen, wobei die Reihenfolge nicht eindeutig festgeschrieben ist. Auf alle Fälle gehören Hinwendung zum und Kennenlernen des christlichen Glaubens zusammen.

Dem korrespondiert, dass in den neutestamentlichen Schriften mehrmals von Lehrern die Rede ist (Apg 13,1; 1Kor 12,28 f.; Eph 4,11; 1Tim 2,7), die entweder dauerhaft in einer Gemeinde oder als Wanderlehrer in mehreren Gemeinden tätig waren. Auch zum Tätigkeitsbereich der Gemeindeleiter gehörte das Lehren. Das alles weist darauf hin, dass das »Lernen zu den basalen Tätigkeiten frühchristlicher Gemeindeglieder zu rechnen ist«, wobei in jedem Fall »Erwachsene, nicht Kinder Adressaten der Lehre gewesen sind«[97]. Letztere kommen in den Häusern, also im Bereich familialer Beziehungen, in den Blick (vgl. sog. Hausformeln Apg 16,31; 1Kor 1,16; 1Tim 3,4; 5,4) und partizipieren als nachfolgende Generation an der Entscheidung ihrer Eltern. Dabei spielt einerseits eine Rolle, dass Eltern ihren Kindern an dem, was für sie wichtig geworden ist, Anteil geben wollen. Andererseits wirkt sich hier aus, dass Christsein mit einem bestimmten Ethos verbunden ist, das sich auch in der Gestaltung der Beziehungen im Nahbereich niederschlägt. Das bedeutet eben auch, »die in der Hinwendung Jesu zu den Menschen sichtbar werdende Liebe und Vergebung zur Grundlage der eigenen Gemeinschaft werden zu lassen«[98]. Beide Linien finden sich in der biblischen Überlieferung. Wie Eph 6,1–4 zeigt, ging es nie nur um die bloße Einführung in die Überlieferung, sondern immer auch um ein davon geprägtes Miteinander (Eph 1,4: »Ihr Väter, reizt eure Kinder nicht zum Zorn, sondern erzieht sie in der Zucht und Ermahnung des Herrn.«). Im Herrn zu erziehen bedeutet also, seiner Botschaft entsprechend zu erziehen: »Modern formuliert: eine Erziehung, die nach Inhalt und Form das Evangelium kommuniziert und aus dem Vertrauen auf das Evangelium motiviert ist.«[99]

---

96 Ebd.

97 Schröder, Religionspädagogik, 25.

98 Schröter, Jesus von Nazareth, 254.

99 Schröder, Religionspädagogik, 22.

Das generative Miteinander und damit verbunden auch der Blick auf die nachfolgende Generation nimmt eine Linie auf, die bereits im Alten Testament sehr deutlich zur Sprache kommt. Von Anfang an werden »Fortsetzung und Ausbreitung des menschlichen Geschlechts [...] im Horizont des göttlichen Segens gesehen«[100] (Gen 1,28). Auch im Abrahamsbund finden die nachfolgenden Generationen ausdrücklich Erwähnung (Gen 12,2). Die positive und wertschätzende Sicht auf die Heranwachsenden geht sogar so weit, dass sie in bestimmter Hinsicht als vorbildlich beschrieben werden (Mk 10,14). Wer sich ihnen zuwendet, dient Gott selbst (Mk 9,37).

Wie sich die Zuwendung zu ihnen innerhalb des Hauses im Einzelnen gestaltete, bleibt im Dunkeln. Allerdings ist damit zu rechnen, dass dem Hineinwachsen in das Christsein durch Miterleben und Mitvollzug bald eine am Verstehen orientierte Vermittlung folgte.[101] Friedrich Schweitzer spricht hier von der »Grundsituation religiöser Erziehung«[102], die er unter Bezug auf Dtn 6,20 vor Augen führt. Aus dem Mitvollzug erwächst das Nachfragen des Kindes, dem nicht nur auf der Informationsebene nachzukommen ist. Vielmehr soll »die Überlieferung der geschichtlichen Erinnerung zu einem verständigen Einbezug führen«[103] (vgl. Dtn 6,21), und dazu gehört nicht nur der wissende, sondern auch der zustimmende, d. h. sich in den Glauben der Väter stellende Vollzug.

b) Fokussierende Zusammenfassung

Zusammenfassend lässt sich festhalten, *dass die biblische Überlieferung eine Reihe von Hinweisen auf Lehr- und Lernprozesse gibt, ohne sie jedoch zu systematisieren und eingehender zu reflektieren.* Eine »ausgeführte evangelische Pädagogik«[104] findet sich im Neuen Testament nicht, was wohl vor allem damit zu tun hat, dass das, was selbstverständlich ist, nur selten thematisiert wird.[105] Zugleich zeigt die historisch-kritische Exegese, dass die neutestamentlichen Autoren »sehr wohl die Lehr-Lern-

---

100 Schweitzer, Religionspädagogik, 21.

101 Vgl. Finsterbusch, Die kollektive Identität und die Kinder.

102 Schweitzer, Religionspädagogik, 22.

103 Ebd.

104 Jentsch, Urchristliches Erziehungsdenken, 194.

105 Vgl. Rebell, Urchristentum und Pädagogik, 77. Außerdem ist auf das Erwarten des nahen Endes der Welt zu verweisen mit Anbruch des neuen Äons sowie darauf,

Prozesse reflektiert und gestaltet haben, die sie anstoßen wollten«[106]. *Bernd Schröder* spricht deshalb zu Recht von einer »implizit katechetische[n] Reflexion«[107], insofern es nie nur um eine bloße Darstellung von Ereignissen an sich geht, sondern immer auch um bestimmte Intentionen, die damit verbunden sind. Es geht um Menschen in spezifischen Konstellationen, in denen neue Perspektiven eröffnet werden sollen. *In alledem geht es letztlich um vergewissernde und identitätsstiftende Lernprozesse von Menschen, die sich bereits auf den »neuen Weg« (Apg 19,23) begeben haben.* Die Frage nach dem, »was auf ritueller und sozialer Ebene das Christentum ausmacht«, und damit nach den »christlichen Identitätszeichen (›identitymarkers‹)« und dem »daraus folgende[n] Lebenswandel (life-style)«[108] bedurfte der weiterführenden Klärung, und zwar primär im Bezug auf diejenigen, die sich selbst als Christinnen und Christen verstanden. Zwar hatte das Apostelkonzil im Jahr 48 n. Chr. in dieser Hinsicht entscheidende Weichen gestellt, indem für Christen aus den Völkern die Beschneidung nicht zur Bedingung einer vollwertigen Mitgliedschaft im Volk Gottes erklärt wurde. Allerdings ergaben sich daraus auch neue Herausforderungen, insofern die Auseinandersetzung mit und Positionierung zu antiken Bildungsinhalten stärker in das Blickfeld rückte. *Eine auf die Öffentlichkeit ausgerichtete pädagogische Tätigkeit gab es nicht.* Das hängt auch damit zusammen, dass das junge Christentum eine sich zwar rasch ausbreitende Bewegung war (man rechnet mit einem Wachstum von 40 % pro Dekade), dabei allerdings eine kleine Minderheit blieb. Für das Jahr 60 n. Chr. ist von ca. 4000 Mitgliedern in ca. 50–60 Gemeinden auszugehen, um 130 von reichsweit 50.000 Christinnen und Christen (bei einer Gesamtbevölkerung des Reiches von ca. 60 Millionen).[109]

Mit Blick auf die Modi religiösen Lehrens und Lernens fällt auf, dass *sich die biblisch zu rekonstruierenden Impulse nicht vollständig in das vorgegebene Schema von Bildung, Erziehung und Sozialisation einordnen lassen.* Allerdings zeigen sich interessante Überschneidungen. So wird

---

dass Glaube theonom und pneumatologisch als Gabe Gottes und Geschenk des Heiligen Geistes und somit nicht als Ergebnis menschlicher Vermittlungsbemühungen verstanden wurde; vgl. Schröder, Religionspädagogik, 28.

106 Schröder, Religionspädagogik, 32.

107 Ebd.

108 Schnelle, Theologie des Neuen Testaments, 180.

109 Vgl. dazu Schnelle, Die ersten 100 Jahre des Christentums, 526–532.

man Jesu Wirken nicht als Bildungshandeln par excellence bezeichnen können. *Gleichwohl treten bildende Elemente hervor, insofern die Kommunikation Jesu immer auf den Einzelnen und seine Bezüge zugeschnitten ist und ergebnisoffen erfolgt.* Hier eröffnen sich Räume für eine biographie- bzw. lebensweltbezogene Aneignung, die nicht unterbunden, sondern ausdrücklich ermöglicht wird. Damit zusammenhängend ist von Bedeutung, dass *Jesus kein Erziehungsprogramm im eigentlichen Sinne vorlegt.* Es geht ihm nicht um die Vermittlung bereits bewährter und feststehender Wissensbestände und Praktiken. Vielmehr will er auf der Grundlage jüdischer Traditionen, in denen er steht, neue Sichtweisen eröffnen und dazu verhelfen, die Welt und das Leben in einer neuen Weise wahrzunehmen und zu gestalten. Es geht darum, »die Gegenwart auf Gott durchsichtig zu machen« in der »Wahrnehmung seines gegenwärtigen Wirkens und der Hoffnung auf sein zukünftiges Handeln«[110]. Insofern werden durchaus Impulse gegeben. Allerdings beziehen sich die damit verbundenen Intentionen auf die Eröffnung von (durchaus auch teilweise kulturkritischen) Möglichkeitsräumen und nicht auf die Annahme vorgegebener Inhalte oder Verhaltensweisen. Die Verarbeitung der Impulse erfolgt also offen. In der Perspektive der Sozialisation fällt auf, dass Jesus sich *selbstverständlich der grundlegenden Sozialisationsinstanz des Hauses zuwendet* und die dort anzutreffenden Themen in seinem lehrenden Handeln aufnimmt. *Zugleich jedoch eröffnet er Sozialisationsräume,* indem er beispielsweise mit Menschen isst und im Mahl eine Gemeinschaft herstellt, die prägend ist. Damit entsteht eine Bewegung, die versucht, »die in der Hinwendung Jesu zu den Menschen sichtbar werdende Liebe und Vergebung zur Grundlage der eigenen Gemeinschaft werden zu lassen«[111].

In all diesen Dimensionen geht es um die Befähigung und Bevollmächtigung von Menschen zu einem neuen Verständnis des Lebens sowie zu einer daraus resultierenden veränderten Lebensführung, wobei der Einzelne angesprochen, aber von vornherein in seinen Beziehungen wahrgenommen wird und neue Bezüge angebahnt werden. Bisher Gültiges wird in ein neues Licht gestellt. Die sich daraus ergebenden veränderten Perspektiven eröffnen neue Verbindungen und Gemeinschaften. Hier kommen wesentliche Aspekte dessen zum Tragen, was in den

110 Grethlein, Praktische Theologie, 328.

111 Schröter, Jesus von Nazareth, 254.

gegenwärtigen Empowermentdiskursen mit den Aspekten der Befähigung und Bevollmächtigung thematisiert wird.

2.1.2 Profilierung einer katechetischen Praxis und Auseinandersetzung mit antiken Bildungsinhalten in der Perspektive christlicher Lebensführung im Kontext einer paganen Gesellschaft

a) Grundlegende Aspekte

Im 2. und 3. Jahrhundert gewinnt in den christlichen Gemeinden das explizit lehrende Moment an Bedeutung, wobei neben die Selbstvergewisserung im Blick auf die eigenen Traditionen auch die Auseinandersetzung mit (Bildungs-)Inhalten der nicht-christlichen Umwelt tritt. Hinter beidem steht die Herausforderung, Christsein in der es jeweils umgebenden Umwelt zu profilieren, und zwar in der Auseinandersetzung mit dem Überlieferten und demjenigen, was sich an Herausforderungen in einem Kontext ergibt, der eigene Akzente setzt, die nicht ohne weiteres mit dem Überlieferten in eins fallen. Hinter beiden stehen letztlich Fragen der Lebensführung. Die Auseinandersetzung erfolgt in denjenigen Feldern, die das Christsein berühren.

Diese auf die Klärung des Eigenen zielende Bewegung findet ihre prägendste Gestalt im *Taufkatechument*, der seit dem 2. Jahrhundert an verschiedenen Orten nachweisbar ist und zu Beginn des 3. Jahrhunderts »mehr oder minder institutionalisiert« für »Afrika, Rom, Alexandrien und Syrien-Palästina«[112] bezeugt ist. Dass die Taufe eine Vorbereitungszeit erfordert, kristallisierte sich allmählich heraus, wird allerdings erst viel später Katechumenat genannt.

[*Katechumenat*]

Der Begriff nimmt Bezug auf das paulinisch geprägte κατηχεῖν/*katecheín* (unterweisen) und steht für eine kirchliche Institution, die im Umfeld der Taufe dem Zusammenhang von christlichem Glauben und Lernen Gestalt verleiht. Erst im 19. Jahrhundert wird er zum Terminus für die altkirchliche Unterweisung im Vorfeld der Taufe (besonders eindrücklich in der *Traditio Apostolica* beschrieben) und von dort her zu einem »Programmbegriff für

112 Paul, Geschichte der christlichen Erziehung I, 45.

> katechetische und kirchenreformerische Konzepte«[113]. Programmatisch aufgenommen wird er von Carl Adolf Gerhard von Zezschwitz (1825–1886), nun allerdings für das »erzieherische und unterrichtliche Handeln an bereits getauften Heranwachsenden«[114]. Konzeptionell weiterführende Bedeutung hatte der Katechumenatsbegriff im Nationalsozialismus und in der DDR, also in Verhältnissen, in denen die Bedeutung der Schule für religiöses Lehren und Lernen zurückging bzw. ganz ausfiel.

Besonders ausführlich über die dabei ablaufenden Lernprozesse gibt die *Traditio Apostolica* Auskunft, die wohl zu Beginn des 3. Jahrhunderts entstand und dem römischen Presbyter Hippolyt zugeschrieben wird.[115] Sehr deutlich kommt darin zum Ausdruck, dass die Taufe sowohl für die Gemeinde wie für den einzelnen Christen von herausragender Bedeutung war und »den Ankerpunkt christlicher Erziehung«[116] bildete. Dies scheint mit ihrem Initiationsstatus zusammenzugehören und nur für Erwachsene zu gelten. Zwar wird davon berichtet, dass auch Kinder getauft werden, von einer eigens für sie vorgenommenen Unterweisung ist allerdings nichts zu lesen. Aller Wahrscheinlichkeit nach wuchsen Kinder in ihren Familien in das Christsein hinein, wobei der dort praktizierten »Gebetskultur«[117] eine besondere Bedeutung zukam.

Beeindruckend im in der *Traditio Apostolica* beschriebenen *Katechumenat* ist nicht nur die enge Verbindung von Elementen des Lernens und Feierns, sondern auch die Dauer von drei Jahren. Der Schwerpunkt der pädagogischen Bemühungen liegt nicht auf der Wissensebene, sondern auf der moralischen Integrität der Katechumenen und ihrer Teilnahme am Gemeindeleben. Die Paten sind es, die dafür zu bürgen haben. Letztlich ist die Wissensebene ganz im rituellen Vollzug eingebettet. Ziel ist die »Initiation in einen Lebensstil«[118]. Damit folgt man dem bereits »in der Bibel grundgelegten Verständnis von ›Bildung‹ als Hineinverwandelt-Werden in das Bild Christi«[119].

---

113 Grethlein, Katechumenat, 868.

114 A. a. O., 869.

115 Zu den Fragen der Abfassungszeit und Autorenschaft vgl. Markschies, Wer schrieb die sogenannte Traditio Apostolica?, 44–53.

116 Schröder, Religionspädagogik, 36.

117 Paul, Geschichte der christlichen Erziehung I, 35.

118 Schröder, Religionspädagogik, 37.

119 Ebd. Jesus Christus wird mehrfach als »Bild Gottes« vorgestellt (2Kor 4,4; Kol 1,15). Die Glaubenden werden in sein Bild verwandelt (2Kor 3,18; Gal 4,19).

Wie in späteren Schriften deutlich wird, gab es nicht die eine Form des *Katechumenats*, sondern unterschiedliche regionale Traditionen, die auch inhaltlich mit verschiedenen Schwerpunktsetzungen verbunden waren. Das verdeutlicht noch einmal, dass die Zielrichtung auf dem Lebenswandel der Katechumenen lag, was mit einer gewissen inhaltlichen Variabilität einherging, die auch damit zusammenhing, dass es noch nicht zum Abschluss eines elaborierten dogmatischen Systems gekommen war.

Eng mit der im Taufkatechumenat deutlich werdenden Konzentration auf einen glaubwürdigen Lebenswandel hängt die Auseinandersetzung mit Vorgaben aus der Umwelt zusammen, zu denen man sich verhalten musste. Dabei lebten die Christen auch vor der konstantinischen Wende nicht in einer religiösen Enklave.[120] Vielmehr kann im wirtschaftlichen und familiären Bereich von einer Isolierung nicht die Rede sein, so denn der Glaube nicht direkt davon betroffen ist. Im familiären Bereich duldet man sogar kultisch durchsetzte Feiern, wenn der Kult nicht als Hauptzweck dieser Feiern gilt. Nur im öffentlich-gesellschaftlichen Bereich herrscht größte Reserve. Ein Christ soll kein öffentliches Amt übernehmen und auch keine Feste und öffentlichen Aufführungen besuchen.

Die dahinterliegende Frage nach dem Umgang mit der antiken Kultur fand ihre Zuspitzung in der Frage, wie ein Christ mit der geistigen Lebensform der Heiden, der *Paideia* (lat. *Humanitas*), umzugehen habe, welchen Einflüssen man sich aussetzen dürfe und welchen nicht. Letztlich zeigt sich hier eine Konkurrenzsituation zwischen dem Idealbild des Christseins und dem antiken Ideal des Menschseins, das ebenfalls religiöse Elemente mit einschloss. Die dahinterliegende Frage ist die nach einer möglichen Synthese von antiken Wissenschaften und christlichem Glauben. Während einige dies strikt ablehnen und den Gegensatz zwischen dem christlichen Glauben und der antiken Philosophie hervorheben (so zum Beispiel Tertullian, gest. nach 220), entwickeln andere synthetische Modelle, die nicht auf Abgrenzung, sondern auf ein Miteinander ausgerichtet sind. So versucht die so genannte christliche Apologetik des 2. Jahrhunderts, besonders Justin (gest. um 165), dem Vorwurf der Bildungsfeindlichkeit und Unwissenschaftlichkeit zu begegnen und ringt um die Anerkennung der biblischen Bot-

120 Vgl. dazu Paul, Geschichte der christlichen Erziehung I, 15 f. Die folgenden Seitenangaben im Text beziehen sich darauf.

schaft als *Paideia*. Die Alexandriner, Clemens von Alexandrien (gest. ca. 215) und Origenes (gest. 254), stellen das griechische Denken bewusst in den Dienst des Glaubens und geben damit wichtige Impulse für die theologische Reflexion. Dabei gilt es, das Proprium des christlichen Glaubens zu bewahren und gleichzeitig die Auseinandersetzung mit der antiken Philosophie zu suchen. Man ringt um den rechten Gebrauch und stützt sich dabei auf die Bibel. Im Brief des Origenes an seinen Schüler Gregor den Wundertäter wird die Begründung durch eine allegorische Exegese von Ex 3,21 f. (11,2; 12,35 f.) geliefert: »Wie Israel Ägyptens goldene und silberne Gefäße und Gewänder mitnahm und in den Dienst der Gottesverehrung stellte, so dürfen die Schätze heidnischer Bildung in den Dienst der Gotteserkenntnis gestellt werden.« (19) Besonders berühmt ist der Bienenvergleich, der den rechten Gebrauch der antiken Wissenschaften demonstrieren soll. Basilius der Grosse (gest. 379) formuliert besonders eindrucksvoll: »Wie die Biene aus den Blüten den Honig saugt, so benützt der Christ die heidnische Literatur: Die Biene wählt die Blüten aus, ja, selbst von dem ausgewählten nimmt sie nicht alles; allein das Nützliche trägt sie heim.« (19)

Hier wird eine Linie gezeichnet, die später mit dem Kirchenvater Augustin (354–430) maßgeblich Verbreitung findet. Es geht nicht um Ablehnung oder Zustimmung, sondern um die rechte Ingebrauchnahme der antiken Bildungsstoffe, die mit der Bibel gerechtfertigt wird (vgl. 1Thess 5,21). Die Inhalte der *Paideia* sind nicht um ihrer selbst willen von Bedeutung. Sie haben vielmehr eine »dienende Funktion«[121], so sie zu einem tieferen Verstehen der Bibel verhelfen. Materialiter spielen dabei die so genannten *septem liberales artes* (die sieben freien Künste) eine wichtige Rolle, eine »Synthese dessen, was die Sophisten und die Philosophen, die Rhetoren und die Wanderlehrer erarbeitet und gewonnen hatten. [...] Bildung ist Umgang mit der Sprache nach ihren verschiedenen Hinsichten«[122] (Grammatik, Rhetorik, Dialektik). Darüber erhebt sich das »Viergespann der ›mathematia‹, nämlich Geometrie und Arithemtik, Musik und Astronomie. Sie enthalten, was eines freien Mannes zu wissen würdig ist, nicht die technischen Fächer wie Medizin oder Architektur, auch nicht die praktische Ausübung der Musik, son-

121 Schröder, Religionspädagogik, 47.

122 Prange, Erziehung und Pädagogik, 43 (im Original teilweise kursiv).

dern das Erkennen der Ordnungen, die in der Welt maßgeblich sind.«[123] Der Gebrauch dieser Bildungsgehalte führt letztlich zu deren Integration unter dem Vorzeichen der einzig als richtig erachteten christlichen Sicht auf die Welt und das Leben. Denn christliche Bildung ist »höhere Bildung, ist Weisheit (*sapientia*), die alle Dinge auf das letzte Ziel, auf Gott und die Liebe bezieht«[124]. In dieser Perspektive ergibt sich nicht nur ein (nur von wenigen Wohlhabenden zu nutzender) Freiraum zum Besuch paganer Schulen, sondern auch die Möglichkeit zur Ausübung des Lehrerberufs dort (auch das hat nur wenige Christen betroffen). Auf diese Weise entsteht unter den Christen eine kleine Gruppe von Gelehrten, die christliche und antike Traditionen miteinander zu verbinden versuchen. Einen Anteil an dieser Entwicklung scheinen auch die Familien zu haben, indem sie das antike Bildungsprogramm für ihre Kinder, die eine pagane Schule besuchten, zu Hause durch explizit christliche Perspektiven ergänzten. So berichtet Eusebius von Caesarea (gest. 339/340) in seiner Kirchengeschichte, »der Vater des Origenes, der seinen Sohn in die heidnische Schule schickte, habe von diesem verlangt, daß er zuhause die Hl. Schrift studiere und (anscheinend) Bibelstellen ›auswendig lerne und hersage‹« (35).

b) Fokussierende Zusammenfassung

Zusammenfassend bleibt festzuhalten, dass mit der Ausbreitung des Christentums eine pädagogische Praxis entsteht, die Erwachsene im Rahmen der Gemeinde in die christliche Lebensform einführt. Dass dabei die Taufe zum maßgeblichen Bezugspunkt wird, hat zu einem großen Teil auch damit zu tun, dass sie als Initiationsritual die Zugehörigkeit zu Jesus Christus und seiner Gemeinde liturgisch verdichtet. Gerichtet sind die katechetischen Bemühungen an Erwachsene, die sich für den Glauben geöffnet haben. Dass Kinder einer eigenen Form pädagogischer Bemühungen christlich motivierten Lernens jenseits der Familie bedürfen, ist noch nicht im Blick.

Das Ziel aller Unterweisung besteht darin, sie in eine christliche Lebensform einzuführen und zu deren Ausgestaltung zu motivieren. In diesem Zusammenhang finden sich auch eigene Reflexionen zur Durch-

---

123 Ebd.

124 Paul, Geschichte der christlichen Erziehung I, 20. Die folgenden Seitenangaben im Text beziehen sich darauf.

führung der Unterweisung, unter denen AUGUSTINS Schrift »Vom ersten katechetischen Unterricht« (*De catechizandis rudibus*) von besonderem Interesse ist, insofern sie sich als »Gelegenheitsschrift«, die auf die Anfrage eines Diakons aus Karthago Bezug nimmt, mit der Frage befasst, »wie die Katechesestunde, die bei der Anmeldung als Katechumene üblich ist, zu gestalten und wie die ›Motivation‹ des Katecheten zu verbessern sei« (93). Es sind also Herausforderungen der Praxis, auf die Augustin zu reagieren und dabei Ziel und Inhalt der Katechese näher zu bestimmen versucht. Von Interesse ist hier, dass er von einem »(intuitiv geahnten) Interdependenzmodell« (99) ausgeht, das es zu berücksichtigen und zu optimieren gilt. Dabei kommt der sittlichen Ermahnung (*exhortatio*) das größte Gewicht zu. Das Lehr- und Lernziel ist die Liebe. Damit steht und fällt der Sinn der Unterweisungsstunde.

Auch wenn diese Schrift AUGUSTINS nicht zu den wirkmächtigsten gehört, wird hier in gut nachvollziehbarer Weise deutlich, worauf die anzustoßenden Lernprozesse zulaufen sollen. Der glaubwürdige Lebenswandel, bestimmt durch Glaube, Liebe und Hoffnung, steht im Zentrum. Hier wird das weitergeführt, was für die junge Christenheit so grundlegend war: der »persönlich(e) Eindruck, den einzelne Christen auf Nichtchristen machten« und die Tatsache, dass Erlösung »nicht von besonderer philosophischer Bildung, herausgehobener ethischer Vollkommenheit oder streng geheimen Riten abhängig«[125] ist. Gerade in dieser Zielperspektive lag auch ein Schlüssel in der Verhältnisbestimmung zur *Paideia*, als der antiken Kulturtradition. Die Fokussierung auf einen als christlich bestimmten Lebensstil eröffnete Freiräume in der Begegnung damit. Entscheidend ist nicht die rhetorische Bildung, sondern die sittliche. Hier fühlten sich die Christen ihrer Umwelt überlegen. Sehr deutlich kommt das schon bei JOHANNES CHRYSOSTOMUS (gest. 407) zum Ausdruck in seiner Schrift »Über Hoffart und Kindererziehung«, nach Paul die »erste ausführliche christliche Erziehungslehre«[126]. Bezeichnend ist das Abfassungsmotiv: »Weil der Glaube (heute) durch κενοδοξία (*kenodoxia* = Hoffart; M. D.) korrumpiert wird, muß erzieherisch gegengesteuert werden«[127]. Pädagogische Prozesse sind bewusst lenkende Prozesse, die auf ein bestimmtes Ideal hin erziehen

125 Markschies, Warum hat das Christentum in der Antike überlebt?, 44.46.

126 Paul, Geschichte der christlichen Erziehung I, 61.

127 A. a. O., 63.

wollen. In besonderer Weise empfänglich dafür sind Heranwachsende bzw. Menschen, die sich dem christlichen Glauben gegenüber geöffnet haben.

Die Zielvorstellungen pädagogischen Handelns gehen Hand in Hand mit den Inhalten, die dabei eine Rolle spielen. Entscheidend ist der rechte Gebrauch. Dies führt zu einer reflektierten Aufnahme und Auseinandersetzung mit den Gehalten der *Paideia*. Waren deren Tradenten in der Antike die zahlenmäßig kleine Gruppe der freien Männer, so übernehmen nun »diejenigen Theologen, die asketisch-monastisches Leben schätzten und als Väter monastischer Lebensregeln in die Geschichte eingingen (Basileios, Augustinus, auch Hieronymus und Benedikt), das Thema der Paideia«[128]. Auf diese Weise wird der Grundstein für das Kloster, als der entscheidenden Bildungsinstitution des Mittelalters gelegt.

Mit Blick auf die Modi religiösen Lehrens und Lernens fällt auf, dass die erzieherische Komponente nur für einen kleinen, philosophieaffinen Teil der Christen in Anschlag gebracht wird. Die übergroße Mehrheit ist davon ausgeschlossen. Intentionales, bewusst angestoßenes Lernen findet im Rahmen des Taufkatechumenats im Hinblick auf die Einführung in die christliche Lebensform statt. Sozialisatorisch geprägt ist es in den Häusern. Die Taufe von ganzen Häusern, die eben auch Kinder einschloss, zeigt, dass deren Hineinwachsen in das Christsein nicht eigens reflektiert, sondern im (Mit-)Vollzug angelegt war. Interessant ist, dass im Taufkatechumenat, im Rahmen der symbolischen Kommunikation, Räume für eine biographiebezogene Aneignung der Inhalte und Praktiken gegeben waren, also durchaus im heutigen Sinne bildende Elemente anzutreffen sind. Deutlich wird das nicht zuletzt in der Bezeichnung des Credos als Symbol. Das schließt die Füllung mit eigenen Vorstellungen und Erfahrungen immer mit ein.

[*Symbol*]

Der Begriff Symbol geht auf das griechische συμβάλλειν (*symbállein*) zurück, das mit »zusammenwerfen, zusammenfallen, zusammenpressen oder vereinigen« übersetzt werden kann. Im Symbol werden Bruchstücke zusammengefügt, die zusammengehören, aber vorher getrennt waren. Versinnbildlicht wird das im antiken Brauch des Zerbrechens einer Tonscherbe beim Abschied von Freunden. Die einzelnen Stücke werden dann beim Wiedersehen wieder

128 Schröder, Religionspädagogik, 51.

> zusammengefügt. Insofern lässt sich als Minimalkonsens innerhalb des weiten Feldes der Symboltheorien festhalten: »Ein Symbol ist ein ›Zusammengeworfenes‹ aus einem sinnlichen Zeichen und dem Bezeichneten oder dem, was symbolisiert wird.«[129] Ein wesentlicher Zug eines Symbols besteht also darin, dass es über sich hinausweist auf eine Wirklichkeit, die nicht unmittelbar zugänglich erscheint und insofern abwesend ist. Es trägt also eine Wirklichkeit in sich, die außerhalb seiner selbst liegt. Symbole unterscheiden sich von dem, was sie bezeichnen. Zugleich stehen sie nicht nur zufällig neben dem von ihnen Bezeichneten. Sie sind aufs Engste mit dem Bezeichneten verknüpft, gehen aber selbst nicht darin auf. In dieser Weise können Symbole als »Brücke des Verstehens«[130] fungieren.

Von grundlegender Bedeutung ist der Zielhorizont, in dem das alles stattfindet. Christlich motiviertes Lehren und Lernen geschieht im Kontext einer paganen Gesellschaft, die nicht als fördernd, sondern vielmehr als hemmend, teilweise sogar als zerstörend erlebt wird. In dieser Situation gilt es, die Einzelnen in ihren Gemeinden im Gegenüber zur paganen Umwelt zu stärken und sie in ihrem Christsein zu unterstützen. Empowerment wird hier zu einem lebenswichtigen Programm, insofern nie nur bestimmte Fähigkeiten, sondern immer auch deren Anwendung avisiert wurde. Befähigung und Bevollmächtigung gehören zusammen.

2.1.3 Christliches Lernen in Auseinandersetzung und Anpassung an den sozialen und kulturellen Kontext obrigkeitlich abgesicherter Christlichkeit

a) Grundlegende Aspekte

Im 4. Jahrhundert n. Chr. ändert sich die gesellschaftliche Stellung des Christentums. Aus einer Minderheitenreligion, die teilweise blutigen Verfolgungen ausgesetzt war, wurde eine anerkannte, später rechtlich privilegierte Religion, die unter Theodosius I. zur Reichskirche erhoben wurde. Christliche Religion und Kirche gelangten zu Macht und Einfluss und verkörperten »in nicht geringem Maß auch politische Macht«[131]. Damit ändern sich die Voraussetzungen christlich motivier-

---

129 Biehl, Symbole geben zu lernen, 46.

130 Vgl. Oelkers/Wegenast (Hg.), Das Symbol, 9.

131 Rupp, Religiöse Bildung und Erziehung im Mittelalter,19.

ten Lehrens und Lernens auf fundamentale Weise. Die Herausforderung einer werbenden Entfaltung des Evangeliums, mit der über die Möglichkeiten des Christseins und der Lebensform der Christen vertraut gemacht werden sollte, stellt sich nicht mehr. Das Christentum wird zur alle Lebensbereiche prägenden und dominierenden Religion, die obrigkeitlich vorgegeben ist. Wie die Germanenmission deutlich zeigt, ist die Partizipation daran nun keine individuelle Angelegenheit mehr, sondern eine öffentliche. Nicht der Einzelne, sondern die ganze Sippe tritt zum Christentum über. Dabei geht es immer auch um »die Demonstration der Überlegenheit des Christengottes (unterstrichen durch Zerstörung heidnischer Kultstätten)« und nicht selten um »Zwang«[132]. Der Taufkatechumenat verliert damit seine Grundlage, weil der Lebensstil, der damit angeregt werden sollte, nun für (fast) alle gilt und gleichsam im Vollzug gelernt wird. Verstärkt wird dies durch die Zunahme der Kindertaufe, die im 5. Jahrhundert zur Regel wird. Sofern man nicht einer religiösen Minderheit wie dem Judentum angehörte, wird man »ins Christentum gleichsam hineingeboren«[133]. Bei der Kindertaufe fand sich lediglich ein kurzes (rein rituell gestaltetes) *Katechumenat*, das an die Paten gerichtet war. Überhaupt dominieren rituelle Vollzüge die Gestaltung christlichen Lebens. Predigt und pastorales Wirken, hier vor allem im Rahmen der Beichterziehung, lassen sich dabei durchaus als katechetisch verstehen. Darüber hinaus wurden Impulse in die Familien gegeben, damit sie die kirchlichen Aktivitäten flankierend und unterstützend begleiteten.

> »Die Familie, die Väter und Mütter, und vielleicht auch damals schon die Großmütter, riefen der nachwachsenden Generation gegenüber nur die Appelle in Erinnerung, die sie selbst in ihrem Kontakt mit den kirchlichen Autoritäten vernommen hatten: Besuch des Gottesdienstes, Teilnahme an Beichte und Kommunion, Einhaltung der Gebete, Einprägung des Vaterunsers, des Glaubensbekenntnisses, der ethisch-moralischen Weisungen, die im Gottesdienst übermittelt wurden u. a. m.«[134]

Christlich motiviertes Lernen geschieht also in der Gewöhnung und Eingliederung in eine kirchlich-christlich dominierte Kultur. Zugleich spielen Ermahnungen – zumeist im Rahmen der Beichte erteilt – eine

132 Paul, Geschichte der christlichen Erziehung I, 175.

133 Schröder, Religionspädagogik, 55.

134 Rupp, Religiöse Bildung und Erziehung im Mittelalter, 32.

wichtige Rolle. Sie führen im Spätmittelalter in Verbindung mit einer dezidiert katechetisch verstandenen Bilderwelt, geistlichen Liedern und der zahlreich erscheinenden Erbauungsliteratur zu einem gesteigerten Bewusstsein für eigene Sündhaftigkeit.

Ein pädagogisch reflektiertes Katechumenat für Kinder war in der alten Kirche nicht entwickelt worden und findet sich auch im Mittelalter nicht. Deren religiöse Erziehung war hauptsächlich im familialen Rahmen beheimatet. Auch der ausführliche Taufkatechumenat der alten Kirche hatte in dieser Hinsicht allenfalls mittelbar gewirkt, indem Männer und Frauen in den christlichen Lebensstil eingeführt wurden, die eben auch Kinder hatten, und das Gelernte nun in eigener Verantwortung an die nachfolgende Generation weitergaben. Diese Linie wird im Mittelalter weitergeführt. Der familiale Rahmen wird durch kirchliche Vorgaben gestützt und bisweilen korrigiert. Dabei spielten Machtaspekte nun eine wesentliche Rolle, ging es doch immer auch um die Prägung eines einheitlichen Kulturraums.

Dazu kommt, dass mit dem Zerfall des römischen Reiches, der Konstituierung von Nachfolgestaaten und der Entstehung des Heiligen Römischen Reiches deutscher Nation die römische Kirche »so etwas wie Kontinuität im Okzident« verkörperte, »zumal die Nachfolgestaaten sich alle zum Christentum als der wahren Religion bekannten«[135]. Damit wird das abendländische Christentum nun »als Mittlerin wie als Überbieterin antiker Bildung wirksam«[136]. Seine Gestalt findet das zu einem wesentlichen Teil in den Klöstern, die seit dem 6. Jahrhundert gegründet wurden, und den Klosterschulen, die seit dem 9. Jahrhundert entstanden. Das Mönchtum selbst wollte ursprünglich nicht primär pädagogisch wirken, entwickelte sich aber zu einer pädagogisch hoch relevanten Einrichtung, indem es ein Vorbild gelingenden christlichen Lebens gab und einen Raum zur Bewahrung des geistigen und kulturellen Erbes schuf.

Schon früh wird von Kindern berichtet, die im Kloster aufwachsen, so dass sich die Notwendigkeit zu deren Erziehung ergibt. Zum ersten Mal entsteht damit eine eigene Institution für die christliche Erziehung von Kindern jenseits der Familie. Nicht alle Kinder wollten bzw. sollten Mönche werden. Organisatorisch äußert sich das in der Unterscheidung

135 A. a. O., 18.

136 Schröder, Religionspädagogik, 50.

in eine *schola externa* und eine *schola interna.* Während Erstere meist für ein adliges Publikum die Vermittlung von Kulturtechniken wie Lesen, Schreiben und liturgischem Gesang zum Ziel hatte, führte Letztere in die *septem artes liberales* ein als »Vorstufe zu den eigentlichen geistlich-theologischen Studien«[137]. Damit können die Klosterschulen als »Nachfolgeinstitutionen der griechisch-römischen Schulen«[138] gelten, wobei weltliche Bildung nicht als »Selbstzweck« fungierte, sondern »im Dienste letztlich der Hinordnung des Menschen auf das ewige jenseitige Heil«[139] stand. Durch die Rückbindung an den Lebensraum Kloster werden Lehre und Leben von vornherein miteinander verzahnt. Jegliche Bildung, und zwar die weltliche genauso wie die spezifisch christliche, ist mit dem Leben der Mönche verbunden. Auffällig ist, dass damit erzieherische Impulse zum Christsein »in eine Subkultur verlegt« werden, die »sich trotz aller Wechselbeziehungen von der ›Welt‹ abgrenzt«[140]. Problematisch wird das in dem Maße, wie sich die fraglose Selbstverständlichkeit einer allgemein christlichen Durchdringung der Gesellschaft ändert.

b) Fokussierende Zusammenfassung

Zusammenfassend bleibt festzuhalten, dass mit der Verchristlichung der Gesellschaft die Notwendigkeit einer eigenen christlich motivierten pädagogischen Praxis abnimmt. Der Rückgang und Abbruch des Taufkatechumenats ist dafür ein Beispiel. Diese Konstellation hat auch Auswirkungen auf die Reflexion von Lehr- und Lernprozessen. Zwar finden sich eine »Vielzahl an Schriften«, die als pädagogisch zu qualifizieren sind, »andererseits aber mangelt es dem Gros dieser Schriften an systematischer und, vergleicht man sie etwa mit der dogmatischen Literatur der zeitgleichen Scholastik [...], an theoretischer Kraft«[141]. Das hat zu einem guten Teil auch damit zu tun, dass es vorrangig um eine systemimmanente und nicht um eine von grundsätzlichen Anfragen getragene Plausibilisierung ging. Im Zentrum steht primär die Vermittlung schon vorab feststehender Wahrheit, die nachzuvollziehen und nicht kritisch

137 Rupp, Religiöse Bildung und Erziehung im Mittelalter, 20.

138 Schröder, Religionspädagogik, 52.

139 Rupp, Religiöse Bildung und Erziehung im Mittelalter, 20.

140 Paul, Geschichte der christlichen Erziehung I, 129.

141 Schröder, Religionspädagogik, 59.

zu durchdringen ist. Wissen und Handeln sind dabei aufs Engste miteinander verbunden. Auch die antiken Wissensbestände werden nun zielgerichtet, d.h. auf die Explizierung der feststehenden christlichen Wahrheit hin eingeordnet. Beispielhaft lässt sich das am Bildungskonzept Alkuins (gest. 804), eines Beraters Karls d. Gr. (gest. 814), vor Augen führen. Er formulierte so etwas wie ein Bildungsideal, in dessen Zentrum der Begriff *erudire* (aufklären, unterrichten, lehren, ausbilden) steht, also die Erziehungs- und Bildungsaufgabe der *seniores,* der die Pflicht zum *discere* (lernen) bei den *pueri* bzw. *iuniores* entspricht. Dabei geht es nicht um die »bloße Weitergabe von Wissen«, sondern um die »Einweisung in die christliche, in der Liebe gegründete Lebensform«[142], die maßgeblich durch gute Beispiele geschieht. Weisheit gilt als Weg und Ziel. Konkret geht es um ein »Herausführen aus der vita imperfecta [...] zur vita perfecta«[143]. Interessant ist, dass jetzt auch die Inhalte der antiken, formalen Bildung voll einbezogen werden. Wie besonders bei Hrabanus Maurus (gest. 856), einem Schüler Alkuins, deutlich wird, liegt das Ziel insgesamt darin, »den Menschen auf die in der Heiligen Schrift enthaltene göttliche Weisheit hinzuführen«[144]. Die antiken Bildungsgehalte werden als zu durchschreitendes Land auf dem Weg »zur heiligen Schrift als dem wahren Vaterland« gesehen, »in dem vielfältige Weisheit regiert« (29).

Eine solche Perspektive, die vor allem für den kleinen Teil der höher Gebildeten Umsetzung findet, korrespondiert mit dem mehr oder minder fraglosen Hineinwachsen der übergroßen Mehrheit der Bevölkerung in eine christlich geprägte Lebensform. Eine solche Konstellation lässt pädagogische Aktivitäten in den Hintergrund treten. Sie gewinnen stattdessen da an Gewicht, wo die davon abhängigen Fähigkeiten im alltäglichen Leben nicht automatisch gewonnen werden können. Das ist insbesondere bei dem »profan abgezweckten Bildungsgut« (30), also Lesen, Schreiben und Rechnen, der Fall. Zwar war dessen Erlernen eingebettet in religiöse Vollzüge und Inhalte; Bildung im kirchlichen Kontext war »per se religiöse Bildung« (30). Aber letztlich markierte es doch ein eigenes Feld. Als die Bedeutung des Lesens, Schreibens und Rechnens

---

142 Paul, Geschichte der christlichen Erziehung I, 24.

143 Ebd.

144 Rupp, Religiöse Bildung und Erziehung im Mittelalter, 29. Die folgenden Seitenangaben im Text beziehen sich darauf.

stieg und pädagogische Praxis auf diese Weise »im Hoch- und Spätmittelalter in den Städten explizit profanen Charakter annahm« (30), hatte das auch Auswirkungen auf die Formierung einer explizit religiösen Bildung. Sie trat neu in das Blickfeld.

Allerdings wird man hier nur im umgangssprachlichen Sinne von Bildung sprechen dürfen. Bildung im Sinne der Subjektwerdung spielt keine Rolle. Bestenfalls eine kleine Elite, die der oberen Schicht angehört, genießt das Privileg einer Subjektwerdung ermöglichenden Auseinandersetzung mit Impulsen aus Tradition und Gegenwart.

Im Hintergrund steht dabei auch die Verbindung von Christen- und Germanentum.[145] Das Germanentum ist – im Gegensatz zur Antike, die mit einer Individualkultur verbunden ist – eine kollektive Kultur unter der Führung eines Herrschers. Der Einzelne spielt nur als Teil der Gemeinschaft eine Rolle, die wiederum ihrem Führer zu folgen hat. Auf dieser Linie lassen sich auch die Zwangstaufen verstehen. Die durch herrschaftliche Vorgaben geprägte Kultur wird zum maßgeblichen Sozialisationsfaktor. Explizite Erziehung tritt damit in den Hintergrund, weil die ganze Gesellschaft zum Erziehungsfaktor wird. Diese »kulturellen Rahmenbedingungen«[146] gehen mit einer völligen Affirmation der staatlichen Ordnung einher. Das Christentum geht ganz in der herrschaftlich geprägten Kultur auf. Christlich motiviertes Lehren und Lernen bedeutet deshalb zum großen Teil, sich in der kollektiven Kultur einzufinden und den Vorgaben einer christlichen Lebensform zu folgen. Der Einzelne als zu Unterstützender tritt nicht in das Blickfeld. Die empowernde Dimension christlich motivierten Lehrens und Lernens geht ganz in der Gemeinschaftsdimension auf.

2.1.4 Intensivierung christlichen Lernens als Resultat reflektierten Lehrens im Kontext der Konfessionalisierung des Christentums

a) Grundlegende Aspekte

War das Schisma zwischen der orthodoxen und der römischen Kirche (1054) lebensweltlich für den deutschen Sprachraum weitgehend bedeutungslos geblieben, so änderte sich das massiv mit der Reformation. Die

145 Vgl. Leppin, Geschichte des mittelalterlichen Christentums, 103 f.

146 Ebd.

Plausibilitätskoordinaten mittelalterlicher Menschen wurden in grundlegender Weise erschüttert. War vorher weitgehend unstrittig, dass es die *eine* wahre Glaubensüberzeugung gibt, was sich in der *einen* Kirche widerspiegelte (»abweichende Überzeugungen wurden entweder als ›Häresien‹ verfolgt oder aber, wie im Falle des Judentums, als andersartig diskriminiert«[147]), so spaltete sich nun diese eine Kirche in eine »Pluralität von Konfessionen«, wobei jede dieser Konfessionen »den Anspruch des unverkürzten Zeugnisses der göttlichen Wahrheit erhob«[148]. Die damit verbundenen Herausforderungen kommen sehr eindrücklich in einem Gedicht Friedrich von Logaus zum Ausdruck: »Luthrisch, Päpstisch und Calvinisch, diese Glauben alle drei / Sind vorhanden, doch ist Zweifel, wo das Christentum dann sei.«[149] Es war vor allem die Veränderung des bisher Fraglosen, die nicht zuletzt mit gesonderten pädagogischen Bemühungen aufgefangen werden sollte. Auch wenn es Vorläufer gab, die Reformation also »in der Luft lag«[150], ging sie doch mit einer grundlegenden Erschütterung bisher als unumstößlich geltender Gewissheiten einher. Die Pluralitätserfahrung, verbunden mit dem Festhalten an der Wahrheit christlichen Glaubens, führte zu einem Vergewisserungsbedarf, dem nicht mehr allein im Modus mehr oder minder fraglosen Übernehmens hergebrachter Überzeugungen im Kontext herrschaftlicher Vorgaben zu begegnen war. Vielmehr erhielt nun die eigene religiöse Überzeugung neues Gewicht. Das erhöhte auch den Plausibilisierungsbedarf und führte zu einer Intensivierung des Engagements für christlich motiviertes Lehren und Lernen. Dabei zeigen sich zwei Schwerpunkte. Einerseits führte die Reformation zu einer Neuausrichtung institutionalisierter Bildung. Hier hatte die massive Kritik der Reformatoren am geistlichen Stand – vor allem in der Zuspitzung hinsichtlich der monastischen Gelübde – zu einer »Krise des überkommenen Schulwesens«[151] geführt, die zu bearbeiten war. Andererseits sollte jeder und jede Einzelne dazu befähigt werden, über den eigenen Glauben Auskunft zu geben, wozu auch gehört, in den Grundlagen der eigenen Konfession Bescheid zu wissen und ein dementsprechendes Leben zu führen.

---

147 Schröder, Von der Reformation bis zum Dreißigjährigen Krieg, 37.

148 Rabe, Deutsche Geschichte, 652.

149 Logau, Deutsche Gedichte, 108.

150 Boschki, Einführung in die Religionspädagogik, 31.

151 Schröder, Von der Reformation bis zum Dreißigjährigen Krieg, 40.

Der hier skizzierten Linie korrespondierte LUTHERS Theologie, die wesentlich christologisch bestimmt war. Jede und jeder Gläubige steht durch Jesus Christus in unmittelbarer Beziehung zu Gott. Eine vermittelnde Instanz ist dafür nicht notwendig. Das Heil wird im Glauben erfahrbar. Daraus resultiert: Jeder und jede ist bildungsfähig, aber auch bildungsbedürftig. Jede und jeder Einzelne soll die Bibel lesen und verstehen können.

Ein besonderes Gewicht erhielt diese Perspektive durch LUTHERS biblisch gegründete Überzeugung vom Priestertum aller Getauften (1Petr 2,9). Weil alle getauften Christen im geistlichen Stand sind, gibt es keine unterschiedlichen geistlichen Qualitäten von Geistlichen und Laien. Zugleich wird damit ein wichtiger Bildungsimpuls gegeben. Wenn jeder Getaufte am Dienst des Evangeliums mitwirken soll, dann braucht er Unterstützung, um auskunfts- und urteilsfähig zu sein. Dazu gehört grundlegend die Lektüre der Bibel. Führt man sich dabei vor Augen, dass an der Wende vom 15. zum 16. Jahrhundert nur ein Prozent der Bevölkerung lesen und schreiben konnte, wird deutlich, dass dieser »nach innen« gerichtete Impuls aufs Engste mit »nach außen« gerichteten Lernprozessen verbunden war. Denn um die Heilige Schrift studieren zu können, musste man des Lesens mächtig sein.

Die hier skizzierte Perspektive führt also direkt zu einer Verstärkung des erzieherischen Handelns. Für dessen Ausgestaltung spielt LUTHERS Unterscheidung zwischen den zwei Regimentern eine wichtige Rolle, nach der Gott die Welt auf zweierlei Weise regiert: »geistlich durch Wort und Sakrament, weltlich durch Inanspruchnahme menschlicher Vernunft«[152]. Auf diese Weise ergibt sich ein Freiraum, in dem auch das pädagogische Moment ein Eigenrecht erhält, »das nicht theologisch überhöht werden darf«[153]. Pädagogisches Handeln ist unverzichtbar. Das gilt sowohl für den Ausbau und Erhalt des Gemeinwesens als auch für die Kirche und die Weitergabe des Glaubens.

Geistliches und weltliches Regiment sind nicht gegeneinander auszuspielen, sondern vielmehr aufeinander zu beziehen. Beide Bereiche sind Ausdruck von Gottes Weltregierung und werden gerade dadurch ihrem Auftrag gerecht, dass sie in der ihr eigenen Logik agieren. Das Feld

---

152 A. a. O., 62.

153 Grethlein, Praktische Theologie, 267.

von Erziehung und Unterricht rückt damit aus genuin theologischen Gründen als eigenständiger Bereich in den Blick, der zu würdigen und mit pädagogischem Sachverstand auszufüllen ist. Zugleich will diese theologische Fokussierung nicht bevormunden. Sie eröffnet vielmehr einen Gestaltungsspielraum, wodurch auch die Anregungen einer sich verändernden Welt und hier nicht zuletzt die Impulse der Humanisten (Erasmus von Rotterdam gest. 1536 oder Ulrich von Hutten gest. 1523) aufgenommen werden konnten. Christsein und Gebildetsein gehen Hand in Hand, ohne dass es dabei zu einer Funktionalisierung der Inhalte und Fähigkeiten kommen muss. Wurden bisher die weltlichen Bildungsgehalte in ihrer Hinordnung auf die explizit christlichen Inhalte integriert und legitimiert, so erhalten sie nun stärker eine eigenständige Bedeutung. Die damit erlernten Fähigkeiten werden für sich genommen gewürdigt, ohne dass damit die theologische Fokussierung an Bedeutung verlieren würde.

Ganz praktisch äußert sich das darin, dass Luther die staatliche Obrigkeit wie auch die Eltern daran erinnert, die Kinder zum Dienst in den beiden Regimenten Gottes zu befähigen: Erstere, indem sie Schulen einrichten, und Letztere, indem sie ihre Kinder dorthin schicken.[154] Er gibt damit wesentliche Anregungen auf dem Weg zur Herausbildung eines Volksschulwesens. Im Feld der höheren Schulen war es vor allem Philipp Melanchthon (1497–1560), der dazu durch etliche Schulgründungen besonders in Mitteldeutschland wichtige Impulse gab. Hier werden Spuren gelegt, die religionspädagogisch heute hoch bedeutsam sind, insofern sie den Lernort Schule in das Blickfeld rücken und andererseits eine Weite bezüglich des Themenspektrums christlich motivierten Lehrens und Lernens markieren. Neben den explizit christlich bestimmten Themen spielen immer auch allgemeinbildende Aspekte eine grundlegende Rolle.

Philipp Melanchthon war es auch, der im Rahmen der Schule eine eigene, vom übrigen Unterricht unterschiedene »christliche Unterweisung« vorsah, also eine Vorform eines eigenständigen Religions-

154 Vgl. Martin Luther, An die Ratsherrn aller Städte deutschen Lands, dass sie christliche Schulen aufrichten und halten sollen (1524), WA 15, 27–53, 43.36. Zu den sog. Schulschriften gehören auch: An den christlichen Adel deutscher Nation von des christlichen Standes Besserung (1520), WA 6, 404–465; Eine Predigt, dass man Kinder zur Schule halten solle (1530), WA 30,2, 517–588.

unterrichts.[155] Allerdings lag der Schwerpunkt einer eigenen christlichen Unterweisung nach reformatorischem Verständnis nicht in der Schule, sondern in der Familie. Von besonderer Bedeutung ist hier der Kleine Katechismus (1529), den Martin Luther an die Hausväter richtete, also den nach damaligem Verständnis im Bereich familialer Beziehungen primären Ansprechpartnern. Bei ihnen sah er die Verantwortung zur Erziehung der Kinder, der sie in zweierlei Hinsicht nachkommen sollten: einerseits dadurch, dass sie ihre Kinder zur Schule schickten, und andererseits, dass sie in ihren Häusern in einen sich am Evangelium orientierenden (= evangelischen) Lebensstil einführen sollten. Luther gelingt hier »in überzeugender Weise eine Elementarisierung christlichen Glaubens«, indem er eine »ethische Grundorientierung« (Dekalog) sowie dem Menschen »Kenntnis von seiner Beziehung zu Gott als seinem Lebenshintergrund, seinem Erlöser und Erneuerer«[156] (Apostolicum) gibt. Daran schließen sich die Einübung »in die persönliche Beziehung zu Gott« (Vaterunser) sowie Ausführungen zu Taufe und Abendmahl (und später zur Beichte) als »den für christliches Leben grundlegenden Vollzügen« (34) an. Schließlich »leiten Morgen- und Abendsegen (sowie später ein Tischgebet) zu christlicher Zeiteinteilung an« (34)[157]. Die Haustafel, »also auf die jeweilige soziale Situation bezogene Verhaltensregeln« (34), schließen den Kleinen Katechismus ab. Interessant ist, dass sich Luther hier auf der Ebene des altkirchlichen katechetischen Handelns bewegt, dabei allerdings neue Akzente setzt, insofern er die Dimension des intergenerationellen Lernens fruchtbar macht für die Erziehung der Kinder und Inhalte des christlichen Glaubens von vornherein mit seiner Praxis verbindet. In der Fokussierung auf das Haus, also auf den Vorläufer der heutigen Familie, nimmt er nicht nur die Bedeutung von Beziehungen im Nahbereich der Heran-

155 »Einen Tag aber, als Sonnabend oder Mittwoch, soll man anlegen, daran die Kinder christliche Unterweisung lernen. Denn etliche lernen gar nichts aus der Heiligen Schrift, etliche lehren die Kinder gar nichts denn die Heilige Schrift, welche beide nicht zu leiden sind. Denn es ist vonnöten, die Kinder zu lehren den Anfang eines christlichen und gottseligen Lebens.« Melanchthon, Unterricht, 269. Interessant ist, dass bei den Überlegungen zu den Inhalten der christlichen Unterweisung die Verstehensmöglichkeiten der Schüler wesentliches Kriterium für die Stoffauswahl sind.

156 Grethlein, Fachdidaktik Religion, 34. Die folgenden Seitenzahlen im Text beziehen sich darauf.

157 Im Original teilweise kursiv.

wachsenden wahr, sondern berücksichtigt auch, dass die Öffentlichkeit nun nicht mehr per se Impulse gibt, die zum Christsein (in evangelischer Perspektive) befähigen. Vielmehr bedarf es einer gezielten Instruktion, die von Anfang an den Lebenslauf der Kinder begleitet und letztlich das ganze Leben über von Bedeutung ist. Denn auch die Erwachsenen bedürfen immer wieder orientierender Impulse, die sie in ihrem Christsein bestärken. Der Katechumenatsgedanke wird damit aus seiner Konzentration auf das Erwachsenenalter befreit und prozessual entfaltet. Die Initiation in einen christlichen Lebensstil ist letztlich nie abgeschlossen, sondern bedarf beständiger Orientierung in inhaltlicher und lebensgestaltender Hinsicht. Dass dabei dem gemeinsamen Singen wesentliche Bedeutung zukam, ist ausdrücklich zu erwähnen.

Recht bald allerdings wanderte der Katechismus in den schulischen Bereich und wurde zum Unterrichtsstoff im Rahmen eines evangelischen Unterrichts. Damit erfolgte aufs Neue – ohne dass dies ausdrücklich gewünscht worden wäre – eine Beschränkung des Lehrens auf die Phase des Heranwachsens. Außerdem wurde die Verbindung von inhaltlicher und kommunikativer Dimension zugunsten der Inhaltsebene verschoben. Der Katechismus wurde vom Medium zum Inhalt evangelischen Lernens. Das ging letztlich auch mit der Tendenz zum Memorieren einher. Allerdings ist und bleibt er Ausdruck eines intensivierten christlich motivierten Lehrens und Lernens, der nicht zufällig im Zuge der Konfessionalisierung des Christentums auf den Plan tritt.

Quasi als Reaktion auf die reformatorischen Bemühungen finden sich auch im katholischen Bereich verstärkt intentional ausgerichtete Bestrebungen, deren markantestes Beispiel der Jesuitenorden initiiert hat. Die einzelnen Elemente des dabei entwickelten Konzepts haben sich »unter dem Eindruck situativer Bedürfnisse, nicht selten nach heftigen Widerständen, herauskristallisiert«[158] und finden ihren Mittelpunkt in den geistlichen Übungen, die »durch die Umbrüche zu Beginn der Neuzeit irritierten katholischen Seelen« helfen und so »den Ruhm Gottes vergrößern«[159] sollten. Gerichtet waren sie an Multiplikatoren. Ihren primären Ort bildeten Kollegien und Gymnasien in jesuitischer Trägerschaft. Auch der erste Katechismus (*summa doctrinae christianae*) des Petrus Canisius (1521–1597), richtete sich an »die Vorgebildeten,

158 Paul, Geschichte der christlichen Erziehung 2, 15.

159 Schröder, Religionspädagogik, 77.

die zukünftigen Akademiker«[160]. Im Zentrum steht »die genaue Wiedergabe der Lehre der Kirche«[161]. Damit zeigen sich bei vergleichbaren Intentionen zur Plausibilisierung des je eigenen Glaubens doch deutlich unterschiedliche Akzente, die gesetzt werden.

b) Fokussierende Zusammenfassung

Zusammenfassend ist festzuhalten, dass die Reformation mit einer Intensivierung christlich motivierten Lehrens und Lernens verbunden war. Einerseits führte die Kritik am geistlichen Stand zu einer empfindlichen Schwächung der bis dahin institutionalisierten Bildungsorte im Rahmen klösterlichen Lebens. Andererseits wurden – wesentlich initiiert durch Johannes Bugenhagen (1485–1558) – »deutsche Schulen für Jungen und Mädchen [...] zum festen Topos in den sukzessive entstehenden evangelischen Kirchen- und Schulordnungen«[162]. Der Gedanke einer für alle einzurichtenden Volksschule erhält damit einen ersten Impuls. Zugleich erfolgt durch die Einbeziehung der Obrigkeit für schulische Belange ein »erster Schritt zum staatlichen Schulwesen«[163]. Auf diese Weise rückt die Schule als öffentliche Angelegenheit in das Blickfeld. Dabei wird deutlich, dass sich christlich motiviertes Lehren und Lernen nicht auf einen klar umrissenen Sonderbereich begrenzen lässt, sondern darüber hinausgeht und – mit heutigen Begrifflichkeiten ausgedrückt – auch allgemeinbildende Aspekte mit einschließt.

Neben dieser eher nach außen gerichteten Bewegung, die auch Ausdruck einer neuen Verortung in der sich verändernden Gesellschaft ist, verstärkt sich ebenso die vergewissernde, nach innen gerichtete Linie. Ihren markantesten Ausdruck findet sie in den Katechismen, die sowohl im evangelischen wie im katholischen Bereich entstehen. Von besonderer Zugkraft ist Luthers Kleiner Katechismus, der die Hausgemeinschaft im Blick hat und damit die Aufmerksamkeit pädagogischen Handelns einem Lernort zuwendet, der bisher nicht so zentral im Blick war. Zwar war auch im Mittelalter – vor allem im Rahmen der Beichtermahnung – versucht worden, orientierende Impulse in die Häuser zu geben. Bei Luther allerdings zeigt sich eine Neujustierung, insofern die Hausväter ganz auf der Linie des Priestertums aller Getauften selbst zu Leh-

160 Bartholomäus, Einführung in die Religionspädagogik, 3.

161 Ebd.

162 Schröder, Von der Reformation bis zum Dreißigjährigen Krieg, 41.

163 Schröder, Religionspädagogik, 83.

renden werden, die nicht nur Inhalte vermitteln, sondern eine christliche Lebenspraxis gestalten.

Aber nicht nur die Häuser, sondern auch die Kirchengemeinden wurden als Unterweisungsorte neu bestimmt. So fand in den Territorien der lutherischen Reformation »sonntäglicher Katechismusunterricht« statt, »sei es, dass dieser im morgendlichen Gottesdienst verlesen, sei es, dass er nachmittags allen unverheirateten Gemeindegliedern durch Katechismuspredigten (bisweilen auch: Kinderpredigten) nahe gebracht wurde«[164]. Zudem fand er im Zuge der Vorbereitung auf die Konfirmation als eine auf die Kindheit bezogene Form des christlichen Unterrichts Verwendung. Martin Bucer (1491–1555) gab dazu wesentliche Impulse. Üblich wurden Konfirmation und der ihr vorausgehende Unterricht allerdings erst unter dem Einfluss des Pietismus.[165]

Haben vor der Reformation pädagogische Impulse nicht zuletzt aufgrund der Durchdringung der Gesellschaft durch Elemente des Christlichen eher im Hintergrund gestanden, so treten sie nun deutlich hervor. Gerade weil die gesellschaftliche Öffentlichkeit – so zumindest in den ersten Jahrzehnten bis zum Augsburger Religionsfrieden 1555 – in Ermangelung einer nicht mehr selbstverständlich vorauszusetzenden Homogenität nicht mehr per se die Grundrichtung der religiösen Positionierung vorgibt, bedarf es gesonderter Anstrengungen zur Vergewisserung in Glaubensfragen und zur Gestaltung des alltäglichen Lebens. Hier rückt der familiale Nahbereich neu in das Blickfeld, aber auch die Kirchengemeinden profilieren sich in dieser Richtung. Christlich motiviertes Lehren und Lernen gibt es nun nur noch in konfessioneller Gestalt. Das führt – neben allen positiven Konkurrenzeffekten – auch zu einer problematischen Entwicklung, insofern die gemeinsamen Wurzeln beider Konfessionen in den biblischen Grundlagen zurücktreten. Die Bibel ist »nicht um ihrer selbst willen interessant, sondern als Referenz für die reformatorischen Grundeinsichten«[166]. Die konfessionell bestimmte Selbstvergewisserung geht also mit einer Tendenz zur Relativierung der Bedeutung der Bibel einher, insofern der Katechismus selbst innerhalb unterrichtlicher Vollzüge zur »Laienbibel«[167] wird.

---

164 Schröder, Religionspädagogik, 68.

165 Vgl. Schröder, Von der Reformation bis zum Dreißigjährigen Krieg, 74.

166 A. a. O., 57.

167 Ebd. So Martin Luther selbst in verschiedenen Predigten und Tischreden.

Insgesamt zeigen sich in der reformatorischen Epoche *zwei Tendenzen,* die sich in den folgenden Jahrhunderten deutlich verstärken und bisweilen kaum noch miteinander zu verbinden sind. *Christlich motiviertes Lehren und Lernen schließt einerseits ein auf die Allgemeinheit bezogenes Engagement ein,* das sich zwar im christlich geprägten Rahmen abspielt, aber nicht mit ausschließlich christlichen Inhalten operiert. *Andererseits gehört dazu ein die eigene Position vergewisserndes pädagogisches Engagement,* das in seiner Positionalität immer auch abgrenzende Funktion hat und dabei zugleich vor Augen führt, dass der Bezug auf biblische Texte durchweg ein von jeweils leitenden hermeneutischen Grundentscheidungen abhängiger ist.

Mit Blick auf die Modi religiösen Lehrens und Lernens fällt auf, dass der Einzelne – durch die erneute Anknüpfung an die Antike im Gefolge des Humanismus – erneut in das Blickfeld rückt. Martin Luther übersetzt das theologisch in den Gedanken des allgemeinen Priestertums, den er normativ einträgt, ohne ihn jedoch in der Realität umsetzen zu können. Er scheitert letztlich an der Ungebildetheit der Menschen, die ihren Ausdruck nicht zuletzt im mehrheitlichen Analphabetismus findet. Trotzdem kommt es zu einer *Relativierung der Kirche als Kollektiv.* Der Einzelne rückt in das Blickfeld. Damit eröffnet Luther den Raum für Bildung, ohne ihn jedoch zugleich realisieren zu können. Auf alle Fälle kommt es zu einem *enormen Schub für die Erziehung im Feld von Schule, aber auch innerhalb des Hauses.* Der Katechismus wird hier zu einem wichtigen Medium. Allerdings ist er zu einem wesentlichen Teil darauf ausgerichtet, die sozialisatorische Kraft des Hauses zu stärken im Sinne der Einübung einer gemeinschaftlich ausgerichteten evangelisch-christlichen Lebensform.

Vor dem Hintergrund einer – wenngleich lebensgeschichtlich für den Einzelnen kaum zu realisierenden – konfessionellen Alternative kommt allerdings der Unterstützung und Stärkung des Einzelnen eine größere Bedeutung zu, als es bisher der Fall war. *Die konfessionelle Formierung ergibt sich nicht einfach von selbst, sondern muss hergestellt werden.* Zwar stellt das lebensweltlich noch kein Problem dar, weil die konfessionelle Durchmischung der Bevölkerung im Alltag kaum anzutreffen ist, doch lässt sich *die Stärkung des Einzelnen als Maßgabe* bereits erkennen. So gesehen lassen sich in den reformatorischen Impulsen Elemente der Empowerment-Dimension einzeichnen, insofern neben den zu erwerbenden Fähigkeiten immer auch deren Anwendung im Blick ist. In verdichteter Form kommt das im Gedanken des allgemeinen Priestertums zum Ausdruck.

2.1.5 Differenzierungen im Feld christlich motivierten Lehrens und Lernens unter den Bedingungen territorialer konfessioneller Homogenität

a) Grundlegende Aspekte

Gingen die reformatorischen Ereignisse mit einer Aufbruchsstimmung einher, die verunsichernd wirkte und sich in einer Reihe von Transformationsprozessen niederschlug, so kam es nach und nach zur Herausbildung neuer Ordnungen, die die Konfessionalisierung des Christentums in den alltäglichen Vollzügen handhabbar werden ließen. Der Preis dafür war ein territorialer Flickenteppich mit etwa 300 konfessionell homogenen Territorien. Die Voraussetzung dafür bildeten der Augsburger Religionsfrieden von 1555 mit seinem Grundsatz *cuius regio, eius religio* (= wessen Herrschaft, dessen Religion) und der Westfälische Frieden von 1648 mit dem *ius reformandi* der Obrigkeit, das Zwangsbekehrungen verbot und die Respektierung von Minderheiten einforderte. Ein Kirchenaustritt war nicht statthaft, so dass sich die Menschen in ihren alltäglichen Lebenswelten auch nach der Reformation in – zumindest hinsichtlich der gesellschaftlich vorgegebenen Religion – homogenen Zonen bewegten. Das heißt nicht, dass es auf individueller Ebene nicht auch unterschiedliche Positionierungen zur jeweils obrigkeitlich vorherrschenden Konfession gegeben hätte, aber solange diese nicht einen gesamtgesellschaftlichen Anspruch erhoben und im Verborgenen blieben, spielten sie keine große Rolle. Insofern herrschte eine mehr oder weniger unhinterfragte konfessionell-christliche Grundierung des gesellschaftlichen Lebens, die obrigkeitlich gestützt und verordnet wurde.

Das Christsein wird also – wie schon im Mittelalter – wesentlich durch das Hineinwachsen in eine konfessionell bestimmte Gesellschaft gelernt. Neu ist jetzt allerdings, dass es im Bewusstsein einer generellen – wenngleich nicht für jeden realisierbaren – Alternative der jeweils anderen Konfession geschieht. Das geht mit einem deutlich wahrnehmbaren pädagogischen Engagement einher, das seinen wesentlichen Ausdruck in Schule und Gemeinde findet. Die Familie bzw. das Haus blieb zwar »erzieherische Schlüsselinstanz«[168], trat jedoch im pädagogischen Fokus etwas zurück. Deutlich wird das beispielsweise in den katechetischen Schriften, die anders als LUTHER die Häuser nicht mehr so stark im Blick hatten. Das änderte sich erst im 18. Jahrhundert, als aufklärerische Zeitschriften-, Hausbuch- und Jugendliteratur »gezielt auf die Familie als Leserkreis und Akteur«[169] zugingen, um deren erzieherisches Handeln zu beeinflussen. Die Wiederentdeckung dieses Lernorts ging einher mit der Herausbildung der bürgerlichen Familie im 18. Jahrhundert und ihrer auf Emotionalität und Intimität ausgelegten Vergemeinschaftung von Eltern, Kindern und (so noch am Leben) Großeltern.

Einen deutlichen Bedeutungszuwachs erhielten im 18. und 19. Jahrhundert die Schulen, die verstärkt in das Zentrum des Interesses der jeweiligen Territorialmächte rückten, ohne dass das ausdrücklich von Kirchenseite veranlasst hätte werden müssen. Die damit angestoßene Entwicklung findet ihren Zielpunkt in der alleinigen staatlichen Verantwortung schulischen Lernens, wie es beispielsweise im Preußischen Allgemeinen Landrecht 1794 zum Ausdruck kommt, in dem die Schulen zu »Veranstaltungen des Staates« erklärt werden. Damit bekamen auch die dort initiierten religiösen Lernprozesse »ein didaktisches Bedingungsfeld verordnet, das als staatliche Angelegenheit und Veranstaltung für alle Kinder verpflichtend«[170] war. Allerdings blieb die geistliche Schulaufsicht aus »personellen und verwaltungstechnischen Gründen« erhalten, wurde aber »für das 19. Jahrhundert zu einer der größten Streitfragen auf pädagogischem und religionspädagogischem Gebiet«[171].

Weitgehend unstrittig war, dass die Religionspraxis als fester Bestandteil von Schule zu gelten hat. Ihren Ausdruck fand das im Beten und im Singen von Kirchenliedern sowie im Einüben eines als christlich verstandenen sittlichen Verhaltens. Der Religionsunterricht selbst wurde inhaltlich wie methodisch stark vom Katechismus bestimmt. Darin traf er sich mit dem Konfirmandenunterricht, der seit Ende des 17. Jahrhunderts im Zuge pietistischer Kirchenreformen flächendeckend an Bedeutung gewann. Dabei ging es nicht um eine bloße Verstärkung schulischer Impulse. Die Wissensebene spielte nicht die ent-

---

168 Schröder, Religionspädagogik, 88.

169 Ebd.

170 Lachmann, Vom Westfälischen Frieden bis zur Napoleonischen Ära, 86.

171 Ebd.

scheidende Rolle. Vielmehr wollten Pietisten »den Kopf ins Herz kommen lassen«, so dass die jungen Menschen sich »bewusst glaubend zu ihrer Taufe bekennen können«, und die Aufklärer wollten – anders als in der Schule – wirkliches Verstehen ermöglichen, um die Konfirmation »als Feier der Mündigkeit«[172] gestalten zu können.

In dieser kurzen Skizze kommt nicht nur zum Ausdruck, dass an unterschiedlichen Lernorten unterschiedliche Profile christlichen Lernens zu entwickeln sind – heute spricht man von der Lernortspezifik –, sondern auch, dass die Differenzierung zwischen einem nach »innen« gerichteten, explizit christlich ausgelegten Lernen und einem nach »außen« gerichteten, also alle Bereiche des Lebens umfassenden, allgemeinbildenden Lernen besonders dann Herausforderungen mit sich bringt, wenn sich Verantwortlichkeiten und damit auch Interessen ändern. Denn die zunehmende Indienstnahme der Schulen durch die Obrigkeit ging tendenziell mit einer Neujustierung des Verhältnisses von Kirche und Schule einher, allerdings ohne dass damit die Selbstverständlichkeit eines – sich im Einzelnen wie auch immer zu gestaltenden – Religionsunterrichts aufgelöst worden wäre. Letztlich findet das nach außen gerichtete christlich motivierte Lehren und Lernen im schulischen Kontext nun in diesem Fach eine wesentliche Gestalt, insofern es prinzipiell an alle gerichtet ist. Dass mehr oder weniger auch alle getauft sind, steht dabei unausgesprochen im Hintergrund.

Die hier angesprochenen Themenfelder sollen im Folgenden am Beispiel dreier christlicher Erziehungs- bzw. Unterrichtsentwürfe kurz illustriert werden.

Johann Amos Comenius (1592–1670) hat als Theologe in seinem theologischen Hauptwerk »Allgemeine Beratung für die Verbesserung der menschlichen Dinge« (*De rerum Humanarum Emendatione Consultatio Catholica*) und den pädagogischen Schriften »Große Didaktik« (*Didactica Magna*) und »Allerziehung« (*Pampaedia*) eine »allgemeine Theorie der Bildung (*cultura*) und Didaktik (*didactica*)«[173] ausgearbeitet, die eindrücklich die Idee der Bildsamkeit des Menschen entfaltet. Bildung wird dabei als ein sich auf das ganze Leben beziehender Prozess gedacht,[174] der der Entfaltung der Menschlichkeit und Verbesserung

172 Schröder, Religionspädagogik, 88.

173 A. a. O., 84.

174 Vgl. Biehl, Jan Amos Comenius, 62.

aller menschlichen Dinge dient und nicht auf einzelne Unterrichtsinstitutionen beschränkt werden kann. Comenius unterscheidet hier acht »Schulen«, die jeder Mensch durchläuft. In jeder stellen sich spezifische Aufgaben, die zu bewältigen sind. In alledem geht es nicht nur um fachliche, sondern um Lebensbefähigung. Bestimmend ist dabei die Idee der Verbesserung der menschlichen Verhältnisse. Bildung ist letztlich Lebensbegleitung und -belehrung. Alle sollen alles ganz (*omnes omnia omnino*) lernen, so die Formulierung in der *Pampaedia*. Auf dieser Grundlage entwickelt Comenius ein didaktisches Programm, mit dem er eine Unterrichtsweise erkunden will, bei der – wie es auf dem Titelblatt der Großen Didaktik heißt – »Lehrer weniger zu lehren brauchen, die Schüler dennoch mehr lernen; in den Schulen weniger Lärm, Überdruß und unnütze Mühe herrsche, dafür mehr Freiheit, Vergnügen und wahrhaftiger Fortschritt; in der Christenheit weniger Finsternis, Verwirrung und Streit, dafür mehr Licht, Ordnung, Friede und Ruhe«.

Das Lernen muss seiner Meinung nach zwar angeleitet werden, kann aber auf eine dem Menschen innewohnende intrinsische Motivation zurückgreifen. In religionspädagogischer Hinsicht ist Comenius vor allem wegen seiner theologischen Begründung von Bildung (*eruditio*) bedeutsam. Quasi nach innen gerichteter, also explizit christlicher Unterricht ist für ihn kein Gegenstand gesonderter Reflexion. Die damit verbundenen Lernprozesse sind vielmehr »Teil der allgemeinen Erziehungslehre, die ihrem Wesen nach christliche Erziehungslehre ist«[175]. Theologie und Pädagogik finden hier zu einer Einheit und durchdringen sich gegenseitig, wobei Comenius sich auf biblische Perspektiven bezieht, ohne sie konfessionell rückzubinden. Auch dadurch kann er seine Sicht auf den Menschen und seine Bildung als allgemein plausibel darstellen. Die spezifisch christliche Perspektive wird auf diese Weise zu einer, die auch für die Allgemeinheit gilt.

Eine andere Form der Bezugnahme theologischer und pädagogischer Überlegungen findet sich bei August Hermann Francke (1663–1727) sowie Christian Gotthilf Salzmann (1744–1811), die hier deshalb erwähnt werden sollen, weil sie beide – wie Comenius auch – das lernende Individuum in den Mittelpunkt stellen, dabei jedoch eigene Schwerpunkte wählen. Denn der Pietismus (Francke) betrachtet das »glaubende Individuum«, die Aufklärung (Salzmann)

175 A. a. O., 63.

das »denkende Individuum«. »Hieß religiöses Lernen für Luther, das Evangelium von der Rettung anzunehmen und im Alltag seinem Stand gemäß im weltlichen Regiment zu bewähren, so muss die Rettung jetzt in der Bekehrung individuell *durchlebt* werden und die kirchliche Lehre des Katechismus muss individuell und kritisch *durchdacht* werden.«[176]

Dahinter steht eine je eigene Sicht auf den Menschen, die das pädagogische Konzept maßgeblich prägt. Bei Francke findet sich eine soteriologisch bestimmte Sichtweise, die den Menschen primär als erlösungs- und heilsbedürftiges Geschöpf sieht. Er hatte den durch die Erbsünde befleckten Menschen als »zu erziehenden und zu bekehrenden«[177] im Blick, währenddessen Salzmann den sich entwickelnden Menschen sah, für den sich das Evangelium »in verschiedenen Lebenssituationen als in unterschiedlicher Weise wahr werdend erweisen«[178] muss. Daraus resultieren unterschiedliche Erziehungskonzepte. Francke ging – ganz auf der Linie von Comenius – davon aus, dass die Gleichheit aller Menschen vor Gott letztlich mit gleichen Erziehungszielen, Inhalten und Methoden für alle einhergehen müsse, weil in jedem ein göttlicher Funke glimme, der zur Entfaltung gebracht werden kann. Die von ihm gegründeten Erziehungsanstalten in Glaucha (heute: *Franckesche Stiftungen* in Halle) bilden das in Ansätzen ab. Zwar wurden Kinder aller Schichten aufgenommen, allerdings kam es zu Differenzierungen entsprechend der damaligen Standesgesellschaft.

Seine 1702 erschienene Schrift »Kurzer und einfältiger Unterricht, wie die Kinder zur wahren Gottseligkeit und christlichen Klugheit anzuführen sind« macht deutlich, worum es Francke geht. Das Kind selbst soll sich dem Willen Gottes beugen (Francke spricht hier vom »Brechen des Willens«[179]). Ziel ist »der eigenständige Weg zum rettenden Glauben«[180]. Hier liegt der Zielpunkt jeglicher »Catechisatio«. Deshalb macht es auch keinen Unterschied, ob sie in Familie, Schule oder Kirche stattfindet. Überall geht es darum, dass »sie der Wirkung des Heiligen Geistes, welcher in den kleinen Kindern nicht müßig ist, Raum geben, und einige gute Flämmlein der göttlichen Liebe und wahren Bruderlie-

---

176 Meyer-Blanck, Kleine Geschichte, 40.

177 Ebd.

178 Meyer-Blanck, Kleine Geschichte, 51.

179 Zit. n. Nipkow/Schweitzer (Hg.), Religionspädagogik, 147.

180 Meyer-Blanck, Kleine Geschichte, 41.

be in ihren jungen Herzen wirken lassen«[181]. Diesem Ziel haben sich alle pädagogischen Aktivitäten zu widmen. Eine klare Struktur und »sorgfältige Inspection«[182] durch einen »Praeceptor« sollen dazu beitragen, dass die in den Kindern wohnende Sünde nicht zum Ausbruch kommt.

Sehr deutlich kommt hier zum Ausdruck, dass die jeweils bestimmende Sicht auf den Menschen Auswirkungen auf die Zielbestimmung pädagogischen Wirkens hat. Dabei wird bei Francke die theologische Bestimmung (des sündigen Menschen) ungebrochen in eine pädagogische Dimension übersetzt, ohne das eigens zu reflektieren. Hier rückt ein »bleibendes Grundproblem« an die Oberfläche, insofern die Frage nach dem »Verhältnis von pädagogisch notwendiger Autonomie und religiös (soteriologisch) notwendiger Heteronomie«[183] immer wieder neu zu denken ist. Theologische und pädagogische Perspektiven gehen also nicht einfach ineinander auf, sondern sind in ihrer Eigenständigkeit ernst zu nehmen und auf dieser Ebene aufeinander zu beziehen. Bei Francke allerdings gehen die pädagogischen Überlegungen noch ganz in den theologischen auf. Das ändert sich bei Christian Gotthilf Salzmann, der genuin didaktisch arbeitet und »im wahrsten Sinne des Wortes Religions-Pädagogik/Religionspädagogik«[184] betreibt, auch wenn der Begriff erst gut ein Jahrhundert später belegt ist. Er partizipiert dabei an einer Entwicklung, die zur Entstehung der Pädagogik als eigenständiger Wissenschaft führt und maßgeblich mit Jean Jacques Rousseau (1712–1778) verbunden ist. In seinem Roman »Émile, ou de l'éducation« hatte er gleich mit dem ersten Satz eine Grundsatzkritik an allen bisherigen Erziehungskonzepten geübt: »Alles ist gut, wie es aus den Händen des Schöpfers kommt; alles entartet unter den Händen des Menschen.«[185] Letztlich gilt es in der Erziehung auf vieles zu verzichten, um dem Kind nicht zu schaden. Rousseau nennt das »negative Erziehung« (174). Im Mittelpunkt hat der natürliche Mensch in der ihm eigenen Entwicklung zu stehen. Seiner Meinung nach resultiert daraus eine Zurückhaltung in religiösen Dingen, insofern den wehrlosen Kindern

181 Zit. n. Nipkow/Schweitzer (Hg.), Religionspädagogik, 147.

182 A. a. O., 162.

183 Meyer-Blanck, Kleine Geschichte, 42.

184 Lachmann, Vom Westfälischen Frieden bis zur Napoleonischen Ära, 109.

185 Zit. n. Nipkow/Schweitzer (Hg.), Religionspädagogik, 170. Die folgenden Seitenangaben beziehen sich darauf.

kirchliche Lehren in Form des Katechismus auferlegt werden, die nur dazu führen, dass »man die Kinder frühzeitig zum Lügen bringt« (178).

Ging LUTHER noch davon aus, dass der Glaube eine Wahrheit ist, die für alle Menschen – ganz gleich aus welchem Stand sie kommen oder wie alt sie sind – im Grunde dieselbe ist, so dass er in der Erklärung zum 3. Artikel im Kleinen Katechismus formulierte: »Ich glaube, dass ich nicht aus eigener Vernunft noch Kraft an Jesus Christus glauben oder zu ihm kommen kann«, so setzt die Aufklärung nun andere Schwerpunkte, indem sie sagt: »Ich glaube, dass ich über meine Vernunft verstehen kann, was der Heilige Geist meint.«[186] Der Mensch kommt also nicht als sündiger und zu erlösender in den Blick, sondern als vernunftbegabtes Wesen, dem man nicht nur etwas beizubringen, sondern das auch selbst etwas einzutragen hat. Dem korrespondiert der Begriff der natürlichen Religion, der nicht mehr eo ipso mit der christlichen Religion identisch ist, sondern als eine in jedem Menschen angelegte vernunftmäßig zugängliche Gabe verstanden wird, die zu erschließen ist.

Von ROUSSEAU beeinflusst stellen die Philanthropen, eine frühe pädagogische Bewegung in Deutschland, zu der auch SALZMANN gehört, »die Entwicklung des Kindes als Subjekt des Lernens grundsätzlich und methodisch in den Mittelpunkt«[187].

[Philanthropen]

Als Philanthropen (Menschenfreunde) bezeichnet man Vertreter einer aufklärerischen reformpädagogischen Bewegung im 18. und 19. Jahrhundert in Deutschland und der Schweiz, die die Ideen ROUSSEAUS für das Feld der Erziehung begeistert aufnahmen. Leitend war ihnen die Überzeugung, dass Erziehung und Bildung die Entfaltung aller Menschen zur Mündigkeit tatsächlich herbeiführen und bewirken können. Wesentliche Impulse für die philanthropische Bewegung gingen von JOHANN BERNHARD BASEDOW (1724–1790) aus, der 1774 in Dessau seine erste Bildungsanstalt gründete, das er *Philanthropinum* nannte. Dort war auch ERNST CHRISTIAN TRAPP (1745–1818) tätig, bevor er 1778 auf den ersten deutschen Lehrstuhl für Pädagogik nach Halle berufen wurde.

SALZMANN nimmt das auf und entwickelt auf dieser Grundlage in mehreren Religionsbüchern in Romanform ein vierstufiges religionsunterrichtliches Konzept, das erstmals die Auswahl der Inhalte an die Lern-

186 Meyer-Blanck, Kleine Geschichte der evangelischen Religionspädagogik, 43.

187 A. a. O., 46.

voraussetzungen der Kinder koppelt. Religion lässt sich nicht allgemein, sondern nur dem Lebensalter und der individuellen Entwicklung entsprechend lernen. Religion ist bei ihm als »Gesinnung« qualifiziert und über die »Gottähnlichkeit« auch theologisch bestimmt und gefüllt. Gemeint ist damit eine bestimmte Weltsicht mitsamt der darin eingeschlossenen ethischen Orientierung, »nach welcher wir Gott und andere Dinge, die auf uns eine nähere Beziehung haben, von der rechten Seite ansehen und ihren wahren Wert, den sie im Verhältnis gegeneinander haben, bestimmen«[188], wie er in seiner 1780 erschienen Schrift »Über die wirksamsten Mittel, Kindern Religion beizubringen« schreibt. Die »Kenntnis der biblischen Geschichte« (193) gehört nicht dazu. Sie ist nur »Beförderungsmittel derselben« (193). Praktisch bedeutet das, dass die Bibel erst dann eingeführt wird, wenn zuvor Lebenssituationen der Lernenden zur Sprache kamen. Deshalb erzählt Salzmann in seinem Religionsunterricht am Anfang (für Kinder von 8–10 Jahren) mit gezielt moralischer Akzentsetzung vom Leben in der Kaufmannsfamilie Ehrenfried. Anschließend werden die Kinder (10–12 Jahre) durch Erzählungen des lebenserfahrenen Großvaters Heinrich Gottschalk mit Gott bekannt gemacht. Erst im Alter von 12–14 Jahren begegnen die Lernenden in jesuanischer Konzentration der christlichen Religion, um abschließend von den kirchlichen Lehren zu erfahren. In alledem geht es nicht um Belehrung, sondern um ein Gespräch, das sich an der Lebenssituation des Kindes orientiert. Erstmals bietet Salzmann damit eine entwicklungspsychologische Konzeption des Verstehens von Religion. Man könnte von vier Stufen sprechen: »1. Vertrauen, 2. Glauben, 3. Reflektieren und Verstehen, 4. Katechismuslehren«[189]. Religion tritt damit als eine »sich entwickelnde, mit dem Leben wachsende und sich verändernde menschliche Haltung in das Blickfeld«[190], als ein Denken, Fühlen, Handeln und Anschauen, das das Leben begleitet und als eine solche Grundorientierung im Gespräch und nicht in der Belehrung kommuniziert wird.

b) Fokussierende Zusammenfassung

Zusammenfassend bleibt festzuhalten, dass christlich motiviertes Lehren und Lernen in den konfessionell homogenen Territorien unter-

188 Zit. n. Schweitzer/Nipkow (Hg.), Religionspädagogik, 192.

189 Meyer-Blanck, Kleine Geschichte der evangelischen Religionspädagogik, 53.

190 A. a. O., 58.

schiedlich konturiert war und verschiedene Impulse erfuhr. Lernorttheoretisch auffällig ist die stärkere Fokussierung auf die Schule als eine prinzipiell für alle Kinder grundlegende (wenngleich noch nicht von allen besuchte) pädagogische Anstalt. Dort spielt Religion als feste Komponente im Schulalltag wie auch im Religionsunterricht eine wichtige Rolle. In der Regel war der Religionsunterricht »gleichzeitig Lese- und Buchstabierunterricht«, wobei »Methoden des Repetierens, Memorierens, Examinierens, Katechisierens und Explizierens, allesamt rezeptiv angesiedelt im Bereich Analysieren und Synthetisieren«[191] überwogen. Insgesamt zeigt sich ein »wachsendes Eigeninteresse des Staates an der Schule als Mittel wirksamer Untertanenerziehung«[192], wodurch auch die mehr oder weniger selbstverständliche Symbiose von Schule und Religion in problematisches Fahrwasser gerät. Religion ist auch deshalb von Interesse, weil und insofern sie dazu verhilft, die Heranwachsenden als Untertanen einer absolutistischen Obrigkeit mit bestimmten Fähigkeiten auszustatten, die sie für das Funktionieren des Gemeinwesens in der vorliegenden Form benötigen.

Der damit gesetzte problematische Grundzug zeigte sich auch in den evangelischen Kirchen, insofern die Landesherren die Führung übernahmen (»landesherrliches Kirchenregiment«).

[*Landesherrliches Kirchenregimant*]

Der nur im Protestantismus übliche Begriff des Kirchenregiments steht für die Leitungsgewalt der Kirche, die in den evangelischen Kirchen in Deutschland seit der Reformation bis zum Ende der Monarchie 1918 vom Landesherrn ausgeübt wurde. Im Zuge der reformatorischen Neuordnung des Kirchenwesens stellte sich das Problem, dass die Bischöfe der Reformation nicht folgten. Deshalb »konnten deren Kirchenleitungsbefugnisse nach den polit. Machtverhältnissen nur durch die ev. Territorialfürsten bzw. die Reichsstätte übernommen und ausgeübt werden«[193]. Dabei fungierten sie nicht als Vertreter der Staatsgewalt, sondern als »vornehmes Glied der Kirche«[194]. Sie übernahmen auch kein geistliches Amt, sondern blieben in ihrer Kompetenz auf die äußere Kirchenleitung beschränkt. Allerdings geriet die »äußere Gestalt und rechtliche Ordnung der ev. Kirche« damit »für Jahrhunderte unter den Einfluß der Landesherren und damit des Staates«[195].

---

191 Lachmann, Vom Westfälischen Frieden, 88.

192 A. a. O., 81.

193 Wall, Kirchenregiment, 1292.

194 Ebd.

195 A. a. O., 1293.

Da beispielsweise im Konfirmandenunterricht auch der Katechismus dominierte, setzte sich ein herrschaftlich orientierter Grundzug durch, der sich in einer Methodik niederschlug, die auf einseitige Vermittlung ausgelegt ist. Das nach »innen« gerichtete Lernen der eigenen Konfession wird zu einem stark an Inhalten ausgerichteten Programm, das in eine ethisch ausgerichtete Erziehung eingebettet ist. Dominierend ist dabei eine eher pessimistisch ausgerichtete Sicht auf den Menschen, die mit einer soteriologischen Bestimmung als Sünder einhergeht. Die Franckeschen Anstalten sind dafür ein Sinnbild, zeigen aber zugleich, dass eine daraus resultierende erzieherische Praxis durchaus mit methodischen und kindgemäßen Neuerungen einhergehen kann. Zu nennen ist hier das Dringen auf Lebensbezogenheit, das nicht nur die *recitatio* und *explicatio*, sondern auch die *applicatio* zum Ziel hat, also die Anwendung auf das eigene Leben. Gleichwohl bleibt eine Spannung zwischen pädagogischer Kindgemäßheit und theologischer Verengung und Verkennung zu konstatieren. Einen Schritt weiter geht hier Christian Gotthilf Salzmann, indem er – entgegen der in Deutschland üblichen katechetisch-theologischen Ausrichtung – bei einer Sicht vom Menschen ansetzt, die ihn jenseits jeglicher Funktionalisierung an sich in den Blick zu nehmen versucht. Die theologische Rückbindung erfolgt im Anschluss daran. Die neuen Impulse von »außen«, die Salzmann hier aufnimmt, hängen auch mit sich verändernden gesellschaftlichen Verhältnissen (im Vorfeld der französischen Revolution) zusammen. Nach Rousseau verhelfen sie dazu, dass sich die wahre Natur des Menschen zeigt. »In der natürlichen Ordnung sind alle Menschen gleich; ihre gemeinsame Berufung ist: Mensch zu sein.«[196] Eine solche Perspektive ermöglicht eine bisher so nicht gekannte Perspektive christlichen Lehrens und Lernens, insofern sich das *Christsein am Menschsein zu bewähren hat,* und nicht umgekehrt. Auf diese Weise kann Religion plausibilisiert werden, auch wenn sich die christliche Prägung der Gesellschaft ändert und deshalb explizit christliche Perspektiven neu übersetzt werden müssen, um verstanden werden zu können. Dabei tritt die Frage nach theologischer Vergewisserung in den Hintergrund bzw. wird von vornherein mit nichttheologischen, d. h. vor allem pädagogischen Perspektiven verknüpft, die sich bewusst nicht kirchlich,

---

196 Rousseau, Über die Erziehung, zit. n. Schweitzer/Nipkow, Religionspädagogik, 174.

sondern autonom verstehen. Dass dies alles im Kontext einer sich mehrheitlich als christlich verstehenden Gesellschaft erfolgt, ist dabei immer mit zu bedenken. *Insofern ist alles Reden von Religion ein vom Christentum geprägtes und darauf verweisendes.*

Mit Blick auf die Modi religiösen Lehrens und Lernens fällt auf, dass bildende Aspekte – zumindest auf der konzeptionellen Ebene durch die Impulse von Aufklärung und Pietismus – verstärkt in den Aufmerksamkeitsfokus rücken, auch wenn sie damit nicht zur zentralen Kategorie werden. Während die Aufklärung über pädagogische Impulse, die anschließend theologisch rückgebunden werden, die Richtung einschlägt, die mit dem Bildungsbegriff bezeichnet wird, verhält es sich beim Pietismus gewissermaßen spiegelverkehrt. Es sind theologische Impulse, die den Einzelnen in das Blickfeld rücken. Daraus ergeben sich dann die pädagogischen Implikationen. In beiden Fällen handelt es sich um ambitionierte Modelle, die jedoch auch deshalb nur in speziellen, dafür geschaffenen Umwelten Umsetzung finden können, was auch daran liegt, dass man es zu dieser Zeit mehrheitlich mit illiteraten Menschen zu tun hat. So bleibt der Bildungsaspekt ein Privileg einer kleinen Minderheit und wird zudem völlig unterschiedlich interpretiert.

Stattdessen dominiert im pädagogischen Handeln in Familie, Gemeinde und Schule die Erziehungsdimension. Es geht darum, die junge Generation zur Annahme des von der älteren Generation Vorgegebenen zu bewegen. Die Inhalte stehen fest und sind dementsprechend von den Lernenden entsprechend ihrer Möglichkeiten aufzunehmen. Unterstützend und fördernd wirkt sich dabei das Umfeld konfessionell geschlossener Gebiete aus. Auf diese Weise bleibt die sozialisatorische Komponente stark. Die erzieherischen Impulse werden durch eine vom konfessionellen Christentum durchdrungene Umwelt nicht grundsätzlich in Zweifel gezogen, sondern letztlich verstärkend aufgenommen. Die lebensweltliche Relativierung des Christentums, die mit der Reformation zwar vom Grundsatz her beginnt, wird durch die konfessionelle Homogenität abgefedert und von den Einzelnen im alltäglichen Lebensvollzug nicht wahrgenommen. Das beginnt sich an der Wende zum 19. Jahrhundert zu verändern und führt auch in der Reflexion christlich motivierten Lehrens und Lernens zu neuen Entwicklungen. Auffällig ist – sowohl bei den durch Pietismus wie durch Aufklärung geprägten pädagogischen Initiativen –, dass sehr stark darauf geachtet wird, dass die erworbenen Fähigkeiten auch zur Anwendung kommen können. Insofern lassen sich Perspektiven von Empowerment erkennen, die allerdings nur in speziellen Konstellationen (Franckesche Anstalten in Glaucha bzw. Salzmanns Schule in Schnepfenthal) zur Entfaltung gebracht werden können.

2.1.6 Christliches Lehren und Lernen in einem Umfeld, das grundsätzlich am Wahrheitsgehalt des Christentums zu zweifeln beginnt

a) Grundlegende Aspekte

Waren das 16. und 17. Jahrhundert mehrheitlich durch Auseinandersetzungen um das angemessene Verständnis des christlichen Glaubens und seiner kirchlichen Organisationsform bestimmt, so begegnen seit dem 18. Jahrhundert »Stimmen, die grundsätzlich den Wahrheitsbehalt des Christentums bezweifeln und von daher die Kirche in Frage stellen«[197]. Überhaupt ist diese Zeit durch »grundlegende Transformationen im politischen und gesellschaftlichen Bereich«[198] geprägt, die zu einer Neuordnung in unterschiedlichen Bereichen führen. Unterricht, Erziehung und Bildung rücken verstärkt in das Blickfeld des Interesses und finden im Ausbau des Bildungswesens ihren Niederschlag. So wie »die ständische Gesellschaft« auf der Sozialisation beruhte im Sinne eines selbstverständlichen »Hineinwachsen[s] in den überkommenen Beruf der Familie«, braucht die Bürgergesellschaft »die allgemeine Erziehung für alle Funktionssysteme der Gesellschaft«[199]. Einen wichtigen Meilenstein bildet hier das Allgemeine Landrecht für die Preußischen Staaten von 1794, das die Schule als staatliche Einrichtung bestimmt und die allgemeine Schulpflicht verankert (auch wenn sie noch auf lange Zeit nicht flächendeckend durchgesetzt wird). *Erziehung wird zur großen Aufgabe der bürgerlichen Gesellschaft.* Das spiegelt sich zum einen in der Entstehung der Pädagogik als eigener Wissenschaft wider und zum anderen in der Profilierung der Katechetik als Zweig Praktischer Theologie.

---

197 Grethlein, Fachdidaktik Religion, 37.
198 Rupp, Vom Reichsdeputationshauptschluss bis zur Reichsgründung, 128.
199 Meyer-Blanck, Kleine Geschichte der evangelischen Religionspädagogik, 73.

Zudem führt die »rasante Industrialisierung Deutschlands«[200] nicht nur zu einem »bis dahin ungekannten Bedarf an technisch-naturwissenschaftlich qualifiziertem Personal«[201], sondern auch zu sozialen Verwerfungen, die letztlich zu einer Entfremdung zwischen Kirche und Arbeiterschaft führen. *Außerdem zeichnet sich seit der zweiten Hälfte des 18. Jahrhunderts eine Distanzierung gebildeter Kreise von der Kirche ab. Damit einher gehen grundsätzliche Zweifel am Wahrheitsanspruch des Christentums, die nun auch offen kommuniziert werden.* Zwar wird die Möglichkeit zum Kirchenaustritt erst gegen Ende des 19. Jahrhunderts eingeräumt (z. B. in Preußen 1873), doch mehren sich bereits vorher diejenigen Stimmen, »die sich zumindest an der Grenze des Christentums zu religiösen Fragen« äußern und damit einen »Übergang von dem traditionellen, durch die Kirche überlieferten Glauben zu einer inhaltlich nicht mehr gefüllten allgemeinen Frömmigkeit«[202] markieren. In Goethes (1749–1832) Faust kommt das in prominenter Weise zum Ausdruck, indem von Gott als »Allumfasser« und »Allerhalter« gesprochen wird und eine nähere Bestimmung und begriffliche Fassung als unmöglich erachtet wird: »Gefühl ist alles; Name ist Schall und Rauch, Umnebelnd Himmelsglut.« Lessings (1729–1781) Ringparabel setzt einen anderen Schwerpunkt, kommt aber auch zu einem relativierenden Ergebnis. Weder Christentum noch Judentum noch Islam sind wahre Religionen, sondern wahr ist nur das diesen Religionen jeweils Gemeinsame: der Glaube an ein höchstes Prinzip und das Gebot der mitmenschlichen Liebe, also das, was man als natürliche und vernünftige Religion bezeichnen kann.

Hier entwickelt sich die »Moderne mit ihrem christentumskritischen Gefälle«[203]. Kirche und Gesellschaft driften auseinander. Für einen großen Teil der Menschen lösen sich Frömmigkeit und Ethos von den kirchlichen Lehren ab. *Eine kirchlich geprägte Lebensform wird zunehmend zu einem Sonderbereich im bürgerlichen Leben.*[204] Das rückt die Frage nach der Vermittlung von Christentum und Moderne in das Zen-

200 Schröder, Religionspädagogik, 102.

201 A. a. O., 102.

202 Grethlein, Religionspädagogik, 9.10.

203 Schröder, Religionspädagogik, 104.

204 Vgl. Grethlein, Religionspädagogik, 11, im Anschluss an Nipperdey, Deutsche Geschichte, 507.

trum theologischer und pädagogischer Überlegungen. Die Konfessionen reagieren darauf in ganz unterschiedlicher Weise. Während der Katholizismus den Herausforderungen im Ultramontanismus, also der Orientierung am Papst und dessen antimodernistischer Lehre zu begegnen versucht, zeichnet sich im Protestantismus bei aller Vielgestaltigkeit der unterschiedlichen Strömungen eine Tendenz zur Aufnahme der damit skizzierten Entwicklungen ab.

Entscheidende Impulse dafür gab Friedrich Daniel Ernst Schleiermacher (1768–1834). In seinen *Reden über die Religion* »an die Gebildeten unter ihren Verächtern« von 1799 nimmt er die Unterscheidung von Theologie und Religion auf und weist der Religion (später spricht er von der »Frömmigkeit« oder der »Glaubensweise«) in Abgrenzung von Moral und Metaphysik »eine eigene Provinz im Gemüte«[205] zu, die nicht auf Moralanweisungen und Spekulation zurückgeführt werden kann. »Neigte die Orthodoxie dazu, bestimmte *Lehren* an die Stelle von Religion zu setzen, so die Aufklärung dazu, die Religion der *Tugend* und Gesinnung des Bürgers unterzuordnen.«[206] Schleiermacher will beides vermeiden. Religion bestimmt er in seiner zweiten Rede als *Anschauung und Gefühl,* also als etwas, das sich am Ort des Subjekts konstituiert.[207] Auf diese Weise kann er die individuelle religiöse Erfahrung würdigen und sie in das Zentrum seiner Überlegungen stellen, ohne dabei individualistisch verengend agieren zu müssen. Die individuelle Entfaltung und die Gemeinschaft geglückten Beisammenseins sieht er als zwei Seiten derselben Medaille. Religion als Anschauung und Gefühl ist dabei als grundsätzliche transzendentalphilosophische Kategorie zu verstehen, die nicht emotional enggeführt werden darf. Sie bezeichnet die »Bedingung der Möglichkeit, Transzendenz«, also den »Grund des Daseins, zu beschreiben«[208]. Der transzendente Grund wird nicht nur denkerisch durchdrungen, sondern ist im Gefühl präsent. Es ist die »Erfahrung des Denken- und Wollen-*Könnens* gewissermaßen, die Erfahrung, frei sein zu können und sich gerade darin als getragen zu erleben. Darum ist dieses Selbstbewusstsein ein unmittelbares und kein denkend gesetztes.«[209]

---

205 Schleiermacher, Über die Religion, 26.

206 Meyer-Blanck, Kleine Geschichte der evangelischen Religionspädagogik, 65.

207 Kumlehn, Symbolisierendes Handeln, 51.

208 Meyer-Blanck, Kleine Geschichte der evangelischen Religionspädagogik, 67.

209 Ebd.

Nicht zuletzt diese Bestimmung ist es, die Schleiermacher grundsätzlich an der Lehrbarkeit von Religion zweifeln lässt.

> »Kurz, auf den Mechanismus des Geistes könnt Ihr wirken, aber in die Organisation desselben, in diese geheiligte Werkstätte des Universums könnt Ihr nach Eurer Willkür nicht eindringen, da vermögt Ihr nicht, irgend etwas zu ändern oder zu verschieben, wegzuschneiden oder zu ergänzen, nur zurückhalten könnt Ihr seine Entwicklung und gewaltsam einen Teil des Gewächses verstümmeln. Aus dem Innersten seiner Organisation aber muß alles hervorgehen, was zum wahren Leben des Menschen gehören und ein immer reger und wirksamer Trieb in diesem sein soll. Und von dieser Art ist die Religion; in dem Gemüt, welches sie bewohnt, ist sie ununterbrochen wirksam und lebendig, macht Alles zu einem Gegenstande für sich und jedes Denken und Handeln zu einem Thema ihrer himmlischen Phantasie, Alles, was, wie sie, ein Kontinuum sein soll im menschlichen Gemüt, liegt weit außer dem Gebiet des Lehrens und Anbildens. Darum ist jedem, der die Religion so ansieht, Unterricht in ihr ein abgeschmacktes und sinnleeres Wort.«[210]

Zweifelsohne grenzt sich Schleiermacher damit noch einmal deutlich von der aufklärerischen Pädagogik ab, die Religion moralisch und vernunftbestimmt beschnitten und dann für lehrbar erklärt hatte. Gleichwohl weist er bleibend darauf hin, dass religiöses Lehren und Lernen weder im Modus der Belehrung erfolgen noch im Modus des Verstehens aufgehen kann. Vielmehr geht es um ein wechselseitiges, kommunikatives Geschehen, das durch Freiheit bestimmt ist und um die Grenzen pädagogischen Handelns weiß.

> »Was durch Kunst und fremde Tätigkeit in einem Menschen gewirkt werden kann, ist nur dieses, daß Ihr ihm Eure Vorstellungen mitteilt und ihn zu einem Magazin Eurer Ideen macht, daß Ihr sie so weit an die seinigen verflechtet, bis er sich ihrer erinnert zu gelegener Zeit; aber nie könnt Ihr bewirken, daß er die, welche Ihr wollt, aus sich hervorbringe.« (92 f.)

In alledem ging Schleiermacher davon aus, dass der Mensch »mit der religiösen Anlage geboren« werde, »wie mit jeder anderen, und wenn nur sein Sinn nicht gewaltsam [...] verrammelt« werde, sie sich »auch in Jedem unfehlbar auf seine eigne Art entwickeln« (96) müsste. Schon in der Kindheit ist Religion als »geheime, unverstandene Ahndung« (97)

---

210 Schleiermacher, Über die Religion, 93. Auch die folgenden Seitenangaben beziehen sich darauf.

angelegt, und wenn nicht die »Wut des Verstehens« (96) das »Gedeihen der Religion« (96) verhindert, dann kann sie sich – vornehmlich im Rahmen der Mutter-Kind-Interaktion innerhalb der Familie sowie im alltäglichen Vollzug – entwickeln.

> »[...] wenn die Mutter ihr Kind zur Ruhe niederlegt, wird sie selbst nicht leicht ohne religiöse Erregung sein [...]; es kann nicht ausbleiben, daß diese Erregung dem Kinde sich mitteilt, aber dies hat doch nichts zu schaffen mit jener Weise, die, ohne auf innere Erregung zu sehen, die bestimmte Zeit nur festhalten will, um an diese den religiösen Entwicklungsprozeß zu binden. [...] Sobald die religiöse Erregung vom unmittelbaren Leben ausgeht, selbst auch wiederkehrend zu bestimmten Zeiten, so ist kein Nachteil zu fürchten; macht man aber daraus eine Vorschrift und Regel, dann ist es tadelnswert.«[211]

Hier kommt etwas von dem zum Tragen, was Schleiermacher in seinen Pädagogikvorlesungen mit Blick auf die Erziehung insgesamt ausführt. *Pädagogische Interventionen müssen ihren Sinn in sich selbst haben und dürfen sich nicht nur aus einem künftigen, noch so guten Zweck ableiten.* Denn eine

> »noch so gut gemeinte Vorbereitung auf das Leben, die selbst nicht Leben ist, sondern Lebensbegrenzung und Lebensbeschneidung, hat keine den Menschen in seinen künftigen Lebensmöglichkeiten fördernde Funktion.«[212]

Religiöse Erziehung ist davon nicht ausgenommen. Letztlich ist sie nur als *Mitteilungsgeschehen* zu verstehen. »Wer mitteilt, übergibt etwas (eine Botschaft); aber er vollzieht das so, dass er zugleich an sich selbst Anteil gibt.«[213] Die Person des Lehrenden spielt also eine ganz wichtige Rolle. Daraus resultiert eine Skepsis gegenüber dem Katechismus als vorgegebenem Unterrichtsgegenstand. Vielmehr ist derjenige Katechismus der beste, den der Pfarrer »sich jedesmal selbst macht«[214]. Auf diese Weise kommt die objektive Religion am besten zur Darstellung. So gesehen ist die »subjektive Religion [...] das bevorzugte Medium der Darstellung objektiver Religion«[215].

---

211 Schleiermacher, Texte zur Pädagogik, Bd. 2, 249.

212 Meyer-Blanck, Kleine Geschichte der evangelischen Religionspädagogik, 73.

213 A. a. O., 76.

214 Schleiermacher, Praktische Theologie, 376 (im Original kursiv).

215 Meyer-Blanck, Kleine Geschichte der evangelischen Religionspädagogik, 80.

Schleiermacher war nicht nur ein bedeutender Theologe, sondern auch der Begründer der wissenschaftlichen Pädagogik. Er steht damit auch beispielhaft für eine Entwicklung, die sich unter dem Stichwort der »Verwissenschaftlichung«[216] beschreiben lässt und nicht nur das pädagogische Handeln allgemein, sondern auch das Feld christlich motivierter Lehr- und Lernprozesse betrifft. Dabei lassen sich drei Profilierungen aufzeigen, die zugleich beispielhaft das Feld unterschiedlicher Verhältnisbestimmungen von Theologie und Pädagogik abstecken.

Zum einen entsteht seit Ende des 18. Jahrhunderts an den Theologischen Fakultäten die Katechetik als wissenschaftliche Disziplin, die von Anfang an kirchlich ausgerichtet ist, ohne sich damit jedoch ausschließlich auf kirchliche Bezüge zu beschränken. Allerdings führt die Konzentration auf das engere kirchliche Leben, die sich in der Katechetik Christian Palmers (1811–1875) anbahnt und bei Gerhard von Zezschwitz (1825–1886) verdichtet, zu einer Distanz zur allgemeinen Pädagogik. In der »Evangelischen Pädagogik« Palmers von 1853 zeigt sich zudem eine schroffe Abgrenzung zu den damaligen pädagogischen Entwürfen, so dass Katechetik und Pädagogik in Gegnerschaft zueinander gerieten. Die theologische Profilierung der Katechetik gerät in Spannung und Konflikt zu einer Pädagogik, die sich der vorstrukturierenden Rolle der Theologie im weltanschaulich-anthropologischen Feld widersetzt. Damit einher geht die Entwicklung zu einer kirchlichen Katechetik »im Sinne einer auf die Kirche als Subjekt und Objekt verengten« (113) Wissenschaft. Die nach »innen« gerichtete Perspektive geht hier mit vereinnahmenden Tendenzen nach »außen« einher, was sie letztlich isoliert.

Anders sieht das in einem zweiten Bereich aus. Denn nicht nur die Katechetik, sondern auch die Pädagogik nimmt sich »ohne Scheu des Themas religiöser Bildung an« (110). Hier ist es vor allem Johann Friedrich Herbart (1776–1841), der mit seiner Idee des erziehenden Unterrichts und der Entwicklung der sog. Formalstufentheorie Konzepte vorlegt, die religionspädagogisch und katechetisch stark rezipiert wurden.

---

216 Schröder, Religionspädagogik, 110. Die folgenden Seitenangaben im Text beziehen sich darauf.

[*Formalstufen*]
Bei Herbarts Theorie handelt es sich um eine auf der Psychologie basierende systematische Theorie des Lernens und Lehrens, nach der Lernprozesse in einer Abfolge von vier Stufen ablaufen. 1. Stufe der Klarheit: Vorstellung des Neuen, Erfassen dessen, worum es geht; 2. Stufe der Assoziation: Verbindung mit Bekanntem, Assoziierung einzelner Elemente; 3. Stufe des Systems: Einordnung der neuen Wissenselemente in einen allgemeinen Zusammenhang, Verbindung mit bereits bekannten Vorstellungskreisen; 4. Stufe der Methodik: praktische Anwendung des Gelernten. Die Schüler Herbarts, vor allem Wilhelm Rein (1847–1929) und Tuiskon Ziller (1817–1882), haben diese Methode nicht nur im Rückgriff auf die liberale Theologie (hier vor allem: Albrecht Ritschl [1822–1889]) auf das Feld der sittlich-religiösen Erziehung übertragen, sondern sie auch erweitert und formalisiert, so dass jeder Unterricht nach demselben Schema geplant wurde. Die katholischen Katechetiker Heinrich Stieglitz (1868–1920) und Otto Willmann (1839–1920) legten mit der sog. *Münchener Methode* eine Adaption vor (1. Vorbereitung, 2. Darbietung, 3. Erklärung, 4. Zusammenfassung, 5. Anwendung), die weite Verbreitung fand, was auch daran lag, dass die Unterrichtsgestaltung auf den Lernenden abgestimmt werden konnte, ohne damit dogmatische Fragen anzutasten.

Für die weitere Entwicklung bedeutsam ist, dass hier »religiöse Erziehung nicht als ein besonderes Feld behandelt«, sondern mit der Erziehung insgesamt zusammengesehen wird, wobei Religion (im Zusammenhang mit der Sittlichkeit) »als das integrierende Zentrum aller Erziehung«[217] aufgefasst wird. Es kommt hier im Ideal der sittlich-religiösen Persönlichkeit zu einer Integration pädagogischer und theologischer Perspektiven. Eine für alle gültige und kommunizierbare Norm bildet also die Grundlage. Fundamental dafür ist nicht zuletzt eine in dieser Richtung affine Gesellschaft, die christlich-religiös geprägt ist.

Die dritte Perspektive der »Verwissenschaftlichung« zeigt sich im Umfeld der Direktoren von Volksschul-Lehrerseminaren und der Religionsoberlehrer und ihrer Vereine. Hier entsteht eine Literatur, »die ›Religion‹ und ›Pädagogik‹ als Themen« (28) zusammenführt, dabei aber konsequent vom schulischen Religionsunterricht ausgeht und dementsprechend dessen Missstände ins Zentrum ihrer Überlegungen stellt. Hier äußert sich ein sich von kirchlichen Vorgaben emanzipierender Lehrerstand. Den entscheidenden Orientierungspunkt bildet dabei die freiheitliche Menschenbildung. Besonders deutlich wird das bei Fried-

217 Nipkow/Schweitzer, Religionspädagogik im 19. und 20. Jahrhundert, 28. Die folgenden Seitenangaben im Text beziehen sich darauf.

rich Adolph Wilhelm Diesterweg (1790–1866), der in bewusster Abgrenzung von der kirchlichen Katechetik (Palmer) sowie der geistlichen Schulaufsicht für einen allgemeinen Religionsunterricht plädierte, der sittlich-moralisch ausgerichtet und nicht konfessionell bestimmt ist. Hier wird eine allgemeine Perspektive stark gemacht, wobei die nach »innen« gerichtete Vergewisserung keine große Rolle mehr spielt. In gewisser Weise handelt es sich dabei um einen Gegenentwurf zu der von Christian Palmer vertretenen Position.

An den hier skizzierten Entwicklungen lässt sich gut erkennen, wie Veränderungen in den Grundkoordinaten (man kann hier von einem »Modernisierungsschub« [30] sprechen) zu Erschütterungen in der Praxis führen, die in der Theorie reflektiert werden. Was der Praxis religiös motivierten Lehrens und Lernens besonders zu schaffen macht, ist eine gesellschaftliche Entwicklung, in der Lebensbereiche sich verselbständigen, wobei »die Religion ihren verbindenden Einfluß« verliert und »der weltanschauliche Pluralismus« (31) zunimmt. Hier setzt eine Entwicklung ein, an der sich religionspädagogische Theoriebildung noch heute abzuarbeiten hat. Eine der zentralen Fragen, die sich daraus ergeben, ist diejenige nach dem Geltungsanspruch des Christentums.

b) Fokussierende Zusammenfassung

Zusammenfassend bleibt festzuhalten, dass sich im 18. und 19. Jahrhundert Herausforderungen für christlich motiviertes Lehren und Lernen ergeben, die in der Verhältnisbestimmung von Christentum und Moderne ihre Zuspitzung finden. Lebensweltlich schlägt sich das jedoch nur bedingt und sehr unterschiedlich nieder. Denn die klassischen Lernwege verändern sich in dieser Zeit für die verschiedenen Bevölkerungsgruppen nicht gleichermaßen stark. Die Familie bleibt nach wie vor grundlegende Sozialisationsinstanz in Sachen Religion. Dabei sind es vor allem die Mütter, die hier nicht zuletzt durch die Gestaltung des familialen Zusammenlebens prägend wirken.[218] *Das alles geschieht vor dem Hintergrund eines zurückgehenden Verbundenheitsgefühls mit der Kirche, das den Protestantismus stärker betraf als den Katholizismus* – denn hier wurde »in der Regel der individuellen Wahrhaftigkeit der Vorzug vor [...] den kirchlichen Lehrmeinungen gegeben«[219] – und in der

218 Vgl. Hölscher, Geschichte, 282 f.

219 A. a. O., 298.

(damals quantitativ noch dominanten) Landbevölkerung deutlich weniger ausgeprägt war als in der (wachsenden) Arbeiterschaft und unter Lehrern, Offizieren, Juristen und Ärzten.[220] *Die Bedeutung der Schule nimmt für die Bevölkerung insgesamt zu.* Allerdings lassen sich auch hier unterschiedliche Prägungen beobachten. Während an den Volksschulen die »politische Allianz von Thron und Altar«[221] über das Instrument der geistlichen Schulaufsicht weiterhin maßgeblich war und sich die christlich-konfessionelle Prägung sowohl im Unterricht wie auch im Schulleben niederschlug, zeigte sich an den höheren Schulen eine deutliche Reserviertheit gegenüber christlicher Religion. »Sie spielt im Schulleben kaum mehr eine Rolle und wird zum drei- beziehungsweise zweistündigen Fach namens ›Religionslehre‹.« (105) Zudem besuchten die evangelisch getauften Schülerinnen und Schüler den Konfirmandenunterricht, der sich »weithin als Katechismus- und Liedgut-Memorier-Unterricht« (107)[222] darstellte, in dem es darum ging, die vorgegebenen Stoffe zu erlernen und wiedergeben zu können.

Daneben entwickeln sich in dieser Zeit mit den christlichen Vereinen und einer davon angestoßenen Jugendarbeit, dem Kindergottesdienst und dem Kindergarten neue Lernfelder,[223] doch lässt sich zweifelsohne im 19. Jahrhundert eine Konzentration auf unterrichtliche, also formal strukturierte Lernprozesse erkennen. *Christlich motiviertes Lernen wird als unterrichtlich strukturiertes Lernen erlebt.* Zu einem guten Teil hängt das auch damit zusammen, dass der Staat die Herrschaft über die Schule als ein »wichtiges Instrument der sozialen Kontrolle seiner Staatsbürger« erkannt hatte, weshalb das Schlagwort »Wer die Schule hat, der hat die Zukunft« gerade im 19. Jahrhundert »Konjunktur«[224] hatte. *In der Reflexion christlich motivierter Lehr- und Lernprozesse*

220 Vgl. a. a. O., 305–314.

221 Schröder, Religionspädagogik, 105. Die folgenden Seitenangaben im Text beziehen sich darauf.

222 Martina Kumlehn resümiert: »Es war in erster Linie die Befürchtung, der schulische Rahmen könne weder die nötigen Freiräume zur Entfaltung der religiösen Darstellung und Mitteilung noch die angemessene individuelle Zuwendung und Begleitung garantieren, die Schleiermacher dazu bewog, von einem Religionsunterricht in der Schule abzuraten. Werde dieser jedoch erteilt, dann sei er [...] dazu verpflichtet, an den Kindern die Stelle der Familie zu vertreten und das religiöse Leben in ihnen zu stärken.« Dies., Individuelles Symbolisieren, 281.

223 Vgl. als Überblick dazu Schröder, Religionspädagogik, 107–110.

224 Rupp, Vom Reichsdeputationshauptschluss bis zur Reichsgründung, 129 f.

schlägt sich das nicht zuletzt in einer starken Fixierung auf das schulische Unterrichtsfach Religion nieder. Die neu entstehende Disziplin der Religionspädagogik wird sich über eine lange Zeit hinweg sogar ausschließlich damit befassen.

Vor dem Hintergrund von Schleiermachers Reflexionen zur religiösen Bildung ist das sehr bemerkenswert, hatte er doch gerade aus einem Religionsverständnis heraus größte Bedenken gegenüber dem schulischen Religionsunterricht und seinen Lernformen angemeldet. Für ihn steht die Familie an zentraler Stelle, die von der Gemeinde her zu unterstützen ist. Gegenüber dem schulischen Religionsunterricht bleibt er skeptisch bis »schwankend«[225]. Dass er dennoch für das Feld des schulischen Religionsunterrichts so große Bedeutung erlangt hat und auch gegenwärtig noch hat, liegt vor allem an der Art und Weise der von ihm vorgenommenen Bearbeitung der Grundfrage nach dem Verhältnis von christlicher Überlieferung und Moderne im Sinne einer Synthese. *Mittels des Religionsbegriffs gelingt es ihm, nicht nur beides miteinander zu versöhnen, sondern – und das spielt wirkungsgeschichtlich eine besondere Rolle – der christlichen Religion einen spezifischen, nicht subsumierbaren Platz zuzuweisen, der sich aus dem Menschsein selbst ergibt.* »Der Mensch wird mit der religiösen Anlage geboren wie mit jeder anderen.«[226] Damit baut Schleiermacher eine Brücke zwischen Bildung im Sinne der Menschenbildung und Religion. Wenn die religiöse Anlage zum Menschsein gehört und Bildung die Entfaltung der dem Menschen gegebenen Möglichkeiten intendiert, dann darf beides nicht voneinander getrennt werden.

Vor diesem Hintergrund verwundert es nicht, dass Schleiermacher als »Vater der modernen Religionspädagogik«[227] bezeichnet wird. *Zwar taucht der Terminus »Religionspädagogik« als Bezeichnung einer eigenen Wissenschaftsdisziplin erst später auf, doch sind bei ihm bereits Kennzeichen der Religionspädagogik zu sehen, insofern er »eine bewusste Öffnung für ›moderne‹ Kultur und Wissenschaft« vertritt, wozu auch die Pädagogik gehört, die »Kirche und Theologie nicht mehr als alleinige Autoritäten in Fragen der (religiösen) Erziehung anerkennt«*[228].

225 Meyer-Blanck, Kleine Geschichte der evangelischen Religionspädagogik, 79.

226 Schleiermacher, Über die Religion, 96.

227 Schweitzer, Religionspädagogik, 2008, 1013.

228 Ebd.

Aus heutiger Sicht wird man sich allerdings zwei Aspekte noch einmal neu ansehen müssen. Zum einen betrifft das die Verortung der Religion als gleichsam natürliche Anlage, die nicht zerstört werden darf (wie es die sokratische Religionspädagogik mit ihrer Verstehens- und Vernunftwut tut), sondern zu entfalten ist. Michael Meyer-Blanck weist hier aus semiotischer Perspektive zu Recht darauf hin, dass man den Gegensatz von Natur und Kultur nicht aufstellen kann. Schließlich gibt es auch »Natur« nicht anders als

> »in einer kulturellen Interpretation und damit in Lernprozessen. Ob die Frage nach der Religion von einem Menschen gestellt, beantwortet oder auch im christlichen Sinne beantwortet wird, dies ist keine Frage von Natur oder nicht, sondern eine Frage der *Interpretation* von Kultur *und* Natur. Man kann demnach die Religion nicht von der Naturbetrachtung als solcher ableiten. *Natürlich* sind für den Menschen die Fragen nach dem Anfang und Ende des Lebens, nach dem glücklichen oder unglücklichen Zufall und nach der Schuld. Mit ihnen muss sich jeder Mensch auseinandersetzen. Aber vielleicht ist auch das schon zu viel gesagt. Vielleicht sind Kulturen denkbar, in denen der Mensch konsequent dazu erzogen wird, diese Frage gar nicht mehr, wenigstens nicht mehr bewusst, zu stellen. Die Geschichte im Staatssozialismus im letzten Jahrhundert zeigt, dass viele Menschen auch ohne religiöse Antworten auf diese Frage auskommen, jedenfalls explizit ohne diese Fragen auskommen wollen.«[229]

Eine solche Sichtweise lässt das Reden von der »religiösen Anlage« von vornherein auch als Produkt kultureller Interpretationen erscheinen. Die Fragen nach Anfang und Ende gehören zum Menschsein dazu. Ob sie gestellt und vor allem in welcher Weise sie beantwortet werden, ist immer auch kulturell variabel. Daraus ergibt sich ein zweiter Aspekt, der im Blick sein muss. Schleiermachers strikte Abgrenzung der Religion von Moral und Metaphysik ist auch im Zusammenhang einer Gesellschaft zu sehen, die christlich grundiert war und in der – vor allem unter den Gebildeten – Religion im Zuge aufklärerischen Denkens auf ihre moralisch-sittliche Komponente ausgerichtet und auch beschränkt wurde. In Auseinandersetzung und Abgrenzung dazu macht er einen Aspekt stark, der zu seiner Zeit in den Hintergrund zu treten drohte: Religion als Gefühl wird vornehmlich im Innerlichen verankert und damit im Ästhetischen angesiedelt. Fragen der Handlungsorientierung

229 Meyer-Blanck, Kleine Geschichte der Religionspädagogik, 69 f.

treten dabei in den Hintergrund. Auf diese Weise vermag er der Religion einen kommunizierbaren Platz zu geben, der nachvollziehbar ist und das Besondere zum Ausdruck kommen lässt. Aus heutiger Sicht wird man allerdings zu fragen haben, ob die Fragen der Lebensgestaltung nicht zentraler in den Blick zu nehmen wären. Schließlich lässt sich Christsein nicht auf eine bestimmte Bereichspraxis beschränken. Wie die Reflexion der unterschiedlichen Modi der Kommunikation des Evangeliums deutlich werden lässt, stellt Christsein einen das ganze Leben umfassenden Habitus dar. Es handelt sich hier um eine Lebensform, die sich nicht nur auf Deutungsprozesse im Sinne reflektierter Ausdeutung des religiösen Gefühls beschränken lässt. Die gehören zwar dazu, sind aber nicht allein bestimmend.

Mit Blick auf die Modi religiösen Lehrens und Lernens fällt auf, dass Schleiermacher der Bildung im Sinne der freien Selbsttätigkeit einen zentralen, so bisher nicht gekannten Stellenwert beimisst. Auf diese Weise gibt er auch dem erzieherischen Handeln eine neue Ausrichtung, indem er dessen Grenzen aufzeigt oder anders ausgedrückt den Rahmen absteckt, innerhalb dessen sich erzieherisches Handeln gestaltet. Selbstständigkeit und Selbsttätigkeit sind hier die entscheidenden Motive.[230] Das geht einher mit einer grundsätzlichen Skepsis gegenüber allen (damals vorherrschenden) unterrichtlichen Formen. Idealerweise ist Religion im »dynamischen Lebenszusammenhang«[231] weiterzugeben. Der (familialen) Sozialisation kommt hier eine herausragende Bedeutung zu, so sie dem religiösen Subjekt über freie Darstellung und Mitteilung Angebote unterbreitet, die die Entfaltung der religiösen Anlage ermöglichen. Erziehung und Sozialisation werden bildend profiliert. Die Empowermentperspektive kann hier – wenn überhaupt – nur querliegend eingelesen werden. Einerseits bietet der Gedanke der Entfaltung des im Menschen Angelegten durchaus Überschneidungspotenzial. Andererseits sind die Begriffe der Befähigung und Bevollmächtigung nur schwer einzutragen, weil Schleiermacher ja gerade eine »eigene Provinz im Gemüt«[232] postuliert, die zwar verkümmern, aber nicht wie eine Fertigkeit einsichtig gemacht werden kann. Fragen der Lebensgestaltung, der Alltags- und Lebensrelevanz spielen hier primär keine Rolle.

230 Vgl. Kumlehn, Individuelles Symbolisieren, 280.

231 A. a. O., 281.

232 Schleiermacher, Über die Religion, 26.

Auf alle Fälle jedoch steht Schleiermacher für eine Linie, die mit dem Stichwort der Vermittlung von Überlieferung und Modernität beschrieben werden kann. Die darin gesetzten Herausforderungen sind es letztlich, die zur Entstehung der Religionspädagogik als »Krisenwissenschaft«[233] führen. Der Begriff taucht zwar erstmals 1889 bei Max Reischle (1858–1905) auf, aber die damit beschriebene Entwicklung ist bereits vorher im Blick. Neben den Linien, die durch Impulse von Herbart und seinen Schülern sowie aus den Volksschul-Lehrerseminaren und Religionslehrervereinen beschrieben werden können und letztlich in der neuen Wissenschaftsdisziplin der Religionspädagogik Aufnahme und Weiterführung finden, ist hier auch die Katechetik zu nennen. Allerdings hat sie parallel zur Entstehung der Religionspädagogik eine Entwicklung genommen, die man als Verengung bezeichnen kann. Im Laufe des 19. Jahrhunderts konzentrierte sie sich im Zuge einer kirchlichen Restauration als Gegenbewegung zu den Entwicklungen der Aufklärung mehr oder weniger nur noch auf den kirchlichen Unterricht. Dadurch kam es zu einer schrittweisen Entfernung von der sich profilierenden (und später so genannten) Religionspädagogik. Die »religionsfreundliche Spielart der Pädagogik«[234] in der Linie des Herbartianismus erwies sich für die späteren Religionspädagogen als deutlich anschlussfähiger. Die Katechetik wurde dagegen immer mehr zu einem Programm, von dem man sich abzugrenzen hatte. Sie stand für eine pädagogische Denkrichtung, die christliche Überlieferung und Modernität nicht produktiv aufeinander zu beziehen vermochte, und kann deshalb als »geschichtliche Vorläuferin«[235] der Religionspädagogik angesehen werden. Es war nicht zuletzt die »problematische Distanz und Gegnerschaft zur allgemeinen Pädagogik«[236], die Religionspädagogik und Katechetik für eine lange Zeit in eine problematische Gegnerschaft führten.

2.1.7 Zusammenfassung

Nimmt man die Entwicklungen im Feld christlich motivierten Lehrens- und Lernens von den Anfängen bis zum 19. Jahrhundert, als dem Vor-

233 Grethlein, Religionspädagogik, 96

234 Schröder, Religionspädagogik, 117.

235 Schweitzer, Religionspädagogik, 2008, 1013.

236 Grethlein, Religionspädagogik, 57.

abend der Entstehung der neuen Wissenschaftsdisziplin der Religionspädagogik, in den Blick, so zeigen sich grundlegende Linien und Herausforderungen:

– *Christlich motivierte Lehr- und Lernprozesse werden von Anfang an von den Kontexten geprägt, in denen sie stattfinden.* Auch die unterschiedlichen Grade reflexiver Durchdringung der pädagogischen Praxis erklären sich zu einem großen Teil daraus. Eine wesentliche Rolle spielt hier die Prägung des allgemein Maßgeblichen in einer Gesellschaft und damit verbunden die Rolle, die dabei Christentum und Kirche zukommt. *Sie markieren strukturelle Ressourcen, in denen die – wie auch immer im Einzelnen – angeeigneten Fähigkeiten zur Entfaltung kommen können.* Letztlich fungieren sie – im positiven Sinn – als Ermöglichungsräume, auf alle Fälle aber als strukturierendes Moment. Auffällig ist dabei, dass mit zunehmender Verchristlichung der Gesellschaft im Sinne einer einheitlichen Prägung die Frage der Entfaltung des Gelernten zurücktritt und intentional ausgerichtete Lernprozesse massiv zurückgehen. Erst die Erschütterung des mehr oder weniger homogenen Kulturraumes in der Reformation führt zu neuen Impulsen im Feld christlich motivierten Lehrens und Lernens. Damit wird eine Entwicklung angestoßen, die unter den Stichworten der Pluralisierung und Heterogenität auch heute zu den grundlegenden religionspädagogischen Herausforderungen gehört.

– Auffällig ist ebenfalls, dass sich das *Profil* christlich motivierter Lehr- und Lernprozesse über die Zeiten hinweg ändert. *Standen in den ersten Jahrhunderten, bis zur rechtlichen Privilegierung des Christentums und der Anerkennung als Reichskirche, Vergewisserung und Identitätsstiftung im Zentrum – wobei nie nur Fähigkeiten an sich, sondern deren lebensweltliche Einbindung und Anwendung von Bedeutung waren –, so ändert sich dieser Fokus hin zum Erziehenden im Sinne der Eingliederung in eine auch staatlich vorgegebene Norm.* Aus der pädagogischen Initiierung einer Lebensform, die sich im Taufkatechumenat abbildet, wird das Hineinwachsen in das Christsein durch Sozialisation. Den Hintergrund dafür bildet nicht zuletzt die »polit(isch)-rechtliche Fixierung von Bekenntnistexten«, die nun »mit reichsrechtlicher Normativität«[237] eingetragen werden. Dadurch verringert sich der Spielraum in der Auseinandersetzung mit dem Vorgegebenen. Letztlich wird eine zustim-

---

237 Staats, Bekenntnis,1451.

mende Aneignung erwartet. Die bildende Dimension tritt in den Hintergrund. Christsein bedeutet, sich in die vorgegebene Ordnung einzufügen und sie am Laufen zu halten. Hinsichtlich der Differenzierung der Lernrichtungen zeigt sich eine Änderung. Erfolgt anfänglich aus den nach »innen« gerichteten Lernprozessen eine Zuwendung nach »außen«, so geht beides mit der Verchristlichung der Gesellschaft gleichsam ineinander über. Ein »innen« und »außen« gibt es kaum mehr, weil – zumindest vom Anspruch her – alles christlich geprägt ist.

– Das ändert sich – zumindest vom Grundansatz her – im Zuge der Reformation. Hier erhalten pädagogische Prozesse im Sinne der selbsttätigen Auseinandersetzung eine besondere Bedeutung, insofern nun das Hineinwachsen in eine bestimmte Konfession des Christentums begleitend einsichtig gemacht werden soll. *Christlich motiviertes Lehren und Lernen findet nun konfessionell profiliert statt und trägt formativen Charakter, d. h. soll »eine spezifische religiöse Identität« formieren helfen, »die sich gegenüber anderen möglichen religiösen Positionen behaupten können soll«*[238]. Dieser Anspruch spielt allerdings erst einmal lebensweltlich keine große Rolle, weil die konfessionelle Durchmischung durch die Orientierung an der Konfession des Landesherrn weitgehend verhindert wird. Die gelernten Fähigkeiten müssen sich also kaum lebensweltlich behaupten. Im großen Stil ändert sich das erst zu Beginn des 20. Jahrhunderts. Trotzdem zeigen sich nun Veränderungen im Lehren und Lernen. Das vergewissernde, nach »innen« gerichtete Lernen muss sich neu bewähren gegenüber einer Gesellschaft, die nicht mehr von der einen Kirche geprägt ist. »Innen« und »außen« fallen nicht mehr per se zusammen. Insofern gewinnt die Komponente des Sich-nach-»außen«-Orientierens eine neue Bedeutung. Dabei ist es vor allem die mit der Vielfalt der Bekenntnisse neu hervortretende Wahrheitsfrage, die zu bedenken ist. Sie erhält eine neue Ausrichtung durch die Modernisierungsprozesse, die mit der Aufklärung angestoßen werden.

Die Transformationsprozesse im 18. und 19. Jahrhundert mit ihrem »christentumskritischen Gefälle«[239] verstärken die in der Reformation angestoßene Fokussierung auf den Einzelnen und lassen die mehr oder weniger fraglose Verbindung von Christentum und Kirche brüchig werden. *Vor dem Hintergrund einer religiösen Vielfalt, die freilich lebens-*

---

238 Englert, Religionspädagogische Grundfragen, 282 (im Original nicht kursiv).

239 Schröder, Religionspädagogik, 104 (im Original kursiv).

weltlich erst in Ansätzen und in den einzelnen sozialen Schichten sehr unterschiedlich wahrgenommen wird, wächst die Bedeutung von diskursstiftenden Begriffen, die verschiedene Positionen miteinander in Beziehung setzen können. Auch die Frage nach der Verbindung von christlicher Tradition und Moderne steht dabei im Raum. Als impulsgebend erweist sich hier der Religionsbegriff, weil er beides in ein produktives Verhältnis setzen kann und gleichzeitig der Religion einen unverlierbaren Platz zuweist. Menschenbildung ohne Religion ist auf diese Weise nicht denkbar. Die Voraussetzung dafür bildet allerdings eine an der grundsätzlichen Orientierung am Christentum interessierte Gesellschaft. Sehr deutlich zeigt sich hier, wie stark die gesellschaftlichen Plausibilitäten die selbstvergewissernden Überlegungen prägen. Die nach »außen« gerichteten Lernprozesse wirken zurück auf die nach »innen« gerichteten, identitätsstiftenden Lernprozesse.

– Vor diesem Hintergrund verwundert es nicht, dass auch die *Inhalte,* die lehrend und lernend weitergegeben bzw. angeeignet werden, *nicht ein für alle Mal feststehen, sondern sich im Laufe der Zeiten ändern.* Dabei spielt einerseits eine Rolle, dass es in der Christentumsgeschichte erst nach und nach zur Entstehung eines elaborierten dogmatischen Systems kommt. Andererseits wirken sich hier die unterschiedlichen kontextuellen Bedingungen aus. *Christlich motiviertes Lehren und Lernen in einer paganen Gesellschaft wirft andere Fragen auf, als es in einer christlich geprägten Umgebung der Fall ist, in der Christsein obrigkeitlich abgesichert ist und von der Mehrheit praktiziert wird.* Eine grundsätzliche Relativierung des christlichen Wahrheitsanspruchs erfolgt durch die Reformation und später dann durch die Aufklärung. Der Einzelne in seinem Gottesverhältnis rückt in den Mittelpunkt. Die Kirche als Institution erfährt eine Relativierung. Ihre Vorgaben sind nun daraufhin zu prüfen, inwiefern sie sich für die Gestaltung des individuellen Gottesverhältnisses als hilfreich erweisen.

– Auch die *Zielgruppen* christlich motivierten Lehrens und Lernens ändern sich. Standen anfänglich – ganz im Sinne der antiken Tradition – die Einzelnen im Fokus, die sich auf den neuen Weg (Apg 19,23) gemacht haben, ist es – vor allem nach der Germanenmission – die Sippe bzw. die Bevölkerung insgesamt. *Aus der individuellen Angelegenheit in Sachen Religion ist eine öffentliche geworden.* Die konfessionelle Homogenität bildet dafür den notwendigen Rahmen. Einen »ersten Bruch« erhält sie mit dem Reichsdeputationshauptschluss (1803) und dem Wiener Kongress (1815), »vollends zum Verschwinden gebracht« wird sie allerdings erst »durch Flucht und Vertreibung nach dem Zweiten Weltkrieg«[240]. *Christlich motiviertes Lehren und Lernen muss vom Einzelnen her gedacht werden.*

– Unter Bezug auf die eingangs vorgestellte Definition von Religionspädagogik lässt sich für die Entstehungszeit der neuen Wissenschaftsdisziplin festhalten, dass christlich motiviertes Lehren und Lernen im 19. Jahrhundert de facto primär erziehend und sozialisierend geprägt ist, nun aber konzeptionell von der Sache her das Bildungsparadigma in das Blickfeld rückt. Das hat auch Auswirkungen auf der inhaltlichen Ebene, was sich in der Orientierung am Religionsbegriff niederschlägt. Er ermöglicht eine Ausrichtung am Individuum bei gleichzeitiger christlicher Anschlussfähigkeit. Die Voraussetzung dafür bildet eine dem Christentum gegenüber aufgeschlossene Gesellschaft, in der die Bevölkerung mehr oder weniger selbstverständlich in einer religiösen Praxis verhaftet ist. An die Stelle der kirchlich abgesicherten Lehren treten jetzt »die religionswissenschaftlich zu erforschende Bibel und der mündige Adressat«[241]. Letztlich sind es also die nach »außen« gerichteten Lernprozesse, von denen ausgehend die nach »innen« gerichteten Lernprozesse zu steuern sind.

2.2 Religionspädagogik in der Korrelation von Gegenstand und Ziel im primären Fokus auf den schulischen Religionsunterricht

»Der Sache nach«[242] beginnt Religionspädagogik bereits im 18. Jahrhundert. Allerdings taucht der Begriff selbst erst um die Wende vom 19. zum 20. Jahrhundert auf. Deswegen ist auch erst seit dieser Zeit von Religionspädagogik zu sprechen. Inhaltlich verbindet sich damit eine spezifische Perspektive, insofern das damit verbundene Programm als »Antwort auf den sich in der Aufklärung zeitigenden Modernisierungspro-

240 Schröder, Religionspädagogik, 89.

241 Wegenast, Geschichte der Religionspädagogik, 41.

242 Nipkow/Schweitzer (Hg.), Religionspädagogik, 20.

zess«[243] verstanden werden kann. Letztlich ging es um die Frage, wie den fundamentalen Veränderungen, die sich in allen Gebieten des politischen, sozialen, wirtschaftlichen und kulturellen Lebens vollzogen, angemessen begegnet werden soll. *Die neue Wissenschaftsdisziplin der Religionspädagogik steht dabei für eine Richtung, die das spannungsvolle Verhältnis zwischen christlicher Überlieferung und Modernität konstruktiv bestimmen möchte,* indem die Entwicklungen nicht kritisch beäugt, sondern beherzt aufgegriffen und für christlich motiviertes Lehren und Lernen fruchtbar gemacht werden. Das führt auch zu Neuausrichtungen im wissenschaftlichen Bezugssystem. Nicht mehr die Dogmatik gilt nun als primäre Bezugswissenschaft im Feld christlich motivierten Lehrens und Lernens. Vielmehr orientiert man sich an der kritischen Bibelwissenschaft, der Religionsphilosophie und -psychologie sowie an der Pädagogik. Die damit verbundenen Diskurse werden als besonders anschlussfähig erachtet, um die »Vermittlungsaufgabe zwischen Moderne und Christentum«[244] im Fokus pädagogischer Bemühungen bearbeiten zu können. Das Ganze geschieht in der Konzentration auf den Religionsunterricht an der Schule. Dessen Erteilung »war (noch) zu selbstverständlich, als dass man darum hätte streiten müssen«[245], zugleich aber ergaben sich hier unübersehbare Herausforderungen. Zwar blieb die geistliche Schulaufsicht im Nebenamt »bis zum Ende des Kaiserreichs die dominante Form der Schulaufsicht«, doch drängte sich zunehmend die Frage nach der Konfessionalität des niederen Schulwesens »in den (öffentlichen) Vordergrund«[246], allerdings ohne dass es hier zu einer Änderung gekommen wäre. Lebensweltlich spielte das auch keine große Rolle, weil die einzelnen Regionen in konfessioneller Hinsicht weiterhin relativ homogen waren.[247] Die Entwicklung an den höheren Schulen stellt sich anders dar. Dort war die »Entkonfessionalisierung schon seit langem im Gange«, was seinen Ausdruck nicht zuletzt in der Bezeichnung als »höhere Schulen christlichen Charak-

243 Wegenast, Geschichte der Religionspädagogik, 41.

244 Grethlein, Religionspädagogik, 19. In der katholischen Theologie trat diese Perspektive »erst ab den zwanziger Jahren des 20. Jahrhunderts in das Blickfeld« (ebd.).

245 Roggenkamp-Kaufmann, Das (zweite) deutsche Kaiserreich, 177.

246 A. a. O., 174.

247 In der Zeit zwischen 1886 und 1906 besuchten 86 % aller katholischen und 95 % aller evangelischen Schülerinnen und Schüler eine Volksschule ihres Bekenntnisses. Vgl. ebd.

ters«[248] fand. Die Konfession gilt hier also nicht mehr als strukturbildendes Element, was durchaus als Indiz einer veränderten Prägekraft konfessioneller Einbindung gedeutet werden kann. Sie mag in den Kirchen ihr Recht haben, aber in der Schule als Veranstaltung des Staates soll sie nun keine alles entscheidende Rolle mehr spielen. Hier zeigt sich eine neue Entwicklung: War lange Zeit das pädagogische Handeln selbstverständlich im »*religions*pädagogischen« aufgehoben, insofern Erziehungsfragen immer zugleich religiöse Fragen waren, so treten beide Aspekte nun auseinander. Religion verliert ihren verbindenden Einfluss. Damit verbunden ist auch eine deutliche Unterscheidung der Lernorte Schule und Gemeinde. Stellte bisher vor allem der »Volksschulkatechismusunterricht nur eine modifizierte Dublette des kirchengemeindlichen Unterrichts dar«[249], so treten beide nun deutlich auseinander. Während in der Gemeinde die christlich-konfessionelle Perspektive alles andere bestimmt, so hat sie sich an der Schule der allgemein menschlichen unterzuordnen. Dem korrespondiert eine neue Zielbestimmung des schulischen Religionsunterrichts. Nicht die Einführung in eine evangelisch bestimmte Praxis steht im Zentrum, sondern das Verstehen christlicher Religion im Rahmen der von der Schule vorgegebenen Ziele. Hier tritt nun das ans Licht, was unter dem Stichwort der *Relevanz als permanente religionspädagogische Herausforderung* beschrieben werden kann: *Besonders der Religionsunterricht an der Schule als einer Institution, die alle Heranwachsenden zu besuchen haben, muss sich sowohl in der Inhalts- und Zielbeschreibung als auch in der konkreten Durchführung als verständlich und nachvollziehbar und somit letztlich als hilfreich erweisen.* Die Geschichte der neuen Wissenschaftsdisziplin lässt sich als ein Ringen darum beschreiben, wobei sich unterschiedliche Schwerpunkte aufzeigen lassen. Sie sollen im Folgenden zur Sprache gebracht werden. In besonderer Weise soll dabei auf die Begründungsstrukturen geachtet werden, die in den jeweiligen Kontexten Ausdruck finden.

---

248 A. a. O., 175.

249 Nipkow/Schweitzer, Religionspädagogik. Texte Band 2/1, 42.

2.2.1 Liberale Religionspädagogik als primär pädagogisch argumentierende Disziplin: Religion durch Erlebnisse lehren und Persönlichkeit entwickeln

Im Gefolge Schleiermachers hatte sich seit dem 19. Jahrhundert eine theologische Richtung gebildet, die als liberal bezeichnet wurde und versuchte, das spannungsvolle Verhältnis zwischen christlicher Überlieferung und Modernität neu zu bestimmen.

> *[Liberale Theologie]*
> Der Begriff wurde erstmals von Johann Salomo Semler (1725–1791) in seiner Schrift »Institutio ad doctrinam Christianam liberaliter discendam« (1774) verwendet, begegnet aber als »positive Richtungsbezeichnung«[250] erst um die Mitte des 19. Jahrhunderts. Ihre Blüte erlebte die liberale Theologie im letzten Drittel des 19. Jahrhunderts. Charakteristisch ist einerseits eine kritische Grundeinstellung gegenüber einem dogmatischen Wahrheitsanspruch und einer sich auf die Tradition berufenden Modernitätskritik sowie andererseits die Verbindung eines »personalen Glaubensbegriffes, dessen Autonomieanspruch auf Luther zurückverweist, mit einem Geschichtsbewußtsein, das die zentralen Elemente des christl. Glaubens im hist. Kontext der Christenumsgesch. auffaßt«[251]. Wichtigster theologischer Vertreter war Adolf von Harnack (1851–1930). Sein Buch »Das Wesen des Christentums« gilt als populärstes theologisches Werk der Jahrhundertwende.

Die Liberale Theologie bildet den Hintergrund und Resonanzraum der neuen Wissenschaftsdisziplin »Religionspädagogik«. Insofern verwundert es nicht, dass auch die erste Verwendung des Begriffs Religionspädagogik im enzyklopädischen Sinn in diesem Umfeld erfolgte, und zwar wohl 1889 durch den systematischen Theologen Max Reischle (1818–1905), einen Schüler Albrecht Ritschls (1822–1889).[252] 1889 legte er die kleine Abhandlung vor: »Die Frage nach dem Wesen der Religion. Grundlegung zu einer Methodologie der Religionsphilosophie«. Darin weist er darauf hin, dass es unmöglich sei, einen allgemeinen Religionsbegriff herzuleiten. Vielmehr solle das eigene religiöse Erleben als normbildend für den Religionsbegriff angesehen werden.

---

250 Wolfes, Liberale Theologie II. Kirchengeschichtlich, 311.

251 Ebd.

252 Vgl. Bockwoldt, Religionspädagogik, 9 f.; Grethlein, Religionspädagogik, 66 f.

Mit Religion beschäftigen sich verschiedene Disziplinen. Reischle nennt hier die Religionsgeschichte, die Religionspsychologie und die systematische Religionslehre und fügt nun neu die »Religionspädagogik oder Religionstechnik« dazu, wobei er nachdrücklich deren Bezug auf eine konkrete Religion betont und dabei – das ist religionspädagogisch besonders interessant – auf den Unterrichtenden abhebt. Religionspädagogik sei immer an »eine einzelne bestimmte Religionsform geknüpft; genauer: an diejenige, von deren Wahrheit der Darsteller überzeugt ist«[253]. Denn »nur durch jene Ueberzeugung und den Zweck, die für wahr gehaltene Religion auch als solche zur Geltung zu bringen, wird die systematische Religionslehre und Religionspädagogik darüber erhoben, rein geschichtlich das Thatsächliche zu erforschen und dem Verständnis nahe zu bringen« (91).

Reischle ordnet also die Religionspädagogik der »christlichen praktischen Theologie« (91) zu und bejaht damit ein »ungeheures Spannungsverhältnis«[254]. Die Wahrheitsfrage wird – aus pädagogischen Erwägungen heraus – zur unverzichtbaren religionspädagogischen Perspektive und verhindert so eine Anbindung an die Religionswissenschaft.

Fruchtbar wurde diese Rückbindung nicht zuletzt auch dadurch, dass liberale Theologen ihrerseits auf Problemlagen beim evangelischen Religionsunterricht hinwiesen, die religionspädagogisch in hohem Maß anschlussfähig waren,[255] und so eine Entwicklung förderten, die aus der Katechetik als Anwendungsdisziplin der Dogmatik eine »eigenständige Wissenschaft religiösen Lehrens und Lernens«[256] machte. So heißt es bei Harnack im Wesen des Christentums, dass der »öffentliche Unterricht« nicht geeignet sei, »uns das Bild Jesu Christi auch nach der Schulzeit und für das ganze Leben eindrucksvoll und als einen unveräußerlichen Besitz zu erhalten«[257].

Die hier angesprochene Entwicklung korrespondiert einer zunehmenden Unzufriedenheit mit der Praxis des Religionsunterrichts aufseiten der Religionslehrer. Die Dominanz des »stumpfsinnige[n] Memo-

---

253 Reischle, Frage nach dem Wesen der Religion, 91. Die folgenden Seitenangaben im Text beziehen sich darauf.

254 Bockwoldt, Religionspädagogik, 10.

255 Vgl. Plagentz, Religion, 62.

256 Wegenast, Religionspädagogik, 42.

257 Harnack, Das Wesen des Christentums, 53.

rieren[s] halb- oder gar unverstandener Texte«[258] an der Volksschule hat zu einem Religionsunterricht geführt, in dem den Schülerinnen und Schülern so gut wie keine Freiräume in der Auseinandersetzung mit den vorgegebenen Inhalten zugestanden wurden. Der Religionsunterricht ging gänzlich in der Stoffvermittlung auf. Hier nun setzt die Kritik an. »Aufgenötigter Stoff ist nicht bloß unwirksam, nein schädlich für die Zeit der Erweckung, wo der Geist die Seele erfaßt«[259], schreibt der Kieler Professor für Praktische Theologie Otto Baumgarten (1858–1934) in seinem Entwurf für ein neues Konzept des Religionsunterrichts. Er argumentiert damit ganz auf der Linie Harnacks, der betonte, dass das Evangelium »am sichersten erkannt« werde, »wenn man ihm Freiheit läßt«, so dass es dann »in den einzelnen Seelen wesentlich dieselben Erfahrungen und Überzeugungen schaffen wird«[260].

Eine solche Sichtweise ermöglichte jenseits aller radikalen Kritik am Religionsunterricht, die aus ganz unterschiedlichen Motiven heraus vorgebracht wurde und nicht selten in dessen Abschaffung gipfelte,[261] eine reformorientierte Perspektive. *Religionspädagoge sein hieß, modern zu sein und sich entschieden der Reform des Religionsunterrichts zu widmen.* Bei Otto Baumgarten gipfelte das in der Forderung, »neue Bahnen«[262] einzuschlagen, in denen pädagogische Erkenntnisse gebührend Berücksichtigung finden und Christentum und Kultur miteinander vermittelt werden.

Eine erste Umsetzung im Sinne einer »schulischen Religionsdidaktik« und einer »Berufstheorie des Religionslehrerstandes«[263] legte der Düsseldorfer Schulrat Richard Kabisch (1868–1914) vor. Er will den Religionsunterricht nicht von zu vermittelnden Kenntnissen, sondern vom Erleben her sichern und plausibilisieren. Es geht ihm um eine lebendige und persönliche Aneignung des Evangeliums. Dazu rekurriert er (in Anlehnung an Christian Palmer) auf den Unterschied von »objektiver« und »subjektiver« Religion und plädiert für die Lehrbarkeit auch der subjektiven Religion. »Der Religionsunterricht will objektive

---

258 A. a. O., 171.

259 Baumgarten, Neue Bahnen, 49.

260 Harnack, Wesen des Christentums, 244 f. (im Original kursiv).

261 Vgl. Nipkow/Schweitzer, Religionspädagogik im 19. und 20. Jahrhundert, 34.

262 Baumgarten, Neue Bahnen, 2.

263 Meyer-Blanck, Kleine Geschichte der evangelischen Religionspädagogik, 84.

Religion vermitteln, um subjektive zu erzeugen«[264], schreibt er in seinem viel zitierten und mehrfach aufgelegten Hauptwerk »Wie lehren wir Religion?«. *Religion ist lehrbar, insofern sie religiöses Erlebnis ist. Der Glaube selbst ist nicht lehrbar, aber Vorstellungen können vermittelt und Gefühle geweckt werden. Das alles kann unterrichtlich erzeugt werden.*

Im Religionsunterricht geht es deshalb darum, Vorstellungen, die zu Gefühlen führen, zu übertragen und damit die religiöse Anlage des Menschen – von der KABISCH wie SCHLEIERMACHER ausgeht – zu entwickeln. Dazu ist Phantasie notwendig, weil sie die Brücke zwischen den an das Kind herangetragenen Vorstellungen und dessen eigenem Gefühl bildet. KABISCH entfaltet hier ein psychologisch konturiertes Verständnis von Religion und bezieht Erkenntnisse der experimentellen Psychologie (vor allem WILLIAM JAMES und WILHELM WUNDT) in seine Überlegungen konstitutiv mit ein. Religion gilt ihm als »Kraftsteigerung« (31), als »Kraftmittel im Kampf ums Dasein« (2). Dabei unterscheidet er eine Phantasie- und eine Erfahrungsreligion. Erstere meint das auf die Vorstellungen Bezogene und letztere das Erleben des Kindes, an das anzuknüpfen ist. Primär ist das Erleben des Kindes. Die Vorstellungen, Phantasien und Lehren sind sekundär. Hier zeigt sich eine »für die liberale Theologie typische Denkform«, nämlich diejenige »von Schale und Kern. Das sittliche und das religiöse Krafterleben sind das Eigentliche; die biblischen Geschichten sind Formungen davon«.[265] Zentral sind das innere Krafterleben und das kosmische Empfinden, das in den Kindern angeregt und entfaltet werden soll. Die Inhalte werden letztlich zu Mitteln, um die angestrebte gute Gesinnung zu erreichen. In alledem geht es nicht um »selbstständige Bildung«, sondern um »Konditionierung eines bestimmten Verhaltens«[266]. Die Deutungsperspektive wird selbstverständlich vom Lehrer vorgegeben. »So wegweisend Kabisch also einerseits war, so war er andererseits nicht frei von autoritären Tendenzen.«[267]

Eigene Akzente setzte der zunächst in Heidelberg und dann in Marburg lehrende Praktische Theologe FRIEDRICH NIEBERGALL (1866–

---

264 Kabisch, Wie lehren wir Religion?, 106. Die folgenden Seitenangaben im Text beziehen sich darauf.

265 Meyer-Blanck, Kleine Geschichte der evangelischen Religionspädagogik, 92.

266 A. a. O., 93.

267 Kalloch/Leimgruber/Schwab, Lehrbuch der Religionsdidaktik, 76.

1932). Auch er geht von der Lehrbarkeit von Religion aus, verschiebt aber die Aufgabenstellung des Religionsunterrichts »mehr in Richtung der von Kabisch so genannten ›Phantasiereligion‹ des Kindes und lässt demgegenüber die ›Erfahrungsreligion‹ zurücktreten«[268]. Der Überlieferung kommt dadurch stärkeres Gewicht zu. Für Niebergall ist Religionsunterricht immer auch Kulturunterricht. Die kulturellen Wissensbestände des Christentums sind deshalb in der Schule verstehend zu unterrichten. In der Spätphase lässt sich schließlich eine Verschiebung zum Gesinnungsunterricht beobachten, insofern Niebergall das Christentum als »Gesinnungsmacht« verstand.[269] Das Ziel religionsunterrichtlicher Bemühungen liegt in der gemeinschaftsbezogenen sittlich-religiösen Persönlichkeit. Die Schule soll aus der christlichen Religion herausholen, »was imstande ist, sie zu tüchtigen Menschen zu machen«[270], und bei den Kindern eine christliche Gesinnung anbahnen. Als Ziel steht der »gebildete Christ«, der »sich Religion als Bestandteil der Kultur und als Hilfsmittel für seine Selbsterziehung«[271] aneignet. Dabei findet der Gedanke einer auf Selbstständigkeit zielenden religiösen Bildung mehr Gewicht als bei Baumgarten und Kabisch. Konkret bedeutete das, dass dem Kind Anregungen gegeben werden, um eigene Glaubensüberzeugungen zu wecken. Dabei war die Entstehung von Religiosität für Niebergall an »wirkliche Anschauung« und »persönliches Erlebnis«[272] gebunden. Besondere Bedeutung kommt dabei der Persönlichkeit des Lehrers zu als »Modell für Jesus«[273]. Aber auch die Gestaltung des Raumes und des Schullebens sowie die Prägung des Elternhauses sind für Niebergall im Blick. In alledem steht die Ausrichtung auf das Leben im Zentrum.

Wirklichkeitsnähe und Zeitgemäßheit bilden die grundlegenden Perspektiven liberaler Religionspädagogik. Nicht die zu behandelnden Inhalte stehen im Mittelpunkt. Der Blick verschiebt sich vielmehr auf die Erfahrungen und Erlebnisse der Kinder. Hier zeigen sich »Anfänge einer Didaktik, die im modernen Sinne die Religiosität des Kindes- und

---

268 Lachmann, Geschichte der Religionspädagogik, 68.

269 A. a. O., 69.

270 Niebergall/Emlein, Der neue Religionsunterricht, 26.

271 A. a. O., 85.

272 Niebergall, Praktische Theologie, 270.

273 A. a. O., 272.

Jugendalters mit bedenkt«[274]. Es war gerade die Rückbindung an eine kritische Theologie, an die Pädagogik und die Psychologie, die dazu verhalf, dem Bedeutungsverlust des Christlichen entgegenwirken zu können und die Relevanz des Religionsunterrichts in der Schule neu zu plausibilisieren. Hier liegt ein großer Gewinn dieses Ansatzes.

Zugleich tritt damit auch ein Problem hervor, *wenn die Zeitgemäßheit so stark gewichtet wird, dass die Inhalte des Religionsunterrichts in der Gefahr stehen, beliebig zu werden.* Genau diese Entwicklung lässt sich im ersten Drittel des 20. Jahrhunderts beobachten. So findet sich beispielsweise bei Hermann Tögel (1869–1939) in der Herausgabe und Bearbeitung von Kabischs Buch »Wie lehren wir Religion?« eine zunehmende »Tendenz zum Deutschtum«[275], die besonders deutlich in der 7. Auflage von 1931 zu erkennen ist. Bei Kurd Niedlich (1884–1928) tritt das in aller Deutlichkeit hervor, indem er für einen »deutschen« Religionsunterricht plädiert, dessen Ziel es nur sein kann, »an hand von Religionskunde religiöses Erleben zu erwecken und zu entwickeln, wie es der deutschen Seele, deutscher Gottesanschauung und deutscher Sittlichkeit üblich ist«[276].

Hier erfährt die liberale Religionspädagogik eine hoch problematische Zuspitzung, die vor allem daraus resultiert, dass aus theologischer Perspektive keine kritisch-korrektiven Einsichten beigesteuert werden. Das liegt zu einem großen Teil daran, dass *der Gegenstand des Religionsunterrichts mit »Religion« im Sinne kindlichen Erlebens aus sich heraus inhaltlich nur schwach konturiert und letztlich auf eine entsprechende christliche Prägung der Kultur angewiesen ist.* Ein im christlichen Sinne erziehender Religionsunterricht liberaler Prägung ist also auf eine ihm entsprechende Sozialisation verwiesen. Das gilt mit Blick auf die Prägung der Schule wie auch mit Blick auf die Prägung der Gesellschaft insgesamt. Allerdings wird das nicht ausdrücklich kommuniziert. Ändert sich der religionsunterrichtliche Kontext, so gerät auch der Religionsunterricht selbst in Schwierigkeiten. Die problematischen Fehlentwicklungen einer deutschchristlichen Religionspädagogik hängen genau damit zusammen. *Dabei korrespondieren einer an Religion im beschriebenen Sinne ausgerichteten inhaltlichen Bestimmung auch entsprechende*

274 Kalloch/Leimgruber/Schwab, Lehrbuch der Religionsdidaktik, 78.

275 Meyer-Blanck, Kleine Geschichteder evangelischen Religionspädagogik, 86.

276 Niedlich, Jahwe oder Jesus, zit. n. Kronhagel, Religionsunterricht, 160.

Ziele des Religionsunterrichts. Hier zeigt sich dieselbe Tendenz, die bereits mit Blick auf die Inhaltsbestimmung aufgezeigt wurde. In ihrem (nachvollziehbaren und wichtigen) Bemühen um pädagogische Vergewisserung sowie kulturelle Anschlussfähigkeit erweisen sie sich als »anfällig für unkritische Anpassungen an gesellschaftlich-ideologische Vorgaben«[277]. Genau an diesem Punkt setzt dann auch eine Gegenbewegung an, die dieses Defizit zu bearbeiten versucht und eine neue Epoche religionspädagogischer Reflexion einleitet.

2.2.2 Dialektische Religionspädagogik als primär theologisch argumentierende Disziplin: Durch das Wort Gottes in die Entscheidung führen

Das Ende des Ersten Weltkrieges führte nicht nur zum Untergang der Monarchie, sondern auch zur Aufhebung der Staatskirche. Die damit angestoßenen Entwicklungen sind religionspädagogisch von herausragender Bedeutung. Mit dem Ende des landesherrlichen Kirchenregiments wurde die »Verklammerung von staatlicher Schulverwaltung und geistlicher Schulaufsicht« aufgelöst und dem konfessionellen Religionsunterricht damit »das entsprechende Erziehungsumfeld«[278] genommen. Von nun an ist Religionsunterricht in einem schulischen Kontext zu reflektieren, der von einer Obrigkeit bestimmt wird, die »bewußt nicht mehr christlich sein« will, sondern »bestenfalls neutral«[279]. Nachdem »bisher das Christentum einheitsstiftend gewirkt hatte«, entsteht nun zum ersten Mal »in der deutschen Schulgeschichte das schwerwiegende Problem, was an seiner Stelle die innere Einheitlichkeit der Bildungsarbeit im ganzen gewährleisten könnte«[280]. *Die für evangelisches Erziehungshandeln bisher so grundlegende Einheit von Religionsunterricht und Schule sowie von Schule und Gesellschaft unter dem Vorzeichen einer christlichen Prägung wird nun nicht mehr obrigkeitlich garantiert und beginnt sich deutlich in Richtung einer Pluralisierung zu verändern*. Dazu kommt, dass für viele evangelische Christen

277 Schröder, Religionspädagogik, 139 Anm. 122 (unter Verweis auf Niebergall).

278 Nipkow/Schweitzer, Religionspädagogik. Texte 2/2, 19.

279 A. a. O., 20.

280 Ebd. (im Original teilweise kursiv).

und Theologen – nicht zuletzt durch die Schrecken des Krieges – die Synthese von Christentum und Kultur ihre Plausibilität verliert und massiv angefragt wird. »Zerbrochen war die Illusion, dass die Kultur eine tragfähige Grundlage für das Glaubensleben abgäbe.«[281]

Vor diesem Hintergrund geraten die Prämissen der liberalen Religionspädagogik ins Wanken. Während einige innerhalb dieses Ansatzes eine Neugewichtung vornehmen, gehen andere radikaler vor und rufen nach einem Neuansatz. Für die erstgenannte Richtung steht beispielsweise Otto Eberhard (1875–1966). Auch er versteht Religionsunterricht vom religiösen Erleben des Kindes aus, will aber neben die »Pädagogik vom Kinde aus« »die Pädagogik vom Stoffe aus«[282] stellen und hält deshalb die »objektiven Inhalte und Ordnungen« der Kirche für einen nicht hinterfragbaren Bestandteil des Religionsunterrichts. Radikal grenzt sich Gerhard Bohne (1895–1977) von der Anpassung der kulturprotestantischen Religionspädagogik an den Zeitgeist ab und leitet damit eine neue Phase religionspädagogischen Denkens und Handelns ein. In bewusster Distanz von der Religion der Liberalen (und hier vor allem von Kabischs Verständnis im Sinne von Lebenssteigerung und Kraftgefühl) setzt er das Wort Gottes als Krisis aller Kultur und aller Bildung. In seiner Programmschrift aus dem Jahr 1929 »Das Wort Gottes und der Unterricht« geht er von der »Spannung« »zwischen der menschlichen und der göttlichen Wirklichkeit«[283] aus, aus welcher verschiedene religionspädagogisch hoch bedeutsame Spannungen resultieren, nämlich:

– zwischen Religion und Kultur (insofern »Kultur als Wertverwirklichung [...] etwas Menschliches«, Religion jedoch das »Ergriffensein des Menschen von Gott« ist und damit etwas, das »größter [ist] als der Mensch« [31]) und

– zwischen »Religionsunterricht und Gesamtbildung« (insofern die Voraussetzung aller Erziehung eine »positive Bewertung des Menschen und der sog. objektiven Kulturgüter« bildet, gerade hier aber »Religion und mit ihr der RU in Spannung zur Gesamtbildung« [60] trete).

---

281 Kalloch/Leimgruber/Schwab, Lehrbuch Religionsdidaktik, 80.

282 Eberhard, Der evangelische Religionsunterricht, 66.

283 Bohne, Das Wort Gottes und der Unterricht, 9. Die folgenden Seitenangaben im Text beziehen sich darauf.

Den Resonanzraum dieses Ansatzes bildete die Dialektische Theologie mit ihrer Betonung der Offenbarung.[284] Unterrichtlich übersetzt geht es für Bohne um die »Mitteilung einer Tatsache, die geglaubt sein will«[285].

[*Dialektische Theologie*]
Der Begriff steht neben anderen wie Theologie des Wortes Gottes und Theologie der Krisis und gilt als Bezeichnung einer theologischen Bewegung zwischen 1919 und 1933, die durch eine »avantgardistische Gruppe von jungen Theologen«[286] (Karl Barth, Eduard Thurneysen, Friedrich Gogarten, Rudolf Bultmann, Emil Brunner, Georg Merz) angestoßen wurde. Aus der Rückschau stellt sie sich als »wichtige theol. Reaktion auf die manifeste Krise der Moderne am Beginn des 20. Jh. dar«, die von dem Vorhaben bestimmt war, »die Selbständigkeit der Rel. in und v. a. gegenüber der bürgerlichen Gesellschaft wiederzugewinnen«[287]. Damit eingeleitet werden sollte letztlich eine theozentrische Wende. »An die Stelle ästhetischer Erlebnistheologie und wissenschaftlich-historischer Reflexionsdistanz soll ein ›Müssen‹

284 In der Forschung ist umstritten, wie das Verhältnis von Barthscher Theologie und Bohnes Ansatz beschrieben werden kann. Man wird bei Bohnes Werk nicht einfach davon ausgehen können, dass es sich hier um »einen unmittelbaren Ausfluss der Theologie Karl Barths in die Religionspädagogik« (Meyer-Blanck, Kleine Geschichte, 116) handele. Zwar war Barths Stimme unüberhörbar. Allerdings mischte sie sich mit anderen Einflüssen (Grethlein, Religionspädagogik, 108 f.). Neben Barth spielen auch Bultmann und Gogarten eine große Rolle. Bohne selbst sieht den Einfluss der Dialektischen Theologie durchaus differenziert. Sie konnte dem Religionsunterricht bei den Grundfragen »nicht helfen. Sie deckte nur die Not auf und formulierte, was wir auf Grund des Kriegserlebnisses und der neuen Gotteserfahrung selbst mit mehr oder weniger Klarheit erkannt hatten, aber einen Weg zeigte sie nicht; denn sie verstand nicht, daß der RU seinem ganzen Wesen nach notwendig in die Kultur hineinverflochten ist, da er seinen von Gott gegebenen Auftrag nur innerhalb der Kultur durch Teilnahme an der Erziehung erfüllen kann. Sie forderte eine Herauslösung des RUs aus der Kultur, statt ihn nur in die bewußte Spannung zu stellen.« (Bohne, Das Wort Gottes und der Unterricht, 13) Aus diesem Grund spreche ich hier vom Resonanzraum und nicht von der Grundlage einer Religionspädagogik.

285 Bohne, Das Wort Gottes und der Unterricht, 194. Parallel zur Evangelischen Unterweisung formierte sich auch in der katholischen Theologie und Religionsdidaktik eine Verkündigungstheologie und damit einhergehend die kerygmatische Konzeption des Religionsunterrichts. Prägende Vertreter waren Josef Andreas Jungmann (1889–1975), Franz Xaver Arnold (1898–1969) und Theoderich Kampmann (1899–1983); vgl. Grethlein, Religionspädagogik, 128–132; Kalloch/Leimgruber/Schwab, Lehrbuch Religionsdidaktik, 95–98.

286 Pfleiderer, Dialektische Theologie, 254.

287 Korsch, Dialektische Theologie, 814.

treten, dem sich die Theologie unterworfen weiß«, wobei »Wort Gottes« zum »Sammelbegriff dieser Anordnungen« wird, »welche die Theologie als ganze autoritativ und theozentrisch auf den Offenbarungsbegriff und seine Derivate umstellen sollen«[288]. Die Gruppe zerbrach Anfang der 1930er Jahre aufgrund unterschiedlicher theologisch-philosophischer Ausrichtungen, aber auch politischer und kirchenpolitischer Interessen. Der Aufstieg des Nationalsozialismus ließ die Fronten stärker hervortreten und die Unvereinbarkeit der theologischen Programme unübersehbar werden. »Ist die gesuchte Selbständigkeit der Rel. nur in einer selbständigen Kirche zu realisieren« (Barth), »oder findet sie sich in einer aktuellen, wiewohl kulturell unterschiedlich tiefen Einheit von Volk und Kirche verwirklicht«[289] (Gogarten)? Die daraus resultierenden Positionen bestimmten Deutschland bis zum Beginn der 1960er Jahre.

Das Wort Gottes im Unterricht soll die Schülerinnen und Schüler zu einer existenziellen Begegnung mit dem lebendigen Gott und so zur Entscheidung führen. Der Entscheidungsbegriff, »damals angesichts der Notwendigkeit neuer Orientierung nach dem politischen und kulturellen Zusammenbruch allgemein geläufig«[290], zielt nicht auf eine »punktuelle Bekehrung«, sondern auf eine »sich an der Person Jesu orientierende Ausrichtung des Lebens auf Gott, für die es sich täglich neu zu entscheiden gilt«[291]. Der Weg zu Gott geht, so Bohne, »nicht durch Entfaltung, sondern durch Entscheidung«[292]. Hier liegt die »ewige Krisis« (299). Diese Spannung zwischen Kultur und Offenbarung ist wachzuhalten. Die Kinder und Jugendlichen im Religionsunterricht erleben sie als Störung. Die Liberale Religionspädagogik vertrat eine anthropozentrische Sicht, nach der Religion in der Natur des Menschen eingegeben ist und nur noch vom Menschen entdeckt und entfaltet werden muss. Bohne *erinnert nun an die Unverfügbarkeit der göttlichen Wirklichkeit und an die Bewegung des Auf-den-Menschen-Zukommens, die auch unterrichtlich zu berücksichtigen ist.* Das Ziel eines evangelischen Religionsunterrichts sieht er deshalb darin, dass er »das ihm aufgetragene Wort Gottes dem jungen, werdenden Menschen in

288 Pfleiderer, Dialektische Theologie, 255.

289 Korsch, Dialektische Theologie, 814.

290 Grethlein, Fachdidaktik, 239.

291 Kalloch/Leimgrüber/Schwab, Lehrbuch Religionsdidaktik, 84 f.

292 Bohne, das Wort Gottes und der Unterricht, 138. Die folgenden Seitenangaben im Text beziehen sich darauf.

menschlicher Lebendigkeit und steter psychologischer Anknüpfung an seine Entwicklung sagt und ihn dadurch in die Entscheidung vor Gott stellt oder doch ruft« (107).

Unmittelbar aufgenommen wurden Bohnes Überlegungen von Martin Rang (1900–1988) in seinem Handbuch für den biblischen Unterricht (1939). Dabei kommt es jedoch zu einer Neujustierung, indem er Schüler und Lehrer als Getaufte in den Blick nimmt, also als »Glied[er] der Kirche«[293]. Das führt einerseits zu einer Angleichung von Religions- und Konfirmandenunterricht[294] und andererseits zu einer exklusiven Begründung des Religionsunterrichts von der Taufe her. Das Ziel ist es, den christlichen Schüler zur bewussten Annahme seiner Taufe zu führen. Damit einher geht die ausschließliche inhaltliche Verantwortung durch die Kirche. *Das alles formuliert er vor dem Hintergrund der totalitären nationalsozialistischen Ideologie, von der es sich deutlich abzugrenzen gilt.* Aufgrund dieser Umstände muss auch die Ausdifferenzierung von schulischer und gemeindlicher Religionspädagogik zurückgenommen werden. Dem staatlichen Alleinvertretungsanspruch ist klar abgrenzend zu begegnen.

Religionsunterricht ist »Kirche in der Schule«[295]. Damit ist allerdings nicht primär die Institution gemeint, sondern das »vom Wort her entstehende Geschehen, also das gemeinsame Hören auf die Bibel und ihre Auslegung, in dem die Institution ihre Mitte hat«[296]. Was hier auf den ersten Blick nach »Verkirchlichung« oder »Missionsunterricht« klingt, liegt nicht in der ursprünglichen Intention Rangs. Zwar ergeben sich durchaus problematische Perspektiven, insofern die »Besonderheiten des Lernortes Schule [...] übersprungen«[297] wurden. Ihm geht es jedoch primär um »Widerstand gegen die Scheidung von Erziehung und Religion unter bildungspolitischem Blickwinkel«[298]. Der »Schulunterricht« soll durch »kirchliches Engagement vor der nationssozialistischen

293 Rang, Handbuch, 24.

294 »Unsere Auffassung von Religionsunterricht muß sich mehr und mehr nach einem wirklich freiwillig übernommenen Konfirmandenunterricht oder einer ›Christenlehre‹ richten, wie sie als Rest heute noch in vielen Gemeinden besteht.« A. a. O., 38.

295 A. a. O., 106.

296 Meyer-Blanck, Kleine Geschichte, 144 (im Original teilweise kursiv).

297 Grethlein, Religionspädagogik, 118.

298 Koh, Kindgemäß, 28.

Ideologie«[299] geschützt werden. *Die Formel von der »Kirche in der Schule« steht insofern für eine »Gegenkultur der Kirche in der totalitär gewordenen Schule«*[300].

Deutlich stärker als kirchlicher Unterricht wird der Religionsunterricht bei Oskar Hammelsbeck (1899–1975) konturiert. Er begründet ihn streng theologisch, allein vom Wort Gottes her und in bewusster Anknüpfung an die Katechetik (und ebenso bewusster Abgrenzung von der liberalen Religionspädagogik). Zentral war ihm der Gemeindebezug, durch den er Rangs Programm vom Religionsunterricht als »Kirche in der Schule« vertiefen wollte. Kirche verstand er ausdrücklich als Gemeinde. In seinem Werk »Der kirchliche Unterricht« (1939) weist er auf die »Unaufhörlichkeit des kirchlichen Unterrichts«[301] hin und entwirft ein Gesamtkonzept katechetischen Handelns, das missionierenden (Religionsunterricht, Kindergottesdienst, Konfirmandenunterricht und Elternhaus) und gemeindlichen Unterricht (Gemeindejugendarbeit, Bibelkreis und Gottesdienst) als pädagogische Einheit darstellt. Als »eigentliche Methode« des missionierenden Unterrichts sieht Hammelsbeck die »Katechese«. Bestimmend dafür sind nicht »irgendwelche innerweltlichen Errungenschaften in der Methodik«, sondern das »Kernanliegen«: »Machet zu Jüngern! Oder, wie wir verdeutlichend auch gesagt haben: zu Schülern, zu Lernenden!«[302] *Der Religionsunterricht wird nun vom Missionsauftrag her abgeleitet und damit unter das Verkündigungsparadigma gestellt.* Hier zeichnet sich eine problematische Entgegensetzung von verkündigendem Religionsunterricht und »innerweltlicher Methodik« ab, die bei Helmuth Kittel (1902–1984) noch einmal zugespitzt wird. Durch ihn wurde Rangs Formel von der »Kirche in der Schule« breit rezipiert, allerdings in einer problematischen Weise.[303] In seiner Programmschrift »Vom Religionsunterricht zur kirchlichen Unterweisung« (1947), dessen Konzept bis in die 1960er Jahre hinein die schulische Praxis bestimmte und in der DDR

---

299 Ebd.

300 Meyer-Blanck, Kleine Geschichte, 144.

301 Hammelsbeck, Unterricht, 21.

302 A. a. O., 145.

303 Won Seok Koh spricht hier davon, dass der »originale Sinn des Ausdrucks ›Kirche in der Schule‹ vollkommen auf den Kopf gestellt« wurde, weil beide eine »völlig andere politische Perspektive« (ders., Kindgemäß, 29) haben.

in der Christenlehre noch länger wirkte,[304] lehnt er die Bezeichnung »Religionsunterricht« ab, um damit auch begrifflich zu markieren, dass es nicht um abstrakte Religion, sondern um das konkrete Evangelium gehe, das im Zentrum des Unterrichts zu stehen habe. In der Evangelischen Unterweisung gehe es darum, die Offenbarung »an uns«[305] geschehen zu lassen oder anders ausgedrückt »Gottes Wort in Jesu Christi Wort und Werk [zu] hören« (9). Hat Bohne hier vom Führen in die Entscheidung gesprochen, spricht Kittel – wie Rang und Hammelsbeck auch – von Anrede, wobei das Kind »als getauft anzusprechen« (29) sei. Materialiter geschieht das durch Bibel, Gesangbuch und Katechismus. Im Zentrum stehen die Inhalte, die Gottes Anrede vernehmbar werden lassen. Methodische Fragen haben sich dementsprechend nach dem Inhalt zu richten. Hier zitiert Kittel Theodor Heckel: »Die Bitte um den Heiligen Geist, der durch das Wort zum Glauben ruft, ist schlechthin wichtiger als alle Methodik.« (21)[306] Vollzogen wird diese Bitte um den Heiligen Geist im Schulgottesdienst oder in Schulandachten.

Kittel sieht Schüler und Lehrer gleichermaßen als Menschen vor Gott und damit als solche, die der Erlösung bedürfen. Mit dem Begriff der »Heiligung« macht er deutlich, dass Gott selbst hier handelt. Der Mensch kann von sich aus nichts dazu tun. Auch der »ehrwürdigste Lehrer« ist »vor Gott ein Sünder« (18). Das kann die Schüler »innerlich unheilbar verwunden. Dennoch müssen unsere Kinder diesen Weg gehen, wenn sie zu dem finden sollen, der haltbare Autorität ist und wirklich erneuernde Kraft besitzt, nämlich zu Gott.« (18)

Es ist diese Perspektive der »grundsätzlichen Gebrochenheit menschlicher Existenz«, die in der Evangelischen Unterweisung »ein mögliches Moment der Autoritätskritik«[307] anlegt. *Daraus resultiert eine Art Wächterfunktion, mit der ideologische Prägungen im schulischen Kontext verhindert werden sollen. Der Preis dafür ist eine Sonderstellung der Evangelischen Unterweisung im Ganzen der Schule.* Dieses »Nebeneinander« von Evangelischer Unterweisung und den anderen Unterrichtsfächern kann nicht aufgehoben werden, denn jedes »Ineinander schei-

304 Vgl. Grethlein, Religionspädagogik, 125.

305 Kittel, Religionsunterricht, 9. Die folgenden Seitenangaben beziehen sich darauf.

306 Heckel schreibt das in seinem Buch Zur Methodik des evangelischen Religionsunterrichtes.

307 Kalloch/Leimgruber/Schwab, Lehrbuch der Religionsdidaktik, 89f.

tert am Evangelium« (23). Dafür jedoch leistet eine solche »echte« Evangelische Unterweisung den »anderen Volksschulfächern den Dienst einer ständigen Reinigung ihrer Gehalte von allen Religiosierungen« (23). Die Schule fungiert hier also als Bewährungsfeld und nicht als Anknüpfungspunkt oder Begründungsfaktor des Religionsunterrichts. Alles läuft über die Kirche, denn »der junge Christ« soll »aus den geistlichen Kräften der Kirche für die Kirche genährt« (27) werden. Dabei kommt den Lehrkräften eine besondere Bedeutung als Zeugen zu. Sie sollen »echte Katecheten« (46) sein, weshalb Kittel die *vocatio*, also die kirchliche Bevollmächtigung zur Erteilung des Religionsunterrichts, besonders wichtig ist.

Vor dem Hintergrund der Entwicklungen zu einer ideologischen Vereinnahmung pädagogischer Vollzüge, wie sie im Nationalsozialismus und später dann in der DDR zum Tragen kamen, verdienen die Bemühungen um eine klare Abgrenzung davon besondere Aufmerksamkeit. *Die starken Entgegensetzungen und Distanzierungen verstehen sich als der Versuch, das Wesentliche des christlichen Glaubens erkennbar zu halten und im Ganzen der Gesellschaft einzuspielen.* Die damit verbundene inhaltliche Elementarisierung findet ihren Fokus unter dem Leitbegriff »Wort Gottes«, womit die Ausrichtung an Person und Werk Jesu Christi gemeint war. Der von Bohne stark gemachte Entscheidungsbegriff zielt nicht auf unmittelbare Bekehrung, »wohl aber auf eine Option für das Evangelium«[308]. Nach den leidvollen Kriegserfahrungen sollten die Schülerinnen und Schüler mit den Gehalten des Religionsunterrichts etwas anfangen können im Sinne der Lebensrelevanz. Das sind wichtige Perspektiven, die auch heute noch Bedeutung besitzen. Gleichwohl zeigen sich dabei problematische Seiten. *Einerseits führt die ausschließlich theologische Bestimmung als Evangelische Unterweisung zu einer Isolierung des Religionsunterrichts im schulischen Ganzen.* Der Religionsunterricht entfremdet sich von seinem Lernort und den dort geltenden Grundsätzen. *Andererseits ist damit eine sehr eingeschränkte Sicht auf die Kinder und Jugendlichen verbunden.* Sie werden als Hörende in den Blick genommen, die in die Nachfolge Jesu treten

---

308 A. a. O., 99. (Zur Würdigung dieses Ansatzes vgl. Lähnemann, War die Evangelische Unterweisung unpädagogisch?; Büttner, Die Praxis der Evangelischen Unterweisung.)

sollen. Die je individuelle aktive Auseinandersetzung damit wird nicht thematisiert. Die Absage an die liberale Religionspädagogik kann also als »teuer erkauft«[309] gelten. Die Schülerinnen und Schüler in ihrer Entwicklung und Prägung geraten zunehmend aus dem Blick. Religionspädagogik wird hier ganz von der Theologie her bestimmt, wobei der Dogmatik eine wesentliche Rolle zukommt. Humanwissenschaftliche Perspektiven sind eindeutig untergeordnet. Von einer Verbunddisziplin Religionspädagogik kann keine Rede sein. Letztlich verabschiedet man sich »nach Begriff und Sache«[310] vom Konzept Religionspädagogik. Der Terminus wird schlichtweg nicht mehr oder aus der Distanz heraus gebraucht. Auf der Inhaltsebene äußert sich das darin, dass die gesellschaftliche und kirchliche Gesamtsituation nicht konstitutiv aufgenommen und reflektiert wird.

Hinsichtlich der Modi religiösen Lehrens und Lernens fällt auf, dass der Bildungsaspekt keine Rolle spielt. Der Ansatz bleibt ganz im Erziehungsparadigma verhaftet. Einer problematischen Sozialisation im gesellschaftlichen Kontext setzt man eine kontrastierende Sozialisation im Unterricht entgegen. Auch deswegen spielen die liturgischen Vollzüge so eine wichtige Rolle. Ein solches Konzept lebt von der grundsätzlichen Zustimmung der Schüler- und Elternschaft, verbunden mit der Wahrnehmung, getauft zu sein, d. h. ein Leben vor und mit Gott führen zu wollen. Ist die nicht mehr vorauszusetzen, dann verliert dieser Ansatz seine Grundlage bzw. steht in der Gefahr, nicht mehr anschlussfähig zu sein. Genau das lässt sich in den 1950er Jahren in der Bundesrepublik beobachten und führt zu einer konzeptionellen Änderung. Das Verkündigungsparadigma wird durch eine kritische Erschließung der Bibel ersetzt oder doch zumindest ergänzt. In der DDR stellt sich die Entwicklung anders dar. Hier führt die staatlich forcierte Ideologisierung der Gesellschaft dazu, dass das Verkündigungskonzept der Evangelischen Unterweisung als tragfähig erlebt wird und deshalb über eine lange Zeit prägend bleibt. Die Entwicklungen in beiden Teilen Deutschlands verlaufen also sehr unterschiedlich.

---

309 A. a. O., 79.

310 Nipkow/Schweitzer, Religionspädagogik. Texte 2/2, 43.

2.2.3 Zusammenfassung

Schon in den ersten Jahrzehnten nach der Entstehung der neuen Wissenschaftsdisziplin der Religionspädagogik zeigt sich, dass die darin angestrebte Vermittlung zwischen Moderne und Christentum in sehr unterschiedlicher Weise bearbeitet wird. Nicht zufällig setzt sich die bereits hier zu beobachtende »Wellenbewegung«[311] auch zukünftig fort. Sie mit der Dominanz einer »kirchlich-katechetische[n]« bzw. »schulisch-pädagogische[n] Bewegung«[312] zu verknüpfen, ist richtig. Allerdings wird damit eher die Oberfläche beschrieben. Genauer betrachtet, sind die wechselnden Gewichtungen als Ausdruck sich verändernder Kontexte zu interpretieren, in denen sich auch die religionspädagogische Praxis unterschiedlich darstellt.

Akzentverschiebungen und auch Neuaufbrüche sind einerseits also immer nur aus den vorherigen Entwicklungen heraus zu verstehen, auf die sie Bezug nehmen und in die sie eingebettet sind. Andererseits finden in ihnen auch aktuelle gesellschaftliche Veränderungsprozesse ihren Niederschlag. Beides kulminiert in einer Praxis, die als problematisch bzw. krisenhaft erlebt wird und deshalb verbessert werden soll. *Dass dabei die Religionspädagogik anfänglich primär auf die Schule fokussiert ist, hängt vor allem damit zusammen, dass in ihr die Veränderungsprozesse, gerade auch mit Blick auf das Verhältnis von Christentum und Moderne, gleichsam kulminieren.*

Die Religionspädagogen der ersten Stunde nehmen die neuen Entwicklungen, vor allem auch die humanwissenschaftlichen Aufbrüche ernst. Das prägt ihre Sicht auf den schulischen Religionsunterricht und lässt ihn noch klarer in seiner Krisenhaftigkeit hervortreten. Diese kritische Sicht verbindet sie mit liberalen Theologen. *Die gemeinsame Stoßrichtung liegt in der Problematisierung der einseitigen Inhaltsorientierung, bei der kindliches Erleben zu kurz kommt.* Die Perspektive verschiebt sich nun von den (theologisch bestimmten) Inhalten zum (pädagogisch und psychologisch reflektierten) Erleben der Kinder. Das öffnet den Blick für die Lernvoraussetzungen der Schüler. Die Inhaltsfrage tritt demgegenüber deutlich in den Hintergrund, was allerdings anfänglich kein Problem darstellt, agiert man doch in einer Gesellschaft, die trotz

311 Lachmann, Geschichte der Religionspädagogik, 71.
312 Ebd.

aller Modernisierungstendenzen durch und durch christlich und kirchlich geprägt ist. Insofern wird diese Dimension quasi wie von selbst eingetragen. Wirklichkeitsnähe und Zeitgemäßheit führen nicht automatisch zu einer Inhaltslosigkeit. Das Bemühen um Verständigung und Anknüpfung nach »außen« geht so lange mit einer Vergewisserung nach »innen« einher, wie die Kultur christlich-kirchlich geprägt bleibt. *Die damit verbundene Problematik tritt erst dann deutlich vor Augen, als diese selbstverständliche Symbiose von Christentum und Kultur erschüttert wird und theologische Überlegungen völlig ihre kritisch-korrektive Dimension verlieren.* Genau hier setzen dann diejenigen Religionspädagogen an, die in der dialektischen Theologie ihren Resonanzraum finden. Sie reagieren damit anfänglich nicht zuletzt auf die Aufhebung der Staatskirche. Die damit einhergehende Neubestimmung von Schule insgesamt ist religionspädagogisch von erheblicher Bedeutung, da der Religionsunterricht nun in seinem Verhältnis zu Schule und Gesellschaft neu zu bestimmen ist. Von einer selbstverständlichen Einheit von Religionsunterricht und Schule sowie von Schule und Gesellschaft kann nun nicht mehr ausgegangen werden. Die damit eingeschlagene Richtung einer inhaltlichen Neuvergewisserung, bei der an die Unverfügbarkeit Gottes im Gegenüber zum Menschen erinnert wird, geht mit einer problematischen Tendenz zur Verkirchlichung einher, was allerdings zeitgeschichtlich einzuordnen ist. *Vor dem Hintergrund einer totalitären Ideologie (im Nationalsozialismus und später in der DDR) gewinnen Fragen der institutionellen Rückbindung ein anderes Gewicht. Da kann eine im heutigen Sinn problematische Formel von der »Kirche in der Schule« (im Sinne Rangs) zum Ausdruck einer notwendigen Gegenkultur in einer ideologisch vereinnahmten Schule werden.*

Allerdings ging das mit einer eingeschränkten Sicht auf die Kinder und Jugendlichen einher. Hier bekommt die Rede von der Wellenbewegung ein Gesicht. War die neue Konzeption der Religionspädagogik anfänglich von der Konzentration auf die Kinder bestimmt und traten Fragen der inhaltlichen Bestimmung deutlich in den Hintergrund, so stellt sich die Situation in der Hochphase der Evangelischen Unterweisung spiegelbildlich dar.

Allerdings vermag Religionspädagogik – nicht nur innerhalb ihrer von der Evangelischen Unterweisung geprägten Phase, sondern auch in der Zeit davor – nur ansatzweise zu den Heranwachsenden vorzudringen, weil sie deren Eigenaktivität nicht in den Blick bekommt. Religionspädagogik wird als religiöse Erziehung im Kontext gesellschaftlich vorstrukturierter religiöser Sozialisation verstanden. Der heute so wichtige Bildungsaspekt kommt noch nicht zum Tragen. Gleichwohl zeigen sich dafür wichtige Anknüpfungspunkte. So weisen die in der liberalen Religionspädagogik stark gemachten Aspekte von Religion als Lebenskraft[313] und die innerhalb der Evangelischen Unterweisung betonte Entscheidungsdimension[314] auf die notwendige Anregungs- bzw. Unterstützungsdimension hin, die religionspädagogisch immer mit bedacht werden muss. Letztlich geht es darum, sowohl die Perspektive der Lernenden wie diejenige der Inhalte sorgsam zu reflektieren und aufeinander zu beziehen. Dabei ergeben sich je nach Gewichtung und Zugang unterschiedliche Profilierungen. *Die Kontextualisierung von Religionspädagogik ist ein nie abgeschlossener Prozess.*

2.3 Religionspädagogik im Ringen um eine angemessene Verhältnisbestimmung christlich motivierter Lehr- und Lernprozesse, die sowohl nach »innen« wie nach »aussen« gerichtet sind

Nach dem zweiten Weltkrieg führte die Spaltung Deutschlands zu unterschiedlichen religionspädagogischen Entwicklungen in West und Ost. Dabei spielen die gesellschaftlichen Prägungen eine entscheidende Rolle. Sie markieren eine deutliche Zäsur im Vergleich zur Vorkriegsgesellschaft und damit zum Kontext, in dem die Religionspädagogik als eigene Wissenschaftsdisziplin auf den Plan tritt. Für die alte Bundesrepublik ist hier beispielsweise bedeutsam, dass ca. 10 Millionen Menschen aus den sog. Ostgebieten in den Westen übersiedelten. Dazu kamen noch 4 Millionen DDR-Bürger.[315] Die bisher mehr oder weniger selbstverständlich vorausgesetzte konfessionelle Homogenität kommt damit (weitgehend) an ihr Ende. Die Zahl der Konfessionsschulen geht deutlich zurück. Gemeinschaftsschulen werden die Regel. Konfessio-

313 Vgl. Kabisch, Wie lehren wir Religion, 24.56, wo er von Religion als »Kraftsteigerung« und »Kraftmittel« spricht.

314 Vgl. Bohne, Das Wort Gottes, 138.

315 Vgl. Grethlein, Religionspädagogik, 142.

nelle Vielfalt wird nun zur lebensweltlichen Normalität der übergroßen Mehrheit der Gesellschaft.

Durch die Ansiedlung von Menschen aus anderen Ländern wird diese Entwicklung verstärkt und erhält mit dem Zuzug sog. Gastarbeiter aus der Türkei Anfang der 1960er Jahre eine neue Qualität. Nach und nach prägen nun auch wieder Angehörige einer nichtchristlichen Religion den Alltag. Neben dem Judentum tritt der Islam verstärkt hervor. Besonders in Berlin und Köln etablieren sich in den 1970er Jahren einzelne kulturelle und religiöse muslimische Institutionen. Eine stärkere öffentliche Wahrnehmung des Islam ergibt sich allerdings erst, als 1984 die »DITIB-Türkisch-islamische Union der Anstalt für Religion e. V.« und der erste muslimische Dachverband (»Islamrat«) gegründet werden.

Seit den 1960er Jahren zeigen sich verstärkt Distanzierungen von der Kirche, die sich im Kirchenaustritt äußern. Die konfessionelle Vielfalt wird um eine religiöse und weltanschauliche erweitert. Da sich der Staat als weltanschaulich neutral versteht und nun – anders als in der Kaiserzeit – nicht mehr im Sinne einer christlich-kirchlichen Prägung seiner Bürgerinnen und Bürger eingreift, stellt sich die Frage nach einer angemessenen Verhältnisbestimmung christlich motivierter Lehr- und Lernprozesse, die sowohl nach »innen« (im Sinne der Vergewisserung und der Identitätsstiftung) wie nach »außen« (im Sinne eines möglichen Anschlusses an allgemein Plausibles) gerichtet sind, mit neuer Vehemenz. In der Schule spiegeln sich die gesellschaftlichen Veränderungen besonders deutlich wider. Insofern trifft es den schulischen Religionsunterricht mit besonderer Intensität. Hier mussten neue Wege gegangen werden, weil sich weder die strikte Entgegensetzung (wie von der Evangelischen Unterweisung intendiert) noch die selbstverständliche Synthese (wie von der liberalen Religionspädagogik postuliert) von Kultur und Christentum als tragfähig erwiesen.

In der DDR ergab sich eine deutlich andere Entwicklung, insofern sich der Staat einer dezidiert antikirchlichen und antireligiösen Politik verschrieben hatte, die vor allem in den 1950er Jahren zu massiven Angriffen auf die Kirchen führte. Die Schule wurde – dem sowjetischen Vorbild folgend – als »Instrument der Diktatur des Proletariats«[316] gestaltet und stand wie die Gesellschaft insgesamt vor der Aufgabe, sozi-

---

316 Lenin, Entwurf des Programms der KPR(B), 116. Zur Entwicklung des DDR-Schulsystems vgl. Domsgen, Religionsunterricht in Ostdeutschland, 8–37.

alistische Persönlichkeiten zu erziehen. Dazu gehörten in grundlegender Weise die Emanzipation von jeglicher religiöser Positionierung und die Aneignung der marxistisch-leninistischen Weltanschauung, die als wissenschaftliche Weltanschauung galt. Die Kirchen in der DDR agierten also in einem staatlich bestimmten Kontext, der von Anfang an darauf aus war, ihr pädagogisches Engagement auf innere Angelegenheiten zu beschränken. Die Schule fiel spätestens seit den 1960er Jahren als religiöser Lernort aus. Die Konzentration lag auf der Gemeinde. Von dort her wurde katechetisch agiert. In der staatlich forcierten Ausrichtung auf die Innenperspektive erwächst allerdings durchaus der Versuch, darüber hinauszuwirken und Impulse zu geben, die für die Schule und Gesellschaft als ganze von Bedeutung sind.

Um die unterschiedlichen Prägungen religionspädagogischen Denkens und Handelns nachzuzeichnen, hat es sich vor allem in Überblicksdarstellungen eingebürgert, von religionspädagogischen Konzeptionen zu sprechen.[317]

[*Religionspädagogische Konzeptionen*]

Mit Peter Biehl lässt sich unter einer Konzeption »die geschichtlich und soziokulturell bedingte, öffentlich wirksame Gestalt religiösen Lernens« verstehen, »in der alle relevanten fachdidaktischen Gesichtspunkte zur Geltung kommen. Konzeptionen haben die Aufgabe, ein religionspädagogisches Programm mit der vorgegebenen Erziehungswirklichkeit zu vermitteln.«[318] Üblicherweise werden dazu die Liberale Religionspädagogik, die Evangelische Unterweisung, der Hermeneutische Religionsunterricht, der Problemorientierte Religionsunterricht sowie die Symboldidaktik gezählt, die jeweils in Abgrenzung zu den vorangegangenen Ansätzen entstehen. Der Konzeptionenbegriff gibt »einen ersten ordnenden Überblick über die Geschichte des Faches«[319] und bietet insofern eine hilfreiche Orientierung. Gleichwohl ergeben sich grundlegende Zweifel an der Sinnhaftigkeit übergreifender Konzeptionen.[320] Dass damit gewichtige religionspädagogische Wegmarken gesetzt werden, steht außer Frage. Die Gefahr besteht aber darin, in der Konzentration auf die Konzeptionen wichtige Kontextualisierungstendenzen in der Theoriegeschichte aus den Augen zu verlieren. Der Konzeptionsbegriff suggeriert, dass es möglich sei, religionsdidaktische Grundlinien aus übergeordneten Prinzipien herzuleiten.

---

317 Vgl. Sturm, Religionspädagogische Konzeptionen; Hilger/Leimgruber/Ziebertz, Religionsdidaktik, 42–66.

318 Biehl, Religionsdidaktische Konzeptionen, 440.

319 Kalloch/Leimgruber/Schwab, Lehrbuch der Religionsdidaktik, 23.

320 Vgl. Mette/Schweitzer, Neuere Religionsdidaktik, 22–25.

Der Sache nach kommen sie in der hier vorgelegten Darstellung auch zum Tragen. Terminologisch wird jedoch auf den Konzeptionsbegriff verzichtet. Stattdessen werden die unterschiedlichen Ansätze als *religionspädagogische Kontextualisierungen verstanden, also als spezifische Bearbeitungen des Vermittlungsproblems mit Blick auf Herausforderungen der Umwelt sowie im Fokus auf unterschiedliche Adressaten.* Zu berücksichtigen ist nämlich, dass die jeweiligen Ansätze viel stärker ineinander übergehen und aufeinander Bezug nehmen, als der Konzeptionsbegriff suggeriert. Zugleich zeigt sich, dass dabei die religionspädagogischen Kontextualisierungen auch unterschiedliche Altersgruppen bzw. Schulformen im Blick haben. So steht in der Liberalen Religionspädagogik und bei der Evangelischen Unterweisung vornehmlich der Unterricht an der Volksschule im Fokus. Bei den im Folgenden zu thematisierenden Schwerpunktsetzungen ist das anders. Auch zeichnen sie sich durch jeweils spezifische kontextuelle Herausforderungen aus, auf die sie zu reagieren versuchen. Nicht zuletzt können mit dem Kontextualisierungsparadigma die Entwicklungen in der BRD und in der DDR auf gleichgeordneter Ebene zur Sprache gebracht werden. In den bisherigen Darstellungen ist das nicht der Fall. Während mit dem Begriff der religionspädagogischen Konzeptionen quasi der »Normalfall« beschrieben wird, fungieren die Entwicklungen in der DDR als »Sonderfall«[321] und damit als Ausnahme von der Regel. Nicht zuletzt dadurch werden hoch problematische Zuschreibungen vorgenommen und diskursiv erzeugt, durch die wichtige Aspekte aus den Augen verloren werden. Sie können über den Kontextualisierungsbegriff beschrieben werden.

321 Cyranka, Von der Protestantischen Revolution, 153; vgl. auch Stengel, Aufgearbeitete Vergangenheit.

2.3.1 Wechselnde religionspädagogische Paradigmen als Ausdruck veränderter Rahmenbedingungen und der Orientierung an unterschiedlichen schulischen Adressatengruppen – zu den Entwicklungen in der BRD

a) Überlieferung verstehen und damit die religiöse Frage nach sich selbst wecken: Hermeneutischer Religionsunterricht

Bereits kurz nach Kittels Programmschrift »Vom Religionsunterricht zur Evangelischen Unterweisung« diskutierten einige Pädagogen wie Erich Weniger (1894–1961) und Theologen wie Hans Stock (1904–1991) einen »deiktischen« Religionsunterricht, also einen zeigenden bzw. hinweisenden Unterricht, der Auslegung und Interpretation ins Zentrum rücken sollte. Das »vernachlässigte Problem des Verstehens meldet sich unüberhörbar wieder zu Wort«[322]. Dahinter steht die Diagnose einer »Nachchristlichkeit der breiten Massen« als »Grundtatsache unserer Zeit«[323]. Die Hoffnung auf eine Rechristianisierung, wie sie nach dem Krieg im Raum gestanden hatte, erwies sich als falsch.

Im schulischen Religionsunterricht zeigte sich immer stärker, dass die »konventionellen Erklärungen in der vorgeprägten christlichen Sprache«[324] bei den Schülerinnen und Schülern nicht mehr ankamen. Genau hier – bei den »›ungläubigen‹ älteren Schülern« – setzt Hans Stock nun an und lenkt von dort her den Fokus auf das religionsunterrichtliche Vermittlungsgeschehen. Die Verkündigung Jesu müsse als Wort »interpretiert« werden, das »den heutigen Menschen in seiner geschichtlichen Situation entscheidend angeht und nicht über ihn religiös hinwegredet«[325]. Der Religionslehrer muss deshalb zum »Interpret unter den Bedingungen des Nicht-Glaubens«[326] werden. Nicht die christliche Überlieferung an sich, wohl aber die Frage nach dem Umgang damit im Schulfach Religion rückt in das Zentrum der Überlegungen. Hatte die Evangelische Unterweisung hier von Verkündigung gesprochen, so wird nun über den Interpretationsbegriff die Art und Weise

322 Nipkow/Schweitzer, Religionspädagogik Texte 2/2, 47.

323 Weniger, Glaube, Unglaube und Erziehung, 104.108.

324 Stock, Studien zur Auslegung, zit. n. Nipkow/Schweitzer, Religionspädagogik, 161.

325 A. a. O., 164.

326 Ebd.

der Aneignung neu bestimmt. Es geht – wie in der Schule insgesamt – um das Verstehen aufseiten der Schülerinnen und Schüler. In dieser Ausrichtung konnte sich Religionspädagogik wieder in die Bildungsarbeit der Schule einordnen. Die Grundlage dafür bildete nicht zuletzt eine Allgemeine Pädagogik, der es um die Erschließung maßgeblicher Tradition ging. In der sog. Geisteswissenschaftlichen Pädagogik ist in der anthropologischen Grundlegung von vornherein im Blick, dass der Mensch nicht nur im Gegenüber zur Welt, sondern auch zu Gott bzw. einer Transzendenz zu sehen ist. Religiosität spielt somit im Kontext der christlichen Prägung der Kultur eine wesentliche Rolle. Die »Erweckung des Selbst kann nur darin bestehen, daß in der Seele die Transzendenz selbst als eine sprechende Wirklichkeit vernommen wird – aber eben dies entzieht sich jedem Einfluß von außen«[327]. Hier wird also eine Brücke gebaut, die religionspädagogisch nun begangen wird. Schule und Religionsunterricht treffen sich – um der Schülerinnen und Schüler willen – im Bemühen um die Pflege des Überlieferungszusammenhangs. Dabei ist mit der »Überlieferung so umzugehen, daß sie den Menschen zu sich selbst bringt«[328]. Martin Stallmann (1903–1980) entfaltet dies in seinem Buch »Christentum und Schule« (1958). Ziel ist ein neues Selbstverständnis, das den Einzelnen in die Verantwortung »auf den andern hin und vom andern her«[329] ruft. Hier zeigt sich also ein neues Fragen nach den Adressaten. Es ergibt sich aus der christlichen Überlieferung selbst, denn wer »von Gott reden« will, muss »offenbar von sich selbst reden«.[330] Dahinter steht der Gedanke existentieller christlicher Überlieferung . Hier orientiert sich Stallmann am von Rudolf Bultmann (1884–1976) entwickelten Verfahren der existentialen Interpretation.

[Existentiale Interpretation]

In seinem Aufsatz »Neues Testament und Mythologie«[331] (1941) entwickelt Bultmann in Aufnahme der Existenzphilosophie Martin Heideggers (1889-1976) das Verfahren der existentialen Interpretation. Dabei geht es ihm

327 Flitner, Allgemeine Pädagogik, 53.

328 Stallmann, Christentum und Schule, 51.

329 A. a. O., 35.

330 Bultmann, Welchen Sinn hat es von Gott zu reden?, 28 (im Original teilweise kursiv).

331 Bultmann, Neues Testament und Mythologie.

> darum, die neutestamentliche Verkündigung für den modernen Menschen wieder verstehbar zu machen. Damit das möglich ist, müssen die mythischen Sprach- und Denkformen des Neuen Testaments als solche erkannt und verständlich gemacht werden. Die Texte sind daraufhin zu befragen, was sich über ein heute noch relevantes Verständnis vom Mensch-Sein und den Bedingungen seiner Existenz zeigt. Existential zu interpretieren heißt also, die Texte auf die verstehbaren menschlichen Grundsituationen hin auszulegen.

Der Religionsunterricht führt Schüler in die christliche Überlieferung ein und ist somit selbstverständlicher Teil von Schule. Geprägt wird er von der »Eigentümlichkeit des Christentums«, die darin besteht, dass »es scheinbar einen doppelten Anfang hat, einen historischen zu Beginn unserer Zeitrechnung und einen in der gegenwärtigen Verkündigung der Kirche«[332]. Insofern handelt es sich um einen »Unterricht über die von der Verkündigung herkommende Tradition«[333]. Die Textinterpretation in der Schule soll nicht Glauben wecken, aber doch die religiöse Frage nach sich selbst, die im »Gespräch mit dem verstandenen Text die Gegenwart als Ort ursprünglicher Erfahrung von Freiheit und Verantwortung zu entdecken«[334] ermöglicht.

Stallmann unterscheidet zwischen Glauben und Religion. Unter Letzterer versteht er »ein Verhalten, das sich zwar auf verschiedene Art und Weise äußern kann, dem aber immer zugrundeliegt das Wissen um ein Gefordertsein des Menschen, um ein Angewiesensein auf jenes andere, dessen er nicht mächtig ist«[335]. Der Religionsunterricht »ist mit dem Namen ›Religion‹ richtig benannt«[336]. In ihm soll »die religiöse Frage«, die »auf den Ursprung des eigentlich Menschlichen gerichtet ist«, den Schülerinnen und Schülern nahe gebracht werden, auch in ihrem »fordernden Sinn«[337].

Was auf den ersten Blick wie eine rein schulische Begründung des Religionsunterrichts unter dem Stichwort der Überlieferung aussieht, ist jedoch auch theologisch motiviert. Der Religionsunterricht steht unter dem Gesetz, »um die Jugendlichen entweder auf das in der Predigt zu hörende Evangelium vorzubereiten oder das dort gehörte Evange-

---

332 Stallmann, Christentum und Schule, 186 f.

333 A. a. O, 190.

334 Wegenast, Geschichte der Religionspädagogik, 42.

335 Stallmann, Die biblische Geschichte im Unterricht, 176.

336 Ebd.

337 A. a. O., 177.

lium verstehend nachzubereiten«[338]. Auf diese Weise gelingt Stallmann die erneute Unterscheidung von Religions- und Konfirmandenunterricht. Sie war in der Evangelischen Unterweisung nivelliert worden. Zugleich führt er eindrücklich vor Augen, wie wichtig die doppelte Begründungsstruktur für die Profilierung des schulischen Religionsunterrichts ist. Stallmanns Ansatz ist sowohl schulpädagogisch wie theologisch anschlussfähig. In der Fokussierung auf die (christliche) Überlieferung versucht er sowohl der allgemeinen Aufgabe von Schule wie auch der theologischen Einsicht in die Unverfügbarkeit des Glaubens gerecht zu werden. Auf diese Weise tritt der Zusammenhang von Religion und Kultur erneut in das Blickfeld. Allerdings ist er *vom Bewusstsein einer exklusiven Stellung des Christentums geprägt*, die gesellschaftlich auch noch mehrheitlich mitgetragen wurde. Die christliche Überlieferung verkörpert die Wahrheit. Eine etwaige Konkurrenz zu anderen religiösen Überlieferungen muss deshalb nicht bedacht werden. Vor diesem Hintergrund kann das Christentum »als Grundlage der Schule« in Anspruch genommen werden, denn es meint »ein durch die christliche Verkündigung beeinflußtes Denken und Verstehen [...], ein Element unserer geistigen Überlieferung, in der das geschichtliche Selbstverständnis des Menschen seinen Niederschlag gefunden hat«[339]. *Nicht ob, sondern vielmehr wie christliche Überlieferung bedeutsam werden kann, ist deshalb die zentrale Perspektive. Die Voraussetzung dafür bildet eine vom Christentum geprägte Kultur, die die Gesellschaft als ganze bestimmt.* Mit ihr steht und fällt Stallmanns Ansatz.

Aus der Rückschau ist festzuhalten, dass Stallmann eine Neuausrichtung des Religionsunterrichts gelingt, wobei die Unterschiede zur Evangelischen Unterweisung in vielem »eher graduell als grundsätzlich«[340] sind. Der Religionsunterricht steht nicht mehr unter dem Verkündigungsparadigma, aber er kommt von der Verkündigung her und führt zu ihr hin. *Im Zentrum steht weiterhin die Bibel, aber die Sichtweise darauf ändert sich.* Man kann ihr verstehend begegnen, nicht nur gehorchend, wie es bei Rang und Kittel hieß. Dadurch eröffnet sich ein Raum, um die Adressaten unterrichtlichen Handelns stärker zu

338 Nipkow/Schweitzer, Religionspädagogik Texte 2/2, 49 (im Original teilweise kursiv).

339 Stallmann, Christentum und Schule, 150.

340 Meyer-Blanck, Kleine Geschichte, 172.

beachten. Allerdings kommen sie nur so weit in den Blick, als sie in der Auseinandersetzung mit der Bibel die Autorität der Überlieferung verstehend annehmen und sich in der existenziellen Entscheidung entsprechend danach ausrichten. Damit wird ein anspruchsvolles und letztlich auf den Religionsunterricht der gymnasialen Oberstufe zielendes Programm vorgelegt, allerdings ohne diese »Engführung«[341] zu thematisieren. Entscheidend jedoch ist, dass Stallmann einen Unterricht wollte, »in dem die Grundfragen der Existenz zur Sprache gebracht werden, ohne dass deswegen die Antwort des evangelischen Glaubens auf der Seite der Schüler erreicht werden müsste«[342]. Damit legt er eine wesentliche Spur für den schulischen Religionsunterricht, die auch danach immer wieder aufgenommen worden ist. Zugleich eröffnet er damit eine *Bewegung vom erziehenden zum bildenden Religionsunterricht,* insofern die Perspektive der Adressaten konstitutiv in das Unterrichtsgeschehen einbezogen wird. Dass dies alles auf entsprechenden Sozialisationserfahrungen beruht, ist dabei im Blick zu behalten, wird aber hier noch nicht eigens thematisiert.

b) Gegenwärtige und zukünftige Probleme im Gespräch mit der Bibel bearbeiten: Thematisch-problemorientierter Religionsunterricht

Neben der gesellschaftspolitischen Problematisierung des Religionsunterrichts Ende der 1960er Jahre, die mit einer entsprechenden Abmeldewelle einherging, waren es vor allem Impulse aus der Schultheorie, die religionspädagogisch bedeutsam werden sollten. Hatte im Gefolge der geisteswissenschaftlichen Pädagogik die Erschließung maßgeblicher Tradition im Fokus gestanden, so wird nun der Blick auf die Gegenwart und Zukunft mit ihren zu lösenden Problemen gelenkt und zur Hauptaufgabe schulischen Lehrens und Lernens erklärt. Im Zuge der empirischen Wende standen auch die Lehrpläne neu auf dem Prüfstand. Die alleinige Ausrichtung an für wichtig empfundenen Inhalten, war nicht mehr mit den Anforderungen an eine moderne Schule in Einklang zu bringen. Grundlegende Impulse gingen dabei vom Marburger Erziehungswissenschaftler Wolfgang Klafki (1927–2016) aus, der mit dem Begriff der Kategorialen Bildung, die Vermittlung von Subjekt und Welt in einem »Doppelsinn« in den Blick nahm, dass »sich dem Menschen

341 Grethlein, Religionspädagogik, 163.

342 A. a. O., 177.

eine Wirklichkeit ›kategorial‹ erschlossen hat und daß eben damit er selbst – dank der selbstvollzogenen ›kategorialen‹ Einsichten, Erfahrungen, Erlebnisse – für diese Wirklichkeit erschlossen worden ist«[343]. In dieser Zielperspektive stellt sich die Frage nach den zu vermittelnden Inhalten in neuer Weise. Denn »bildend sind nicht die besonderen Sachverhalte als solche«, sondern »die an ihnen oder in ihnen zu gewinnenden Struktureinsichten oder Gesetzeserkenntnisse, die erfaßten Prinzipien oder die erfahrenen Motive, die beherrschten Methoden oder die verstandenen Fragerichtungen, die angeeigneten Grundformen oder Kategorien, schließlich: die erfahrenen Grenzen«[344]. Auf diese Weise verschiebt sich die Blickrichtung, weg von den Bildungsinhalten an sich, hin zu den mit bzw. an ihn gelernten Fähigkeiten aufseiten der Schüler. *Der Frage nach der Gegenwarts- und Zukunftsbedeutung eines Unterrichtsgegenstandes kommt nun* – neben den Überlegungen zur Inhaltsstruktur, zur exemplarischen Bedeutung für einen größeren Zusammenhang sowie zur Zugänglichkeit des Themas – *eine entscheidende Rolle zu.* Daran konnte die Curriculumsforschung gut anknüpfen.

[Curriculum]

Der Begriff (von lat. *currere* = laufen) bedeutet »Lauf« oder »Laufbahn« und wird schon frühzeitig metaphorisch verwendet (vgl. *curriculum vitae* oder *curriculum vivendi* = Lebenslauf). Als pädagogischer Fachterminus findet er sich seit dem 16. und 17. Jahrhundert, wobei er – anders als mögliche Alternativen zur Bezeichnung eines Lehrplans (wie *ratio studiorum, ordo studiorum, typus studiorum, elenchus studiorum, methodus*) – »Erziehung und Bildung als Fortschreiten auf einem Wege zu einem Ziel«[345] beschreibt. Im weitesten Sinne bezeichnet Curriculum »die (weithin ungeplante) Folge aller Lernsituationen (Biographie, *curriculum vitae*). Im engeren Sinne weist der Ausdruck auf das Schulcurriculum, im engsten auf das Fachcurriculum. Curriculum ist also eine Folge von tatsächlichen und/oder geplanten Lernsituationen.«[346]

Der Berliner Pädagoge Saul Benjamin Robinsohn (1916–1972) hatte aus den USA die Curriculums-Didaktik nach Deutschland gebracht und damit ein Modell in die Diskussion eingespielt, mit dem Bildungsinhalte so ausgewählt und zusammengestellt werden, dass die Lerninhalte

343 Klafki, Studien, 44.

344 A. a. O., 121 (im Original kursiv).

345 Schmidt, Christentumsdidaktik, 38.

346 Ebd.

konsequent von den anzustrebenden Qualifikationen der Schülerinnen und Schüler her auszuwählen sind. Dabei leitete ihn die Annahme, dass »in der Erziehung Ausstattung zur Bewältigung von Lebenssituationen« geschieht, indem »gewisse Qualifikationen und eine gewisse ›Disponibilität‹ durch die Aneignung von Kenntnissen, Einsichten, Haltungen und Fertigkeiten erworben werden«[347]. Curricula sollen dazu bestimmt sein, »derartige Qualifikationen«[348] zu vermitteln. Die darauf ausgerichtete Forschung steht nun vor der Aufgabe, in einem offenen, nie abschließbaren Prozess zu fragen und zu überprüfen, welche Qualifikationen anzustreben sind und ob sie mit den ausgewählten Inhalten und Methoden auch erreicht werden können. Seinen unterrichtsbezogenen Ausdruck findet das in der lernzielorientierten Didaktik, in der die Inhalte mit Blick auf die anzustrebenden unterschiedlichen Lerndimensionen (kognitiv, affektiv, psychomotorisch) und Lernmodi (Reproduktion, Reorganisation, Transfer) reflektiert werden und dabei deren Überprüfung von vornherein mitgedacht wird.

Religionspädagogisch waren die hier angestellten Überlegungen von unmittelbarer Relevanz, rührten sie doch an der – sowohl innerhalb der Evangelischen Unterweisung wie auch im Hermeneutischen Religionsunterricht – unhinterfragten Mittelpunktstellung der Bibel. Genau hier setzt Hans Bernhard Kaufmann (geb. 1926) mit seinem im Oktober 1966 gehaltenen Vortrag unter dem Titel »Muß die Bibel im Mittelpunkt des Religionsunterrichts stehen?« an und beschreibt damit eine »religionspädagogische ›Wendemarke‹«, die »symptomatisch wurde für das, was sich dann – aus vielen Quellen gespeist und in vielen Varianten begegnend – konzeptionell zum sog. problemorientierten Religionsunterricht entwickelte«[349]. In der ersten These formuliert Kaufmann programmatisch:

> »Die traditionelle Mittelpunktstellung der Bibel als Gegenstand und Stoff des Religionsunterrichts ist ein Selbstmißverständnis und weder theologisch noch didaktisch gerechtfertigt. Die konstitutive Bedeutung der Bibel für die Kirche und den Glauben soll damit keineswegs in Frage gestellt, sondern im Gegenteil neu hervorgehoben werden.«[350]

---

347 Robinsohn, Bildungsreform, 45.

348 Ebd.

349 Lachmann, Problemorientierter Religionsunterricht, 30.

350 Kaufmann, Bibel, 23.

Dass die Bibel nicht bloß um ihrer selbst willen unterrichtlich zu thematisieren ist, hat bereits Martin Rang in der Formulierung von der Bibel als Anrede zum Ausdruck gebracht. Die hier angezeigte Linie nimmt Kaufmann nun auf. Die Bibel bleibt weiterhin wichtig, allerdings in einer neuen Ausrichtung »als Material möglicher Selbst- und Weltauslegung angesichts der zu verantwortenden Zukunft«[351]. Insofern müsste der Vortragstitel eher lauten: *In welcher Weise* soll die Bibel im Mittelpunkt des Religionsunterrichts stehen? Die hier vom hermeneutischen Religionsunterricht gegebene Antwort, dass die »biblische Tradition [...] angeblich automatisch die Existenz erhellen«[352] könne, wird als nicht mehr ausreichend erlebt. Vielmehr geht Kaufmann davon aus, dass die »gegenwärtige Krise des Religionsunterrichts« im Zusammenhang mit der primären Traditionsorientierung steht, die »sich fast ausschließlich im Medium der biblischen Bücher und der traditionellen christlichen Stoffe bewegt«[353]. Sie führe letztlich dazu, dass der Religionsunterricht »als Fremdkörper und Getto«[354] empfunden werde. Ändern könnte sich das, indem die konkreten Inhalte nicht von vornherein als festgelegt betrachtet, sondern »durch die [konkrete] Ausgangslage des jungen Menschen mitbestimmt«[355] würden. Der Religionsunterricht soll »nicht mehr primär traditionsorientiert sein, sondern lebensorientiert, nicht mehr vergangenheitsorientiert, sondern zukunftsorientiert, nicht mehr anpassend, sondern kritisch«[356].

All das will die zentrale Stellung der Bibel nicht aufgeben, sondern – im Gegenteil – neu plausibilisieren. Es handelt sich hier um eine »vermittelnde Position«[357], bei der die hermeneutische Perspektive weiterhin tragend ist. Sie wird jetzt allerdings neu ausgerichtet, indem sie empirisch weitergeführt und damit erweitert wird. Die soziokulturellen Bedingungen treten auf diese Weise verstärkt in das Blickfeld. Dazu gehören kinder- und jugendsoziologische sowie entwicklungspsychologische Perspektiven. Dass sie heute unter dem Stichwort der Schülerorientierung selbstverständlicher Bestandteil der Unterrichtsvorbe-

351 Ebd.

352 Meyer-Blanck, Kleine Geschichte, 215.

353 Kaufmann, Bibel, 23.

354 Ebd.

355 Gloy, Themen statt Texte, 31.

356 Meyer-Blanck, Kleine Geschichte, 215.

357 A. a. O., 214.

reitung sind, lässt sich als Ertrag des thematisch-problemorientierten Religionsunterrichts verstehen.

Klaus Wegenast (1929–2006) hatte 1966 auf derselben Tagung, auf der auch Kaufmann vorgetragen hatte, eine »empirische Tatsachenforschung«[358] im Religionsunterricht gefordert. Das liegt ganz auf der eben skizzierten Linie, trat aber in der Diskussion damals zurück und wird erst in jüngster Zeit verstärkt in Angriff genommen. Anfang der 1970er Jahre dominierten die konkreten Unterrichtsvorschläge. Dabei ergaben sich durchaus kritisch zu beurteilende Einseitigkeiten. Zum einen kam es im Gefolge des curricularen Lernzieldenkens zu einer »spezifischen Dynamik«: »Man war tatsächlich der Meinung, *Verhaltens*änderung durch *Unterricht* bewirke die kritische Veränderung von Schülern und damit auch die Veränderung von *Gesellschaft*.«[359] Die Konzentration auf operationalisierbare Lernprozesse führte zu einer Vernachlässigung von innerlichen Vorgängen. »Kaufmann und den anderen ging es um Mündigkeit, Emanzipation – die Lernzieloperationalisierung, die dazu rezipiert wurde, war aber eher ›programmierend‹ als ›emanzipierend‹.«[360] Hier wurden also in der Rezeption allgemeindidaktischer Ansätze lerntheoretische Annahmen importiert, die mit dem avisierten Ziel des Religionsunterrichts zumindest in Spannung standen.

Zum anderen wird man anfragen müssen, ob es gelang, wirklich zu den die Schülerinnen und Schüler beschäftigenden Problemen vorzudringen oder – wie Klaus Wegenast selbstkritisch festhält – »wir nicht doch eher unsere Probleme, also die von Erwachsenen, auf die nachwachsende Generation projizierten«[361]. De facto kam es nämlich bald zu einem Themenkanon mit stark gesellschaftspolitischer Schlagseite: »Angst; Dritte Welt; Entwicklungshilfe; Widerstand; Rassismus; Gastarbeiter; Biologische Manipulation; Liebe und Sexualität; Behinderte Menschen; Umweltschutz; Aggression und Gewalt; Jesus People; Revolution; Stars und Idole; Autoritäre Erziehung; Moderner Strafvollzug; Krieg und Frieden (Vietnamkrieg); Sterben und Tod; gesellschaftliche Außenseiter; Eigentum [...].«[362]

---

358 Wegenast, Die empirische Wendung, 254.

359 Meyer-Blanck, Kleine Geschichte der evangelischen Religionspädagogik, 217.

360 A. a. O., 219.

361 Wegenast, Religionsdidaktik Sekundarstufe I, 39.

362 Rickers, Epochaler Einschnitt, 80.

Schließlich ist auf die Gefahr einer theologischen Verkürzung zu verweisen, insofern die Bibel auf Handlungsanweisungen reduziert ins Spiel gebracht wird und die angestrebte Verschränkung von theologischen und lebensweltlichen Perspektiven nicht immer ausgewogen gelingt. Allerdings ist es wichtig, im Blick zu behalten, dass diese Einseitigkeiten auf der konzeptionellen Ebene nicht intendiert waren. So hatte Kaufmann in seiner zweiten These betont, dass die »Frage nach Gott und das Zeugnis des Neuen Testaments vom Heil in Jesus, dem Gekreuzigten und Auferstandenen, sowie die paulinische Rechtfertigungslehre [...] auf das Ganze der Wirklichkeit und des Menschseins«[363] gehen.

Auch Karl Ernst Nipkow (1928–2014) hatte unter Berufung auf Gerhard Ebeling immer wieder betont, dass »Gottes Offenbarung [...] nicht nur auf die Welt gerichtet« ist, sondern »sie [...] sich auch in der geschichtlichen Wirklichkeit«[364] des Menschen vollzieht. Deshalb dienen die »Dokumente der Welt« dazu, »die christliche Überlieferung tatsächlich ganz offen zu befragen und mit anderen, ebenso ernstzunehmenden Deutungsversuchen zu konfrontieren« (276). Ein Religionsunterricht, der sich darauf einlässt, findet sein »Zentrum« in den »›Grundfragen‹, die ›durch verschiedene Texte aus verschiedenen Aspekten heraus‹ beleuchtet werden sollen«, wobei »die ›christliche Deutung als ein Deutungsaspekt unter anderen‹ anzusehen« (277) sei. Die Lebenswirklichkeit wahrzunehmen, ist also nicht nur pädagogisch, sondern auch theologisch geboten. Dabei ist ein bloßes Nebeneinander ohne wechselseitigen Bezug zu vermeiden. Nipkow plädiert für eine Verschränkung von Bibel- und Problemorientierung. Didaktisch gesehen stehen beide Perspektiven »in einer Spannung zueinander«, die »im Sinne einer gegenseitigen Korrektur fruchtbar werden muß«[365]. Dahinter steht ein hoher Anspruch, der in der Praxis nicht immer gleichermaßen eingelöst wurde. Gleichwohl wurde der problemorientierte Religionsunterricht am Gymnasium und an der Realschule »an vielen Orten zur Standard-Konzeption«[366] und fand auch in wichtige kirchliche Stel-

363 Kaufmann, Bibel, 23.

364 Nipkow, Problemorientierter Religionsunterricht, 270. Die folgenden Seitenangaben im Text beziehen sich darauf.

365 Nipkow, Christlicher Glaubensunterricht, 263 (im Original teilweise kursiv).

366 Kalloch/Leimgruber/Schwab, Lehrbuch Religionsdidaktik, 134.

lungnahmen Eingang, so dass sich alle westdeutschen Landeskirchen dem Problemorientierten Religionsunterricht zuwandten und damit einen Religionsunterricht befürworteten, der lebensweltliche und theologische Grundlegung gleichermaßen aufzunehmen versuchte.[367]

c) Im wechselseitigen Bezug von Traditions- und Erfahrungsorientierung Unterrichtsgegenstand und -ziel bestimmen: Sozialisationsbegleitender, (ideologie)kritischer, symbol- und bibeldidaktischer Religionsunterricht

Sowohl der hermeneutische wie auch der problemorientierte Ansatz haben aus unterschiedlichen Perspektiven und in verschiedenen Schwerpunktsetzungen deutlich gemacht, dass der Gegenstand des Religionsunterrichts im Aufeinanderbeziehen von Gott und Mensch, von Tradition und Lebenswelt, von biblischer und menschlicher Orientierung zu profilieren ist. Ein einseitiger Bezug reicht nicht aus, um Inhalt und Ziel des Religionsunterrichts zu bestimmen. Im problemorientierten Zugang bildete die Lebensweltperspektive den Ausgangspunkt. Dabei wurde schnell deutlich, dass das »Problem der Probleme« darin lag, dass »die Tradition in der Regel nicht auf die Fragen antwortete, die eine moderne Gesellschaft bei sich hatte«[368]. Zudem zeigten sich Verschiebungen im religiös-weltanschaulichen Gesamtgefüge der Gesellschaft. Es war zwar weiterhin von einer mehrheitlichen Kirchlichkeit geprägt, wurde aber immer stärker von distanzierenden Tendenzen bestimmt, in denen man sich latent und offen von kirchlichen Prägungen emanzipierte. Ein Bedeutungsverlust des Christentums war unübersehbar.[369] Der Kontext wurde immer stärker als »nachchristlich« verstanden.[370] Eine einseitige inhaltliche Fokussierung im Sinne einer ausschließlichen Traditionsorientierung erwies sich immer klarer als

---

367 So heißt es beispielsweise in der Entschließung der EKD-Synode: »Die Kriterien der allgemeinen Didaktik gelten auch für den Religionsunterricht. Maßgebend für die Fachdidaktik des Religionsunterrichts sind die Erfahrungen, Konflikte und Fragen des jungen Menschen, das Selbstverständnis und das Bekenntnis der Religionsgemeinschaften sowie die mit den Sinn- und Wertfragen der menschlichen Existenz befaßten Wissenschaften.« Entschließungen der Synode der Evangelischen Kirche in Deutschland vom 12. November 1971, 75.

368 Wegenast, Geschichte, 43.

369 So beispielsweise die Diagnose von Ebeling, Die Klage über das Erfahrungsdefizit.

370 Vgl. die Untersuchung von Ritter, Religion in nachchristlicher Zeit.

nicht zielführend. Vielmehr ging es darum, die gesellschaftlichen Entwicklungen aufzunehmen und in die Profilierung des Unterrichtsgegenstandes mit einzubeziehen.

Insofern verwundert es nicht, dass es zu vielfältigen religionsdidaktischen Weiterentwicklungen kam, um theologische Inhalte mit den Erfahrungen der Gegenwart ins Gespräch bringen zu können. Leitend war dabei das Interesse an der »Kommunikabilität und Transparenz der christlichen Religion«[371]. Erfahrung wurde nun zum »Schlüsselbegriff«[372].

So wies Dieter Stoodt (1927–2015) darauf hin, dass sich der Religionsunterricht nicht auf kognitive Prozesse beschränken dürfe, sondern immer auch emotionale Aspekte miteinzubeziehen habe. Schülerorientierung hieß für ihn nicht nur, die Probleme der jungen Menschen zur Sprache zu bringen, sondern auch für deren Aufarbeitung Impulse zu geben. Anfänglich sprach er von einem »therapeutischen« Religionsunterricht, änderte das aber mit Blick auf die schulischen Rahmenbedingungen und (fehlenden therapeutischen) Voraussetzungen aufseiten der Lehrkräfte und plädierte für einen »sozialisationsbegleitenden« Unterricht »mit seelsorgerlichem Akzent«[373]. Im Zentrum stand dabei für Stoodt die religiöse Sozialisation der Schülerinnen und Schüler.[374] »Selbstklärung« und »Verhaltensänderung«[375] sind die wesentlichen Ziele. Einen anderen Schwerpunkt setzten Gert Otto (1927–2005) und Siegfried Vierzig (geb. 1923), die für einen »kritischen«[376] bzw. »ideologiekritischen«[377] Religionsunterricht plädierten. Beide eint, dass sie bei Religion als Unterrichtsgegenstand ansetzen und damit beim Menschen, »der nach dem Sinn von Sein fragt, der nach der letzten

371 Wegenast, Geschichte, 43.

372 Ebd. So auch Meyer-Blanck, Kleine Geschichte der evangelischen Religionspädagogik, 252.

373 Stoodt, Umstrittene Therapie, 216.

374 Dabei erfahrene Defizite, Schädigungen und Verletzungen sollen bearbeitet werden mit einer Methodik, die sich gruppendynamischen, spieltheoretischen und sozio- und psychodramatischen Impulsen verdankt; vgl. Stoodt, Warum Religionsunterricht?, 297 f. In der Schule lässt sich das nur ansatzweise umsetzen. Wohl auch deshalb wurde Stoodts Ansatz im Feld der Konfirmandenarbeit stärker rezipiert.

375 Stoodt, Religionsunterricht als Interaktion, 11.

376 Vgl. Otto/Dörger/Lott, Neues Handbuch des Religionsunterrichts, 21–23.

377 Vgl. Vierzig, Ideologiekritik und Religionsunterricht, 156.

Wirklichkeit sucht«[378]. Ihnen geht es also nicht nur um biblisch bzw. christlich profilierte Religion, sondern – deutlich darüberhinausgehend – auch um Weltanschauungen und Ideologien, die religionskritisch in den Blick zu nehmen sind. Otto spricht hier sogar von Religion »als Sammelbegriff für eine Vielfalt von Wertsystemen unterschiedlichster Herkunft«[379]. Damit löst sich der Religionsunterricht aus seiner theologischen Rückbindung und wird zu einer allgemeinen Religionskunde.

Wie stark dabei – trotz aller Unterschiede und Zuspitzungen – die einzelnen Ansätze ineinander übergreifen und aufeinander Bezug nehmen, hat vor allem Karl Ernst Nipkow betont. In einem 1970 erschienenen Aufsatz plädierte er für ein komplementäres Kontextmodell und machte so deutlich, dass es letztlich nicht um eine Abgrenzung, sondern um eine Weiterführung bisher vorliegender Ansätze gehen müsse. Eine »monomanisch betriebene Unterweisung« sei ebenso problematisch wie »die Verwandlung des Unterrichts in Akte der Anbetung«[380]. Deshalb solle es um ein Nebeneinander von Bibel- und Themenunterricht gehen. Ein problemorientierter thematischer Religionsunterricht müsse nach Nipkow als ein »Kontextunterricht« profiliert werden, der »existenz-, gesellschafts- *und* zugleich überlieferungsbezogenes Rede(n) von Gott sein will und muß«[381].

Damit gab Nipkow nicht nur wichtige Hinweise zur Profilierung des problemorientierten Religionsunterrichts, sondern sensibilisierte darüber hinaus für die Einsicht, dass die verschiedenen konzeptionellen Ansätze »nicht als sich ausschließende Gegensätze, sondern weit eher als einander ergänzende, je wesentliche Aspekte des einen umfassenden religionspädagogischen Geschäftes zu verstehen seien«[382]. Auf diese Weise wurde er nicht nur zu einem Mahner hinsichtlich der theologischen Rückbindung des Religionsunterrichts, sondern auch zu einem profilierten Vertreter einer integrativen Religionspädagogik, die nicht nur die Intentionen unterschiedlicher religionsunterrichtlicher Ansätze

378 Vierzig, Zur Theorie der »Religiösen Bildung«, hier zitiert nach Wegenast (Hg.), Religionspädagogik, 274.

379 Otto, Was heißt Religionspädagogik, hier zitiert nach dem Wiederabdruck in Wegenast (Hg.), Religionspädagogik, 359–365, 359.

380 Nipkow, Problemorientierter Religionsunterricht, 266.

381 Nipkow, Grundfragen 2, 139.

382 Lachmann, Problemorientierter Religionsunterricht, 34.

miteinander verband, sondern Religionspädagogik auch in lernortübergreifender Perspektive entwickelte.

Davon wird noch zu reden sein. An dieser Stelle jedoch ist festzuhalten, *dass die jeweiligen religionsdidaktischen Ansätze als Kontextualisierungsversuche zu verstehen sind,* die stärker aneinander anknüpfen und ineinander übergehen, als es auf den ersten Blick scheinen mag. Sie bewegen sich letztlich in einem Spektrum aus Traditions- und Lebensweltorientierung, wobei sich unterschiedliche Schwerpunktsetzungen – oder vielleicht sollte man besser von unterschiedlichen Zugangspfaden sprechen – aufzeigen lassen. Letztlich ist der Gegenstand des Religionsunterrichts immer traditions- und lebensweltbezogen zu identifizieren, wobei hier eine große Rolle spielt, an welcher Stelle zuerst angesetzt wird. Das bestimmt maßgeblich darüber, wie der Gegenstand bezeichnet wird und welche Ziele als leitend formuliert werden. Vor Augen führen lässt sich das beispielsweise am *symboldidaktischen Religionsunterricht,* der in den 1980er Jahren Konjunktur hatte, in seinen Wurzeln jedoch deutlich früher zu verorten ist. Dabei lassen sich *zwei Linien* aufzeigen.

Zum einen hatte der katholische Religionspädagoge Hubertus Halbfas (geb. 1932) bereits 1968 in Anknüpfung an den hermeneutischen Ansatz Religionsunterricht als »Sprach-Lehre«[383] qualifiziert, die innerhalb des allgemeinen schulischen Auftrages zur Einführung in die Wirklichkeit die Aufgabe habe, die Tiefendimension der Wirklichkeit zur Sprache zu bringen. Dahinter steht die Annahme eines religiösen Apriori beim Menschen. Religiosität definiert Halbfas im Anschluss an Paul Tillich »als Erschlossenheit für die Dimension der Tiefe im Menschsein«, als »das Ergriffensein von dem, ›was uns unbedingt angeht‹« (25). Der Mensch ist also per se als religiös zu verstehen, unabhängig von seinem Kirchenbezug. Im Religionsunterricht soll das zur Sprache gebracht werden, denn Religiosität »gründet im Verhältnis des Menschen zur Transzendenz seines eigenen Wesens« (25). Die Bibel spielt dafür insofern eine besondere Rolle, als sie »mehr als jedes andere Buch in der Geschichte unserer Welt zu Verstehen und Annahme des je konkreten Daseins verholfen hat« (104). Allerdings sind die Unterrichts-

383 Halbfas, Fundamentalkatechetik., 66. Die folgenden Seitenangaben beziehen sich darauf.

inhalte nicht darauf beschränkt. Dichtung ist hier ebenso wichtig wie die Behandlung der Fremdreligionen. Halbfas geht hier bewusst über die konfessionelle Profilierung hinaus.[384] Eine Weiterentwicklung und Zuspitzung finden seine Überlegungen in seinem Aufsatz »Auf dem Weg zu einer Symboldidaktik«, den er 1982 in seinem Buch »Das dritte Auge. Religionsdidaktische Anstöße« veröffentlichte. Darin konstatierte er einen »Analphabetismus gegenüber der religiösen Sprache«[385], dem man – entgegen den Aktualisierungsbestrebungen eines problemorientierten Religionsunterrichts – nur begegnen könne, indem man bei der »Symbolunfähigkeit der Zeitgenossen« (85) ansetze. Die wiederum hänge zusammen mit einer Erfahrungsunfähigkeit. Deshalb müsse es um eine »neue, allerdings fundamentale Alphabetisierung des Symbolsinns« (118) gehen. Für den Religionsunterricht heißt das, dass er dazu verhilft, die Symbole meditativ einzuüben, denn entscheidend ist »nicht die rationale Auseinandersetzung, sondern ein emotionaler Bezug« (128), und zwar sowohl aufseiten der Schüler- wie auch der Lehrerschaft. Was Halbfas hier – primär für den Primarbereich – anstrebt, lässt sich als »spirituelle Religionsdidaktik«[386] bezeichnen, geht es doch darum, einen Symbolsinn zu stiften und ein inneres Schauen zu ermöglichen. Das Ziel besteht in einer symbolischen Sehfähigkeit mit dem mystischen »dritten Auge«.[387] Die »rationale Auseinandersetzung« tritt hier gegenüber dem »emotionale[n] Bezug«[388] deutlich zurück. Um diese – für die Schule durchaus wichtige – (rationale) Dimension geht es Halbfas nicht. Im Zentrum steht für ihn die Vermittlung von Lebens- und Glaubenserfahrung. Hier sieht er die Leistung der Symbole, enthalten sie doch eine »Dimension der Lebenserfahrung, die grundsätzlich das Außen und das Innen vereint«[389]. Die Vermittlung von Erfahrung wird also durch das Symbol selbst erbracht.

---

384 So stellt er die »radikale Frage, ob es in Zukunft noch schulischen Religionsunterricht geben kann, der im Auftrag der Kirchen und unter ihrer Kontrolle durchgeführt wird« (a. a. O., 276; im Original teilweise kursiv).

385 Halbfas, Das dritte Auge, 27. Die folgenden Seitenangaben beziehen sich darauf.

386 Kalloch/Leimgruber/Schwab, Lehrbuch der Religionsdidaktik, 169.

387 »Mit dem dritten Auge ist jener Blick gemeint, der hinter die Alltagsgestalten dieser Welt sieht, der den geistigen Sinn der Dinge erfasst, das Licht der Finsternis.« Halbfas, Das dritte Auge, Klappentext.

388 Halbfas, Das dritte Auge, 128.

389 A. a. O., 121.

Einen anderen Ansatz wählt der evangelische Religionspädagoge Peter Biehl (1931–2006) in seinem symboldidaktischen Zugriff, den er im Blick auf die Sekundarstufe konzipiert. Im Gegensatz zu Halbfas, der ganz auf der Linie des hermeneutischen Religionsunterrichts agiert, insofern er beim Symbol einsetzt, das er inhaltlich allgemein religionswissenschaftlich füllt, nimmt Biehl seinen Ausgangspunkt in der Lebenswelt der Schülerinnen und Schüler. Dort begegnen durch sie selbst gebildete und – z. B. in der Werbung – gesellschaftlich vermittelte Symbole, die die persönliche Entwicklung fördern, aber auch blockieren können. Symboldidaktik bezeichnet bei ihm den gegenseitigen »Austausch«, bei dem »den Symbolen neue Bedeutungen zugeschrieben u[nd] die Erfahrungen der Lernenden durch den Verheißungsüberschuss der Symbole vertieft u[nd] erweitert, durchbrochen und überboten werden«[390].

Wegen der Ambivalenz dieser Symbole entwickelte Biehl von Anfang an eine kritische Symbolkunde. Symbole bestimmt er nicht archetypisch (wie Halbfas), sondern betont ihren christologischen Kontext. Damit gewinnt er ein Kriterium zur Unterscheidung und Gewichtung der unterschiedlichen Symbole in der Lebenswelt der Schülerinnen und Schüler, insofern »jeweils zu prüfen« ist, »ob diese sich mit dem Kreuz Jesu, dem christlichen Symbol schlechthin, vertragen«[391]. Letztlich kommen bei Biehl der hermeneutische und der problemorientierte Ansatz zusammen. Insofern ergeben sich für ihn zwei Zielrichtungen, die er verfolgt: Zum einen sollen Symbole zwischen biblischer Überlieferung und Lebenswelt vermitteln. Zum anderen geht es um eine kritische Auseinandersetzung mit den Symbolen, die die Gesellschaft gegenwärtig hervorbringt. Biehl möchte einen »Streit um die Auslegung der Wirklichkeit« auslösen: »Welchen Symbolen können wir wirklich vertrauen?«[392] Die Erfahrungen der Jugendlichen sind dabei nicht lediglich Anknüpfungspunkte, sondern stellen letztlich den Inhalt der Lernprozesse dar. In einem ersten Schritt geht es nämlich darum, von menschlichen Grunderfahrungen ausgehend Zugänge zu biblisch-christlichen Symbolen zu eröffnen, um dann von den biblischen Symbolen her zu einer Deutung der gegenwärtigen Situation zu kommen.

---

390 Biehl, Symboldidaktik, 2075 (im Original teilweise kursiv).

391 Biehl, Symbole geben zu lernen, 59.

392 A. a. O., 176.

Als wichtige Einsicht aus den Ansätzen von Halbfas und Biehl lässt sich zunächst festhalten, dass Religionsunterricht angesichts der Veränderungen in der religiösen Sozialisation bei der Mehrzahl der Schülerinnen und Schüler nicht bei einer kognitiv-reflexiven Haltung gegenüber Religion stehen bleiben kann, sondern auch die Erfahrungsebene einbeziehen muss. Mit der Symboldidaktik wird das ermöglicht. Allerdings ist hier die Kritik von Michael Meyer-Blanck zu berücksichtigen, der darauf hinweist, dass sowohl Halbfas als auch Biehl einen zu sehr ontologisch aufgeladenen Symbolbegriff verwenden.[393] Symbole sind als Zeichen von Menschen zu verstehen, die mit Hilfe von Codes kommunizieren. Eine semiotisch sensibilisierte Symboldidaktik hat deshalb immer auch zu klären, wie die Codes der Kinder und Jugendlichen mit den biblischen vermittelbar sind. Das lenkt die Aufmerksamkeit auf die Interpretationsleistungen der Schülerinnen und Schüler. Nur so können sich ihre Erfahrungen und die religiöse Tradition treffen.

In Weiterführung des hermeneutischen Ansatzes plädiert auch Ingo Baldermann (geb. 1929) für eine erfahrungsorientierte Religionsdidaktik, die er ausdrücklich als Bibeldidaktik profiliert. Dabei leitet ihn eine doppelte Denkbewegung: »Nicht nur läßt die Sprache der Bibel mich manche Erfahrungen besser verstehen, sondern umgekehrt lassen auch meine Erfahrungen mich die Bibel neu und anders verstehen.«[394] Auf diese Weise kann er die problemorientierte Perspektive mit der hermeneutischen verbinden. Baldermann will dazu anregen, an und mit der Sprache der Bibel sich den täglichen Erfahrungen auszusetzen. Das schließt auch die Herausforderungen und Probleme mit ein. Ganz auf der Linie des Brasilianischen Befreiungspädagogen Paulo Freires (1921–1997) geht es ihm darum, »den Lernenden auf den Weg [zu] bringen, sich selbst zu finden«[395]. Inhaltlich bildet die Hoffnung den zentralen Aspekt, auf den alles zuläuft. In ihr sieht Baldermann das übergreifende Thema der Bibel und deswegen kann die Auseinandersetzung mit der Bibel eine Perspektive tragfähiger Hoffnung eröffnen. Bibeldidaktisches Arbeiten ist somit als Entwurf der Hoffnung zu profilieren, so dass Schülerinnen und Schüler »sensibel« und »widerstandsfähig

393 Vgl. Meyer-Blanck, Vom Symbol zum Zeichen, 161–171.

394 Baldermann, Bibel, 19.

395 A. a. O., 15.

zugleich« werden für die Bedrohungen des Lebens, »dass sie die Fähigkeit gewinnen, Alternativen wahrzunehmen zu den herrschenden sogenannten Sachzwängen, dass sie sich selbst finden und gerade deshalb offene Augen bekommen für die Belange der anderen«[396].

Im vergleichenden Blick auf die hier kurz skizzierten Ansätze zeigt sich, dass die Bestimmung des Unterrichtsgegenstandes in der Spannung zwischen Tradition und Lebenswelt erfolgt. Sie markieren zwei Pole, die dafür leitend sind. Allerdings kommt es hier zu deutlichen Schwerpunktsetzungen und bisweilen auch zu Einseitigkeiten. *Die Unterschiede ergeben sich letztlich zu einem großen Teil auch aus dem primären Zugriff. Entscheidend ist der Zugangspfad oder anders ausgedrückt der Ausgangspunkt, von dem in der inhaltlichen Bestimmung ausgegangen wird.* So lässt sich beispielsweise bei Halbfas und Baldermann sehen, dass sie die Gegenstandsbestimmung von dem Überlieferten her vornehmen, wobei sie dafür unterschiedliche Begriffe bzw. Zuschnitte wählen (Symbol, Bibel). Von diesem Ausgangspunkt her bestimmen sie auch die Bedeutung für die Schülerinnen und Schüler. Anders ist es bei Stoodt, Otto und Vierzig, insofern sie in der Lebenswelt ansetzen und von dort her Bezüge zur Tradition herstellen. Biehl nimmt hier eine gewisse Mittelstellung ein, insofern er zwar problemorientiert ansetzt, dabei aber auch gleich die hermeneutische Perspektive im Symbolverständnis stark macht. Was alle diese Entwürfe vereint, ist das Interesse an der »Kommunikabilität und Transparenz der christlichen Religion«[397].

Entsprechend der jeweiligen Schwerpunktsetzungen und Zugänge wird auch die inhaltliche Profilierung vorgenommen. Letztlich spiegelt sich hier in ganz unterschiedlicher Intensität die Bedeutung dessen wider, was Nipkow als Kontextunterricht bezeichnet, also ein »existenz-, gesellschafts- und zugleich überlieferungsbezogenes Reden von Gott«[398]. *Die Unterschiede ergeben sich aus dem primären Zugriff auf das Vermittlungsgeschehen.* Er bestimmt maßgeblich, wie der Unterrichtsgegenstand bezeichnet wird und welche Ziele sich daraus ergeben.

Auffällig dabei ist, dass der Faktor Lebenswelt im Laufe der Zeit immer stärker mit Blick auf die einzelnen Lernenden bestimmt wird, so

396 Baldermann, Das Alphabet der Hoffnung, 371 f.

397 Wegenast, Geschichte der Religionspädagogik, 43.

398 Nipkow, Grundfragen 2,139.

dass Lebenswelt- und Erfahrungsorientierung ganz eng aufeinander bezogen werden. Der Fokus liegt immer stärker auf dem einzelnen Schüler. Der Gemeinschaftsbezug im Sinne einer über den Einzelnen hinausgehenden Perspektive geht deutlich zurück.

d) Religionspädagogik als schulübergreifende Theorie mit unterschiedlichen Leitbegriffen und -perspektiven

Religionspädagogik war von ihren Anfängen bis Anfang der 1970er Jahre primär, aber nicht ausschließlich auf den Religionsunterricht in der Schule bezogen. In der Fokussierung auf das Unterrichtliche wurden christlich motivierte Lehr- und Lernprozesse in der Familie von einzelnen Vertretern immer mal wieder in den Blick genommen, aber nie eigens und in einer solchen Intensität reflektiert wie diejenigen an den Lernorten Schule und Gemeinde. Ein besonderes Augenmerk lag auf dem schulischen Religionsunterricht, weil gesellschaftliche Entwicklungen hier besonders deutlich ihren Niederschlag fanden und zu verstärkten Reflexionen zwangen. Der gemeindliche Konfirmandenunterricht war davon nicht ganz so massiv betroffen, weil er als Voraussetzung zur Konfirmation starke Unterstützung aus den familialen Traditionen erhielt.

Innerhalb der Evangelischen Unterweisung verschwammen die Grenzen zwischen gemeindlichem Konfirmanden- und schulischem Religionsunterricht, weil die Kinder und Jugendlichen als Getaufte angesprochen wurden. Die Lernortspezifik spielte dabei keine Rolle, wenngleich – beispielsweise in Hammelsbecks Gesamtkatechumenatskonzept[399] – der Gedanke an andere Lernorte des Glaubens durchaus präsent war. Allerdings – und das ist sehr interessant – sprach sich das Schulwort der Synode der EKD 1958 unter unmittelbarer Wirkung von Hammelsbeck für einen »freien Dienst« der Kirche »an einer freien Schule«[400] aus. Damit erfolgte eine indirekte Verabschiedung von einem »seit 1918 herrschende[n] Restaurationsmodell evangelischer Schulpolitik mit der Absicht einer ganzheitlich prägenden evangelischen Gesamterziehung«[401]. Der Gesamtkatechumenatsgedanke korrespondiert also

---

399 Hammelsbeck sprach hier von der »Einheit des kirchlichen Unterrichts.« Hammelsbeck, Der kirchliche Unterricht, 13.

400 Synode der Evangelischen Kirche in Deutschland 1958, Wort zur Schulfrage, 38.

401 Nipkow/Schweitzer, Religionspädagogik Texte 2/2, 45.

einer Selbstbeschränkung in schulischen Dingen und baut damit eine Brücke zum hermeneutischen Ansatz, der sich nun ganz auf den Religionsunterricht konzentriert und von dort her – ohne hegemoniale Absichten – die Schule als ganze in den Blick nimmt. Das wiederum führt zu einer neuen Ausgangslage, insofern der Bezug auf den Lernort Schule nun ein wesentliches Kriterium der Theoriebildung darstellte und der schulische Religionsunterricht damit aus dem Gesamtkatechumenatskonzept gelöst wurde.[402] Er erfuhr eine erhebliche Aufwertung und wurde in der Folgezeit zum nahezu ausschließlichen Bezugspunkt der Religionspädagogik. Allerdings wurde angesichts zurückgehender christlicher Prägungen zunehmend deutlich, dass der Religionsunterricht als einzige Instanz religiöser Bildung an seine Grenzen stieß bzw. überfordert war.[403]

Als in den 1960er Jahren neue Impulse der Schul- und Curriculumstheorie diskutiert wurden und im problemorientierten Ansatz Aufnahme fanden, wuchs auch in der Reflexion des Konfirmandenunterrichts eine neue Sensibilität für die Bedingungen und Vorentscheidungen, unter denen er stattfand. Ausgangslage und Zielbestimmungen lagen nicht einfach fest, sondern waren im wechselseitigen Bezug immer wieder neu zu reflektieren. Die pädagogische Qualifizierung wurde als Chance zur Neuausrichtung dieses Aufgabenfeldes gesehen. Dazu kam, dass neben den traditionellen Bildungsfeldern ein gewaltiges Spektrum an gemeindlichen Zielgruppenangeboten gewachsen war, die nicht mehr am Pfarramt, sondern am Gemeindehaus angebunden waren. Wohl verfügte diese Zielgruppenarbeit, etwa die Elementarerziehung, die Konfirmandenarbeit, die Jugendarbeit und die Erwachsenenbil-

402 Die wachsende Mobilität der Gesellschaft und die Individualisierung von Biographien haben schließlich das Ihre dazu beigetragen, dass der Gedanke eines Gesamtkatechumenats im Sinne eines lebenslangen, aufeinander aufbauenden kirchlichen Lernens in Westdeutschland bald in den Hintergrund trat. Sehr deutlich weist Nipkow darauf hin, dass das »Denkmodell eines gestuften kontinuierlichen Aufbaus ... allein nicht mehr tragfähig« ist. Es ist »durch das Modell eines je neuen Anfangs zu jedem Lebenszeitpunkt und an jedem Ort zu ergänzen, ein Modell diskontinuierlicher Entwicklung.« Nipkow, Bildung als Lebensbegleitung, 40 f.

403 Der Kieler Theologe Enno Rosenboom formulierte hier: »[D]er Religionsunterricht ist in den Schulen der Bundesrepublik nur denkbar und vertretbar, wenn das Leben christlicher Gemeinden und der Kirche in ihm nicht nur Idee oder gar Utopie bleibt.« Zit. n. Foitzik, Gemeindepädagogik, 26f.

dung, teilweise über »Ansätze für eine eigenständige konzeptionelle Arbeit«[404], eine übergreifende integrative Theorie fehlte jedoch. Überhaupt wurde Ende der 1960er Jahre deutlich, dass die Kirchen ihr pädagogisches Handeln auf den Prüfstand stellen mussten, wollten sie nicht den Anschluss an die neueren Entwicklungen verlieren.[405] Genau hier setzt der Kieler Oberkirchenrat Enno Rosenboom (1924–1999) an und konstatiert in seinem programmatischen Vortrag über »Gemeindepädagogik«[406] (1973) einen erheblichen Rückstand der kirchlichen Bildungsreflexion gegenüber dem Stand der Pädagogik: Die gemeindliche Pädagogik dürfe nicht länger ein »Tummelplatz von Dilettanten sein«[407]. Leidenschaftlich fordert er demgegenüber eine Gemeindepädagogik als primär pädagogisch begründete Disziplin. Gegenüber der schulischen Religionspädagogik soll sie sich als eigenständige Gesprächspartnerin etablieren, die die Spezifika der Gemeinde als Bildungsort im Blick behält. Dabei wird Gemeinde als »Subjekt, kommunikativer Prozess u[nd] päd[agogisches] Handlungsfeld verstanden«[408]. Ernst Langes Formulierung von der Kommunikation des Evangeliums wurde zur »Integrationsformel sowohl für die Zuordnung unterschiedlicher gemeindlicher Handlungsfelder wie für den Zusammenhang von Theologie u(nd) Humanwissenschaften« (686). Wie im schulischen Feld auch zeigen sich in der »Profilierungsgeschichte« von Gemeindepädagogik »unterschiedliche Interessen und Akzentsetzungen: Neben kat[echetisch]-r[eligions]p[ädagogischen] (Henkys, Adam/Lachmann u. a.) fallen bes[onders] gottesdienstliche (Grethlein u. a.), bildungstheoret[ische]

---

404 A. a. O., 28.

405 Zur genaueren Rekonstruktion der Entstehung des Programms Gemeindepädagogik vgl. Foitzik, Gemeindepädagogik, 21–37; Lachmann, Gemeindepädagogik. Der entscheidende Impuls zur Diskussion um die Gemeindepädagogik ergab sich auf der beruflichen Ebene. Ein akuter Mangel an qualifizierten hauptamtlichen Mitarbeitern zwang die EKD dazu, das gemeindeorientierte Berufsfeld neben dem Pfarrdienst neu aufzustellen. Parallel zum Studiengang »Sozialpädagogik«, der an den seit 1970 ins Leben gerufenen staatlichen und kirchlichen Fachhochschulen eingerichtet worden war, wurde eine Ausbildung zum Gemeindepädagogen/zur Gemeindepädagogin konstruiert. In diesem Kontext taucht der Begriff als Berufsbezeichnung bereits Ende der 1960er Jahre zum ersten Mal auf, einige Jahre vor den konzeptionellen Beiträgen von Rosenboom und Heßler.

406 Rosenboom, Gemeindepädagogik.

407 A. a. O., 35.

408 Degen, Gemeindepädagogik, 684. Die folgenden Seitenangaben im Text beziehen sich darauf.

(Nipkow, Wegenast/Lämmermann u. a.), berufsbildspezifische (Aschenbrenner, Foitzik; E. Goßmann u. a.), erwachsenenbildnerische (Buttler u. a.) u[nd] lebensweltorientierte (Failing u. a.) Intentionen auf, die häufig kritische Rückfragen an einen theol[ogisch] überforderten Gemeindebegriff enthalten« (685).

Hinsichtlich der katechetischen Tradition ergab sich mit dem neuen Programm eine »deutliche Akzentverschiebung hin zu einer ›Hermeneutik der Verständigung‹«[409]. Auf diese Weise gewinnt die Bildungsperspektive verstärkt an Bedeutung. Genau hier liegt dann auch ein Verbindungspunkt zur schulischen Religionspädagogik. Hatten anfänglich abgrenzende Perspektiven dominiert, so unternahm bereits Ende der 1970er Jahre Karl Ernst Nipkow den Versuch, den Begriff Religionspädagogik nicht nur auf den schulischen Bereich zu beziehen, sondern möglichst weit zu fassen, so dass er auch die Bereiche einschließen sollte, die mit Gemeindepädagogik bezeichnet werden.[410] In seinen »Grundfragen der Religionspädagogik« entwirft er einen übergreifenden gemeinsamen Orientierungsrahmen für die »schulische Religionspädagogik, Gemeindepädagogik und kirchliche Erwachsenenarbeit«[411]. Dabei weitet er die Perspektive und nimmt die Lernorte Schule und Gemeinde von vornherein in ihrer Einbettung in sich wandelnde Lebensbedingungen in den Blick. Nipkow denkt hier konsequent von den Adressaten her. In dieser Linie kann er dann auch auf die Begriffe »schulische Religionspädagogik« und »Gemeindepädagogik« verzichten, um die Sache, bei der es dabei geht, unter dem Leitbegriff der »Bildung« zu bedenken. Letzterer fungiert als »pädagogische Leitkategorie« und »kritischer Begriff«[412], mit dem ein Entwurf Position bezieht. »Bildung als Lebensbegleitung und Erneuerung« heißt der programmatische Titel seiner Gesamtdarstellung, in der er entlang des Lebenslaufes unterschiedliche Handlungsfelder in Familie, Gemeinde und Schule in den Blick nimmt und dabei deutlich macht, dass sowohl gemeindliches wie öffentliches Bildungshandeln am Individuum auszurichten ist. Kirchliche Bildungsverantwortung beschreibt er »als mit anderen geteilte pädagogische Mitverantwortung im öffentlichen Bildungssystem und

409 Bubmann/Doyé/Keßler/Oesselmann/Piroth/Steinhäuser (Hg.), Gemeindepädagogik, 11, unter Verweis auf Foitzik, Gemeindepädagogik, 37.

410 Zum Überblick vgl. Domsgen, Religionspädagogik und Gemeindepädagogik.

411 Nipkow, Religionspädagogik 3, 238.

412 Nipkow, Bildung, 20.

als ungeteilte Verantwortung bei der Erschließung der Glaubensüberlieferung im Generationenzusammenhang«[413].

Auch lebenslauforientiert, aber stärker an »Verhalten und Einstellungen sowie die diese bedingenden gesellschaftlichen Strukturen«[414] ausgerichtet, operiert Heinz Schmidt (geb. 1943) in seinem religionspädagogischen Leitfaden mit dem Erziehungsbegriff. Erziehung und Bildung sieht er dabei als »weitgehend korrespondierende Begriffe«, die beide »weitgehend funktionalisiert« (11) werden. Religiöse Erziehung gilt ihm als »ein lebensweltlicher und individueller Transformationsprozeß«, in dem »diffus[e] Strukturen und Kontexte in symbolisch qualifizierte« (34) überführt werden.

Auf dieser Linie bewegt sich auch die Religionspädagogik von Günter Rudolf Schmidt. Erziehung versteht er als »intentionale Sozialisation«[415] und differenziert zwischen einer hinweisenden und einer einweisenden religiösen Erziehung. Während Erstere durchaus von einer Religionspädagogik im Rahmen Allgemeiner Pädagogik geleistet werden kann, wird Letztere von der Religionspädagogik im Rahmen christlicher Theologie betrieben. Eine solche Religionspädagogik wäre eigentlich mit dem Ausdruck »Glaubenspädagogik« (10) angemessen bezeichnet. Weil das jedoch »ungewohnt« (10) klingt, bleibt Schmidt beim herkömmlichen Begriff Religionspädagogik. Die einzelnen Lernorte werden nicht eigens bedacht. Letztlich bleibt Schmidt ganz auf der Grundlagenebene. Ihm geht es um »klare Begriffe« (9). Damit legt er sein Augenmerk auf eine auch heute unverzichtbare Dimension religionspädagogischer Reflexion.

Anders geht Norbert Mette (geb. 1946) vor. Für ihn bilden die (sozialisatorischen) Herausforderungen den Ausgangspunkt seiner Überlegungen. In Abgrenzung von einem »instruktionstheoretischen Offenbarungsverständnis«[416] sowie »jeglicher konfessionalistischen Engführung« (127) möchte er »dem Freiheits- und Autonomiebestreben des modernen Menschen aufgeschlossen begegnen und Religion als

---

413 A. a. O., 59.

414 Schmidt, Leitfaden Religionspädagogik, 11. Die folgenden Seitenzahlen im Text beziehen sich darauf.

415 Schmidt, Religionspädagogik, 9. Die folgenden Seitenzahlen im Text beziehen sich darauf.

416 Mette, Religionspädagogik, 126. Die folgenden Seitenzahlen im Text beziehen sich darauf.

wesentlichen Bestandteil im Identitätsbildungsprozeß« (126) herausstellen. Religionspädagogisches Handeln ist dementsprechend »als freiheitsstiftende und -begründende kommunikative Praxis« (124) zu profilieren. Dabei geht es um »Identität in universaler Solidarität« (139). Hier liegt der Zielpunkt religiöser Erziehung. Handlungstheoretisch plädiert Mette für eine »religiöse Erziehung bzw. Bildung als gemeinsames Lernen aller Beteiligten« (237), wobei nicht die Frage im Mittelpunkt steht, was Menschen glauben müssen, sondern wie sie denn zum Glauben kommen. Deshalb spricht er mit Comenius von Mathetik (vgl. griech. *manthanein* = lernen) und nicht von Katechetik. In deren Horizont ist auch die Didaktik zu stellen.

Versucht man eine *vorsichtige Zusammenfassung* der vorgelegten Gesamtentwürfe als Verdichtung und Bündelung religionspädagogischer Diskurse in der alten Bundesrepublik, dann zeigt sich zum einen, dass sich *Religionspädagogik als lernortübergreifende Theorie* versteht. Aus der dominierenden Perspektive auf den schulischen Religionsunterricht wird eine darüberhinausgehende, die anderen (vor allem gemeindlich bestimmten) Lernorte konstitutiv einschließende Theorie. Dabei darf weder die Unterschiedlichkeit der Lernorte übersehen werden noch der Umstand, dass die Bedingungen der Moderne nicht nur an der Schule zu reflektieren sind, sondern auch für die Lernorte Gemeinde und Familie.

Zum anderen zeigt sich ein gewisser *Spielraum hinsichtlich der Leitbegriffe*. Sieht Karl Ernst Nipkow im Bildungsbegriff die Leitkategorie, um »Anwalt für die Kinder, Jugendlichen und Erwachsenen als individuelle und selbständige Personen« sein zu können, die »in Freiheit und Selbstverantwortung ihren Weg finden sollen«[417], orientieren sich Heinz Schmidt und Günter R. Schmidt am Erziehungsbegriff, ohne damit jedoch die am Individuum ausgerichtete Perspektive verlassen zu wollen. Allerdings rekurrieren sie damit stärker auf inhaltlich orientierende Perspektiven, damit die »Gesamtheit der Entwicklungshilfen« in den Blick genommen wird, »mit denen Erwachsene bei A[ufwachsenden] die Entstehung von Persönlichkeitsmerkmalen [...], die sie als wertvoll erachten, zu begünstigen und von solchen, die sie als wertwidrig beurteilen, zu beeinträchtigen suchen«[418]. Ganz abgesehen

417 Nipkow, Bildung als Lebensbegleitung, 20.

418 Schmidt, Religionspädagogik 1993, 20.

davon, dass der Erziehungsbegriff nicht gleichermaßen auf alle Phasen im Lebenslauf anwendbar ist, wird auf diese Weise in Erinnerung gerufen, dass es verschiedener Impulse bedarf, um bildende Lernprozesse anzustoßen. Zugleich wird damit die Frage der Spezifik wachgehalten, denn es gibt – wie einleitend bereits vermerkt – Religion nicht an sich, sondern nur in Form von Religionen. Diese weisen unterschiedliche Profile und Ausrichtungen auf. In dieser Linie ist Günter R. Schmidts Hinweis zu berücksichtigen, dass sich religiöse Bildung je nach wissenschaftstheoretischer Verortung und Gewichtung unterschiedlich gestaltet, je nachdem, wo die religionspädagogische Aufgabe primär verortet wird. Ihren Kulminationspunkt findet sie in der Auseinandersetzung mit der Wahrheitsfrage. In der Rückbindung an die Theologie wird sie konstitutiv mit aufgenommen. Für die Pädagogik spielt sie keine herausragende Bedeutung. Diese wissenschaftstheoretische Frage findet ihren Widerhall in den entsprechenden religionspädagogischen Kontextualisierungen. Dabei liegt die entscheidende Frage für die unterrichtliche Auseinandersetzung mit christlicher Religion darin, in welcher Weise von einer die Ebene der subjektiven Wahrheiten übersteigenden Dimension auszugehen ist. Theologisch steht damit die »Einzigartigkeit und Allgemeingültigkeit des Christentums«[419] im Raum.

2.3.2 Die Gemeinde als Zentrum und Ausgangspunkt christlich motivierter Lehr- und Lernprozesse – zu den Entwicklungen in der DDR

Die Entwicklungen in der DDR wurden maßgeblich durch eine kirchen- und religionsfeindliche Politik des Staates geprägt, die vor allem in den 1950er Jahren zu heftigen Auseinandersetzungen führte und von der Grundrichtung her auch in den folgenden Jahrzehnten vorherrschte, wenngleich das Verhältnis zwischen Staat und Kirchen dann deutlich moderater ausfiel. Durchgängig blieb staatlicherseits das Bemühen um eine Entchristlichung aller gesellschaftlichen Bereiche und die Marginalisierung kirchlichen Handelns. Vor diesem Hintergrund sind in religionspädagogischer Perspektive vor allem zwei Aspekte von besonderer Bedeutung.

---

419 A. a. O., 10.

Zum einen verloren die Kirchen in dieser Situation mit der Schule eine der wesentlichen »Trägergrößen«[420] im Bemühen um die Heranwachsenden. Denn schon 1945 hatte die Sowjetische Militäradministration in ihrer Besatzungszone im Befehl Nummer 40 die Staatlichkeit und Weltlichkeit des Schulsystems angeordnet und damit den Grundstein zu einer dezidiert atheistischen und antireligiösen Schulpolitik gelegt.[421] Demensprechend löste das Gesetz zur Demokratisierung der deutschen Schule (1946) den Religionsunterricht aus dem schulischen Fächerkanon und bestimmte ihn zur alleinigen Angelegenheit der Religionsgemeinschaften. In Kombination mit »einschränkenden Maßnahmen«[422] auf der Erlassebene wurde die Erteilung des Religionsunterrichts in den Schulräumen immer schwieriger und kam Anfang der 1960er Jahre ganz zum Erliegen.

Zum anderen bildete sich in dieser Zeit nach und nach ein kirchliches Selbstverständnis, das Kirche als »Lerngemeinschaft«[423] und damit prozessorientiert verstand. Christsein in individueller wie gemeinschaftlicher Perspektive musste unter den Bedingungen eines Staates, der seine Bürger zu »sozialistischen Persönlichkeiten« erziehen wollte, neu bestimmt und profiliert werden. »Wie Christen in der sozialistischen Gesellschaft verantwortlich vor Gott leben können«[424], stand nicht einfach fest, sondern war neu auszuloten und zu suchen. Möglich war das nur in einer »Kirche als Gemeinschaft von Lernenden«[425], die sich mit anderen als auf dem Weg seiend begriff.

Dabei wurde dieser Weg maßgeblich von der Erfahrung massiver Entkirchlichung sowie dem Versuch bestimmt, Kirche aus der Minderheitensituation zu bedenken. Dazu gehörte auch das Nachdenken über lebensgeschichtliche Neueinsätze jenseits einer kirchlichen Normalbiografie. »Der Glaube muß angesichts von Desinteresse, Abneigung, Mißtrauen oder Widerspruch nicht einfach verstummen. Auch Erwachsene

420 Henkys, Gemeindepädagogik, 59.

421 Zum kurzen Überblick über das Verhältnis von Schule und Religion in der DDR vgl. Domsgen, Religionsunterricht in Ostdeutschland, 29; zur Entwicklung des RU: Lehtiö, Religionsunterricht ohne Schule.

422 Hoenen, Vom Ende des Zweiten Weltkrieges, 317.

423 Schönherr, Die Kirche als Lerngemeinschaft, 206–229.

424 Bund der Evangelischen Kirchen in der DDR (Hg.), Rahmenplan, 2.

425 So lautete das Thema der Synode des Bundes der Evangelischen Kirchen in der DDR 1974 in Potsdam-Hermannswerda.

können lernen, sich im und über den Glauben zu verständigen.«[426] Auf diese Weise sollte den Herausforderungen einer staatlich forcierten Entkirchlichung begegnet werden. Katechetisches bzw. gemeindepädagogisches Arbeiten war damit immer auch Teil von Kirchenerneuerung und Gemeindeaufbau.

a) Vom Religionsunterricht zur Christenlehre: Katechumenatsbezogene evangelische Unterweisung, biblische Hermeneutik und exemplarisches Lernen, thematisch-problemorientierte Gemeindepädagogik

Trotz der deutlich anderen gesellschaftlichen Situation zeigen sich in den konzeptionellen Verortungen der DDR-Katechetik und Gemeindepädagogik »deutliche Parallelen zur religionspädagogischen Entwicklung in der Bundesrepublik«[427]. Das liegt neben vielen institutionellen und persönlich motivierten Verbindungen zwischen Ost und West in konzeptioneller Hinsicht vor allem daran, dass die Evangelische Unterweisung und die Begründung des kirchlichen im Unterschied zum schulischen Religionsunterricht durch Oskar Hammelsbeck auch in der DDR einen maßgeblichen Anknüpfungspunkt bildete. Die damit vorgelegten Überlegungen boten sich »als theologisches und pädagogisches Fundament für die ›Kirche ohne Schule‹ an, die in der DDR die kirchliche Unterweisung selbst verantworten musste«[428]. Darüber hinaus jedoch spielte auch der Rückbezug auf die Katechetik des 19. Jahrhunderts eine Rolle. Vor allem Gerhard von Zezschwitz mit seiner Auffassung einer »Kirchenerneuerung durch Erziehung«[429] war hier von Bedeutung. Seine Überlegungen wurden insbesondere von Hammelsbeck weitergeführt zur Konzeption eines »Gemeindeaufbaus durch kirchlichen Unterricht«[430].

Durch diese Rückbindung an den Katechumenatsansatz war die gemeindliche Christenlehre von vornherein in einen größeren Rahmen eingebettet, wobei sich unterschiedliche Schwerpunktsetzungen erkennen lassen. Raimund Hoenen (geb. 1939) spricht hier für die ersten

426 Henkys, Gemeindepädagogik, 63.

427 Hoenen, Vom Ende des Zweiten Weltkrieges, 323.

428 Ebd.

429 Reiher, Einleitung, 12 (im Original kursiv).

430 Ebd. (im Original kursiv).

10–15 Jahre von einer »Katechumentasbezogene[n] kirchliche[n] (Evangelische[n]) Unterweisung«[431], die unterschiedliche Gewichtungen erfuhr. So argumentierte beispielsweise Otto Güldenberg (1891–1975) stärker pädagogisch und Oskar Ziegner (1892–1963) stärker theologisch. Gemeinsam war ihnen, dass sie von den »inhaltlichen Anliegen der Kirche her dachten, ohne die Situation der Lernenden aus dem Blick zu verlieren«[432]. Religionspädagogisches Nachdenken wurde bewusst in die Tradition der Katechetik gestellt und ebenso als solche bezeichnet, nicht zuletzt auch um deutlich zu machen, dass der kirchliche Katechumenat einen unverzichtbaren Teil des Verkündigungsauftrages der Kirche darstellt. Die konzeptionellen Grundlegungen lagen somit ganz auf der Ebene der Evangelischen Unterweisung, »ja, es scheint, als sei die Konzeption der Evangelischen Unterweisung erst in der DDR mit all ihren Konsequenzen verifiziert worden«[433]. Die damit gesetzte Eindeutigkeit korrespondierte dem Gegenüber eines ideologisch einheitlich geprägten Bildungssystems, das keine Einmischung in die eigenen Angelegenheiten duldete.

Der damit erzwungene Verzicht auf den Lernort Schule konnte auf diese Weise auch als Gewinn gedeutet werden, insofern eine Grundaufgabe von Kirche zur Unterweisung der von ihr Getauften vom 6.–18. Lebensjahr »als Elementarunterweisung bis zur vollen Mitgliedschaft in der Kirche«[434] neu ins Blickfeld trat. Gleichwohl war damit eine Tendenz zur Binnenkirchlichkeit und autoritären Vermittlung gegeben, die verschiedentlich kritisiert wurde.[435]

Eine Weiterentwicklung wurde durch den hermeneutischen Ansatz (Martin Stallmann, Hans Stock) sowie durch pädagogische Innovationen (Wolfgang Klafki, Martin Wagenschein) angestoßen, die auch in der DDR-Katechetik rezipiert wurden. Sie öffneten den »theologischen Binnenraum für aktuelle pädagogische Fragestellungen

---

431 Hoenen, Vom Ende des Zweiten Weltkrieges, 323.

432 A. a. O., 324.

433 Bockwoldt, Religionspädagogik, 136.

434 So die Definition des Begriffs Christenlehre durch Otto Güldenberg, zit. n. Hoenen, Vom Religionsunterricht, 145. Die folgenden Seitenangaben im Text beziehen sich darauf.

435 Hoenen nennt hier Karl Brinkel und Dieter Reiher (vgl. a. a. O., 152 f.). Biografisch-bibliografische Angaben zu den ostdeutschen Protagonisten finden sich a. a. O., 255–327.

und existentielle Zugänge der Lernenden zur Bibel« (324). Biblische Hermeneutik und exemplarisches Lernen wurden von Raimund Blühm (geb. 1929), Eva Hessler (1914–2003), Georg-Siegfried Schmutzler (1915–2003) und Hans-Udo Vogler (geb. 1931) angeregt. Damit wurden pädagogische Aspekte stärker in die katechetische Reflexion einbezogen. Das Verhältnis von Theologie und Pädagogik trat neu in das Blickfeld, wobei sich ein Streitpunkt in der Gewichtung der Adressatenperspektive ergab. »Die Intensität der theologischen Arbeit an den Stoffen« ging mit einer ungebrochenen »Dominanz der Inhalte« einher, die das »Gefälle vom biblischen Wort zu den Lernenden, von der Darbietung des Lehrenden über die Begegnung zur Entscheidung der Lernenden« (325) letztlich nicht antastete. Die Zuwendung von Schmutzler und Vogler zur problemorientierten Arbeit wurde von Hessler und Blühm abgelehnt. Die Argumente dagegen sind teilweise aus der Diskussion um den Problemorientierten Religionsunterricht in der BRD bekannt (vor allem mit Blick auf die Verkürzung der biblischen Botschaft durch die selektive Aufnahme der Bibel), bekommen aber in der DDR ein eigenes Profil, weil hier im Gegenüber zu einem Staat gearbeitet wird, der mit ideologischer Prägekraft agiert. Insofern geht es nicht nur um die Gewichtung der Adressatenperspektive, sondern vor allem um die Frage der theologischen Identität. Der Eindeutigkeit des staatlichen Anspruchs korrespondierte die Betonung der Wahrheitsfrage. Das führt dann auch zu einer durchaus eigenständigen Profilierung in der Gemeindepädagogik.

Bis 1970 war der Katechumentatsbegriff Leitterminus für die DDR-Christenlehre gewesen. Ende der 1960er und Anfang der 1970er Jahre wurde der Begriff »Gemeindepädagogik« über die Berufsbezeichnung der Gemeindepädagogen eingespielt und im Folgenden nach und nach konzeptionell unterlegt und weiterentwickelt.

Nahezu zeitgleich mit Rosenbooms Vorstoß findet sich auch bei Eva Hessler der Vorschlag für ein Konzept »Gemeindepädagogik«[436]. Dabei steht die Frage nach dem Verhältnis von Theologie und Pädagogik, die in ihrer Grundsätzlichkeit bei Rosenboom so nicht anklingt, im Zentrum ihrer Überlegungen. Im Kontrast zur Lage in der DDR, in der Pädagogik und Theologie einander noch fremder gegenüberstanden

436 Gefragt nach der Herkunft des Begriffs, antworteten beide etwa gleich: »Der Begriff lag in der Luft. Man musste nur zugreifen«; vgl. Foitzik, Gemeindepädagogik, 12.

als in der BRD, plädiert sie für einen Dialog beider Disziplinen, bei dem beide Seiten profitieren könnten, insofern sie aufeinander angewiesen sind. Hessler hält programmatisch fest: »Die Theologie muß die Pädagogik als ihre Handlungswissenschaft begreifen lernen. Die Pädagogik muß sich der Theologie bedienen, sie beanspruchen. Das Verhältnis darf nicht additiv, sondern es muß integrativ gedacht werden.«[437]

Der Glaube ist in mehrfacher Weise auf Lernvorgänge und damit auf die Pädagogik angewiesen:[438] durch seinen konstitutiven Bezug auf die Kunde von Jesus Christus ebenso wie als Lebensform, die es zu lernen gilt. Die Pädagogik hingegen, verstanden als Handlungswissenschaft, wird von der Theologie auf die Maßstäbe und Ziele erzieherischen Handelns angesprochen – eine Frage, die sie aus sich heraus nicht beantworten kann. Zudem kann die Theologie »die Pädagogik wieder handlungsfähig machen«[439], indem sie durch den Glauben an Gott den Schöpfer und sein immerwährendes Schaffen die Hoffnung aufrichtet.

Weit mehr als Rosenboom bewegt sich Hessler mit ihren Ausführungen auf einer Metaebene, auf der konkrete Fragen nach der Struktur der Gemeinde, nach Berufsfeldern etc. nicht in den Blick kommen. Ihre Überlegungen markieren jedoch paradigmatisch zentrale Fragestellungen und Einsichten einer Gemeindepädagogik, die bereits das anbahnen, was Karl Ernst Nipkow später die Bildungsverantwortung der Kirche nennt und was in der DDR erst in den 1980er Jahren eine stärkere Beachtung finden sollte.

Wesentliche Impulse zur konzeptionellen Grundlegung lieferte Jürgen Henkys (1929–2015), indem er das katechumenatstheologische Konzept um das gemeindepädagogische erweiterte. Den Gegenstand der Gemeindepädagogik sah er in der »konkret erscheinende[n] christlich[n] Gemeinde«, von deren »pädagogisch zu verantwortender Deutung und Klärung, Verdichtung und Steuerung« es »nach menschlichem Ermessen« abhänge, ob »heranwachsende Christen selbständig und selbständige Menschen Christen werden«[440]. Als Ziele gemeindepädagogischer Praxis markierte er: »Erschließung der christlichen Glaubensüberlieferung für einen selbständigen Glauben«, »Hilfen zur Gemeinschafts-

437 Heßler, Zeitgemäße Gedanken, 54.

438 Vgl. dazu Foitzik, Gemeindepädagogik, 277–300.

439 Heßler, Zeitgemäße Gedanken, 64.

440 Henkys, Was ist Gemeindepädagogik, 173.

erfahrung und Selbstfindung« sowie »Einübung in die christliche Weltverantwortung«[441].

Aus dieser Zielbeschreibung heraus identifiziert Raimund Hoenen unter dem Leitbegriff einer thematisch-problemorientierten Gemeindepädagogik verschiedene Aspekte gemeindepädagogischer Entwürfe, die seit Mitte der 1970er Jahre bis zum Ende der DDR bearbeitet wurden[442]:

- die thematisch-problemorientierte Bibelerschließung (Eckart Schwerin, 1937–2009; Dieter Reiher, geb. 1933; Roland Degen, geb. 1935; Claus-Peter Köstlin 1935–2000)
- den Zusammenhang von Glauben, Leben und Lernen (Götz Doyé geb. 1944; Roland Degen)
- den missionarischen Gemeindeaufbau (Werner Krusche 1917–2009, Günter Krusche 1931–2016, Wolfgang Ratzmann geb. 1947)
- das ökumenische Lernen (Peter Lehmann geb. 1938; Roland Degen)
- die Wahrnehmung politischer Herausforderungen im konziliaren Prozess von »Frieden, Gerechtigkeit und Bewahrung der Schöpfung« (Heino Falcke geb. 1929; Ehrhard Neubert geb. 1940).

Die Gesamtaufgabe gemeindepädagogischer Aktivitäten wurde seit Ende der 1960er Jahre unter dem Leitbegriff »Begleiten« gefasst.[443] Einerseits spielten hier pädagogische Perspektiven eine große Rolle, ging es doch – ganz auf der Linie des thematisch-problemorientierten Religionsunterrichts – darum, das Erleben von Kindern und Jugendlichen sowie die Veränderungen ihrer Umwelt wahrzunehmen. Andererseits stand dahinter auch ein genuin theologisches Anliegen. So resultiert Götz Doyés Plädoyer für eine »konstitutive« Berücksichtigung der »Begegnungssituation mit Kindern und Jugendlichen«[444] aus einem bestimmten Verständnis des biblischen Imperativs »Geht hin« (Mt 28, 18–20). *Aus einem veränderten Gemeinde- bzw. Kirchenverständnis als Lerngemeinschaft werden neue Perspektiven für eine gemeindepädagogische Praxis*

441 A. a. O., 176.

442 Vgl. Hoenen, Vom Ende des Zweiten Weltkrieges, 326.

443 Vgl. Reiher, Kirchliches Handeln, 116.

444 Doyé, Geht hin, 152.

abgeleitet. »In welcher Weise der Glaube uns hilft, ›die Welt zu verstehen, Lebenssituationen zu bestehen und mit der Gemeinde zu leben‹«, so Doyé unter Bezug auf den Rahmenplan für die kirchliche Arbeit mit Kindern und Jugendlichen, »werden wir gemeinsam mit den Kindern und Jugendlichen zu lernen haben«[445]. *Eine solche Ausgangslage lässt Erziehungsvorstellungen und überhaupt explizit pädagogische Settings stärker in den Hintergrund treten, weil es kein festes Konzept gibt, in dem die jüngere von der älteren Generation unterwiesen werden könnte.* Vielmehr sind alle gemeinsam auf dem Weg und haben voneinander zu lernen. Wie man als Christ »in der sozialistischen Gesellschaft verantwortlich leben«[446] kann, können auch die Kirchen nicht einfach vorgeben, sondern muss letztlich von den Lernenden selbst gefunden werden. *Die Kirchen sollen hier als Impulsgeber fungieren, die Begegnung ermöglichen und Menschen auf ihren Wegen begleiten wollen.* Sie sollen Räume zur Verfügung stellen, in denen das »erfahren«[447] werden kann. *»Begleitung« und »Begegnung« werden die entscheidenden Leitbegriffe.* Sie haben eine lernende, sich öffnende Kirche im Blick, die auf andere zugeht, und nehmen zugleich mit auf, dass *christlich motiviertes Lehren und Lernen nicht selbstverständlich geschieht, sondern gesonderter Impulse bedarf.* Es braucht einerseits verschiedene Anstöße, die sich aus der Lebensumwelt der Kinder und Jugendlichen nicht von selbst ergeben. Andererseits ist eine besondere Unterstützung vonnöten, weil der Kontext, in dem das alles geschieht, von Intentionen geprägt ist, die christlich motiviertem Lehren und Lernen tendenziell eher entgegenstehen.

Die »Begegnungssituation« wird als konstitutiv begriffen, geht es doch um ein wirkliches Sich-Einlassen »auf die Lebenssituation der Kinder und Jugendlichen«[448]. Dazu gehört auch die Bereitschaft und die Fähigkeit, offene Kommunikationssituationen auszuhalten. Die Frage der lebensgeschichtlichen Aneignung steht damit vor Augen, wird hier aber nicht mit dem Bildungsbegriff plausibilisiert, weil der staatlich-ideologisch vereinnahmt ist und deswegen nicht konstruktiv verwendet werden kann. Stattdessen dominieren theologische Interpretationsmuster. *Zentral ist dabei die Vorstellung von Gemeinde als einer Lerngemein-*

---

445 A. a. O., 154.
446 Bund der Evangelischen Kirchen in der DDR (Hg.), Rahmenplan 1977, 121.
447 Ebd.
448 Doyé, Geht hin, 152.

schaft der Generationen in der »Nachfolge« Jesu, in der Aufeinander-Hören und Einander-ernst-Nehmen[449] Gestalt gewinnen. Religionspädagogisch bedeutsam ist bei alledem, dass bewusst nicht von einer »religiösen Grundbefindlichkeit des Menschen«[450] ausgegangen wird, denn das würde bedeuten, »auch jenen Menschen, die ihr Suchen und Fragen, ihre menschlichen Erfahrungen und Bedürfnisse ganz bewußt nicht als religiöses Phänomen deuten, nun doch religiöses Empfinden und Verhalten zu unterstellen« (150).

Stattdessen bilden »reale Begegnungssituationen« die Grundlage gemeindepädagogischen Handelns, die nur »vom christlichen Glauben her« als »Ausdruck religiösen Empfindens und Verhaltens« interpretiert werden können und »offen sind für ein Verstehen und Erfahren des Evangeliums« (150). Daraus resultiert, dass das Reden und Handeln der Gemeinde und ihrer Mitarbeiter »interpretierbar sein muß als ein Reden und Handeln aus dem Glauben und als Einladung zu diesem Glauben.« (150) In den Begegnungssituationen kann es »zu einem ›Zuwachs an wesentlichen Möglichkeiten des Menschseins‹ kommen. Geht es aber um wesentliche Möglichkeiten des Menschseins, so geht es für den christlichen Glauben dabei um das Evangelium der uns aus freien Stücken zugewandten Liebe Gottes. [...] Ein Umgang mit Menschen, der zu einem Zuwachs an wesentlichen Möglichkeiten des Menschseins führt, kann nicht deswegen als defizitär betrachtet werden, weil es nicht in Form gewohnter Kirchlichkeit geschieht.« (150 f.)

In gewisser Weise kommt es hier zu einer Umkehrung von (in der alten Bundesrepublik) gängigen religionspädagogischen Begründungszusammenhängen. Das Postulat einer dem Menschen innewohnenden Anlage spielt nicht die entscheidende Rolle, weil es als unzulässig vereinnahmend angesehen wird. Das bedeutet nicht, dass religiöse Befindlichkeiten gänzlich negiert würden; nur wird deren Bedeutung neu justiert. Doyé spricht hier von einer »gemeindepädagogischen Verantwortung«, die »einen religionspädagogischen Aspekt hat« (151). Daraus resultiert eine neue Sensibilität für die Lebenswelten der Heranwachsenden. Christliche Gemeinde hat sich als deren »Anwalt« in einer Gesellschaft zu verstehen, »die einem Verhalten aus religiösen Motiven

449 Doyé, Das Zusammenleben der Generationen in der Gemeinde, 199.

450 Doyé, Religiöse Fragen Heranwachsender, 150. Die folgenden Seitenangaben im Text beziehen sich darauf.

wenig Spielraum läßt, sofern es nicht innerhalb festgelegter kirchlicher Verhaltensweisen bleibt« (151). Das kann Kirche nicht einfach hinnehmen, sondern hat dies als Herausforderung zu begreifen, geht es dabei doch »um pädagogisch bedeutsame Situationen für ihr gemeindepädagogisches Handeln« (151). Hier deutet sich eine wichtige Perspektive an, die seit den 1980er Jahren verstärkt an Bedeutung gewinnt. *Die erzwungene Konzentration christlich motivierter Lehr- und Lernprozesse auf den Lernort Gemeinde geht nicht nur mit einer Neuentdeckung gemeindlicher Bildungsverantwortung einher, sondern führt auch zu einer neuen Zuwendung zum Lernort Schule.* Auf diese Weise gewinnt die allgemein menschliche Perspektive eine stärkere Bedeutung. Die Kirchen verstehen sich nun nicht mehr nur als Anwalt derer, mit denen man im Rahmen gemeindlich initiierter Begegnungssituationen zu tun hat, sondern nehmen alle Kinder und Jugendlichen in den Blick und geben Impulse für die Entwicklung eines schulreformerischen Programms.

b) Von der gemeindlichen Bildungsverantwortung zur Mitverantwortung für öffentliche Bildung und Erziehung: Überlegungen zu einer schulpädagogischen Konzeption für alle Schülerinnen und Schüler

Von Beginn an war die Schule in der DDR als Ort gezielter ideologischer Beeinflussung im Sinne des Marxismus-Leninismus profiliert und gestaltet worden. Das Ziel lag in der »allseitigen Entwicklung der sozialistischen Persönlichkeit«[451]. Religiöse Bildung galt dabei als überholt und unwissenschaftlich. Sinnstiftend sollte allein die sozialistische Weltanschauung sein. Besonders in den 1950er Jahren kam es im Zuge gezielter atheistischer und antikirchlicher Propaganda zu massiven Übergriffen auf christliche Lehrer und Schüler, aber auch in den Jahrzehnten danach waren Benachteiligungen christlich sozialisierter Kinder und Jugendlicher an der Tagesordnung. Die Kirchen standen diesen Entwicklungen mehr oder weniger hilflos gegenüber. Die 1958 auf der gemeinsamen EKD-Synode geäußerte Bereitschaft zu einem »freien Dienst an einer freien Schule«[452] fand in der DDR keinen Re-sonanzraum mehr. Schule wurde immer mehr zu einem mehr oder weniger feindlichen Gegenüber, das sich christlich motiviertem Lehren und Ler-

451 Böhme, Bildung, 139.
452 Synode der Evangelischen Kirche in Deutschland 1958, Wort zur Schulfrage, 38.

nen nicht nur verweigerte, sondern es von Grund auf zu verhindern suchte.

Diese Ausgangslage führte zunächst zu einer Intensivierung des pädagogischen Engagements der Kirchen in den Gemeinden. Denn wo »das Christliche nicht mehr vom öffentlichen Konsens getragen wird und in der Gesellschaft verdunstet, ergibt sich für das Individuum eine Nötigung zu erlernender Begründung, deren Zuständigkeit die Gemeinden nicht delegieren können«[453]. *Im Zuge der (staatlich erzwungenen) Besinnung auf das Eigene, auf vergewissernde und identifikatorische Lernprozesse wuchs aber auch nach und nach die Erkenntnis, dass die Kinder und Jugendlichen nur dann ausreichend in den Blick kommen, wenn sie nicht nur hinsichtlich der eigenverantwortlich gestalteten Bildungsprozesse wahrgenommen werden.* So formulierte Dieter Reiher 1982 vor der Bundessynode in Halle: »Kinder in der Gemeinde, das heißt: Schüler bringen ihre Schulbildung und Schulerziehung als Herausforderung in die Gemeinde mit. [...] Kinder der Gemeinde, das heißt aber auch: Schüler bringen ihre christlichen Einstellungen und ihr biblisches Wissen in die gesellschaftlichen Bildungseinrichtungen mit und sind bereit, dieselben als Bereicherung einzubringen. [...] Unsere Gesellschaft sollte auch in der Schule den christlichen Beitrag, vor allem das engagierte Verhalten in ethischen Fragen, als Gewinn erkennen.«[454]

Veränderungen im Schulwesen sind also um der Kinder und Jugendlichen willen nötig. Deshalb reicht es nicht, wenn Kirche sich nur im gemeindlichen Bereich engagiert. Vielmehr ist auch die Schule in den Blick zu nehmen. Dabei leiten sich inhaltliche und pädagogische Erwartungen vor allem aus der eigenen gemeindepädagogischen Arbeit ab. Sie befähigt die Kirche dazu, Gesprächspartner zu sein, und bildet – dem genuinen Auftrag der Gemeinde zur Verkündigung folgend – die Grundlage der Mitverantwortung für Bildung und Erziehung. Interessant zu beobachten ist dabei, wie sich hier nach und nach die Perspektive weitet. Waren anfänglich nur die christlich Sozialisierten und diejenigen im Blick, die gemeindepädagogische Angebote nutzten, so sind es Ende der 1980er Jahre alle Heranwachsenden. Damit verbunden ist auch ein Wechsel in der Thematisierung des Bildungswesens. Nicht von bisherigen Defiziten soll vorrangig ausgegangen werden, sondern von

453 Degen, Gemeindepädagogik, 686.

454 Evangelischer Pressedienst, Einführung, 42.

den Erfordernissen, die die Zukunft mit sich bringt. Damit rücken die Heranwachsenden in das Zentrum des Interesses. Zentral ist die gemeinsame Verpflichtung für die Kinder und Jugendlichen aufgrund globaler Herausforderungen.

Wichtige Schritte auf dem Weg dahin waren die Schulbuchanalyse, die die Kommission für die Kirchliche Arbeit mit Kindern und Konfirmanden in Kooperation mit den Gliedkirchen des Bundes 1986–1988 erarbeitet hatte, sowie ein Beitrag zum IX. Pädagogischen Kongress, der 1988–1989 entstand.[455] Darin versucht Evangelische Kirche nicht nur für sich selbst zu sprechen, sondern für die Gesamtheit der Gesellschaft, deren Teil sie ist, und markiert so fünf Bereiche, deren Entwicklung verstärkt Aufmerksamkeit zu widmen ist:

- Dialogfähigkeit bezüglich verschiedener Lebensauffassungen
- Urteilsfähigkeit in ethischen Fragen
- Fähigkeit zum selbstständigen geschichtlichen Denken und Verstehen
- Kommunikationsfähigkeit
- Fähigkeit zum kreativen Lernen.

Die angestrebten Fähigkeiten erfordern ein neues pädagogisches Verständnis von Erziehung und Bildung. Die Kirchen können hier aus eigener gemeindepädagogischer Erfahrung einiges dazu beitragen. Dabei ist keines der vorgebrachten Anliegen »der Sache nach vorrangig kirchlich. Umgekehrt ist aber auch keines dieser Anliegen formulierbar gewesen ohne diejenige erfahrungsabhängige Kompetenz, die in der Verantwortung für Christenlehre, Konfirmandenunterricht und Jugendarbeit erworben worden ist.«[456]

Die Kirchen wollen damit gestaltend für die Schule und letztlich für die Gesellschaft insgesamt tätig werden. Die Berechtigung dafür ziehen sie aus ihrem Selbstverständnis. Deswegen sind theologische Vergewisserungen so wichtig und grundlegend. Evangelische Kirche sah sich hier stellvertretend herausgefordert, zugunsten aller für die Veränderung von Schule in dieser Gesellschaft etwas zu tun und einen Dialog zu drängenden Fragen zu eröffnen. *Dahinter steht auch die Erkenntnis, dass es im Kontext »forcierter Säkularität«[457] nicht reicht, die Begegnungssitua-*

---

455 Vgl. dazu genauer Domsgen, Religionsunterricht in Ostdeutschland, 81–87; 101–116.

456 Henkys, Die Gemeinde, 8

tionen im gemeindlichen Feld möglichst gewinnbringend zu gestalten. Vielmehr braucht es auch an anderen Orten Impulse, die die gemeindlichen und – wenn gegeben – familialen Aktivitäten unterstützen. Für Kinder und Jugendliche ist es von großer Bedeutung, dass sie auch in der Schule als einem für sie zentralen und sie überaus stark beanspruchenden Lernort nicht immer nur als diejenigen wahrgenommen werden, die sich für ihre Positionen zu rechtfertigen haben. Sehr deutlich kommt das in einer Befragung zur Situation Jugendlicher in der DDR zum Ausdruck, die die Kommission für Kirchliche Jugendarbeit und die Arbeitsgemeinschaft Christlicher Jugend in gemeinsamer Verantwortung 1987/88 durchgeführt hatten. Die Befragten zeigten sich hier – durchaus in einer gewissen Spannung zu den Vorstellungen kirchlicher Mitarbeiter – sehr interessiert an einem Religionsunterricht, der »von der Schule abgehalten wird, d. h. von der Schule autorisiert wird«, der »freiwillig«, aber »für alle offen« ist und von »speziell beauftragten und geschulten Lehrkräften«[458] durchgeführt wird. Dahinter stand maßgeblich das Anliegen, »nicht immer wieder primitiven Vorurteilen und Mißverständnissen« zu begegnen und die »Grundlagen« des eigenen Glaubens »erklären und verteidigen«[459] zu müssen. Auf diese Weise sollten möglichst viele Schüler wenigstens die Gelegenheit bekommen, sich über Religion zu informieren.

Religionspädagogisch ist hier vor allem die sozialisatorische Dimension von Interesse. Einerseits wird deutlich, dass es gemeindliche Impulse sehr schwer haben, sich gegen schulische Prägungen durchzusetzen, weil damit nicht intendierte Nebenwirkungen stark werden können. *Die christliche Perspektive der Lebensdeutung und -gestaltung steht dann, wenn sie in wichtigen anderen Sozialisationsfeldern keine Resonanz findet, in der Gefahr, marginalisiert zu werden.* Nicht nur Heranwachsende sind damit schnell überfordert, vor allem dann, wenn sie immer wieder »primitiven Vorurteilen und Mißverständnissen«[460] begegnen. Daraus resultiert andererseits, *dass christlich motivierte Lehr- und Lernprozesse immer auch versuchen müssen, an das allgemein für*

457 Wohlrab-Sahr, Forcierte Säkularität, 13.

458 Bund der Evangelischen Kirchen in der DDR. Kommission für Kirchliche Jugendarbeit, Arbeitsgemeinschaft Christlicher Jugend, Bericht über die Konsultation zur Situation Jugendlicher, 8.

459 Ebd.

460 Ebd.

plausibel Gehaltene Anschluss zu gewinnen. Das ist auch dann eine wichtige Aufgabe, wenn es – wie in der DDR – nicht auf Resonanz stößt. *Das Menschsein bildet dafür eine wichtige Dimension, weil es das Gemeinsame betont.* Ein auf Schule bezogenes Engagement hat das in besonderer Weise im Blick zu behalten. Menschsein und Christsein müssen immer wieder aufeinander bezogen werden. Christlich motiviertes Lehren und Lernen bietet für das Menschsein bestätigende und erneuernde Impulse. Sie sind an den unterschiedlichen Lernorten in spezifischer Weise zu gewichten.

Die Entwicklungen in der DDR zeigen, dass gemeindepädagogisches Engagement nicht mit verkirchlichenden Tendenzen einhergehen muss, sondern mit einem lernortübergreifenden Engagement und so mit einer Offenheit für gesellschaftlich relevante Belange verbunden sein kann und auch sein sollte. Die Erfahrungen der DDR-Kirchen mit den Friedensgebeten im Zuge der Friedlichen Revolution 1989 stellen dabei in gewisser Hinsicht eine Sternstunde kirchlicher Arbeit dar, kam es hier doch zu »ungewöhnlichen Überschneidungen von Glaubenswirklichkeit und politischer Wirklichkeit«[461], von Tradition und Situation, von Menschsein und Christsein.

2.3.3 Zusammenfassung und Ausblick

Nimmt man die Entwicklungen in der BRD und in der DDR bis zur Wiedervereinigung Deutschlands in den Blick, wird deutlich, dass sich in beiden Teilen auffällige kontextuelle Veränderungen vollziehen. In der Bundesrepublik wird religionspädagogisches Denken wesentlich von dem Bemühen geprägt, religiöse Bildung als Teil allgemeiner Bildung zu verstehen und zu gestalten. Am schulischen Religionsunterricht zeigt sich das dahingehend, dass er als »freier Dienst an einer freien Schule«[462] verstanden und profiliert wird. Das impliziert einerseits den Abschied von einem »seit 1918 herrschenden Restaurationsmodell evangelischer Schulpolitik mit der Absicht einer ganzheitlich prägenden evangelischen Gesamterziehung«[463] und andererseits die Bejahung einer sich freiheitlich ausrichtenden Gesellschaft, in der das Christen-

---

461 Bronk, Der Flug der Taube, 19.

462 Synode der Evangelischen Kirche in Deutschland 1958, Wort zur Schulfrage, 38.

463 Nipkow/Schweitzer, Religionspädagogik Texte 2/2, 45.

tum zwar einen wichtigen Platz einnimmt, dabei allerdings im Konzert religiöser Vielfalt sowie einer vor allem seit den 1970er Jahren deutlichen Tendenz zur Entkirchlichung und Nachchristlichkeit zu agieren hat.

Auch hier lassen sich in der Retrospektive – wie schon beim Blick auf die liberale und dialektisch bestimmte Religionspädagogik – »Wellenbewegungen«[464] aufzeigen, die aus unterschiedlichen Gewichtungen in der Bearbeitung der Vermittlungsaufgabe resultieren. Dabei kommt dem primären Zugriff, also derjenigen Perspektive, die für die Verhältnisbestimmung von Tradition und Lebenswelt gewählt wird, eine herausgehobene Bedeutung zu. Die jeweiligen religionsdidaktischen Ansätze lassen sich als Kontextualisierungsversuche verstehen, die aneinander anknüpfen und ineinander übergehen, wobei sich deutliche Unterschiede bezüglich der Zielgruppen aufzeigen lassen, die primär im Blick sind. *Auffällig ist zudem, dass es eine Bewegung vom erziehenden zum bildenden Religionsunterricht gibt.* Die Lernenden treten immer deutlicher als Individuen vor Augen, die nicht nur Empfänger vorgegebener Inhalte sind, sondern deren Bearbeiter bzw. Interpreten. Mehr oder weniger selbstverständlich wird dabei von einer religiösen Grundierung ausgegangen, an die anzuknüpfen ist. Die damit gesetzte Richtung bestimmt nicht nur den schulischen Religionsunterricht, sondern auch den Konfirmandenunterricht und andere Felder gemeindlicher pädagogischer Arbeit, sodass es nicht verwundert, dass seit den 1960er Jahren religionsunterrichtliche Innovationen zu Reformen des Konfirmandenunterrichts führen. Es sind nicht zuletzt die alle Lernorte prägenden Modernisierungsherausforderungen, die den Anstoß zu einer *Profilierung von Religionspädagogik als lernortübergreifende Theorie* geben, bei der die Lernortspezifik nicht nivelliert wird, sondern von vornherein deutlich vor Augen steht. Dass dabei unterschiedliche Leitbegriffe zum Tragen kommen, zeigt, wie vielfältig die Herausforderungen sind. Alle Ansätze eint jedoch, dass sie sich bewusst im Spannungsfeld von Theologie und Pädagogik verorten und – theologisch gesprochen – die Wahrheitsfrage als konstitutiv mit aufnehmen.

Diese Dimension ist auch im religionspädagogischen Nachdenken in der *DDR* leitend. Allerdings stellt sich dort die *Ausgangslage von Anfang an anders* dar. Die Schule fällt als Möglichkeitsraum für einen

---

464 Lachmann, Geschichte der Religionspädagogik, 71. (Im Original nicht kursiv.)

»freien Dienst« aus. Zudem tritt die Gesellschaft insgesamt als antireligiös und antikirchlich auf. Der Eindeutigkeit in der Ablehnung von Religion und Kirche korrespondiert eine auf inhaltliche Zuspitzung bedachte religionspädagogische Reflexion, die sich nicht zuletzt deshalb nicht als religions-, sondern als gemeindepädagogisch profiliert. Christlich motiviertes Lehren und Lernen kann sich nicht auf einen gesellschaftlichen Grundkonsens beziehen, sondern hat sich als selbstevident zu erweisen. Dabei verschiebt sich auch der Leitbegriff. *Es geht nicht um Erziehung, sondern um Begleitung.* Der Sache nach werden damit Elemente des Bildungsbegriffs aufgenommen. Allerdings erfolgt auch eine Neujustierung, indem deutlich gemacht wird, *dass sich christlich motivierte Bildungsprozesse nicht von allein ergeben, sondern begleitet werden wollen.* Auf diese Weise gewinnt die sozialisatorische Dimension neues Gewicht. Grundlegend dafür ist einerseits eine *Lerngemeinschaft*, was dem Kirchenbegriff eine neue Ausrichtung gibt. Andererseits bedarf es auch in nicht kirchlich bestimmten Feldern wie beispielsweise der Schule einer Begleitung. Das weitet die Perspektive: Gemeindliche Begegnungssituationen allein reichen nicht aus. Auch an anderen Orten bedarf es unterstützender Impulse. Von daher rückt die Schule als ein die Lebenswelt Heranwachsender entscheidend prägender Lernort in den Blick. Aber auch die Familie tritt neu in ihrer Bedeutung vor Augen. In alledem steht die Frage nach der theologisch zu bestimmenden Identität in prominenter Weise im Raum. Insofern ist immer deutlich zu machen, aus welchen Beweggründen heraus das pädagogische Engagement erfolgt. Bedeutsam ist, dass *diese theologische Vergewisserung nicht mit der Tendenz zur Verkirchlichung einhergeht, sondern lernortübergreifend angelegt ist.* Die staatlich forcierte Konzentration auf gemeindliche Vollzüge mit vergewissernder Tendenz geht schließlich mit dem Versuch einher, Anschluss an das »Allgemein-Plausible« zu finden.

Jenseits aller Unterschiede in der Prägung der Kontexte bleibt festzuhalten, dass Leben und Sich-Bilden zusammengehören. *Offen zu diskutieren ist dabei jedoch die Frage, »ob die Bildung so geschieht, dass sie den Menschen fördert, oder so, dass sie ihn nicht fördert.«*[465] Christlich motiviertes Lehren und Lernen hat sich hier einzubringen. Die Spezifik liegt darin, Menschsein im Horizont des Christseins und umgekehrt zu

465 Meyer-Blanck, Kleine Geschichte der evangelischen Religionspädagogik, 270 (im Original nicht kursiv). Die folgenden Seitenangaben im Text beziehen sich darauf.

reflektieren. Bildungsprozesse gehen immer mit Impulssetzungen und Einflussnahmen einher. Auch wer »die Autonomie, die Subjektwerdung der von Gott bejahten Person will, muss sich für und gegen bestimmte Einflussnahmen entscheiden – er oder sie muss auch *erziehen.*« (270) Deshalb wird eine christliche Religionspädagogik neben dem Bildungs- immer auch am Erziehungs- und Sozialisationsparadigma orientiert sein müssen. Das gilt auch dann, wenn – wie im Folgenden noch näher auszuführen sein wird – die Selbsttätigkeit der Lernenden mittels des Bildungsbegriffs verstärkt in den Blick genommen wird. Eine »gezielte und selbstkritisch verantwortete Beeinflussung der uns anvertrauten Menschen ist unhintergehbar« (270). Das wiederum verlangt nach Parametern, die inhaltlich *und* lebensweltlich ausgerichtet sind. Christlich motiviertes Lehren und Lernen wird neben Impulsen, die den »Menschen in seinem Menschsein« bestätigen, immer auch solche stark zu machen haben, die »ihn in seinem Sosein« (270) erneuern. *Bildungsprozesse sind also als »Lebensbegleitung und Erneuerung«*[466] *zu verstehen und zu gestalten.* Hier liegt eine gemeinsame Perspektive, die religionspädagogisch in Ost wie West gleichermaßen betont wurde und die bleibend von Bedeutung ist. Zugleich deutet sich dabei eine Verschiebung an, die sich gegenwärtig noch einmal verstärkt und beschleunigt. Religiöse Bildung hat fraglos mit erzieherischen Elementen zu tun, kann aber immer weniger die »Funktion der fraglosen kulturellen Tradition«[467] übernehmen. Sie braucht die Auseinandersetzung mit spezifischen religiösen Identitäten, kann aber nicht als »Formierung«[468] darin verstanden werden. Die Auseinandersetzung damit gewinnt in der gegenwärtigen religionspädagogischen Diskussion ein neues Gewicht.

2.4 Weiterführende Literatur

Textsammlungen

Rainer Bolle/Thorsten Knauth/Wolfram Weiße (Hg.), Hauptströmungen evangelischer Religionspädagogik im 20. Jahrhundert. Ein Quellen- und Arbeitsbuch, Münster 2002.

---

466 Nipkow, Bildung als Lebensbegleitung.

467 Kaufmann, Kirche begreifen, 170.

468 Englert, Religionspädagogische Grundfragen, 282.

Peter Constantin Bloth (Hg.), Christenlehre und Katechumenat in der DDR. Grundlagen – Versuche – Modelle, Gütersloh 1975.

Rainer Lachmann/Bernd Schröder (Hg.), Geschichte des evangelischen Religionsunterrichts in Deutschland. Quellen, Neukirchen-Vluyn 2010.

Dieter Reiher (Hg.), Kirchlicher Unterricht in der DDR 1949–1990. Dokumentation eines Weges, Göttingen 1992.

Einzeldarstellungen

Peter Bloth, Religion in den Schulen Preußens. Der Gegenstand des evangelischen Religionsunterrichts von der Reaktionszeit bis zum Nationalsozialismus (Pädagogische Forschungen 37), Heidelberg 1968.

Christian Grethlein/Michael Meyer-Blanck (Hg.), Geschichte der Praktischen Theologie. Dargestellt anhand ihrer Klassiker (APrTh 12), Leipzig 1999.

Christian Grethlein/Helmut Schwier (Hg.), Praktische Theologie. Eine Theorie- und Problemgeschichte (APrTh 33), Leipzig 2007.

Ernst Christian Helmreich, Religionsunterricht in Deutschland. Von den Klosterschulen bis heute, Hamburg/Düsseldorf 1966.

Nikolaus Hueck, Lerngemeinschaft im Erziehungsstaat. Religion und Bildung in den evangelischen Kirchen in der DDR, Gütersloh 2000.

Friedhelm Kraft, Religionsdidaktik zwischen Kreuz und Hakenkreuz. Versuche zur Bestimmung von Aufgaben, Zielen und Inhalten des evangelischen Religionsunterrichts dargestellt an den Richtlinienentwürfen 1933–1939 (APrTh 8), Berlin/New York 1996.

Rainer Lachmann, Die Religions-Pädagogik Christian Gotthilf Salzmanns. Ein Beitrag zur Religionspädagogik der Aufklärung und Gegenwart (Arbeiten zur Historischen Religionspädagogik 2), Jena 2005.

Godwin Lämmermann, Religionspädagogik im 20. Jahrhundert, Gütersloh 1994.

Friedrich Schweitzer/Henrik Simojocki, Moderne Religionspädagogik. Ihre Entwicklung und Identität (Religionspädagogik in pluraler Gesellschaft 5), Gütersloh 2005.

Folkert Rickers, Zwischen Kreuz und Hakenkreuz. Untersuchungen zur Religionspädagogik im »Dritten Reich«, Neukirchen-Vluyn 1999.

Antje Roggenkamp/Michael Wermke (Hg.), Religiöse Sozialisation, Erziehung und Bildung in historischer Perspektive. Arbeitsfelder historischer Religionspädagogik (Studien zur Religiösen Bildung 4), Leipzig 2014.

Antje Roggenkamp-Kaufmann, Religionspädagogik als »Praktische Theologie«. Zur Entstehung von Religionspädagogik in Kaiserreich und Weimarer Republik (APrTh 20), Leipzig 2001.

Hartmut Rupp, Religion – Bildung – Schule. Studien zur Geschichte und Theorie einer komplexen Beziehung (Forum zur Pädagogik und Didaktik der Religion 7), Weinheim 1994.

Henning Schröer/Dietrich Zilleßen (Hg.), Klassiker der Religionspädagogik. FS Klaus Wegenast, Frankfurt a. M. 1989.

3. Empirische und komparative Perspektiven

Nachdem im vorherigen Abschnitt der Blick zurück gelenkt wurde, sollen nun grundlegende gegenwärtige Entwicklungen beschrieben und danach gefragt werden, wie sie religionspädagogisch interpretiert und aufgenommen werden können. Dabei beginne ich mit einer Zusammenschau von Herausforderungen, die im religionspädagogischen Diskurs bisher bearbeitet wurden, beschreibe anschließend aktuelle Entwicklungen, die religionspädagogisch bedeutsam sind, und markiere auf dieser Grundlage abschließend notwendige religionspädagogische Neujustierungen.

3.1 Bestandsaufnahme: Religionspädagogik im Suchen nach Konzepten, die vielfältigen Herausforderungen auf unterschiedlichen Ebenen gerecht werden

Die Einheit Deutschlands am 3. 10. 1990 und die daraus resultierenden bzw. sich daran anschließenden Entwicklungen stellen in vielfacher Hinsicht ein auch religionspädagogisch bedeutsames Ereignis dar. Hier kam es zu Systeminterventionen auf verschiedenen Ebenen, wobei die Wirkungen innerhalb der Bevölkerung höchst unterschiedlich wahrgenommen wurden. Während für den kleinen ostdeutschen Bevölkerungsteil fast nichts beim Alten blieb und mannigfache Veränderungsprozesse zu verarbeiten waren, änderte sich für die große Mehrheit verhältnismäßig wenig. *De jure* und *de facto* handelte es sich um einen Anschluss der DDR an die Bundesrepublik, wobei die leitenden Perspektiven ökonomischer und verwaltungstechnischer Natur waren. Es ging für Ostdeutschland um den Aufbau und die Ausgestaltung einer grundgesetzlich vorgegebenen staatlichen Struktur mit den dafür notwendigen Behörden sowie um die Transformation von einer staatlich organisierten zu einer markwirtschaftlich ausgerichteten Wirtschaft. Nicht zuletzt aufgrund der enorm hohen Arbeitslosenzahlen in Ostdeutschland ging das mit Wanderungsbewegungen einher, die in mehreren Wellen verliefen[469] und letztlich auch die religiös-kirchliche Lage in Deutschland mit beeinflussten. Sie trugen einerseits dazu bei, dass der Anteil der Kirchenmitglieder in Ostdeutschland zumindest stabilisiert wurde, und führten andererseits zu einer Verstärkung des Anteils Konfessionsloser in Westdeutschland. Was sich nicht erfüllte, war die Hoffnung auf eine Rechristianisierung Ostdeutschlands. Auch die Vermutung eines religiösen Vakuums auf dem Gebiet der ehemaligen DDR erwies sich als falsch. Letztlich konnte keine religiöse Gruppierung in Ostdeutschland nennenswerte Zuwächse verzeichnen.

Mit der Wiedervereinigung ist Deutschland insgesamt gesehen nicht protestantischer geworden, wie einige vermuteten, sondern konfessionsloser. Damit erweiterte sich das Spektrum religiös-weltanschaulicher Pluralität. Neben die religiöse Vielfalt trat nun die Konfessionslosigkeit als eine auch statistisch deutlich wahrnehmbare Größe.

Bei aller Notwendigkeit der regionalen Differenzierung kann von unterschiedlichen religiösen Kulturen ausgegangen werden, die im wiedervereinigten Deutschland anzutreffen sind und auf unterschiedlichen Mehrheitsverhältnissen beruhen. In Westdeutschland dominiert (mit Ausnahme der Metropolen) die »Kultur der Konfessionsmitgliedschaft« und in Ostdeutschland (mit Ausnahme einiger ländlich bzw. kleinstädtisch geprägter Regionen) die »Kultur der Konfessionslosigkeit«[470]. Allerdings finden hier gegenwärtig grundlegende Veränderungsprozesse statt, die nicht zuletzt im Zusammenhang mit den *Migrationsbewegungen* stehen. Die damit einhergehende stärkere Prä-

---

469 Nach hohen Abwanderungen von Ost nach West zwischen 1989 und 1991 gab es in den Folgejahren bis 1996 eine gegenläufige Entwicklung, die dazu führte, dass der Wanderungssaldo, also die Differenz von Ab- und Zuwanderung in Ostdeutschland, 1997 nur noch 28.200 Personen betrug. Ab 1998 kam eine neue Wanderungswelle von Ost nach West (Wanderungssaldo 2001: 98.000 Personen), die nach 2001 langsam zurückging. Im Jahr 2014 betrug der Wanderungssaldo nur noch 3.300 Personen; vgl. Statistisches Bundesamt, Bevölkerung und Demografie. Auszug aus dem Datenreport 2016.

470 Müller/Pickel/Pollack, Kirchlichkeit und Religiosität, 29.

senz des Islam *führt in Ost und West zu einer Neujustierung der religiösen Landschaft*. Letztlich wäre heute eher zwischen einer Kultur religiöser Pluralität im Horizont mehrheitlicher Kirchlichkeit (in Westdeutschland) und einer Kultur der Religionsdistanz im Horizont sich stärker abzeichnender religiöser Pluralität (in Ostdeutschland) zu unterscheiden. Dabei handelt es sich nicht mehr nur um allgemeine Tendenzen, die für die Einzelnen in ihren Kontexten mehr oder weniger abstrakt bleiben. Vielmehr wirken sich die skizzierten Entwicklungen lebensweltlich unmittelbar aus. Vielfalt beispielsweise wird zu einem Faktor, der auch die Lebenswelt des Einzelnen bestimmt. Dabei ändern sich die Gewichtungen. Wurde Vielfalt bisher in Abgrenzung von der Position einer (nicht näher definierten) Mehrheit in den Blick genommen, so tritt sie nun als Wert an sich in Erscheinung. Auf diese Weise ändern sich auch die Begründungsmuster. Einerseits stehen Mehrheiten vor der Herausforderung, die eigene Position begründen zu müssen, ohne dafür einfach das Recht der Mehrheit in Anspruch nehmen zu können. Andererseits tritt die Mehrheit selbst in ihrer Vielfalt vor Augen, insofern unterschiedliche Parameter angelegt werden, nach denen sie beurteilt wird. Das alles führt zu einer Verschiebung und Neujustierung gängiger Koordinaten, womit sich auch die Kontexte religiöser Bildung, Erziehung und Sozialisation ändern, auf die eine Theorie Bezug zu nehmen hat.

Der katholische Theologe und Religionssoziologe Michael N. Ebertz (geb. 1953) erinnert in historischer Perspektive daran, dass nach »der religionspolitischen Verschiebung durch die Weimarer Reichsverfassung von der hierarchischen Überordnung des Protestantismus zu einem Nebeneinander mit dem Katholizismus«[471] gegenwärtig »eine neue religionspolitische Verschiebung stattfindet«, die er als »Enthierarchisierung des Christentums zugunsten seiner Nebenordnung«[472] bezeichnet. Zum einen tritt der Islam an die Seite des Christentums und zum anderen die Konfessionslosigkeit, beides in sich selbst hochgradig pluralisiert. Das führt auch religionspolitisch zu einer Neujustierung, insofern der früher »vertretene religionspolitische Weg, den ›klassischen‹ und ›staatstragenden‹ Religionen (insbesondere dem Christentum) zahlreiche Rechte und Entfaltungsmöglichkeiten im öffentlichen und staat-

471 Ebertz, Wahrnehmung, 19.

472 A. a. O., 20.

lichen Raum zu garantieren, diese anderen (›staatsferneren‹) Religionen aber vorzuenthalten«[473], mittlerweile an Überzeugungskraft verliert.

Im religionspädagogischen Diskurs der letzten Jahre schlägt sich das nicht gleichermaßen stark und mit einer gewissen Verzögerung nieder, wobei jeweils einzelne Aspekte im Zentrum stehen, die aufgenommen werden. Im Mittelpunkt steht dabei das Bemühen um eine »bessere und umfassendere Wahrnehmung«[474] sich verändernder Voraussetzungen religiöser Bildung, Erziehung und Sozialisation. »Die Situation wird immer unübersichtlicher«[475], schrieb Karl Ernst Nipkow zur Jahrtausendwende. Dem ist auch aus heutiger Sicht uneingeschränkt zuzustimmen. Vielfalt auf allen Ebenen wird zur großen religionspädagogischen Herausforderung.

3.1.1 Herausforderung Pluralisierung: Interreligiöses Lernen und pluralitätsfähige Religionspädagogik

Westliche Lebenswelten sind heute von einer Vielfalt an Ausdrucks- und Wahlmöglichkeiten bestimmt. Dabei ist nicht schon das Vorhandensein unterschiedlicher Grundüberzeugungen entscheidend, sondern das allgemeine Bewusstsein darüber.[476] *Pluralität hat sich zu »einem entscheidenden Kennzeichen des gängigen Wirklichkeitsverständnisses entwickelt« und gilt als »beinahe nicht zu hinterfragende[s] Grundprinzip«*[477]. Gemeint ist damit nicht nur eine einfache Zunahme der Optionen im Sinne der Ausweitung des Spektrums unterschiedlicher Bereiche und Einzelsektoren. Zu bedenken sind auch die damit verbundenen neuen »Übergänge«[478] bzw. »Verflechtungen«[479] der ausdifferenzierten Felder, die wiederum Neues hervortreten lassen. Pluralisierung ist also »nur die eine Seite des Prozesses, dessen andere durch Verflechtung gekennzeichnet ist«[480].

---

473 Ebd. unter Verweis auf: Sachverständigenrat deutscher Stiftungen für Integration und Migration (Hg.), Viele Götter, 17.

474 Grethlein, Praktische Theologie, 93.

475 Nipkow, Pluralität, Pluralismus, 1521.

476 Vgl. Preul, Das öffentliche Auftreten, 505.

477 Meyer, Pluralität, 120 (im Original nicht kursiv).

478 Welsch, Unsere postmoderne Moderne, 297.

479 A. a. O., 303.

Religionspädagogisch ist das von großer Bedeutung, geht damit doch auch eine Neujustierung religiöser Lebensdeutungen und -gestaltungen einher. *Denn Orientierung »kann nicht mehr Orientierung gegen die Pluralität, sondern nur noch in ihr und mit ihr, also unter Akzeptation und Einbeziehung der Pluralität sein«*[481]. Eine Gesellschaft insgesamt, aber auch das Leben der Einzelnen wird nicht mehr durch Meta-Erzählungen legitimiert und sinnhaft ausgestaltet. Vielmehr steht jeder Einzelne vor der Aufgabe, im Rückgriff auf eine Reihe kleiner Erzählungen seine narrative Identität zu entwickeln.[482] Zu berücksichtigen sind hier auch die vielfältigen Verflechtungen. Das verlangt nicht nur ein Verstehen von Pluralisierungsprozessen, sondern auch die Fähigkeit, in alltäglichen Vollzügen damit umzugehen. Welsch schlägt hier das Prinzip der »Transversalität«[483] vor. Dabei geht es um den »Übergang von einem Regelsystem zum anderen, die gleichzeitige Berücksichtigung unterschiedlicher Ansprüche, den Blick über die konzeptionellen Gatter hinaus«[484].

[*Transversalität*]

Nach Wolfgang Welsch (geb. 1946) zielt Transversalität Übergänge an, die eine Verständigung zwischen Perspektiven auf einer anderen Ebene möglich machen.[485] Diese wird mit einer Art »transversalem Spürsinn«[486], also zunächst intuitiv, erschlossen. Praktisch theologisch und religionspädagogisch ist ein solches Vorgehen von großer Bedeutung. Michael Meyer-Blanck plädiert für eine transversale Kompetenz, die »kontrollierte Übergänge zwischen Theologie und Humanwissenschaften«[487] ermöglichen soll. Im Anschluss an Maria Widl[488] (geb. 1957) leiten sich dazu folgende, aus dem klassischen theologischen Set bekannte Begriffe her, die sie als methodische Schritte neu kombiniert:

1. Apologetik: Das Fremde wird aus der eigenen Perspektive als verstörend wahrgenommen und als solches mithilfe des eigenen theologischen Deu-

---

480 Welsch, Vernunft, 48.

481 Welsch, Haus mit vielen Wohnungen, 479.

482 Vgl. a. a. O., 121 im Rückgriff auf Lyotard, La condition, und Ricœur, Soi-même.

483 Welsch, Vernunft, 318.

484 A. a. O., 317.

485 Vgl. Welsch, Unsere postmoderne Moderne, 295–318.

486 A. a. O., 309.

487 Meyer-Blanck, Praktische Theologie, 237.

488 Vgl. Widl, Transversalität, 40–53, besonders 47–51.

tungsmusters benennbar. Das Eigene wird darin zu Beginn angesichts des Anderen vergewissert.
2. Korrelation: Die anschlussfähigen und sympathischen Seiten (Intentionen, Leitprinzipien bzw. Haltungen) des zunächst Verstörenden werden gewürdigt, kontextualisiert hergeleitet und benannt, ohne die Differenz zwischen Eigenem und Fremdem vorschnell einzuebnen.
3. Selbstevangelisierung/Fremdprophetie: Solche Seiten werden als Potentiale zur Erhellung eigener blinder Flecken urbar gemacht. Dies ermöglicht eine Korrektur bisheriger Blickwinkel bzw. Konzepte aus der Überzeugung, dass auch im Anderen Gottes Geist wirksam ist.
4. Evangelisierung/Prophetie: Die dadurch veränderte Perspektive veranlasst zu einer neuen Sicht auf die Dinge und andere Orte. Sprachen bzw. theologische Denkweisen werden erschließbar, die nun idealerweise beiderseits besser verstanden werden können. Hier werden im Aufsuchen einer dritten Ebene Übergänge zwischen dem sich ursprünglich völlig Fremden begehbar, die zur beiderseitigen Bereicherung werden können und bzw. oder zur Korrektur des Eigenen Anlass geben.
5. Katholizität: Die veränderte Perspektive bzw. das theologische Konzept werden daraufhin überprüft, inwiefern sie helfen können, bislang nicht gesehene Wahrheiten in kontinuierlicher Entsprechung (nicht in Identität!) zum bislang bezeugten und gelebten Glauben integrieren zu können.

Nicht unwichtig ist, dass religiöser Pluralismus mit einer verschärften Wahrnehmung des Konfliktpotenzials der unterschiedlichen religiösen Traditionen einhergeht, was eine »bejahende Grundhaltung«[489] erschwert. Religiöse Vielfalt hat also immer auch mit Herausforderungen zu tun, die beunruhigen und Angst machen. Theologisch und ekklesiologisch gefragt ist hier eine »aktive Zeugenschaft« (so die Formulierung aus dem Zweiten Vatikanischen Konzil), die dazu führt, »die geistige Grundierung des gesamtgesellschaftlichen Kontextes wohlwollend aufzunehmen und die pluralen Ausdrucksformen als Emanzipations- und Freiheitsbestrebungen zu verstehen«[490].

Eine solche Ausrichtung ergibt sich in der Regel nicht von selbst, sondern muss angebahnt werden. Zur Beschreibung der damit verbundenen Zielperspektive hat sich seit der Jahrtausendwende der Terminus *Pluralitätsfähigkeit* etabliert.[491] Dabei geht es nicht um eine Relativierung verschiedener Wahrheitsansprüche, sondern um den Umgang

489 Meyer, Pluralität, 122.
490 A. a. O., 123.

damit. Auf diese Weise lassen sich Ansätze aufnehmen, die in dieser Richtung bereits Akzente gesetzt haben. Zwar haben die Konfessionen, und hier insbesondere der Protestantismus, schon lange eine plurale Gestalt gehabt, doch wurde sie bis zum Zweiten Weltkrieg oft zwiespältig betrachtet. Das änderte sich langsam in den 1950er und 1960er Jahren durch Impulse der ökumenischen Bewegung. Allerdings hat erst die *breite und dauerhafte Präsenz von Muslimen in Deutschland* deutlich werden lassen, dass interkulturelles Lernen erforderlich ist, und zwar nicht nur für einige wenige, sondern für alle. Nur dann ist ein Miteinander möglich. Erst in diesem Zuge wurde die Notwendigkeit interreligiösen Lernens erkannt. Wichtige Impulse dazu kamen von Johannes Lähnemann (geb. 1941)[492], Karl Ernst Nipkow[493] und Stephan Leimgruber (geb. 1948)[494]. Auch wenn sich die direkte Begegnung als »Königsweg«[495] erweist, sind unterschiedliche Profilierungen und Schwerpunktsetzungen zu bedenken. Neben den Spezifika des Religionsunterrichts an allgemein- und berufsbildenden Schulen rückt dabei in letzter Zeit verstärkt auch der Elementarbereich in das Blickfeld. »Religiöse Vielfalt in der Kita«[496] bringt spezielle Herausforderungen mit sich, insofern sie auf alle Kinder auszurichten ist, die Familien von vornherein mit in den Blick zu nehmen sind und eine Konfessionszugehörigkeit von Erzieherinnen und Erziehern nicht mehr selbstverständlich vorausgesetzt werden kann.

Eine Grenze wird in alledem dadurch markiert, dass sich das interreligiöse Lernen auf Menschen beschränkt, »die sich zumindest in einem weiten Sinne einer bestimmten Religion zugehörig fühlen oder die sich jedenfalls als religiös verstehen«[497]. Nichtreligiöse Formen der Lebens-

---

491 Vgl. impulsgebend Schweitzer/Englert/Schwab/Ziebertz, Entwurf; Englert/Schwab/Schweitzer/Ziebertz (Hg.), Welche Religionspädagogik ist pluralitätsfähig?

492 Lähnemann, Evangelische Religionspädagogik.

493 Nipkow, Bildung.

494 Leimgruber, Interreligiöses Lernen.

495 Leimgruber, Interreligiöses Lernen, 21 u. ö.

496 Vgl. Edelbrock/Biesinger/Schweitzer (Hg.), Religiöse Vielfalt in der Kita; Edelbrock/Schweitzer/Biesinger (Hg.), Wie viele Götter sind den im Himmel?; Biesinger/Edelbrock/Schweitzer (Hg.), Auf die Elternkommt es an; Schweitzer, Edelbrock/Biesinger (Hg.), Interreligiöse und Interkulturelle Bildung in der Kita; Weber, Religionssensible Bildung in Kindertageseinrichtungen; Schweitzer/Biesinger (Hg.), Kulturell und religiös sensibel?

497 Schweitzer, Interreligiöse Bildung, 32.

deutung und -gestaltung werden mit diesem Begriff und Konzept nicht konstitutiv berücksichtigt. Die Zunahme der Zahl von konfessionslosen Menschen markiert hier eine »Zukunftsaufgabe«[498], die bisher religionspädagogisch noch nicht ausreichend bearbeitet wurde.

In den Erziehungswissenschaften wird statt von Interkulturalität zunehmend von Transkulturalität gesprochen, um zum Ausdruck zu bringen, dass Kulturen nicht homogen und abgeschlossen sind, sondern hybride und dynamisch. »In Abgrenzung von einem substantialistischen Kulturverständnis – wie es oft in den Begriffen Interkulturalität und Multikulturalität impliziert ist – wird hier von Kulturen als hybriden und fluiden Gebilden ausgegangen.«[499] Statt von Lernenden eindeutig kulturelle Zuordnungen zu verlangen, sind ihre multiplen Verortungen stärker konstitutiv mit einzubeziehen.[500] Zu reflektieren wäre, wie religiöse Differenz wahrgenommen und hergestellt wird, und in welchem Verhältnis zu Religion sich Individuen verstehen.[501] Vor allem in Bezug auf das gemeinsame Lernen mit Muslimen sind die problematischen Phänomene der Kulturalisierung und Religiosierung zu benennen, was meint, dass pädagogische oder gesellschaftliche Konflikte und Herausforderungen entweder auf die Kultur oder die Religion zurückgeführt und nicht im Zusammenhang gesehen werden[502]

3.1.2 Herausforderung Individualisierung: Konstruktivistische Didaktik, Kinder- und Jugendtheologie

Mit dem Begriff der Individualisierung wird quasi die Kehrseite der eben skizzierten Entwicklung beschrieben. Im Zuge der gesellschaftlichen Ausdifferenzierung in unterschiedliche Teilsysteme gehört der Einzelne nun nicht mehr zwangsläufig allen Subsystemen an. Es kommt zu einer neuen Art der Vergesellschaftung. *Nicht mehr feste*

---

498 Ebd. In der Kita wie auch im berufsbildenden Bereich, in denen eine Ordnung bzw. Aufteilung nach konfessioneller Zugehörigkeit kaum vorausgesetzt werden kann, versucht man das mit dem Stichwort der kulturellen und religiösen Sensibilität aufzunehmen.

499 Pries/Maletzky, Interkulturalität, 55.

500 Vgl. a. a. O., 60.

501 Vgl. Willems, Dann merke ich.

502 Vgl. Schweitzer: Integration durch religiöse Bildung, 89–90.

Orientierungsvorgaben (z.B. durch Traditionen oder Milieus), sondern weitgehend eigenständige Gestaltungen bestimmen die gesellschaftliche Verortung des Einzelnen. Das führt dazu, dass zwar nicht permanent, aber doch sehr häufig eine Wahl zu treffen ist, durch die sich die Zugehörigkeit zu bestimmten Teilsystemen ergibt. Peter L. Berger (1929–2017) spricht vom »Zwang zur Häresie«[503] und bringt damit die Ambivalenz von Freiheit und Beschränkung zum Ausdruck, die sich hier ergibt.

[*Häresie*]

Der Begriff leitet sich vom griechischen αἵρεσις/*haíresis* ab, bedeutet »Wahl«, »Entschluss« und steht für die Notwendigkeit einer Entscheidung zwischen unterschiedlichen philosophischen Schulmeinungen. Anders als in der späteren christlichen Verwendung »war dies kein negativ gefärbter Gegenbegriff zur eigenen Lehre, sondern Sammelbegriff für alle vorkommenden Schulen«[504]. Allerdings ist die Möglichkeit, zwischen einer wachsenden Zahl philosophischer und religiöser Lehrmeinungen wählen zu können (und zu müssen) die »religionsgesch[ichtliche] Voraussetzung für die Ausformung auch solcher Lehrdifferenzen, wie sie in Judentum, Christentum und Islam über den Begriff der H[äresie]«, im Sinne einer vom Anerkannten abweichenden Lehre, »erfaßt werden«[505].

Der persönliche Gestaltungsspielraum vergrößert sich enorm. Andererseits schwindet auch die gemeinschaftsstiftende Kraft traditioneller Werte. *Diese Enttraditionalisierung von Lebenswelten*[506] *führt zu einer allgemeinen Relativierung.* Keine der »anzutreffenden Grundüberzeugungen« kann »so etwas wie einen universalen Wahrheitsanspruch erheben«[507]. Dabei geht es nicht nur um den Verlust von ehemals festen Vorgaben oder die Relativierung alter Orientierungen, sondern auch um neue Vorgaben und Profilierungen durch »Moden, Verhältnisse, Konjunkturen und Märkte«[508]. Auch die Positionierung zur Religion ist davon nicht ausgenommen. Neuere empirische Untersuchungen zeigen eine Zunahme »der ›häretischen‹ Tendenz«[509] und belegen zudem, dass

503 Berger, Zwang zur Häresie, 24–30.
504 Feldtkeller, Häresie I, 1441.
505 Ebd.
506 Vgl. Beck, Risikogesellschaft, 113 ff.
507 Preul, Das öffentliche Auftreten, 511.
508 Beck, Risikogesellschaft, 211.
509 Grethlein, Praktische Theologie, 205, unter Bezug auf Nassehi, Erstaunliche religiöse Kompetenz, 113–132.

die kontextuellen Prägungen gerade in religiös-weltanschaulicher Hinsicht die Wahlprozesse der Individuen maßgeblich prägen und damit vorstrukturieren. Jeder ist gezwungen, »sich als individueller Akteur und Konstrukteur der eigenen Biographie zu betätigen und durchzuhalten«[510]. Auch Religion ist davon nicht ausgeschlossen.

Eine solche Perspektive korrespondiert konstruktivistischen Zugängen in Erkenntnistheorie und Didaktik, die darauf abheben, dass der Mensch im Erkennen die Welt subjektiv konstruiert.

[*Konstruktivismus*]
Der Ausdruck bezeichnet im Allgemeinen Positionen, die »den Begriff der Konstruktion in den Mittelpunkt ihrer Theorie menschlicher [Kultur-]Projekte stellen«[511]. In erkenntnistheoretischer Perspektive wird der Mensch als die Welt jeweils individuell und subjektiv konstruierend gesehen. Eine allgemeine Weltdeutung wird als illusionär betrachtet. Je nach Einschätzung der Frage, ob es jenseits der individuellen Konstruktionen eine gemeinsame Perspektive geben kann, lässt sich der radikale vom interaktionistischen Konstruktivismus unterscheiden. Während ersterer gemeinsame Wahrnehmungsmuster ablehnt, geht letzterer davon aus, dass so etwas innerhalb eines gemeinsamen Kulturkreises möglich ist.

Didaktisch resultiert daraus *eine Konzentration auf selbstgesteuerte Lernprozesse, die wesentlich durch die Beziehungen geprägt werden, in denen sie stattfinden.* Pädagogische Prozesse rücken als kommunikative in den Blick. Didaktik wird primär als Beziehungsdidaktik verstanden, bei der inhaltliche Fragen zwar nicht gänzlich unwichtig werden, in ihrer Bedeutung jedoch klar zurücktreten. Es geht primär darum, dass die an Lernprozessen Beteiligten ihre Sichtweisen in den Prozess der Wirklichkeitskonstruktion einbringen, weshalb man von einer interaktionistisch-konstruktivistischen Didaktik sprechen kann.[512] Theologisch lässt sich die damit angestoßene Auseinandersetzung als Streit um die Wahrheit verstehen, bei dem der Anspruch auf Wahrheit bestehen bleibt, allerdings im Wissen darum, dass jegliche Fixierungen unter dem eschatologischen Vorbehalt stehen.[513]

---

510 Beck/Beck-Gernsheim, Nicht Autonomie, 180.

511 Stephan, Konstruktivismus, 1639.

512 Reich, Systemtisch-konstruktivistische Pädagogik, 282.

513 Vgl. Büttner, Konstruktivistische Perspektiven, 9–21.

[*eschatologischer Vorbehalt*]
Das griechische Adjektiv ἔσχατος/*éschatos* bedeutet sowohl örtlich als auch zeitlich »letzter«. Eschatologie (Aussprache: Es-chatologie) ist die Rede von den letzten Dingen (τὰ ἔσχατα/*tá éschata* = die letzten Dinge), meist im kosmologischen, manchmal auch im individuell-existentiellen Sinne.[514] Mit dem Begriff des eschatologischen Vorbehalts wird ein Spannungsverhältnis bezeichnet. Es kommt dadurch zustande, dass das Heil durch Jesus Christus »schon jetzt« angebrochen, aber bis zu seiner Wiederkunft »noch nicht« voll verwirklicht ist.

Auf diese Weise wird der Fokus ganz auf die Subjekte des Lernens gerichtet. Genau diese Perspektive wird in der religionsdidaktischen Auseinandersetzung damit stark gemacht.[515] Die lernenden Subjekte, ihre »Suche nach eigenem Glauben«[516] stehen im Zentrum. Es geht um die Konstruktionen (als Erfinder der Wirklichkeit), Rekonstruktionen (als Entdecker der Wirklichkeit) und Dekonstruktionen (als Enttarner der Wirklichkeit)[517] der Lernenden. *Der Schwerpunkt liegt auf der Initiierung dialogischer Lernprozesse.* Die Lehrkräfte präsentieren den christlichen Glauben, um individuelle Auseinandersetzungen damit anzustoßen.

Auf dieser Linie bewegt sich auch das Theologisieren mit Kindern und Jugendlichen. Angeknüpft wird hier an den sozialen (also interaktionistisch ausgerichteten) Konstruktivismus. Die Lernenden werden als Menschen in Beziehungen in den Blick genommen, die ihre Sichtweisen durch Interaktion rückkoppeln, also als aktive Mitkonstrukteure zu beschreiben sind.[518] Seit der Jahrtausendwende hat sich unter dem Leitbegriff der Kindertheologie (später erweitert zur Kinder- und Jugendtheologie) – in Aufnahme und Weiterentwicklung des Philosophierens mit Kindern – ein Konzept entwickelt, das dort ansetzt und Heranwachsende auch in ihrem theologischen Denken, Fragen und Suchen als Konstrukteure in den Fokus nimmt.[519] Dabei geht es darum,

514 Welz, Eschatologie, 1.
515 Vgl. Mendl, Konstruktivistische Religionsdidaktik, 29–47.
516 Vgl. Schweitzer, Suche nach eigenem Glauben.
517 Vgl. Reich, Konstruktivistische Didaktik, 138 ff.
518 Vgl. Rupp, Didaktik des Perspektivenwechsels, 20.
519 Vgl. zum Überblick Zimmermann, Kindertheologie.; Büttner/Freudenberger-Lötz/Kalloch/Schreiner (Hg.), Handbuch Theologisieren; Schlag/Schweitzer, Brauchen Jugendliche Theologie?; Dies., Jugendtheologie; Schweitzer, Was ist und wozu Kindertheologie?, 9–18.

die theologischen Deutungen wahrzunehmen und zu interpretieren, um sie anschließend ergänzen, differenzieren und flexibilisieren zu können. Vorbereitet worden war diese Perspektive durch Impulse der neueren Entwicklungspsychologie. *Kinder rückten nun als aktive und soziale Wesen in den Blick, die sich ihre Mit- und Umwelt auf eigene Weise erschließen.*[520] Anvisiert wird eine Didaktik des Perspektivenwechsels, wobei davon ausgegangen wird, dass (auch) theologische Äußerungen von Kindern in ihrer eigenen Rationalität beachtet und verstanden werden.[521] Friedrich Schweitzer unterscheidet dabei drei Dimensionen.[522] Die erste (»Theologie für Kinder«) nimmt die Elementarisierung der Theologie in den Fokus, so dass Aneignungsprozesse durch Kinder möglich werden. Die zweite (»Theologie mit Kindern«) versteht die religionspädagogische Praxis als theologisches Fragen und Antworten gemeinsam mit Kindern. Die dritte – und am stärksten hinterfragte – (»Theologie von Kindern«) versteht diese Praxis als eigenständige theologische Reflexion von Kindern. *Nicht jede Kinderäußerung ist Theologie. Aber wenn Kinder über ihre Vorstellungen reflektieren, sie neu konstruieren und weiterentwickeln, ereignet sich ein Theologisieren.* Zweifelsohne wird damit eine ganz entscheidende Perspektive religionsdidaktischen Arbeitens thematisiert. Die Frage, die sich daraus mit besonderer Dringlichkeit ergibt, ist diejenige nach den auszuwählenden Inhalten und damit auch nach den Impulsen, die beim Theologisieren zu geben sind, oder mit der Einteilung Schweitzers gesprochen, nach der Theologie für Kinder und Jugendliche. Sonst besteht die Gefahr einer inhaltlichen Beliebigkeit oder – schärfer formuliert – einer Inhaltslosigkeit.[523]

In allen diesen Diskursen ist quasi als relativierendes und zugleich orientierendes Moment innerhalb der Individualisierungsthese zu bedenken, dass trotz aller Erweiterungen der Handlungsspielräume die »normative Kraft sozialer Strukturen«[524] nicht unterschätzt werden darf. *Es reicht also nicht, nur die Einzelnen mit ihren Konstruktionsleistungen in den Blick zu nehmen.* Vielmehr muss die Perspektive geweitet

520 Vgl. Bucher, Kindertheologie: Provokation?, 13.

521 Rupp, Perspektivenwechsel, 19.

522 Vgl. Schweitzer, Was ist und wozu Kindertheologie?

523 Vgl. Grethlein, Religionspädagogik ohne Inhalt?, 118–145.

524 Burkhart, Entscheidung zur Elternschaft, 192.

werden. Neben den Einzelnen sind *auch die prägenden Sozialbeziehungen und -räume mit einzubeziehen.* Weil der durch Individualisierung ermöglichte Freiheitsgewinn mit Verunsicherung einhergeht, werden »risikominimierende Strategien«[525] entwickelt. Zugespitzt könnte man sagen: Individualisierung vollzieht sich in Gruppen- bzw. Vergemeinschaftungsformen. Das Streben nach Singularität, nach dem Besonderen, das die gegenwärtige Gesellschaft bestimmt, macht dabei auch vor den Formen des Sozialen nicht Halt. Nicht mehr die alten Formen des Sozialen versprechen Identität, sondern temporäre und partikularistische.[526]

Gerade in Fragen von Religion und Glaube, die in hohem Maße familial geprägt werden, sind diese Einflüsse, also »biographische Zwangsläufigkeiten, kulturelle Selbstverständlichkeiten und milieuspezifische *constraints* [biographische Verlaufsmuster, die abhängig sind von Milieubedingungen]«[527] von vornherein mit zu berücksichtigen. Viel spricht dafür, dass die Wahl nur im Rahmen von Milieugrenzen möglich ist, zumindest aber in hohem Maße davon bestimmt wird. Dabei kommt dem Bildungsgrad ein wichtiger Stellenwert zu. Religionspädagogisch aufgenommen wurden diese Aspekte unter dem Stichwort der Milieuspezifik.

[*Milieu*]

Der Begriff entstammt der französischen Aufklärung und findet seinen Niederschlag zunächst in der Biologie des 19. Jahrhunderts. Dort bezeichnet er »die Gesamtheit der Umweltbedingungen eines Organismus und führt so zur Frage nach den Wechselbeziehungen zw(ischen) M(ilieu) und Organismus«[528]. In der soziologischen Milieutheorie werden verschiedene Faktoren unterschieden (natürliche, materielle, kulturelle, soziale), die die Lebensverhältnisse eines Individuums oder einer sozialen Gruppe beeinflussen. Unter einem sozialen Milieu werden »nun Personengruppen verstanden, ›die sich durch gruppenspezifische Existenzformen und erhöhte Binnenkommunikation voneinander abheben‹«[529].

Milieu (franz. Mitte, Mittel) bezeichnet die Umgebung, in der ein Mensch lebt und die ihn prägt. In soziologischer Perspektive steht Milieu für die sozialen

525 Beck-Gernsheim, Was kommt nach Familie?, 41.

526 Vgl. Reckwitz, Gesellschaft der Singularitäten, 394–400.

527 Burkhart, Entscheidung zur Elternschaft, 318.

528 Laube, Milieu, 1225.

529 Ebd. unter Bezug auf Schulze, Erlebnis-Gesellschaft, 174.

Bedingungen, denen eine Person oder eine Gruppe ausgesetzt ist. Um verschiedene Zielgruppen beschreiben zu können, werden in der sozialwissenschaftlichen Forschung die Sinus-Milieus unterschieden.[530]

Im evangelischen Bereich spielten hier unter dem Leitbegriff der Lebensstile die Ergebnisse der vierten Mitgliedschaftsumfrage der EKD eine wichtige Rolle.[531] Im katholischen Bereich wurden diese Fragen im Begriff einer milieusensiblen Kirche gebündelt.[532] Für den schulischen Bereich schlug sich die Auseinandersetzung damit nicht zuletzt im verstärkten Nachdenken über die Schulformspezifik nieder.[533]

3.1.3 Herausforderung Biografizität: Biografisches Lernen und gendersensible Religionspädagogik

Mit dem Begriff der Biografizität wird die »Innenseite«[534] dessen zu erfassen versucht, was soeben mit dem Begriff der Individualisierung beschrieben wurde.

[*Biografizität*]
Der Begriff ist ein Kunstwort aus dem griechischen βίος/*bios* = Leben, dem griechischen γράφειν/*gráphein* = [be]schreiben und dem lateinischen facere = machen und lässt sich gleichsam als »persönlicher Code« im Sinne einer »inneren Verarbeitungslogik« verstehen, »mit dem wir uns neue Erfahrungen erschließen« (6).

Dass *Lernprozesse immer auch lebensgeschichtlich einzuordnen und rückzubinden* sind, scheint heute selbstverständlich, ist aber im historischen Rückblick ein relativ junges Phänomen. *Erst in der Moderne kommt es zu*

---

530 Vgl. Barth/Flaig/Schäuble/Tautscher (Hg.), Praxis der Sinus-Milieus.

531 Vgl. Benthaus-Apel, Lebensstilspezifische Zugänge, 205–236; Schulz/Hauschildt/Kohler, Milieus praktisch; Schulz/Hauschildt/Kohler, Milieus praktisch II; Hempelmann, Gott im Milieu.

532 Vgl. Ebertz/Hunstig (Hg.), Hinaus ins Weite; Dies. (Hg.), Milieupraxis; Vögele/Bremer/Vester (Hg.), Soziale Milieus; Wippermann/Magalhaes, Milieuhandbuch.

533 Vgl. Schröder/Wermke (Hg.), Religionsdidaktik zwischen Schulformspezifik und Inklusion.

534 Alheit, »Biografizität« als Schlüsselkompetenz, 6. Die folgenden Seitenangaben beziehen sich darauf.

einer Entdeckung der Biografie. Menschen werden »gesellschaftlich gezwungen, individuell und einzigartig zu sein« (4). Grundlegende Voraussetzung dafür war nicht zuletzt die Normalerwartung eines langen Lebens, verbunden mit der relativen Sicherheit, das eigene Leben planen zu können. Aus diesem Gefühl resultiert eine Haltung, die dem Leben eher aktiv und positiv gegenübersteht. Religionsdidaktisch ist das in mehrfacher Weise von Bedeutung. *Einerseits gilt, dass alles, was wir lernen sozusagen »durch uns hindurch muss«, also mit einer »inneren Logik verbunden werden muss, die nur für uns gilt«* (4). Das gilt auch für religiöse Positionierungen. Religion kann in dieser Perspektive als »Produkt von Lebensgesch[ichte] angesehen«[535] werden. *Andererseits ist zu beachten, dass der Rahmen, in dem sich die individuelle Biografie entfalten kann, »nicht beliebig weit«[536] ist.* Eine »Abhängigkeit von institutionalisierten Ablaufmustern und sozialweltlichen Grenzmarkierungen« (296) ist deutlich zu beschreiben. Ein wesentlicher Teil unserer biografischen Aktivitäten ist weitgehend festgelegt oder wird erst von verschiedenen außerhalb unserer Selbst liegenden Prozessoren angestoßen. Das heißt, dass die »›Macht‹ der strukturellen Rahmenbedingungen« (298) immer mitzudenken ist. Biografisierende Lernprozesse lassen »weder das lernende Subjekt noch den umgebenden strukturellen Kontext unverändert«, sind also »transitorische[r]« (299) Art. Sie erschließen neue Möglichkeitsräume, indem sie Potenziale »unseres ungelebten Lebens« (299) wahr- und aufnehmen.

> [*transitorisch*]
> Das Adjektiv (lat. *transitorius* = durchgehbar, vorübergehend) bezeichnet das Vorübergehende, nur kurz Andauernde eines Zustands.

Für eine Religionspädagogik ist das von unmittelbarer Relevanz. Sie kann an dem »modern-postmodernen lebensprakt[ischen] Axiom der persönlichen rel[igiösen] Selbstbestimmung«[537] nicht vorbei. Das führt zu einer neuen Aufmerksamkeit für die Biografien (= Lebensgeschichten) der Lernenden. Damit wird eine Linie aufgenommen, die zwar von Anfang an beim christlich motivierten Lehren und Lernen im Blick war,

---

535 Schweitzer, Art. Biographie, 1604.

536 Alheit, Biographizität als Lernpotential, 296 (im Original nicht kursiv). Die folgenden Seitenangaben beziehen sich darauf.

537 Nipkow, Pluralität, Pluralismus, 1521.

nun aber auf wissenschaftlicher Ebene eine neue Gewichtung erfährt, indem einerseits der einzelne Lernende in der jeweiligen Phase seiner Entwicklung und anderseits die dafür prägenden Signaturen untersucht werden. Die Biografieforschung, also Ansätze, die die Biografie oder biografisches Erleben zum Gegenstand oder Ausgangspunkt ihrer Forschung machen,[538] entstand Anfang der 1970er Jahre in den Sozialwissenschaften und fand seit Mitte der 1980er Jahre auch in religionspädagogischen Arbeiten ihren Niederschlag. Nicht zuletzt daraus resultierte eine *neue Aufmerksamkeit für unterschiedliche religiöse Profile*, also beispielsweise die Religiosität von Frauen und von Schülerinnen und Schülern sowie von alten Menschen.[539] *In genereller Hinsicht wuchs damit das Bewusstsein für den »Eigen-Sinn«[540] eines jeden Lebens.* Religionsdidaktisch führt das zu einer neuen Aufmerksamkeit für die Biografien der Lernenden. Unterrichtliche Prozesse sollen aus der Adressatenperspektive heraus gestaltet werden, was mit dem Terminus des biografischen Lernens auf den Begriff gebracht werden kann. Hans-Georg Ziebertz (geb. 1956) unterscheidet beim Lernen an der eigenen Biografie drei Funktionen. Es geht um Klarheit über die vielfachen wechselseitigen Abhängigkeitsverhältnisse (kognitiv-aufklärerische Funktion), um deren gefühlsmäßige Verarbeitung (affektiv-integrierende) sowie um zukünftige Handlungsmöglichkeiten (pragmatisch-handlungsleitende Funktion).[541]

Durch die Zunahme der Lebenserwartung ergeben sich im Feld der Seniorenbildung vielfältige Impulse.[542] Einerseits ist je nach Altersphase (entsprechend einer pragmatischen Beurteilung des Allgemeinzustandes zwischen »go-gos« [Alltagsaktivitäten können selbständig erledigt werden], »slow-gos« [es geht langsamer, aber die Einschränkungen können über Hilfsmittel ausgeglichen werden] und »no-gos« [ständige Betreuung ist notwendig]) zu differenzieren. Seniorenbildung hat hier unterschiedliche Schwerpunkte zu setzen. Andererseits gewinnen intergenerationelle Lernprozesse ein neues Gewicht. Großelternschaft rückt

538 Vgl. Klein, Biografieforschung, 201.

539 Vgl. z. B. Sommer, Lebensgeschichte; Klein, Gottesbilder von Mädchen; Kuld, Das Entscheidende; Klie/Kumlehn/Kunz (Hg.), Praktische Theologie.

540 Kalloch/Leimgruber/Schwab, Lehrbuch, 242 (im Original kursiv).

541 Ziebertz, Biographisches Lernen, 358 f.

542 Vgl. Beier/Gabriel/Rieger/Wermke (Hg.), Religion und Bildung.

auch religionspädagogisch in den Fokus.[543] Der im gemeindepädagogischen Diskurs eingetragene Impuls zum generationenübergreifenden Lernen[544] bekommt dadurch neues Gewicht und wäre insgesamt religionspädagogisch stärker zu beachten.

Neben dieser eher auf den Einzelnen und seine Lebensgeschichte bezogenen Sicht sind hier auch die Gender-Theorien zu bedenken, die das Geschlecht des Menschen als soziale Kategorie erforschen und damit den Aspekt der *Abhängigkeit persönlicher Positionierungen von »institutionalisierten Ablaufmustern und sozialweltlichen Grenzmarkierungen«[545] in den Blick nehmen.* Grundlegend ist die Unterscheidung zwischen Sex und Gender, rüttelt sie doch an der vermeintlichen Natürlichkeit von Geschlechterkategorien und verweist auf die sozialen Prozesse des »doing gender«. Die Frage der Geschlechtergerechtigkeit erhält dadurch neue Impulse.

[*Sex und Gender*]
Im Deutschen bezeichnet das Wort »Geschlecht« verschiedene Aspekte. Es steht (abgesehen von der Bezeichnung einer gemeinsamen Familienherkunft [»Adel«]) sowohl für das »biologische bzw. physiologische Geschlecht« (englisch »sex«) als auch für die »sozialisierte bzw. kulturelle Geschlechtszuschreibung«[546]. Um hier klar differenzieren zu können, werden im wissenschaftlichen Diskurs die englischen Begriffe verwendet. Gender bezeichnet dabei Geschlechtseigenschaften, die eine Person in Gesellschaft und Kultur beschreiben. Dadurch wird es möglich, »eine Kausalverbindung zwischen [weiblichen und männlichen] Körpern und bestimmten Rollenzuweisungen kritisch zu hinterfragen und eine Relation zwischen der ›Struktur der Beziehungen der Geschlechter mit anderen kulturellen Kontexten und gesellschaftlichen Organisationsformen‹ herzustellen«[547]. *Doing Gender* bezeichnet den »Prozess der Rollenerwartung, -zuschreibung und -übernahme, der Geschlechterverhältnisse konstruiert und in individuellen, interaktionalen und institutionellen Kontexten reproduziert«[548].

Religionspädagogisch resultiert daraus nicht nur eine *neue Sensibilität für die Geschlechtsspezifik religiösen Lernens, sondern auch für das*

---

543 Vgl. Domsgen, Generation, 257–281.
544 Vgl. Affolderbach/Kirchhoff (Hg.), Miteinander leben lernen, 46–58.83–89.
545 Alheit, Biographizität, 296 (im Original nicht kursiv).
546 Kaupp, Geschlecht, 33.
547 A. a. O., 34 mit Bezug auf Hof, Entwicklung der Gender Studies, 20.
548 Ebd.

Thema der Geschlechtergerechtigkeit[549] verbunden mit einer kritischen Sicht auf religiöse Lernprozesse im kirchlich-institutionellen und alltäglichen Bereich.[550] Was hinsichtlich einer gendersensiblen Religionspädagogik zu markieren ist, gilt letztlich auch für andere Prägungen, die strukturell eingetragen werden. So ist beispielsweise auffällig, dass religiöse Positionierungen stark mit bestimmten Lebensstilen und -formen korrespondieren. Besonders deutlich wird das im Feld der Kirchenmitgliedschaft. In den Kirchen sind Menschen überrepräsentiert, die in traditionell ausgerichteten Familienformen leben. Außerdem ist der Anteil von Ausländern unter Evangelischen verschwindend gering. Die Evangelische Kirche hat kaum Mitglieder unter den Nichtdeutschen und denjenigen, die eine doppelte Staatsangehörigkeit besitzen.[551]

Wer der evangelischen Kirche angehört, steht zumeist in einer familiären Traditionslinie. Das gilt auch dann, wenn diese Tradition eher nebensächlich und Kirchlichkeit nicht zentral ist. Dabei scheint ein Abweichen vom traditionellen Familienbild Kirchlichkeit zu erschweren. Verheiratete Eltern mit mehreren Kindern messen kirchlichen Angeboten mehr Bedeutung zu als Alleinerziehende oder nichteheliche Lebensgemeinschaften mit einem Kind. In gewisser Weise fallen Familien jenseits des (zumindest für Westdeutschland weitgehend noch anzutreffenden) »Normalmodells« aus dem primären Fokus kirchlicher Angebote heraus. Vergleichbares gilt auch für Familien, die weniger bildungsaffin und sozioökonomisch benachteiligt sind.[552] Was für das Feld der Kirchenmitgliedschaft aufgezeigt werden kann, lässt sich auch mit Blick auf den Religionsunterricht markieren. Er scheint Lernenden mit bestimmten religiösen Vorstellungen (beispielsweise im Gottesbild) bessere Anknüpfungsmöglichkeiten zu geben als anderen.[553] Diese

---

549 Vgl. z. B. Pithan/Arzt/Jakobs/Knauth (Hg.), Gender – Religion – Bildung, 30–129; Qualbrink/Pithan/Wischer (Hg.), Geschlechter bilden.

550 Vgl. Sommer, Lebensgeschichte; Augst, Religion in der Lebenswelt.

551 Leider fehlen dazu Durchschnittswerte für ganz Deutschland. Deshalb sind regionale Aussagen von Bedeutung. So zeigt sich in Essen als einer Stadt mit hoher Kirchenzugehörigkeit (2016: kath. 35 %; ev. 24 %), dass der »Anteil von Nichtdeutschen und Doppelstaater/-innen an den evangelischen Christen« mit »weniger als 4 %« (7) sehr gering ist. Über die letzten Jahre hinweg lag der Anteil zwischen 3 und 6 %. »Die römisch-katholische Kirche hat mehr Mitglieder mit einer nichtdeutschen Staatsangehörigkeit, aber sie sind auch hier eine Minderheit.« (7) 2016 waren es 23 %; vgl. Stadt Essen, Statistik Schlagzeile 8/2017.

552 Vgl. Domsgen, Fremdheit bereichert, 18.

wiederum werden wesentlich durch die Kontexte bestimmt, in denen sie aufwachsen. *Es reicht also nicht, nur auf die individuellen Konstruktionsleistungen der einzelnen Lernenden zu schauen. Vielmehr sind von vornherein auch die Rahmenbedingungen in den Blick zu nehmen, in und mit denen das geschieht.*

3.1.4 Herausforderung »Glokalisierung«: Ökumenisches Lernen und Kontextuelle Religionspädagogik

Will man die Kontexte des Lernens angemessen in den Blick nehmen, gilt es, sich vor falschen Vereinseitigungen zu hüten, die polarisierend mit (dem inzwischen emeritierten Frankfurter Religionspädagogen) Hans-Günter Heimbrock (geb. 1948) als »globale Uniformisierung eines ›überkulturellen‹ Gesamt-Weltbildes« und »fundamentalisierende Verherrlichung von Heimatbezug«[554] bezeichnet werden können. Beide Extreme sind zu vermeiden, weil die *Prozesse der Universalisierung und Partikularisierung gleichzeitig verlaufen.* Unser Blick ist auf die weltweiten Entwicklungen gerichtet. Zugleich nehmen wir diese Entwicklungen vor dem Hintergrund dessen wahr, was uns unmittelbar vor Augen liegt. Mit dem Soziologen Roland Robertson (geb. 1938) lässt sich dieses Zusammenspiel des Globalen und Lokalen als »Glokalisierung«[555] bezeichnen. Glokales Lernen zielt auf ein »unablässiges Wechselspiel zwischen Regionalem und Universalem«[556]. Denn Globalisierung ist nicht einfach da, sondern wird von Menschen »spezifisch wahrgenommen, mit Sinn gefüllt und mit bestimmten Bildern besetzt«[557]. *Letztlich kommt die Welt als ganze in den Blick, wird aber in den Kontext eines persönlichen Sinnentwurfs gestellt.*

Religionspädagogisch ist das von unmittelbarer Bedeutung, weil damit unsere Aufmerksamkeitsrichtung verändert wird. Bereits Ernst Lange (1924–1974) hatte in den 1970er Jahren von der Notwendigkeit eines ökumenischen Lernens gesprochen.

---

553 Unser, Soziale Ungleichheiten, 80–95; Schwarz/Dörnhöfer, SchülerInnenperspektiven, 205–243.

554 Heimbrock, Religionsunterricht, 221.

555 Robertson, Glokalisierung, 155–169.

556 Heimbrock, Religionsunterricht, 222.

557 Simojoki, Ökumenisches Lernen, 214.

[*Ökumene*]
Das griechische Wort οἰκουμένη/oikouménē bedeutet »die ganze bewohnte Erde«. Im kirchlichen Sprachgebrauch begegnen unterschiedliche Schwerpunktsetzungen. Der »innerchristlichen Ökumene« geht es um Kooperation, Annäherung und Dialog der christlichen Konfessionen. Als »abrahamitische Ökumene« bezeichnet man interreligiöse Verständigungsprozesse zwischen Christen, Juden und Muslimen. Der Dialog zwischen den Weltreligionen wird interreligiöse Ökumene genannt. Hier sind neben den monotheistischen Religionen auch Hinduismus und Buddhismus involviert. Der Horizont der »Einen Menschheit«, bei dem die »versöhnte Verschiedenheit aller Menschen unterschiedlicher Weltanschauungen, Religionen, Konfessionen, Hautfarben und kultureller Prägungen«[558] den Zielpunkt bildet, lässt sich als große Ökumene bezeichnen. In diesem Horizont bewegt sich auch der »Konziliare Prozess für Gerechtigkeit, Frieden und Bewahrung der Schöpfung«. Auf der Vollversammlung des Weltkirchenrates in Vancouver 1983 hatte die DDR-Delegation ein gesamtchristliches Friedenskonzil vorgeschlagen. Das war allerdings nicht möglich. So kam es zur Einigung auf einen konziliaren Prozess gegenseitiger Verpflichtung auf Gerechtigkeit, Frieden und Bewahrung der Schöpfung, womit gegen Rassismus, Sexismus, Militarismus, Unterdrückung der Kasten und Klassenherrschaft vorgegangen werden sollte.

Langes Vorstoß zielte darauf, die ökumenische Bewegung für Frieden, Gerechtigkeit, Freiheit und Umverteilung von Macht und Besitz in die Verantwortung zu nehmen.[559] *Ökumenisches Lernen war darauf ausgerichtet, die weltweite Perspektive des Daseins für andere einzuüben.* Weiterführende Impulse erhielt dieser Ansatz in den 1970er und 1980er Jahren, indem es als grenzüberschreitendes, interkulturelle wie interreligiöse Lernprozesse einschließendes, handlungsorientiertes und handlungsorientierendes Lernen verstanden wurde. Ganzheitliche Perspektiven rückten in den Blick. Die Orientierung am Konziliaren Prozess für Frieden, Gerechtigkeit und Bewahrung der Schöpfung wurde wichtig. Verständigung und Versöhnung wurden zu wesentlichen Stichworten.[560] Der Bamberger Religionspädagoge Henrik Simojoki (geb. 1975) hat zu Recht darauf verwiesen, dass dieser Ansatz weiterzuentwickeln ist. *Es geht nicht nur um ein globales Denken und lokales Handeln (»think global, act local«), sondern um »glokales« Lernen.* Denn auch die

558 Scheidler, Ökumene, 181.
559 Lange, Bildung als Problem, 159–200.
560 Becker, Ökumenisches Lernen, 1445 f.

Unterrichtsgegenstände sind von der damit bezeichneten Perspektivierung nicht ausgenommen. So stellt sich beispielsweise die Entwicklung des Christentums in Europa deutlich anders dar als weltweit. Schon jetzt lebt die überwältigende Mehrheit aller Christen in der nichtwestlichen Welt. Damit verbinden sich nicht nur topographische, sondern auch substanzielle Akzentverschiebungen. Die Verbreitung des Christentums »folgt keiner homogenisierenden Logik, sondern verläuft nach dem für die Globalisierung insgesamt charakteristischen Muster gleichzeitiger Universalisierung und Partikularisierung«[561]. Das Christentum »globalisiert sich nicht nur extensiv, sondern auch intensiv«, d. h. auch die partikularisierten Varianten streben nach Universalisierung, »um dann in neuen Kontexten wiederum eigengeprägte, eben ›glokale‹ Mischungen einzugehen«[562]. Diese Mischungen begegnen nicht nur in den fernen Ländern, sondern oft auch in der Lebenswelt vor Ort. *Nicht zuletzt daraus ergibt sich die Notwendigkeit einer »stärker kontextsensitiven Thematisierung des Christlichen«[563], das es nie per se, sondern immer nur in multireligiösen und sonstigen Konstellationen gibt.*

Eine solche Sichtweise lässt in besonderer Weise nach der Prägung der Räume fragen, in denen Lernende leben. Hier greift Eigenes und Fremdes immer stärker ineinander, kommt es – nicht zuletzt mittels medialer Einflüsse – »zu religiös-kulturellen Verflechtungszusammenhängen«[564], zu einer »Kopräsenz des Globalen und Lokalen«[565], deren Vorgaben nicht einfach nur übernommen, sondern spezifisch verarbeitet und kombiniert werden. Eine wichtige Rolle in der Profilierung des Glokalen spielt hier die populäre Medienkultur. Sie baut Brücken zwischen den Welten und ist darin auch für interreligiöse Bildung fruchtbar zu machen.[566] Auf alle Fälle wird deutlich, dass die Medien auch für das Feld religiöser Bildung von grundlegender Bedeutung sind.

Mit Blick auf die Profilierung einer religionspädagogischen Theorie ist zu beachten, *dass nicht nur die vielfältigen Lernprozesse glokal, und d. h. in einer spezifischen Kontextualität geprägt werden. Auch die Theoriebildung selbst ist davon nicht ausgenommen.* Wenn beispielsweise

561 Simojoki, Ungleichzeitigkeit religiösen Wandels, 29.
562 A. a. O., 30; vgl. Ders., Globalisierte Religion, 91–94.
563 A. a. O., 31.
564 Simojoki, Beirut in Berlin?, 176.
565 A. a. O., 177.
566 Vgl. Pirner/Lähnemann/Haußmann (Hg.), Medien-Macht und Religionen, 230–313.

Religionspädagogik die Individuen in den Fokus stellt und sich »programmatisch auf deren Subjektwerdung«[567] ausrichtet, drückt sich darin eine spezifische kontextuelle Prägung aus, insofern die Figur der Individualisierung auf den westeuropäischen Kontext und seine geschichtliche Entwicklung verweist. *Religionspädagogik gibt es nicht an sich, sondern immer nur in kontextueller Profilierung.* Das gilt auch für die Theologie und wird unter dem Stichwort der kontextuellen Theologie reflektiert. Damit verbunden ist ein neuer, »anderer Denkstil«, der mit dem systematischen Theologen Ingolf U. Dalferth (geb. 1948) als »topisches Denken in Perspektiven und Horizonten« zu beschreiben ist, das »sensibel ist für die Vielaspektigkeit und Rekombinierbarkeit der Phänomene, die in den Blick gefasst werden«[568]. Sie werden in verschiedenen Perspektiven und Horizonten zu betrachten versucht.

[Topik]
Die Lehre von den *topoi* (griechisch Τόποι/*Tópoi*, lateinisch *loci* = Örter) gehört bei Aristoteles »in die Grundlagenwiss(enschaft) für das Wissen des Wahrscheinlichen, die Dialektik, wo sie die situative Angemessenheit von Argumentationsstrategien aufzeigt und begründet (Rhetorik)«[569].

Damit verbunden ist auch eine Verschiebung in der Zielbestimmung, geht es doch nicht mehr darum, »sie begrifflich so zu fixieren, dass sie auf eine und nur eine Weise ›richtig‹ verstanden sind.« (12) Das bedeutet nicht, sich in eine Beliebigkeit der Betrachtungsweisen zu begeben und auf kritische Fragen nach Bestimmtheit oder Wahrheit zu verzichten. »Im Gegenteil, damit erst wird die Pointe dieser Fragen deutlich und deren Unverzichtbarkeit und Orientierungsleistung einsichtig.« (12) *Letztlich steht die Herausforderung nach zeit- und kontextgemäßen Antworten im Raum, die von möglichst vielen »in pluralen Lernprozessen und divergierenden Lebenssituationen« (13) verstanden werden können.* »Wahr ist, was wahr wird und auch für andere wahr werden kann. Gewiss ist, was gewiss macht und auch anderen gewiss werden könnte. Verbindlich ist, was sich trotz und in aller Vielfalt als verbindlich erweist.« (13) Theologisch begründet geht es um eine Beweglichkeit des Denkens, »weil

567 Schröder, Religionspädagogik, 4.

568 Dalferth, Theologie als Interpretationspraxis, 12. Die folgenden Seitenangaben im Text beziehen sich darauf.

569 Zachhuber, Topik, 475.

Gott selbst in Bewegung ist. Wie in Christus die göttliche und die menschliche Natur zugleich unterschieden und doch verbunden sind, so bedeutet die Inkarnation, daß die Grenze zwischen heilig und profan, Jude und Grieche, Mann und Frau, Sklaven und Freien aufgehoben ist.«[570]

3.1.5 Herausforderung Elementarisierung: Bibel- und Symboldidaktik, Elementarisierung als religionsdidaktischer Ansatz

Die skizzierten Entwicklungen verstärken eine Frage, die christlich motiviertes Lehren und Lernen von Anfang an begleitet und in dem Bemühen um die Fokussierung der zu bearbeitenden Inhalte ihre Zuspitzung findet. Es ist diejenige nach dem dabei Unverzichtbaren bzw. Grundlegenden. *Elementarisierung im Sinne einer »Konzentration auf das Wesentliche«, durch das ein »Zugang zu dem dahinter liegenden Allgemeinen ermöglicht«[571] wird, stellt eine wesentliche religionspädagogische Aufgabe dar.*

Vor allem dann, wenn der Kontext immer weniger Lernanlässe bietet, die eine Auseinandersetzung mit der christlichen Dimension der Lebensdeutung und -gestaltung erfordern, oder aber so komplex wird, dass eine explizite Orientierung immer dringlicher wird, steigt die Notwendigkeit zur Identifizierung derjenigen Inhalte, die für christlich motiviertes Lehren und Lernen als unverzichtbar bzw. besonders geeignet gelten, um die Lebensform des Christseins erschließen zu können.

Bereits in den neutestamentlichen Schriften zeigt sich das Bemühen um Fixierung von Grundelementen christlichen Glaubens, beispielsweise bei Paulus in der Trias von Glaube, Liebe und Hoffnung (1Kor 13,13) oder in Kurzformeln, die der Verkündigung und Bekenntnisbildung dienen.[572] Allerdings dominiert hier ein elementartheologisches Interesse, insofern Grundelemente des Glaubens benannt werden, ohne sie gleichermaßen lebensweltlich zu reflektieren. Auch die Katechismen verfolgen diese Linie. So beabsichtigt beispielsweise Luther

570 Körtner, Hermeneutische Theologie, 47.

571 Lämmermann, Elementarisierung, 382 (im Original nicht kursiv).

572 Zu den unterschiedlichen Bekenntnissituationen und -inhalten vgl.: Böttrich, Bekenntnis (NT), 4–16.

mit seinem Kleinen Katechismus, dass die »Wahrheit des Gelernten aufgeht«, »die wesentliche Summe gelernt wird«, »das Gelernte überzeugt« und »schon Kinder das Evangelium verstehen«[573]. Auch wenn hier erste Aspekte einer Adressatenorientierung auftauchen, überwiegt doch das theologische Interesse. Eine grundlegende Erschütterung erfuhr dieses Vorgehen im Gefolge der Aufklärung und des damit verbundenen Bemühens, die Seite der Lernenden gleichermaßen einzubeziehen.

Maßgeblich ist eine pädagogische Elementarisierung im Feld der allgemeinen Didaktik durch Wolfgang Klafki (1927–2016) angestoßen worden. Er unterscheidet als Grundformen das Fundamentale, das Exemplarische, das Typische, das Klassische und das Repräsentative,[574] womit die Bildungsrelevanz der Inhalte aufgedeckt und strukturiert werden soll. *Nur das, was bildend wirkt, kann als elementar gelten.* Das Pädagogisch-Elementare beschreibt dabei die Begegnungsebene »zwischen dem aus seiner besonderen Geschichte lebenden Subjekt u[nd] den allgemeinen übergreifenden Kategorien, mit denen ein Subjekt seine Umwelt begreifen u[nd] gestalten kann«[575]. Entscheidend ist die wechselseitige Erschließung von Subjekt und Wirklichkeit und das Entdecken der fundamentalen Bezüge, die Klafki »Schlüsselprobleme« nennt.

Religionspädagogisch fand die Elementarisierung in ihrer pädagogischen Profilierung erst in den 1970er Jahren Aufnahme. Zuvor hatte die Evangelische Unterweisung das Elementare in »theol[ogischer] Fehldeutung des päd[agogischen] Programms unmittelbar mit dem Fundamentalen«[576] identifiziert. Auch im Hermeneutischen Unterricht war eine pädagogisch verantwortete Elementarisierung nicht gelungen. Ingo Baldermann (ge. 1929) nahm für sich in Anspruch, dem Elementarisierungskonzept in seiner Bibeldidaktik zu entsprechen, insofern die Bibel selbst auf wechselseitige Erschließung angelegt ist. Weil in ihr »Offenbarung u[nd] Existenz«[577] miteinander verschmolzen sind, ist Elementarisierung in der Bibel bereits angelegt, was in der Auseinandersetzung damit bewusst zu machen ist. Wenn Menschen heute sich in diese Perspektive begeben, erfahren sie eine Aufhellung ihrer Existenz. Besonders deutlich wird das in der Psalmendidaktik.[578]

573 Nipkow, Grundfragen 3, 188.

574 Klafki, Studien zur Bildungstheorie, 135–143.

575 Lämmermann, Elementarisierung, 383.

576 A. a. O., 384.

577 Ebd.

Auch die Symboldidaktik beanspruchte eine wechselseitige Erschließung, insofern in den Symbolen als Sprache der Religion menschliche Erfahrungen geronnen sind. Eine Auseinandersetzung damit will neue eigene Erfahrungen ermöglichen. Allerdings behalten sowohl innerhalb der Bibel- als auch der Symboldidaktik die »fremden Erfahrungen in ihrer Vermittlung letztendlich ihr Primat«[579]. Vom Subjekt her wird im Prozess wechselseitiger Erschließung erst sekundär gedacht. Hier versucht Nipkow anzusetzen. Seit Ende der 1970er Jahre entwickelte er einen religionsdidaktischen Ansatz, den er als die eigentliche Mitte bzw. den Kern der Unterrichtsvorbereitung bezeichnete.[580] Dabei bezieht er sich auf die doppelte Bedeutung des lateinischen *elementum* im Sinne von Grundstoff, Grundbestandteil sowie Anfangsgründe und Anfänge. Elementarisierung kann sich also nie nur auf eine »sachbezogene Vereinfachung und Konzentration« beziehen, sondern muss immer auch die »Frage nach dem zeitlich Anfänglichen« im Blick haben, also »worauf anderes aufbaut«[581]. Vor diesem Hintergrund erscheint nach Nipkow das Elementare vierfach:

1. hinsichtlich der *elementaren Strukturen* als »das grundlegend Einfache« (dabei geht es um wissenschaftliche Vereinfachung im Sinne einer sach- und textgemäßen Konzentration);

2. hinsichtlich der *elementaren Erfahrungen* als »das subjektiv Authentische« (an dieser Stelle sind sowohl Erfahrungen aufseiten der Schülerinnen und Schüler als auch in den biblischen Texten, religiösen Ritualen theologischen Lehraussagen usw. im Sinne einer Relevanzeröffnung gemeint);

3. hinsichtlich der *elementaren Zugänge* als »das zeitlich Angemessene« (hier steht die Sequenzfrage im Mittelpunkt im Sinne gesellschaftlich- und lebensgeschichtlich bedingter Verstehensvoraussetzungen, insofern Kinder und Jugendliche ihre eigenen Verstehens- und Deutungsweisen mitbringen);

4. hinsichtlich der *elementaren Wahrheiten* als »das gewissmachende Wahre«[582] (der Fokus liegt hier auf dem Vergewisserungsproblem,

---

578 Vgl. Baldermann, Einführung Biblische Didaktik, 24–68.

579 Lämmermann, Elementarisierung, 385.

580 Nipkow, Elementarisierung als Kern, 600–608.

581 Nipkow, Elementarisierung, 452.

582 A. a. O., 452 f.

indem der Wahrheitsanspruch der Sache auf die Erfahrungsmöglichkeiten der Lernenden bezogen wird).

Schweitzer hat das Konzept später um eine weitere Dimension ergänzt und zwar 5. hinsichtlich der elementaren Lernformen als aktives Lernen und Erfahren (dabei geht es um die Profilierung von Lernprozessen im Sinne eines »aktive[n] Sich-Auseinandersetzen[s] mit Fragen und Widersprüchen«[583]).

Damit liegt ein genuin religionsdidaktisches Konzept zur Unterrichtsplanung vor, das die doppelte Erschließungsbewegung von Subjekt und Objekt von vornherein berücksichtigt und auf diese Weise eine Perspektive beschreibt, die »konstitutiv ist für alle didaktischen Überlegungen«, nicht nur »im Kontext von Unterrichtsvorbereitung«[584]. Die dabei unverzichtbaren Erschließungswege ergeben sich von den Lernenden wie von der Sache her und machen nicht zuletzt noch einmal deutlich, dass Religionsdidaktik nicht als Anwendungswissenschaft zu verstehen ist, die sich lediglich um die methodisch geschickte Vermittlung des zuvor inhaltlich in den anderen theologischen Disziplinen Geklärten zu bemühen hätte. *Die wesentlichen Inhalte können nicht einfach als ein für alle Mal gesetzt beschrieben werden, sondern sind immer wieder neu zu identifizieren und in ihren didaktischen Zusammenhängen zu profilieren.* Dabei ist jedoch im Blick zu behalten, dass Inhalte immer in bestimmten Formen zur Darstellung gebracht werden.

3.1.6 Herausforderung Performanz: Ästhetisches Lernen und performanzorientierte Religionsdidaktik

Eng mit der Frage nach den Inhalten und Gehalten christlich motivierten Lehrens und Lernens verbunden ist diejenige nach ihren Formen und Gestalten. Man kann sie geradezu als korrespondierende Dimension betrachten, geht es doch auch um das *In-Szene-Setzen, indem Inhalte nie an sich, sondern immer (nur) in bestimmten Formen mitgeteilt und insofern auch dargestellt werden.*[585]

583 Schweitzer, Elementarisierung, 25.

584 Kalloch/Leimgruber/Schwab, Lehrbuch der Religionsdidaktik, 255.

585 Vgl. Leonhard/Klie, Performative Religionspädagogik, 10.

Dahinter steht die Erkenntnis, dass Gestaltungs- und Formfragen eine wesentliche religionspädagogische Rolle spielen und Lernprozesse nicht nur kognitiv ausgerichtet sein dürfen, sondern alle Sinne anzusprechen haben. Vor allem Friedrich Schleiermacher (1768–1834) machte diese Dimension stark, wobei sie bei ihm mit einer Abneigung allem Unterrichtlichen (im Sinne des Nützlichen und Rationalen) gegenüber verbunden war. Für ihn gehören Religion und Bildung als selbsttätige und kommunikative Prozesse aufs Engste zusammen. Religion als Anschauung und Gefühl ist bei ihm auf freie Darstellung und Mitteilung ausgerichtet. Dadurch bekommen Formfragen ein neues Gewicht. Religiöses Lernen ist nicht in erster Linie intentional ausgerichtet, sondern geschieht im Mitvollzug einer christlich geformten Lebenswelt und Kommunikation. In dieser Perspektive spielen »ästhetische Gegenstände [Kirchenraum, Bilder, Figuren] und Praktiken [szenische Spiele, Riten, Liturgie, Lieder] eine entscheidende Rolle«[586].

Weiterführende Impulse ergeben sich hier einerseits durch die Auseinandersetzung mit Ästhetischer Erziehung bzw. Ästhetischem Lernen und andererseits in der Diskussion um eine performative Religionsdidaktik. Beide Perspektiven nehmen Impulse auf, die in der symboldidaktischen Reflexion thematisiert wurden, und führen diese weiter. Bereits Hubertus Halbfas (geb. 1932) und (später) Peter Biehl (1931–2006) hatten in ihren symboldidaktischen Entwürfen die traditionellen texthermeneutischen Lernwege erweitert. Bei allen Differenzen im Ansatz verfolgen sie gemeinsam das Ziel, im Religionsunterricht die ästhetische und emotionale Wahrnehmung der Schülerinnen und Schüler anzusprechen. Dabei machte Halbfas als erster darauf aufmerksam, dass die Konzentration des Religionsunterrichts auf einen primär reflexiven Zugang zu religiösen Themen nicht mehr aufrechterhalten werden kann, weil entsprechende explizite Erfahrungen bei den meisten Kindern und Jugendlichen nicht mehr vorausgesetzt werden können. Deshalb muss ein Religionsunterricht, der sich dem didaktischen Prinzip der Anschaulichkeit verpflichtet fühlt, auch selbst religiöse Praxis ermöglichen. In den Mittelpunkt des Interesses rückt nun der »Gebrauch christlich-religiöser Zeichen«[587]. Religion – so die grundlegende Perspektive – kann »nur am Gegenstand ihres Lebensvollzuges wahrge-

586 Altmeyer, Ästhetik, 208.

587 Meyer-Blanck, Liturgik und Didaktik, 91.

nommen und auch gelernt werden«[588]. Dem korrespondiert ein neues Gespür für die Formen und Prozesse, in denen Religion sich zeigt und abspielt. Damit gewinnt die ästhetische Dimension religiösen Lernens neue Bedeutung.

> *[Ästhetik/ästhetische Bildung]*
> Der Begriff entstand im 18. Jahrhundert in Anlehnung an das griechische αἰσθάνεσθαι/*aísthanestai* = »durch die Sinne wahrnehmen, empfinden, fühlen«. In der ästhetischen Theorie lassen sich mit der Theorie des Schönen, der Theorie der Kunst und der Lehre von der sinnlichen Erkenntnis drei Grundmodelle unterscheiden.[589] Letztere hebt darauf ab, den Eigenwert sinnlicher Erkenntnis neben der rational bestimmten zu beschreiben. Während rationale Erkenntnis sich um »die definitorische Bestimmung des Objektes« und die »Zuordnung von Begriff u[nd] Empirie« bemüht, geht es ästhetischer Erkenntnis darum, dass »sich das Subjekt u[nd] die Gefühle des Subjektes in der Auseinandersetzung mit dem Objekt artikulieren«[590]. In der Idee der ästhetischen Bildung geht es um den »Versuch, beide Pole«, also das »Ich denke« und das »Ich empfinde«, »im Ideal des gebildeten Menschen miteinander zu versöhnen«[591].

Wie beispielsweise Joachim Kunstmann betont, wird Religion »durch ihre Wahrnehmung gelernt«[592], wobei er davon ausgeht, dass sich religiöse Wirklichkeit bildlich, symbolisch und rituell zeigt. Dass dabei ein sehr zugespitzter Begriff von ästhetischer Bildung mit einem ebensolchen Begriff von Religion in Anschlag gebracht wird, insofern ethisch-praktische und diskursiv-urteilende Momente eher abgrenzend in den Blick kommen,[593] ist zu erwähnen, braucht hier aber nicht vertieft zu werden. Wichtig an dieser Stelle ist der Fokus auf das »leib-räumliche Formenspiel«[594] von Religion, mit der die ästhetische Erfahrung in das Zentrum des Interesses rückt. In dieser Perspektive werden unter dem Begriff einer performanzorientierten Religionsdidaktik seit Anfang der 2000er Jahre religionsdidaktische Diskurse gebündelt, die darauf abhe-

---

588 Gutmann, Herr der Heerscharen, 233.

589 Albrecht Grözinger unterscheidet drei Grundmodelle ästhetischer Theorie als Theorie des Schönen, als Theorie der Kunst und als Lehre von der sinnlichen Erkenntnis; vgl. Grözinger, Praktische Theologie, 105–122.

590 Otto/Otto, Ästhetische Erziehung, 15.

591 Altmeyer, Ästhetik, 207.

592 Kunstmann, Religion und Bildung, 370.

593 Vgl. Grümme, Mystagogische Performanz, 291–300.

594 Dressler/Klie, Zeichenspiele inszenieren, 95.

ben, Religion »als eine Praxis zu erschließen, d. h. über ihre sprachlichen und szenisch-gestischen Vollzugsformen«[595].

[Performanz/performanzorientierte Religionsdidaktik]
Der Performanzbegriff wird vielfach verwendet und ist dabei keineswegs eindeutig bestimmt. Sein Ursprung liegt in der Sprechakttheorie. Deren Begründer, John L. Austin (1911–1960), unterscheidet anfänglich zwischen konstativen und performativen Sätzen. Letztere waren für ihn Äußerungen, mit denen nicht nur etwas gesagt, sondern auch getan wird. Es gibt also bestimmte Aussagen, die gleichzeitig eine Handlung implizieren. Religiöse Sprachformen gehören zu diesen performativen Sprachformen, insofern damit eine Wirklichkeit eröffnet wird, die in bestimmten Aussagen und Handlungen intentional zur Darstellung kommt. Eine eigene Akzentuierung im Umgang mit dem Performanzbegriff zeigt sich im Feld der Kulturwissenschaften. Während der sprachphilosophische Zugang die kommunikative Funktion der Sprechakte thematisiert, untersuchen die kulturwissenschaftlichen Performanzkonzepte die Wirklichkeit der medialen Verkörperungsbedingung, also den Modus kommunikativer Vollzüge.
Unter dem Begriff des performativen Religionsunterrichts (Bernhard Dressler [geb. 1947] plädiert hier in jüngster Zeit für die Bezeichnung performanzorientierte Religionsdidaktik) wurden kurz nach der Jahrtausendwende unterschiedliche religionsdidaktische Schwerpunktsetzungen (zuerst im evangelischen Bereich mit Blick auf Meyer-Blancks [geb. 1954] zeichendidaktischen; Dietrich Zillessens [geb. 1937] dekonstruktivistischen und Christoph Bizers [1935–2008] gestaltpädagogischen Ansatz und später im katholischen Bereich in der Auseinandersetzung mit dem Bischofswort von 2005 in Tagungen des »Arbeitsforums für Religionspädagogik« und der »Arbeitsgemeinschaft Katholische Religionspädagogik und Katechetik«) aufgenommen und gebündelt, die das Bewusstsein für den Inszenierungscharakter von Unterricht im Allgemeinen und für den Unterrichtsgegenstand Religion im Besonderen verstärken, ohne damit das Performative zum ausschließlichen Unterrichtskonzept erheben zu wollen. Der Diskurs darüber wird in beiden Konfessionen geführt, wobei sich jeweils eigene Schwerpunktsetzungen zeigen.[596] Als grundsätzliche Anfrage wäre zu bedenken, ob das bewusste Absehen von der Authentizität der Sprechenden empirisch darstellbar und unterrichtspraktisch auch außerhalb einer gymnasialen Oberstufe umsetzbar ist. Aus semiotischer (= zeichentheoretischer) Perspektive sind hier durchaus Zweifel angebracht, weil »hier etwas probehalber und um seiner anschließend auswertbaren Erfahrung willen gemacht wird, was an sich als Ernstfall und um seiner selbst willen gedacht ist«[597]. Aus schultheoretischer Perspektive

---

595 Vgl. Dressler, Performativer Religionsunterricht, 6.
596 Vgl. dazu den instruktiven Überblick bei Mendl, Geschichte des Performativen.
597 Lütze, Religiöse Lernprozesse, 131.

verstärkt sich dieses Problem noch. Denn Schule reduziert das Lernen in vielen Fächern auf eine Art »Als-ob-Lernen« und muss dies auch tun. Wie Ergebnisse empirischer Bildungsforschung zeigen, ergeben sich hier allerdings deutliche Begrenzungen, wo für die Lernenden selbst der Echtheitscharakter zentral ist. Dies scheint in Haupt- und Realschulen deutlich stärker der Fall zu sein als am Gymnasium.[598] Die ›Künstlichkeit‹ von Schule fällt dort besonders schwer. Insofern steht der performative Ansatz, so er denn in Gänze realisiert wird, nicht nur in der Gefahr, an einem Grundproblem von Schule zu partizipieren, sondern dies auch noch zu seinem grundlegenden Paradigma zu machen. Insofern wäre nach Alternativen zu suchen, bei denen in pädagogisch reflektierter Weise die schulischen Bedingungen überschritten bzw. erweitert werden, womit der Religionsunterricht im schulischen Kontext nicht allein stünde, wie beispielsweise ein Blick auf den Musik-, Kunst- und in gewissem Grad auch auf den Fremdsprachenunterricht zeigt.

Der Zielpunkt liegt dabei im Verstehen von Religion, nicht in der Beheimatung in einer bestimmten religiösen Praxisform. Dabei gewinnt ein Aspekt, der bereits von Meyer-Blanck in seiner Zeichendidaktik thematisiert wurde, besonderes Gewicht: Es geht um ein »probeweise[s], quasi experimentell[es]« Inszenieren, damit der Gebrauch von Religion »verstehbar, nachvollziehbar und kritisierbar«[599] wird. Nicht zuletzt daraus ergibt sich eine besondere Passförmigkeit für schulisches Lernen. Hier ist es vor allem Dressler, der den experimentellen Charakter am Handlungsort Schule betont und deshalb im Probehandeln als einem »Als-Ob-Handeln« den angemessenen Annäherungsmodus sieht. Dahinter steht ein Verständnis von Schule als »Moratorium des Lebensernstes«[600], in dem sich das Leben nie unmittelbar, sondern immer nur reflexiv oder ästhetisch gebrochen zeigt. Authentische Praxis ist dabei nicht vorgesehen. Religionsdidaktisch ergibt sich die Frage, wie damit umzugehen ist. Dabei kristallisieren sich zwei genauer zu bedenkende Aspekte, die Hans Mendl (geb. 1960) treffend zusammenfasst: »Schützt man das lernende Subjekt, indem man es nicht mit authentischen Akten von Religion überwältigt, sondern ein deutlich erkennbares Probehandeln inszeniert, so wird dies der Würde des Gegenstands nicht gerecht. Praktiziert man religiöse Akte im Religionsunterricht, so verstößt das gegen die systemischen Modalitäten schulischen Lernens und geht

598 Vgl. dazu die empirischen Befunde bei Lütze, Religionsunterricht, 154–176.

599 Meyer-Blanck, Liturgik und Didaktik, 91.

600 Dressler, Bildung – Religion – Kompetenz, 263.

evtl. respektlos mit den Schülerinnen und Schülern um.«[601] Damit werden wesentliche Koordinaten bestimmt: *Die Art des In-Szene-Setzens darf weder die Schülerinnen und Schüler überwältigen noch den Gegenstand verblassen lassen.* Quasi auf der Zwischenebene bewegt sich die Frage, inwiefern religiöse Handlungen (wie beispielsweise das Gebet) wirklich von ihrer Intention getrennt und insofern auch probehalber nachvollzogen werden können. Dass die Formen selbst bestimmte Intentionen verdeutlichen, steht außer Frage. Aber ob das vor allem für diejenigen Kinder und Jugendlichen, die in ihrer Biografie bisher nicht mit expliziter Religion in Kontakt gekommen sind und dies für das ›Normale‹ halten, eröffnend ist, ist zumindest anzufragen, weil hier die Sinnhaftigkeit religiöser Vollzüge verstärkt im Raum steht. Sie ist eng mit der Herausforderung verbunden, nachvollziehen zu können, was Menschen antreibt, die ihr Leben aus religiösen Motiven heraus deuten und gestalten. Letztlich handelt es sich hier um eine Gratwanderung, die je nach Voraussetzungen aufseiten der Lernenden hinsichtlich ihres Verhältnisses zum Lerngegenstand zu bestimmen ist. Zweifelsohne sind kognitive Dissonanzen notwendig. Allerdings ist die Frage nach der »Produktivität von Fremdheitszumutungen«[602] immer wieder neu zu bedenken und zu gewichten, damit es nicht zu einer Überforderung im Sinne einer vollkommenen Fremdheit kommt. Die Fragen nach Inhalt und Form, nach Gehalt und Gestalt stellen sich also auch hier.

An dieser Stelle tritt eine Herausforderung vor Augen, die religionspädagogisches Nachdenken und Handeln schon lange begleitet und in immer wieder neuen Facetten bedacht wird. Sie soll im Folgenden unter dem Stichwort der Lebensdienlichkeit skizziert werden.

3.1.7 Herausforderung Lebensdienlichkeit: Kompetenzorientierung und systemische Religionspädagogik

Christlich motivierte Lehr- und Lernprozesse finden an unterschiedlichen Lernorten mit einer jeweils eigenen Profilierung statt. Sie stehen damit vor einer Herausforderung, die vom Grundsatz her alle Lernprozesse betrifft und in der Verknüpfung des Gelernten mit den Einflüssen

601 Mendl, Geschichte des Performativen, 41.

602 Dressler/Klie/Kumlehn, Umgang mit Performanz, 319.

der jeweils anderen Felder liegt, in denen sich die Lernenden bewegen. Am Beispiel der Schule lässt sich das eindrücklich vor Augen führen. Lerntheoretisch gesehen fällt beispielsweise auf, dass »die Differenz zwischen den stark im episodischen Gedächtnis verankerten lebensweltlichen Partizipationsformen und den eher in Ablagerungen deklarierten Wissens sich niederschlagenden schulischen Partizipationen [...] erheblich«[603] ist. Trotz der Notwendigkeit, lernortspezifische Profilierungen vorzunehmen, bleibt die *Herausforderung, schulisches Lernen ins Verhältnis zum alltäglichen und lebensgeschichtlichen Lernen insgesamt zu setzen.* Damit gewinnt einerseits die Frage nach den Ergebnissen bzw. dem Nutzen von Lernprozessen eine neue Bedeutung und andererseits diejenige nach der Interdependenz und möglichen Verknüpfung der verschiedenen Lernorte. Beides rückt nun seit zwei Jahrzehnten verstärkt in das Blickfeld des Interesses.

Wesentliche Impulse dafür kamen aus internationalen Vergleichsstudien im Feld schulischer Bildung. So zeigten die Ergebnisse der TIMSS-Studie (Third International Mathematics and Science Study), dass die mathematisch-naturwissenschaftlichen Leistungen deutscher Schüler im internationalen Vergleich nur im Mittelfeld liegen.[604] Vergleichbar irritierend fielen auch die Ergebnisse der PISA-Studie 2000 (Programme for International Student Assessment«) aus.[605] Hier war untersucht worden, inwieweit in den Schulen Basiskompetenzen vermittelt werden, die zur Teilhabe am gesellschaftlichen, wirtschaftlichen und politischen Leben notwendig sind. Auffällig waren dabei vor allem zwei Ergebnisse. Einerseits zeigte sich, dass deutsche Schülerinnen und Schüler in den Kompetenzbereichen Lesekompetenz, mathematische Grundbildung und naturwissenschaftliche Grundbildung eher unterdurchschnittliche Leistungen erreichten. Andererseits wurde deutlich, dass die große Zahl der besonders schwachen Schülerinnen und Schüler vornehmlich aus Familien mit Migrationshintergrund stammten. Sehr deutlich trat zu Tage, *dass in Deutschland Bildungserfolg und soziale Herkunft besonders stark voneinander abhängen.*

Bildungspolitisch lösten diese Befunde massive Veränderungen aus, die auch religionspädagogisch von Bedeutung waren und sind. Das

603 Englert, Performativer Religionsunterricht, 15.

604 Vgl. Baumert, Lehmann u. a., TIMSS.

605 Artelt u. a. (Hg.), PISA 2000.

Bundesministerium für Bildung und Forschung regte eine Expertise zur Entwicklung nationaler Bildungsstandards an. Das daraus resultierende KLIEME-Gutachten wurde 2003 vorgestellt und plädierte für eine »grundsätzliche Wende«[606] in der Bildungspolitik. Unter dem Schlagwort der »Output«-Orientierung (später sprach man auch vom Outcome) plädierte man für den »Aufbau von Kompetenzen, Qualifikationen, Wissensstrukturen, Einstellungen, Überzeugungen, Werthaltungen [...], mit denen die Basis für ein lebenslanges Lernen zur persönlichen Weiterentwicklung und gesellschaftlichen Beteiligung gelegt«[607] werden soll. Dazu braucht es Bildungsziele, die den Bildungsstandards zugrunde liegen und darüber Auskunft geben, was eine Gesellschaft der nachfolgenden Generation vermitteln und wie sie dafür sorgen möchte, dass dies auch gelingt.

[Bildungsstandards]
Nach Eckhard Klieme (geb. 1954) benennen Bildungsstandards »die Kompetenzen, welche die Schule ihren Schülern vermitteln muss, damit bestimmte Bildungsziele erreicht werden. Bei Bildungsstandards handelt es sich demnach um ganz spezifische Kompetenzen: Die Bildungsstandards legen fest, welche Kompetenzen die Kinder und Jugendlichen bis zu einer bestimmen Jahrgangsstufe erworben haben sollen.«[608] Mit sieben Merkmalen werden sie näher beschrieben: Fachlichkeit, Fokussierung, Kumulativität, Verbindlichkeit für alle, Differenzierung, Verständlichkeit, Realisierbarkeit.[609] Hinsichtlich der Verbindlichkeit für alle gilt die Differenzierung zwischen Mindeststandards, Regelstandards und Maximalstandards.

Auf diese Weise verschiebt sich die Aufmerksamkeit von den Lerninhalten auf die Lernergebnisse (»Von der Input- zur Output- bzw. Outcome-Orientierung«). Die Schulen haben deshalb danach zu fragen, welche Kompetenzen den Schülern und Schülerinnen zu vermitteln sind, damit bestimmte zentrale Bildungsziele erreicht werden. Dabei folgt man einem domänenspezifischen, also nach bestimmten Gebieten strukturierten Kompetenzbegriff, der je nach Domäne (wie Mathematik, Politik, Kunst oder Religion) spezifisch zu bestimmen ist. Dahinter steht die Einsicht, dass es keine »einheitswissenschaftliche Weltsicht«[610] mehr

---

606 Klieme, Zur Entwicklung nationaler Bildungsstandards, 11.
607 A. a. O., 12.
608 A. a. O., 19.
609 Vgl. a. a. O., 24–30.
610 Dressler, Unterscheidungen. Religion und Bildung, 109.

gibt. Bildungsprozesse haben deshalb unterschiedliche Perspektiven einzutragen und leben vom »Perspektivenwechsel und dem damit verbundenen Unterscheidungsvermögen«[611].

> [*Kompetenz/Anforderungssituation*]
> Nach Franz E. Weinert (1930–2001) sind Kompetenzen »die bei Individuen verfügbaren oder durch sie erlernbaren kognitiven Fähigkeiten und Fertigkeiten, um bestimmte Probleme zu lösen, sowie die damit verbundenen motivationalen, volitionalen und sozialen Bereitschaften und Fähigkeiten, um die Problemlösungen in variablen Situationen erfolgreich und verantwortungsvoll nutzen zu können«[612].
> Kompetenzen beziehen sich auf bestimmte Probleme einer Domäne, die mit dem Begriff der Anforderungssituation beschrieben werden. Sie sind für die Unterrichtsplanung von großer Bedeutung und lassen sich mit Hartmut Rupp (geb. 1947) als »Alltags-und Lebenssituationen« beschreiben, »deren Bewältigung die Anwendung von Kenntnissen, Fähigkeiten, Fertigkeiten und Einstellungen ›anfordert‹«[613]. Anforderungssituationen unterstellen »die allgemeine Erfahrung, dass sich jeder Mensch Zeit seines Lebens unterschiedlichen Aufgaben ausgesetzt sieht, für deren Bewältigung er sich gezielt und systematisch […] bestimmte Fähigkeiten und Fertigkeiten angeeignet haben muss«[614].

Im religionspädagogischen Diskurs wurden die damit angestoßenen Veränderungen im Bildungswesen kontrovers diskutiert. Dabei war es vor allem die Frage der Standardisierbarkeit und Operationalisierbarkeit, die unterschiedliche Positionierungen hervorrief.[615] Letztlich stand damit »in neuer Form die alte« Frage nach dem im Raum, »was an Religion lehrbar ist«[616]. Bei aller berechtigten Betonung der Unverfügbarkeit religiöser Bildung in theologischer wie pädagogischer Perspektive lohnt es sich auch für den Religionsunterricht, »sich über den operationalisierbaren Kernbestand des Faches zu verständigen«[617]. Das gilt nicht zuletzt auch in lebenspraktischer Hinsicht, insofern klar sein soll-

---

611 A. a. O., 109 f.

612 Weinert, Vergleichende Leistungsmessung, 27 f.

613 Rupp, Worin zeigt sich kompetenzorientierter Religionsunterricht?, zit. n.: Bürig-Heinze/Rösener/Schaper/Stoebe/Wenzel, Anforderungssituationen, 8.

614 Obst, Kompetenzorientiertes Lehren, 138.

615 Zum ersten Überblick vgl. Rothgangel, Religiöse Kompetenzen, 324–337.

616 Nipkow, Bildungsverständnis im Umbruch, 132. Dabei betont Nipkow zu Recht, dass Religion »nicht in einzelnen Fähigkeiten zur ›Problemlösung‹ in Situationen aufgeht, schon gar nicht in der erfolgreichen Bewältigung (coping) von Problemen« (133).

617 Rothgangel, Religiöse Kompetenzen, 330.

te, was Kinder und Jugendliche im Rahmen religiöser Bildung an Kompetenzzuwachs erwarten dürfen, oder anders formuliert, was sie von der Teilnahme am Religionsunterricht haben. *Insofern rücken mit der Kompetenzorientierung die Fragen nach der alltagspraktischen Relevanz sowie der Lebensdienlichkeit verstärkt in den Aufmerksamkeitsfokus.* Das ist nicht zuletzt deshalb so wichtig, weil »alltagspraktische Entscheidungen« – dazu gehören auch die Fragen nach der Teilnahme am Religions- oder Konfirmandenunterricht – grundsätzlich einem Kosten-Nutzen-Kalkül, d. h. einer kognitionspsychologisch erfaßbaren Güterabwägung folgen«[618]. Die »kollektive Wertmatrix«[619] bestimmt maßgeblich darüber, welche Fähigkeiten und Fertigkeiten angestrebt werden. Hier ist nüchtern zu konstatieren, dass religiöse Kompetenzen lediglich zum »Kann-Bereich«[620] mit niedriger Überlieferungsdringlichkeit und ohne gesellschaftlichen Konformitätsdruck gehören. Vor diesem Hintergrund gewinnen Aussagen zu den in religiösen Bildungsprozessen zu erwerbenden Kompetenzen eine neue Bedeutung. Sie können dazu beitragen, deren *Plausibilität im Fokus der Alltagstauglichkeit und Lebensdienlichkeit zu verstärken.*

Die inzwischen erarbeiteten Kompetenzmodelle machen einerseits deutlich, in welchen Bereichen religiöse Bildung Impulse gibt, und andererseits, was damit an Fähigkeiten aufseiten der Schüler und Schülerinnen verbunden ist.

[*Kompetenzmodelle für den Religionsunterricht*]
Die im Religionsunterricht zu erwerbenden Kompetenzen beziehen sich auf die spezifischen Anforderungssituationen der Domäne Religion. Dies systematisch zu erfassen ist die Aufgabe von Kompetenzmodellen. Inzwischen gibt

---

618 Hemel, Lebenskarrieren, 94. Gemeindepädagogisch aufschlussreich sind die beiden bundesweiten Studien zur Konfirmandenarbeit, die in der Reihe »Konfirmandenarbeit erforschen und gestalten«, hg. v. Elsenbast, Ilg und Schweitzer, in mehreren Bänden dokumentiert wurden.

619 Hemel, Lebenskarrieren, 95.

620 A. a. O., 98. Hemel unterscheidet hier einen »Muss-Bereich« (96) mit hoher Überlieferungsdringlichkeit und starkem sozialen Konformitätsdruck (grundlegende Kulturtechniken, Fähigkeit zum Erwerb von eigenem Einkommen sowie Konsum und Statusfähigkeit), einen »Soll-Bereich« (97) mit mittlerer Überlieferungsdringlichkeit und sozialem Konformitätsdruck (Medienfähigkeit, Freizeitfähigkeit und Partnerschaftsfähigkeit samt Ausbildung von Ich-Identität) und einen »Kann-Bereich« (98) (Familienfähigkeit, kulturelle Kompetenzen, Qualifikationen für soziales und politisches Engagement und religiöse Kompetenz).

es eine ganze Reihe unterschiedlicher Modelle (Deutsche Bischofskonferenz; Comenius-Institut Münster, Einheitliche Prüfungsanforderungen für das Abitur; EKD).[621] Sie alle nehmen Bezug auf Überlegungen des katholischen Religionspädagogen Ulrich Hemel, der zum ersten Mal mit Blick auf die Ziele religiöser Bildung von religiöser Kompetenz gesprochen hat. Darunter verstand er die »erlernbare, komplexe Fähigkeit zum verantwortlichen Umgang mit der eigenen Religiosität in ihren verschiedenen Dimensionen und in ihren lebensgeschichtlichen Wandlungen«[622] und differenzierte hinsichtlich der Dimensionen zwischen religiöser Sensibilität, religiösem Ausdrucksverhalten, religiöser Inhaltlichkeit, religiöser Kommunikation und religiös motivierter Lebensgestaltung. Eine Weiterführung erfuhr dieses Modell durch die Ergänzung der Dimensionen von Religiosität durch bestimmte Gegenstandsbereiche von Religion, auf deren Grundlage beispielsweise im Kompetenzmodell der EKD acht Kompetenzen (1. den eigenen Glauben und die eigenen Erfahrungen wahrnehmen und zum Ausdruck bringen sowie vor dem Hintergrund christlicher und anderer religiöser Deutungen reflektieren; 2. Grundformen biblischer Überlieferung und religiöser Sprache verstehen; 3. individuelle und kirchliche Formen der Praxis von Religion kennen und daran teilhaben können; 4. über das evangelische Verständnis des Christentums Auskunft geben; 5. ethische Entscheidungssituationen im individuellen und gesellschaftlichen Leben wahrnehmen, die christliche Grundlegung von Werten und Normen verstehen und begründet handeln können; 6. sich mit anderen religiösen Glaubensweisen und nichtreligiösen Weltanschauungen begründet auseinandersetzen, mit Kritik an Religion umgehen sowie die Berechtigung von Glaube aufzeigen; 7. mit Angehörigen anderer Religionen sowie mit Menschen mit anderen Weltanschauungen respektvoll kommunizieren und kooperieren; 8. religiöse Motive und Elemente der Kultur identifizieren, kritisch reflektieren sowie ihre Herkunft und Bedeutung erklären) und vier Standards (1. die Schülerinnen und Schüler können die Grundlage des christlichen Glaubens verstehen und im Gespräch interpretieren; 2. sie können Brennpunkte der Christentumsgeschichte darstellen und dazu einen begründeten eigenen Standpunkt einnehmen; 3. sie können das ökumenische Selbstverständnis der evangelischen Kirche erläutern; 4. sie können zwischen Aussagen des Glaubens und der Naturwissenschaft unterscheiden und sie zueinander ins Verhältnis setzen) formuliert werden.[623]

Bei alledem ist zu bedenken, dass der »gesellschaftlich-politische Nutzen« nicht »das Maß« sein darf, »an dem Bildung zu messen ist«[624]. Vor

621 Zum Überblick vgl. Obst, Kompetenzorientiertes Lehren und Lernen, 69–115; Rothgangel, Religiöse Kompetenzen, 332–335.

622 Hemel, Ziele religiöser Erziehung, 674.

623 Vgl. Kirchenamt der EKD (Hg.), Kompetenzen und Standards, 18 und 20 f.

624 Obermann, Im Beruf Leben finden, 62.

allem aus dem Bereich der berufsorientierten Religionspädagogik und Didaktik des Religionsunterrichts an berufsbildenden Schulen ist hier berechtigte Kritik an einem domänenspezifischen Kompetenzmodell angemeldet worden. Andreas Obermann (geb. 1962) votiert an dieser Stelle deshalb für ein »weites Kompetenzverständnis« (147) im Sinne einer »beruflichen Handlungsfähigkeit als Zusammenspiel aller in Frage kommenden Befähigungen eines Berufes und nicht ausdifferenziert in Einzelbefähigungen« (146). Auf diese Weise kann die »früher als reine Spezialbildung abqualifizierte berufliche Bildung [...] deutlich an allgemeinbildendem Profil gewinnen«, während die »programmatisch so genannte allgemeine Bildung [...] aufgrund ihrer domänenspezifischen Kompetenzen von ihrem allgemeinbildenden Charakter« (147) einbüßt. *Hier erinnert also die Religionsdidaktik an berufsbildenden Schulen die Religionsdidaktik an allgemeinbildenden Schulen daran, sich nicht zu leichtfertig auf einen abgegrenzten Zuständigkeitsbereich einengen zu lassen.* Insofern sind mit der Kompetenzorientierung immer auch Fragen nach den Grenzen einer Domänenspezifik verbunden, die systematisch zu bedenken sind.

Zugleich führt der Diskurs zur Kompetenzorientierung zu einer *verstärkten empirischen Ausrichtung*. Schließlich geht es darum, Standards nicht nur zu postulieren, sondern sie auch nachgewiesenermaßen zu erreichen. Das kann in Verbindung mit einem mehrdimensionalen Kompetenzmodell einerseits dazu beitragen »Einseitigkeiten zu vermeiden«[625]. Andererseits wird der *Blick über die jeweiligen unmittelbaren unterrichtlichen Vollzüge hinaus geweitet.* Denn was für Kompetenzen im mathematischen und sprachlichen Bereich mit Blick auf den Zusammenhang zwischen der »sozialen Herkunft der Jugendlichen und den erreichten Kompetenzen«[626] empirisch nachgewiesen ist, gilt auch für den Bereich der religiösen Kompetenzen. Vor allem die Prägungen im Feld der familialen Sozialisation bestimmen maßgeblich mit über die Partizipation am Unterrichtsgeschehen und den angestrebten Lernerfolg.[627] Sehr deutlich tritt damit eine *grundsätzliche Herausforderung vor Augen: Sie liegt darin, die unterschiedlichen Lernorte deutlich stärker*

625 Rothgangel, Kompetenzen und Bildungsstandards, 336.

626 Prenzel/Sälzer/Klieme/Köller (Hg.), PISA 2012, 271.

627 Unter Verweis auf unterschiedliche empirische Befunde vgl. Domsgen, Religiöse Bildung und Elternarbeit, 219–230.

als bisher in ihren Interdependenzen wahrzunehmen und aufeinander zu beziehen. Zugleich sind die Lernenden in ihren spezifischen Konstruktionsleistungen in den Blick zu nehmen. Terminologisch lässt sich das auf den Begriff einer *systemischen Religionspädagogik* bringen. Sie betrachtet die Lernprozesse vom lernenden Subjekt her und will gleichzeitig die prägende Kraft der Lernorte angemessen berücksichtigen. Sie forscht danach, wie Menschen Impulse aus verschiedenen Lernorten aufnehmen, verarbeiten und daraus ihre Wirklichkeit konstruieren.[628] Handlungsorientierende Bedeutung bekommen die daran markierten Perspektiven nicht nur im Unterrichtsprozess selbst, sondern auch an den Schnittstellen.[629]

3.1.8 Herausforderung Bildungsgerechtigkeit: Berufsorientierte Religionspädagogik und religiöse Erwachsenenbildung

Wer den Blick über die unmittelbaren unterrichtlichen Anforderungen an allgemein- und berufsbildenden Schulen auf die grundlegenden, in aller Regel implizit bleibenden Voraussetzungen lenkt, wird erkennen, dass »spätmoderne westliche Gesellschaften« einem geheimen Ideal folgen, nämlich dem »des aufgeklärten, lernwilligen und lernfähigen, des flexiblen, sich und die eigenen Lebenschancen immer wieder neu optimierenden starken Individuums«[630]. Was aber ist, wenn diese Voraussetzungen nicht gegeben sind, weil beispielsweise sozioökonomische Faktoren Flexibilität verhindern oder das kulturelle Kapital in den Familien Lernförderung nicht zum obersten Ziel erklärt? Dazu kommt, dass die Begabungen unterschiedlich verteilt sind. Das deutsche Schulsystem berücksichtigt das jedoch nur in sehr eingeschränktem Maße und steht damit in der Gefahr einer strukturellen Ungerechtigkeit, weil es weitgehend auf kognitivem Wissen basiert und einem dementsprechenden Bildungsbegriff folgt.[631] Ungleichheiten werden noch zu wenig intersektional, d. h. in ihren Überkreuzungen von z. B. Geschlecht, sozialer Herkunft, Hautfarbe, Migrationshintergrund gesehen.

---

628 Vgl. Domsgen, Grundlagen und Ziele, 19.

629 Vgl. Schlag, Chance für systemische Bildung, 242–256.

630 Meyer-Blanck, Übergänge begleiten, 105.

631 Vgl. Markschies, Theologische Überlegungen, 36–41.

> [*Intersektionalität*]
> Der Begriff (engl. *intersection* = Schnittpunkt, Kreuzung) bezeichnet das Zusammenspiel von verschiedenen benachteiligenden Faktoren, wie z. B. Geschlecht, Hautfarbe, Herkunft oder Behinderung, die zu Mehrfachbenachteiligungen führen können. Der Begriff wurde eingeführt, um die Komplexität gesellschaftlicher Abhängigkeits- und Machtverhältnisse analysieren und dabei die Interdependenz verschiedener Faktoren berücksichtigen zu können.[632]

Diskutiert werden die damit provozierten Entwicklungen unter dem – definitorisch nicht gesicherten – Begriff der »Bildungsverlierer«. Damit kommt die beträchtliche Anzahl von Schülerinnen und Schülern in den Blick, die mit den kognitiven und sozialen Ansprüchen nicht zurechtkommen, die gesellschaftlich und beruflich für notwendig erachtet werden. Ungefähr 8% eines Jahrgangs verlassen die Schule ohne Abschluss.[633] Dabei sind es vor allem junge Männer aus bildungsfernen Elternhäusern, die am höchsten von Bildungsarmut betroffen sind und potenziell zu den Verlierern in der Bildungslandschaft gehören.[634] Liegt ein Migrationshintergrund vor, dann wird dieser Effekt noch einmal verstärkt. Ausländische Jugendliche verlassen die Schule doppelt so häufig ohne Abschluss wie deutsche Jugendliche. Noch größer sind die Unterschiede bei den Ausbildungsabschlüssen. Hier sind es mehr als dreimal so viele, die ohne Ausbildung bleiben.

Verdeutlichen lässt sich die Problematik auf der Grundlage einer Bewerberbefragung des Evangelischen Instituts für berufsorientierte Religionspädagogik in Bonn (BIBB), in der die Faktoren auf dem Weg in ein Ausbildungsverhältnis untersucht und mit Blick auf das personale und soziale Kapital dargestellt wurden:

> »So würde sich die Standardwahrscheinlichkeit – hier 45 % – zur Erlangung einer Ausbildungsstelle für einen 17-jährigen jungen Mann ohne Migrationshintergrund mit durchschnittlicher Benotung in den Fächern Mathematik und Deutsch drastisch um 31 % verringern, wenn er bei gleicher Qualifikation älter als 21 Jahre alt wäre und eine Migrationsgeschichte hätte. Lediglich um

632 Vgl. Arzt/Jakobs/Knauth/Pithan, Gender und Religionspädagogik der Vielfalt, 20.

633 Zu den Befunden hier und im Folgenden vgl. Quenzel/Hurrelmann, Bildungsverlierer, 11.

634 Zu notwendigen Differenzierungen der Rede von Jungen als Bildungsverlierern vgl. Spinath (Hg.), Empirische Bildungsforschung, 3–20.

> 16 % würde seine Einstiegswahrscheinlichkeit sinken, wenn er nur seine Migrationsgeschichte mit sich bringen würde. Würde er als 17-Jähriger in Berlin wohnen, würde sich seine Chance um 12 % verringern, während der Wohnort in Bayern seine Chancen um 15 % erhöhen würde. Für eine 17-jährige weibliche Jugendliche würden die Chancen um 16 % sinken, während ein besserer Schulabschluss die Chancen generell erhöhen würde.«[635]

Obermann spricht hier von einer »gewissermaßen schicksalshafte[n] Bestimmung in Deutschland, wer einen Ausbildungsplatz bekommt und wer nicht«, was »alles andere als gerecht« (126) sei. Die Ungerechtigkeit tritt vor allem denjenigen gegenüber hervor, »die die kognitive Begabung als ein Teilsegment menschlicher Befähigungen in der gegenwärtigen Fokussierung auf eine ökonomisch rentable Wissenseffizienz des Marktes nicht mitbringen können« (128). An dieser Stelle zeigt sich eine problematische Seite der Kompetenzorientierung und der damit verbundenen Standardisierung von Lernprozessen. Denn »alle Jugendlichen auf ein gleich hohes standardisiertes Niveau heben zu wollen, kann eben im Blick auf die je unterschiedlichen Begabungen der Jugendlichen nicht allen Jugendlichen gerecht werden« (128). Was im Feld der beruflichen Bildung mit besonderer Deutlichkeit hervortritt, gilt letztlich auch für den Bereich der allgemeinbildenden Schulen. Weil das deutsche Schulsystem wenig durchlässig ist, »entscheidet sich mit der Wahl der Schulform im Grundschulalter schon die weitere individuelle Lernlaufbahn und damit auch die Berufslaufbahn eines Kindes« (117).

Religionspädagogisch werden die hier skizzierten Herausforderungen hauptsächlich im Feld der berufsorientierten Religionspädagogik aufgenommen. Für den Bereich der allgemeinbildenden Schulen gibt es einige Impulse, die dann unter dem Stichwort der Schulformspezifik thematisiert werden.[636] Dabei ist auffällig, dass es »für die einzelnen Schulformen der Sekundarstufe I bisher kaum Ansätze einer eigenen Didaktik, geschweige denn einer schulformspezifischen Religionsdidaktik gibt«[637]. Außerdem zeigt sich, dass Religionspädagogik eine

635 Obermann, »Laboro, ergo sum«, 124 f. Die folgenden Seitenangaben im Text beziehen sich darauf.

636 Vgl. das Themenheft »Schulformspezifische Religionsdidaktik« von »Theo-Web. Zeitschrift für Religionspädagogik« 10 (2011) sowie Schröder/Wermke (Hg.), Religionsdidaktik zwischen Schulformspezifik und Inklusion.

637 Schröder/Wermke (Hg.), Religionsdidaktik zwischen Schulformspezifik und Inklusion, 427.

ausgewählte Schülerklientel im Blick hat. Die »Bildungsverlierer« – darf man hier zugespitzt von denjenigen mit dem »Lebensziel Hartz IV«[638] sprechen? – werden, wenn überhaupt, nur am Rande wahrgenommen. Hier setzt sich eine problematische Entwicklung fort, die bereits vor reichlich 100 Jahren vor Augen trat, als das Christentum Ende des 19. und Anfang des 20. Jahrhunderts seine Bedeutung für die konkrete Lebensgestaltung innerhalb der Arbeiterschaft verlor.[639] Zugleich ist selbstkritisch zu fragen, inwieweit sich hier eine »mangelnde Vergewisserung des aktuellen gesellschaftlichen und mit Blick auf die Schüler und Schülerinnen somit sozialisatorischen Kontextes« abzeichnet, »in dem von Gott – und möglicherweise auch zu ihm – gesprochen wird bzw. von ihm gesprochen werden soll«[640].

Darüber hinausgehend wäre gesellschaftskritisch zu prüfen, ob nicht der Religionsunterricht und gemeindepädagogische Angebote auch Gefahr laufen, »sich in den Dienst der bestehenden Gesellschaft zu stellen«[641], statt Menschen zu befähigen, kritisch nach Alternativen zu suchen. In diesem Sinne wäre das gängige Muster der Erfahrungsorientierung daraufhin zu überprüfen, ob hier auf Erfahrungen zurückgegriffen wird, »ohne sich genügend vergewissert zu haben, wovon die Erfahrungen der heute Heranwachsenden und Erwachsenen bestimmt«[642] sind. Wenn politische und ökonomische Bereiche ausgeklammert werden, besteht nicht nur die Gefahr, unkritisch Bestehendes zu verstärken, sondern auch wichtige biblische Impulse auszuklammern. Der englische Religionspädagoge John Hull (1935–2015) wies in diesem Zusammenhang eindrücklich darauf hin, dass gar nicht mehr wahrgenommen werde, wie stark wir und unsere Gedanken von der »Geldkultur« bestimmt werden, so »dass wir uns keine Alternativen zu unserer totalen Abhängigkeit mehr vorstellen können«[643]. Eine spirituelle Erziehung würde hier durch die Kultivierung des Inneren, der Dekontextua-

---

638 Vgl. Meyer-Blanck/Obermann (Hg.), Lebensziel Hartz IV.

639 Vgl. Grethlein, Praktische Theologie, 39. Neben der Arbeiterschaft sind hier auch die naturwissenschaftlich-technischen Eliten zu nennen, die von den Kirchen nicht mehr erreicht wurden.

640 Mette, Dass Gott ein Tätigkeitswort werde, 263–274, zit. n. Adam/Englert/Lachmann/Mette (Hg.), Gott, 291.

641 A. a. O., 292.

642 A. a. O., 293 (unter Bezug auf Ruster, Der verwechselbare Gott).

643 Hull, Gott und Geld, 119–139, 127 f; vgl. auch Zilleßen, Geld, Mensch, Religion, 13–31; Reuter, Couragiertes Selbst.

lisierung und Ästhetisierung sehr sublim dazu beitragen, unreflektiert im Bestehenden zu verbleiben. Demgegenüber ist daran zu erinnern, dass die »neuen Lebensspuren, die durch die Rede von Gott gelegt werden«, »Abenteuercharakter« haben: »Man lässt sich auf Pfade im Denken, Wollen, Leben ein, die noch nicht ausgetreten sind und deren weiterer Verlauf nur unzureichend abzuschätzen ist.«[644]

Die hier angedeutete Thematik ist nicht nur für Heranwachsende von Bedeutung, sondern gilt ein Leben lang und stellt besonders an die Erwachsenenbildung Ansprüche. Denn anders als beim Religionsunterricht oder auch in der Konfirmandenarbeit, die in größere Einheiten eingebettet sind, die sie plausibilisieren,[645] muss Erwachsenenbildung vollauf selbstevident sein. Die Rezeption ihrer Angebote unterliegt ganz deutlich einem »kognitiv-emotional«[646] konnotierten Kosten-Nutzen-Kalkül. Am besten gelingt das im bildungsorientierten Milieu mit kulturell und ästhetisch ausgerichteten Events.[647] Einen wichtigen Bereich stellen auch spirituell ausgerichtete Angebote auf dem Gesundheits- und Lebenshilfemarkt dar.[648] Eher im diakonischen als im religionspädagogischen Feld ist die Arbeit mit sog. sozial Schwachen und vom Erwerbsleben Ausgeschlossenen angesiedelt. Das ist verständlich wie problematisch zugleich, sind hier doch neben konkreten Unterstützungsangeboten immer auch Lernprozesse im Sinne von »Umdeutungsvorgänge[n]« mit »antistigmatisierenden Effekten« anzustoßen, die ein »positivere[s] Welt-Selbst-Verhältnis«[649] hervorrufen. Deutlich stärker als im allgemeinbildenden Bereich geht es hier wie auch im berufsbildenden Feld verstärkt darum, die Möglichkeiten der Lernenden wahrzunehmen, bewusst zu machen und im Sinne des »Du kannst das!«[650] zu fördern. »Zu Hause sein in seinem eigenen Leben und gerade damit gewollt und anerkannt zu sein, das ist das Ziel der Bildung. Gesellschaft-

644 Mette, Tätigkeitswort, 295.

645 So ist der Religionsunterricht zwar grundsätzlich freiwillig, findet aber in der Zwangsinstitution Schule statt und wird von familialen Vorgaben bestimmt. Die Konfirmandenarbeit wiederum hängt von der Attraktivität des Übergangsritus der Konfirmation ab. Wer konfirmiert werden möchte, muss daran teilnehmen.

646 Fleige, Nutzen, 39.

647 Vgl. Rothe, Event als Bildungsangebot, 97–105.

648 Utsch, Suche nach Spiritualität,107–114.

649 Bednarek-Gillnand, Sinn und Sinnlosigkeit, 222.

650 Meyer-Blanck, Übergänge begleiten, 108.

lich ist ein gesundes Maß erreicht, wenn möglichst viele Menschen in diesen Zustand kommen. Ungerecht ist Bildung, wenn Menschen keinen Platz erreichen, an dem ihre Kräfte geschätzt und gebraucht werden.«[651] Was Schweitzer bereits 2006 programmatisch forderte, nämlich die »Vernachlässigung von [religiöser] Bildung im Erwachsenenalter [...] zu überwinden zugunsten einer systematischen Wahrnehmung dieses Bereichs als eines genuinen Bestandteils von Religionspädagogik und kirchlicher Bildungsarbeit«[652], gilt uneingeschränkt auch heute. Dabei stellt sich die Frage nach dem Profil in besonderer Dringlichkeit, sind Angebote der Erwachsenenbildung (über die Weiterbildungsgesetze der Bundesländer und Projektmittel des Bundes, der Länder, der Europäischen Union und privater Einrichtungen) doch zum größten Teil fremdfinanziert.[653] Religiöse Erwachsenenbildung ist also in Fördersysteme integriert, die auf allgemeine Bildungsangebote abzielen, ohne sich dabei auf eine bestimmte religiöse Position beziehen zu wollen. Aufseiten der Teilnehmenden setzt das die Bereitschaft voraus, »sich auf die christliche Option einzulassen und sich gegebenenfalls damit auseinanderzusetzen«[654]. Auch davon kann gegenwärtig nicht mehr selbstverständlich ausgegangen werden, was die Frage der inhaltlichen Ausrichtung noch einmal deutlicher hervortreten lässt.[655] Ein weitgehend neues Aufgabenfeld für kirchengemeindliche Erwachsenenbildung ergibt sich zudem im Umgang mit dem Taufbegehren von Asylsuchenden.[656]

3.1.9 Zusammenfassung und Ausblick

Die Notwendigkeit zur Kontextualisierung von Religionspädagogik, die sich bereits im historischen Rückblick gezeigt hatte, wird auch im Versuch um eine Bestandsaufnahme jüngerer religionspädagogischer Entwicklungen deutlich. Veränderungen in der Art und Weise des »In-der-Welt-Seins«[657] verlangen nach religionspädagogischen Neujustierun-

651 A. a. O., 109.
652 Schweitzer, Religionspädagogik, 252 f.
653 Vgl. Wolff, Evangelische Erwachsenenbildung, 389.
654 Bergold/Boschki, Einführung, 75.
655 Kohli-Reichenbach, Religiöse Erwachsenenbildung, 15–26.
656 Kirchenamt der EKD und der VEF (Hg.), Umgang mit Taufbegehren.
657 Beck, Metamorphose, 16.

gen. Sie sind seit den 1970er Jahren im Blick und werden unter verschiedenen Stichwörtern verhandelt. Dabei korrespondieren Pluralisierung und Individualisierung miteinander. Im Mittelpunkt religionspädagogischer Reflexionen stehen die Lernenden mit ihren unverwechselbaren Lebensgeschichten. Damit wächst die Sensibilität für Konstruktionsprozesse jeglicher Art. Zugleich wird deutlich, dass es nicht ausreichend ist, nur auf die individuellen Konstruktionsleistungen zu schauen. Auch die Rahmenbedingungen dafür sind in den Blick zu nehmen, wobei hier mit dem Begriff der »Glokalisierung« deutlich wird, dass Universalisierung und Partikularisierung gleichzeitig verlaufen. Die damit angestoßenen Prozesse verstärken die Notwendigkeit einer elementaren Bestimmung religiöser Lernprozesse. Es kann nicht mehr davon ausgegangen werden, dass die Inhalte, die für christlich motiviertes Lehren und Lernen unverzichtbar bzw. besonders geeignet sind, von vornherein feststehen. Sie sind vielmehr immer wieder neu zu bestimmen. Dabei ist im Blick zu behalten, dass Inhalte nie an sich, sondern immer (nur) in bestimmten Formen mitgeteilt werden können. Insofern sind neben der Inhaltsbestimmung immer auch Fragen der Performanz konstitutiv mit zu bedenken. Das alles hat im Horizont der Lebensdienlichkeit zu geschehen. Denn die Aufmerksamkeit für religiöse Perspektiven ist nicht einfach per se gegeben. Nach ihr muss vielmehr gesucht werden, wobei der alltagspraktischen Relevanz sowie der Lebensdienlichkeit besondere Bedeutung zukommen. Aspekte der Bildungsgerechtigkeit treten dabei zunehmend in das Blickfeld, werden allerdings noch nicht gleichmäßig stark in allen religionspädagogischen Feldern bedacht. Überhaupt dominiert weiterhin der schulische Religionsunterricht – und hier vor allem derjenige an allgemeinbildenden Schulen – die religionspädagogische Theoriebildung. Zudem liegt der Schwerpunkt in lebensgeschichtlicher Perspektive bei den Heranwachsenden. Die Erwachsenen- und Familienbildung tritt deutlich dahinter zurück.

Für Deutschland markiert in alledem die Wiedervereinigung einen nicht zu übergehenden Veränderungsimpuls. Auch wenn das in Ost und West zeitlich verzögert ins Bewusstsein gedrungen ist, hat sich inzwischen die Erkenntnis durchgesetzt, dass die gegenwärtige Bundesrepublik vor allem in Sachen Religion nicht mehr vergleichbar ist mit der alten Bundesrepublik. Religionspädagogisch markiert dabei der nicht mehr zu übersehende Anstieg der Zahl von Menschen ohne Konfessionszugehörigkeit eine klare Zäsur. Sie bilden inzwischen mit ca.

36 % den größten Teil der Gesellschaft und liegen damit vor den Katholiken (ca. 28 %), Protestanten (ca. 26 %), Muslimen (ca. 5 %) und einer sonstigen Religionsgemeinschaft Zugehörigen. Zudem stieg ihr Anteil in den vergangenen zwei Jahrzehnten kontinuierlich an, während er bei katholischen und evangelischen Christen ebenso kontinuierlich zurückging. Besonders deutlich tritt das im urbanen Bereich zum Vorschein. Inzwischen gibt es – mit Ausnahme des Ruhrgebiets (Essen, Dortmund, Köln) – keine westdeutsche Metropole mehr, in der die Kirchenmitglieder die Mehrheit der Bevölkerung stellen würden. Selbst in traditionell protestantisch geprägten Regionen wie Nürnberg liegt der Anteil der evangelischen und katholischen Christen mit 53% nur noch leicht über der magischen 50 %-Marke.[658] In ostdeutschen Städten bilden Kirchenmitglieder schon seit längerem eine Minderheit (Magdeburg: 12 %; Leipzig 17 %; Erfurt: 21 %). Ein Vergleich über die letzten zehn Jahre hinweg zeigt zudem, dass es nur noch wenige Jahre dauern wird, bis – zumindest im urbanen Bereich – Kirchenmitglieder generell in der Minderheit sein werden.

Die dabei angestoßenen Pluralisierungsprozesse bilden sich inzwischen auch im familialen Nahumfeld ab, so dass der größte Teil der Kinder und Jugendlichen von Anfang an mit der Herausforderung konfrontiert ist, unterschiedliche religiöse Positionierungen in Einklang zu bringen. Konfessionell homogene Konstellationen im christlichen Sinne, also Eltern, die beide evangelisch oder katholisch sind, befinden sich in der Minderheit. Und selbst, wenn man die sog. konfessionsverbindenden Konstellationen mit einbezieht, bildet diese Gruppe christlicher Eltern deutschlandweit nicht mehr die Mehrheit. Gegenüber den 1960er Jahren ist das eine völlig neue Konstellation. Damals konnte man bei der übergroßen Mehrheit aller Partnerschaften davon ausgehen, dass konfessionshomogen geheiratet wird. Heute spielt der Faktor Religion als Selektionsfaktor für die Paar- und Familienbildung jenseits regional unterschiedlicher Konfessionsverteilungen kaum eine Rolle. Über die letzten 25 Jahre hinweg zeigt sich in allen drei klassischen »Konstellationen christlicher Hochzeiten« – also beide Eltern sind evangelisch, beide sind katholisch sowie ein Teil ist evangelisch und der andere katholisch – »ein deutlicher Rückgang zugunsten der Heiraten

658 Vgl. Forschungsgruppe Weltanschauungen in Deutschland, Religionszugehörigkeit der Bevölkerung in ausgewählten Städten.

nicht religiös Gebundener«[659]. Das erhöht die Wahrscheinlichkeit religiöser Diversität von Eltern im Sinne einer grundsätzlichen Infragestellung der religiösen Dimension, was wiederum mit besonderen Herausforderungen für die religiöse Erziehung einhergeht. Daneben gibt es auch eine Tendenz zur »Konfessionshomogamie« (= konfessionelle Gleichheit bzw. Übereinstimmung der Ehepartner), wie ein Blick auf Ostdeutschland zeigt. Dort liegt aufgrund des hohen Anteils nicht religiös gebundener Eheleute die Homogenität bei 76 % (in Westdeutschland bei 55 %), was dazu führt, dass die Wahrscheinlichkeit einer religiösen Erziehung aufgrund selbst nicht erfahrener religiöser Prägungen äußerst gering ist.[660]

Damit ist bereits angedeutet, dass sich auch gegenwärtig Veränderungsprozesse vollziehen, die religionspädagogisch aufgenommen werden sollten. Sie sollen im Folgenden exemplarisch bedacht werden.

3.2 Veränderungen: Gegenwärtige Entwicklungen und ihre religionspädagogische Relevanz

Dass sich unsere Welt im Wandel befindet, ist keine neue Erkenntnis. Bereits in den 1980er Jahren hatte der Soziologe Ulrich Beck (1944–2015) das Konzept der »Risikogesellschaft« vorgelegt und dabei deutlich gemacht, dass neue, technisch produzierte und global wirksame Risiken das Leben heutiger Menschen bestimmen und Unsicherheit auslösen. »Man korrespondiert heute nicht mehr mit den ›Geistern‹, die in den Dingen stecken, sondern sieht sich ›Strahlungen‹ ausgesetzt, schluckt ›toxische Gehalte‹ und wird bis in die Träume hinein von den Ängsten eines ›atomaren Holocaust‹ verfolgt.«[661] Weil die hier lauernden Risiken ohne entsprechende technische Apparaturen unsichtbar sind, spricht Beck von einem »spekulative[n] Zeitalter« (97)[662], das nun anbricht. Das

659 Peuckert, Familienformen, 60.

660 Vgl. Grünheit, Wandel und Kontinuität, 9.

661 Beck, Risikogesellschaft, 97. Die folgenden Seitenangaben im Text beziehen sich darauf.

662 Im Original teilweise kursiv.

alltägliche Wahrnehmen, Vorstellen und Denken wird »aus den Verankerungen mit der Welt des Sichtbaren herausgelöst« (98)[663]. Wir können uns nicht mehr auf das verlassen, was vor Augen steht, weil das, was man nicht sieht und wahrnehmen kann (wie beispielsweise Radioaktivität oder Schadstoffe), als Gefahr im Hintergrund lauert. Daraus resultiert eine Sehnsucht nach Sicherheit, die BECK als »normativen Gegenentwurf« (65) zur »Risikogesellschaft« beschreibt. Religionspädagogisch ist das von grundlegender Bedeutung, wird damit doch ein Hintergrund beschrieben, der auch christlich motivierte Lehr- und Lernprozesse prägt und bestimmt. Dabei zeigt sich gegenwärtig eine neue Ausrichtung, die zu beachten ist.

In seinem letzten, leider unvollendet gebliebenen Werk plädiert BECK dafür, nicht mehr vom Wandel, sondern von einer Metamorphose zu sprechen.[664] »Die ewigen Gewissheiten moderner Gesellschaften brechen weg, und etwas ganz und gar Neues tritt auf den Plan.« (15 f.) Wie er am Beispiel des Klimawandels und des Terrorismus eindrücklich zeigen kann, *ergibt sich eine neue »Art und Weise unseres In-der-Welt-Seins«, die »Normenhorizonte des Gemeinwohls der Menschheit hervor[bringt]«, die uns »über den nationalstaatlichen Rahmen« hinaustreiben und uns eine »kosmopolitische Perspektive« (16)*[665] *aufzwingen.* »Ganz egal, woran einer glaubt, worauf er hofft oder was er bezweifelt: Wenn er erfolgreich agieren will, muss er es auf kosmopolitische Weise tun« (25). Herkömmliches wird dadurch in ein neues Licht gestellt. Besonders gravierend trifft es die Institutionen. »Innerhalb des alten Bezugsrahmens mögen die Institutionen reibungslos funktionieren. Doch gemessen an dem neuen (!) versagen sie.« (104) Insofern ergibt sich die »Paradoxie, dass funktionierende Institutionen versagen« (104). Von dieser grundsätzlichen Erschütterung sind alle Institutionen betroffen. Die von ihnen angestrebten Problemlösungen und die dafür »zur Verfügung gestellten politischen und rechtlichen Instrumente sind den Herausforderungen nicht mehr gewachsen, vor die die globale, die *Welt*risikogesellschaft sie heute stellt« (190). Daraus resultiert eine grundsätzliche Skepsis überkommenen Institutionen gegenüber, von der die Kirchen nicht ausgenommen sind. Zugespitzt ließe sich sagen: Sie funk-

663 Im Original teilweise kursiv.

664 Beck, Metamorphose. Die folgenden Seitenangaben im Text beziehen sich darauf.

665 Im Original nicht kursiv.

tionieren mehr oder weniger reibungslos als Institutionen, werden aber ihrer Sache nicht mehr gerecht, weil sich die anstehenden Herausforderungen nicht mehr mit den vorhandenen Instrumentarien bearbeiten lassen und immer mehr Menschen der damit gesetzten Logik nicht mehr folgen können oder wollen.

Dazu kommt ein weiterer Aspekt. Die Metamorphose, die gegenwärtig stattfindet, läutet, so Beck, »das Zeitalter der Nebenfolgen ein« (35). Da gibt es die gefährlichen Nebenfolgen von *goods*, also von Werten wie Wohlstand, Chancengleichheit usw., aber auch die positiven Nebenfolgen von *bads*, also von Risiken unterschiedlichster Art.[666]

Die hier skizzierten Perspektiven sind auch religionspädagogisch bedeutsam, markieren sie doch einerseits einen neuen Referenzrahmen, in dem Lehren und Lernen geschieht, und verweisen andererseits auf spezifische Herausforderungen in der Wahrnehmung und Beschreibung dieses Bezugsrahmens. Die problemgeschichtlichen Überlegungen haben die Kontextualisierung als wesentliche religionspädagogische Aufgabe vor Augen geführt. Insofern ist immer wieder danach zu fragen, ob die bisherigen Kategorien, mit denen gearbeitet wurde, auch weiterhin dazu geeignet sind, die gegenwärtigen Entwicklungen erhellend zu beschreiben. Sonst besteht die Gefahr einer verzerrten Wahrnehmung. Beck spricht hier von Zombie-Kategorien und meint damit »lebend-tote Kategorien, die in unseren Köpfen herumspuken und unser Sehen auf Realitäten einstellen, die immer mehr verschwinden«[667]. Vor diesem Hintergrund wird nun auf drei Entwicklungen verwiesen, die skizziert und in ihrer religionspädagogischen Relevanz beleuchtet werden.

3.2.1 Optionsgesellschaft

Fragen der Pluralisierung und Individualisierung beschäftigen die Religionspädagogik bereits seit mehr als drei Jahrzehnten. Vor allem Bergers Diktum vom »Zwang zur Häresie«[668] hat die gesellschaftlichen Veränderungen gut auf den Begriff bringen können und damit die Sensibilität für die Relativierung überkommener und die Bedeutung neuer

666 Vgl. a. a. O., 16.

667 Beck/Willms, Freiheit oder Kapitalismus, 16.

668 Berger, Zwang zur Häresie, 23.

(oftmals medialer) Vorgaben erhöhen können. Auch die häretische Grundtendenz in der Positionierung heutiger Menschen konnte damit begrifflich gut markiert werden. *Gegenwärtig scheint nun ein weiterer Wandel stattzufinden, der mit dem Stichwort der Optionsgesellschaft auf den Begriff gebracht werden kann.* Was damit gemeint ist, lässt sich anhand Charles Taylors (geb. 1931) Überlegungen vor Augen führen.

a) Fragilisierung

Die Pluralisierung der Lebenswelten hat dazu geführt, dass unter »den jetzigen Lebensverhältnissen« die »Einsicht unausweichlich« ist, dass es »eine Vielzahl von Anschauungen« gibt, »über die intelligente, einigermaßen illusionslose Menschen guten Willens verschiedener Meinung sein können und tatsächlich verschiedener Meinung sind«[669]. Es ist geradezu unmöglich, das nicht wahrzunehmen und damit einhergehend nicht auch die eigene Position als eine Möglichkeit unter vielen anderen zu sehen. *Die Pluralisierung ist sozusagen von einer abstrakten Größe zu einer lebensweltlichen Realität geworden und das nicht nur für eine kleine Zahl der Eliten, sondern für die Gesellschaft insgesamt.* Jetzt »begreifen alle die eigene Option als eine unter mehreren« (31). Dabei scheint gegenwärtig ein tiefgreifender Wandel stattzufinden, insofern sich die Bedingungen zur Profilierung der eigenen Position verändert haben. Man könnte hier von einem *Wandel in der vorstrukturierenden Kraft der Rahmenbedingungen* sprechen, die dabei eine Rolle spielen. Die Vielfalt unterschiedlicher Möglichkeiten ist nicht mehr nur eine hypothetische, die dann beispielsweise durch gesellschaftliche Prägungen wieder eingefangen wird. Mit Taylors Worten formuliert: »Man weiß zwar, daß es auch andere Optionen gibt, und wenn man sich dafür interessiert und sich später von einer weiteren angezogen fühlt, kann es gelingen, daß man durch Nachdenken oder mühsames Ringen dorthin gelangt. [...] Doch eine dieser Optionen ist sozusagen vorgegeben.« (31) Das ist heute nicht mehr der Fall. *Die Moderne zeichnet sich durch eine zunehmende Optionalisierung von Verhaltensweisen und Weltanschauungen aus.* Das führt zu einer »wechselseitige[n] Fragilisierung aller gegebenen Auffassungen« (515). Taylor spricht hier von einem »zerrüttende[n] Gefühl, die anderen seien anderer Ansicht« (515). Die Vielfalt

669 Taylor, Säkulares Zeitalter, 28. Die folgenden Seitenangaben im Text beziehen sich darauf.

bleibt solange weitgehend bedeutungslos, wie sie »durch das Gefühl neutralisiert wird, daß es für mich selbst gar keine Option ist, mich so zu verhalten wie die anderen« (515). Da Vielfalt jedoch nicht nur hypothetisch, sondern real und im unmittelbaren Nahbereich anzutreffen ist, gibt es kaum noch ein Ausweichen. »Die Abstände«, die die zwischen Menschen »bestehende Differenz in Schach halten, werden immer kleiner. Die wechselseitige Fragilisierung erreicht ihren Höhepunkt.« (515) Das führt dazu, dass Menschen heute tendenziell öfter die Optionen wechseln und ausprobieren und dabei weniger stark den familialen und kulturellen Vorstrukturierungen folgen. Allerdings gilt das wohl vor dem Hintergrund unterschiedlicher gesellschaftlicher und sozialer Hintergründe nicht für alle Menschen gleichermaßen stark.

b) Gegenläufiger Druck

Der Fragilisierung kann unterschiedlich begegnet werden. Manche versuchen, sich ihr durch fundamentalistische Positionen zu entziehen. Die ganze Kultur jedoch ist nach Taylor »durch Erfahrungen gegenläufigen Drucks« (990 u. ö.) gekennzeichnet. Sie finden sich sowohl innerhalb als auch außerhalb der religiösen Option. »Einerseits ist man tief in die [durch Vernunft und Wissenschaft bestimmte] Identität eingebettet und ziemlich gefeit gegen alles, was über die Welt des Menschen hinausginge; doch andererseits hat man das Gefühl, gerade durch die Sicherheit gewährende Abgeschlossenheit könne etwas ausgesperrt werden.« (515) Beides ist immer wieder auszutarieren. Letztlich ist man sich immer bewusst, dass es Alternativen gibt. Das gilt auch für die eigene Position. In manchen Milieus wird dies stärker empfunden als in anderen, »aber im gesamten Bereich unserer Kultur« spiegelt sich der gegenläufige Druck »in einer Vielzahl mittlerer Positionen, die von beiden Seiten unter Druck gesetzt werden« (991). Auf diese Weise distanziert man sich von Extrempositionen und hält für sich selbst viele Möglichkeiten offen.

Die oft beklagte Unentschiedenheit, das Offenlassen eigener, nicht zuletzt religiöser Positionierungen oder mit Taylor gesprochen das Einnehmen einer »mittlere[n] Position« (1008) wird auf diese Weise in ein neues Licht gestellt. Dieses Agieren zwischen den Polen gegenläufigen Drucks ist in der gegenwärtigen westlichen Kultur angelegt. Die Grundlage dafür bildet die zunehmende Optionalität. Menschen wechseln, variieren und probieren heute leichter die Optionen aus, so dass sie eher locker dem von ihrem Elternhaus oder ihrer Kultur Vorgegebenen folgen und im Laufe ihrer Lebensgeschichte Verschiedenes testen. Zu Tage tritt das in vielerlei Hinsicht und kulminiert in der Einsicht, dass von einer »Normalbiographie«, die sich »an vorgegebenen Rollenmustern«[670] orientiert, nicht mehr ausgegangen werden kann. Der Optionscharakter steht nicht nur im religiösen Feld vor Augen, sondern auch in Familie, Bildung, Beruf, Freizeit sowie der Lebensführung allgemein. Früher Selbstverständliches verändert sich grundlegend.

c) Expedition in offenes Land

Religionspädagogisch ist die hier skizzierte Entwicklung sehr genau zur Kenntnis zu nehmen, beschreibt sie doch in anschaulicher Weise das Lebensgefühl heutiger Menschen. So ist verstärkt damit zu rechnen, dass Menschen in der Erfahrung gegenläufigen Drucks ihre sozialisatorisch vorgeprägten Lebenspfade (zumindest phasenweise) verlassen und sich für neue Perspektiven öffnen. Je nach erfahrener Prägung kann dies zu einer Distanzierung oder zu einer Öffnung religiösen Positionierungen gegenüber führen. Eine wichtige Rolle spielt dabei die Prägung des Kontextes. Auf alle Fälle wird damit im längeren historischen Vergleich eine Neujustierung im Feld religiösen und damit auch christlich motivierten Lehrens und Lernens beschrieben, die – in Aufnahme eines Begriffes von Rudolf Englert – als Expedition in offenes Land bezeichnet werden kann. Der katholische Religionspädagoge gewinnt diesen Terminus im Rückblick auf die Religions- und Christentumsgeschichte, in der sich vier Grundtypen religiösen Lernens unterscheiden lassen, die er mit den Begriffen der Konversion, Inkulturation, Formation und Expedition umschreibt. Vor allem die Anfänge des Christentums waren durch den Typ der Konversion, also der lebensgeschichtlichen Neuorientierung bestimmt. Es ging hier – biblisch gesprochen – um die »Umkehr der verlorenen Schafe des Hauses Israel (vgl. Mt 15, 24)«[671]. Eine bestimmte, explizite religiöse Überzeugung sollte hinter sich gelassen werden, um sich religiös neu auszurichten, also – wiederum biblisch gesprochen – »ein neuer Mensch zu werden (vgl. 2Kor 5,17 ff.)« (282). Dies änderte sich allmählich im Zuge der Verchristlichung der

670 Grethlein, Praktische Theologie, 231.

671 Englert, Religionspädagogische Grundfragen, 282. Die folgenden Seitenangaben im Text beziehen sich darauf.

Gesellschaft. Perspektiven, die mit einem kontinuierlichen Verlauf religiösen Lernens rechneten, gewannen an Bedeutung. Vor allem im Mittelalter lernten die Menschen die christliche Religion, indem sie fraglos in eine christlich geprägte Alltagskultur hineinwuchsen. Es ging hier um die »Inkulturation in eine christentümliche Gesellschaft« (282). Letztlich war der gesamte Alltag christlich durchtränkt. Man wurde von ihm bestimmt, ob man wollte oder nicht. Allerdings blieben die Impulse weitgehend äußerlich. Anregungen zur reflexiven Durchdringung wurden wenig gegeben. Das änderte sich mit der Reformation und der damit verbundenen Konfessionalisierung. Damit gewannen Formen einer ausdrücklichen religiösen Unterweisung an Gewicht. Sie sollten eine stärkere Verinnerlichung des Glaubens anregen. Die fraglose Übernahme der christlichen Tradition sollte ergänzt werden durch die Bewusstmachung bestimmter Inhalte. »Religiöses Lernen steht hier im Dienste der Formierung einer spezifischen religiösen Identität, die sich gegenüber anderen möglichen religiösen Positionen behaupten können soll.« (282) Gegenwärtig gewinnt ein neuer Typ religiösen Lernens Gestalt. Grundlegend dafür ist neben der Betonung von Individualität und selbstbestimmtem Dasein die skizzierte Optionalisierung der Gesellschaft. *Religiöses Lernen erhält damit »den Charakter einer Expedition in ›offenes Land‹«* (283).[672]

Was das konkret bedeuten kann, lässt sich beispielsweise an einer empirischen Untersuchung sehen, die Sarah Demmrich (geb. 1986) vorgelegt hat. Sie beschäftigte sich mit Ritualen ostdeutscher Jugendlicher im Kontext mehrheitlicher Konfessionslosigkeit und stieß dabei einerseits darauf, dass auch Jugendliche, die weder in der Familie und/oder der Gemeinde religiös sozialisiert worden waren, beteten und dass sie sich das Gebet andererseits über Lernwege angeeignet hatten, die religionspädagogisch bisher kaum im Blick waren. Sie lernten über »Trial-and-Error«, also durch ein Austesten dieser religiösen Praxisform, angeregt durch außerfamiliale Instanzen, primär durch die Medien.[673] Dieser – bisher religionspädagogisch eher vernachlässigte – Lernweg, der

672 Im Original nicht kursiv. Eine andere mögliche Metapher stellt die der Pilgerschaft dar. Vgl. Hervieu-Leger, Pilger und Konvertiten. Allerdings lässt Pilgerschaft an ein Unterwegs-Sein auf ein bestimmtes Ziel hin denken. Mit dem Expeditionsbegriff assoziiert man eher ein Unternehmen mit ungewissem Ausgang; vgl. Englert, Religionspädagogische Grundfragen, 283, Anm. 29.

673 Vgl. Demmrich, Religiosität und Rituale, 169.

unabhängig von anderen selbstsozialisatorischen Lernwegen ist (Lernen durch Einsicht, Lernen durch Selbstverstärkung, Lernen durch eigenes Handeln) führte zu »intrinsischer Motivation gegenüber Ritualen«[674]. Demgegenüber zeigte sich für religiös sozialisierte Jugendliche, die über das Modelllernen zum Beten gekommen sind, ein extrinsisch motiviertes Ritualverhalten. Das wiederum führte zu deutlich geringeren Werten bei der Emotionsregulation im Vergleich zu denjenigen, die Rituale intrinsisch gelernt haben. Ob die hier für Jugendliche der mittleren Adoleszenz aufgezeigten Entwicklungen auch darüber hinaus gelten, lässt sich mit den vorliegenden Befunden nicht sagen. Allerdings wird bereits so schon deutlich, dass die Steuerungsmöglichkeiten hier sehr begrenzt sind.

d) Fokussierende Zusammenfassung

Die Auswirkungen der Optionsgesellschaft auf religiöses Lehren und Lernen können nicht kurzschlüssig als gut oder schlecht bezeichnet werden. Sie markieren vielmehr eine neue Ausgangslage und sensibilisieren für Lernwege und -kanäle, die bisher eher am Rande im Blick waren. Zugleich führen sie vor Augen, dass der lebensgeschichtlichen und kontextuellen Passförmigkeit besondere Aufmerksamkeit zu widmen ist. In allem Wissen um die Unverfügbarkeit religiöser Lernprozesse ist der Fokus auf die sich damit eröffnenden Horizonterweiterungen für die Lernenden selbst zu legen. »Freiheitsgewinne und Lebensgewissheiten«, wie sie sich beispielsweise in der Kommunikation des Evangeliums ereignen, »können sich wohl nur immer wieder neu *einstellen*, indem sie sich selbst gegen die Unübersichtlichkeit der Optionen in Geltung bringen«[675]. Religiöse Lernprozesse in der Optionsgesellschaft stehen in besonderer Weise vor der Herausforderung der Evidenz. Sich darauf einzulassen, geht immer auch damit einher, die damit verbundene Option als eine solche überhaupt für sich wahrnehmen zu können. Das braucht besondere Aufmerksamkeit und richtet den Blick auch noch einmal auf die Lernenden selbst. Zu fragen wäre hier, inwieweit sich die Optionalität für alle gleichermaßen darstellt oder durch verschiedene Faktoren schlichtweg überlagert wird, so dass die Vorstellung eines autonomen, selbstbestimmten Subjekts an der Realität vorbei-

674 A. a. O., 260.

675 Evers, Zwei oder Drei, 171.

geht. »Wie steht es um das nicht unbedingt frei entscheidende, sondern das mitgerissene, verwirrte, verängstigte, seine Freiräume bedrängt verteidigende und um sie verhandelnde Individuum«[676]? Werden die dafür bestimmenden Faktoren religionspädagogisch überhaupt wahr- und ernstgenommen?

Christlich motiviertes Lehren und Lernen in der Optionsgesellschaft wird in besonderer Weise sensibel sein müssen für die Fragilität von Positionen. Von Selbstverständlichkeiten kann schlichtweg nicht mehr ausgegangen werden. Das bedeutet, dass die anzustoßenden Lernprozesse hinsichtlich ihrer Plausibilität zu bedenken sind.

3.2.2 Säkulare Gesellschaft

Im Folgenden soll die Frage nach den Verschiebungen des »In-der-Welt-Seins«[677] heutiger Menschen noch einmal zugespitzt werden, indem genauer auf das Feld der religiösen Optionen geschaut wird. Auch hier zeigen sich tief greifende Veränderungen im westlichen Kulturkreis, die TAYLOR unter dem Leitbegriff der »Säkularität«[678] verhandelt. Damit greift er einen Terminus auf, der kontrovers diskutiert wird, füllt ihn aber in spezifischer Weise. Die Theorie der Optionsgesellschaft bildet dabei den übergeordneten Rahmen.

[*Säkularisierung/Individualisierung*]
Säkularisierung (von lat. *saeculum* = Zeitalter, Welt) ist ursprünglich ein kirchenrechtlicher Begriff. Säkularisation bedeutet im kanonischen Recht die Rückkehr eines Ordenspriesters in den Stand eines Weltpriesters.[679] In der religionssoziologischen Diskussion um die Abnahme religiöser Bindungen in den europäischen Ländern (seit den 1960er Jahren) wurde dieser Begriff benutzt, um kulturgeschichtliche Veränderungsprozesse zu beschreiben. Es kam zur Formulierung der Säkularisierungsthese.[680] Säkularisierung beschreibt hier »einen selbstverständlichen Teilaspekt des Modernisierungsprozesses, in dem die traditionelle rel(igiöse) Legitimation der Welt für den

676 Ebd.

677 Beck, Metamorphose, 16.

678 Taylor, Säkulares Zeitalter, 11.

679 Biehl, Säkularisierung, 1888.

680 Vgl. Hans Joas, der nachweist, dass es sich hier um eine These und nicht um eine Theorie handelt, weil Säkularisierung lange für so selbstverständlich gehalten wurde, dass sie kaum auf theoretische Herleitungen oder empirische Evidenzen zurückgegriffen hat. Ders., Glaube als Option, 31 f.

modernen Menschen zunehmend an Plausibilität verliert«[681]. Grundsätzliche Kritik wurde von Thomas Luckmann (1927–2016) formuliert, indem er darauf hinwies, dass der Rückgang institutionalisierter Religion keinen Rückgang von Religion im Allgemeinen impliziere. Vielmehr komme es zu einem Wandel der Sozialform (Privatisierung von Religion). Dies stark machend, hat sich bei einigen religionssoziologischen Ansätzen an die Stelle der Säkularisierungsthese die Individualisierungsthese gesetzt. Man geht hier davon aus, dass die moderne Gesellschaft nicht durch Prozesse der Säkularisierung gekennzeichnet sei, sondern durch Prozesse religiöser Individualisierung und Pluralisierung. Religion verliere unter den Bedingungen der Moderne nicht an Bedeutung, sondern verwandle nur ihre Formen.

Der zentrale Einwand gegenüber der Säkularisierungstheorie liegt in der Frage der Verknüpfung von Modernisierung und Säkularisierung. Während Vertreter der Säkularisierungstheorie (Steve Bruce; Pippa Norris/ Ronald Inglehart; Detlef Pollack/Gergely Rosta) »die Position einnehmen, dass sich ein negativer Zusammenhang zwischen Modernisierungsindikatoren und Religiositätsindizes empirisch nachweisen lasse, bestreiten ihre Kritiker« (Peter L. Berger; Hans Joas; Ulrich Beck; Staf Hellemans) »diesen Zusammenhang«[682].

Nach Taylor sind drei Bedeutungen von Säkularität zu unterscheiden. Die erste ist durch die »Bezugnahme auf das Öffentliche definiert. In dieser Öffentlichkeit, so heißt es, gibt es keinen Gott mehr und keinen Hinweis auf letzte Realitätsgründe«[683]. In der zweiten Bedeutung des Wortes wird aufgenommen, dass »der religiöse Glaube und das Praktizieren der Religion dahinschwinden; daß sich die Menschen von Gott abwenden und nicht mehr in die Kirche gehen. In diesem Sinn sind die Länder Westeuropas größtenteils säkular geworden – auch diejenigen, in denen noch Spuren einer öffentlichen Bezugnahme auf Gott zu finden sind.« (14) Bei der dritten Bedeutung – in »enger Verbindung mit der zweiten« und »nicht ohne Zusammenhang mit der ersten« – geht es »vor allem um die Bedingungen des Glaubens« (14). Man entfernt sich »von einer Gesellschaft«, »in der der Glaube an Gott unangefochten ist, ja außer Frage steht«, und geht zu einer Gesellschaft über, »in der dieser Glaube eine von mehreren Optionen neben anderen darstellt, und zwar häufig nicht die bequemste Option« (14).

---

681 Bergunder, Säkularisation, 774.

682 Pollack, Säkularisierung, 5.

683 Taylor, Säkulares Zeitalter, 13. Die folgenden Seitenangaben im Text beziehen sich darauf.

Taylor beobachtet die hier skizzierte Entwicklung seit dem 11. Jahrhundert. Sie geht einher mit der Verschiebung des Glaubens in die Innerlichkeit. Glaube und Religion werden zu einem eigenen Bereich und verlieren so an elementarer Evidenz.

Wenn hier mit dem Begriff der säkularen Gesellschaft gearbeitet wird, dann geschieht das in beschreibender Absicht, ohne damit dem »normativen Ideal«[684] folgen zu wollen, das in Säkularisierungspositionen mitschwingt und von einem Antagonismus von Religion und Moderne geprägt ist. Der im Säkularisierungstheorem innewohnenden defizitären Perspektive korrespondiert eine geradezu entgegengesetzte Sichtweise innerhalb der Individualisierungsthese, die sich den Vorwurf gefallen lassen muss, »sich selber ›reich zu rechnen‹«[685], also Religion auch da zu finden, wo es für die Akteure kaum noch nachvollziehbar ist. Zwischen diesen problematischen Vereinseitigungen ist zu agieren, wobei die Prozesse der Ausdifferenzierung und der Individualisierung als aufeinander bezogen zu verstehen sind.

Den drei von TAYLOR markierten Aspekten soll nun mit Blick auf die bundesrepublikanische Gesellschaft etwas genauer nachgegangen werden.

a) Gesellschaftliche Öffentlichkeit in der Rahmung durch den bekenntnisneutralen Staat

Dass die Ablösung und Emanzipation weltlicher Bereiche von religiösen Einrichtungen und Normen »ein wirklich konstitutives Merkmal der Moderne« darstellt, lässt sich mit Blick auf die »soziale Ausdifferenzierung, Rationalisierung und formale Organisierung funktionaler Teilsysteme«[686] gut plausibilisieren. *In modernen demokratisch-liberalen Rechtsstaaten sind die politische und religiöse Sphäre institutionell und konstitutionell getrennt.* Spielte für die Stiftung von Gemeinschaft sowie der Gesellschaft insgesamt Religion lange Zeit eine grundlegende und oftmals auch entscheidende Rolle, so kann sie diese Funktion im Kontext religiöser und weltanschaulicher Pluralität nicht mehr ausüben, wenn sie nicht zugleich eine Hierarchisierung vornehmen und damit zwischen ortho- und heterodoxen Positionen unterscheiden will. Das jedoch funktioniert nur so lange in einer für die Mehrheit befriedigen-

---

684 Ziebertz, Grenzen des Säkularisierungstheorems, 55.

685 A. a. O., 58.

den Weise, wie die Zahl der Anders- oder Nichtgläubigen so klein ist, dass sie gesamtgesellschaftlich nicht ins Gewicht fällt.

Eine Trennung von politischem und religiösem Bereich »muß keineswegs mit einem sozialen Rückgang von rel[igiösen] Überzeugungen und Praktiken einhergehen, auch wenn dies in vielen eur[opäischen] Ländern der Fall war«[687]. Für Deutschland zeigt sich ein ambivalenter Befund. Einerseits fällt auf, dass im Feld gesellschaftlicher Neuorientierungen und Vergewisserungen religiöse Positionen eher zurücktreten. Strittige Fragen werden nicht mehr im Rückgriff auf letztgültige transzendente »Realitätsgründe«[688] entschieden, sondern Gerichten zur abschließenden Beurteilung vorgelegt. Man könnte hier von einer Tendenz zur Verrechtlichung der Gesellschaft sprechen. Andererseits lassen gerade die grundlegenden rechtlichen Bestimmungen eine Prägung durch oder doch zumindest eine besondere Anschlussfähigkeit an christlich-jüdische Werte erkennen. Deutlich zum Ausdruck kommt das im Staats-Kirchen-Verhältnis. Es besteht keine Staatskirche (Art. 137 WRV, Art. 140 GG). Aber anders als im laizistischen Verständnis wird die Religionsausübung nicht zur Privatsache erklärt, sondern ist eine öffentliche Angelegenheit, die jedoch staatlicher Einflussnahme entzogen bleibt.

[*Laizismus*]

Der Begriff (von griech. λαός/*laós* = »Volk«) entstand im 19. Jahrhundert in Frankreich (*laïcisme*), war dort kämpferisch-antiklerikal akzentuiert und bezeichnet ursprünglich »das Postulat absoluter Trennung von Staat«, weltlicher Kultur und (insbesbesondere katholischer) Kirche unter »Verweigerung« öffentlich kirchlicher Einflußnahme.[689] In Frankreich kam es 1905 mit der staatlichen Aufkündigung des Konkordats zu einer »aggressiven Trennung« (ähnlich auch in Italien, Portugal, Spanien, der Schweiz und einigen lateinamerikanischen Ländern), doch wandelte sich dieser »ideologische Laizismus« seit dem Endes des 1. Weltkriegs »allmählich zu einer friedlichen ›Laizität‹«[690].

Der rechtliche Rahmen in Deutschland zeichnet sich durch eine »Religionsfreundlichkeit des Grundgesetzes«[691] aus. Darin spiegelt sich

686 Bergunder, Säkularisation, 775.

687 Ebd.

688 Taylor, Säkulares Zeitalter, 13.

689 Weitlauff, Laizismus, 37.

690 Ebd.

691 Schröder, Religionspädagogik, 295.

sowohl die historisch gegebene als auch die faktische christliche Prägung der Gesellschaft bei der Erarbeitung des Grundgesetzes 1949 (sowie der Weimarer Reichsverfassung von 1919) wider. So stellt beispielsweise die Regelung zum Religionsunterricht einen Kompromiss zur Lösung eines Konfliktes zwischen Kirchen und Lehrerschaft zum Ende des Kaiserreichs dar.[692] Andererseits kann etwa die freiheitliche Gesellschafts- und Lebensordnung als »partielle Realisierung«[693] christlich-jüdischer Traditionen und Denkbewegungen interpretiert werden. Insofern verdankt sich das Selbstverständnis des deutschen Staates als weltanschaulich neutral immer auch einem bestimmten Zugangspfad, der christlich-jüdisch geprägt ist.

Religionspädagogisch besonders bedeutsam sind die im Grundrechtsteil (Art. 1 bis 19) verankerten Rechte auf Glaubens-, Gewissens- und Bekenntnisfreiheit sowie auf Religionsunterricht und die Ausnahme von der dort getroffenen Regelung zum Religionsunterricht in der sog. Bremer Klausel.

[*Grundgesetzliche Regelungen zum Religionsunterricht*]

Art. 4 [Glaubens-, Gewissens- und Bekenntnisfreiheit]

(1) Die Freiheit des Glaubens, des Gewissens und die Freiheit des religiösen und weltanschaulichen Bekenntnisses sind unverletzlich.

(2) Die ungestörte Religionsausübung wird gewährleistet.

(3) Niemand darf gegen sein Gewissen zum Kriegsdienst mit der Waffe gezwungen werden. Das Nähere regelt ein Bundesgesetz.

Art. 7 [Schulwesen]

(1) Das gesamte Schulwesen steht unter Aufsicht des Staates.

(2) Die Erziehungsberechtigten haben das Recht, über die Teilnahme des Kindes am Religionsunterricht zu bestimmen.

(3) Der Religionsunterricht ist in den öffentlichen Schulen mit Ausnahme der bekenntnisfreien Schulen ordentliches Lehrfach. Unbeschadet des staatlichen Aufsichtsrechtes wird der Religionsunterricht in Übereinstimmung mit den Grundsätzen der Religionsgemeinschaften erteilt. Kein Lehrer darf gegen seinen Willen verpflichtet werden, Religionsunterricht zu erteilen.

---

692 Dabei standen sich die Reichstagsabgeordneten des Zentrums und der Deutschnationalen Volkspartei, die die kirchlichen Belange vertraten und hauptsächlich die Bekenntnisschule durchsetzen wollten, und die Vertreter der Sozialdemokratie gegenüber, die für die Privatisierung des religiösen Bereichs eintraten und den schulischen Religionsunterricht abschaffen wollten; vgl. Grethlein, Fachdidaktik, 52.

693 Schröder, Religionspädagogik, 294.

Art. 141 [Bremer Klausel]
Artikel 7 Absatz 3 Satz 1 findet keine Anwendung in einem Lande, in dem am 1. Januar 1949 eine andere landesrechtliche Regelung bestand.

Dabei zeigt sich eine Spannung zwischen der Bekenntnisneutralität des Staates und der aus Art. 4 resultierenden Verpflichtung, die »ungestörte Religionsausübung« zu gewährleisten.[694] Auf der Ebene der Glaubens-, Gewissens- und Bekenntnisfreiheit spiegelt sich das in der Unterscheidung zwischen positiver (Freiheit des Einzelnen zu glauben oder nicht zu glauben und dies in der Öffentlichkeit zu manifestieren) und negativer (Schutz vor übergriffiger Einmischung des Staates oder Dritter in religiöse Angelegenheiten des Einzelnen) Religionsfreiheit wider, deren Verhältnis immer wieder neu auszutarieren ist. Die Lösung erfolgt hinsichtlich des Religionsunterrichts so, dass er sachlich obligatorisch, aber persönlich fakultativ ist. Zudem hält der Staat sich inhaltlich zurück und sucht sich in den Religionsgemeinschaften Partner, die das Fach in Kooperation mit ihm ausgestalten. Religionsunterricht ist also eine *res mixta*, eine gemeinsame Angelegenheit staatlicher und religiöser Institutionen. Die Einrichtung des Religionsunterrichts ist als Ausdruck positiver Religionsfreiheit zu verstehen; die Abmeldemöglichkeit davon aufseiten der Schüler- und Lehrerschaft als Ausdruck der negativen Religionsfreiheit.

An dieser Stelle ist von grundlegender Bedeutung, dass die staatliche Regelschule, an der der Religionsunterricht stattfindet, »*nicht* als religiöse *tabula rasa* angelegt«[695] ist. Im Hintergrund dafür steht eine Unterscheidung aus der Zeit der Weimarer Republik, die heute nur noch teilweise besteht und gegenwärtig zudem eine Neuausrichtung erfährt. Öffentliche Schulen waren als Bekenntnisschulen (in der Gesamtprägung durch das Bekenntnis zu einer christlichen Konfession) gekennzeichnet, als (christliche) Gemeinschaftsschulen bzw. Simultanschulen (Kinder unterschiedlicher Bekenntnisse und Weltanschauungen lernen gemeinsam auf der Grundlage des Christentums als »prägenden Kultur- und Bildungsfaktors in der abendländischen Geschichte«[696]) und als bekenntnisfreie Schulen (Verzicht auf jede religiöse oder weltanschauli-

694 Vgl. Hildebrandt, Grundrecht, 65.
695 Schröder, Religionspädagogik, 297.
696 Hildebrandt, Grundrecht, 51.

che Prägung) möglich. Im Grundgesetz wird die staatliche Regelschule nicht als grundsätzlich bekenntnisfrei, sondern als (auch) von Religion bestimmter Raum verstanden, in dem auch »Gottesdienst und Seelsorge« zugelassen sind, »wobei jeder Zwang fernzuhalten ist« (Art. 140 GG unter Verweis auf Art 141 WRV). Die einzelnen Bundesländer verstehen ihre Schulen als »Gemeinschaftsschulen« (nicht als Bekenntnisschulen), insofern damit die »Trennung von Schülern und Lehrern nach Konfessionen« überwunden und »Inhalte wie Ziele des Unterrichts (mit Ausnahme des Religionsunterrichts) nicht an konfessionellen Grundsätzen«[697] ausgerichtet werden. Dabei lassen sich zwei unterschiedliche Lesarten aufzeigen. Während Bayern, Baden-Württemberg, Niedersachsen, Nordrhein-Westfalen, Rheinland-Pfalz, Saarland, Schleswig-Holstein[698] und Thüringen die staatlichen Schulen als christliche Gemeinschaftsschulen verstehen, sehen Berlin, Bremen, Brandenburg, Hamburg, Mecklenburg-Vorpommern, Sachsen und Sachsen-Anhalt davon ab. Sie verzichten auf den Bezug auf christliche Werte und verstehen ihre Schulen als weltanschaulich neutral. Allerdings darf der Begriff der christlichen Gemeinschaftsschule nicht einseitig religiös interpretiert werden. Er bezieht sich »in erster Linie auf die Anerkennung des prägenden Kultur- und Bildungsfaktors, nicht auf die Glaubenswahrheit, und ist damit [...] auch gegenüber Nichtchristlichen durch die Geschichte des abendländischen Kulturkreises gerechtfertigt«[699]. Interessant ist, dass das Bundesverfassungsgericht in seiner Entscheidung aus dem Jahr 2015 zur Verfassungsbeschwerde einer muslimischen Lehrerin aus Nordrhein-Westfalen, der das Tragen eines Kopftuches untersagt wurde, nicht mehr von einer christlichen Gemeinschaftsschule, sondern von der »öffentlichen bekenntnisoffenen Gemeinschaftsschule«[700]

---

697 Schröder, Religionspädagogik, 298. Niedersachsen und Nordrhein-Westfalen lassen auf Antrag der Eltern staatliche Bekenntnisschulen zu. Das bayrische Schulrecht kennt Bekenntnisklassen; vgl. ebd., Anm. 14.

698 Hier treten Nordrhein-Westfalen und Niedersachsen noch einmal hervor, insofern sie staatliche Bekenntnisschulen eingerichtet haben. In NRW sind es (vorwiegend) an den Grund- und (einzelnen) Hauptschulen insgesamt 1242 (katholisch: 1128, evangelisch: 112; jüdisch: 2) (vgl. Beyer, Religionsunterricht in Nordrhein-Westfalen, 238). In Niedersachsen gibt es auf der Grundlage des Konkordats mit der katholischen Kirche 125 öffentliche katholische Grundschulen.

699 Bundesverfassungsgericht, 17. Dezember 1975.

700 Bundesverfassungsgericht, 27. Januar 2015. Die folgenden Seitenangaben im Text beziehen sich darauf.

spricht und damit eine terminologische Neujustierung vornimmt, mit der die bereits skizzierte Linie in der Interpretation des Begriffs der christlichen Gemeinschaftsschule nun auch im Kontext religiöser und weltanschaulicher Pluralität deutlicher zum Ausdruck kommen kann. Schule wird dabei ausdrücklich nicht als religionsfreier Raum beschrieben. Es gibt »kein Recht darauf, von der Konfrontation mit ihnen [den Schülerinnen und Schülern] fremden Glaubensbekundungen, kultischen Handlungen und religiösen Symbolen verschont zu bleiben« (104). Insofern sind »etwa christliche Bezüge bei der Gestaltung der öffentlichen Schule nicht ausgeschlossen; die Schule muss aber auch für andere weltanschauliche und religiöse Inhalte und Werte offen sein« (111). Darin »bewahrt der freiheitliche Staat des Grundgesetzes seine religiöse und weltanschauliche Neutralität« (111). Soweit landesrechtlichen Bestimmungen »ein christlicher Bezug des staatlichen Schulwesens entnommen werden kann, soll sich dies auf säkularisierte Werte des Christentums beziehen« (130), denn der Begriff des Christlichen bezeichnet »eine von Glaubensinhalten losgelöste, aus der Tradition der christlich-abendländischen Kultur hervorgegangene Wertewelt«, die »unabhängig von ihrer religiösen Fundierung Geltung« (133) beansprucht.

Was hier mit Blick auf die Schule entfaltet worden ist, gilt für weite Teile der gesellschaftlichen Öffentlichkeit und markiert in religionspädagogischer Perspektive eine wichtige Ausgangslage. *Die Gesellschaft insgesamt funktioniert ohne explizite Bezugnahmen auf eine unsere Wahrnehmungen übersteigende Wirklichkeit.* Die geltenden »Normen und Prinzipien, nach denen wir uns [...] richten, und die Überlegungen, die wir anstellen, verweisen uns im allgemeinen weder auf Gott noch auf irgendwelche religiösen Überzeugungen«[701]. Wenn sie doch wichtig werden, dann eher im Sinne eines bildungsbürgerlichen Paradigmas, insofern sie erhellen können, warum die Rechtsgrundlagen unser Gesellschaft so profiliert wurden, wie sie sind, bzw. weshalb unsere Kultur bestimmte Merkmale aufweist, die uns noch heute bestimmen. Die explizit religiöse Fassung der geltenden Wertewelt wird damit zu einem möglichen, aber eben auch nicht nötigen Überbau. Man kann sich ihnen problemlos auch außerhalb dieser Begründungslinien zuwenden. In gewisser Weise erleichtert ein Verzicht darauf sogar das Zusammen-

701 Taylor, Säkularisiertes Zeitalter, 13.

leben, weil dann direkt und ohne Umwege auf die »säkularisierten Werte des Christentums« Bezug genommen werden kann. Nicht zuletzt deshalb kann man – durchaus im Sinne des von Taylor als gegenläufigen Druck Bezeichneten – von einer Tendenz zur Relativierung sprechen, die damit unterstützt wird.[702] Zumindest scheint sich die Möglichkeit einer Profilierung der eigenen Position in Auseinandersetzung mit dem Fremden nicht von selbst einzustellen, sondern braucht spezielle Voraussetzungen und auch Impulssetzungen. Ohne sie bleibt es bei einem Nebeneinander mit relativierender Tendenz.

Zusammenfassend bleibt festzuhalten, dass die gesellschaftliche Öffentlichkeit zwar nicht von den Zumutungen der Begegnung mit Religion befreit (indem man beispielsweise einem laizistischen Modell folgen würde), dabei allerdings von Staats wegen jegliche ordnende Tendenz vermeidet (beispielsweise in den Bildungseinrichtungen). Die Aufgabe der religiösen und weltanschaulichen Orientierung wird den Menschen selbst überlassen. Um das zu unterstützen, schafft der Staat im Rahmen des *Res-mixta-Modells* die Möglichkeit von positionellen Bildungsangeboten. Die Teilnahme daran ist freiwillig und wird stark durch die Kontexte geprägt, in denen sie stattfinden. Dabei spielt die Stärke der organisierten Religion eine wesentliche Rolle, denn der Staat bedarf für die Profilierung der orientierenden religiösen Angebote entsprechender Kooperationspartner, die er in den Religionsgemeinschaften sucht.

[*Religionsgemeinschaft*]
Religionsgemeinschaft (Art 140 GG) oder Religionsgesellschaft (Art. 137 WRV) ist ein staatskirchenrechtlicher Begriff, mit dem Vereinigungen bezeichnet werden, »die von einem gemeinsamen rel[igiösen] Konsens getragen werden und auf die umfassende Bezeugung dieses Konsenses durch allseitige Erfüllung der durch das gemeinsame Bekenntnis gestellten Aufgaben gerichtet sind«[703]. Grundsätzlich können alle Religionsgemeinschaften Religionsunterricht erteilen. Voraussetzung dafür ist, dass die entsprechende Religionsgemeinschaft mit Blick auf ihre Ordnung und die Zahl der Mitglieder die Gewähr der Dauer bietet, ihre Grundsätze definieren kann, das Grundgesetz akzeptiert, ausreichend viele Schüler und Schülerinnen zu ihren Mitgliedern zählt und einen entsprechenden Antrag an den Staat stellt. Nicht jede Reli-

---

702 Schon Peter L. Berger sprach hier von der Modernität als einem »große(n) Relativierungshexenkessel« (Ders., Zwang zur Häresie, 23).

703 Link, Religionsgesellschaften, 326.

gionsgemeinschaft, die staatlicherseits als Ansprechpartner für einen schulischen Religionsunterricht fungiert, muss den Status einer Körperschaft des öffentlichen Rechts haben (wie es bei den beiden christlichen Kirchen und auch jüdischen Gemeinden traditionell der Fall ist), allerdings »erweist sich die Körperschaftsstellung« durchaus »als ein sachgerechtes Differenzkriterium«[704]. Letztlich braucht der Staat für die Zusammenarbeit in der öffentlichen Schule berechenbare Partner. Besondere Herausforderungen stellen sich hier mit Blick auf im westlich-europäischen Kulturkreis neue Religionen. So ist beispielsweise der Islam anders organisiert als das Christentum. Er zerfällt nicht nur in verschiedene religiöse Richtungen. Auch Kirchenbindung und Gemeindeprinzip (einschließlich Mitgliedschaft) sind ihm fremd. Das grundsätzliche Recht der Muslime auf islamischen Religionsunterricht nach Art. 7 Abs. 3 GG ist unstrittig. Allerdings stellt sich die Frage nach dem Status der muslimischen Beiräte, die als staatliches Gegenüber fungieren. Die »muslimischen Organisationen und Vereinigungen, zwischen denen ein starkes Konkurrenzverhältnis und wohl auch Machtkämpfe bestehen«, gehen gegenwärtig »keine rechtlich gegründete Zusammenarbeit« ein, »sondern nur konsultative Zusammenhänge mit Gruppen, einzelnen Personen und Experten«[705]. Bisher ist noch in keinem Bundesland ein muslimischer Zusammenschluss als Religionsgemeinschaft anerkannt. Daran scheiterte bisher – zumindest formal – die Einführung eines islamischen Religionsunterrichts als ordentliches Lehrfach. In Schulversuchen wird gegenwärtig nach Wegen gesucht, muslimische Verbände über Runde Tische, Fachbeiräte oder Steuerungsgruppen einzubinden, um so die islamische Religionsgemeinschaft nach Art. 7 Abs. 3 GG zu substituieren.

Insofern spiegelt beispielsweise die Teilnahme am schulischen Religionsunterricht neben den Prägungen der jüngeren Vergangenheit immer auch die gegenwärtige Bedeutung organisierter Religion wider. Dies wiederum kann als Indiz für die Prägung der gesellschaftlichen Öffentlichkeit – zumindest im Bereich der schulischen Bildung – gelten. Denn zu beachten ist, dass die einzelnen Bereiche gesellschaftlicher Öffentlichkeit durchaus unterschiedlich stark von religiösen Orientierungsangeboten bzw. Impulsen bestimmt werden. Dominierte dabei in der alten Bundesrepublik bis in die 1950er und 1960er Jahre hinein ein mehr oder weniger problemlos funktionierendes Zusammenspiel von kirchlichen Prägungen (vornehmlich in Gestalt der beiden großen Kirchen) und staatlichen Steuerungen im Rahmen einer grundsätzlich

---

704 Korioth, Islamischer Religionsunterricht, 51.

705 Bock, Islamischer Religionsunterricht, 29.

kaum hinterfragten christlichen Prägung der Kultur und Gesellschaft, so hat sich dies inzwischen deutlich verändert. Einerseits ist das religiöse Feld pluraler geworden, wofür vor allem die inzwischen große Zahl an muslimischen Bürgerinnen und Bürgern steht, die seit den 1970er und 1980er Jahren verstärkt nach Deutschland kamen. Andererseits ist das religiös-weltanschauliche Spektrum mit der Wiedervereinigung hinsichtlich nichtreligiöser Muster der Lebensgestaltung erweitert worden. Das Feld möglicher Alternativen tritt deutlich vor Augen. Staatlicherseits darf es hier zu keinerlei präferierenden Einflussnahmen kommen.[706] Die religiöse Orientierung seiner Bürgerinnen und Bürger kann der Staat zwar strukturell unterstützen, indem er beispielsweise bestimmte Bildungsangebote ermöglicht, darf sie allerdings nicht priorisieren.[707] Sich hier zu positionieren ist ausschließlich Sache seiner Bürgerinnen und Bürger selbst.

In alledem gilt, dass aus der Perspektive der Rezipienten die im Feld religiöser Orientierung zu erlangenden Kompetenzen lediglich zum »Kann-Bereich«[708] gehören. Der gesellschaftliche Konformitätsdruck,

706 Vgl. Dreier, Staat ohne Gott, 95–140.

707 Dabei zeigen sich auch juristisch unterschiedliche Gewichtungen. So stoßen beispielsweise hinsichtlich der Kopftuchfrage zwei unterschiedliche Kulturen aufeinander: Während der Europäische Gerichtshof eher zum Verbot neigt, plädiert das Bundesverfassungsgericht auf der Grundlage der Religionsfreiheit für Toleranz. Das führt dazu, dass in deutschen Schulen (über die Karlsruhe entschieden hat) Kopftücher eher erlaubt sind als in privaten Unternehmen (über die Luxemburg entschieden hat). Karlsruhe hatte sich 2015 von seinem pauschalen Kopftuch-Verbot aus dem Jahr 2003 gelöst und das Kopftuch für die Lehrerin akzeptiert, solange diese die Schüler nicht indoktriniert. Schule wurde hier als Raum angesehen, an dem Gesellschaft eingeübt wird (vgl. Prantl, Islam). Eine vergleichbare Tendenz zeigt sich auch in der Frage nach der Konfessionszugehörigkeit im Rahmen eines Arbeitsverhältnisses bei einem kirchlichen Arbeitgeber. Der Europäische Gerichtshof entschied hier, dass die Zugehörigkeit zu einer Konfession nur dann zur Bedingung gemacht werden könne, wenn dies für die Tätigkeit »objektiv geboten« sei. Dabei müsse die Verhältnismäßigkeit gewahrt bleiben, was wiederum vor Gerichten überprüfbar sein muss (vgl. Rechtssache Nr. C-414/16). Die Kirchen dürften zwar eine »mit der Religion oder Weltanschauung zusammenhängende Anforderung« stellen. Dies gelte aber nur, wenn diese Bedingung bei der jeweiligen Tätigkeit »eine wesentliche, rechtmäßige und gerechtfertigte berufliche Anforderung angesichts des Ethos der Organisation« darstelle (ZEIT online, Kirchliche Arbeitgeber).

708 Hemel, Lebenskarrieren, 98.

beispielsweise im Feld religiöser Bildung oder religiöser Vergemeinschaftung aktiv zu werden, ist im Vergleich zu anderen Feldern kaum oder gar nicht mehr vorhanden. Bisweilen dreht er sich sogar um, insofern Aktivitäten in dieser Richtung als eher begründungsbedürftig erscheinen. Von regionalen Ausnahmen abgesehen, die immer im Blick sein müssen, könnte man hier von einer Art Verdunstung im Sinne des Relevanzverlustes explizit religiöser Orientierungen sprechen, so dass es heute »für den Glauben und seine Vermittlung keine Plausibilitätsvoraussetzungen mehr« gibt, »die unmittelbar abgerufen werden«[709] könnten. Eine solche Prägung der gesellschaftlichen Öffentlichkeit korrespondiert mit Transformationen auf der Einstellungsebene der einzelnen Menschen. Davon soll jetzt die Rede sein.

b) Religiöse Überzeugungen und Verhaltensnormen im Modus eigenen Erlebens sowie lebensgeschichtlicher und alltagspraktischer Konsistenz

Dass die Bedeutung organisierter Religion im alltäglichen Miteinander von Menschen zurückgeht, ist mehrfach belegt. So spricht beispielsweise die fünfte EKD-Mitgliedschaftsumfrage von einer »kontinuierlichen Abnahme sowohl der Verbundenheit mit der Kirche als auch der Religiosität«, die »über die Generationen hinweg« zu beobachten sei und einen zentralen Grund in einer »abnehmenden Breitenwirkung der religiösen Sozialisation«[710] habe. Dies wiederum hat wesentlich mit veränderten gesellschaftlichen Rahmenbedingungen zu tun, in denen kirchliche Angebote für Lebenspraxis und -deutungen nicht mehr als Halt gebend erlebt werden. Die kontextuelle Stützung von Kirchlichkeit geht tendenziell zurück. Eine vergleichbare institutionell-religiöse Rückbindung ist nicht zu beobachten. Vielmehr wird das Feld neu kartographiert.

Dabei zeigt schon ein Blick auf Deutschland, dass die hier skizzierten Entwicklungen nicht einlinig bewertet werden können. Die religionssoziologischen Interpretationen der Befunde divergieren in auffälliger Weise. Während die einen das »Ermöglichungsverhältnis« von »kirchliche(n) Bindungen und individuelle[r] Religiosität«[711] betonen,

---

709 Mette, Gottesverdunstung, 128.

710 Evangelische Kirche in Deutschland, Engagement, 10.

711 Pollack/Pickel/Christof, Kirchenbindung, 205.

die Entwicklungen also säkularisierungstheoretisch interpretieren, verweisen die anderen auf geradezu »zwangsläufig[e]« »Transzendenzerfahrungen«[712] und deuten die Befunde individualisierungstheoretisch. Bei aller Unterschiedlichkeit wird man nicht von einem einfachen »Entweder-Oder« ausgehen dürfen. Deutlich wird, dass es zu einer »Art Auflösung der Religion als System« kommt, »dessen Paradigma die Kirchen sind«[713]. Gleichzeitig jedoch spricht einiges für einen »zumindest ansatzhaften Transzendenzglauben«[714], von dem ausgegangen werden kann. Inwiefern daran im Feld eines christlich motivierten Lehrens und Lernens angeknüpft werden kann, wäre eigens zu diskutieren, kann aber hier noch offenbleiben. Auf alle Fälle scheint die Entfaltung des anthropologischen Potenzials in Richtung religiöser Orientierungen zu einem großen Teil von den kontextuellen Einflüssen bestimmt zu werden.

Wichtig an dieser Stelle ist zweierlei: Einerseits lässt sich ein Zusammenhang zwischen gesellschaftlichen Prägungen und individuellen Einstellungen und Praktiken aufzeigen. Andererseits scheint das Verhältnis von Fremd- und Selbstsozialisation hinsichtlich der unterschiedlichen Dimensionen von Religiosität unterschiedlich bestimmt zu sein.

[*Dimensionen von Religiosität*]

Der amerikanische Soziologe Charles Y. Glock (geb. 1919) will die unterschiedlichen Formen erfassen, in denen Menschen überhaupt religiös sein können, und kommt deshalb zu fünf Dimensionen, in denen sich Religiosität ausdrückt (trotz aller Unterschiede zwischen den Weltreligionen). Seine Unterscheidung hat sich in der religionssoziologischen Forschung weitgehend durchgesetzt und ist als grundlegend anzusehen.[715] Glock differenziert zwischen der Dimension der religiösen Erfahrung (*experiential dimension*), der ritualistischen Dimension (*ritualistic dimension*), der ideologischen Dimension (*ideological dimension*), der intellektuellen Dimension (*intellectual dimension*) und der Dimension der Konsequenzen aus religiösen Überzeugungen (*consequential dimension*).[716]

---

712 Huber, Kommentar, 268.

713 Lienhard, zeitgenössische Lage, 73.

714 Huber, Kommentar, 273 f.

715 Zur Diskussion über den Glockschen Ansatz vgl. z. B. Huber, Dimensionen Religiosität; Haub, Messung Religiosität.

716 Vgl. Glock, Dimensionen der Religiosität, 151.

Fremd- und Selbstsozialisation, soziale und individuelle Lernprozesse gehören zusammen. Dabei bestimmt die Prägung des Kontextes deren Verhältnis wesentlich mit. Zumindest im Kontext mehrheitlicher Konfessionslosigkeit scheinen religiöse Rituale und damit diejenigen Dimensionen, die nicht in der Innerlichkeit aufgehen, »stärker durch fremd- und gleichzeitig weniger durch selbstsozialisatorische Lernprozesse angestoßen«[717] zu werden. Auf alle Fälle lässt sich festhalten, dass die kontextuellen Prägungen wesentlich für religiöse Lernprozesse sind. Interessant ist dabei eine Beobachtung, die Rüdiger Schloz im Rückblick auf die seit 1972 durchgeführten EKD-Befragungen zur Einstellung der Kirchenmitglieder macht: Generell sei »eine deutliche Zurückhaltung gegenüber explizit religiösen Aussagen zu beobachten. Unter den Vorgaben werden diejenigen bevorzugt, die auch in einem allgemeinen Sinn verstanden werden können.«[718] Die Prägung des allgemein Plausiblen spielt hier eine wichtige Rolle. Dabei kommt es nicht zu einer Eins-zu-Eins-Übernahme. Aber die Prägungen der Mehrheit bilden gewissermaßen einen Rahmen, innerhalb dessen eigene Positionierungen vorgenommen werden.

Die dabei vertretenen Vorstellungen und praktizierten Verhaltensweisen lassen sich nur selten »jenen eindeutigen konfessionellen bzw. (welt-)religiösen Typen fügen, wie man dies womöglich erwarten oder annehmen sollte«[719]. Die prägende Kraft der religiösen Institutionen sinkt. »Selbst wer sich explizit katholisch oder evangelisch identifiziert, kann im gleichen Atemzug Glaubensformen für plausibel halten, die der Systematik dieser Konfessionen nicht entsprechen. So kann sich ein katholischer Christ für Okkultes erwärmen, Wiedergeburt für plausibel halten oder esoterischen Ideen anhängen.« (180) Dieser fortschreitenden Deinstitutionalisierung korrespondieren religiöse Überzeugungen und Verhaltensweisen, die sich durch ein »Bild von Inkonsistenz« auszeichnen, wenn man »die unmittelbare Übertragung religiöser (konfessioneller) Lehrmeinungen in individuelle Glaubensformen« (181) erwartet.

717 Demmrich, Religiosität und Rituale, 263. Auffällig war in der Untersuchung zudem, dass religiöse Rituale stärker auf Fremdverstärkung angewiesen waren als nichtreligiöse Rituale, um als persönlich hoch bedeutsam zu gelten. Das spricht noch einmal für die Bedeutung des Kontextes als prägenden Faktors.

718 Schloz, Kontinuität und Krise, 85.

719 Nassehi, Religiöse Kommunikation, 179. Die folgenden Seitenangaben im Text beziehen sich darauf.

Setzt man jedoch den Bezugspunkt anders und nimmt *das eigene Erleben als zentrale Perspektive in den Blick, könnte man von einer Konsistenz im Horizont lebensgeschichtlicher und alltagspraktischer Herausforderungen* sprechen. Geglaubt und getan wird das, was zu einem passt und biografisch stimmig ist. Nach Ansicht des Soziologen Armin Nassehi (geb. 1960), der im Rahmen des Religionsmonitors 2008 Interviews ausgewertet hat, sind die dort vertretenen Positionen als Ausdruck »einer ganz bestimmten Form authentischer Haltung (oder wenigstens ihrer Inszenierung)« (174) zu verstehen. Bezug genommen wird nicht auf eine Mitgliedschaft und eine dort vertretene Praxis, sondern auf das individuelle Erleben. Die inhaltliche Konsistenz wird nachrangig gegenüber den individuellen, selbst angeeigneten Logiken. »Im Brennpunkt stehen das Individuum und dessen Erleben.«[720] Hier ändert sich also der Kommunikationsmodus: »weg von dem der Autorität hin zu dem der Authentizität«[721]. Die damit skizzierte Tendenz gilt für das Feld von religiösen Vorstellungen genauso wie für den Bereich von ethischen Verhaltensnormen.

c) Der immanente Rahmen religiöser Orientierungen

Vergleicht man die Gegenwart mit der Zeit vor 500 Jahren, ergibt sich ein deutlich verändertes Bild. Während es damals im Rahmen der abendländischen Zivilisation »für die große Mehrzahl der Menschen beinahe ein Ding der Unmöglichkeit war, nicht an Gott zu glauben«[722], so verhält es sich heute ganz und gar nicht so.

Nun sollte man sich dabei nicht zu Einseitigkeiten hinreißen lassen und von einer kompletten Umkehrung sprechen. Allerdings ist es durchaus richtig, sich vor Augen zu führen, dass die Epoche, »in der das religiöse Leben stärker ›verkörpert‹ war und in der die Präsenz des Heiligen im Ritual vorgeführt, gesehen, gefühlt, berührt und (auf der Wallfahrt) schreitend angestrebt werden konnte« (922), hinter uns liegt. Zwar begegnen uns auch heute solche Formen religiöser Verkörperung, doch wird man gegenwärtig nicht sagen können, dass das Verhältnis zum Höchsten, zum Letztgültigen vorrangig dadurch entsteht, also »körper-

720 Taylor, Säkulares Zeitalter, 847.

721 Grethlein, Kirchentheorie, 214.

722 Taylor, Säkulares Zeitalter, 927. Die folgenden Seitenangaben im Text beziehen sich darauf.

lich vermittelt« (924) wird. Allerdings ist hier auch eine Gegenbewegung sichtbar, die sich durch eine »gesteigerte Resonanzsensibilität«[723] auch in körperlicher Hinsicht auszeichnet.

Nach TAYLOR ist das Christentum »durch einen Prozeß der ›Exkarnation‹ hindurchgegangen und hat die verkörperten, ›fleischlich‹ realisierten Formen des religiösen Lebens hinter sich gelassen, um Formen anzunehmen, die eher ›im Kopf‹ gegeben sind« (923). Damit verlieren Positionierungen im Allgemeinen, also auch diejenigen in Sachen Religion, die »Aura der Selbstverständlichkeit« (919) und bewegen sich innerhalb eines immanenten Rahmens, eines »gefühlten Kontext[es], in dem wir unsere Meinungen überhaupt erst bilden« (915). Alle Überzeugungen – also nicht nur, aber eben auch die religiösen – werden davon geprägt, ohne dass die damit verbundenen Selbstverständlichkeiten explizit formuliert und von den Akteuren anerkannt würden.

Hier nun kommt das zum Tragen, was bereits in der Perspektive der Optionsgesellschaft und des gegenläufigen Drucks entfaltet wurde. Einerseits ist zu bedenken, dass in unserer Gesellschaft eine Vielzahl von Positionen (auch im religiösen Spektrum) vertreten wird. Dabei fragilisiert die Existenz einer Alternative jeden Kontext, »das heißt, sie sorgt dafür, daß das Gefühl für das Denkbare und das Undenkbare unsicher und schwankend wird« (928). Andererseits ist im Blick zu behalten, dass die verschiedenen Strukturen, in denen wir leben, einen immanenten Rahmen bilden, der unabhängig und ohne Bezugnahme auf Transzendentes gedeutet werden kann. Das führt nicht zu einem Niedergang der Religion, aber doch zu Destabilisierungen und Umgestaltungen. Die Erfahrungen gegenläufigen Drucks, der »einerseits von Erzählungen der abgeschlossenen Immanenz und andererseits vom Gefühl der Unzulänglichkeit solcher Erzählungen ausgeht« (991), führen einerseits zur Entstehung neuer Positionen und der Möglichkeit, »Religion ohne die abstoßenden Konsequenzen abzulehnen« (996), andererseits aber auch zu einem Offenhalten der religiösen Positionierung. Menschen neigen dazu, sich lange nicht über ihre Einstellung zur Religion klarzuwerden. Zudem wechseln sie stärker als früher ihren Standpunkt im Laufe des Lebens.

Mit dem gegenläufigen Druck korrespondiert eine Positionierung zwischen Extrempositionen und deren Ablehnung. »Wir sind hin und

723 Vgl. Rosa, Resonanz, 599.

her gerissen zwischen einer antichristlichen Stoßrichtung und dem Zurückweichen vor einer (aus unserer Sicht) extremen Form des Reduktionismus.« (997) Dass dabei die primäre Prägung oder, anders ausgedrückt, der lebensgeschichtliche Zugangspfad eine wesentliche Rolle spielt, lässt sich beispielsweise an empirischen Befunden zu jugendlicher Religiosität aufzeigen. Etwas holzschnittartig ließe sich sagen: Im Jugendalter kommen ganz unterschiedliche Perspektiven in der Auseinandersetzung mit und Distanzierung von eigener familialer Sozialisation zusammen. Die nicht religiös Sozialisierten, die sich tendenziell eher als areligiös verstehen, zeigen sich zumindest teilweise offen für religiöse Fragen und Themen. Diejenigen, die eine religiöse Sozialisation erfahren haben und der Religion gegenüber nicht abgeneigt sind, suchen eine Klärung, die auch oft mit Distanz einhergeht. Gemeinsam ist beiden Gruppen, dass sie in der Phase des Testens sind. Konkret spiegelt sich das darin wider, dass die Zustimmungs- bzw. Ablehnungswerte zum Glauben an Gott, zum Gottesdienstbesuch und zur Gebetspraxis von konfessionslosen und konfessionsgebundenen Jugendlichen zum Teil sehr nahe beieinander liegen.[724] Dabei spielt eine grundlegende Rolle, in welchen Kontexten die Jugendlichen aufwachsen. Diese bestimmen maßgeblich darüber, welche Tendenz im Testen unterstützt wird. Die Erfahrung gegenläufigen Drucks führt hier zu unterschiedlichen Tendenzen. Während im Kontext mehrheitlicher Kirchlichkeit die Jugendphase »den Zenit der Kirchen- und Religionsdistanz«[725] markiert, verhält sich das im Kontext mehrheitlicher Konfessionslosigkeit geradezu umgekehrt. Hier gilt die jüngere Generation als diejenige, die im Vergleich zu ihren Eltern und Großeltern eine »größere Zustimmung zu transzendenzbezogenen Fragen«[726] an den Tag legt, also religiös offener ist.

Insgesamt muss man allerdings aufpassen, nicht zu schnell in Abgrenzungen zu agieren. So zeigt eine empirische Untersuchung unter 8000 Probanden von Andreas Feige und Carsten Gennerich, dass sich die alltagsethischen Wertvorstellungen (z. B. Kindererziehung, Partnerbeziehung, Umgang mit Konflikten) konfessionsloser und konfessionsgebundener Jugendlicher kaum unterscheiden. Dabei sind auch

---

724 Vgl. Käbisch, Religionsunterricht und Konfessionslosigkeit, 103 f.

725 Schröder, Religionspädagogik, 293.

726 Vgl. Wohlrab-Sahr/Karstein/Schmidt-Lux, Forcierte Säkularität, 27.

die Unterschiede zwischen Ost und West nicht signifikant. Differenzen lassen sich allerdings dann aufzeigen, wenn auf eine religiöse Semantik Bezug genommen wird. Bei explizit religiösen Fragen können konfessionslose Jugendliche dem jeweiligen Aussagegehalt kaum zustimmen.[727]

Da es hier jedoch keine festen gesellschaftlichen Vorgaben (mehr) gibt, was auch in religionspädagogischer Hinsicht als positiv gelten kann, insofern damit der Konformitätsdruck abgemindert wird, verlieren religiöse Positionen an normativer Kraft und sinken in ihrer faktischen sozialen Verbindlichkeit endgültig vom »Soll« zum »Kann«.[728]

Die religiöse Dimension selbst rückt in das Feld individueller Präferenzen, die neben der familiären Disposition maßgeblich vom Umfeld geprägt werden, in dem man aufwächst. Der unser Denken bestimmende immanente Rahmen führt auch zu einer neuen Wahrnehmung des Gegenstandes religiöser Orientierung. Englert spricht hier von einer Art Gotteserosion und meint damit das Gefühl, dass »das, was wir als GOTT anzusprechen gewohnt waren, sich mehr und mehr verflüchtigt, unwirklich wird bis hin zu dem sich immer stärker aufdrängenden Gedanken: Er ist nicht, er ist nur ein Gedanke, eine Einbildung, eine schöne, trostvolle Idee.«[729]

Religionspädagogisch tritt hier der Optionscharakter jeglicher religiöser Positionierung deutlich vor Augen. Lehr- und Lernprozesse haben deshalb die »im Glauben (der Christen, der Juden und der Muslime) getroffene Grundentscheidung didaktisch zu erschließen« und dabei die Lernenden auch daraufhin anzusprechen, »ob sie ihre Wirklichkeit mit dem Interpretament ›Gott‹ bearbeiten wollen oder nicht«[730]. Dabei sollte die »Auseinandersetzung mit den Optionen, die gegenüber der vom Glauben aufgeworfenen Grundentscheidung möglich sind, [...] auch von denjenigen Schüler/innen als intellektuell und existenziell bereichernd erfahren werden, die einen Glauben an Gott ablehnen oder als Möglichkeit ihres eigenen Lebens vorderhand verwerfen«[731].

---

727 Vgl. Feige/Gennerich, Lebensorientierungen Jugendlicher, 191–204; Streib/Gennerich, Jugend und Religion, 98–112.

728 Vgl. Ebertz, Erosion, 98 f.

729 Englert, Religion gibt zu denken, 106.

730 A. a. O., 107.

731 Ebd.

d) Fokussierende Zusammenfassung

Dass Transformationen im Feld religiöser Optionen stattfinden, ist völlig unbestritten, historisch gesehen nicht neu und längst nicht nur auf Deutschland oder Europa bezogen. »Die sozioreligiösen Transformationen sind Ausdruck und Folge der globalen Transformationen.«[732] Weltweit spielen sich gegenläufige Entwicklungen ab, die sich nicht auf einen Nenner bringen lassen. Deswegen sind Entweder-Oder-Interpretationen (beispielsweise im Sinne von Individualisierung oder Säkularisierung) von vornherein in ihrer Reichweite begrenzt. Zudem gilt es, sich daran zu erinnern, dass die verschiedenen Theorien – je nachdem, was dabei als Religion bezeichnet wird – bestimmte Phänomene sichtbar machen, andere wiederum nicht. Religionspädagogisch gesehen haben sie zudem einen begrenzten Erschließungswert. Das gilt vor allem dann, wenn man sich den diskursiven Charakter von Religion vor Augen führt.

> »Wahrnehmen, Denken und Handeln im Horizont des ›Religiösen‹ befinden sich in einem radikalen Umbruch und Paradigmenwechsel. Beispielsweise die Wahrnehmung Gottes oder das religiöse Bewusstsein von Menschen verändern sich von Grund auf. Ein Gott, an den man als Baustein einer Weltanschauung glaubt oder nicht glaubt, reicht nicht mehr aus, um die anstehenden Herausforderungen zu bestehen. Eine religiöse Weltanschauung als Sonderbereich von Individuen oder Institutionen wird vielen fragwürdig und sie fragen nach neuen Wegen.«[733]

Insofern stellt die Konzentration auf die Domäne Religion immer auch eine problematische Perspektivverengung dar, kommt es doch zu vielfältigen Überlappungen bzw. Überschneidungen mit anderen Bereichen. Vor Augen geführt werden soll das im Folgenden mit dem Begriff der Mediengesellschaft.

3.2.3 Mediengesellschaft

Die Wirklichkeitssicht und Daseinsgestaltung heutiger Menschen wird nicht nur durch die Rahmungen, in denen sie leben, sondern wesentlich auch durch »die materialen Bedingungen«[734] der Kommunikationen,

---

732 Polak, Schule im Spannungsfeld, 66.

733 A. a. O., 68.

734 Grethlein, Kommunikation, 10.

also durch die Medien bestimmt. Auch das ist vom Grundsatz her nicht neu, wobei sich mediengeschichtlich verschiedene Phasen und Medienarten unterscheiden lassen. Die »Zeit der Primär- oder Menschmedien bis etwa 1500 n. Chr.«[735] war durch Sprache, Erzählung, Ritual, Mythos, Spiel und vor allem die Schrift bestimmt. Anschließend kam es zu einer »Verlagerung des kulturellen Gewichts auf die Sekundär- oder Druckmedien« (1500-1900), die von Individualmedien zu Massenmedien wurden. Die »Tertiär- oder elektronischen Medien« (1900–2000) waren überwiegend Massenmedien. Die seit dem Ende des 20. Jahrhunderts entwickelten »Quartär- oder digitalen Medien« mit »dem Trend zur interaktionalen Individualnutzung« haben sich in allerkürzester Zeit zur Massentechnologie entwickelt und prägen unsere Gegenwart.

Neue Medien führen nicht zu einer Ablösung der alten, sondern treten im Gebrauch hinzu. Allerdings kommt es durchaus zu einer Verlagerung in der Nutzung. So lesen Menschen heute weniger in Zeitungen und Büchern, schauen dafür aber mehr fern und nutzen das Internet. Vor allem bei der Internetnutzung zeigt sich eine kontinuierliche Erhöhung der Nutzungszeiten. 2016 betrug sie in der Gesamtbevölkerung erstmals mehr als zwei Stunden täglich. 2017 stieg sie auf knapp zweieinhalb Stunden (149 Minuten). Je jünger die Befragten sind, desto höher ist ihre Nutzungsdauer. Bei den 14- bis 29-Jährigen lag sie 2017 bei 274 Minuten pro Tag (2016: 245 Minuten), bei den 30- bis 49-Jährigen bei 183 Minuten (2016: 148 Minuten), bei den 50- bis 69-Jährigen bei 85 Minuten (2016: 85 Minuten) und bei den ab 70-Jährigen bei 36 Minuten (2016: 28 Minuten).[736] Kommunikation und Information stehen dabei im Mittelpunkt. Was bei der jungen Generation der 14- bis 29-Jährigen in besonderer Weise deutlich wird, nämlich der fließende Übergang zwischen Mediennutzung und persönlicher Kommunikation, gilt letztlich für die Gesamtbevölkerung insgesamt.[737] Das Internet »bietet und transportiert [...] neben subjektiver Nähe und persönlicher Kommunikation auch in hohem Umfang Inhalte«[738]. Face-to-face-Kommunikation und mediale Kommunikation gehen ineinander über. Auch religiöse Kommunikation ist davon nicht ausgeschlossen.

735 Gräb, Mediennutzung, 151 (unter Bezug auf Werner Faulstich). Auch die folgenden Zitate beziehen sich darauf.

736 Vgl. Koch/Frees, ARD/ZDF-Onlinestudie, 438; Dies., Dynamische Entwicklung, 421.

737 Vgl. Feierabend/Klingler/Turecek, Mediennutzung, 123.

738 Ebd.

Bereits hier wird deutlich, dass sich den medialen Prägungen nicht allein in quantifizierender Weise nachkommen lässt. Bereits 1986 hatte der US-amerikanische Technikhistoriker Melvin Kranzberg (1917–1995) im ersten seiner sechs Technologiegesetze darauf hingewiesen, dass Technologien weder gut noch schlecht, aber eben »auch nicht neutral«[739] seien. Schließlich prägen sie soziale Interaktionen, so »dass technologische Entwicklungen häufig ökologische, soziale und menschliche Konsequenzen nach sich ziehen, die weitreichender sind als die unmittelbaren Ziele der Geräte und Praktiken, um die es eigentlich geht«[740].

Die Medienwirkung geht zwar mit der Mediennutzung einher, ist aber nicht darauf zu beschränken. In dieser Perspektive hat Christian Grethlein bereits vor 15 Jahren darauf hingewiesen, dass die elektronischen Medien Einfluss nehmen »auf die Zeit, genauer auf das Zeitverständnis und -gefühl der Menschen«[741]. Dabei sind sowohl Tendenzen zur Beschleunigung als auch zur »Verdichtung des Gegenwarts- und Jetzt-Feldes«[742] zu beobachten. Zugleich verändert sich der Modus der Interaktion von Menschen in grundlegender Weise. Das gilt auch für den Kontakt zur Umwelt. Die Medien transportieren nicht nur Themen, sondern setzen sie. Gleichzeitig werden früher voneinander geschiedene Lebensbereiche miteinander verbunden. Grenzen zwischen Privatem und Öffentlichem verschwinden. Diese Entwicklung hat nun in den letzten Jahren eine neue Qualität erreicht. Aufschlussreich dafür ist der sog. Big-Data-Diskurs, weil sich hier die Auswirkungen digitaler Kommunikation gut beschreiben lassen. Zudem eröffnet die Zusammenführung unterschiedlicher Wissenschaften völlig neue Perspektiven, die es uns erlauben, »Fragen zu beantworten, die wir sonst gar nicht stellen könnten«[743]. Was damit gemeint ist, lässt sich beispielshaft an der Allgegenwart von Mobiltelefonen vor Augen führen, die eine riesige Datenmenge darüber entstehen lassen, »wie sich Individuen bewegen oder was sie kaufen« (221). Kombiniert man diese Informationen mit weite-

739 Kranzberg, Technology and History, 545, zit. n. Boyd/Crawford, Big Data, 187.

740 Ebd.

741 Grethlein, Kommunikation, 53.

742 A. a. O., 55.

743 Weinberger, digitale Glaskugel, 221. Die folgenden Seitenzahlen im Text beziehen sich darauf.

ren Datensätzen »aus der Genforschung, aus der Wirtschaft, aus der Politik« (221), lassen sich bisher ungeahnte Perspektiven ergründen, so dass viele Experten glauben, wir stünden »an der Schwelle zu einer vollkommen neuen Forschungswelt« (221).

Auf diese Weise geraten herkömmliche Strategien der Wissensgenerierung auf den Prüfstand. Alles wird dynamischer. Zugleich verändern sich die Kriterien. Entscheidend ist nicht mehr, dass sich konsistente Linien aufzeigen lassen, sondern dass etwas funktioniert. Der US-Amerikaner David Weinberger (geb. 1950) bringt die damit einhergehenden Entwicklungen gut auf den Punkt. Er erinnert daran, dass wir uns »Wissen über ein paar Jahrtausende hinweg als ein System stabiler und konsistenter Wahrheiten vorgestellt« (236) haben.

> »Das neue Medium des Wissens ist aber weniger ein System zur Veröffentlichung von Aufsätzen oder Büchern, sondern eine vernetzte Öffentlichkeit. Vielleicht können wir mithilfe der Data Commons neues Wissen produzieren, allerdings wird dieses Wissen dann eher die Form einer permanenten Diskussion annehmen, innerhalb deren es einmal hierhin gezerrt wird und einmal dorthin. So sieht Wissen im Zeitalter des Netzes aus: Es ist nie wirklich stabil, es ist nie vollständig aufgeschrieben und es ist nie endgültig fertig.« (236 f.)

Hält man sich das vor Augen, wird schnell deutlich, dass die ausführliche Nutzung digitaler Medien nicht nur unsere Aufmerksamkeit beansprucht oder unser Zeitgefühl verändert. Vielmehr wird unsere Einstellung zur Welt und zum Leben insgesamt beeinflusst, indem sich die Logiken in der Aneignung und Auseinandersetzung mit jeglichen Wissensbeständen und Grundfragen, also auch mit religiösen Themen ändern. Auf drei Aspekte sei im Folgenden kurz hingewiesen.

a) Neue Gewichtungen im Verstehen

Nicht ausschließlich, aber doch maßgeblich durch den Einfluss elektronischer Medien, ist von der Tendenz her ein Wandel »von der begrifflichen zur ästhetischen Wahrnehmung« zu beobachten. »Wirklichkeit wird nicht wie im Schrift- oder Buchzeitalter verbal-schriftlich-analytisch, sondern viel stärker visuell-ikonisch-synthetisch wahrgenommen.«[744] Bilder unterschiedlichster Provenienz und verschiedenster

744 Mendl, Audiovisuelle Medien, 540. Mendl zitiert hier wiederum Baacke/Röll (Hg.), Weltbilder, 15.

Gattungen, »deren ›Sprache‹ wir in aller Regel nicht kennen«[745], sind in unseren Köpfen präsent und prägen unsere Vorstellungen und Deutungen. »Dieses Konglomerat besitzt [...] anders als die lineare Rekonstruktion der Geschichte durch die Chronisten keine fest gefügte grammatikalische Struktur.«[746] Nicht zuletzt wandelt sich dadurch das alltagsweltliche Verstehen. Es ist – anders als das theologische Denken – immer weniger wortbestimmt. Neben die kognitive Ebene treten geradezu gleichberechtigt die affektive und die pragmatische. In das Zentrum rückt die Frage der Praktikabilität bzw. der lebenspraktischen Bedeutsamkeit. Anders ausgedrückt: Verständlich und damit wahr ist nicht unbedingt das, was in sich konsistent begründet und expliziert werden kann, sondern was lebbar ist. Auf diese Weise wird die Vielfalt der Bilder geordnet. Was dabei zählt, ist nicht eine systematische Konsistenz, sondern die Lösung eigener Probleme. Hier tritt das noch einmal zum Vorschein, was bereits unter dem Stichwort der Authentizität angesprochen wurde.

b) Spezifika in der Aneignung von Sinn

Menschen treffen heute lebenspraktische Entscheidungen im Rückgriff auf das Reservoir tradierter Sinngehalte situativ stimmig und individuell verantwortet. »Als dominantes Deutungsmuster zieht sich der Anspruch auf selbstbestimmtes Handeln, auf rationale und begründbare Entscheidungen und eine autonome Lebenspraxis in sozialer Verbundenheit durch. [...] Bewährtes wird in einem reflexiven Prozess auf die jeweilige Situation bezogen.«[747] Dietlind Fischer und Albrecht Schöll sprechen hier von einem »okkasionell-sozialen Modus der Aneignung von Sinn«[748]. Das heißt, wie bereits angedeutet, Menschen folgen nicht dem Gedanken der inneren Konsistenz bzw. der Stringenz der Gedankengänge, wie das beispielsweise in der Dogmatik der Fall ist, sondern suchen nach lebensgeschichtlicher Konsistenz, die situativ durchaus unterschiedlich bestimmt sein kann. Die Glaubensansichten werden also an die Herausforderungen der Lebensführung angepasst, wobei die Plausibilitätshorizonte des sozialen Umfelds eine wichtige

745 Paul, Jahrhundert der Bilder, 27.

746 Ebd.

747 Fischer/Schöll, Lebenspraxis und Religion, 273f.

748 A. a. O., 273.

Rolle spielen. Der Kontext setzt grundlegende Maßstäbe. Er bestimmt beispielsweise maßgeblich darüber, welche Prioritäten gesetzt werden und welche Interpretamente und Deutungsmuster überhaupt im Blick sind. Dabei spielt die familiale Sozialisation eine wesentliche Rolle. Sie prägt die religiösen Einstellungen am stärksten und nachhaltigsten. Man kann hier von einem unwillkürlichen Deutehorizont sprechen, der familial erlernt wird und jegliche Auseinandersetzung mit Religion vorstrukturierend prägt. Dabei sind familiale und mediale Prägungen aufs Engste miteinander verbunden.

c) Verschiebungen in der Auseinandersetzung mit der Gottesfrage und religiösen Ritualen

Den genannten Aspekten korrespondiert eine Verschiebung in der Auseinandersetzung mit der Gottesfrage. Wie eine empirische Untersuchung von Kindern und Jugendlichen in Leipzig und Nürnberg zeigt, ist das Interesse an einer intellektuellen Beschäftigung mit der Theodizee-Frage als grundlegender Frage christlicher Glaubenslehre deutlich zurückgegangen. Die Heranwachsenden konzentrieren sich vielmehr auf die Frage nach dem konkreten Umgang mit dem Leid der Welt im Alltag und bemühen sich darum, Erklärungen dafür zu finden, welchen Sinn Leiden für sie hat.[749] Die Frage nach dem Umgang mit dem Leid rückt also verstärkt in das Blickfeld des Interesses. Die Wahrheitsfrage wird nicht ausgeblendet, allerdings verlagert sich deren Bearbeitung.

Diese Akzentverschiebungen lassen sich nicht nur auf der Ebene der intellektuellen Auseinandersetzung, sondern auch auf der Ebene der religiösen Praktiken beobachten. So zeigt eine Untersuchung von Demmrich, dass ein Großteil nicht religiös sozialisierter Jugendlicher betet, obwohl sich in ihrem familialen Nahumfeld keinerlei Anregungspotenzial dafür aufzeigen lässt. Die Jugendlichen selbst geben ein experimentelles Ausprobieren des Gebetsrituals im Sinne eines Trial-and-Error-Lernens an. Die grundlegenden Impulse dazu kommen nicht aus der Familie oder aus der Kirche. Vielmehr werden die Jugendlichen durch außerfamiliale Kanäle zum Gebet motiviert, wobei die Medien eine primäre Rolle spielen.[750]

---

749 Vgl. Ritter/Hanisch/Nestler/Gramzow, Leid und Gott.

750 Vgl. Demmrich, Religiosität und Rituale, 169. In diese Richtung verweisen auch die Befunde aus einer Befragung von Religionsschülern in Sachsen-Anhalt; vgl. Domsgen/Lütze, Schülerperspektiven, 79.83.

Dabei scheinen die Medien auch Ermöglichungsräume religiöser Kommunikation zu sein, insofern sie die übliche Unterscheidung zwischen privaten und öffentlichen Bereichen hinter sich lassen. Hier zeigt sich eine neue Form der Ausbalancierung zwischen Distanz und Nähe, die Uwe Sander als »mediatisierte Kommunikation«[751] beschreibt und die beispielsweise Gebete im Internet überhaupt erst einmal ermöglicht.[752] »Intimität braucht Befreiung von umgebender Lebenspraxis, braucht Ausnahmesituationen, braucht den Luxus der Exklusivität. Anonymität markiert nicht ihren Widerpart, sondern ermöglicht vielmehr soziale Nähe.«[753] Gerade die »weitgehende Ausschließung vorstrukturierender Beziehungen« ermöglicht hier »neue Variationen sozialer Beziehungen«[754] und führt beispielsweise dazu, dass sich Menschen, die bisher in ihrem Nahumfeld einer Gebetspraxis nicht begegnet sind, eigene Formen des Betens entwickeln.

d) Fokussierende Zusammenfassung

Auch in religionspädagogischer Perspektive spielen die Medien eine grundlegende Rolle, prägen sie doch Kommunikationen und ermöglichen sie zugleich in einer bisher nicht gekannten Weise. Der Mensch kann »nicht nicht kommunizieren«, wie der Kommunikationswissenschaftler Paul Watzlawick (1921–2007) eindrücklich formuliert hat.[755] Er kann aus den Zwängen der Kommunikation letztlich nicht entrinnen, auch dann nicht, wenn Menschen erhebliche Differenzen haben, was allerdings nicht heißt, dass es sich dabei um eine für beide Seiten gewinnbringende und zufriedenstellende Kommunikation handelt. Im Gegenteil: Gerade bei großen Differenzen ist die Wahrscheinlichkeit sehr groß, dass die stattfindenden Kommunikationen Menschen voneinander entfernen.

Die Mediatisierung bietet hier eine Lösung, trotz aller Unterschiede gewinnbringend miteinander zu kommunizieren. Mediatisierung und Pluralisierung sind eng miteinander verbunden, denn »Differenz führt zu Distanz, und Distanz ermöglicht Differenz«[756]. Mithilfe der mediati-

751 Vgl. Sander, Bindung, 92.

752 Vgl. Lienau, Gebete im Internet, 385–390.

753 Sander, Bindung, 268, Anm. 198.

754 Ebd.

755 Vgl. Watzlawick/Beavin/Jackson, Menschliche Kommunikation, 50–53.

756 Sander, Bindung, 98.

sierten Kommunikation kann letztlich in einem »speziellen Status sozialer ›Bindung‹«[757] damit umgegangen werden.

Dabei ergeben sich auch problematische Seiten. So kann die in den sozialen Medien gesetzte Möglichkeit zu sofortiger »Affektabfuhr«[758] zu Indiskretion und Respektlosigkeit führen. Auch Tendenzen zur Uniformierung sowie Möglichkeiten gezielter Manipulation sind im Blick zu behalten. Allerdings besteht eine »der größten Veränderungen, die das Internet mit sich bringt«, darin, »dass nicht mehr die Sender und Senderinnen von Informationen entscheiden, was relevant ist und was nicht, sondern die Empfängerinnen und Empfänger«[759]. Dass es auch manipulative Möglichkeiten gibt, darf nicht ausgeblendet werden. An dieser Stelle ist jedoch zu betonen, dass sich hier vom Grundsatz her die »Logik klassischer, auch kirchlicher PR und Öffentlichkeitsarbeit maßgeblich« verändert, »und zwar in zweierlei Hinsicht: Erstens ist es immer schwieriger, Informationen zurückzuhalten, wenn daran ein öffentliches Interesse (und sei es auch von wenigen) besteht. Zweitens ist es immer schwieriger, Aufmerksamkeit für eine Information zu bekommen, wenn die Menschen sich dafür nicht sowieso interessieren.«[760] *Was nicht als bedeutsam angesehen wird, erreicht den Rezipienten nicht mehr, weil er es gar nicht mehr zur Kenntnis nimmt. Die Wahrscheinlichkeit, mit Perspektiven konfrontiert zu werden, die einem nicht ohnehin schon zusagen, sinkt auf diese Weise.* Hier zeigen sich durchaus problematische Begleiterscheinungen. Schlagwörter »Filterblase« und »Echokammer« markieren die damit gesetzten Problemlagen. Viele Nutzer widmen sich aufgrund der Algorithmen-Auswahl nur noch Inhalten, die ihrer eigenen Haltung entsprechen. Allerdings darf das nicht einseitig interpretiert werden, denn letztlich hängt es von den Mediennutzern selbst ab, was sie daraus machen und wie sie mit den ihnen angebotenen Perspektiven umgehen.

Wichtig ist es wahrzunehmen, dass die neuen Medien – und hier allen voran die digitalen – »zu einem Faktor geworden« sind, der hochmoderne Gesellschaften prägt«[761]. Insofern ist es durchaus berechtigt,

757 A. a. O., 12.

758 Han, Im Schwarm, 10.

759 Schrupp, Inside, 433.

760 Ebd.

761 Nord, Gemeinde in Netzwerken, 409. Die folgenden Seitenangaben im Text beziehen sich darauf.

sie als »Sinnbild für die Beschreibung von sozialen Beziehungen« (409) zu verstehen. Hier sieht man besonders deutlich, wovon unsere Kommunikationen heute bestimmt werden, worauf sie hinauslaufen und welche Schwerpunkte sich dabei ergeben. Deshalb ist es religionspädagogisch auch so aufschlussreich, die dort stattfindenden religiösen Kommunikationen wahrzunehmen und zu analysieren. Sie finden »nicht in festen und traditionell eingeübten Referenzrahmen statt«, können sich »nicht auf allgemein geteilte Voraussetzungen« stützen und nicht darauf aufbauen, »dass man ihre Antworten als sinnvoll und hilfreich empfindet« (413). Vielmehr werden »diskursive Tatbestände greifbar, die sich in Beziehungen kommunikativ entwickeln« (413).

3.2.3 Zusammenfassung und Ausblick

Die Aufmerksamkeit für gegenwärtige Entwicklungen unter den Stichwörtern der Optionsgesellschaft, der säkularen Gesellschaft und der Mediengesellschaft schärft den Blick für Aspekte religiösen Lehrens und Lernens, die zwar nicht gänzlich neu sind, bisher jedoch nicht in der nun notwendigen Profilierung bedacht wurden.

Der Begriff der Optionsgesellschaft nimmt viel von dem auf, was schon im Diskurs um die Pluralisierung, Individualisierung, Biografisierung und Globalisierung verhandelt wurde. Allerdings spitzt er die damit vor Augen stehenden Entwicklungen noch einmal zu, indem er auf die damit verbundenen Tendenzen zur Fragilisierung eigener Positionierungen hinweist, die durch den Rückgang der vorstrukturierenden Kraft der Rahmenbedingungen noch einmal verstärkt wird. Von Selbstverständlichkeiten kann – auch und gerade im Feld religiösen Lehrens und Lernens – nicht mehr ausgegangen werden. Englerts Formulierung von der »Expedition in offenes Land«[762] bringt das gut zum Ausdruck und zeigt sich zudem anschlussfähig für einen Aspekt, der bisher eher am Rande stand. *Wer sich auf den Weg in ein offenes Land macht, braucht Unterstützung*. Das gilt umso mehr dann, wenn die Optionen, um die es geht, überhaupt erst einmal als solche vor Augen treten sollen. Religion gehört gegenwärtig eher zu dem, was man anstreben kann, aber bei weitem nicht sollte und schon gar nicht muss. Das verstärkt die Herausforderung der Evidenz. *Um in der Unübersichtlichkeit möglicher*

762 Englert, Religionspädagogische Grundfragen, 283.

Optionen Orientierung bieten zu können, bedarf es solcher Lehr- und Lernprozesse, die den Gegenstand, auf den sie sich beziehen, in seiner horizonterweiternden Perspektive deutlich vor Augen treten lassen. Hier bekommt vieles, was bisher unter den Begriffen der Elementarisierung, Performanz und Lebensdienlichkeit bedacht wurde, neues Gewicht.

Wichtig ist dabei, sich die eben skizzierten Entwicklungen vor dem Hintergrund dessen zu vergegenwärtigen, was gemeinhin als grundlegend anzusehen ist. Es kann als »allgemein Plausible(s)«[763] bezeichnet werden und verweist auf eine bestimmte Prägung eines Kontextes. Der hier dafür verwendete Begriff der säkularen Gesellschaft darf nicht einseitig im Sinne einer säkularisierten Gesellschaft verstanden werden, bringt aber durchaus treffend zum Ausdruck, dass *die gesellschaftliche Öffentlichkeit, in der sich die Einzelnen bewegen, ohne explizite Bezugnahmen auf eine unsere Wahrnehmungen übersteigende Wirklichkeit funktioniert.* Sie befreit zwar nicht von den Zumutungen der Begegnung mit Religion, gibt aber auch keine Priorisierung vor, indem sie das Feld entsprechend ordnen würde. Auf diese Weise verstärkt sich der Optionscharakter jeglicher Orientierungen (und damit auch der religiösen), insofern immer auch mögliche Alternativen vor Augen stehen.

Zugleich aber kommt es im Offenhalten der eigenen Position zu einer relativierenden Tendenz. Auf dieser Grundlage bilden sich ganz unterschiedliche religiöse Profile, wobei auch nichtreligiöse Faktoren, wie beispielsweise der sozioökonomische Status, Auswirkungen auf diese Profilbildung haben. Diese (nichtreligiösen) Faktoren gewinnen an Bedeutung, wenn das eigene Erleben zentral wird und religiöse Positionierungen im Horizont lebensgeschichtlicher und alltagspraktischer Herausforderungen Gestalt gewinnen. Diesen Facetten der Vielfalt ist verstärkt Aufmerksamkeit zu widmen, indem der Blick über explizit religiöse Faktoren hinaus geweitet wird.

In alledem stellt sich neu die Frage nach verbindenden Linien. Hier spielen die Medien eine wichtige Rolle. Die mediatisierte Kommunikation ist religionspädagogisch auch deshalb von Interesse, weil sie Distanzen zu überwinden vermag und Zugänge ermöglicht, wo andere Kommunikationsformen nicht mehr tragen. Aber auch unabhängig davon sind die Prägungen der Medien zu berücksichtigen. Medien beanspruchen nicht nur unsere Aufmerksamkeit und verändern unser Zeit-

763 Grethlein, Praktische Theologie, 197.

gefühl, sondern beeinflussen unsere Einstellungen zum Leben und zur Welt insgesamt. Zudem heben sie die Frage nach der Relevanz religiöser Lehr- und Lernprozesse in besonderer Weise hervor. Mediatisierte Kommunikation findet nach eigenen Regeln statt, bei denen traditionelle Referenzrahmen nur noch sehr begrenzt von Bedeutung sind, und sie justieren auf diese Weise bisherige Maßstäbe religiöser Kommunikation neu. Welche Aufgaben sich aus den skizzierten Entwicklungen ergeben, soll im Folgenden bedacht werden.

3.3 Aufgaben: Religionspädagogische Neujustierungen

Versucht man vor dem Hintergrund gegenwärtiger Entwicklungen und der Berücksichtigung des religionspädagogischen Diskurses Aufgaben zu beschreiben, die zu bearbeiten sind, so rücken drei grundlegende Themenfelder in den Blick, die verstärkt Aufmerksamkeit erfahren sollten.

3.3.1 Heterogenität wahrnehmen

Vielfalt gehört inzwischen auf allen Ebenen zu unserer Gesellschaft und prägt sie maßgeblich. Religion ist davon nicht ausgenommen. Sie tritt selbst plural in Erscheinung und stellt zudem *einen* von ganz unterschiedlichen Faktoren im Feld der Verschiedenheiten dar. Mit Blick auf den ersten Aspekt, also die Vielgestaltigkeit von Religion selbst, sind es vor allem zwei Entwicklungen, die zu beachten sind.

Einerseits ist da die Vielfalt der Konfessionen und Religionen, die seit den 1960er Jahren verstärkt in das Blickfeld gerückt ist. In organisationssoziologischer Perspektive ist für Deutschland von etwa 300 Religionsgemeinschaften auszugehen, zu denen sich knapp zwei Drittel der Bevölkerung zählen. Im Laufe der vergangenen Jahrzehnte haben sich hier deutliche Verschiebungen ergeben. Besonders auffällig ist der kontinuierliche Rückgang des Anteils evangelischer und katholischer Kirchenmitglieder sowie der ebenso kontinuierliche Anstieg des Anteils von Konfessionslosen und Muslimen.

[Religionszugehörigkeit in Deutschland]
Nach den Angaben der Forschungsgruppe Weltanschauungen in Deutschland waren 2016 36,2 % der Bevölkerung konfessionslos. 28,5 % waren Mitglied der römisch-katholischen Kirche, 26,5 % der evangelischen Kirche. 4,9 % waren Muslime, und 3,9 % gehörten anderen Religionsgemeinschaften an (davon 1,9 % der orthodoxen Kirche und 1,1 % sonstigen christlichen Gemeinschaften wie den Freikirchen, der Neuapostolischen Kirche, den Zeugen Jehovas, den Mennoniten u. v. a. m.). Zum Judentum gehörten 0,1 %, zum Buddhismus 0,2 %, zu Hinduismus und Jesiden je 0,1 %. 0,4 % gehörten einer weiteren, nicht näher bezeichneten Glaubensgemeinschaft an.[764]

Andererseits begegnet religiöse Vielfalt nicht nur in organisationssoziologischer Perspektive. Auch jenseits davon finden Individualisierungs- und Pluralisierungsprozesse statt, die quer durch die historischen Religionen und Konfessionen verlaufen und zu einem lebensgeschichtlichen Pluralismus führen. Religiöse und weltanschauliche Pluralität entsprechen immer weniger traditionellen Mitgliedschaften und Einteilungen. Deshalb ist konsequent von den Einzelnen her zu denken. So lässt sich – wie bereits unter dem Stichwort der säkularen Gesellschaft ausgeführt – auch innerhalb der Mitgliederschaft einer organisierten Religion eine große Vielfalt religiöser Einstellungen und Positionierungen aufzeigen, die keineswegs in den Traditionen und Normen der Religionsgemeinschaften aufgehen. Begrifflich wird dies in der Differenzierung zwischen Religion und Religiosität aufzunehmen versucht. An ihre Grenzen kommen diese Unterscheidungen im (wachsenden) Feld der Konfessionslosigkeit. Herkömmliche Kategorien sind nur schwerlich dazu geeignet, die hier anzutreffenden Daseins- und Wertemuster zu verstehen.[765]

Zwar lassen sich (je nach regionaler Konturierung und Prägung des Religionsbegriffs) auch bei Konfessionslosen einzelne Elemente identifizieren, die als religiös oder religionsaffin bezeichnet werden können. Allerdings steht ein solches Vorgehen schnell in der Gefahr einer religiösen Vereinnahmung. Insofern ist es nicht ohne weiteres möglich, den Begriff der religiösen Pluralität, der sich für die Beschreibung auf organisationssoziologischer und individualpsychologischer Ebene sowie in Kombination derselben eingebürgert hat, auf das Feld der Konfessions-

764 Vgl. Forschungsgruppe Weltanschauungen, Religionszugehörigkeiten.
765 Vgl. Domsgen, Konfessionslosigkeit, 25 ff.

losigkeit anzuwenden. Deshalb stellt sich die Aufgabe, religiöse Pluralität anders wahrzunehmen.[766]

Verstärkt wird das noch dadurch, dass Religion als *ein* Faktor im Feld der Verschiedenheiten erfahren wird. Religiöse Pluralitätserfahrungen treten mehrheitlich per se nicht exklusiv in Erscheinung. Sie vermischen sich vielmehr mit Differenzerfahrungen in anderen Feldern wie Kultur, Bildung und Geschlecht, um nur einige zu nennen. Denn Religion begegnet in ihrem realen Vorkommen nie nur auf sich selbst und ihre – für viele irrelevant gewordenen – Domänen beschränkt, sondern kontingent, d. h. je spezifisch individuell, sozial und historisch bedingt. Sie ist mit anderen Wirklichkeitssphären verbunden bzw. vermischt, hat also einen »hybriden Charakter«.[767]

In der individuellen Perspektive lässt sich die vermeintliche Eindeutigkeit zwischen Religion und Nicht-Religion nicht abbilden, weil in den Fragen alltäglicher Lebensführung vielfältige Überschneidungen zutage treten.[768] Nichtreligiöse Faktoren prägen also religiöse Positionierungen in unterschiedlich intersektional zu analysierender Weise und erweitern damit das Feld religiöser Vielfalt.

Vor Augen führen lässt sich das exemplarisch in der Untersuchung von Frank Lütze (geb. 1970) zum Religionsunterricht im Hauptschulbildungsgang. Unterschiedliche Akzentuierungen in religiösen Vorstellungen, in privater religiöser Praxis sowie im Blick auf die Teilnahme am kirchlichen Leben lassen sich aus dem »Zusammenhang mit Bildungsfaktoren«[769] erklären. So zeigt sich beispielsweise, dass im »Bereich niedriger formaler Bildung« der »Machtaspekt und damit verbunden die Transzendenz Gottes stärker im Vordergrund« stehen, »während hohe formale Bildung eher mit einer Betonung des Beziehungsaspekts und der Annahme einer Anwesenheit Gottes ›in, mit und unter‹ immanenten Phänomenen einhergehen dürfte«[770]. Nichtreligiöse Faktoren prägen also religiöse Positionierungen und erweitern damit das Feld religiöser Vielfalt.[771]

766 Vgl. Ders., Religiöse Pluralität.

767 Vgl. Dierken, Einleitung, 5.

768 Vgl. Bucher/Domsgen, Empowerment, 410 f.

769 Lütze, Religionsunterricht, 172.

770 A. a. O., 160 (im Original kursiv).

Religionspädagogisch sind die hier angedeuteten Entwicklungen in unterschiedlicher Weise und Intensität im Blick, wobei die Diskussion zunächst ausschließlich und später dann hauptsächlich unter dem Pluralitätsparadigma verhandelt wurde. *In den letzten Jahren hat sich daneben jedoch immer stärker der Heterogenitätsbegriff etabliert.* Er hat nicht nur den Vorteil, dass er konsequent von den Einzelnen her denkt, sondern dass er zudem Fragen nach den zugrundeliegenden Normen und damit verbundenen Machaspekten konstitutiv mit einspielt.

[*Heterogenität*]
Der Begriff lässt sich aus dem Altgriechischen herleiten und bedeutet Verschiedenheit (ἕτερος/*héteros* = verschieden, andersartig) in Bezug auf eine Klasse oder Art (γένος/genos = Geschlecht, Gattung, Art). Um Heterogenität zu beschreiben, braucht es ein Tertium Comparationis, also einen gemeinsamen Bezugs- bzw. Vergleichspunkt. Lerngruppen beispielsweise sind immer nur heterogen in Bezug auf ein oder mehrere Merkmale. In der Regel stellt »eine sozial gesetzte Form die Bezugsgröße«[772] dar. Entscheidend ist hierbei die Frage, ob es damit zu »Hierarchisierungen zwischen Verschiedenen«[773] kommt. Aufgrund der vielfältigen Ausgangslagen, Themen und Orientierungen innerhalb des Heterogenitätsbegriffs scheitern alle Versuche, Heterogenität als »ein kohärentes Programm«[774] darzustellen. Mit Katharina Walgenbach lassen sich vier Bedeutungsdimensionen unterscheiden: die evaluative (Bewertung von Heterogenität), die deskriptive (Beobachtung von Unterschieden), die ungleichheitskritische (Konstruktion von Ungleichheitsbegriffen) und die didaktische (Gestaltung von Lehr- und Lernprozessen unter dem Aspekt unterschiedlicher Lernvoraussetzungen).[775]

Ob es angesichts gegenwärtiger Entwicklungen gerechtfertigt ist, von »einem historisch vermutlich noch nie dagewesenen Ausmaß« an »Heterogenität« zu sprechen, mit dem »(religiöse) Bildung« heute »konfrontiert«[776] sei, darf bezweifelt und müsste in historischer Perspektive eingehender überprüft werden. Es kann hier allerdings auch dahingestellt bleiben. Festzuhalten ist jedoch, dass Heterogenitätserfahrungen nicht

771 Mit Blick auf die Bedeutung sozialer Milieus vgl. auch Vieregge, Religiosität; Albert/Hurrelmann/Quenzel, 17. Shell Jugendstudie.

772 Prammer-Semmler, Heterogenität, 91.

773 Ebd.

774 Ebd.

775 Vgl. Walgenbach, Heterogenität, 24–53.

776 Gärtner, Religionsunterricht, 99.

zuletzt deshalb deutlich(er) zutage treten, weil sich das Spektrum erlaubter bzw. sozial akzeptierter Differenzen erweitert hat. Zudem lässt sich eine Änderung der Mechanismen zum Umgang damit aufzeigen. *Tendenziell sind die Zwänge zur Zurückstellung oder gar Unterdrückung von Heterogenität schwächer geworden. Gleichzeitig ist in weiten Teilen der Bevölkerung die Bereitschaft gestiegen, mit diesen Unterschieden zu leben.* Gleichwohl ist auch unter dieser Prämisse danach zu fragen, ob nun mit dem Heterogenitätsbegriff das bezeichnet werden soll, was bisher mit dem Pluralitätsparadigma beschrieben wurde. Die Verhältnisbestimmung ist schwierig und kann hier nicht im Einzelnen expliziert werden. An dieser Stelle genügt Bernhard Grümmes (geb. 1962) Hinweis auf die mit der Pluralitätskategorie gegebene »kulturelle Drift, die zwar Unterschiede, aber nicht Ungleichheiten wahrnehmen und reflexiv bearbeiten lässt«[777]. »Horizontale Ausdifferenzierungsprozesse von Religion, Kultur, ästhetischen Lebensstilen etc.« sind im Blick und lassen sich mit dem Pluralitätsbegriff gut aufnehmen, während »vertikale, also soziale Schichtungen« (17 f.) demgegenüber deutlich zurücktreten. Im Bemühen und im Willen um Anerkennung auf Aufnahme derselben zeigt sich jedoch, dass »in problematischer Weise soziale Unterschiede erst konstruiert und ontologisch als solche festgeschrieben« (58) werden.

Grümmes Vorschlag, dem zu begegnen, liegt im Programm einer »aufgeklärte[n] Heterogenität« für eine »heterogenitätsfähige Religionspädagogik« und hebt auf die »gegenseitige Durchdringung von hegemonialen, machtbezogenen Bedingungen und normativ bestimmten Formationen« (93) ab. Gestalt gewinnt dieses Modell in drei Perspektiven, nämlich in der »Interdependenz von Differenz und Gleichheit«, der »Dialektik der Vernunft von Partikularität und Universalität« sowie in der »Praxisbezogene[n] kritische[n] Selbstreflexivität« (172), die jeweils hinsichtlich der Denkform, der Kontextualität und der Praxis in Anschlag zu bringen sind. Auf diese Weise gelingt es Grümme, eine alteritäts- und differenztheoretisch geschärfte Sichtweise zu beschreiben, die vor allem auch die Überschneidungsphänomene von Religion mit anderen Feldern aufnehmen kann. Zugleich wird bei ihm deutlich, dass

---

777 Grümme, Heterogenität, 194. Die folgenden Seitenangaben im Text beziehen sich darauf.

es einer normativen und positionellen Verankerung bedarf, um nicht der Gefahr eines vom christlichen Selbstverständnis her unzureichenden »zurückgefahrene[n] Wahrheitsanspruch[s]« (182) zu erliegen. Grümme hält dezidiert am Wahrheitsbegriff fest, profiliert ihn aber alteritätstheoretisch, indem er »von einer von Andersheit her eröffneten Wahrheit ausgeht«, die »den eigenen Wahrheitsanspruch nicht relativieren, wohl aber ins lernbereite und dialogische Verhältnis zu anderen setzen« kann, »weil man die eigene Wahrheit eben nicht als selbst konstituierte versteht« (182). Identität und Verständigung können damit in ein neues, nicht mehr von einer zeitlichen Abfolge geprägtes Verhältnis gesetzt werden, indem sie von vornherein aufeinander bezogen gedacht werden.[778] Allerdings ergibt sich die wechselseitige und produktive Verschränkung von Identität und Verständigung nicht von selbst, quasi als selbstverständliche Nebenfolge von Bildungsprozessen. Vielmehr bedarf es dafür unterstützender und dies initiierender Impulse.

Was Grümme mit Blick auf das Verhältnis von Bildung und Bildungsgerechtigkeit ausführt, dass nämlich Bildung »nicht durch sich selbst Bildungsgerechtigkeit« (261) herzustellen vermag, gilt letztlich auch für das religionspädagogisch so grundlegende Verhältnis von Bildung und Verständigung. »Bildung darf sich nicht allein auf die Selbstkultivierung von Techniken des Selbst beziehen.« (278) *Verständigung, Bildungsgerechtigkeit, Partizipation – um nur einiges zu nennen – bedürfen im Sinne einer heterogenitätsfähigen Religionspädagogik der Initiierung und Anbahnung, wobei der Blick auf vorfindliche Differenzen, die in Ungleichheiten und Unterschiede differenziert werden können, wie auch auf die Produktion derselben innerhalb von Bildungsprozessen zu richten ist.* Das erhöht die Aufmerksamkeit für die strukturelle Seite der Bildung.

Religionspädagogisch gesehen korrespondiert Heterogenitätsfähigkeit mit einer Sichtweise, die den Anderen als »vorgängig und radikal anders, aber zur intersubjektiv-dialogischen Kommunikation wie zur Wahrheit fähig«[779] betrachtet. Dahinter steht die über die unmittelbare Selbstentfaltung hinausreichende Perspektive der Solidarität, die

778 Vgl. den programmatischen Titel der ersten Denkschrift der EKD zum Religionsunterricht. Kirchenamt der EKD, Identität und Verständigung.

779 Bucher, Befähigung und Bevollmächtigung, 69.

sich »gleichsam als das alteritätstheoretisch verantwortbare Pendant zur Differenz«[780] denken lässt. Gerade im Umgang mit Heterogenität, der nicht in der radikalen »Vereinzelung« enden will, braucht es Perspektiven, in der die »Tendenz auf Einheit sichtbar wird«[781].

Religiöse Heterogenität wahrzunehmen heißt also in religionspädagogischen Zusammenhängen einerseits, die Andersartigkeit des Anderen zu erkennen und zu akzeptieren. Die damit verbundenen Fremdheits- und Differenzerfahrungen sind allerdings nicht per se produktiv, sondern brauchen Ermutigung und Unterstützung, um dazu werden zu können. Damit ist andererseits das Verständnis »einer konstitutiv durch Andersheit gebildeten Identität«[782] verbunden. Bert Roebben (geb. 1962) formuliert in Bezug auf die Identitätsbildung: »Ich werde in und an der verletzlichen und gewaltlosen Begegnung mit dem Anderen mehr und mehr ich selbst. Umgekehrt ist das Selbst unentbehrlich für die Begegnung. Ohne Unterschied gibt es keine Begegnung und ohne Begegnung keinen Unterschied.«[783] Anders ausgedrückt: In identitätsbildender Perspektive Heterogenität wahrzunehmen heißt, den Einzelnen in seiner Andersartigkeit zu erkennen und anzuerkennen, um gerade von dort her das Potenzial für die eigene Selbstwerdung freilegen zu können. Da das letztlich alle betrifft, lässt sich von daher eine Gemeinsamkeit beschreiben und mit dem Solidaritätsbegriff terminologisch bezeichnen.

3.3.2 Inklusion ermöglichen

Eine eigene Sicht im Umgang mit Heterogenität wird in prominenter Weise unter dem Leitbegriff der Inklusion beschrieben. Letztlich könnte man Heterogenität und Inklusion als zwei Seiten ein und derselben Medaille bezeichnen. Religionspädagogisch rezipiert wird die Inklusionsthematik über den erziehungswissenschaftlichen Diskurs,[784] wo der Inklusionsbegriff seit 2001 Verwendung findet. 2005 wurde er auch

780 A. a. O., 70.

781 Grümme, Heterogenität, 242.

782 Steinmeier, Kunst der Seelsorge, 16.

783 Roebben, Schulen, 56.

784 Ulrike Witten unterscheidet hier vier Phasen der Rezeption, in denen unterschiedliche Akzente gesetzt wurden, ohne dass es allerdings zu einer abschließenden Klärung gekommen wäre; vgl. Witten, Teil II, Kapitel 1.

religionspädagogisch aufgenommen.[785] Geradezu katalysatorisch wirkte die Behindertenrechtskonvention der Vereinten Nationen, die seit ihrer Ratifizierung durch Bund und Länder am 23.03.2009 auch für die Bundesrepublik Deutschland geltendes Recht darstellt.

> [*UN-Behindertenrechtskonvention* (UN-BRK)]
> Das Übereinkommen der Vereinten Nationen über die Rechte von Menschen mit Behinderungen ist ein Völkerrechtsvertrag. Die UN-BRK wird innerhalb der Inklusionspädagogik als Interpretation der Menschenrechtserklärung von 1948 verstanden. Sie ist nicht isoliert zu betrachten, sondern steht in der Tradition anderer Konventionen, die daran erinnern, dass die Menschenrechte auch für diese gefährdeten Menschen stehen, wie z. B. die Frauenrechtskonvention (1979) oder die Kinderrechtskonvention (1989). Mit der UN-BRK werden neue Rahmenbedingungen und Orientierungen für sämtliche behindertenpolitisch engagierten Akteure festgeschrieben.[786] Da das Völkerrecht eigenen Regeln folgt, stehen die darin spezifizierten und reformulierten Menschenrechte in einem »Spannungsverhältnis zum deutschen Behinderten- und Sozialrecht«[787]. Insofern geht es in der Umsetzung der UN-Behindertenrechtskonvention nicht nur um eine bloße Anwendung vorgegebener Regeln für eine spezifische Gruppe. Vielmehr bedarf es eines gesellschaftlichen Diskurses »über die kulturelle Bedeutung von Behinderung und Differenz« sowie »über die Teilhabebedingungen und Diskriminierungsrisiken von Menschen, die als behindert adressiert sind«[788]. Verbunden ist das mit einem »akzessorische[n] Verbot von Diskriminierung aufgrund einer kulturell relevanten und gesellschaftlich wirksamen Differenzkategorie, nämlich der Behinderung. An die Stelle einer Kritik der Benachteiligung tritt das unteilbare Recht auf Repräsentanz.«[789] Daraus resultiert eine kritische Überprüfung sämtlicher struktureller Verhältnisse, praktischer Prozesse und wirksamer Haltungen, »die einer gleichwürdigen uneingeschränkten Teilhabe«[790] entgegenstehen.

Wie in einem Brennglas wurden dabei unter Rückgriff auf die Menschenrechte wesentliche Aspekte verdichtet, die allerdings auch schon vorher in einem längeren Prozess mit unterschiedlichen Begrifflichkeiten diskutiert worden waren. Inklusion geht weit über die Partizipation

785 Nipkow, Menschen mit Behinderung. Zur genauen Rekonstruktion vgl. Witten, Inklusion, Teil II, Kapitel 1

786 Vgl. Hinz, Umsetzung der UN-Behindertenrechtskonvention.

787 Dorrance/Dannenbeck, UN-Behindertenrechtskonvention, 226.

788 Ebd.

789 Ebd.

790 A. a. O., 227.

von Menschen mit Behinderung hinaus und steht für einen »Werterahmen für Bildungsgerechtigkeit«[791]. Insofern versteht sich Inklusionspädagogik als Allgemeine Pädagogik, »die es mit einer einzigen, untrennbar heterogenen Gruppe zu tun hat«[792]. Inklusion steht hier für ein Programm zur Überwindung von Marginalisierung, Diskriminierung und Stigmatisierung, bezieht sich also auf alle gesellschaftlichen Lebensbereiche, Lebensphasen und Felder. Letztlich geht es um eine »gleichberechtigte Teilhabe« verbunden mit einem »bildungspolitischen Paradigmenwechsel: Nicht das Kind muss sich an die Schule anpassen, sondern die Schule an das Kind.«[793] Eingebettet ist das in eine neue Sicht auf Vielfalt. Sie wird nicht mehr aus der Position der vermeintlichen Mehrheit und damit als Abweichung von der Normalität in den Blick genommen, sondern Vielfalt wird selbst zur Normalität. Dabei gilt: »Weder ›Gleiches für Alle‹ noch ›Besonderes für Besondere‹«, sondern »Gleiches wo möglich, Besonderes wo nötig. Kinder brauchen Unterschiedliches, um erfolgreiche Bildungsprozesse zu durchlaufen.«[794]

Häufig wird Integration in Abgrenzung von Inklusion verstanden. Das geschieht mit der Begründung, dass Integration Herausforderungen von Kindern und Jugendlichen mit Behinderung in Regeleinrichtungen bedenkt und Inklusion darüber hinausgeht, wobei die Integrationsfragen »wichtige historische Befunde, theoretische Grundlagen und Erfahrungen zur Verfügung« stellen, »so z. B. zur Gestaltung gemeinsamer Bildungssituationen, zur Analyse des Systems Schule« und »zu den Anforderungen an Schule«[795]. So verständlich die damit verbundene Absicht ist, mit dem neuen Begriff eine umfassende Perspektiverweiterung anzustoßen, wird man hier jedoch aufpassen müssen, nicht zu stark im Modus der Abgrenzung zu verfahren. Wichtige theoretische Impulse der Inklusionspädagogik stammen aus der Theorie der Integrationspädagogik, und auch für eine inklusionssensible Religionspädagogik gilt, dass diese auf den Vorarbeiten der integrativ ausgerichteten Religionspädagogik aufbaut. Zugleich lassen sich hier Problemlagen aufzeigen, die ambivalent sind. Einerseits rückte der Inklusionsdiskurs

791 Sulzer, Inklusion, 12.

792 Hinz, Von der Integration zur Inklusion, 357.

793 Pithan, Inklusion, 1.

794 Sulzer, Inklusion, 14.

795 Ziemen, Inklusion, 101.

die integrative Religionspädagogik aus dem Randbereich in das Zentrum religionspädagogischer Theoriebildung. Andererseits jedoch geschah dies um den Preis der Verunklarung des Begriffs und einer Verwässerung der mit Inklusion verbundenen Anliegen.

Hier deutet sich ein grundsätzliches Problem an. Weil letztlich noch offen ist, welche Heterogenitätsmerkmale als relevant für religionspädagogische Bildungsprozesse anzusehen sind, besteht die Gefahr, dass im Hervorheben eines bestimmten Aspektes andere, nicht weniger bedeutsame Faktoren nicht ausreichend wahrgenommen werden.

Wie Ulrike Witten (geb. 1982) in ihrer Analyse religionspädagogischer Interpretationen des Inklusionsthemas zeigen kann, ergeben sich eine Reihe von Punkten, über die nicht hinweggegangen werden kann. Zwar lässt sich mit Grethlein beim Auftreten und Wirken Jesu von Nazareth von einem inklusiven Grundimpuls sprechen,[796] doch ist in theologischer Perspektive festzuhalten, dass die biblische Tradition nicht als ganze als inklusionsförderlich anzusehen ist. Insofern können theologische und pädagogische Aspekte nicht kurzschlüssig in eins gesetzt werden. Vielmehr bedarf es einer »sorgfältige[n] Unterscheidung der Deutungshorizonte«, um Resonanzen wahrzunehmen, »die Analogien und Differenzen gleichermaßen erkennen lassen, bevor sie zur wechselseitigen Erhellung und möglicherweise auch Kritik aufeinander bezogen werden können«[797].

In pädagogischer Perspektive ist wichtig, sich zu vergegenwärtigen, dass es nicht ausreicht, Inklusion allein unter einem didaktischen Fokus zu beschreiben.[798] Vielmehr führen die damit verbundenen Aspekte weit darüber hinaus. Sie verweisen deutlich auf empirische Defizite, indem beispielsweise weitgehend unklar ist, ob die mit Begriffen wie Subjektorientierung oder Elementarisierung beschriebenen Perspektiven im Feld religiöser Bildung tatsächlich umgesetzt werden können[799] – und zwar für alle Schülerinnen und Schüler gleichermaßen. Dabei erweisen sich Faktoren wie kontextuelle Prägung[800], Milieuspe-

796 Grethlein, Praktische Theologie, 257.

797 Kumlehn, Offener Blick, 78 f.

798 Vgl. Witten, Inklusion, Teil II; Kapitel 1.

799 Vgl. ebd.

800 Vgl. Dannenfeldt, Gotteskonzepte, 321–332.

zifik[801], Einstellung zum Unterrichtsgegenstand[802], familiale Sozialisation[803] sowie sozioökonomischer Status[804] als bedeutsam. Zu beachten ist ebenso die Milieuverengung von Kirche[805], Religionspädagogik[806] und Religionslehrkräften[807]. Bisher sind die unterschiedlichen Zugänge zu Religion »in Abhängigkeit zu bestimmten Heterogenitäten empirisch noch nicht bestimmt, wobei sich die Frage stellt, ob das überhaupt ginge, und wenn ja, was sich als lernwirksam auswirken würde«[808]. Zu rechnen ist damit, dass es hier zu Verbindungen unterschiedlicher Faktoren käme und dass diese Faktorenkonstellationen themen- bzw. fachspezifisch variieren würden.[809]

Dazu kommt, dass zwischen Heterogenitätsmerkmalen zu unterscheiden ist, die »vornehmlich religionspädagogisch/religionsdidaktisch relevant sind« (z. B. religiöse Sozialisation), und solchen, die »vordergründig eher nicht religionspädagogisch/religionsdidaktisch zu bearbeiten sind«[810] (z. B. Mehrsprachigkeit und Zweitspracherwerb), gleichwohl aber in bestimmten Settings, beispielsweise in sprachlich ambitionierten didaktischen Formen, wichtig werden können. Wichtig ist bei alledem, dass »keine starren Bilder reproduziert werden«[811], sondern Sterotype und Differenzsetzungen sowie dahinterstehende Prozesse, Machtstrukturen u. ä. kritisch analysiert werden.

Bereits diese wenigen Hinweise genügen, um zu verdeutlichen, dass Inklusion auf unterschiedlichen Ebenen bestimmt (gesamtgesellschaftliche, bildungspolitische, schulorganisatorische, pädagogische und didaktische Ebene) und nie vollständig ermöglicht sein wird. Viel-

801 Gennerich, Empirische Dogmatik, 55–65; Gärtner, Religionsunterricht, 130–138.

802 Vgl. Schwarz/Dörnhöfer, SchülerInnenperspektiven, 240.

803 Vgl. Domsgen/Lütze, Schülerperspektiven, 51–112; Domsgen, Religiöse Bildung und Elternarbeit, 221–228.

804 Vgl. Unser, Soziale Ungleichheiten, 88 ff.

805 Vgl. Lütze, Redet Religion, 98 ff.

806 Vgl. Unser, Wie kann, 24.

807 Vgl. Grümme, School matters, 133 f.

808 Witten, Inklusion, Teil II; Kapitel 1.

809 Interessant ist hier die Beobachtung von Katharina Kammeyer. Sie stellt fest, dass die Lehrkräfte hinsichtlich des Theologisierens andere Heterogenitätsmerkmale nannten, als sie für die allgemeine Beschreibung der Lerngruppe benutzt hätten. Vgl. Kammeyer, Theologisieren, 192 ff.

810 Witten, Inklusion, Teil II; Kapitel 1, unter Verweis auf Danilovich, Deutsch als Zweitsprache, 17–34.

811 Ebd.

mehr wird damit ein Prozess angestoßen, der letztlich nie ans Ende kommt, sondern immer wieder aufs Neue anzustoßen ist. Im pädagogischen Bereich hat sich dafür das Instrument des »Index für Inklusion« bewährt. Ursprünglich in Großbritannien im Rahmen der Schulentwicklung entstanden, wird er heute weltweit eingesetzt und unterstützt Bildungseinrichtungen und Kirchengemeinden darin, ein inklusives Schulprofil und -programm zu entwickeln und Schule inklusiv zu gestalten. Dabei geht es um drei Dimensionen: »Inklusive Kulturen schaffen, inklusive Strukturen etablieren und inklusive Praktiken entwickeln.«[812] Inklusion zu ermöglichen ist als religionspädagogische Perspektive festzuhalten, die nicht nur einen Nebenaspekt beschreibt, sondern ins Zentrum gehört. Sie sensibilisiert für Unterschiede, die mit Ungleichheit einhergehen und Partizipation erschweren oder sogar unmöglich machen. Dies zu überwinden, kann nicht mit einem Konzept verwirklicht werden, in dem ein für alle Mal alle wichtigen Faktoren benannt werden. Vielmehr geht es um einen Zielhorizont, dessen Erreichen immer wieder neu zu reflektieren und kritisch zu überprüfen ist. Inklusiv zu arbeiten betrifft deshalb alle Aspekte religionspädagogischen Nachdenkens und Handelns. Einen wesentlichen Faktor dafür bildet die Frage nach der Relevanz dessen, was bildend werden soll.

3.3.3 Relevanz aufzeigen

Mit dem Relevanzbegriff wird – in Aufnahme und Fokussierung des bereits Skizzierten – die Aufmerksamkeit auf Faktoren der Annäherung an bzw. Aneignung von Lerngegenstände[n] gerichtet und begrifflich gebündelt. Es geht dabei einerseits um eine differenzierte Wahrnehmung der Lernausgangslage und andererseits um die Profilierung und Initiierung von Lernprozessen im Sinne einer »lebensbedeutsame[n] Erschließung«[813].

[*Relevanz*]

Der Begriff (vom lateinischen *relevare* = aufheben, erleichtern) wird alltagssprachlich in der Bedeutung »Wichtigkeit«, »Bedeutsamkeit« und »Erheblichkeit« verwendet. Er umfasst deutlicher sowohl eine kognitive als auch eine affektive und eine pragmatische Dimension, als dies die verwandten Wörter

812 Pithan, Inklusion, 4.

813 Nipkow, Elementarisierung, 605.

»hilfreich« oder »lebensdienlich« tun, die zudem kaum wissenschaftlich präzisiert wurden. Der Relevanzbegriff ist ein typisch spätmoderner Begriff, insofern ein plurales Spektrum an Sachverhalten vorausgesetzt wird, die mehr oder weniger relevant sein können. »Die Fluidität von Relevanz wird in Gesellschaften, in denen wichtige Lebensbereiche als gegeben hingenommen werden und Einstellungen homogen sind, nicht wahrgenommen. [...] In der spätmodernen Gesellschaft gilt etwas nicht an sich als wichtig und bedeutungsvoll, sondern die Subjekte urteilen über die Relevanz, die etwas für sie persönlich hat.«[814]

Praktisch-theologisch hat Lange in den 1960er Jahren als erster den Relevanzbegriff aufgenommen und damit klar zum Ausdruck gebracht, dass die Bedeutung christlicher Überlieferung für viele Menschen fraglich geworden ist und deshalb immer wieder neu gesucht werden muss. Relevanz wird damit zum »Medium von Aneignungsvollzügen«[815]. Was nicht als relevant erachtet wird, was beim Individuum keine Aufmerksamkeit erhält, spielt keine Rolle und kann deshalb auch seine bildende Kraft nicht entfalten. Relevanz ist also ein »Relationsbegriff«[816].

Auch das Aneignungsgeschehen in Lernprozessen vollzieht sich über Relevanzen. Sie setzen etwas »zu mir in Beziehung«, wobei dieses In-Beziehung-Setzen ganz unterschiedlich ausfallen kann: in zustimmender, ablehnender oder auch gleichgültiger Weise. Das, was Menschen orientiert, kann nicht einfach nur von außen vorgegeben werden, sondern muss auch innerlich angeeignet werden können. Dafür braucht es »Sprachen, die ›persönliche Resonanzen‹ erzeugen, die nicht als bloßes Gegenüber erfahren werden, sondern das Subjekt involvieren und in seiner Selbsterfahrung innerlich ansprechen«[817]. Dabei erweisen sich Themen oder Fragen nie nur in einer bestimmten Hinsicht (mit Blick auf einen bestimmten Relevanzfokus), sondern auch auf eine bestimmte Art und Weise (also in einem spezifischen Modus) als relevant. Relevanz ist also ein sehr komplexes Phänomen, das einerseits individualpsychologisch und andererseits kontextuell zu bestimmen ist. Denn Relevanzurteile werden zwar situativ bestimmt, beziehen sich dabei aber auch immer auf bereits internalisierte Relevanzlogiken.

---

814 Hauschildt/Pohl-Patalong, Kirche, 110.

815 Stetter, Relevanz, 222.

816 Hauschildt/Pohl-Patalong, Kirche, 207.

817 Ebd. (unter Bezug auf Taylor, Quellen des Selbst, 867–887.)

In einer individualisierten, von Singularitäten geprägten Gesellschaft gehören Aufmerksamkeitskonkurrenzen zum alltäglichen Leben dazu. Relevanz erweist sich gegenwärtig immer deutlicher als Schlüsselkategorie - nicht nur, aber eben auch - für religiöse Bildung.[818] Diese ergibt sich nicht per se aus bestimmten Prägungen und Haltungen, wenngleich sie in eröffnender Weise vorstrukturierend sein können, sondern wird von unterschiedlichen Faktoren bestimmt. Relevanz gibt es nicht an sich. Sie ist keine Eigenschaft, die Inhalten, Institutionen oder Aussagen per se anhaftet, sondern eine subjektiv und situativ bestimmte Größe, die sich zudem in Form der Abwägung vollzieht: »Vieles ist relevant, aber eben immer nur relativ zur Situation und zu allen anderen potenziellen Relevanzgrößen und dadurch immer nur in einer bestimmten Perspektive und auf spezifische Art.«[819] Pädagogisch ist das von grundlegender Bedeutung: »Relevanz lässt sich nicht methodisch herstellen, argumentativ herbeiführen, kontrollierbar erzeugen, weil sie in subjektiv-situativ-selektiven Reflexionsprozessen allererst ›generiert‹ wird bzw. ›sich einstellt‹ oder eben ›ereignet‹.«[820] Zugleich jedoch gilt, dass Relevanzsysteme »im Horizont sozialer Netze und kultureller Kontexte ausgebildet«[821] werden. Deshalb lassen sich über das Subjektive hinaus immer auch allgemeinere Relevanzstrukturen identifizieren.

Relevanz kann nicht per se postuliert werden, indem man sie beispielsweise deduktiv ableitete. Vielmehr ist »Relevanzerkundung« (218)[822] angesagt. Hilfreich dafür können Relevanztheorien sein, die die Komplexität vor Augen führen und zugleich dazu beitragen, die Rede von der Relevanz zu entpauschalisieren.

[*Relevanztheorien*]

Bisher existieren nur wenige theoretisch ausgearbeitete Relevanzkonzepte. Alfred Schütz (1899–1959) beschreibt Relevanz als differenziertes, kontextuelles und autorekursives Phänomen (vgl. griech. αὐτό = selbst; lat. *recurrere*

818 Vgl. Domsgen, Kommunikation, 79 f.

819 Bucher, Befähigung und Bevollmächtigung, 100.

820 Ebd.

821 Stetter, Relevanz, 220 (unter Bezug auf Merle, Alltagsrelevanz, 306–313). Die folgenden Seitenangaben im Text beziehen sich darauf.

822 Merle spricht von »Relevanzerhellung«. Dies., Alltagsrelevanz, 303–306.324–318.

= zurücklaufen).[823] Zur differenzierten Beschreibung der Komplexität lassen sich drei Relevanzstrukturen aufschlüsseln, die miteinander zusammenhängen. Ein Gegenstand kann in unterschiedlichen Hinsichten relevant werden im Blick auf seine Weltwahrnehmung (thematisch relevant), seine Weltdeutung (interpretativ relevant) und seine Weltgestaltung (motivational relevant). Damit werden »typische Hinsichten« beschrieben, »in denen ein Subjekt einen Gegenstand für sich als relevant erleben kann« (212). Hinsichtlich der Kontextualität ist zu unterscheiden zwischen dem Situativen (also konkreten Situationen) und dem Biografischen (Relevanzen beruhen auf individuellen Lebenserfahrungen). Die Subjektivität lässt sich damit genauer beschreiben. »Sie besitzt einen biografisch-situativen Doppelvektor.« (212) Damit hängt die Autorekursivität, also Rückbezüglichkeit der Relevanz zusammen. »Was in einer Situation als relevant hervorsticht, bestimmt sich über die geronnenen Relevanzsysteme mit. In diesem Sinne beruht Relevanz auf Relevanz. Was nun wichtig erscheint, ist abhängig von früheren Relevanzerfahrungen.« (212)
Einen anderen Ansatz verfolgen Dan Sperber (geb. 1942) und Deirdre Wilson (geb. 1941). In sprachpragmatisch-kognitionspsychologischer Perspektive modellieren sie Relevanz als ein »Zwei-Seiten-Konzept«. Die Relevanz eines Gegenstands wird einerseits über die positiven Effekte bestimmt, die seine kognitive Verarbeitung auslöst, und andererseits über den Aufwand, den seine Verarbeitung erlangt.[824] Daraus resultiert: »Ein Gegenstand ist umso relevanter, je höher die Effekt-Seite und je geringer die Aufwand-Seite.« (214) Relevanz hat also immer auch mit Gewichtungen (Gradualität) zu tun, nicht mit einem Entweder-Oder, sondern eher mit einem Mehr-oder-weniger. Zudem wird damit deutlich, dass Relevanzurteile nie nur rational kalkuliert sind, sondern immer auch die affektive Dimension mit einschließen. Mit Manuel Stetter (geb. 1981) ließe sich zusammenfassen: Relevanz ist hier »als das Phänomen zu umschreiben, dass etwas so mit uns ›zu tun bekommt‹, dass es im Blick auf die Bewältigung unseres Lebens, ob im Großen oder im Kleinen, ›einen Unterschied macht‹ und sich dadurch von anderem abhebt« (216).

Ein wesentliches Moment für die Erkundung möglicher Relevanzen ist die intensive Auseinandersetzung mit den Lebenslagen heutiger Menschen. Das Relevanzpostulat führt also zu einer konsequenten Ausrichtung religionspädagogischer Theorie und Praxis auf die aktuelle Lebenswelt. Sollen die Lernprozesse als relevant empfunden werden, »bedürfen ihre Kommunikationsformen stringenter Bezüge zu den Situationen«, in denen Menschen heute stehen, und das heißt »aufgrund des auto-

823 Vgl. Stetter, Relevanz, 212 (unter Verweis auf Schütz, Problem der Relevanz; Schütz/Luckmann, Strukturen, 252–312).

824 Vgl. a. a. O., 213.

rekursiven Charakters der Relevanz«: »zu den Themen, die sie interessieren, den Vokabularen, mit deren Hilfe sie sich interpretieren, und den Vorstellungen, die ihnen Antrieb geben« (221 f.). *All das muss permanent erfolgen, kann also nicht als einmal zu erledigende Aufgabe gesehen werden, sondern als andauernde Herausforderung.* Das ist eine anspruchsvolle Aufgabe. Biografische Erfahrungen wie situative Lebenslagen sind gleichermaßen in den Blick zu nehmen. Es reicht also nicht aus, »vermeintlich anthropologische Basisthemen wie Tod, Leid, Liebe oder Glück oder sozial etablierte Grundwerte wie Freiheit, Fairness oder Selbstverwirklichung« zu berücksichtigen, weil sie »stets [in] individuell geprägte Relevanzordnungen eingepasst« (218) werden. Zugleich sind neben den kognitiv bestimmten Hierarchisierungen auch die affektiven Momente in den Blick zu nehmen, die bei der Rede von der Relevanz immer mitschwingen. Nur so können Lernprozesse initiiert werden, »die nicht einfach im Vertrauen auf Autorität oder simplen Übernahmen gründen, sondern auf eigenem Verstehen und subjektiver Einsicht beruhen, und so als Vollzug persönlicher Freiheit erlebt werden können« (222).

Insofern ergibt sich als wesentliche religionspädagogische Aufgabe, immer wieder aufs Neue genauere Vorstellungen über mögliche Relevanzfokusse und -modi zu gewinnen und Lernprozesse so zu strukturieren, dass sie von vornherein für diese Modi und Fokusse offen sind. Dazu bedarf es einer »interaktive[n] Grundhaltung« mit einem »feinen Gespür für die alltäglichen Artikulationen der subjektiv bedeutsamen Fragen, Deutungen und Motive« (222). Zugleich ist der Blick zu weiten, denn Lernende verarbeiten die ihnen gegebenen Informationen nie nur für sich, sondern immer »zusammen mit dem Kontext, aus dem diese Informationen stammen«[825] und in dem sie in Anschlag gebracht werden sollen. Insofern sind Bildungsziele und -inhalte immer auch hinsichtlich der Umwelten zu profilieren, in denen sie zur Sprache gebracht werden. Christlich motiviertes Lehren und Lernen ist davon nicht ausgenommen. Deshalb ist den Kontexten, in denen gelernt wird und in denen sich die Lernenden bewegen, besondere Aufmerksamkeit zu schenken. Ein wichtiger Parameter ist dabei die Prägung des »Allerweltswissen[s]«[826]. Es ist den Lernenden in der Regel nicht bewusst. Zugleich

825 Mietzel, Pädagogische Psychologie, 50.

826 Berger/Luckmann, Die gesellschaftliche Konstruktion, 16.

jedoch ist es tief verankert. Dieses Wissen um die Wirklichkeit wird von verschiedenen Faktoren bestimmt und ist deshalb nicht überall gleich.

3.3.4 Zusammenfassung und Ausblick

Grundlegend für die Gestalt und das Profil religiösen Lehrens und Lernens ist, dass traditionelle Stützsysteme, die eine christlich-affizierte Sozialisation angeregt, erleichtert, zumindest aber nicht behindert haben, in ihrer Bedeutung zurückgehen. Dass seit der Trennung von Staat und Kirche obrigkeitlich keine Vorgaben mehr in Sachen Religion gemacht werden und explizit religiös profilierte Traditionen in ihrer öffentlichen Prägekraft an Bedeutung verloren haben, gehört hier ebenso dazu wie die Tendenz, dass Religion als ein Bereich wahrgenommen wird, in dem Festlegungen nicht unbedingt notwendig erscheinen und in dem es immer weniger um die Übernahme vorgegebener Glaubens- und Vorstellungssysteme geht. In globaler Perspektive spiegelt sich das darin, dass »der Schwerpunkt der christlichen Welt [...] wieder [...] ein kleines Stück weiter«[827] aus Europa weggerückt ist.

Vor diesem Hintergrund kommt der eigenen Positionierung eine besondere Bedeutung zu. Hier können ganz unterschiedliche Formen von Religiosität zusammenkommen. Strukturierend wirken dafür kulturelle und milieuspezifische Prägungen sowie mediale Einflüsse. Formalisierte religiöse Lernprozesse finden in der gegenwärtigen Gesellschaft weniger stark statt als noch vor 20 oder 50 Jahren. Das heißt nicht, dass die Auseinandersetzung mit christlicher Religion ganz ausfallen würde, nur ist sie fluider, situativer und individueller bestimmt. Die Auseinandersetzung mit Religion in ihrer Vielfältigkeit aufgrund heterogener Voraussetzungen wahrzunehmen, ist deshalb eine wichtige religionspädagogische Aufgabe.

In der Optionsgesellschaft mit der ihr immanenten Tendenz zur Relativierung von Wahrheitsansprüchen kann nicht (mehr) selbstverständlich davon ausgegangen werden, dass Menschen die christliche Option wahrnehmen und sich mit ihr auseinandersetzen. Zwar gibt es eine Reihe kulturell profilierter Impulse. Allerdings sind damit keine Vorgaben zur Auseinandersetzung verbunden.

---

827 Simojoki, Globalisierte Religion, 2.

Christlich motivierte Lehr- und Lernprozesse sind deshalb auf unterschiedlichen Ebenen plausibilisierend einzubringen, wobei sehr genau darauf zu schauen ist, welche impliziten Voraussetzungen an die jeweilige Struktur gekoppelt sind, in der sie umgesetzt werden. Eine mögliche Partizipation ergibt sich nicht von selbst, sondern ist herzustellen. Das Stichwort der Inklusion macht das auf vielfältige Weise deutlich. *Inklusive Bemühungen werden dabei Hand in Hand gehen müssen mit dem Versuch, Relevanz zu erweisen.* Dafür sind einerseits die unterschiedlichen Lebenswelten sehr genau zur Kenntnis zu nehmen, in denen die Lernenden zu Hause sind. Andererseits ist immer wieder neu danach zu fragen, wo es intersubjektive Überschneidungspunkte gibt. Daraus resultiert, dass religionsdidaktisch neben dem eigentlichen pädagogischen Geschehen immer auch die Strukturen im Blick sein müssen, mit und in denen sich die Lernenden bewegen. Zugleich stellt sich die Frage nach den Inhalten und dem Ziel christlich motivierten Lehrens und Lernens mit besonderer Dringlichkeit. Schließlich kann weder ein allseits akzeptierter Kanon noch ein allgemein nachvollziehbares Ziel vorausgesetzt werden. Den Fragen nach Inhalt, Ziel und Aneignungsmodus christlich motivierter Lernprozesse soll im Folgenden in systematischer Perspektive nachgegangen werden.

3.4 Weiterführende Literatur

Gerhard Büttner/Hans Mendl/Oliver Reis/Hanna Roose (Hg.), Heterogenität im Klassenzimmer (Jahrbuch für konstruktivistische Religionsdidaktik 9), Babenhausen 2018.

Tanja Gojny/Kathrin S. Kürzinger/Susanne Schwarz, Selfie – I like it. Anthropologische und ethische Implikationen digitaler Selbstinszenierung (Religionspädagogik innovativ 18), Stuttgart 2016.

Bernhard Grümme/Hartmut Lenhard/Manfred L. Pirner (Hg.), Religionsunterricht neu denken. Innovative Ansätze und Perspektiven der Religionsdidaktik. Ein Arbeitsbuch (Religionspädagogik innovativ 1), Stuttgart 2012.

Bernhard Grümme, Bildungsgerechtigkeit. Eine religionspädagogische Herausforderung, (Religionspädagogik innovativ 7), Stuttgart 2014.

Bernhard Grümme, Öffentliche Religionspädagogik: Religiöse Bildung in pluralen Lebenswelten (Religionspädagogik innovativ 9), Stuttgart 2015.

Nord Ilona/Hanna Zipernovszky (Hg.), Religionspädagogik in einer mediatisierten Welt (Religionspädagogik innovativ 14), Stuttgart 2017.

Martin Rothgangel, Religionspädagogik im Dialog I. Disziplinäre und Interdisziplinäre Grenzgänge, (Religionspädagogik innovativ 3.1), Stuttgart 2014.

Wolfhard Schweiker, Prinzip Inklusion. Grundlagen einer interdisziplinären Metatheorie in religionspädagogischer Perspektive, Göttingen 2017.
Friedrich Schweitzer/Thomas Schlag (Hg.), Religionspädagogik im 21. Jahrhundert (Religionspädagogik in pluraler Gesellschaft 4), Gütersloh 2004.
Heinz Streib, Wie finden interreligiöse Lernprozesse bei Kindern und Jugendlichen statt? Skizze einer xenosophischen Religionsdidaktik. In: Peter Schreiner/Ursula Sieg/Volker Elsenbast (Hg.): Handbuch interreligiöses Lernen, Gütersloh 2005, 230–243.

4.
Systematische Perspektiven

Systematische Perspektiven in einer Religionspädagogik zu bearbeiten, geht mit einer *doppelten Aufgabenstellung* einher.

Zum einen steht die *Thematisierung von Grundfragen* im Raum, die beim christlich motivierten Lehren und Lernen im Blick sein sollten. Dabei ist immer auch mit zu bedenken, wie sie religionspädagogisch aufzunehmen sind.

Zum anderen steht die Herausforderung zur *Klärung von Begriffen*, die »für eine religionspädagogische Gedankenführung von orientierender oder sogar normativer Bedeutung sind«[828]. Auf diese Weise sollen Grundlinien beschrieben werden, die die Disziplin konturieren und profilieren helfen.

Im Folgenden werden schwerpunktmäßig drei Fragen bedacht. Sie betreffen den Gegenstand, das Ziel sowie den Modus christlich motivierter Lehr- und Lernprozesse. Sie gehören aufs engste zusammen, müssen unterschieden, können aber letztlich nicht voneinander getrennt werden. So korrelieren Inhalts- und Zielbestimmung immer miteinander. Beides hängt wiederum von den Voraussetzungen aufseiten der Lernenden sowie vom Verständnis von Lernprozessen generell zusammen.

Letztlich handelt es sich also bei Inhalt, Ziel und Modus um interdependente Faktoren, deren Bestimmung und Ausrichtung nicht losgelöst voneinander vorgenommen werden können. Die Reflexion darüber soll auch dazu beitragen, präziser zu beschreiben, was unter christlich motiviertem Lehren und Lernen in evangelischer Perspektive zu verstehen ist.

---

828 Schröder, Religionspädagogik, 167.

4.1 Worum geht es beim christlich motivierten Lehren und Lernen? Zur Frage des Gegenstands

Eine Religionspädagogik nimmt religiöse Lehr- und Lernprozesse in den Blick. So ließe sich aus der Bezeichnung der Fachdisziplin in einem ersten Zugang schließen. Was allgemein üblich und auf den ersten Blick auch gut verständlich ist, erweist sich jedoch bei genauerer Betrachtung als äußerst mehrdeutig und wenig spezifisch. Denn was unter einem religiösen Lernprozess zu verstehen ist, geht aus der Bestimmung als »religiös« noch nicht eindeutig hervor. Vielmehr handelt es sich um einen verständigungs- und diskursstiftenden Begriff, der in seiner allgemeinen Verbreitung, »semantischen Offenheit und pragmatische[n] Vielfalt«[829] großes Potenzial besitzt, für die Grundlegung einer Religionspädagogik jedoch allein nicht ausreicht. Deshalb bedarf es einer theologischen Konturierung, die hier über die Wendung von der »Kommunikation des Evangeliums« vorgenommen werden soll. Da all diese Überlegungen aus einer spezifischen, nämlich der evangelischen Perspektive heraus erfolgen, soll dies abschließend kurz reflektiert werden.

4.1.1 Zum Religionsbegriff als diskursstiftender Verständigungskategorie

Der Religionsbegriff hat eine lange Rezeptionsgeschichte, fand aber erst in der Neuzeit Eingang in pädagogische und katechetische bzw. religionspädagogische Reflexionen. Seine Wurzeln liegen in vorchristlicher Zeit. *Religio* bezeichnete – z. B. bei Cicero – eine kultische Angelegenheit, die klar von anderen Lebensvollzügen abgegrenzt war. Im christlichen Gebrauch fand der Religionsbegriff seinen Zielpunkt in der Benennung der Begegnung und Verbindung zwischen dem transzendenten Gott und dem Menschen.

Religion bezeichnete nun das Verhältnis des Menschen zu Gott, wobei dies mehr oder weniger selbstverständlich auf das Christentum bezogen war. Im Großen und Ganzen fungiert *religio* »im 16./17. Jahr-

829 Vgl. Schröder, Religion, 193. Auch im Folgenden beziehe ich mich darauf.

hundert als Bezeichnung des Christentums«[830]. Dabei wurde eine Übereinstimmung von kirchlicher Lehre und persönlichem Glauben vorausgesetzt. Das änderte sich im Zuge von Pietismus und Aufklärung. Beides trat jetzt auseinander. Religion wurde zu einer »Unterscheidungskategorie, die die Differenz – und zugleich darin den Zusammenhang – von kirchlicher Lehre und Glauben der Einzelnen begrifflich fasste«[831]. Menschen mochten zwar mit den kirchlichen Lehren nicht in Einklang stehen, konnten aber gleichwohl als religiös verstanden werden. Religion steht hier für eine in Abgrenzung von kirchlichen Vorgaben auf das Individuum bezogene Form allgemeiner Christlichkeit in einem von Christentum und Kirchen geprägten Kontext.

Seine religionspädagogische Aufnahme fand das bei Christian Gotthilf Salzmann, der Religion mit »Gesinnung«, »moralischem Gefühl« und »natürlicher Erkenntniß der Dinge«[832] verband und auf diese Weise eine für alle gleichermaßen gültige religiöse Erziehung vorsah, bei der die Tradition (in Gestalt dogmatischer Lehrsätze) deutlich in den Hintergrund trat.

Die damit gesetzte Linie fand auch in der Frühphase der Religionspädagogik an der Wende vom 19. zum 20. Jahrhundert Fortsetzung. Religion wurde »absichtsvoll Leitbegriff und Haftpunkt für deren Programm«[833], um die Orientierung am eigenen Erleben (und nicht an kirchlicher Lehre) zu betonen. Eine emanzipatorische Komponente ist unverkennbar.

Heftige Kritik am Religionsbegriff wurde im Zuge der Wort-Gottes-Theologie geübt. In der Religionspädagogik fand das in der Evangelischen Unterweisung Niederschlag, wobei vor allem Helmuth Kittel grundsätzliche Kritik am Religionsbegriff übte und sogar die Fachbezeichnung »Religionsunterricht« in ihrer Sinnhaftigkeit in Frage stellte. Dabei argumentierte er mit der im Religionsbegriff gesetzten Abstraktheit. Solange der Begriff selbstverständlich auf die christliche Religion bezogen, also eindeutig einer vorherrschenden Religion zugeordnet werden konnte, war das anders. Nun aber sollte von Evangelischer

830 Schröder, Religion, 188.

831 Grethlein, Lernorte religiöser Bildung, 7.

832 So in seiner Schrift »Ueber die wirksamsten Mittel Kindern Religion beyzubringen« von 1780, zit.n. Schröder, Religion, 189.

833 A. a. O., 190.

Unterweisung gesprochen werden. Das führte zu einer klaren Konturierung, aber eben auch zu einer Isolation. Dass seit den 1960er und 70er Jahren erneut auf den Religionsbegriff zurückgegriffen wurde, hängt nicht zuletzt mit dem Versuch zusammen, dem zu begegnen, indem das inhaltliche Spektrum erweitert, ein Anschluss an die gesellschaftlichen Entwicklungen ermöglicht und letztlich der Religionsunterricht im schulischen Fächerkanon legitimiert wird. Die »Unbestimmbarkeit von ›Religion‹« wurde dabei als »Chance zur Öffnung des Unterrichts«[834] begriffen. Zugleich zeigten sich die großen Schwierigkeiten, Religionspädagogik und -unterricht aus einem allgemeinen Religionsbegriff heraus begründen zu wollen.[835] Mit zunehmender Pluralisierung und Globalisierung treten sie noch stärker hervor. Denn zwischen den (sogenannten) »Religionen« lassen sich nicht ohne Weiteres Gemeinsamkeiten finden, die einen gemeinsamen, alle einschließenden Begriffsgebrauch rechtfertigen könnten. So schlösse beispielsweise schon der Glaube an Gott als Definitionsmerkmal wesentliche Strömungen des Buddhismus aus. Hier treten die unbestreitbar christlichen Wurzeln in der Bestimmung und Profilierung des Religionsbegriffs zu Tage. Religion und Christentum wurden lange Zeit als miteinander korrespondierende Begriffe gesehen. Eine Ausweitung auf andere »Religionen« ist deshalb nicht ohne weiteres möglich, wie auch religionswissenschaftlich deutlich markiert wird.[836]

Gleichwohl spielt im gegenwärtigen religionspädagogischen Diskurs der Religionsbegriff eine durchaus wichtige Rolle. Der Religionsbegriff geht mit dem Versuch einher, jenseits eingefahrener Gleise einen neuen Blick auf Entwicklungen der äußeren und inneren Realität zu werfen, um auf diese Weise Veränderungen und deren Potenzial für religionspädagogisches Nachdenken und Handeln zu beschreiben.

[*Vier Grundtypen der Religionsdefinitionen*]

Um die Vielzahl unterschiedlicher Religionsdefinitionen zu systematisieren, unterscheidet der katholische Religionspädagoge Burkhard Porzelt (geb. 1962) »vier Grundtypen oder ›Strickmuster‹ der Religionsdefinition«[837]. Es gibt

834 A. a. O., 192.

835 Vgl. dazu die nach wie vor grundlegenden Reflexionen von Nipkow, Grundfragen 1, 139 f.149–168.

836 Vgl. Bergunder, Was ist Religion 50–54.

837 Porzelt, Grundlegung, 50. Die folgenden Seitenangaben beziehen sich auf dieses Buch.

weite(re) und enge(ere) Religionsbegriffe. Zu den weiten zählt er die anthropologische und die funktionale Religionsdefinition, zu den engen die phänomenologische und die substanzielle.

Die *anthropologische Definition* beschreibt »Religion als grundmenschliches Potenzial« und als »elementare(n) Wesenszug des Menschen« (51). Der Mensch gilt hier als von Natur aus religiös. Viel zitiert wird dabei die Definition des evangelischen systematischen Theologen Paul Tillich (1886–1965): »Religion ist im weitesten und tiefsten Sinne des Wortes das, was uns unbedingt angeht.«[838] Die Stärke dieses Zugangs liegt darin, dass »es den außerordentlichen Charakter und die besondere Qualität religiöser Vollzüge zu umschreiben sucht. [...] Religiös ist der Mensch da, wo das Ganze auf dem Spiel steht« (55). Allerdings besteht auch die Gefahr, dass »weltliche Letztbezüge religiös vereinnahmt werden« (56).

Die *funktionale Definition* betrachtet »Religion als Mittel zum Zweck« (56), fragt also danach, was sie psychisch und gesellschaftlich leistet. Der Blick wird dabei auf die Probleme gelenkt, die mit Religion gelöst werden. Nach dem Soziologen Niklas Luhmann (1927–1998) hat Religion die Funktion, die »unbestimmbare [...] Welt in eine bestimmbare zu transformieren«[839]. Zugespitzt ließe sich sagen, dass Religion der Kontingenzbewältigung diene, wobei Kontingenz »die auf uns ›zukommende‹ Zufälligkeit des menschlichen Lebens« (58) bezeichnet. Aber auch andere Funktionen wären zu nennen. Der Religionssoziologe Franz-Xaver Kaufmann (geb. 1932) nennt neben der »Kontingenzbewältigung«: »Identitätsstiftung«, »Handlungsführung im Außeralltäglichen«, »Sozialintegration«, »Kosmisierung« und »Weltdistanzierung« (61)[840]. Festzuhalten ist, dass Religionen ein funktionales Element innewohnt, sie sich allerdings »keinesfalls auf ihren funktionalen Aspekt reduzieren lassen« (61). Zudem können sie neben förderlichen immer auch schädliche Aspekte beinhalten. Grundsätzlich gilt jedoch: Religion muss sich »stets an der Forderung messen lassen, den Menschen zu dienen« (64).

Die *phänomenologische Definition* nimmt »Religion als beobachtbares Geschehnis in den Blick«, widmet sich also der »Ausdrucksgestalt« (65) bzw. den »wahrnehmbaren Ausdrucksformen des Religiösen« (70). Einige Prominenz dabei bietet das Modell religiöser Dimensionen von Charles Glock.[841] Auch Winston L. King (1907–2000) legte ein Modell zur Identifizierung von »Charakteristika und Strukturen religiösen Lebens« (71) vor. Dabei gleichen sich die Vorgehensweisen beider: Sie unterziehen »unterschiedliche Religionen (im Plural!) einer vergleichenden Analyse«, um so »verbindende Grundformen im Leben dieser Religionen ausfinden zu machen« (71), wobei sie von Religion »als

838 Tillich, Religion, 40 (im Original kursiv).

839 Luhmann, Funktion, 26.

840 Kaufmann, Auf der Suche, 85.

841 Vgl. die Ausführungen dazu in Teil 3.2.3 b).

Gestaltung des Lebens«[842] ausgehen. Auf diese Weise wird der Blick geweitet auf die »Vielfalt und Vielgestalt religiöser Ausdrucksformen« (80), allerdings besteht dabei auch die Gefahr »wahllose(r) Beliebigkeit« (80). Das liegt daran, »dass es einer äußerlich vergleichenden Betrachtung des Religiösen an Trennschärfe fehlt« (82).

Die *substanzielle Definition* als »am engsten gefasste ›Spielart‹, Religion zu umschreiben«, will Religion von den Inhalten her definieren und nimmt sie deshalb »als eigenartige Deutung der Wirklichkeit« (82) in den Blick. Solche Definitionen beschreiben Religion unter Verweis auf deren bestimmenden Referenzpunkt (also zum Beispiel im Christentum mit Blick auf Gott, der sich als Vater, Sohn und Heiliger Geist den Menschen zuwendet) und verweisen damit »letztlich auf ein Undefinierbares, Unverfügbares, Unsagbares« (85). Der »Gottesbegriff« trifft dabei für die Mehrheit der Religionen »das Mark ihres Selbstverständnisses« (88), wird aber nicht gleichermaßen allen religiösen Traditionen gerecht. Zum Stellenwert des substanziellen Zugangs lässt sich festhalten: »›Der Inhalt ist keineswegs alles, ohne Inhalt jedoch ist alles nichts!‹ [...] Das substanzielle Religionsverständnis ist offen für und angewiesen auf ergänzende Perspektiven. Jeder der zuvor erörterten Typen ist in diesem Sinne unverzichtbar. Der anthropologische Blickwinkel sucht im Menschsein des Menschen nach Wurzeln, die Religion ermöglichen. Die funktionale Sichtweise nimmt die problemlösenden Leistungen der Religion in den Blick. Der phänomenologische Zugang schließlich konzentriert sich auf die wahrnehmbare Ausdrucksgestalt der Religionen.« (101 f.)

Über Porzelt hinausgehend ist noch auf eine weitere Art einer Definition hinzuweisen, die als *diskurstheoretisch* bezeichnet werden kann. Dabei wird davon ausgegangen, dass die Begrifflichkeit »Religion« an und für sich keine Aussagekraft besitzt und ihre Bedeutung erst in Auseinander- bzw. Abgrenzungsprozeduren mit anderen Begriffen und Lebenswelten gewinnt. Diese Herangehensweise versteht Religion nicht als einen eigenen Gegenstand, der untersucht werden soll, sondern vielmehr als eine Kategorie, die in einem ständigen kontextuellen Diskurs steht und sich stets mit allerlei anderen Kategorien in Verflechtungen und Auseinandersetzungen befindet. Religion wird hier nicht als Analysekategorie eingeführt, sondern in ihrer Funktion innerhalb diskursiver Machtprozesse untersucht.[843]

Eine konsensfähige Religionsdefinition gibt es nicht. Vielmehr werden mit »Religion« Diskurse eröffnet, die in verschiedene Richtungen Verständigungen erzielen wollen. Gerade weil Religion keine eindeutige Größe bezeichnet, ist man dazu genötigt, »Wirklichkeit zu sichten, Ver-

842 King, Religion, 286.

843 Vgl. dazu Hermann, Unterscheidungen, 37–73.

hältnisse zu bestimmen und Geltungsansprüche zu erörtern«[844]. Auf diese Weise soll immer wieder neu ausgelotet werden, worauf sich Religionspädagogik beziehen kann und wo die Grenzen ihres Gegenstandsbereichs liegen.

Dabei kann die Stärke des Religionsbegriffs darin gesehen werden, dass er nach allen Menschen gemeinsamen Strukturen sucht und »an Deutungsprozesse allgemeiner Art«[845] anknüpfen will. Auf diese Weise kann Religion als zur »anthropologischen Grundausstattung«[846] gehörig begriffen werden. Das erleichtert die Verknüpfung von allgemein menschlichen und explizit religiösen Fragen, stellt aber für nicht wenige Menschen auch eine befremdliche Zuschreibung dar, die immer auch in der Gefahr einer problematischen Vereinnahmung steht.[847]

Aus theologischer Perspektive stellt sich darüber hinaus die Frage nach der inhaltlichen Konturierung, also dem einer solchen anthropologischen Grundausstattung vorausliegenden Grund. Ein ausschließlich strukturell ausgerichteter Religionsbegriff kommt hier an seine Grenzen. Die Klärung dieser Frage verlangt nach substanziellen Bestimmungen.

In kulturtheoretischer Perspektive steht Religion für eine »Grundform menschlicher Deutungskultur«[848]. Damit wird eine bestimmte Perspektive der Deutung menschlichen Lebens eingefangen, die nicht nur innerlich ausgerichtet, sondern auch »leibseelisch«[849] bestimmt ist. Religion wird hier als »Modus« verstanden, »in dem Menschen sich selbst [...] im Ausgriff auf eine letzte unbedingte und das eigene Dasein tragende Dimension der Wirklichkeit zu verstehen versuchen«[850].

Religionspädagogisch ist das schon deshalb interessant, weil der Religionsbegriff im erziehungswissenschaftlichen Diskurs fest verankert und in der hier skizzierten Weise in den vom deutschen Bildungsforscher Jürgen Baumert (geb. 1941) formulierten »Modi der Weltbegegnung« anschlussfähig ist. Neben der »kognitiv-instrumentellen Modellierung der Welt«, der »ästhetisch-expressiven« Gestaltung und

844 Zirker, Religion, 1672.
845 Korsch, Religion, 274.
846 Englert, Grundfragen, 279.
847 Vgl. dazu mit Blick auf Konfessionslose Domsgen, Diagnose, 4 f.
848 Barth, Was ist Religion, 558.
849 Korsch, Religion, 274.
850 Lauster, Religion als Lebensdeutung, 146.

der »normativ-evaluative(n) Auseinandersetzung« nennt er die Probleme »konstitutive(r) Rationalität«, die in den Schulfächern Philosophie und Religion bearbeitet werden.[851] Auf diese Weise lässt sich der Religionsunterricht bildungstheoretisch gut plausibilisieren.

Die Eindeutigkeit, die sich daraus ergibt, hat allerdings einen hohen Preis. Er besteht in der Tendenz zu einer reduktionistischen Sicht. Mit Bezug auf einen solchen Weltzugang geht eine Profilierung christlicher Religion einher, die sich vorrangig auf die Frage der Sinngebung bezieht. Aber christliche Religion lässt sich nicht nur darauf beschränken, sondern geht darüber hinaus und wirkt immer auch in andere Bereichspraxen hinein. Einen wesentlichen Aspekt stellt die diakonische Dimension dar. Sie spielt allerdings im religionstheoretischen Zugriff – wenn überhaupt – nur eine nebengeordnete Rolle.

Der Religionsbegriff ist in heuristischer Perspektive (εὑρίσκειν *heuriskein* = ›auffinden‹, ›entdecken‹) von großer Bedeutung, »eignet sich hingegen nicht als ›identity marker‹ einer Religionspädagogik, die sich theologisch verortet«[852]. Hilfreich ist hier die Einschätzung des Soziologen Joachim Matthes (1930–2009), der von Religion und Religiosität als »diskursiven Tatbestände[n]«[853] sprach, die in starkem Maße durch die Kontexte geprägt werden, in denen Menschen leben.

Trotz der damit gesetzten inhaltlichen Offenheit bleibt der Religionsbegriff auch in anderer Hinsicht von Bedeutung, insofern er die Aufmerksamkeit auf die »menschlichem Verstehen und Verfügen zugängliche Seite« eines Geschehens richtet, »was in theologischer Perspektive ›Glaube‹ genannt wird«[854]. Wer von Religion spricht und sich darauf bezieht, nimmt den »kulturellen Zeichenkosmos« als »Medium« in den Blick, in dem der Glaube sich als »vertrauensvolle Gewissheit« »artikulieren und reflektieren kann«.[855] Begrifflich wird damit ein Distanzspielraum markiert, der pädagogisches Handeln von vornherein in die Dimension menschlicher Möglichkeiten und deren Kultur einzeichnet. In dieser Perspektive ist die Unterscheidung von Religion und Glau-

---

851 Vgl. Baumert, Deutschland, 100–150, 106 f., 113 Zur religionspädagogischen Aufnahme vgl. Dressler, Religiöse Bildung.

852 Schröder, Religion, 193.

853 Matthes, Auf der Suche, 129; vgl. auch Jakobs, Religion.

854 Schröder, Religionspädagogik, 201.

855 Dressler, Unterscheidungen, 128 f.

be als »Begriff gewordener Ausdruck unterschiedlicher Perspektiven auf denselben Sachverhalt«[856] zu sehen. Religionspädagogisch wird zwar im Horizont des Glaubens operiert, allerdings bewegt man sich dabei bewusst in dessen »Kommunikationsraum«[857], d. h. im Bereich menschlicher Kultur als Resonanzraum des Gottvertrauens. Auf diese Weise ist es möglich, »die Annäherungsmöglichkeiten an die Themen des Glaubens gleichsam individuell« zu gestalten und »in ihrer Intensität«[858] zu dosieren. Gerade an Lernorten wie der Schule ist das von Bedeutung, geht es doch beim Religionsunterricht »nicht darum, ›religiös zu sein‹, sondern darum, sich verantwortlich im Blick auf Religion zu verhalten«[859]. Damit werden grundlegende Aspekte markiert. Allerdings sind dabei neben begriffsgeschichtlichen Profilierungen immer auch Änderungen im Begriffsverständnis zu berücksichtigen. Auffällig ist beispielsweise der Befund, dass Jugendliche sich eher als »gläubig« denn als »religiös« verstehen. In der Württembergischen Befragung im Religions- und Ethikunterricht waren es nur 22 %, die sich als »religiös«, und »fast doppelt so viele Befragte, die sich als ›gläubig‹ wahrnehmen«[860] (41 %). Entgegen der religionstheoretisch postulierten Offenheit des Religionsbegriffs denken offenbar viele der Befragten »bei dem Wort ›religiös‹ an die Kirche oder an andere religiöse Institutionen«[861]. Auch das ist zu berücksichtigen, wenn mit der Verständigungskategorie »Religion« operiert wird.

4.1.2 Zur Kurzformel »Kommunikation des Evangeliums« als konturierender Perspektive

Religionspädagogik hat Religion und Religiosität (als deren individuelle Gestalt) wahrzunehmen und wertzuschätzen. Allerdings kann es dabei nicht um die »Förderung von ›Religion‹ und ›Religiosität‹ als Abstrakta« gehen, sondern nur um deren spezifische »Lesart, von deren Lebensdien-

---

856 Schröder, Religionspädagogik, 201.

857 Dressler, Unterscheidungen, 128.

858 A. a. O., 130, Anm. 325 (unter Verweis auf Barth, Religion, 54).

859 Porzelt, Grundlegung, 106.

860 Schweitzer u. a., Jugend, 20. (Dieselbe Tendenz zeigte sich auch im sachsen-anhaltischen evangelischen Religionsunterricht; vgl. Domsgen/Lütze, Schülerperspektiven, 57.)

861 Ebd.

lichkeit sie überzeugt ist und die sie in Lernprozessen fruchtbar zu machen versucht«.[862] Denn ähnlich wie die menschliche Sprachlichkeit ist menschliche Religiosität »auf die Äußerung in geprägten Formen von ›Religion‹ angewiesen«.[863]

Zur Beschreibung des inhaltlichen Fokus der religionspädagogisch zu reflektierenden und zu initiierenden Lernprozesse hat sich in den letzten Jahren die Wendung von der *Kommunikation des Evangeliums* herauskristallisiert.[864] Sie *ermöglicht* wissenschaftstheoretisch sowohl den *Anschluss an außertheologische Wissenschaften* (über einen multiperspektivisch zu bestimmenden Kommunikationsbegriff) *als auch den Rückbezug an theologische Theoriebildung* (über den Evangeliumsbegriff).

Ursprünglich von Ernst Lange in Abgrenzung zum Verkündigungsbegriff in den deutschen praktisch-theologischen Diskurs eingetragen[865], hat sich die Wendung inzwischen auch im religionspädagogischen Feld etabliert. Lange sprach bewusst »nicht von ›Verkündigung‹ oder gar ›Predigt‹, weil der Begriff [Kommunikation des Evangeliums] das prinzipiell Dialogische des gemeinten Vorgangs akzentuiert und außerdem alle Funktionen der Gemeinde [...] als Phasen und Aspekte ein- und desselben Prozesses sichtbar macht«[866]. Zugleich machte er deutlich, dass Evangelium immer wieder neu zu kontextualisieren ist, indem es kommuniziert wird. »Das notwendige Wort stellt sich ein, wenn die in der biblischen Tradition bezeugte Christusverheißung in bestimmten Situationen [...] so nachgesprochen werden kann, daß der Hörer versteht, wie sie ihn jetzt und hier angeht und seine Situation trifft, klärt und verändert.«[867]

Sehr deutlich wandte sich Lange damit von der (damals und teilweise auch heute noch) vorherrschenden Vorstellung ab, das Evan-

---

862 Schröder, Religionspädagogik, 202.

863 Hemel, Religionsdidaktik, 53.

864 Vgl. Engemann, Personen; Mette, Einführung; Osmer, Practical Theology; Lienhard, Grundlagen; Grethlein, Praktische Theologie. Zum religionspädagogischen und praktisch-theologischen Diskurs darüber vgl. Domsgen/Schröder (Hg.), Kommunikation.

865 Der erste, der die Formel von der Kommunikation des Evangeliums benutzt hat, war der Niederländer Hendrik Kraemer (vgl. Kraemer, Kommunikation).

866 Lange, Bilanz, 101.

867 Ebd.

gelium sei erst material zu fixieren, um es dann kommunizieren zu können. Kommunikation ist nicht nur als eine Art »warming up« zu verstehen, nach dessen Erledigung man sich dann dem Eigentlichen zuwenden könnte, sondern vielmehr als grundlegender Bestandteil von Evangelium. *Der Vorgang des Kommunizierens steht nämlich konstitutiv in Wechselwirkung mit dem Gehalt des Evangeliums.* Evangelium konstituiert sich für die Kommunizierenden erst im Vollzug von Kommunikation. Der systematische Theologe Ulrich Körtner (geb.1957) spricht hier deshalb vom »Ereignischarakter des Evangeliums [...], das keine feststehende Größe ist [...], sondern das immer wieder neu zum Vorschein kommen muss«[868]. Dabei geht es nicht um »Vergangenes, sondern etwas Gegenwärtiges«, nämlich um das Wirken Gottes im eigenen Leben, in einer bestimmten Wirkrichtung, indem Gott »aus Übel Gutes, aus Leid Freude, aus Tod Leben schafft«[869].

Mit dem Verweis auf »Evangelium« wird der Blick auf Vergangenes wie auch auf Gegenwärtiges und Zukünftiges gerichtet. »Evangelium« verweist einerseits auf den »Grundimpuls christlicher Lebensform«[870] und andererseits auf die Gegenwart und Zukunft, insofern der Grundimpuls »nur im jeweiligen Kontext zugänglich ist«[871].

Der für die Kommunikation des Evangeliums unverzichtbare Grundimpuls wurde mit dem »Auftreten, Wirken und Geschick Jesu von Nazareth«[872] gegeben. Jesus versuchte in unterschiedlichen, aber miteinander zusammenhängenden *Kommunikationen*, »die Wirklichkeit auf das Wirken Gottes hin durchsichtig zu machen«[873]. Es geht hier also nicht nur um Innerlichkeit, sondern um eine soziale Praxis. Inhaltlich ist sie von der Botschaft der anbrechenden Gottesherrschaft bestimmt, die Jesus in drei Modi kommunizierte. Mit Christian Grethlein lassen sie sich als *Lehren und Lernen* (vor allem im Erzählen von Gleichnissen und Parabeln), als *gemeinschaftliches Feiern* (in Form von Mahlgemeinschaften) und als *Helfen zum Leben* (durch Wunderheilungen als Befreiungsgeschehen auf die Gottesherrschaft hin) bezeichnen.[874]

868 Körtner, Dogmatik, 18.
869 Dalferth, Wirkendes Wort, 61.
870 Grethlein, Christsein, 239.
871 Ebd.
872 A. a. O., 24.
873 Ebd.
874 Vgl. Grethlein, Praktische Theologie, 166–169 (unter Verweis auf Becker, Jesus).

Entscheidend dabei ist, dass diese drei Modi *zwar unterschieden, aber nicht getrennt werden* dürfen, und dass es sich hierbei *nicht um exklusiv christliche Kommunikationsmodi* handelt. Vielmehr sind es ohnehin weithin vorhandene Kommunikationen, die nun in einer bestimmten Weise profiliert werden. Menschen lernen, feiern und helfen auch sonst. Hier aber wird es speziell profiliert. Und diese Profilierung bei der Kommunikation des Evangeliums ergibt sich aus dem »Kontakt zu Gott«[875], der unterschiedlich hergestellt wird. Beim Lehren und Lernen steht die »Kommunikation über Gott im Mittelpunkt«, beim »gemeinschaftlichen Feiern die Kommunikation mit Gott« und »beim Helfen zum Leben die von Gott kommende Kraft«.[876]

Von Bedeutung ist zudem, dass die Kommunikation des Evangeliums letztlich unverfügbar ist, oder anders ausgedrückt, dass sie ergebnisoffen geführt wird. Dabei scheint gerade die *Ergebnisoffenheit eine Voraussetzung* dafür zu bilden, *dass sich bei den Kommunizierenden neue Einsichten einstellen können.* Bei allem verständlichen und zum Teil auch berechtigten Bedürfnis, Menschen für die Kommunikation des Evangeliums zu gewinnen, gilt klar ein Überwältigungsverbot.[877] Anders ausgedrückt: *Die Möglichkeit zur Ablehnung oder auch zum Missverständnis gehört konstitutiv zur Kommunikation des Evangeliums.* Verstehen lässt sich nicht erzwingen. Zugleich ist das Evangelium von Anfang an nicht auf eine einzige Form fixiert, sondern gewinnt in unterschiedlicher Weise Gestalt. »Nicht zuletzt die Tatsache der vier Evangelienbücher, die durchaus differieren, drückt die damit gegebene Pluriformität aus.«[878] *Es geht hier nicht um die Vermittlung einer feststehenden Lehre, sondern um einen lebendigen Kommunikationsprozess.*

Dass Evangelium im Neuen Testament verbal im Medium verwendet wird (also im Verbalmodus zwischen Aktiv und Passiv), deutet auf

---

875 A. a. O., 508.

876 Ebd.

877 Hilfreich dafür ist der in den 1970er Jahren im Feld politischer Bildung formulierte Beutelsbacher Konsens: »Es ist nicht erlaubt, den Schüler – mit welchen Mitteln auch immer – im Sinne erwünschter Meinungen zu überrumpeln und damit an der ›Gewinnung eines selbständigen Urteils‹ zu hindern. Hier genau verläuft nämlich die Grenze zwischen Politischer Bildung und Indoktrination.« Beutelsbacher Konsens.

878 Grethlein, Kirchentheorie, 37.

den interaktiven Vorgang dabei. Es geht um eine »personale Interaktion«, bei der beide Seiten produktiv beteiligt sind, indem »wechselseitig gesendet und empfangen, eben ›mit-geteilt‹ wird«[879].

Dieser Kommunikationsprozess ist letztlich nie abgeschlossen. Das im biblischen Grundimplus überlieferte Evangelium ist immer wieder neu zu kommunizieren. Der Fokus liegt hier auf »Gottes wirksame[r] Gegenwart«, die »im Leben seiner Schöpfung«[880] immer wieder neu zu suchen ist, wobei die Grundrichtung im Auftreten, Wirken und Geschick Jesu bereits sichtbar geworden ist.

Die Kommunikation des Evangeliums bezieht sich nicht nur auf einen Teilbereich, sondern auf das Ganze des menschlichen Lebens. Sie lässt sich nicht nur auf kognitive Durchdringung, gedankliche Verinnerlichung oder feste Gewissheit beschränken, sondern umfasst auch das Wollen und Handeln eines Menschen sowie sein Lebens- und Daseinsgefühl. Sie hat »unmittelbaren Einfluss auf das Lebens- und Selbstverständnis des Einzelnen«[881], insofern sich dadurch ein Wirklichkeitsverständnis erschließt, dass das Leben zur bestmöglichen Entfaltung bringen will. Pädagogisch fokussiert formuliert Bernd Schröder deshalb prägnant: *»Kommunikation des Evangeliums hat ein Gefälle zur Subjektwerdung.«*[882]

Religionspädagogisch ist das von grundlegender Bedeutung. Dabei ist ein Zweifaches zu bedenken. *Einerseits geschieht die Kommunikation des Evangeliums in interpersonalen Prozessen.* Lernen, Feiern und Helfen werden auf diese Weise als kommunikative Vollzüge in den Blick genommen, die aufeinander bezogen sind und nicht voneinander getrennt werden dürfen. Religionspädagogisch heißt das, dass Lernprozesse immer auch im Horizont der anderen beiden Kommunikationsmodi zu gestalten sind.

Andererseits ist die Kommunikation des Evangeliums nicht nur interpersonal zu beschreiben. Es geht auch um die Prozesse in den einzelnen Menschen selbst. Denn der Zielpunkt der Kommunikation des Evangeliums liegt in einem »neue[n] Verständnis des alltäglichen Lebens«[883].

---

879 Grethlein, Praktische Theologie, 161 (im Original teilweise kursiv).

880 Dalferth, Wirkendes Wort, XXI.

881 Engemann, Kommunikation, 16.

882 Schröder, Religionspädagogik, 12 (im Original nicht kursiv).

883 Grethlein, Praktische Theologie, 587.

Menschen werden »neu auf ihr Leben hin aus(ge)richtet«[884]. Es gibt verschiedene Versuche, dies genauer zu beschreiben. Der Praktische Theologe Wilfried Engemann (geb. 1959) beispielsweise spricht von der »Erfahrung der Stimmigkeit unseres Lebens«[885], weil »unser Leben in den Koordinaten der Weite und Tiefe in den Blick«[886] komme. Damit markiert er eine wichtige Perspektive, die allerdings lebensbegleitend im Blick auf die einzelnen Lebensphasen mit ihren spezifischen Entwicklungsaufgaben noch einmal genauer zu beschreiben wäre. Dabei wäre immer auch mit zu bedenken, welcher unterstützender Impulse es dafür bedarf. *Denn christliche Religion ist praxisgebunden. Ohne die damit verbundene soziale Praxis gibt es keine inneren Erfahrungen der Stimmigkeit.*

Deshalb ist vor dem Hintergrund der skizzierten gegenwärtigen Entwicklungen und Herausforderungen[887] nach neu zu konturierenden Kommunikationsformen im Spektrum des Lernens, Feierns und Helfens zu suchen, die dazu beitragen können, das Potenzial der Kommunikation des Evangeliums deutlich werden zu lassen. In alledem fungiert die Wendung von der Kommunikation des Evangeliums als »brauchbare Kurzformel für eine gelingende, das Menschsein des Menschen fördernde religiöse Praxis des Christentums«[888].

4.1.3 Zum evangelischen Profil als Zugangsmodus

Der inhaltliche Bezugspunkt einer sich theologisch vergewissernden evangelischen Religionspädagogik liegt im Evangelium von Jesus Christus. »Hier entscheidet sich, was ›christlich‹ genannt zu werden verdient und was nicht.«[889] Das Attribut »evangelisch« steht an dieser Stelle also nicht zuerst für eine bestimmte Konfessionszugehörigkeit, sondern für das Bemühen um eine selbstkritische Orientierung am Evangelium. Letztlich kann man nie evangelisch sein, sondern es allenfalls immer wieder werden. *Die Orientierung am Evangelium fungiert in theologi-*

884 Kirchmeier, Kommunikationsmodi, 47.

885 Engemann, Lebensgefühl, 223.

886 A. a. O., 236.

887 Vgl. dazu die Ausführungen im dritten Teil unter 3.2.

888 Engemann, Kommunikation, 16.

889 Dalferth, Interpretationspraxis, 18.

scher Perspektive also als kritisches Regulativ. Damit verbunden ist das Bemühen um eine Verbesserung und ggf. Neuausrichtung einer das Christliche in Anspruch nehmenden religiösen Praxis. In handlungsorientierender Perspektive ist dabei danach zu fragen, wie sie denn »deutlicher evangelisch«[890] werden könnte.

Wie eine solche evangelisch zu bezeichnende Perspektive zu sichern ist, wird in den Konfessionen unterschiedlich beantwortet. In der römisch-katholischen Tradition gilt die Kirche als der Garant der »Evangelizität«[891]. Sie und ihr Lehramt sind »die letzte Begründungs- und Rechtfertigungsinstanz in Fragen der Gewissheit des Glaubens und der Auslegung der Bibel«[892]. Religionspädagogisch äußert sich das in einer deutlichen Rückbindung an kirchliche Vollzüge und Verlautbarungen. Weil die Kirche als unverzichtbar für eine gelingende Kommunikation des Evangeliums gesehen wird, bleibt sie auch in religionspädagogischen Bezügen maßgeblicher Bezugspunkt.

Die protestantische Theologie setzt hier andere Akzente, indem sie die Schrift zum alleinigen Maßstab macht. Sie bedarf keiner zusätzlichen Instanz, da sie von sich heraus verständlich, also ihr eigener Interpret ist. Damit einher geht ein *Wandel im Verhältnis von Glaube und Kirche, weil nun der einzelne Glaubende in seiner unmittelbaren Beziehung zu Gott verstärkt in den Blick genommen wird.* Daraus resultiert auch ein verändertes Kirchenverständnis. Der Glaube der Einzelnen wird durch die Kirche zwar unterstützt, »aber eben nicht vermittelt oder vertreten«[893]. Zugleich hängt damit eine besondere Hochschätzung christlicher Unterweisung zusammen. Jeder Einzelne muss wissen, worum es beim Glauben geht. »Bildung als reformatorisches Anliegen ist also keine Nebensache«[894], sondern auf das Zentrum selbst bezogen.

Mit der ausgesprochenen Hochschätzung der Bildung geht auch ein besonderes Gespür für deren Grenzen einher. Sie resultiert nicht zuletzt aus der zentralen Stellung der Rechtfertigungslehre, die nicht nur die

890 A. a. O., 21, Anm. 18.

891 Bernd Schröder benutzt diesen Begriff als *marker* für die Theologizität der Religionspädagogik und verortet sie auf diese Weise »strukturanalog« (12) zur Praktischen Theologie. Ders., Religionspädagogik, 12 f. Zur Profilierung dieses Begriffs im Kontext mehrheitlicher Konfessionslosigkeit vgl. Domsgen, Wenn Koordinaten.

892 Dalferth, Wirkendes Wort, 32.

893 Schweitzer, Religionspädagogik, 30.

894 A. a. O., 31.

Notwendigkeit des Lernens mit sich bringt, sondern auch ein besonderes Sensorium für die Nicht-Lehrbarkeit des Glaubens. Wenn Martin Luther innerhalb des Kleinen Katechismus in der Erklärung zum dritten Glaubensartikel formuliert: »Ich gläube, dass ich nicht aus eigener Vernunft noch Kraft an Jesum Christ, meinen Herrn, gläuben oder zu ihm kommen kann«[895], dann sind damit »die Grenzen einer jeden Erziehung oder Bildung *zum* Glauben benannt. In reformatorischer Sicht ist der Glaube kein Erziehungs- oder Bildungsziel, obwohl dieser Glaube zugleich Bildung voraussetzt«[896].

Karl Ernst Nipkow spricht von einem »doppelten Durchbruch, den die Reformation gebracht hat«[897]. Der »Freilegung des Evangeliums« (im Sinne der ausschließlichen Bindung des Heilserwerbs und der Heilsgewissheit an den Glauben an das Evangelium) korrespondiert die »Freigabe der Welt« (im Sinne einer eigenständigen Wahrheitsfindung hinsichtlich der rechten Lebensführung). »Auch das pädagogische Denken und Handeln wird damit freigesetzt und der pädagogischen Vernunft überantwortet.«[898] Das führt zu einer Unbefangenheit im Umgang mit pädagogischen Maximen. Sie müssen nicht direkt aus dem Evangelium abgeleitet werden, sollten aber »theologisch abbildbar«[899] sein. In pädagogischen Dingen kann also pädagogisch argumentiert werden. Damit geht aber keine Beliebigkeit einher. Die Vereinbarkeit mit dem Glauben ist zu prüfen.

Bei alledem können die reformatorischen Entdeckungen wichtige Impulse geben. Allerdings kann es »nicht einfach um eine Fortschreibung des im neuzeitlichen Protestantismus entwickelten Verständnisses gehen«[900]. Vielmehr ist vor dem Hintergrund gegenwärtiger Entwicklungen und Herausforderungen immer wieder neu danach zu fragen, was eine evangelische Form der Lebensgestaltung heute bedeutet. Dabei spielen die überlieferten reformatorischen Impulse eine wichtige Rolle.[901]

895 Luther, Der kleine Katechismus, 511 f.

896 Schweitzer, Religionspädagogik, 31.

897 Nipkow, Bildung, 205.

898 Ebd.

899 A. a. O., 206 (im Original kursiv).

900 Schweitzer, Bildungserbe, 158.

901 Zur Neufassung eines evangelischen Bildungsverständnisses vgl. Schweitzer, Bildungserbe, 158–245.

4.1.4 Zusammenfassung

Die Inhalte christlich motivierten Lehrens und Lernens liegen nicht ein für alle Male fest, sondern sind immer mit Blick auf bestimmte lebensgeschichtliche Situationen und kontextuelle Herausforderungen zu profilieren. Demensprechend liegt auch der Gegenstandsbereich einer Religionspädagogik nicht einfach fest, sondern muss immer wieder neu ausgelotet werden. Dazu braucht es kommunizierbare Begriffe. Der Religionsbegriff besitzt hier – nicht zuletzt aufgrund seiner immensen Verbreitung – großes Potenzial. Allerdings steht er einerseits – vor allem in seinem funktionalen Zugriff – in der Gefahr der Überdehnung und Vereinnahmung und andererseits – vor allem in seiner substanziellen Ausprägung – in der Gefahr der Verkürzung und Reduktion, so dass vor allem mit Blick auf die christliche Religion wesentliche Aspekte unberücksichtigt bleiben (z. B. diakonische Elemente). Nicht zuletzt deshalb spricht viel dafür, den Gegenstand einer evangelischen Religionspädagogik aus der Kommunikation des Evangeliums zu gewinnen. Auf diese Weise bleibt sie theologisch verortet und kann über die Wahrnehmung hinaus auch handlungsorientierend wirken. Der Maßstab liegt in der Orientierung am Evangelium, das nicht einseitig material verkürzt in den Blick genommen werden kann, weil der Vorgang der Kommunikation des Evangeliums mit dessen Gehalt in Wechselwirkung steht. Evangelium ereignet sich also. Inhaltlich geht es um die Gegenwart des liebenden und wirkendes Gottes, die im Auftreten, Wirken und Geschick des Jesus von Nazareth auf unterschiedliche Weise plausibilisiert und erfahrbar gemacht wird. »Für Jesus war Gott eine Hoffnungskraft, um die Welt umzudeuten.«[902] In alledem geht es um kommunikative Vollzüge, die sich auf das Leben insgesamt beziehen und in zu unterscheidenden, aber nicht zu trennenden Grundformen in besonderer Weise zur Darstellung gelangen. Die dreifache Differenzierung von Lehren und Lernen, gemeinschaftlichem Feiern und Helfen zum Leben, die Christian Grethlein vornimmt, macht einerseits deutlich, dass der Kontakt zu Gott unterschiedlich zu kommunizieren ist. Andererseits wird dazu nicht auf exklusiv christliche Kommunikationen zurückgegriffen. Vielmehr erscheinen allgemein menschliche Kommunikationen in einem neuen Licht. Sie werden durchsichtig für Gottes Wirken.

---

902 Luz, Theologische Hermeneutik, 539.

Sich diesem Geschehen aus evangelischer Perspektive anzunähern heißt, sich davon immer wieder anregen und ggf. auch korrigieren zu lassen. Jedes Verständnis ist »nur ein Durchgang zu weiteren Verständnissen«[903]. Mit Blick auf den Umgang mit den überlieferten Texten zum Grundimpuls heißt das zum Beispiel, dass »nicht die Auslegung von Texten, sondern die Auslegung des Lebens durch Texte« die »Pointe«[904] der Kommunikation des Evangeliums ist. Dem korrespondiert eine Zielrichtung, die unter dem Aspekt der Inhalts- und Zielkorrelation gut nachvollziehbar ist. Der inhaltlichen Orientierung bei der Profilierung von Lernprozessen an der Kommunikation des Evangeliums entspricht die Ausrichtung an der Menschwerdung des Menschen, die unter dem Leitbegriff der Bildung in den Mittelpunkt gerückt werden kann.

4.2 Worauf ist christlich motiviertes Lehren und Lernen auszurichten? Zur Frage der Zielperspektive

Mit Rudolf Englert lassen sich intentionale, also zielgerichtete religiöse Lernprozesse als ein Geschehen verstehen, »in dem das religiöse Potential eines Menschen in Richtung eines Ideals religiöser Reife durch ein methodisch mehr oder weniger stark reflektiertes Prozedere zu aktualisieren und zu entfalten versucht wird«[905]. Das trifft auch auf das christlich motivierte Lernen zu, wobei auch hier die Beschreibung des angestrebten Ideals unterschiedlich ausfallen kann, wie ein Blick in die Geschichte zeigt. Dem soll in einem ersten Schritt nachgegangen werden, um anschließend die mit dem Bildungsbegriff besetzten Implikationen genauer zu beleuchten, mit denen im gegenwärtigen Diskurs der »Richtungssinn«[906] religionspädagogisch zu initiierender Lernprozesse beschrieben wird.

903 Dalferth, Wirkendes Wort, 48.

904 A. a. O., 45.

905 Englert, Grundfragen, 281.

906 Schröder, Religionspädagogik, 214.

4.2.1 Zu wechselnden Leitbegriffen und den damit verbundenen Implikationen

Dass die Leitbegriffe christlich motivierten Lehrens und Lernens über die Zeiten hinweg wechseln, ist bereits im problemgeschichtlichen Zugang deutlich geworden und kann als Ausdruck der notwendigen Kontextualisierung von Religionspädagogik verstanden werden. Neue Begriffe stehen einerseits für eine »neuartige Wahrnehmung von Umständen und Ereignissen« (»Erfahrungsregistratur«) und wirken andererseits auch auf »die Phänomene und deren kollektive Deutung«[907] zurück (»Erfahrungsstiftung«). Real- und Begriffsgeschichte sind aufeinander bezogen, gehen aber nicht einfach ineinander auf.

Innerhalb der katechetischen Tradition der Neuzeit fällt auf, dass eine Reihe von Begriffen (etwa *educatio, eruditio, [in]formatio*) nebeneinander stehen, »die in ihrem pädagogischen Bedeutungsgehalt schwerlich trennscharf voneinander abgrenzbar« (50) sind. Nur langsam formiert sich »eine stabile Terminologie«, wobei keinem der verwendeten Begriffe »programmatische Bedeutung« (50) zukommt. Erst im Laufe des 18. Jahrhunderts ändert sich das. Im Zuge der Entstehung der Pädagogik als eigener Wissenschaft und der Aufklärung mit ihrer Betonung der Vernunft kommt es zum Aufbau pädagogischer Begrifflichkeiten, wobei »Erziehung« und »Bildung« eine besondere Rolle spielen. Bernd Schröder vermutet, dass »in der evangelischen Katechetik des 19. Jahrhunderts diejenigen, die Lehr- und Lernprozesse von einem kirchlichen Standpunkt aus mit einem finiten Ziel (nämlich dem der Eingliederung in die Gemeinde nach persönlicher Bejahung der Taufe) reflektieren, den Erziehungsbegriff favorisieren«, während diejenigen, »die im Anschluss an aufklärerische und neuhumanistische Ideen den kirchlichen Kontext transzendieren, zur Hervorhebung des Bildungsbegriffs neigen« (53).

Für die Zeit nach der Prägung des Begriffs »Religionspädagogik« lassen sich vier Leittermini identifizieren, die allerdings teilweise auch ineinander übergehen. Die ersten Religionspädagogen waren noch nicht an einer religionspädagogischen Systembildung interessiert. Das

907 Schröder, Eruditio, 48 (mit Bezug auf Koselleck, Begriffsgeschichten, 336 f.) Auch im Folgenden beziehe ich mich auf Schröders Überlegungen. Die folgenden Seitenangaben im Text verweisen darauf.

Nachdenken war auf den Religionsunterricht fokussiert, aber keineswegs darauf beschränkt. So stellte Otto Baumgarten den Begriff des *Unterrichts* in den Mittelpunkt und thematisierte damit sowohl dessen Inhalt »als auch den (methodischen) Vorgang und die (organisatorische) Form des Unterrichtens« (56). Dabei entfaltete er auch »eine Vorstellung von ›nicht abschließen[dem]‹ lebenslangen Lernen an verschiedenen Lernorten« (56).

Nach dem Ersten Weltkrieg entstanden die ersten summarischen Werke, die den Terminus »Erziehung« als »normative Orientierungsmarke« (57) wählten, dabei jedoch unterschiedliche Schwerpunkte setzten. Während Friedrich Niebergall keine definitorische Erläuterung vornimmt und darin gleichermaßen Aspekte von Entwicklung, Sozialisation, Erziehung und Bildung benennt, nähert sich Gerhard Bohne dem Erziehungsbegriff »traditionskritisch und dissonant zur Pädagogik«, indem er Erziehung als »Hilfe zur Entscheidung« (60) versteht. Hier wird deutlich, wie ein in seiner Zeit prominenter Begriff ganz unterschiedlich konturiert wird, um bestimmte Akzente zu setzen, die Grundlegendes vor Augen führen. Es geht also nie nur um die Aufnahme eines Begriffes, sondern immer auch um die spezifische Profilierung, die unter Umständen auch mit Dissonanzen einhergehen kann, um sie theologisch anschlussfähig zu halten. Dass das nicht immer im Blick war, zeigt die Entwicklung Ende der 1960er Jahre, als im Zuge der Traditions- und Autoritätskritik »Erziehung« in eine Krise geriet und nun neue Begriffe pädagogisch Hochkonjunktur haben: *»Lernen«, »Curriculum«, »Sozialisation«* und *»Emanzipation«* bestimmen nun auch religionspädagogische Entwürfe, wobei Erstere »deskriptiv-analytisch« und Letztere »mit normativ-revolutionärem« (61) Interesse eingesetzt werden. Der Gesellschaftsbezug des Religionsunterrichts wird hier zum entscheidenden Punkt.

Seit den 1980er Jahren wird in Religionspädagogik und Theologie »verstärkt für die ›Wiedergewinnung‹ des Bildungsbegriffs plädiert« (63). Ein wesentliches Movens dafür lag in den Grenzen der Bildungskritik und den vermeintlichen Alternativen einer Bildungstheorie (z. B. durch die Curriculumstheorie, Schultheorie, Lerntheorie und Sozialisationstheorie), die immer deutlicher hervortraten. Dabei kommt es nicht nur zu einer bloßen »Wiederbelebung herkömmlicher Bildungstraditionen« (64), sondern zu einer Neujustierung des alten Begriffs. Einerseits sollten empirisch-erziehungswissenschaftliche Forschungsergebnisse aufgenommen werden. Andererseits ging es darum, eine religionspädagogische Bildungstheorie zu entwerfen, die nicht lediglich als Partikulartheorie fungierte (also als Theorie religiöser Bildung und damit als eine Fachdidaktik unter anderen), sondern als eine Theorie, die »den gesamten Prozess der Identitätsbildung bzw. Subjektwerdung der Person reflektiert und dabei nicht zuletzt die Fülle der relevanten Lernorte in den Blick nimmt« (64). Maßgeblich dafür waren die Arbeiten von Karl Ernst Nipkow, die in seinem opus magnum »Bildung als Lebensbegleitung und Erneuerung« ihren Zielpunkt fanden.

Nimmt man nun die Geschichte wechselnder Leitbegriffe in den Blick, so zeigt sich zum einen eine »traditionsgeschichtliche Begriffsdignität«, d. h. die Leitbegriffe verdanken sich »einer Re-Lektüre der eigenen Tradition« (65). Die Leitbegriffe müssen also an die eigene Theorietradition anknüpfbar sein. Zum anderen ist zu beachten, dass sie Defizite analysieren, »Reform-Optionen« konturieren sowie Diskurse von Referenzwissenschaften (insbesondere der Pädagogik bzw. Erziehungswissenschaft) aufzunehmen in der Lage sind. In der Wahl der Leitbegriffe zeigen sich immer auch Akzentverschiebungen in der Verhältnisbestimmung von Individuation und Integration. »Bildung betont den individuellen, Erziehung den gesellschaftlichen Aspekt von Lernprozessen. Die Begriffe changieren und können auch wechselseitig für das Ganze des pädagogischen Handelns stehen.«[908] Entscheidend ist, wie sie jeweils profiliert werden, welcher Zugang gewählt wird und welche Schwerpunkte damit gesetzt werden. Letztlich geht es dabei um eine pädagogisch und theologisch sich vergewissernde Religionspädagogik, die die Dimension des Christlichen in den Prozess der Menschwerdung einzeichnen kann. Dabei erweist sich seit einiger Zeit der Bildungsbegriff als besonders fruchtbar, weil er Lernprozesse so fokussieren kann, dass sie in der Subjektwerdung des Einzelnen ihren Zielpunkt finden.

4.2.2 Zum Begriff »Bildung« als kritisches Regulativ im gegenwärtigen Diskurs

Wenn in einer ersten Annäherung Religionspädagogik als Theorie religiösen Lehrens und Lernens im Modus von Bildung, Erziehung und Sozialisation beschrieben wurde, dann geschah das in einem *deskripti-*

908 Meyer-Blanck, Übergänge, 109 (unter Bezug auf Schleiermacher, Pädagogik).

ven Zugang. Bildung unterscheidet sich demnach von Erziehung und Sozialisation, indem die *selbstreflexive und intrinsische Seite von Lernprozessen* betont wird. Der Fokus liegt hier also auf der Selbsttätigkeit und Selbstreflexivität im Unterschied zu Verhaltens- bzw. Einstellungsmodifizierungen, die durch Instruktion (=Erziehung) oder die Umgebung (=Sozialisation) ausgelöst werden.

Im Nachdenken über einen möglichen Leitbegriff zur Beschreibung der Zielperspektive christlich motivierten Lehrens und Lernens spielt der Bildungsbegriff in seiner *normativen Ausprägung* eine entscheidende Rolle. Es war vor allem Karl Ernst Nipkow, der sich für ein Verständnis von *Bildung als »regulative[r] Idee«*[909] einsetzte. Der Bildungsbegriff trägt das Potenzial in sich, »unsere Aufmerksamkeit« zu regulieren, »indem er uns warnt, unverzichtbare Denk- und Handlungszusammenhänge zu vergessen«[910]. Es geht hier also weniger um eine unmittelbare Handlungssteuerung als vielmehr um die Bewusstmachung grundlegender Aspekte, die im religionspädagogischen Denken und Handeln den Rahmen abstecken und die Zielrichtung von Lehr- und Lernprozessen im Allgemeinen und damit auch von christlich motivierten beschreiben.

[Grundlegende Aspekte des Bildungsbegriffs für die (religions-) pädagogische Reflexion]

Bernd Schröder stellt in seiner Religionspädagogik sieben Aspekte des erstmals wohl in der deutschen Mystik verwendeten Begriffs »Bildung« heraus, die »pädagogischer Vernunft zugänglich sind« und zugleich »in theologischer Reflexion Bekräftigung oder besondere Gewichtung«[911] erfahren.

1. *»Bildsamkeit aller und Selbsttätigkeit«*: Jeder Mensch ist bildungsfähig und bildungsbedürftig. Der Bildungsprozess ist »wesentlich und unerlässlich intrinsischer Natur«. Er kann und soll zwar von außen angestoßen werden (z. B. durch die Familie oder andere Sozialisationsinstanzen), ist aber immer »eigenaktiv«. Die Individuen sind in ihrer »Selbsttätigkeit« zu stärken. »Man kann sich bilden, aber nicht jemand Anderen bilden oder gebildet werden.« (225) Theologisch lässt sich die Bildsamkeit des Menschen schöpfungstheologisch als »Implikat seiner Geschöpflichkeit, spezieller: seiner Gottesebenbildlichkeit« (226) interpretieren.

---

909 Schröder, Religionspädagogik, 224. Nipkow selbst spricht von der »Hauptfunktion des Bildungsbegriffs«, die »jeweils regulativer Natur« sei. Ders., Bildung, 59.

910 Nipkow, Bildung, 59.

911 Schröder, Religionspädagogik, 225. Die folgenden Seitenangaben beziehen sich darauf.

2. *»Anerkennung der Personwürde und unabschließbare Subjektwerdung«*: Der Mensch »entdeckt und entfaltet seine Möglichkeiten im Lebenslauf im Wechselspiel mit seiner Lebenswelt. Zum prinzipiell nur näherungsweise zu erreichenden Ziel kommt dieser Vorgang, wenn der Einzelne ›Subjekt‹ wird, also in Verantwortung sich selbst, Anderen und – in theologischer Perspektive – Gott gegenüber zu handeln vermag.« Dabei kommt jedem Menschen »unberührt vom Grad des Fortschreitens auf dem Weg zum Subjektsein« eine »unantastbare ›Würde‹ als Person zu.« (226) Peter Biehl bringt das prägnant auf den Punkt: »Subjekt muß der Mensch im Prozeß seiner Bildung erst werden, Person ist er immer schon.«[912] Theologisch ist das Personsein in der Gottesebenbildlichkeit begründet. Bildung kann als Verwirklichung der Ebenbildlichkeit und Leben aus der Rechtfertigung begriffen werden.

3. *»Mehrdimensionalität und Gestaltfindung für das eigene Leben«*: Bildung sensibilisiert für die »Mehrdimensionalität des Menschseins«, die es zu entfalten gilt. »Das Ganze der ›Bildung‹ ist mehr als die Summe einiger entfalteter Dimensionen.« Theologisch ist von Bedeutung, dass Religion wesentlich zur Bildung gehört. »Ohne *diese* Bildungsdimension verfehlt die Person auf ihrem Weg zum Subjekt-Werden sich selbst.« (227) Sie »bewahrt vor Absolutsetzungen jeder Art«[913].

4. *»Beziehung zu Anderen und Respekt vor ihrem Anderssein«*: Der Mensch ist »auf personale Beziehungen angewiesen« und benötigt deshalb »im Prozess der Bildung ein mitmenschliches Gegenüber«, in »dessen Spiegel er sich selbst erkennt, das ihn begleitet und herausfordert.« Gelingende Bildung hat immer auch damit zu tun, andere in ihren Differenzen wahrzunehmen und anzuerkennen. »Zu den Differenzen, die dieser Anerkennung in besonderem Maße bedürfen, zählen Gender und Religionsdifferenzen.« (228)

5. *»Verantwortung für sich selbst und Andere, Schöpfung und Gesellschaft«*: Bildung zielt nicht nur auf das Individuum selbst, sondern bezieht sich »wesentlich auf Mitmenschen und Gott« (228). Das weitet die Perspektive über den Einzelnen hinaus auf den Erhalt des Lebensraumes, den nützlichen Umgang mit Technik und Kultur, den gesellschaftlichen Zusammenhalt und Solidarität. Theologisch steht dahinter eine biblische Tradition, die den Menschen »auf Gemeinschaft und Beziehung hin geschaffen« sieht mit dem »Auftrag der Schöpfungspflege« (229).

6. *»Umgang mit Unvollkommenheit, Kritik und Verbesserung der menschlichen Dinge«*: Die Wahrnehmung von Verantwortung zielt nicht nur auf den Erhalt der Lebenswelt. Vielmehr wohnt ihr ein »kritisches und hoffnungsstiftendes Moment« inne, »das auf die Verbesserung der menschlichen Dinge« gerichtet ist. Die theologische Perspektive trägt dazu eine »tiefergreifende Diagnose« (229) bei (»Sünde« als Ausdruck der verlorenen Gottesbeziehung; »Reich Gottes« als zusätzliche Motivation).

---

912 Biehl, Gottesebenbildlichkeit, 40.

913 Kirchenamt der EKD (Hg.), Maße, 92.

7. *»Lernen an geschichtlich Gewordenem und Achtung vor dem Erwerb von Kenntnissen, Fertigkeiten, Haltungen«*: Bildung vollzieht sich »als Lernen [...], Lernen wiederum betrifft nicht zuerst das große Ganze des Menscheins [...], sondern zunächst den Erwerb von Kenntnissen, Fertigkeiten, Haltungen.« (229) Dabei sollte Unterricht, der dem Erwerb solcher Fertigkeiten dient, »*durchsichtig* bleiben für Bildung« (230).

Die grundlegende Pointe einer sich am Bildungsbegriff orientierenden Religionspädagogik liegt in der *Ausrichtung auf die Subjektwerdung des Menschen*. Bildung und Subjektorientierung gehören also zusammen. Sie können in gewisser Weise als zwei Seiten ein und derselben Medaille gesehen werden. Auch der *Subjektbegriff* wird hier *normativ* benutzt, indem nicht nur der einzelne Mensch in den Blick genommen wird, sondern der Einzelne in einer bestimmten Verfasstheit. Subjekt bezeichnet das, »worauf Entwicklung, Selbstverwirklichung, Bildung, aber auch Sozialisation und Erziehung (als grundlegende Form der Einwirkung anderer auf den Einzelnen) zielen beziehungsweise zielen *sollten*«[914].

[*Merkmale des Subjekts*]
Bernd Schröder nennt auf der Grundlage verschiedener Theorie-Traditionen folgende Merkmale: »Das Subjekt ist sich seiner selbst (als Leib und Bewusstsein) bewusst. Es erkennt alle anderen Subjekte als prinzipiell gleichberechtigt an. Es liebt. Es gestaltet sein Leben in Freiheit. Es übernimmt in seinem Handeln Verantwortung für sich selbst, für andere Individuen und seine gesellschaftliche wie natürliche Umwelt. Es sieht die eigene Lebensgeschichte rückblickend als Fortschreiten, als gelungene Entfaltung der eigenen Person (Identität) an. Das Subjekt verdankt sich nicht (allein) sich selbst, sondern seiner Beziehung zu anderen Menschen sowie, grundlegend, seinem Verhältnis zu Gott.«[915]

In bildungstheoretischer Sicht ist damit von Beginn an der Begriff der Mündigkeit verbunden. Der Mensch tritt als einer in den Blick, der nach Immanuel Kant die Fähigkeit besitzt, sich *aus seiner selbst verschuldeten Unmündigkeit* zu *befreien* und »als autonomes Subjekt frei, selbstbestimmt und vernünftig zu denken und zu handeln«[916] in der Lage ist. »Doch Mündigkeit fällt nicht vom Himmel, sondern muss gelernt werden!«[917] Allerdings darf dies nicht naiv-idealistisch gesehen werden. Der

914 Schröder, Religionspädagogik, 233.
915 A. a. O., 234.
916 Boschki, Subjekt, 2.

Mensch ist eben auch ein ambivalentes Wesen mit der Fähigkeit zum Bösen, ja zur Vernichtung anderer, »deren singuläre Spitze die Katastrophe von Auschwitz darstellt«[918]. Das lenkt den Blick nicht nur auf die Abgründe und Begrenzungen des Menschen. Daraus resultiert ein die konkreten Verhältnisse des Menschen berücksichtigender Ansatz.

Der bildungsbedürftige und bildungsfähige Mensch kann nicht nur allgemein in seiner Autonomie und Selbstbestimmung beschrieben werden, sondern muss auch in den für die Subjektbildung konstitutiven Momenten wie Biografie, Erfahrung, Individualität, Identität, Selbstsorge, Reflexivität und Autonomie in den Blick treten und damit in seiner »Verletzlichkeit, Fragmentarität und Fähigkeit zum Scheitern«[919]. Theologisch ist das sehr gut anschlussfähig. In eindrücklicher Weise hat der Praktische Theologe Henning Luther (1947–1991) auf die *Fragilität, Fragmentarität und Fragwürdigkeit menschlicher Existenz* hingewiesen und dabei zugleich die Möglichkeit einer Anerkennung dessen in der Perspektive der Hoffnung auf ein Ganz-Werden zur Sprache gebracht, das allerdings unverfügbar ist und Gott anheimgestellt bleibt.[920] Deutlich wird dabei, dass die theologische Perspektive, die den Menschen in die Wirklichkeit Gottes stellt, eigene Akzente setzt. Ganz im Sinne modernen Subjektdenkens ist ein »selbstbewusst responsorisches Selbst- und Wirklichkeitsverständnis als wesentliches Merkmal christlichen Glaubens«[921] zu nennen. Zugleich werden Aspekte der Verletzlichkeit und Unabgeschlossenheit nicht ausgeblendet, sondern konstitutiv mit berücksichtigt.

Christlich motiviertes Lehren und Lernen als Bildung zu beschreiben, hebt auf die Lebensführung ab. Dazu gehört eine »Religiosität, die Subjektwerdung grundiert«[922]. Bernd Schröder nennt für eine christliche Lebensführung »Selbstverwirklichung, moralische Verantwortung (für Andere und Mitwelt) und Gottesdienst« als grundlegende Aufgaben, wobei je individuell eine »angemessene Gestalt«[923] zu finden ist. Es

917 Ebd.

918 Ebd.

919 Ebd. unter Bezug auf Wulf/Zirfas (Hg.), Handbuch, 537–609.

920 Vgl. Luther, Religion und Alltag, 62–149.

921 Schröder, Religionspädagogik, 237.

922 Ebd.

923 A. a. O., 238. Beim Stichwort »Gottesdienst« hat er sowohl »die rituelle Form gemeinschaftlicher Kommunikation mit Gott« im Blick, also den Gottesdienst im

geht hier also nicht um eine Übernahme vorab feststehender Verhaltensmodi und Einstellungen. Sie sind vielmehr in einem »Prozess des Gestalt-Suchens und Überprüfens«[924] zu konturieren. Zu leisten ist das vom lernenden Subjekt selbst als eine *lebenslange Aufgabe*. Dafür allerdings *bedarf es unterstützender Impulse*.

»Subjektwerdung fördern«, so lässt sich mit Schröder als unstrittige »(religions)-pädagogische Maxime«[925] auch die Zielperspektive in der Profilierung christlich motivierter Lehr- und Lernprozesse beschreiben. Damit dies jedoch nicht nur als allgemeine Perspektive im Raum steht, sondern auch handlungsorientierend kritisch regulierend wirksam werden kann, *bedarf es einer neuen Sensibilität für die Konstitutionsleistungen der Subjekte*, die lebenslang vor der Aufgabe stehen, »Identitätsarbeit«[926] zu leisten, also stimmige Passungen zwischen der inneren und äußeren Realität zu schaffen. Aus diesem Grund kann nicht einfach nur von Subjekten im Allgemeinen gesprochen werden. Vielmehr *sind die Einzelnen als konkrete Subjekte in den Blick* zu nehmen, »die als Mädchen und Jungen, Jugendliche und Erwachsene, Männer und Frauen in Berührung mit religiösen Bildungsmaßnahmen kommen (sollen)«[927]. Denn *die konkreten Herausforderungen und Dispositionen von Menschen bestimmten maßgeblich über das, was ihnen in ihrer Subjektwerdung möglich ist bzw. wo ihnen entsprechende Lernprozesse erschwert oder sogar unmöglich gemacht werden*. Der katholische Religionspädagoge Reinhold Boschki (geb. 1961) weist völlig zu Recht darauf hin, dass im gegenwärtigen religionspädagogischen Diskurs »die grundsätzliche Ambivalenz des Subjekts zu wenig reflektiert« wird, »wenn der Fokus religionspädagogischer Theoriebildung einseitig auf dem Subjekt als bildungsnah und lernbereit liegt. Macht-, Gesellschafts- und ökonomiekritische Analysen« müssen deshalb »stärker rezipiert werden, um die sozialen Ohnmachtsstrukturen zu erfassen, in denen Subjekte heute leben«[928]. Insofern ist danach zu *fragen, wie auf*

---

engeren Sinn, als auch »das in Verantwortung vor und in bewusst gestalteter Beziehung zu Gott geführte Leben« (ebd., Anm. 68), also den Gottesdienst im weiteren Sinn.

924 Ebd.

925 A. a. O., 241.

926 Vgl. Keupp/Höfer (Hg.), Identitätsarbeit.

927 Boschki, Subjekt.

928 Ebd.

der mit dem Bildungsbegriff markierten grundsätzlichen Linie entsprechende Neuausrichtungen eingetragen werden können, die einerseits an Subjektwerdung als Maxime festhalten und andererseits die dabei maßgeblich zu beachtenden Faktoren konturierter berücksichtigen und aufnehmen. Dass dies unverzichtbar ist, haben nicht zuletzt die PISA-Studien vor Augen geführt. Der *individuelle Gestaltungsspielraum und die Handlungsautonomie dürfen nicht überschätzt* werden, wie auch die *Strukturabhängigkeit der Subjektwerdung nicht unterschätzt werden* darf. Momentan besteht die Gefahr einer einseitigen Subjektbezogenheit, die gesellschaftliche Determinierungen bzw. Vorstrukturierungen nur ungenügend aufnehmen bzw. sogar ausblenden. Das heißt: *Der Subjektbegriff kann nur dann gewinnbringend und erhellend sein, wenn damit zugleich die in der inneren wie äußeren Realität besetzten Begrenzungen des Subjektseins konstitutiv mitbedacht werden.* Vor diesem Hintergrund wird der Prozess der Subjektwerdung ganz unterschiedlich zu verstehen und zu unterstützen sein, bis dahin, dass die im Subjektbegriff gesetzten Perspektiven »selbstbewusster Handlungsfähigkeit, Integrität und Daseinsgewissheit«[929] lediglich und wenn überhaupt in ganz schwacher Konturierung sichtbar werden. Das seiner selbst bewusste Subjekt ist ein Ideal, an dem festzuhalten es gute Gründe gibt. Allerdings bedarf es dazu einer reflektierten Berücksichtigung der Ausformungen von innerer und äußerer Realität, die Menschen in ihrer Persönlichkeitsentwicklung bestimmen. Zugleich muss angesichts der gegenwärtig immer stärker hervortretenden ökologischen Probleme, die unter dem Stichwort des Klimawandels inzwischen auch lebensweltlich Gestalt gewinnen, gefragt werden, inwiefern der im Bildungsbegriff mit gesetzte »Autonomieanspruch, die Welt sich selbst einzuverwandeln«[930] heute noch so uneingeschränkt positiv gedeutet werden kann. Menschwerdung hat neben der notwendigen Entfaltung immer auch mit der Einsicht in ebenso notwendige Begrenzungen zu tun.

Sehr anregend vor diesem Hintergrund kann die Rezeption von Empowerment-Diskursen sein. Sie können einerseits sensibilisierend und andererseits operationalisierend wirken, indem sie die Aufmerksamkeit für die prägenden Umwelten von Menschen erhöhen und

929 Schröder, Religionspädagogik, 234.

930 Koselleck, Einleitung, 14.

gleichzeitig nach den darin gesetzten Möglichkeiten zur Stärkung der Persönlichkeitsentwicklung fragen und dafür Strategien entwickeln.[931]

4.2.3 Zusammenfassung

In der Beschreibung der Zielrichtung christlich motivierten Lehrens und Lernens hat sich der Bildungsbegriff bewährt, auch wenn sich vor dem Hintergrund gegenwärtiger Entwicklungen deutliche Desiderate hinsichtlich seiner regulativen Funktion aufzeigen lassen. Er ist ein typisch deutscher Begriff und in seiner Profilierung und Abgrenzung zum Erziehungsbegriff so nicht in andere Sprachen übersetzbar. Im Englischen beispielsweise steht *education* sowohl für Bildung als für Erziehung.

In seiner pädagogischen und theologischen Anschlussfähigkeit ist der Bildungsbegriff in der Lage, grundlegende Perspektiven wachzuhalten und Lernprozesse in einen größeren Horizont einzuschreiben. Religiöse Bildung ist kein Teilbereich von Bildung, sondern eine unverzichtbare Dimension der Menschwerdung. Dem korrespondiert ein weites Verständnis religiösen Lernens im Sinne all dessen, »was aus der Begegnung mit Religion an einstellungs- und verhaltensprägenden Wirkungen hervorgeht«[932].

Auf diese Weise können und müssen religionspädagogisch wahrzunehmende und zu initiierende Lernprozesse unter dem Blickwinkel der Subjektwerdung fokussiert und profiliert werden. Bildung steht dabei für einen Modus der Welterschließung, mit dem Menschen die in ihnen liegenden Potenziale entfalten. Was dabei bildend wirkt, also der Subjektwerdung förderlich ist, ist nicht ein für allemal zu bestimmen, sondern hängt von unterschiedlichen Faktoren ab. Das nötigt zu einem kritischen und dynamischen Verständnis von Bildung.

Bildung ist nie nur im Blick auf den Einzelnen zu denken, sondern immer auch hinsichtlich der kontextuellen Verortung. Beides bedingt einander und findet in sozialen Interaktionen zueinander. »Alles im Leben kann bildend wirken – faktisch tut das aber vor allem die intensive

---

931 Ausgeführt im 5. Teil zu religionspädagogischen Grundlinien, die gegenwärtig von Bedeutung sind.

932 Englert, Grundfragen, 274.

Begegnung, die eine innere Resonanz auslöst und als bedeutsam erfahren wird.«[933]

Bildungs- und Subjektbegriff gehören im gegenwärtigen Diskurs aufs Engste zusammen. Eine sich am Bildungsbegriff orientierende Religionspädagogik findet in der Ausrichtung auf die Subjektwerdung des Menschen ihr Ziel. Damit wird eine normative Perspektive eingetragen, die in hilfreicher Weise Zielmarken beschreibt, die anzustreben sind. Zugleich stehen diese Zielmarken in der Gefahr, *individuelle und strukturelle Begrenzungen* nicht genügend zu berücksichtigen, wodurch sich eine Schlagseite ergibt hin zu den Lernbereiten und Bildungsmotivierten. *Die individuellen Gestaltungsspielräume sind immer ins Verhältnis zu setzen zu gesellschaftlichen Determinierungen.* Notwendig dafür ist eine neue Sensibilität für Machtstrukturen, die sich aus verschiedenen Faktoren ergeben und mit Ohnmachtserfahrungen einhergehen, die Menschen machen, die sich selbst kaum als Subjekte wahrnehmen und dafür Gestaltungsspielräume erkennen können. Vor diesem Hintergrund wäre neu nach der Profilierung und Gestaltung christlich motivierter Lehr- und Lernprozesse zu fragen.

Zugleich ist zu beachten, dass der Subjektbegriff kommunikationstheoretisch unterbestimmt ist. Die soziale Konstitution des Menschen wird hier – wenn überhaupt – nur am Rande berücksichtigt. Dieser Aspekt wird über den Kommunikationsbegriff stark gemacht. Indem Religionspädagogik an die Kurzformel von der Kommunikation des Evangeliums rückgebunden wird, kann dies grundlegend aufgenommen und im Empowerment-Begriff verankert werden.

---

933 Kunstmann, Religionspädagogik, 45.

4.3 Welche Faktoren bzw. Aspekte sind beim christlich motivierten Lehren und Lernen noch zu berücksichtigen? Zur Frage des Modus

Christlich motiviertes Lehren und Lernen wird nicht nur durch die Inhalts- und Zielbestimmung maßgeblich geprägt, sondern auch durch Voraussetzungen aufseiten der Lehrenden und Lernenden und deren Umwelten, die einerseits mit dem spezifischen Lerngegenstand zu tun haben, andererseits aber auch darüber hinausgehen, insofern sie Erkenntnisvorgänge und Verhaltensweisen generell betreffen. Dem soll im Folgenden in drei Perspektiven nachgegangen werden, die zwar zu unterscheiden sind, aber letztlich nicht voneinander getrennt werden können. In lerntheoretischer Perspektive geht es um die Frage, wie dauerhafte Zustandsveränderungen beim Menschen zustande kommen und verstanden werden können. In entwicklungstheoretischer Perspektive liegt der Fokus auf den Veränderungen im Lebenslauf. Verbunden damit ist auch die Frage, in welcher Weise eine Gottesbeziehung angebahnt wird. In sozialisationstheoretischer Perspektive wird schwerpunktmäßig danach gefragt, welche Rolle die Umwelt bei der Persönlichkeitsentwicklung spielt. Dabei kommt es zu vielfältigen Überschneidungen von biologischen, psychologischen und soziologischen Forschungen.

4.3.1 Lerntheoretische Impulse

Lernen ist ein »sehr komplexer Prozess«[934]. Auch deswegen finden sich in Pädagogik und Pädagogischer Psychologie unterschiedlich konturierte Lernbegriffe. Dabei lassen sich verschiedene Schwerpunkte und Annäherungswege erkennen, die darin übereinkommen, dass es sich beim Lernen um einen *erfahrungsbasierten Prozess* handelt, der mit einer *relativ dauerhaften Veränderung des Verhaltens bzw. der Verhaltensdispositionen einhergeht.* Hier spielen *Reize aus der Umwelt* ebenso eine Rolle wie die *Verarbeitung dieser Reize* durch den Lernenden.[935] Beim Lernen

934 Mietzel, Pädagogische Psychologie, 33.

handelt es sich also um einen *interaktiven Prozess*. Der Lernende muss aktiv sein, insofern mit der Umgebung Informationen ausgetauscht werden. *Lernen ist ohne Aktivität nicht möglich.*[936]

Für alle Lebewesen gilt, dass sie sich den Erfordernissen ihrer Umwelt anpassen müssen, um überleben zu können. »Diese Fähigkeit eines lebenden Systems zur dauerhaften Zustandsveränderung können wir als den allgemeinsten Begriff des Lernens festhalten.«[937] Dabei gewinnt ein Lebewesen die Fähigkeit zur Zustandsveränderung einerseits durch genetische Dispositionen und andererseits durch die Auseinandersetzung in und mit einer Umwelt. Während die Entfaltung und Entwicklung innerer und äußerer Merkmale aufgrund genetischer Vorgaben gewöhnlich als Reifung bezeichnet wird, spricht man bei der aktiven Interaktion mit und in einer Umwelt, die nicht angeboren, sondern erworben ist, vom Lernen durch Erfahrung. Dabei ist *das eigentliche Lernen nicht direkt beobachtbar.* Vielmehr wird es aus der dauerhaften Veränderung des Verhaltens aufgrund von Erfahrungen gefolgert.

Eine erste Form solchen Lernens stellen »Prägungen« dar. »Eine Bandbreite von varianten Möglichkeiten wird früh nach der Geburt durch eine bestimmte Erfahrung in und mit einer Umwelt eingeschränkt und auf eine konkrete Möglichkeit, sich verhalten zu können, beschränkt – sprich: gelernt.«[938] Dadurch wird das Spektrum theoretischer Möglichkeiten, die praktisch realisiert werden können, eingeengt. Die Prägung führt also zu einer Vorstrukturierung. Unbestritten ist, dass in Kindheit und Jugend »gelernte Muster des Denkens und Verhaltens äußerst resistent gegenüber späteren Veränderungsversuchen sein können«[939]. Auch Religiosität ist davon nicht ausgenommen. Die in der Kindheit erlernten religiösen Deutungs- und Partizipationsmuster bleiben ein Leben lang relevant und können nicht völlig ausgeblendet oder negiert werden. Allerdings darf dies nicht deterministisch verstanden werden. Neuorientierungen sind möglich.[940]

---

935 Vgl. Edelmann/Wittmann, Lernpsychologie, 205 ff.; Porzelt, Grundlegung, 19ff., Domsgen, Religionsunterrichtliche Lerndimensionen, 338–345.

936 Vgl. Mietzel, Pädagogische Psychologie, 34.

937 Treml/Becker, Lernen, 104.

938 A. a. O., 105.

939 Ebd.

940 Vgl. Domsgen, Familie, 279.

Das Erlernen »eines bestimmten Repertoires von Denk- und Verhaltensweisen, das zwar prinzipiell reversibel, aber doch relativ resistent gegen Veränderungsversuche ist«, wird »mit einer Vielzahl von Begriffen« benannt. Es soll hier als *implizites Lernen* bezeichnet werden.[941] In der Literatur finden sich dazu alternative Begriffe (latentes Lernen, funktionale Erziehung, Sozialisation, inzidentelles Lernen, Lernen aus Gewohnheit). Die Logik eines solchen Lernens »besteht in der Wiederholung von bestimmten Differenzerfahrungen, durch die auf bestimmte Umgehens- und Reaktionsweisen geprägt wird«[942]. *Es braucht viel Zeit: Zeit, um es aufzubauen, sowie Zeit, um es ggf. wieder umzustrukturieren.* »Es ist deshalb evolutionär vorteilhaft, wenn eine Form des Lernens entwickelt wird, die nicht erst dann aktiv wird, wenn die Prägungen oder Gewohnheiten durch weiteres Lernen angereichert oder umgepolt werden müssen, sondern schon im Vorfeld eines möglichen Bedarfs Lernprozesse bewusst und planmäßig erzeugt.«[943]

Genau dies leistet das *absichtsvolle, planmäßige und bewusste Lernen*, das die Lern- und Gedächtnisforschung als explizites Lernen bezeichnet. Mit dieser Art von Lernen haben viele der religionspädagogisch verantworteten Handlungsfelder in erster Linie zu tun. Sie ist es, die religionsdidaktisch im Mittelpunkt steht. Allerdings ist hier von vornherein zu beachten, dass explizites religiöses Lernen immer auch das implizit Gelernte im Blick haben muss. Dieses Repertoire von Denk- und Verhaltensweisen lässt sich als eine Art Hintergrundfolie verstehen, die nicht ausgeblendet werden darf, weil sie die expliziten Lernprozesse beeinflusst. Aufschlüsse darüber lassen sich im Religionsunterricht oder der Konfirmandenarbeit vor allem in der Wahrnehmung der familialen Sozialisation der Schülerinnen und Schüler gewinnen, weil die Familie eine grundlegende Sozialisationsinstanz ist, die auch in religiöser Hinsicht im Sinne des bereits Beschriebenen prägend wirkt.

Zur Beschreibung dessen, wie die beobachteten Verhaltensänderungen zu Stande gekommen sind und was sie hervorgerufen hat, spielt das Menschenbild eine große Rolle. Dabei hat sich in den vergangenen Jahrzehnten das Bild vom Lernenden wiederholt verändert. »Man sah in ihm

941 Zum Überblick über die unterschiedlichen Forschungsansätze zum impliziten Lernen vgl. Kiesel/Koch, Lernen, 83–93.

942 Vgl. Treml/Becker, Lernen, 106.

943 Ebd.

zunächst einen Organismus, der Reiz-Reaktions-Beziehungen zu lernen vermochte; später wandelten sich die Vorstellungen, indem man dem Lernenden die Fähigkeit zum Wissenserwerb zuschrieb, und schließlich setzte sich die Überzeugung durch, dass Lernende ihr Wissen selbst zu konstruieren haben.«[944] Anhand dieser Einteilung werden im Folgenden die unterschiedlichen Betrachtungsweisen zum Lernen vorgestellt und hinsichtlich ihrer religionspädagogischen Bedeutung skizziert.

a) Zum Lernen aus behavioristischer Sicht

Im Behaviorismus wird Lernen als Ergebnis von Erfahrungen und relativ dauerhafte Veränderung beobachtbaren Verhaltens verstanden. Lernprozesse können sowohl die Form einer Verhaltensweise als auch die Häufigkeit ihres Auftretens verändern. Auslöser dafür ist stets ein Reiz (engl. *stimulus*, abgekürzt als »S«), der zu einer Reaktion (engl. *response*, abgekürzt als »R«) führt. »Die gelernte Abfolge besteht somit aus drei Elementen: einem Reiz (S), einer Reaktion (R) und der Verbindung (Assoziation) von S und R.«[945]

[*Behaviorismus*]

Der Begriff (vom amerikanischen *behavior* = Verhalten) steht für ein wissenschaftstheoretisches Konzept, das sich strikt auf das Verhalten eines Organismus beschränkt und dabei bewusst auf eine Interpretation des Beobachteten durch Inanspruchnahme innerer Prozesse verzichtet. Wesentliche Impulse dafür gab John Broadus Watson (1887–1958), der sich von der Methode der Introspektion zur Beobachtung innerer Prozesse verabschiedete, weil er sie für zu subjektiv hielt. Deshalb forderte er 1925: »Wir wollen uns auf Dinge beschränken, die beobachtbar sind. […] Was aber können wir beobachten? Wir können Verhalten beobachten – das, was der Organismus tut und sagt.«[946]

Bahnbrechend für eine auf messbaren Ergebnissen beruhende Lernforschung waren die Experimente des russischen Arztes Iwan Petrowitsch Pawlow (1849–1936). Er zeigte, wie Organismen (z. B. Hunde) lernen können, ein im Verhaltensrepertoire schon vorhandenes Verhalten (z. B. das Absondern von Speichel beim Anblick von Fleisch) auf einen neuen Reiz hin (z. B. Anschlagen einer Glocke) auszulösen. Damit bewies er, dass eine basale Form des Lernens auf Reiz-Reaktions-Mecha-

944 Mietzel, Pädagogische Psychologie, 35.

945 Ebd.

946 Watson, Behaviorism, 35.

nismen beruht, die konditioniert werden können. Man spricht hier vom klassischen Konditionieren. Auch im religiösen Bereich gibt es Konditionierungen, die auf einem einfachen Reiz-Reaktions-Lernen beruhen. So kann beispielsweise die Antipathie gegen eine Pfarrerin oder einen Religionslehrer mit den von ihnen vertretenen Inhalten verknüpft werden, die auch dann anhält, wenn die Bezugspersonen in Pfarramt und Schule wechseln. Durch die Methoden klassischer Konditionierung wird die Ablehnung jetzt nicht mehr durch die Antipathie gegen die Person hervorgerufen und auf die Person bezogen, sondern durch Antipathie gegen die Inhalte und auf die Inhalte selbst bezogen.[947] Allerdings lassen sich damit nur Einzelaspekte erklären und nicht der Erwerb komplexerer Kenntnisse und Verständnisformen. Einen Schritt weiter führten hier die Forschungen durch den US-Amerikaner Burrhus Frederic Skinner (1904–1990). Er setzte beim sog. *law of effect* an, das Edward Lee Thorndike (1874–1949) formuliert hat: Lebewesen lernen am ehesten solche Verhaltensweisen, Einstellungen und Kenntnisse, die einen für sie befriedigenden Zustand herbeiführen. Damit lenkte er den Blick auf die Lernenden selbst und fragte danach, wie Konsequenzen, die auf ein Verhalten erfolgen, das nachfolgende Verhalten beeinflussen. Auch hier gingen die Überlegungen von einem einfachen Tierexperiment aus: Eine Ratte wird in einen Käfig (die sog. Skinner-Box) gesetzt, in dem es u. a. verschiedenfarbige Lampen, einen Hebel und eine Futterausgabe gibt. Die Ratte wird den Käfig inspizieren und irgendwann zufällig auch auf die Taste kommen (*trial and error*). Daraufhin fällt ein Futterkorn heraus. Da das bei jeder Berührung der Taste geschieht, drückt die Ratte bald zielgerichtet die Taste, d. h. sie kann sie als Instrument benutzen. Die Belohnung verstärkt das einmal entdeckte Verhalten. Also ob ein Verhalten wiederholt gezeigt wird und wie intensiv oder stark dieses Verhalten ist, hängt nach Skinner und seiner Theorie der operanten bzw. instrumentellen Konditionierung von der Art der zuvor erfahrenen Konsequenzen ab. Für die Planung von Lernprozessen ist das in hohem Maße relevant. So lässt sich das Lernverhalten auch im Religionsunterricht oder in der Konfirmandenarbeit instrumentell konditionieren: Anstelle eines Benotungssystems gibt es dann Lob, Punkte oder einen früheren Stundenschluss für Mitarbeit, sorgfäl-

947 Vgl. Schmidt, Religionspädagogik, 58.

tig erledigte Hausaufgaben oder zusätzlich gelernte Bibelsprüche. Auch das Teilnahmeverhalten an kirchlichen Veranstaltungen, etwa am Gottesdienst, kann bedingt konditioniert werden: Für Konfirmanden durch einen Stempel, für Erwachsene durch eine Begrüßung an der Kirchentür und Gespräche beim anschließenden Kirchenkaffee. Wie Sarah Demmrich in ihrer Untersuchung an ostdeutschen Jugendlichen zeigen konnte, kann auch das selbständige Betenlernen damit erklärt werden.[948] Die problematische Seite transzendentaler Überhöhungen des Belohnungs- bzw. Bestrafungssystems werden in sehr anschaulicher Weise in Tilmann Mosers Buch »Gottesvergiftung«[949] deutlich.

Insgesamt gesehen bleiben innerhalb der behavioristischen Sicht innere Vorgänge ausgeblendet. Der Lernende ist eine »Black Box« und wird als reaktiv bzw. passiv, »als unter der Kontrolle der Umwelt stehend betrachtet«[950]. Das änderte sich erst in den 1960er Jahren, als die »kognitive Wende« einsetzte und die streng behavioristische Sichtweise in der Psychologie immer mehr aufgegeben wurde.

b) Zum Lernen aus kognitivistischer Sicht

Hatten die Behavioristen Lernen vor allem als Aufbau von Gewohnheiten verstanden, die durch Assoziationen zwischen Sinneseindrücken und Handlungsimpulsen zustande kommen, so setzten die Vertreter des Kognitivismus einen anderen Schwerpunkt. Sie untersuchten Lernprozesse als *Veränderung des Wissens* in Folge von Erfahrungen. Äußere Reize lösen nicht direkt ein bestimmtes Verhalten aus, sondern werden in kognitiven Prozessen verarbeitet. Dabei verband Kognitivisten und Behavioristen die Frage, welche Rolle Umweltbedingungen für erfolgreiches Lernen spielen. Allerdings wird dem Lernen nun größere eigene Aktivität zugeschrieben. Die Aufmerksamkeit richtet sich auf komplexere Lernformen wie schussfolgerndes Denken, Problemlösen oder informationsverarbeitende Prozesse.[951] Lernen als Wissenserwerb wird dabei als Aufbau und fortlaufende Modifikation von Wissensrepräsentationen verstanden.[952]

948 Vgl. Demmrich, Religiöse Rituale, 169.

949 Vgl. Moser, Gottesvergiftung.

950 Mietzel, Pädagogische Psychologie, 36 (im Original teilweise kursiv).

951 Vgl. a. a. O., 37.

952 Vgl. zum Überblick Krapp/Weidenmann (Hg.), Pädagogische Psychologie, 163 ff.

[*Kognitivismus*]
Der Begriff bezeichnet eine auf innerliche Erkenntnisprozesse konzentrierte Psychologie. Zentral ist die individuelle Konstruktion von Wissen. Kognition (lat. *cognitio* = Kennenlernen, Erkenntnis, Wiedererkennen) steht dabei für die Gesamtheit aller Vorgänge, die der Aufnahme, Verarbeitung und Speicherung von Informationen dienen. Die Theorien, die dies untersuchen, werden kognitionstheoretische Modelle genannt.

Religionspädagogisch rezipiert wurden die Forschungen des kanadischen Psychologen Albert Bandura (geb. 1925). Er machte, zunächst von der behavioristischen Forschung geprägt, durch seine Experimente und ihre Auswertung auf die Bedeutung des Lernens am Vorbild bzw. am Modell aufmerksam.[953] Dabei kommt den Lernenden und ihrer kognitiven Organisation eine erheblich größere Rolle zu als bei Reiz-Reaktions-Schemata bzw. beim operanten Konditionieren. Bandura wies darauf hin, dass Individuen auch ihr eigenes Verhalten beobachten, dies anhand ihrer eigenen Standards bewerten und sich für ihr Verhalten entweder belohnen oder bestrafen. Das menschliche Individuum wird hier nicht mehr als ein »Reiz-Reaktions-Automat« gesehen, sondern »als ein vernunftbegabtes Wesen«, das »Wissen und kognitive Fähigkeiten besitzt und in der Lage ist, die Kunst der Verhaltensmodifikation selbst zu lernen und auf sich zu nehmen«[954].

Bandura wurde damit zum Begründer der sog. sozial-kognitiven Lerntheorie. Die Grundlage seiner Theorie bildeten Experimente, bei denen Kindern ein bestimmtes Handeln vorgeführt und anschließend ihr Verhalten in ähnlichen Situationen beobachtet wurde. Dabei zeigte sich, dass Kinder komplexe Handlungsvorgänge relativ rasch durch Imitation lernen. Schon der erste Akt des imitierenden Lernens, die Beobachtung, hängt davon ab, was als relevant empfunden wird (hier spielt u. a. die Beziehung zur handelnden Person eine entscheidende Rolle). Auch der anschließenden Abspeicherung des Handlungsschemas im Gedächtnis liegt eine komplexe kognitive Aktion zu Grunde, bei der die aufgenommenen Informationen verarbeitet und organisiert werden. Entsprechend basiert schließlich eine Reproduktion des Verhaltens nicht auf der unmittelbaren Vorbildwirkung, sondern auf den vom Ler-

953 Vgl. Bandura, Social Learning Theory.
954 Vgl. Schnotz, Pädagogische Psychologie, 49.

nenden organisierten und abgespeicherten Handlungsschemata. Dabei kommt der Motivation eine besondere Bedeutung zu.

Mit dem Lernen am Modell wurde das Reiz-Reaktion-Schema erweitert, indem die Aufmerksamkeit nun verstärkt auf die Prozesse zwischen Input und Output gelegt wurde. Die behavioristische Engführung der Lerntheorie, die Lernen unter dem Paradigma der Konditionierung verstand, war damit im Kern überwunden. Die Aufmerksamkeit der lerntheoretischen Forschung in der zweiten Hälfte des 20. Jahrhunderts wandte sich verstärkt den kognitiven Prozeduren zu, die u. a. beim Erwerb, bei der Strukturierung etc. von Wissen zum Zuge kommen. Ungeachtet aller Weiterentwicklungen der Lerntheorie, die in den letzten Jahren auch verstärkt Impulse aus der neuronalen Forschung aufgenommen hat, sind Banduras Beobachtungen zum Lernen am Modell nach wie vor in mehrfacher Hinsicht anregend für das Verständnis religiöser Lernprozesse. Denn anders als bei behavioristischen Lerntheorien kommt hier der soziale Aspekt des Lernens in den Blick: *Lernen vollzieht sich weithin in Gemeinschaft und an Gemeinschaft orientiert.* Zudem sind die Beobachtungen zur Bedeutung von Modellen anschlussfähig an den klassischen religionspädagogischen Diskurs über die Bedeutung von Vorbildern:[955] Glauben besteht letztlich nicht aus einzelnen Handlungen, die durch Belohnung verstärkt und antrainiert werden, sondern wird als Lebensperspektive an Personen erleb- und nachvollziehbar. Ob das erlebte Verhalten modellhaft wirken kann, hängt – auch das macht Bandura deutlich – wesentlich mit der Qualität der Beziehung zwischen Lernendem und Modellperson zusammen. Dass die Beziehungsqualität gerade bei religiösen Lernprozessen eine entscheidende Rolle spielt, ist mehrfach empirisch belegt worden.[956]

Es wäre freilich eine behavioristische Engführung Banduras, würde man das Lernen am Modell auf ein einfaches, von außen zu induzierendes Imitieren reduzieren. Vielmehr kommen unhintergehbar subjektive, nicht vorausberechenbare Verarbeitungsprozeduren als wesentlicher Bestandteil des Lernens in den Blick. Erst ein solcher Lernbegriff erlaubt es, von einer bedingten Lernbarkeit des Glaubens zu reden, ohne seine Machbarkeit zu unterstellen.

---

955 Vgl. Staudigl, Können christliche Grundhaltungen; Blaszcyk, Martin Luther.

956 Vgl. z. B. mit Blick auf religionsunterrichtliches Lernen Domsgen/Lütze, Schülerperspektiven, 163–178.

Bandura wies darauf hin, dass Individuen auch ihr eigenes Verhalten beobachten, dieses anhand ihrer eigenen Standards bewerten und sich für ihr Verhalten entweder belohnen oder bestrafen. Menschen sind in der Lage zu selbstgesteuertem Lernen.[957] Dieser Aspekt wird in konstruktivistischer Sicht in den Mittelpunkt gerückt.

c) Zum Lernen aus konstruktivistischer Sicht

Die konstruktivistische Perspektive ist eng mit der kognitivistischen verwandt. Beide gehen von einem zielgerichteten Lerner aus, der sich aktiv mit seiner Umwelt auseinandersetzt. Während allerdings der Kognitivismus diese Umwelt als gegeben anerkennt (diese objektive Perspektive zur Welt verbindet ihn mit dem Behaviorismus), betonen konstruktivistische Lerntheorien die individuelle Konstruktion des Wissens, wobei es zwischen dem radikalen und gemäßigten Konstruktivismus zu unterschiedlichen Positionierungen kommt. Während Vertreter der ersten Richtung betonen, dass es kein eindeutiges Wissen von dieser Welt geben kann und deshalb letztlich auch nicht zwischen »richtig« und »falsch« zu unterscheiden ist, erkennen Vertreter des gemäßigten Konstruktivismus an, dass sich die Mitglieder einer Lerngemeinschaft beim Aufbau ihres Wissens gegenseitig beeinflussen. Damit wird den Lehrenden die Möglichkeit zugestanden, die Lernenden anzuleiten und auf deren kognitive Prozesse Einfluss zu nehmen. Gemeinsam ist allen, dass Wissen für sie nicht einfach außerhalb der Lernenden existiert und von dort her zu verinnerlichen wäre. Vielmehr muss es von ihnen selbst konstruiert werden.

Impulsgebend für diese Sicht war der Schweizer Psychologe Jean Piaget (1896–1980). Er erarbeitete eine epistemologische Theorie (= Erkenntnistheorie), setzte sich damit »zur Hoch-Zeit des Behaviorismus [...] dezidiert«[958] von dessen Ansatz ab und gab sowohl für die kognitivistische wie für die konstruktivistische Sichtweise wesentliche Anstöße.

Piaget interessierte sich für die Frage nach dem »Wie« des Wissenserwerbs. Er beobachtete Kinder und beschrieb deren Entwicklung als Veränderung ihrer kognitiven Strukturen, die aus einer zunehmenden Anpassung an die Anforderungen der Umwelt resultieren. Kinder erlan-

957 Vgl. Schnotz, Pädagogische Psychologie, 49.

958 Tobinski/Fritz, Lerntheorien, 231. Die folgenden Seitenangaben im Text beziehen sich darauf.

gen nicht einfach nur ein Mehr an Wissen. Vielmehr verändert sich auch die Art und Weise ihres Denkens. In der tätigen Auseinandersetzung mit Impulsen aus der Umwelt werden Denkstrukturen weiterentwickelt. Einerseits geht es um die Einordnung neuer Erfahrungen in vorhandene Schemata (*Assimilation*). Hier findet ein Wiedererkennen statt. Die vorhandenen Denkstrukturen müssen dazu nicht umgebaut werden. Die Assimilation ermöglicht ein zielgerichtetes Verhalten. Andererseits gibt es aber auch Umwelteinflüsse, die nicht einfach nur assimilierend aufgenommen werden können, sondern nach einer Umformung der Schemata selbst verlangen (*Akkomodation*). Das ist dann der Fall, wenn Erfahrungen nicht mehr ausreichend interpretiert oder Handeln nicht mehr zielgerichtet erfolgen kann. In beiden Prozessen geht es darum, dass sich der Organismus im Gleichgewicht befindet (*Äquilibrium*). *Lernen im Sinne des Konstruktivismus ist immer darauf ausgelegt, ein inneres Gleichgewicht zu erhalten bzw. zu erreichen und damit Wissen zu erweitern.* Solche Lernprozesse sind als »sinnhaftes Lernen« (233) zu bezeichnen. Der Erwerb von Erkenntnissen durch die aktive Auseinandersetzung mit der Umwelt ist ein »zutiefst subjektiver Prozess« (233). Anregungen erhält er durch kognitive Konflikte (Disäquilibria) bzw. durch »eine Kollision mit Umwelthindernissen« (233). Wissenserwerb ist hier hauptsächlich als Problemlösen zu beschreiben.

Grundlegend für eine konstruktivistische Sicht auf die damit verbundenen Lernprozesse ist der Verweis auf die Subjektivität in der Konstruktion von Verständnis. Menschen interpretieren Gehörtes oder Gesehenes »unter Inanspruchnahme ihres Vorwissens so, dass es ihnen sinnvoll erscheint«[959]. Sie finden nur Zugang zu der sie umgebenden Welt über ihre Wahrnehmungen, die immer durch individuelle Erfahrungen bestimmt werden. Deshalb werden Äußerungen oder Feststellungen von verschiedenen Lernenden unterschiedlich interpretiert. Das Vorwissen, das diese Interpretationen prägt, bleibt in der Regel unausgesprochen. Um es zu Tage zu fördern, »bleibt nur eine Möglichkeit«: Man muss die Lernenden »herausfordern, ihr Verständnis anderen mitzuteilen. Der Prozess der Konstruktion von Verständnis macht es also erforderlich, dass Lernende ihre Vorstellungen in Worte fassen, um sie in Gesprächen mit anderen überprüfen zu können.« (46) Auf diese Weise

959 Mietzel, Pädagogische Psychologie, 46. Die folgenden Seitenangaben im Text beziehen sich darauf.

kann eine »soziale Abstimmung« (47)[960] erreicht werden. Die Lernenden informieren sich gegenseitig darüber, was sie auf der Grundlage ihrer Erfahrungen konstruiert haben.

Didaktisch ergibt sich daraus, dass man bei Lernenden keine Einsicht schaffen kann, »indem man einfach nur Mitteilungen an sie heranträgt« (48)[961]. Eine *Aktivierung ist erforderlich.* Verständnis kann nur geweckt werden, indem Lernenden geholfen wird, »aktiv die Unzulänglichkeiten ihres Vorwissens aufzudecken und damit deren Motivation« zu wecken, um »die nunmehr selbst anerkannten Verständnislücken zu schließen« (48). Dazu bedarf es einer *Umgebung der sozialen Unterstützung.* Überhaupt werden Lernprozesse viel stärker durch die Kontexte bestimmt, als das im Behaviorismus, Kognitivismus und in den Anfängen des Konstruktivismus im Blick war. »Der soziale Kontext ist für das Individuum so wichtig wie das Wasser für den Fisch.« (50)[962] Wissen ist immer an die situativen Bedingungen gekoppelt, in denen es gelernt und angewendet werden soll. »Lernende verarbeiten nämlich die gegebene Information zusammen mit dem Kontext, aus dem diese Information stammt.« (50) Lerntheoretisch ist deshalb festzuhalten, dass kontextualisierte Informationen sinnvoller sind als abstrakte. Zudem sollte das Wissen »durch authentische Lernaktivitäten erworben werden« (50). Konkret bedeutet das, dass die kognitiven Anforderungen eines Lerngegenstandes mit den kognitiven Anforderungen derjenigen Umgebung übereinstimmen sollen, auf die die Lernenden vorzubereiten sind.[963] Dazu gehören – wenn möglich – auch Lernortwechsel. Auf diese Weise erhöhen sich die Chancen, dass in pädagogischen Settings bearbeitete Lerninhalte mit jenen verknüpft werden, »die in der realen Welt vorkommen« (51).

In der Summe geht es darum, möglichst solche Lernumgebungen zu schaffen, die Lernende dazu drängen, »selbst ein hohes Maß von Verantwortung für das Lernen und die Konstruktion eines eigenen Verständnisses zu übernehmen« (52). Dazu gehört die Entwicklung von Metakognitionen, d. h. der Lernende »muss Kenntnisse über jene Prozesse erwerben, die dem Behalten und Lernen zu Grunde liegen« (52).

960 Unter Bezug auf Bruner, Actual minds.

961 Unter Bezug auf Bransford, Who gonna call?

962 Unter Bezug auf Lin, Instructional design.

963 Vgl. Basden, Authentic Tasks.

Religionspädagogisch korrespondiert der Mittelpunktstellung des Subjekts eine besondere Aufmerksamkeit für die Ermöglichung eigener Lernprozesse bei den Lernenden. Das »bedeutet weder einen Verzicht auf Inhalte noch [...] die Eliminierung der Lehrperson«[964]. Vielmehr geht es um die Aufmerksamkeit und Gestaltung von Lernumgebungen; Mendl spricht hier von »abgegrenzte[n] thematische[n] Lernarealen«, »innerhalb deren dann [...] konstruktivistisch gelernt werden soll«[965]. Das bedeutet, dass instruktivistische Phasen mit Phasen der individuellen Auseinandersetzungen mit Lerngegenständen und Phasen der Ko-Konstruktionen ergänzt werden müssen.[966]

d) Zusammenfassung in religionspädagogischer Absicht

Lernen an sich ist nicht beobachtbar. Sichtbar ist nur das Resultat in Form einer Veränderung in der Beziehung des Lernenden zu seiner Umwelt. Die Psychologie definiert Lernen oft in Anlehnung an die klassische, immer wieder zitierte Definition von Gordon H. Bower und Ernest R. Hilgard als *dauerhafte Veränderung von Verhaltensweisen oder Verhaltenspotential aufgrund von Erfahrung.*[967] Die Allgemeinpädagogen Alfred Treml und Nicole Becker weisen darauf hin, dass Lernen nicht mit Verhaltensänderungen identisch sein kann, sondern lediglich darin zum Ausdruck komme. Deshalb verstehen sie unter Lernen: »alle nicht direkt zu beobachtenden Vorgänge in einem Organismus, vor allem in seinem zentralen Nervensystem (Gehirn), die durch Erfahrung (aber nicht durch Reifung o. ä.) bedingt sind und eine relativ dauerhafte Veränderung bzw. Erweiterung des Verhaltensrepertoires zur Folge haben. Mit anderen Worten: *Lernen ist eine erfahrungsbedingte Veränderung der Möglichkeit eines lebenden Systems, in einer Umwelt einen Zustand einnehmen zu können, der anschlussfähig an die Fortsetzung der eigenen Autopoiesis ist.*«[968]

Wie lange eine Verhaltensänderung anzudauern hat, kann nicht

---

964 Mendl, Konstruktivistischer Religionsunterricht, 4.

965 Ebd.

966 Vgl. Mendl (Hg.), Konstruktivistische Religionspädagogik; Büttner/Mendl/Reis/Roose (Hg.), Religion lernen.

967 »Lernen bezieht sich auf die Veränderung im Verhalten oder im Verhaltenspotential [...] hinsichtlich einer bestimmten Situation, die auf wiederholte Erfahrungen des Organismus in dieser Situation zurückgeht«. Bower/Hilgard, Theorien, 31.

968 Treml/Becker, Lernen, 107 (im Original nicht kursiv).

abschließend beantwortet werden. Lernpsychologen sind sich lediglich darüber einig, dass Veränderungen, die nur kurz andauern (einige Sekunden oder wenige Minuten), nicht als Ergebnis von Lernen angesehen werden können.[969]

Im Blick auf die drei bekanntesten Lerntheorien lassen sich Perspektivverschiebungen in dem ihnen zugrunde liegenden Menschenbild und in ihren Annahmen über die Wechselwirkungen zwischen Lernenden und Umwelt unterscheiden. Folgende Übersicht des Lehr- und Lernspsychologen Detlev Leutner (geb. 1955) führt das gut vor Augen:[970]

	Behaviorismus	Kognitivismus	Konstruktivismus
Lernen	Veränderungen von Verhaltenswahrscheinlichkeiten	Veränderung kognitiver Strukturen und Prozesse	Kompetenzentwicklung
Modell der lernenden Person	»black box«	»glass box«	Lernende Person als Konstrukteur der »Glass box«-Inhalte
Lehr-/Lern-ziel	Verhalten; aber auch: Wissen, Fähigkeiten und Einstellungen	Kognitive Strukturen und Prozesse	Problemlöse- und Selbstlernkompetenz
Lehr-/Lern-prinzipien	»rote learning«: auswendig lernen, üben, verstärken	»meaningful learning«: verstehensorientiert lernen	»open learning«: entdecken und entdecken lassen

Während sich der Behaviorismus auf die beobachtbaren Prozesse konzentriert und den Lernenden als »black box« betrachtet, lassen Kognitivismus und Konstruktivismus Theorien über interne Prozesse und Strukturen zu. Die verschiedenen lerntheoretischen Paradigmen führen auch zu unterschiedlichen Impulsen für die Profilierung von Lehr- und Lernprozessen in pädagogischen Zusammenhängen. »Der Übergang von der verhaltensorientierten zur kognitiven Perspektive entspricht einer Verlagerung des instruktionspsychologischen Interesses von Produkten auf Prozesse, der Übergang von der kognitiven zur konstruktivistischen Perspektive dokumentiert eine Verlagerung des Interesses von der Leh-

969 Mietzel, Pädagogische Psychologie, 34.

970 Leutner, Bildungspsychologie, 360.

renden- auf die Lernendenseite.«[971] Hatten die Behavioristen das Lernen an sich und seine Bedingungen allgemein in den Blick genommen, so konnten kognitiv orientierte Psychologen zeigen, dass Lernende ihr Wissen auf der Grundlage ihrer bereits vorliegenden Erfahrungen konstruieren, »und dies muss keineswegs mit der äußeren Wirklichkeit übereinstimmen«[972].

Innerhalb der Religionsdidaktik spielen die psychologischen Lerntheorien – vor allem im Vergleich zu entwicklungspsychologischen Theorien – eine geringe Rolle, was vor allem daran liegt, dass »Religion einen komplexen Zusammenhang darstellt, der nicht einfach aus der bloßen Addition einzelner Verhaltensweisen, Kenntnisse, Gefühle usw. entsteht. Erst wenn diese sich zu einem Ganzen zusammenfügen [...], kann von Religion die Rede sein.«[973] Lerntheoretisch stößt man hier auf Grenzen. Deshalb können Lerntheorien zwar Einzelaspekte religiösen Lernens beleuchten, sie eignen sich aber nicht, um dem Phänomen Religion insgesamt gerecht zu werden. Gleichzeitig gilt jedoch, dass vor allem mit Blick auf den Religionsunterricht die Kenntnis dieser Lerntheorien dazugehört, um Unterrichtsprozesse besser verstehen und optimieren zu können.

Zugleich jedoch geben sie wichtige Impulse zur Verständigung über die religionspädagogische *Grundfrage nach der Lehr- und Lernbarkeit des Glaubens*, insofern sie das Lernen in seinen unterschiedlichen Facetten ausleuchten und vor einer zu einfachen und holzschnittartigen Zuordnung von Glauben und Lernen bewahren.

[*Zur Lehr- und Lernbarkeit des Glaubens*]
Als erste Orientierung in der Verhältnisbestimmung von Glauben und Lernen kann die auf AUGUSTIN zurückreichende Unterscheidung zwischen dem Glaubensinhalt und dem Glaubensvollzug dienen, also zwischen dem, was geglaubt wird (*ea quae creditur* – erst die mittelalterliche Theologie spricht von der *fides quae creditur* = Glaube, der geglaubt wird)[974] und dem Akt individueller vertrauensvoller Zustimmung (*fides qua creditur* = Glaube, durch den geglaubt wird). Ersteres ist überindividuell und im Prinzip vermittelbar bzw. lehr- und lernbar. Letzteres, also die vertrauensvolle Zustimmung, ist ein individueller Vorgang, der zumindest ein Moment des Unverfügbaren in sich

971 Leutner, Bildungspsychologie, 360.
972 Mietzel, Pädagogische Psychologie, 41.
973 Schweitzer, Religionspädagogik, 115.
974 Vgl. Leonhardt, Grundinformation, 165.

trägt. Den Prozess der Aneignung der Glaubensinhalte beim Einzelnen, also den Weg von der *fides quae* zur *fides qua creditur* hat die altprotestantische Tradition mit der Folge von *notitia, assensus* und *fiducia* aufgenommen: Glaubensinhalte werden kennengelernt (*notitia*); man kann sie denkerisch nachvollziehen und stimmt ihnen zu (*assensus*); schließlich werden die Verheißungen Gottes zu lebenstragenden Gewissheiten (*fiducia*).

Nach reformatorischem Verständnis ist Glauben im Kern *fiducia*. Das Wissen (*notitia*) und eine zustimmende Haltung (*assensus*) reichen also nicht aus, sind aber gleichwohl notwendig. Sie bilden die Voraussetzung für das vertrauensvolle Sich-darauf-Einlassen. Bei einem solchen Zugang könnte man den Eindruck gewinnen, Lernprozesse gehörten nur zu den Vorbedingungen des Glaubens, das eigentliche Zentrum würde davon jedoch nicht erreicht. Aber auch Glaube als *fiducia* braucht die Anknüpfung an sozial vermittelte Formen des Vertrauens, ohne dass dadurch der Glaube »zum Gegenstand einer Willensentscheidung oder eines Kalküls [wird]. Man kann sich zum Glauben so wenig entschließen wie zur Liebe«[975]. Glaube geht also (auch) »in psychosoziale Lernprozesse« ein und gewinnt »darin Gestalt«, »ohne aber darin aufzugehen«[976]. Glaubensvermittlung vollzieht sich deshalb immer »›in, mit und unter‹ den allgemeinen Lern- und Sozialisationsbedingungen«[977].

Glaube setzt Lernvorgänge nicht nur voraus, sondern initiiert auch Lernprozesse. Das hebt Bernhard Dressler besonders hervor: Glaube kann nicht gebildet (im Sinne von erzeugt) werden, wohl aber zu »gebildete(m) Glauben«[978], d. h. über sich selbst aufgeklärtem Glauben werden.

Dass *in protestantischer Perspektive* der Geschenkcharakter und damit die Nicht-Lehr- und Lernbarkeit des Glaubens stark betont wird, hängt mit der (rechtfertigungstheologisch keineswegs unbegründeten) Sorge zusammen, ein lernbarer Glaube könnte als fromme Leistung des Glaubenden verstanden werden.[979] Ein weiteres Motiv wird in Luthers Abhandlung über den unfreien Willen deutlich: Jede Beteiligung des Subjekts am Heilsgeschehen (wozu auch ein zu lernender Glaube gehörte), müsste unweigerlich die quälende Unsicherheit nach sich ziehen, ob man genug glaube. Jüngere religionspädagogische Stellungnahmen verbinden schließlich mit dem Vorbehalt gegenüber einem lehrbaren Glauben die Warnung vor pädagogischen Allmachtsphantasien bzw. vor Manipulationen.[980] Zugleich ist auf die alltägliche Erfahrung hinzuweisen, dass Glauben offenbar nicht gemacht oder vermittelt werden kann: Menschen glauben, ohne genau sagen zu können, warum. Andere Menschen wollen glauben und können es nicht.[981]

975 Ebd.

976 Fraas, Bildung, 27.

977 Fraas, Glauben, 35.

978 Dressler, Unterscheidungen, 126.

979 Vgl. Schweitzer, Zwischen Theologie und Praxis, 6.

980 Vgl. Kirchenamt der EKD (Hg.), Kirche, 33.

981 Vgl. Preul, Was ist ein religiöser Lernprozeß?, 130.

Glaube setzt Lernprozesse voraus und aus sich heraus frei, ereignet sich also »im Kontext menschlicher Lern- und Reifungsprozesse«, kann aber nicht einfach als »ein Resultat von Lernprozessen beschrieben werden«[982]. Religiosität und Glaube als dynamische, sich entwickelnde Facetten des Menschseins enthalten »verschiedene Momente [...], von denen die meisten lernbar und nicht wenige auch lehrbar sind«[983].

Aus theologischer Perspektive ist Glaube ein Geschenk. Allerdings ist »der Vorgang existenzieller Christwerdung strukturell nicht analogielos«, wird doch der »Bildungs- und Reifungsprozess jeder Person durch unverfügbare Evidenzerlebnisse – d. h. durch Erlebnisse, in denen eine originale Begegnung mit etwas, das sich als wahr aufdrängt und das die Person in ihrer gefühlsmäßigen Tiefenschicht erfaßt – beeinflußt und in bestimmte Richtungen gelenkt«[984]. Insofern liegt die Pointe der theologischen Deutung nicht einfach in der Betonung der Unverfügbarkeit. Aus pädagogisch-psychologischer Perspektive ist Lernen stets unverfügbar. Die Spezifik liegt vielmehr in der Interpretation der Erfahrung unverhofften Glaubens als gnädiges Geschenk Gottes. Diese Erfahrung ist als Lernprozess beschreibbar, ohne dass sie sich zugleich darin erschöpfen würde.

Religionspädagogisch resultiert daraus ein *reflektierter Umgang mit der Unverfügbarkeit im Bemühen um eine Erhöhung von Wahrscheinlichkeiten.*[985] Dass beispielsweise ein Mensch eine prosoziale Einstellung entwickelt, kann durch eine gelungene Einbindung in eine Sozialgemeinschaft nicht erzwungen werden, ist aber doch wahrscheinlicher, als wenn er die dort möglichen Erfahrungen nicht hätte machen können. Vergleichbares gilt auch für christlich motiviertes Lehren und Lernen. Die Wahrscheinlichkeit einer christlichen Lebenspraxis steigt signifikant mit einer entsprechenden religiösen Erziehung in der Familie, ohne dass sie deshalb bereits vorhersagbar wäre.

Vergleichbares gilt auch für den Religionsunterricht. Dessen Ziel besteht im Verstehen von Religion. Dass das vollauf gelingt, lässt sich nicht mit Sicherheit vorhersagen. Allerdings steigt die Wahrscheinlichkeit dafür. Religionsdidaktisch ergibt sich die Aufgabe, die dafür not-

---

982 Werbick, Glauben, 13 (im Original kursiv).

983 Schröder, Religionspädagogik, 211.

984 Preul, Was ist ein religiöser Lernprozeß?, 131.

985 Vgl. dazu Karle, Glauben, 350.

wendigen Faktoren zu identifizieren und Lehrende handlungsorientierend so zu sensibilisieren und zu unterstützen, dass sie in der Lage sind, dies umzusetzen.

4.3.2 Entwicklungspsychologische Impulse

Noch vor wenigen Jahren schien das Feld entwicklungspsychologischer Theorien, die religionspädagogisch bedeutsam sind, relativ klar umrissen. Vor allem die Theorien von Fritz Oser und James W. Fowler in der Tradition der strukturell-kognitivistisch ausgerichteten genetischen Entwicklungspsychologie Jean Piagets wurden rezipiert und auch unterrichtspraktisch erschlossen.[986] Inzwischen zeigt sich hier jedoch eine deutliche Zurückhaltung.

Ein wesentlicher Grund dafür liegt darin, dass sich innerhalb der Entwicklungspsychologie selbst seit den 1990er Jahren eine deutliche Distanz zum piagetschen Paradigma abzeichnet. Einerseits wird der Blick nun auf die erstaunlich früh ausgeprägten Fähigkeiten der Kinder gelenkt. Andererseits rückt man von einer das gesamte Denken umgreifenden, einheitlichen kognitiven Entwicklung ab und nimmt bereichsspezifische Entwicklungen in Domänen an. Nicht zuletzt deshalb sprach Gerhard Büttner (geb. 1948) 2010 vom »Abschied von Piaget«[987] und legte gemeinsam mit Veit-Jakobus Dieterich (geb. 1952) eine Untersuchung vor, mit der sie einerseits den neuen entwicklungspsychologischen Forschungsstand rezipieren und andererseits das Altbewährte nochmals auf das weiterhin Bleibende und Taugliche prüfen. Dabei zeichnet sich ein Zwischenzustand ab. »Ein Paradigma geht offensichtlich unter, ohne dass ein neues bereits feste Konturen gewonnen hätte.«[988]

Im Anschluss an diese Richtung werden nun vier grundlegende Aspekte erörtert, wobei von den als klassisch zu nennenden Theorien ausgegangen wird und sie mit neueren Befunden erweitert werden.[989]

986 Vgl. Schweitzer, Lebensgeschichte; Schweitzer/Nipkow/Faust-Siehl/Krupka, Religionsunterricht; Büttner/Dieterich (Hg.), Die religiöse Entwicklung.

987 Büttner, Abschied.

988 Büttner/Dieterich, Entwicklungspsychologie, 10.

989 Dabei folge ich den Ausführungen von Büttner/Dieterich in ihrem Lehrbuch zur Entwicklungspsychologie (a. a. O.). Die folgenden Seitenangaben im Text beziehen sich darauf.

a) Zur Profilierung religiöser Sichtweisen vor dem Hintergrund der Entwicklung des Erkennens

Auf der Grundlage seiner Beobachtungen zur Lösung von Problemen, die er Heranwachsenden vorlegte, entwarf Jean Piaget ein Modell, mit dem er die Entwicklung des Erkennens beschreibt. Dabei lassen sich unterschiedliche Stufen unterscheiden, die zum Ausdruck bringen, welche Operationen (innere Handlungen) hier vollzogen werden. Das Hauptaugenmerk liegt auf den Strukturen, die sich in der Entwicklung des Erkennens aufzeigen lassen. Hier geht Piaget davon aus, dass sich die Konstruktionen von Wirklichkeit nicht nur verändern, sondern sich in einer bestimmten Abfolge von unterschiedlichen, nicht überspringbaren Stufen vollziehen. Für die kindliche Entwicklung ergeben sich vier Entwicklungsstufen:

> [*Entwicklungsstufen nach Piaget*]
> »1. *Die sensomotorische Phase (0–2 Jahre)*: Das Kind findet allmählich heraus, dass Dinge deshalb geschehen, weil es sie selbst verursacht hat.
> 2. *Die präoperatorische Phase (2–7 Jahre)*: Das Kind denkt *egozentrisch*, d. h. es sieht alle Dinge von seinem eigenen Standpunkt bzw. seiner Welt aus. Es kann nur kurze Argumentationsketten bilden.
> 3. *Die konkret-operatorische Phase (7–12 Jahre)*: Fähigkeit zur *Dezentrierung*, d. h. zur Möglichkeit, den anderen Standpunkt mitzudenken. Das Denken bleibt konkret und auf der *Objektebene*.
> 4. *Die formal-operatorische Phase (ab 12 Jahre)*: Jetzt sind abstraktes Denken, die Einnahme einer *Metaperspektive* und damit auch *Multiperspektivität* möglich.« (15 f.)[990]

Hinsichtlich der Altersangaben war Piaget sehr zurückhaltend. Das hängt auch damit zusammen, dass es sich bei dem skizzierten Entwicklungsprozess um ein interaktives Geschehen handelt und deshalb stark mit dem Anregungspotenzial korreliert, das dem Kind in seiner Umwelt gegeben wird. Insofern bilden die Altersangaben nur eine allgemeine Orientierung.

In religionspädagogischer Perspektive sind Piagets Erkenntnisse eröffnend wie einschränkend zugleich. Einerseits sensibilisieren sie für die Entwicklung des Denkens und führen eindrücklich vor Augen, dass Kinder eigenen Erkenntnisstrukturen folgen. So sprach Piaget selbst

---

990 Eine ausführlichere und gut nachvollziehbare Vorstellung der Stufen findet sich bei Thomas/Feldmann, Entwicklung, 128–136.

von Kindern als Philosophen. Andererseits jedoch ergibt sich durchaus die »Gefahr naturalistischer Fehlschlüsse« (23), insofern Kinder an einem Maßstab gemessen werden, der sich »einer ›erwachsenen‹ Sicht der Welt« im »Sinne moderner Rationalität« (23)[991] verdankt.

PIAGET selbst bezeichnete sich als genetischen Epistemologen[992] und war vorwiegend an der Erforschung naturwissenschaftlichen Denkens interessiert.[993] Dabei ging er davon aus, dass die von ihm nach Stufen unterschiedene Entwicklung des Erkennens auf alle Denkbereiche zu beziehen ist. Abgesehen davon, dass neuere entwicklungspsychologische Studien gezeigt haben, dass viele der von PIAGET erhobenen Befunde zu modifizieren sind, weil die Fragestellungen nicht immer klar waren bzw. zu einem bestimmten Antwortverhalten verleiteten, so geht man heute nicht mehr davon aus, dass es eine Theorie geben kann, die für alle Bereiche gleichermaßen Gültigkeit besitzen könnte. Zwar spricht vieles dafür, an dem vorgestellten Altersschema und einem Stufenkonzept von Entwicklung festzuhalten. Auch die Vorstellung der Äquilibrierung, also der angestrebten Übereinstimmung zwischen Umweltwahrnehmung und vorhandenen Schemata, ist sinnvoll, weil sie die Entwicklung als eine kontextuell geprägte in den Blick nimmt. Neu zu berücksichtigen wären allerdings die Erkenntnisse der gegenstandsbezogenen (= domänenspezifischen) Entwicklungspsychologie. Hier zeigt sich nämlich, dass »das Niveau der Operation auch davon abhängt, wie viel der Einzelne von der gerade verhandelten Sache versteht. D. h., dass der sechsjährige Schach- oder Saurierexperte einer fünfzehnjährigen Nichtexpertin vermutlich nicht nur im Hinblick auf die Menge des Wissens überlegen ist, sondern auch differenziertere Gedankenoperationen

991 Besonders deutlich wird das an einer Studie von Ronald Goldmann, der Kinder von 6–15 Jahren nach ihren Verständnis der biblischen Geschichten vom brennenden Dornbusch (Ex 3), dem Durchzug durchs Schilfmeer (Ex 14) und Jesu Versuchung (Mt 4) befragte und dann formuliert: »Die Antworten der Kinder reichen von krudem, unrealistischem Glauben und einer materialistischen Theologie zu einem vernünftigen Akzeptieren (oder freilich Ablehnen) aus stärker ›spirituellen‹ theologischen Gründen, die mit der Bibel als ganzer übereinstimmen.« Ders., Religious, 111.

992 Die Epistemologie versucht, die Mechanismen wissenschaftlicher Erkenntnis zu erforschen; »genetisch« bedeutet, sie aus ihren Ursprüngen heraus zu verstehen; vgl. Piaget, Entwicklung, 13–57.

993 Zwei Werke haben darüberhinausgehend religionspädagogisch Beachtung gefunden: Piaget, Das Weltbild des Kindes; Ders., Das moralische Urteil.

in diesem Wissensbereich vollziehen kann als ein ›Novize‹.« (23) Insofern stellt sich die Aufgabe, eine domänenspezifische Entwicklungstheorie zu erarbeiten. Dabei zeichnen sich erste Konturen ab, die hier kurz skizziert werden sollen.

Kinder entwickeln bereits »recht früh ›intuitive‹ Theorien für einzelne Gegenstandsbereiche« (26). In der Diskussion geht man von drei Kernbereichen (*core domains*) intuitiven Wissens aus: »einer ›naiven Psychologie‹ (z. B. über Wünsche und Absichten), einer ›naiven Physik‹ (z. B. Schwerkraft) und einer ›naiven Biologie‹ (z. B. Unterscheidung lebendig – tot)« (26). In jedem dieser Bereiche lassen sich mehrere Entwicklungsschritte unterscheiden, durch die sich das Kind vom Novizen (mit einer Art intuitiven oder naiven Theorie) über die Teilhabe am kollektiv geteilten Wissen zum Experten (mit einer eher zunehmend wissenschaftlich fundierten Theorie) entwickeln kann.

Viel spricht dafür, dass es neben den bereits genannten Kerndomänen weitere Domänen gibt, wozu auch die Religion gehört. Dabei stellt sich dann die Frage, ob und, wenn ja, wie die Entwicklungen innerhalb der einzelnen Domänen miteinander zusammenhängen. Innerhalb der einzelnen Domänen kommt es zu Entwicklungen, die Büttner und Dieterich hinsichtlich der Domäne Religion in der Bewegung von einem »›vorkognitive[n]‹ Stadium« über »symbolische Urerfahrungen« und »kognitive Mechanismen« beschreiben, die »das Kind zu einem *religiösen Denker* werden lassen« (31). Voraussetzung dafür ist, dass »das Kind am kollektiven Wissen einer konkreten Religion Anteil hat bzw. bekommt« (31). Dabei differenziert sich der »Wissenspool thematisch auf und gewinnt an Komplexität« (31). Daraus resultiert, dass die einzelnen Teildomänen wie beispielsweise die Gotteslehre, Christologie oder Anthropologie eine je eigene Entwicklungspsychologie brauchen.

Die Entwicklung religiösen Denkens verläuft nicht einlinig im Sinne eines Voranschreitens von einer naiven zu einer reflektierten Sichtweise. Offensichtlich sind Menschen in der Lage, die Welt »in zwei verschiedenen Modi [...] zu konzeptualisieren« (90). Widersprüche und Paradoxien werden auf unterschiedliche Weise verarbeitet. Die hier angedeuteten Perspektiven korrespondieren mit Erkenntnissen zur Entwicklung des (religiösen) Denkens, die unter den Leitbegriffen der Hybridität und Komplementarität bedacht werden.

Unter dem *Stichwort des hybriden Denkens* wird aufgenommen, dass »besonders bei Kindern kosmologisches und religiöses Wissen ungeschieden in ein und demselben Weltbild auftauchen kann«. (90)[994] Büttner/Dieterich weisen darauf hin, dass »dieses hybride Neben- und Ineinander bei im Grunde sich widersprechenden Vorstellungen« – und zwar nicht nur bei Kindern – »absolut üblich ist« (90), wobei sich eine Kontextabhängigkeit im Gebrauch der unterschiedlichen Konzeptionen aufzeigen lässt. Es können also Erklärungsmuster einzelner Wissensdomänen, die in deutlicher Spannung zueinander stehen (beispielsweise diejenigen vom Tod als biologisch irreversibler Endpunkt und einer religiösen Interpretation im Sinne eines Weiterlebens bei Gott), miteinander koexistieren. Der Rückgriff erfolgt wahrscheinlich »zeitlich versetzt«, so dass »die Notwendigkeit der Harmonisierung entfällt« (93). In alledem zeigt sich, dass »das Wie und das Warum unterschiedliche Erklärungsweisen anfordern« (95)[995].

Unter dem *Stichwort des komplementären Denkens* wird danach gefragt, inwiefern es einen Weg zu »einer immer logischeren Zuordnung sich widersprechender Deutungen« (95) gibt. Was damit gemeint ist, lässt sich an der physikalischen Erkenntnis aufzeigen, dass Licht sowohl Teilchen- als auch Wellencharakter hat. Dies aufzulösen, ist nicht möglich. Vielmehr geht es um ein komplementäres Denken. Auf diese Weise lassen sich Widersprüche auflösen und angemessen denken. Die Entwicklung eines solchen Denkens, das keineswegs nur die Felder von Naturwissenschaft und Religion begrifft, untersuchten gemeinsam der Pädagoge Fritz Oser (geb. 1937) und der Physiker Karl Helmut Reich (geb. 1923). Dabei nahmen sie die Entwicklung der Fähigkeit in den Blick, »gegensätzliche Erklärungsweisen für ein und dasselbe Phänomen miteinander in Einklang zu bringen«[996].

Modell zur Entwicklung von komplementärem Denken nach Oser/Reich[997]

Niveau	Beschreibung
I	A und B werden jeweils für sich allein betrachtet. Je nach Kenntnis und Sozialisation wird meist A oder B gewählt, gelegentlich beide, jedoch ohne wirkliche Begründung
II	Die Möglichkeit, dass A und B beide gelten könnten, wird in Betracht gezogen. A kann richtig sein.

994 Unter Bezug auf Fetz/Reich/Valentin, Weltbildentwicklung.

995 Unter Bezug auf eine Studie von Legare/Evans/Harris/Rosengren, The Coexistence.

996 Oser/Reich, Zur Entwicklung, 96.

997 Oser/Reich, Wie Kinder, 98. Die folgenden Angaben im Text beziehen sich darauf.

III A und B werden beide als notwendig erkannt.

IV A und B werden als zusammengehörig verstanden, und die Beziehung zwischen beiden wird geklärt.

Die Entwicklung komplementären Denkens ist ein komplexer Vorgang. Selbst wenn es für einen Bereich als sinnvoll erachtet wird, ist die Übertragung auf das Verhältnis von Wissen und Glauben keineswegs selbstverständlich. Voraussetzung dafür ist, dass sich komplementäres Denken »einmal innerhalb von Denkbereichen, zum anderen zwischen verschiedenen Domänen (in binärer oder mehrfacher Kopplung) und schließlich als fundamentales, die einzelnen Denkbereiche wie das Denken insgesamt ordnendes Prinzip« (101) entfaltet.

Komplementäres Denken ergibt sich nicht einfach von selbst, sondern muss entwickelt werden. Dabei sind »in offener Weise« aber auch »andere Konstellationen der gedanklichen Koexistenz« (102) im Blick zu behalten.

b) Zu unterschiedlichen Aspekten in der religiösen Entwicklung

Bereits Piaget hatte 1932 eine Studie zum moralischen Urteil »beim Kinde« vorgelegt und dabei alters- bzw. entwicklungsspezifische Antworttypen von Kindern im Umgang mit Regeln identifiziert. Davon ausgehend entwickelte der amerikanische Psychologe Lawrence Kohlberg (1927–1987) ein komplexeres Modell, mit dem er die Entwicklung der Moralität des Menschen beschreibt. Dabei ging er von drei typischen Vorstellungen aus, die er im Wesentlichen kognitiv begründet.

Modell zur Entwicklung des moralischen Urteils nach Kohlberg

Mit Hilfe sog. Dilemma-Geschichten[998], durch die die Hörerinnen und Hörer mit einem Problem konfrontiert wurden, bei dessen Lösung immer ein Verstoß gegen moralische Normen zu bedenken ist, wurden die Befragten dazu angehalten, ihre Begründungen offen zu legen. Aus den unterschiedlichen Begründungsformen entwickelte Kohlberg ein Modell in drei Niveaus (präkonventionelles, konventionelles und postkonventionelles Niveau) mit je zwei Stufen, aus dem sich die sechs Stufen der moralischen Entwicklung ergeben.

998 Am bekanntesten ist das sog. Heinz-Dilemma: »In Europa drohte eine Frau an einer besonderen Form der Krebserkrankung zu sterben. Es gab nur ein Medikament, von dem die Ärzte noch Hilfe erwarteten. Es war eine Radiumverbindung, für die der Apotheker zehnmal mehr verlangte, als die Herstellung kostete. Heinz, der Ehemann der kranken Frau, versuchte, sich bei allen Bekannten Geld zu leihen, aber er bekam nur die Hälfte der Kosten zusammen. Er sagte dem Apotheker, dass seine Frau zu sterben drohe, und bat darum, das Medikament billiger zu verkaufen

Innerhalb des *prämoralischen bzw. präkonventionellen Niveaus* werden die gesellschaftlichen Regeln befolgt in Anbetracht der physischen oder hedonistischen Folgen für die Person und der machtausübenden Autorität, die die Regeln auferlegt (daraus resultierende Imperative auf Stufe 1: »Befolge Regeln, um Strafe zu vermeiden.« und Stufe 2: »Verhalte dich konform, um Belohnung zu bekommen, erwidere Gefälligkeiten usw.«).

Innerhalb des *konventionellen Niveaus* entspricht das Individuum den familiären, Gruppen- und staatlichen Erwartungen. Die bestehende soziale Ordnung wird aktiv unterstützt und verteidigt (daraus resultierende Imperative auf Stufe 3: »Verhalte dich konform, um die Missbilligung und Abneigung der anderen zu vermeiden.« und Stufe 4: »Verhalte dich konform, um die Kritik durch legitime Autoritäten und daraus folgende Schuldgefühle zu vermeiden.«).

Innerhalb des *postkonventionellen bzw. autonomen Niveaus* versucht das Individuum, universelle, gültige moralische Werte herauszufinden, unabhängig davon, welche Autorität oder Gruppen ihnen beipflichten, und unabhängig davon, ob es sich selbst als zu jenen zugehörig fühlt oder nicht (daraus resultierende Imperative auf Stufe 5: »Entspreche den Regeln [Prinzipien], um die Achtung des unvoreingenommenen Zuschauers zu bewahren, der im Sinne des allgemeinen Wohlergehens urteilt.« und Stufe 6: »Entspreche den Regeln [Prinzipien], um Selbstverurteilung zu vermeiden.«).[999]

Auf der Grundlage dieses Modells legten der Schweizer Pädagoge und Psychologe Fritz Oser und sein Mitarbeiter Paul Gmünder (geb. 1951) 1984 eine empirische Untersuchung zur religiösen Entwicklung vor. Auch sie arbeiteten mit *Dilemma-Geschichten*, die allerdings religiös konnotiert waren. Beim sog. *Paul-Dilemma* steht ein junger Arzt vor der Frage, ob er das bei einem Flugzeugabsturz Gott gegenüber gegebene Versprechen, sich im Falle seines Überlebens für arme Menschen in der Dritten Welt zu engagieren, nach gelungener Landung angesichts eines lukrativen Arbeitsangebotes aufrechterhalten muss oder nicht.[1000]

Von Interesse dabei sind (wie bei Kohlberg auch) die Begründungsstrukturen der Antworten, wobei Oser/Gmünder sowohl Antworten von Gottgläubigen wie auch von solchen, die nicht an einen (persönlichen) Gott glauben, einbeziehen. Im Blick ist hier also das Verhältnis des Menschen zum Letztgültigen, zum »Ultimaten«. Dabei gin-

oder Kredit zu gewähren. Aber der Apotheker sagte: »Nein. Ich habe das Medikament entwickelt, und ich will damit Geld verdienen.« In seiner Verzweiflung drang Heinz in die Apotheke ein und stahl das Medikament. Sollte der Ehemann dies tun? Warum?« Kohlberg, Die Psychologie, 495.

999 Vgl. Kohlberg, Die Psychologie, 26 f.

1000 Vgl. Oser/Gmünder, Der Mensch, 119 f.

gen Oser/Gmünder von einem eigenständigen religiösen Bereich aus, der klar von anderen abgrenzbar ist, wobei die Entwicklung zu einer möglichst umfassenden Integration der Autonomie des Ultimaten und der Autonomie des Menschen verläuft.[1001]

Modell zur Entwicklung des religiösen Urteils nach Oser/Gmünder

Oser/Gmünder beschreiben sechs Stufen der Entwicklung, wobei sie in ihrer Untersuchung 5 Stufen belegen konnten. In der folgenden Übersicht werden die Stufen kurz skizziert[1002] und in einer doppelten Version für Gläubige und Nicht-Glaubende mögliche Antworten bzw. Begründungen dargestellt.[1003]

<table>
<tr><th>Stufe</th><th>Version für Gläubige</th><th>Version für Nicht-Glaubende</th></tr>
<tr><td rowspan="2">1</td><td colspan="2">Sicht einseitiger Macht und Autorität eines Ultimaten (Deus ex machina)</td></tr>
<tr><td>Wenn Paul sein Versprechen nicht hält, erwartet ihn eine gerechte Strafe, wie beispielsweise eine Krankheit oder Unzufriedenheit. Wenn ich Gott nicht gehorche, wird mir etwas zustoßen.</td><td>Ich glaube nicht an Gott, aber es ist besser, wenn man Versprechen hält. Man weiß nie, vielleicht wirst du sonst bestraft, z. B. durch Krankheit oder einen Autounfall, oder man fühlt sich unzufrieden.</td></tr>
<tr><td rowspan="2">2</td><td colspan="2">Sicht der Beeinflussbarkeit alles Ultimaten durch Riten, Erfüllungen, Gebete usw. Erste Subjektivität (Do ut des = Ich gebe, damit du gibst)</td></tr>
<tr><td>Ich würde [in die Dritte Welt] gehen, weil ich sonst ein schlechtes Gewissen hätte. Ich würde etwas Großzügiges tun, z. B. Geld spenden. Dann fühlte ich mich erleichtert. Demzufolge wollte Gott Paul prüfen.</td><td>Wenn ich nicht ginge, würde ich Geld spenden oder jemandem etwas Gutes tun. Somit könnte Paul verborgene Kräfte zufriedenstellen, wer auch immer sie seien. Dann gäbe es keine üblen Folgen.</td></tr>
<tr><td rowspan="2">3</td><td colspan="2">Autonomie der Person durch Abtrennung des Ultimaten vom genuin humanen Bereich (Deismus)</td></tr>
<tr><td>Paul muss für sich selber entscheiden, denn es hängt nicht von Gott ab. Gott hat andere Dinge zu tun, als sich um solche Kleinigkeiten zu kümmern.</td><td>Gott bedeutet mir nichts. Ich würde für mich selbst entscheiden und mich nicht mehr um Religion kümmern. Mein Wille zählt, nicht der irgendeines Gottes, der sich sowieso nicht um mich kümmern würde, falls er existierte.</td></tr>
</table>

1001 Schweitzer, Lebensgeschichte und Religion, 124.
1002 Vgl. Oser/Gmünder, Der Mensch, 79–110.
1003 Oser/Reich/Bucher, Development, 56 f.

4	Autonomie der Person durch Annahme apriorischer Voraussetzungen aller menschlichen Möglichkeiten durch Ultimates (Apriorität)	
	Für mich ist Pauls Unfall ein Hinweiszeichen von Gott. Solche Hinweise verweisen auf einen verborgenen Plan. Man muss sie zu entschlüsseln lernen.	Es gibt so etwas wie einen verborgenen Plan. Irgendwie klärt sich die Angelegenheit. Wir sind alle Teile dieses Plans. Deshalb wird alles gut gehen, was ich auch tue, sogar wenn niemand den geheimen Plan erklären kann.
5	Sicht einer kommunikativ-religiösen Praxis, in der Ultimates in jedem Handeln Voraussetzung und Sinngebung bildet. Höchste menschliche Autonomie (Kommunikativität)	
	Wäre ich Paul, hätte ich mich auf die eine oder andere Weise zu entscheiden und würde in die Sache verwickelt. Wenn ich dies tue, leiste ich einen Beitrag dazu, Gott in der Welt sichtbar zu machen. Dabei ist er auf geheimnisvolle Weise mit allen Menschen verbunden.	Es ist egal, wie ich mich entscheide. Am wichtigsten ist es, dass ich für andere da bin. Dadurch leiste ich einen Beitrag, die Existenz von etwas, das über das Individuum hinausreicht, sichtbar zu machen. Etwas in mir verbindet mich mit allen Menschen.

Die 6. Stufe hat hypothetischen Charakter und versucht zu beschreiben, »welche die höchstmögliche Denkstruktur religiösen Bewußtseins sein könnte«[1004]. Kennzeichnend dafür ist die Orientierung an universaler Kommunikation und Solidarität. Entscheidend ist hier »das konsequente Beachten der indikativischen Struktur: Der Indikativ geht dem Imperativ schlechthin voraus, und zwar so, daß der kategorische Indikativ die immer gegebene menschliche Situation der Strittigkeit nicht mehr ausblendet, sondern voll integriert.«[1005]

Religionspädagogisch ist die Frage hoch bedeutsam, wie religiöse Entwicklung gefördert werden kann. Oser selbst plädierte für die Diskussion religiöser Dilemma-Geschichten mit Schülerinnen und Schülern und konnte zeigen, dass damit das Niveau des religiösen Urteils deutlich ansteigt.[1006] Daraus ergibt sich, Kinder und Jugendliche mit Argumentationen der nächsthöheren Stufe zu konfrontieren (sog. Plus-1-Regel) und so zur Weiterentwicklung ihres eigenen Denkens anzuregen.

Allerdings darf dabei nicht in Vergessenheit geraten, dass mit dem vorliegenden Modell in der Konzentration auf das kognitive Urteil nur

1004 Oser/Gmünder, Der Mensch, 94.
1005 Vgl. a. a. O., 95.
1006 Vgl. Oser, Wieviel Religion braucht der Mensch?

ein Aspekt religiöser Entwicklung beschrieben wird. Dadurch werden wichtige Seiten »sowohl des Menschen (etwa die affektive Seite, das Unbewusste, die Kreativität, das Handeln) sowie von Religion (etwa deren imaginäre, symbolische oder rituelle Dimension) außer Acht«[1007] gelassen. Neben einer naturwissenschaftlichen Ausrichtung gibt es immer auch eine am Übernatürlichen ausgerichtete religiöse Orientierung, die vor allem in Extremsituationen zum Tragen kommt. Hier sind die »allermeisten Menschen willens und bereit, auf außergewöhnliche Hilfe zu hoffen« (47). *Die Grenzlinie zwischen natürlichen und übernatürlichen Deutungen ist nicht eindeutig zu ziehen. Vielmehr scheint es hier zu einem Nebeneinander zu kommen.* Je nach Lebenssituation und Frömmigkeitsstil fallen die Gewichtungen unterschiedlich aus.

Eine Begrenzung auf das kognitive Urteil führt tendenziell zu einem »Abblenden der sozialen, geschichtlich-gesellschaftlichen Situation sowie des Urteilens und Handelns in einer konkreten Lebenssituation« (61). Mit Blick auf die Kontextabhängigkeit ist interessant, dass Rainer Döbert bereits vor mehr als 30 Jahren darauf hinwies, dass Testpersonen auf Dilemmata, die nicht ausdrücklich religiös typisiert waren, keine religiösen Antworten gaben. Daraus zog er den Schluss, »dass religiöse Entwicklung kein naturwüchsiger Bestandteil von Ich-Entwicklung«[1008] ist. Das korrespondiert mit Beobachtungen beim Unterricht an einem sachsen-anhaltischen Gymnasium. Das Paul-Dilemma wurde dort nur als moralisches Dilemma aufgenommen. Den Jugendlichen war völlig unverständlich, wie ein Mediziner – also ein vernünftiger Mensch – auf die Idee kommen könne zu beten.[1009]

Büttner und Dieterich weisen außerdem darauf hin, dass der »Schematismus (Stufenfolge, Äquilibration)« der »vielfältigen Wirklichkeit nur bedingt gerecht« wird, Heranwachsende wie Erwachsene sind zum Aushalten von Komplexität, Widersprüchlichkeiten und Kontingenzen gezwungen« (61). Das findet im vorliegenden Modell keine Berücksichtigung. Überhaupt ist der »Grundgedanke einer linearen Entwicklung bzw. Höherentwicklung [...] höchst problematisch« (61).

1007 Büttner/Dieterich, Entwicklungspsychologie, 60. Die folgenden Seitenangaben im Text beziehen sich darauf.

1008 Döbert, Religiöse Erfahrung, 103.

1009 Grethlein, Lernort Gemeinde, 584.

In diesem Zusammenhang ist auf eine sehr grundlegende Frage einzugehen. Bei näherer Betrachtung zeigt sich nämlich, dass mit dem Erreichen der dritten Stufe die religiöse Entwicklung in einer Art »Sackgasse«[1010] steckt. Döbert spricht hier von einem Teufelskreis (*circulus vitiosus*), »der nur schwer aufzubrechen ist und die Reproduktion von minimaler ›Restreligiosität‹ stabilisiert«[1011]. Die Problematik besteht darin, dass der gesellschaftliche Kontext kaum Impulse bietet, darüber hinauszugehen. Das »religiöse Ich hat kaum mehr Motive zu wachsen«[1012]. Insofern stellt sich die Frage, woher die Impulse für eine religiöse Weiterentwicklung kommen können. Hier gibt eine empirische Untersuchung unter 15- bis 19-jährigen Gymnasiasten von Hartmut Beile wichtige Impulse. Er kann zeigen, dass Emotionen eine wesentliche Rolle spielen. »Für den Übergang von Stufe 2 nach Stufe 3 des religiösen Urteils sind vermutlich vor allem kognitive Veränderungen verantwortlich. Die religiöse Weiterentwicklung von Stufe 3 nach Stufe 4 wird dagegen von der Emotion angeführt.«[1013]

Zu berücksichtigen ist auch, dass die in Stufe 3 vorherrschenden deistischen Einstellungen anders verstanden werden können, als das bei Oser/Gmünder der Fall ist. Büttner/Dieterich verweisen darauf, dass »ein grundlegender Rückzug Gottes bzw. des Ultimaten von der Welt (mit der Ermöglichung einer Autonomie von Ich und Welt)« für viele Jugendliche kompatibel zu sein scheint »mit der Vorstellung, dass dieser Gott für mich persönlich da ist bzw. mich unterstützt, wenn ich ihn brauche« (63). Anders formuliert lässt sich festhalten, dass »anstelle oder gemeinsam mit einer typisch ›deistischen‹ Sicht des Ultimaten« in der Jugendzeit eine Sicht ausgebildet werden kann, die Gott bzw. das Ultimate »aufs Allerengste mit dem eigenen Inneren verbindet, ja vielleicht gar mit dem eigenen Selbst identifiziert« (65).

Schon hier wird deutlich, dass das Stufenmodell von Oser/Gmünder »nicht schematisch und in einem unkritischen fortschrittsoptimistischen Sinne einer Höherentwicklung (miss-)verstanden werden« (65) darf. Letztlich geht es um eine dynamische Interpretation. Bereits Oser/Gmünder hatten darauf verwiesen, dass mit Erreichen der jeweils

1010 Döbert, Oser/Gmünder, 157.

1011 Döbert, Oser/Gmünder, 158 (im Original kursiv).

1012 A. a. O., 157 (im Original kursiv).

1013 Beile, Religiöse Emotionen, 224.

höheren Stufen die Denkmöglichkeiten der niederen Stufen mit zur Verfügung stehen. Es kommt also nicht zu einer Ablösung, sondern zu einer Erweiterung. »Ergänzen lässt sich die Einsicht, dass Heranwachsende mitunter auch höhere, von ihnen noch nicht internalisierte Stufen gleichsam probehalber in einem (Gedanken-)Spiel vorwegnehmen können.« (66) Corinna Hössle und Birte Platow sprechen hier deshalb von Typen und nicht mehr von Stufen religiöser Entwicklung.[1014]

Zusammenfassend wird man mit Büttner/Dieterich festhalten können, dass das Modell von Oser/Gmünder »ein wichtiges Deutungsangebot für die Domäne Religion« (67) darstellt, wobei es »in der religionspädagogischen Praxis immer solche Phänomene gab, die man gut mit seiner Theorie interpretieren kann, und solche, wo das eher schwierig ist« (66). Klar ist, dass die Entwicklung des religiösen Urteils eine wichtige Dimension und grundlegende Aspekte in der Domäne Religion erklären kann. Zugleich zeigt sich, dass es Zusammenhänge mit der Entwicklung von Gerechtigkeitsvorstellungen gibt. Allerdings können die Entwicklungen in den einzelnen Domänen unterschiedlich schnell verlaufen. Zudem gibt es weitere »Subdomänen«, »die gegebenenfalls anderen Logiken folgen« (67). Vor Augen führen lässt sich das anhand einer anderen religionspädagogisch sehr wirkmächtigen Theorie, dem Stufenmodell zur Glaubensentwicklung.

c) Zur Dynamik religiöser Entwicklung

Drei Jahre vor Oser/Gmünder entwickelte der amerikanische Theologieprofessor James Fowler (1940–2015) eine Theorie zur Glaubensentwicklung, bei der er sich nicht nur auf die strukturgenetische Entwicklungspsychologie von Piaget und Kohlberg stützte, sondern auch die psychoanalytischen Modelle von Freud und Erikson sowie die Theorie Kegans zur Entwicklung des Selbst einbezog.

[*Freuds, Eriksons und Kegans Theorie zur (religiösen) Entwicklung*]

Nach Sigmund Freud (1856–1939) – dem Vater der Psychoanalyse– spielt sich das psychische Leben eines Menschen auf der Bewusstseinsebene dreistufig ab. Die drei Hauptakteure, die im Wettbewerb miteinander stehen, aber auch kooperativ wirksam sind, sind das »Es«, das »Ich« und das »Über-Ich«. Im Verlauf der kindlichen Entwicklung treten sie nacheinander auf. Das »Es« (Bereich der elementaren Triebe) kommt als erstes. Es ist von Geburt an vorhanden. Das

1014 Vgl. Hößle, Theologisieren; Platow, Du sollst.

»Ich« entwickelt sich mit dem Bemühen des Kindes, seine Bedürfnisse in Auseinandersetzungen mit der Umwelt zu befriedigen. Zuletzt entwickelt sich das »Über-Ich« als eine Art Repräsentant für die in der Umgebung geltenden Regeln und Werte. Die Entwicklung von »Es«, »Ich« und »Über-Ich« sind recht kompliziert mit den Stadien des kindlichen, psychosexuellen Wachstums verknüpft. Freud unterschied in der psychosexuellen Entwicklung im Kindesalter fünf Phasen. Zunächst läuft beim Säugling die Kontaktaufnahme mit Menschen und Gegenständen ausschließlich über den Mund (orale Phase). Bald danach wendet sich das Interesse des Kleinkindes den Ausscheidungsorganen und -produkten zu (anale Phase). Im Vorschulalter entdecken Kinder schließlich ihr Geschlecht (genitale Phase). Für eine längere Zeit tritt sodann die sexuelle Entwicklung in eine gewisse Ruhephase (Latenzphase), bevor in der Pubertät der Sexualität eine neue Aufgabe zuwächst. Die Entstehung von Religion verankert Freud in der Phase der Über-Ich-Bildung (Gewissensbildung), in der Gott – wie ein erhöhter Vater – dem Heranwachsenden als überirdische Autorität gegenübertritt. Er beurteilte Religiosität »entschieden negativ« und wertete sie als »universelle Zwangsneurose«, als »regressiven, illusionären Wunsch nach dem Schutz eines allmächtigen Vaters« und »als Gegensatz zu einer angeblich fälligen ›Erziehung zur Realität‹«[1015].
Der deutsch-amerikanische Psychoanalytiker Erik Homburger Erikson (1902–1994) übernahm von Sigmund Freud die Einteilung in psychosexuelle Phasen, erweiterte dieses Schema jedoch in zweierlei Hinsicht: Zum einen konzentrierte er sich auf die Entwicklung des Identitätsgefühls, also des Selbstbildes, das sich in engem Zusammenhang mit den psychosexuellen Phasen entwickelt. Zum anderen erweiterte er das Modell um Phasen des Erwachsenenlebens bis ins hohe Alter. Auf diese Weise unterscheidet er acht Phasen (sog. »Krisen«) und bezeichnete sie mit einem komplementären Begriffspaar. Dabei geht es weder um eine einseitige Positivorientierung oder ein Gleichgewichtsverhältnis. In der ersten Phase beispielsweise geht es darum, »ein gutes Maß an ›Urvertrauen‹ zu entwickeln; zugleich gilt es aber auch, ein gesundes Misstrauen gegenüber Unbekannten bzw. drohenden Gefahren auszubilden«[1016].

Freud: orale Phase; anale Phase; genitale Phase; Latenzphase; Pubertät

Erikson: Urvertrauen vs. Urmisstrauen; Autonomie vs. Scham und Zweifel; Initiative vs. Schuldgefühl; Werksinn vs. Minderwertigkeitsgefühl; Identität vs. Identitätsdiffusion; Intimität vs. Isolierung; Generativität vs. Stagnierung; Integrativität vs. Lebensekel

---

1015 Grom, Religionspsychologie (im Original teilweise kursiv). Zum ambivalenten Verhältnis Freuds zur Religion zwischen ihrer Würdigung als Beitrag zur menschlichen Kulturentwicklung und dem Festhalten an seiner frühen Diagnose von Religion als Zwangsneurose vgl. Heine, Grundlagen, 145–183.

1016 Büttner/Dieterich, Entwicklungspsychologie, 72.

Religion verortet Erikson »prinzipiell in allen Stufen, besonders aber auch in der ersten Lebenszeit«[1017]. Erikson schreibt: »Unter allen ideologischen Systemen stellt jedoch allein die Religion jenes früheste Gefühl wieder her, einem zugewandt zu sein, der Fürsorge und Vorsorge trifft.«[1018] Insgesamt markiert Erikson drei Bilder bzw. Sehnsüchte für eine religiöse Dimension. Dazu gehören »das einfache, inbrünstige Verlangen, mit wohltuenden Substanzen versorgt zu werden«, »die väterliche Stimme des lenkenden Gewissens, die dem einfachen Paradies der Kindheit ein Ende setzt und tatkräftiges Handeln gutheißt« sowie »das reine Selbst, den ungeborenen Kern der Schöpfung«[1019].
Der amerikanische Entwicklungspsychologe Robert Kegan (geb. 1946) führte Impulse der psychoanalytischen und strukturgenetischen Schule zusammen und beschrieb daraus eine Theorie der Entwicklung des Selbst (»evolving self«). Das Selbst wird dabei als die Perspektive verstanden, die ein Mensch auf sich und auf andere hin einnimmt. Sie entfaltet sich mit der Zunahme der kognitiven Fähigkeiten. Dabei wird die Art und Weise, wie Menschen etwas spüren, fühlen, denken, erfahren und welche Bedeutung sie dem geben, von Stufe zu Stufe neu strukturiert. Entwicklung besteht nicht in einer Abkehr von einer früheren Stufe, sondern im Aufbau einer neuen, selbstbewussteren und kontrollfähigeren Perspektive. Hier spielen Beziehungen als »haltende Umgebungen« bzw. »einbindende Kulturen« eine wichtige Rolle. Damit wird der Blick von vorherein geweitet. Die Entwicklung des Selbst resultiert aus Vorgaben, die einem Menschen endogen und exogen zuwachsen. Die »Perspektive, die ich von mir auf andere und von anderen auf mich hin einnehme«[1020], entfaltet sich in Stufen zu immer höherer Komplexität.[1021]

Mit der Komplexität seines Modells versucht Fowler der Kritik eines reduktionistischen – nur auf die kognitive Dimension begrenzten Menschenbildes – zu begegnen. Deutlich wird dies an der Wahl des Untersuchungsgegenstands und an seiner Methodik. Fowler entwirft nicht – wie nach ihm Oser/Gmünder– eine Theorie der Entwicklung des religiösen Urteils, das sich eng an die kognitivistischen Theorien anlehnt, sondern er weitet den Rahmen, indem er vom Begriff des Glaubens ausgeht. Glaube (*faith*) ist für ihn weniger ein Substantiv als ein Verb, denn er ist vorrangig durch seine aktive, sinnschaffende (*meaning making*) Funktion zu verstehen: »In seinem Bestreben, uns auf diese letzten Bedingungen unserer Existenz hin auszurichten, umfasst der Glaube

1017 A. a. O., 74.
1018 Erikson, Der junge Mann, 130.
1019 A. a. O., 291 f.
1020 Kuld, Wie Kinder, 65.
1021 Vgl. dazu die Übersicht bei Kegan, Die Entwicklungsstufen, 152.

drei wichtige Formen des Konstruierens: 1. ein bestimmtes Muster des Erkennens [...]; 2. ein bestimmtes Muster des Wertens [...]; 3. ein bestimmtes Muster der Sinnkonstruktion [...]«.[1022]

Faith ist als »Lebensglaube«[1023] eine Lebenseinstellung, die die ganze Person in ihrem Streben nach Sinn umfasst und abzugrenzen ist von *belief* als einem Für-Wahr-Halten bestimmter Glaubensinhalte. Entsprechend dem weit gefassten Glaubensbegriff glaubt jeder Mensch unabhängig von seinem Alter, seiner religiösen oder konfessionellen Bindung oder Nichtbindung. Glaube steht hier für eine bestimmte Weise, das Leben zu werten und mit Sinn zu erfüllen.

Methodisch arbeitete Fowler mit ausführlichen halboffenen Interviews, in denen er mit den Probanden über deren Leben, Schlüsselerlebnisse, Beziehungen, Werte, religiöse Erfahrungen und Deutungen sprach. Sein Ziel, universalisierbare Strukturen der Glaubensentwicklung zu erkennen, verfolgte er, indem die Interviewpartner nach Alter, Geschlecht, religiöser Orientierung sowie beruflichem und sozialem Hintergrund äußerst disparat ausgewählt wurden. Auf der Grundlage der Interviewergebnisse entwickelte Fowler ein Stufenschema, das er in sechs Niveaus unterteilt. In einer Vorstufe (Stufe 0: »Primärer Glaube«) wird dem Kind noch vor dem Spracherwerb eine Form von Glauben im Sinne von Vertrauen zugesprochen.

[*Stufen des Glaubens nach James Fowler*]

Stufe 1:Intuitiv-projektiver Glaube (frühe Kindheit): Dieser häufig im Vorschulalter anzutreffende Glaube ist ganz von der kindlichen Fantasie bestimmt. Ein in sich zusammenhängendes, konsistentes Gottesbild oder Weltbild wird erst allmählich ausgebildet. Das Denken folgt der eigenen Phantasie. Dabei werden Phantasie und Vorstellungskraft noch nicht durch die Gesetze der Logik eingegrenzt und hinterfragt.

Stufe 2: Mythisch-wörtlicher Glaube ([Grund-]Schulalter): Die Offenheit der Kinder für (biblische) Geschichten, die sie in ihrem konkret-operationalen Denken vorwiegend wörtlich (und nicht symbolisch) verstehen, gibt Impulse zu einem Blickwechsel, die Perspektive anderer einzunehmen und damit die bisherige Egozentrik beginnend zu überwinden. Das (religiöse) Interesse richtet sich auf einzelne Erzählungen. Widersprüche in den »stories« verbunden mit der Fähigkeit zu formal-operatorischem Denken können zur nächsten Stufe führen.

1022 Fowler, Glaubensentwicklung, 81.

1023 Nipkow, Grundfragen Bd. III, 51.

Stufe 3: Synthetisch-konventioneller Glaube (Adoleszenz): Diese für das (frühe) Jugendalter charakteristische Phase schließt einerseits die Orientierung an vorgelebten Deutungen und Vorbildern ein und andererseits die Suche nach einer Verknüpfung für die eigene Person. Der Glaube ist noch nicht persönlich angeeignet, sondern von anderen abhängig (»konventionell«). Daraus ergibt sich der synthetische Charakter. Es liegt noch eine weitgehende Abhängigkeit von Autoritäten und mangelnde Kritikfähigkeit vor. Die einzelnen Inhalte und Überzeugungen werden nicht innerlich zusammengehalten. Ein eigenes kritisches Urteil wird nicht gefällt.
Stufe 4: Individuierend-reflektierender Glaube (junge Erwachsenenzeit): Erst im späten Jugendalter ist die Fähigkeit zur Selbstreflexivität und kritischen Distanzierung gegenüber bisherigen Autoritäten und Traditionen möglich. Die Herausbildung eines Identitätsbewusstseins befähigt zur Selbstrelativierung als Bedingung dafür, Glaubensaussagen zu hinterfragen, biblische Geschichten zu entmythologisieren und zur Eigenverantwortlichkeit zu kommen.
Stufe 5: Verbindender Glaube (Midlife-Zeit und später): Kennzeichen dieser Stufe ist die Kommunikations- und Dialogfähigkeit, die nicht vorschnell bewertet (schwarz-weiß-Malerei), sondern kontextuell denkt und nach Hintergründen und Bedingungen fragt. Der Wahrheitsbegriff wird relativiert. Alle Religionen werden als nur relativ gültig und wahr angesehen. Bezeichnend ist das Erreichen eines komplementären Denkens im Sinne einer zweiten Naivität (Ricoeur). Die Grenzen wissenschaftlichen Denkens werden bewusst. Das eröffnet die Möglichkeit für eine Neubewertung religiöser oder weltanschaulicher Deutungen, die nicht in naturwissenschaftliche Erkenntnisse übersetzt werden können. Gegensätze im Denken und in der Erfahrung werden jetzt vereint.
Stufe 6: Universalisierender Glaube: Diese Stufe wird theoretisch konstruiert und ist nahezu beispiellos. Genannt werden beispielhaft: Gandhi, Mutter Teresa, Martin Luther King Jr., Dietrich Bonhoeffer, Dag Hammerskjöld, Abraham Heschel, Thomas Merton. Es ist eine Phase der Auflösung jeglicher Egozentrik aus Liebe und höchster Ehrfurcht vor dem Sein. Fowler legt hier offen, von welchen normativen Visionen seine Arbeit bestimmt ist. Inhaltlich geht es um eine universelle Form der Solidarität mit dem gesamten Sein und der menschlichen Gattung. Selbsterhaltung tritt ganz in den Hintergrund; gewaltloses Leiden und höchste Achtung vor dem Sein sind die dann die Wege zur Gemeinschaft mit allen Menschen und allem Sein.

Wirft man einen Blick auf die quantitative Verteilung, so zeigt sich, dass Kinder im Kindergarten- und Vorschulalter (0–6 Jahre) sich ganz überwiegend auf Stufe 1 befinden und im Grundschulalter (7–12 Jahre) überwiegend auf Stufe 2. Danach differenziert es sich aus. Im Alter von 13–20 Jahren agiert ca. ein Drittel auf Stufe 3. Daneben kommen auch Stufe 2 und eine Zwischenstufe 3–4 vor. Mit beginnendem Erwachsenenalter

(21–30 Jahre) erreicht weniger als die Hälfte Stufe 4. Ein Drittel bewegt sich auf der Zwischenstufe 3–4, eine Minderheit auf Stufe 3.[1024] Auffällig ist also, dass es keine automatische Weiterentwicklung gibt. Das betrifft vor allem den Übergang von Stufe 3 zu Stufe 4.

Wie bei Oser/Gmünder verläuft die von Fowler beschriebene Entwicklung von einem relativ fremdbestimmten Glauben hin zu einem autonomen und von einer »eher punktuellen Gottesbeziehung über eine Distanzierung hin zu einer immer dichteren permanenten Gottesbeziehung«[1025]. Zugleich jedoch gibt es auch auffällige Unterschiede. Heinz Streib und Carsten Gennerich machen darauf aufmerksam, dass für das Jugendalter Osers Stufe 3 inhaltlich eher der vierten Stufe von Fowler entspricht.[1026] In beiden ist von individuellen Ablöseprozessen die Rede. Allerdings wird Fowlers Stufe 4 vom Alter her deutlich später angesetzt.

Zu erklären ist das mit den unterschiedlichen Situationen in den USA und Europa. Dabei scheint »Osers Sicht auf die religiöse Entwicklung in der Adoleszenz die europäischen Verhältnisse genauer zu treffen, in der Gott und das Ultimate in zumindest deistischer, wenn nicht agnostischer oder atheistischer Manier in weite Ferne rücken«.[1027] Alternativ ließe sich – von Fowler ausgehend – argumentieren, »die deistische Stufe bei Oser/Gmünder sei nicht unbedingt eine, die sich als individuierend-reflektierend charakterisieren ließe, vielmehr orientierten sich die Heranwachsenden dieser Altersstufe möglicherweise an den in Mitteleuropa bzw. im deutschen Sprachraum verbreiteten und gängigen Modell, während in den USA bei den Heranwachsenden dieser Altersstufe möglicherweise andere Vorstellungen im Schwange seien«[1028]. Für beide Stufen bleibt festzuhalten, dass es für eine individuelle Religiosität notwendig ist, »religiöse Kindheitsmuster zu überarbeiten und Gott und die Welt neu zu erfinden«, wobei hier vieles »Patchwork bleibt«[1029]. Dabei bestimmen die kontextuellen Gegebenheiten und lebensgeschichtlichen Prägungen maßgeblich darüber, wann dieser Prozess in Gang gesetzt wird.

1024 Vgl. Schweitzer, Lebensgeschichte, 153.

1025 Kuld, Kinder, 68.

1026 Vgl. Streib/Gennerich, Jugend und Religion, 22 f.

1027 A. a. O., 23.

1028 Büttner/Dieterich, Entwicklungspsychologie, 81.

1029 Streib/Gennerich, Jugend und Religion, 24.

Vor diesem Hintergrund ist auf ein Modell hinzuweisen, das der Bielefelder Religionspädagoge und Fowler-Schüler Heinz Streib (geb. 1951) entwickelt hat. Er spricht nicht mehr von Stufen, sondern von »religiösen Stilen«, die er als »unterschiedliche Arten von praktisch-interaktiver (ritueller), psychodynamischer (symbolischer) und kognitiver (narrativer) Rekonstruktion und Aneignung von Religion«[1030] versteht. Neu ist, dass er dabei von »akkumulative(n) Schichtung(en)« ausgeht, die »Variationen und Transformationen von Religion über eine Lebensspanne hinweg bedingen, in Übereinstimmung mit den Stilen der zwischenmenschlichen Beziehungen«[1031]. Zudem versucht er eine ganzheitliche Betrachtung, die in den gesamten Lebenszusammenhang eingebettet ist. Dabei werden die Stile vergangener Lebensphasen nicht überwunden, sondern »bleiben erhalten, wie die älteren geologischen Schichten beim Aufbau der Erde«[1032]. Eine festgelegte Abfolge von Stufen gibt es nicht.

[***Modell der religiösen Stile nach Heinz Streib***]

1. Subjective religious style (Subjektiver religiöser Stil): Aus einer egozentrischen Perspektive heraus werden intuitiv-projektive Geschichten und Bilder für religiöse Empfindungen und Vorstellungen entworfen.

2. Instrumental-reciprocal religious style (Instrumental-reziproker Stil): Neben den eigenen werden die Bedürfnisse von anderen im näheren Umkreis wahrgenommen, wobei über wechselseitige Verhandlungsstrategien nach dem Prinzip *do ut des* (d. h. ›Wie du mir, so ich dir‹) ein Ausgleich angestrebt wird. Es geht um das Entwerfen in sich schlüssiger Geschichten und Bilder mit einem wörtlichen Verständnis.

3. Mutual religious style (Wechselseitiger religiöser Stil): Der Einzelne sieht sich als Partner in den zwischenmenschlichen Beziehungen im Umfeld, insbesondere in der sozialen Gruppe, die zugleich Quelle und Maßstab für Geschichten und Bilder für religiöse Empfindungen und Vorstellungen liefert.

4. Individuative-systemic religious style (Individuierend-systemischer religiöser Stil): Der Einzelne sieht sich als Teil eines (auch größeren) sozialen Systems, dem er [...] in einer bestimmten Rolle zugehört, zu dem er sich also auch mit einer gewissen Abgrenzung und Distanz verhalten kann. Geschichten und Bilder für religiöse Empfindungen und Vorstellungen werden kritisch befragt, die Rationalität spielt bei der eignen Position eine zentrale Rolle.

1030 Streib, Faith Development, 82.

1031 Ebd.

1032 Büttner/Dieterich, Entwicklungspsychologie, 83. Auch die folgende Übersicht zum Modell der religiösen Stile übernehme ich von ihnen (ebd). Sie beziehen sich dabei auf Streib, Faith Development, 150–153.

5. Dialogical religious style (Dialogischer religiöser Stil): Fremdes und Differenz werden nicht als Bedrohung, vielmehr als Bereicherung des Eigenen wahrgenommen und mit diesem in einem komplementären Verständnis vermittelt (zweite »Naivität«).

Streib geht davon aus, dass die tieferen psychologischen Schichten »weiterhin psychische Energie« benötigen, »um in die Gesamtpersönlichkeit sinnvoll integriert werden zu können. Sonst verselbstständigen sie sich und führen zu erstarrten, verzerrten lebensfeindlichen Fehlformen wie Okkultismus oder Fundamentalismus.«[1033]

Insgesamt gesehen gelingt es Streib auf diese Weise, die älteren Stufenmodelle modifizierend weiterzuentwickeln, indem er einerseits ihre problematischen Aspekte (Schematismus, Fortschrittsoptimismus) aufgibt und andererseits die darin liegenden grundlegenden Erkenntnisse (unterschiedliche Umgangsweisen mit Religion) bewahrt. Zudem gibt er neue Impulse zur Weiterentwicklung (Wechseln und Mischen der Stile). Für die Phase der Kindheit ist »nach wie vor mit einer sequentiellen Abfolge der Stufen zu rechnen«, wobei die »erworbenen Stile [...] alle neben- oder unter- bzw. übereinander vorhanden und [...] je nach Lebenssituation (re-)aktiviert werden«[1034] können.

d) Zum Wechselspiel von religiöser und allgemein-menschlicher Entwicklung

Bereits in den vorherigen Überlegungen ist deutlich geworden, wie stark religiöse und allgemein-menschliche Entwicklung miteinander verwoben sind. Dies soll im Folgenden am Beispiel der Anbahnung einer Gottesbeziehung sowie der Entwicklung von Gottesvorstellungen noch einmal etwas näher ausgeführt werden.

Einerseits zeigt sich, dass der Zeit der vorsprachlichen Entwicklung generell eine große Bedeutung dafür zukommt, wie Menschen später die Welt wahrnehmen und sich selbst darin verorten. Auch religiöse Positionierungen sind davon nicht ausgenommen. Andererseits haben beispielsweise Gottesvorstellungen auch Einfluss auf die Selbstwerdung eines Menschen.[1035] Beides ist aufeinander zu beziehen und im Zusammenhang zu sehen.

1033 Büttner/Dieterich, Entwicklungspsychologie, 83.

1034 A. a. O., 87 f.

1035 Mit Blick auf die problematischen Seiten vgl. z. B. Göllner, Die »dunklen« Gottesbilder, 175–195.

Mit den Begriffen der Gottesbeziehung und der Gottesvorstellungen werden zwei voneinander zu unterscheidende, aber doch eng miteinander zu verknüpfende Dimensionen fokussiert, die man »vielleicht im Bild der Brennpunkte einer in die gesamte Biographie eingebundenen Ellipse«[1036] denken kann. Mit dem Terminus der Gottesbeziehung treten vor allem die emotionalen Grundlagen in den Blick. Im Begriff der Gottesvorstellung steht die kognitive Entwicklung im Zentrum, wobei »Vorstellung« die Fähigkeit beschreibt, »sich nicht ›Präsentes‹ zu vergegenwärtigen«[1037].

Der katholische Religionspädagoge Lothar Kuld (geb. 1950) beschreibt als Grundmotiv religiöser Entwicklung die »Unsichtsbarkeitsproblematik«[1038]. Was in der Frage nach Gott gleichsam kulminiert, ist nicht darauf beschränkt. Vielmehr stellt sich die darin liegende Herausforderung dem Menschen in seiner Entwicklung von Anfang an. Mit der Geburt, vor allem aber mit dem Bewusstwerden, dass die Mutter ein eigenständiger Mensch ist, steht ein Heranwachsender vor der Aufgabe, »Symbiose und Trennung«, »Verschmelzung und Abgrenzung«[1039] zu verarbeiten und zu gestalten. Die »paradiesische Einheit von Mutter und Kind« ist zu Ende, die »Trennung von der Mutter Realität«[1040]. Der englische Kinderarzt und Psychologe Donald W. Winnicott (1896–1971) beobachtete, dass Kinder bereits im ersten Lebensjahr die verlorene Verbindung mithilfe eines »Übergangsobjektes« (einem Schnuller, einer Decke, einem Stofftier) überbrücken. Auf diese Weise schafft sich das Kind einen »intermediären Raum«, einen »Zwischenraum zwischen Phantasie und Realität, zwischen eigener Person und Anderem«[1041]. Als Übergangsobjekte werden nicht nur materialisierte Dinge, sondern auch Melodien, Geschichten oder das Zu-Bett-Geh-Ritual angesehen. Auch Gebete können so verstanden werden. Sie gehören einerseits zur Person des Betenden, sind aber »andererseits bezogen auf ein fremdes, zuerst einmal nur imaginiertes Gegenüber, sie sind im Zusammenhang ihrer Durchführung real und gleichzeitig doch nicht in einem materiel-

1036 Szagun, Dem Sprachlosen, 30.

1037 Häcker/Stapf (Hg.), Dorsch Psychologisches Wörterbuch, 156.

1038 Kuld, Kinder, 59.

1039 A. a. O., 15.

1040 Ebd.

1041 Habermas, Geliebte Objekte, 144.

len Sinne greifbar«[1042]. Sie zeigen, was nicht da ist und vergegenwärtigen das Ferne und Abwesende. Nach Büttner/Dieterich spricht manches dafür, dass Übergangsobjekte ihre Fortsetzung finden im Auftauchen sog. unsichtbarer Begleiter. Darunter versteht man von Kindern »imaginierte Personen, denen gegenüber sie sich verhalten, als wären sie real«[1043]. Über deren Auftretenshäufigkeit gibt es unterschiedliche Angaben. Eine neuere Studie spricht von ca. zwei Dritteln der Vorschulkinder, die einen unsichtbaren Begleiter haben.[1044]

Auf der hier skizzierten Linie sind Überlegungen zur Genese von Gottesvorstellungen interessant, die die argentinische Psychoanalytikerin Ana-Maria Rizzuto (geb. 1932) vorgelegt hat.[1045] Dabei gelangt sie zu der These, dass jedes Kind in der westlichen Kultur im Alter von zwei bis drei Jahren im Bereich der Übergangsobjekte eine unbewusste Gottesvorstellung (*god representation*) entwickelt. Dies tut es aus Vorstellungsmaterial (Repräsentanzen), das es im Umgang mit seinen ersten Bezugspersonen (Mutter, Vater, Großeltern, Geschwistern) erworben hat. Diese bedeuten – auch bei Erwachsenen – keinen Gegensatz zur Wirklichkeit, sondern eine notwendige Hilfe zur Lebensbewältigung.

Die unbewusste Gottesvorstellung bleibt während des ganzen Lebens verfügbar, um beim immer neuen Versuch, die Realität zu akzeptieren, eine Verbindung mit den Bildern der ersten Bezugspersonen sowie Selbstgefühl und Hoffnung zu gewährleisten. Sie kann trösten, wenn einen die Objekte des realen Lebens enttäuschen, sie kann geliebt, aber auch gehasst werden. Nach Rizutto ist der Gottesglaube eines Erwachsenen – anders als bei Freud – nicht als Ausdruck psychischer Unreife oder gar als eine neurotische Störung zu verstehen. Vielmehr kann er sowohl lebens- und persönlichkeitsfördernd als auch hemmend und schädigend wirken. Dass beides auch innerhalb einer Lebensgeschichte zusammenfallen kann, lässt sich in zugespitzter Weise bei Til-

1042 Büttner/Dieterich, Entwicklungspsychologie, 144.

1043 Ebd.

1044 Vgl. a. a. O., 145 unter Bezug auf Taylor/Cartwright/Carlson, Developmental Investigation, 277.

1045 Vgl. Rizutto, The Birth. Methodisch verfährt sie dabei so, dass sie eine Reihe von Theorieelementen entwickelt, anhand derer sie zu Hypothesen gelangt, die sie am Beispiel von vier Personen psychoanalytisch untersucht. Sie führte Interviews und wertete deren Fragebogen-Antworten und Zeichnungen von Gott aus.

mann Moser finden. Der Freiburger Psychoanalytiker spricht in seinem ersten Buch »Gottesvergiftung« von Gott als einem »Fluch«, einer »Enttäuschung« und einem »Betrug«, der unendliche »Qualen« in ihm hervorrief.[1046] Mehr als drei Jahrzehnte nimmt er die Ambivalenzen in den Blick, redet von einem »erträglichen Gott« und meint damit eine »Geborgenheit im Bodenlosen«[1047].

Religiöse Entwicklung und Selbstwerdung sind miteinander verbunden. Die erste Gottesvorstellung (wie auch diejenige von Engeln oder von Jesus) treten zeitgleich und parallel mit den bereits skizzierten Phantasiefiguren auf. Für deren Profilierung spielen die Interaktionen des Heranwachsenden mit seinen Bezugspersonen eine grundlegende Rolle. Dieser Aspekt wird in der *Bindungstheorie* besonders in den Blick genommen. Der britische Kinderarzt und Psychoanalytiker John Bowlby (1907–1990) hat dafür wesentliche Impulse gegeben. Er geht davon aus, dass die Mutter-Kind-Beziehung grundlegend für die menschliche Entwicklung ist, insofern sie in ihrer gelungenen Profilierung Sicherheit und Wohlbefinden garantiere.

Heranwachsende suchen eine verlässliche emotionale Beziehung zu ihren Bezugspersonen. Als Bindungsverhalten wird dabei jede Form von Verhalten bezeichnet, das »zum Ziel hat, die Nähe einer spezifischen, verlässlichen Bindungsperson zu suchen oder aufrechtzuerhalten«[1048]. Deren Gestaltung wird durch »internale Arbeitsmodelle« unterschieden, die auch langfristig das Kommunikationsverhalten beeinflussen. »Kinder mit einer *sicheren Bindungsqualität* regulieren sich durch den Kontakt zur Bezugsperson, Kinder mit einer *unsicher-vermeidenden Bindungsqualität* unterbinden die emotionale Kommunikation. Kinder mit einer *unsicher-ambivalenten Bindungsqualität* suchen die Nähe zur Bezugsperson, ohne jedoch durch diese effektiv reguliert zu werden.«[1049] Es ist davon auszugehen, dass ungefähr jedes dritte Kind keine sichere Bindung aufbauen kann, was vor allem daran liegt, dass Eltern nicht über die erforderliche »Feinfühligkeit« verfügen. Sie kann

---

1046 Moser, Gottesvergiftung, 9.

1047 Moser, Gott, 72. »Heil und Unheil bleiben vermischt, aber Gott wird nicht verabschiedet, es bleibt eine ambivalente Beziehung, die dennoch verhindert, dass der Gläubige in einen leeren Kosmos fällt.« (ebd.)

1048 Zimmermann, Bindungsentwicklung, 326, zit. n. Büttner/Dieterich, Entwicklungspsychologie, 149.

1049 A. a. O., 328, zit. n. Büttner/Dieterich, Entwicklungspsychologie, 149.

durch Training gefördert werden. Allerdings ist das nicht einfach, da Eltern das in der eigenen Entwicklung erworbene Bindungsverhalten an die Kinder weitergeben.

Die religionspädagogische Relevanz dieser Befunde beschreibt der US-Amerikaner Lee A. Kirkpatrick (geb.1958) vor dem Hintergrund, dass die »wahrgenommene Erreichbarkeit und Antwortbereitschaft einer übernatürlichen Bindungsfigur für das Christentum und andere theistische Religionen von fundamentaler Bedeutung ist. Ob Gott, Jesus Christus, die Jungfrau Maria, einer der zahlreichen anderen Heiligen, Schutzengel oder übernatürliche Wesen, die Analogie (zu den elterlichen Bindungspersonen) ist frappierend.«[1050]

Kirkpatrick entwickelt ein *Korrespondenzmodell.* Dabei geht er davon aus, dass sich das Bindungsmuster der Kinderzeit und das gegenüber den Partnern der Erwachsenenzeit sowie demjenigen gegenüber Gott entsprechen. Das bedeutet, dass »sich der Modus der Kinderzeit, bei Schwierigkeiten bei den elterlichen Beziehungspersonen Trost und Zuwendung zu holen, im Erwachsenenalter in ähnlicher Weise fortsetzt gegenüber dem Partner und gegenüber Gott«[1051]. Die in der Kindheit entwickelte Haltung des Vertrauen-Könnens setzt sich im weiteren Leben fort und ist nur schwer zu korrigieren. Davon betroffen ist auch die Herausbildung einer eigenen Religiosität.

[*Religiosität der Kinder im Hinblick auf elterliche Religiosität und Bindungsverhalten nach Kirkpatrick*]

Zwischen der eigenen Religiosität und dem Bindungsverhalten sowie der elterlichen Religiosität gibt es einen Zusammenhang, der sich mit Büttner/Dieterich in folgender Übersicht darstellen lässt:[1052]

	Religiöse Eltern	Nicht-religiöse Eltern
Sichere Bindung an Eltern	religiöser	weniger religiös
Unsichere Bindung an Eltern	weniger religiös	religiöser

Bei sicher gebundenen Kindern religiöser Eltern überträgt sich deren Religiosität auf die Kinder. Dasselbe gilt auch für die Übertragung religiöser Reser-

1050 Kirkpatrick, Attachment, 52, zit. n. Büttner/Dieterich, 150.

1051 Ebd.

1052 A. a. O., 151.

viertheit. D. h., sichere Bindung erleichtert die Sozialisation in der elterlichen Religion bzw. religiösen Reserviertheit. Wenn allerdings die Bindung unsicher ist, funktioniert dieses Zusammenspiel nicht richtig. Kirkpatrick geht davon aus, dass unsicher gebundene Kinder nicht-religiöser Eltern eine größere Affinität zur Religion entwickeln (sog. *Kompensations-Hypothese*). Allerdings ließ sich diese These empirisch nur selten bestätigen.

Die Bedeutung der frühen Beziehungen für die Entstehung einer Gottesbeziehung wurde auch in der Rostocker Langzeitstudie zu Gottesverständnis und Gottesbeziehung von Kindern, die in mehrheitlich konfessionslosem Kontext aufwachsen, bestätigt. Auch hier zeigte sich, »dass die Beziehungsqualität zu den primären Bezugspersonen und die Gefühlsorientierung für die religiöse Entwicklung von entscheidender Bedeutung sind«[1053]. Damit wird der Blick über die primäre Sozialisation hinaus geweitet. Der Beziehungsqualität kommt in religiösen Lehr- und Lernprozessen generell eine grundlegende Bedeutung zu. Wie eine Studie im Kindergarten zeigt, neigen Kinder in einer »optimalen Erzieherin-Kind-Beziehung« eher dazu, »die Gottesbilder ihrer Bezugspersonen anzunehmen, als in einer weniger optimalen Erzieherin-Kind-Beziehung (d. h. weniger offen und konfliktreicher)«[1054]. Auch wenn zu vermuten ist, dass dies in stärkerem Maße für jüngere Kinder gilt, wird man der Beziehungsebene verstärkt Aufmerksamkeit zu widmen haben.

Lange Zeit ging man vor dem Hintergrund eines von Jean Piaget vorgelegten Modells zur Entstehung und Entwicklung von Gottesvorstellungen[1055] von vier Stufen aus, die hier durchlaufen würden:[1056] Am Anfang steht dabei die weitgehende Gleichsetzung von Eltern und Gott mit göttlichen Eigenschaften bis hin zum Kindergartenalter. Darauf folgt eine anthropomorphe (= menschengestaltige bzw. menschenähnliche) Gottesvorstellung im höheren Kindergarten- und im Grundschulalter, die dann in der Pubertät und Adoleszenz abgelöst wird und – im positiven Fall – durch eine abstrakte, symbolische Gottesvorstellung ersetzt wird. Im Erwachsenenalter ist von einer reifen, elaborierten, abstrakten Vorstellung von Gott auszugehen.

Als grundlegende Richtung wird hier also eine Weiterentwicklung

---

1053 Szagun/Kießling, Editorial, 11.

1054 De Roos, Einfluss, 86.

1055 Vgl. Piaget, Das Weltbild, 306–312.

1056 Vgl. zum Folgenden Büttner/Dieterich, Entwicklungspsychologie, 157.

von anthropomorphen Gottesvorstellungen in der Kindheit über Transformationen in der Jugendzeit zu symbolischen Gottesrepräsentanzen im Erwachsenenalter angenommen.

Seit den 1990er Jahren wird dieses Modell grundlegend angefragt. So machte der finnische Religionspädagoge Kalevi Tamminen (geb. 1928) darauf aufmerksam, dass das Gotteskonzept von Kindern verschiedene Dimensionen kenne und »der Anthropomorphismus nicht als der dominante Zug einer Gottesidee«[1057] in Kindheit oder Jugend angesehen werden könne. Die Pastoraltheologin Stephanie Klein (geb. 1957) konnte zeigen, dass Kinder Gott zwar als Menschen malten, dabei aber darauf bedacht seien zu zeigen, dass »Gott ›anders‹ ist, daß er zwar Person, aber kein Mensch ist«[1058], was sie mit verschiedenen Stilmitteln auch verdeutlichten. Die Religionspädagogin Anna-Katharina Szagun (geb. 1940) übte heftige Kritik an der Methode, Kinder Gott malen zu lassen, weil dadurch anthropomorphe Darstellungen gefördert und unter Umständen sogar erzeugt würden.[1059] Zudem stellte der Religionspädagoge Martin Rothgangel (geb. 1962) fest, dass auch unter Erwachsenen ganz unterschiedliche Gottesvorstellungen vorhanden sind, die keineswegs nur elaboriert und symbolisch ausfallen.[1060]

Impulse zur Entwicklung eines neuen Paradigmas kamen vorrangig aus dem angelsächsischen Sprachraum. Vor allem der amerikanische Kognitionswissenschaftlicher Justin L. Barrett (geb. 1971) konnte nachweisen, dass Kinder »Gott den Erwachsenen in viel ähnlicherer Weise erfahren, als üblicherweise gedacht wird«[1061]. D. h., Kinder können differenziertere Gottesvorstellungen entwickeln (also nicht nur anthropomorphe), als bisher vermutet. Zugleich haben Erwachsene teilweise einfache (anthropomorphe) Gottesvorstellungen und keineswegs nur elaborierte, symbolische.

Zur Erklärung der Befunde erweist sich das Akteur-Konzept (*agency concept*) als äußerst hilfreich. Es sieht den Menschen als bewusst handelnden Akteur. Die vollständige Ausbildung erfolgt bereits im Kinder-

---

1057 Tamminen, Religiöse Entwicklung, 204.

1058 Klein, Gottesbilder, 161.

1059 Sie schlug stattdessen vor: »Gott ist für mich heute wie ...« und ließ eine Collage aus Natur- und Schrottmaterialien gestalten; vgl. Szagun, Sprache, 67.

1060 Vgl. Rothgangel, Was Erwachsene glauben, 145–160.

1061 Barrett, Do Children, 184, zit. n. Büttner/Dieterich, Entwicklungspsychologie, 163; vgl. auch Biewald, Zwischen zwei Göttern.

gartenalter, also mit vier bis fünf Jahren. Zugleich kann sich »bei den Kindern das Konzept eines nichtmenschlichen, göttlichen Akteurs entwickeln, das Gott und Mensch in ihren Fähigkeiten und ihrem Handeln grundlegend, d. h. kategorial zu unterscheiden vermag«[1062]. Hinsichtlich der Entstehung des doppelten Akteur-Konzepts, also eines menschlichen und eines nichtmenschlichen, göttlichen Akteurs, gibt es unterschiedliche Entwicklungsmodelle. Dabei unterscheiden sich die Positionen vor allem in der Frage, ob das Konzept des menschlichen Akteurs die Grundlage für die Entwicklung des Konzepts des nichtmenschlichen Akteurs bildet oder ob Kinder sofort die Fähigkeit zum Operieren mit zwei Akteur-Konzepten entwickeln.[1063] Auf alle Fälle wird deutlich, dass Kinder weit früher als bisher gedacht Gottesvorstellungen ausbilden, die von einer Unterscheidung zwischen Mensch und Gott ausgehen. Barrett spricht hier von der Bereitschaftshypothese (*preparedness*). Zugleich zeigten Untersuchungen bei Erwachsenen, dass sie bei direkten Befragungen mit abstrakten Gotteskonzepten operierten, bei konkreten Ereignissen und Geschichten jedoch auf anthropomorphe Versionen zurückgriffen. Barrett bringt das auf den Begriff der *Theological Correctness*. Weil Alltagsversionen für naiv gehalten werden, drängen Erwachsene sie zurück und nutzen stattdessen elaborierte, abstrakte Gottesvorstellungen.

Hier wird deutlich, dass »sowohl Kinder als auch Erwachsene über unterschiedliche Versionen desselben Konzepts verfügen (einfache bzw. intuitive Alltagsversionen sowie elaboriertere, differenziertere, reflektierte Versionen) und je nach Situation und Aufgaben- bzw. Fragestellung jeweils eine andere Version zu Hilfe nehmen« (166). Die einfacheren (Alltags-)Versionen finden bei narrativen Aufgaben und unter Zeitdruck sowie abhängig von einer spezifischen religiösen Sozialisation Anwendung. Insofern ist das traditionelle linear ausgerichtete Entwicklungsmodell (von anthropomorphen zu abstrakten Gottesvorstellungen) zu korrigieren und durch ein Entwicklungs- bzw. Schichtungsmodell zu ersetzen: »Ab dem mittleren Kindergartenalter können die Heranwachsenden auf unterschiedlichen Ebenen agieren, einer einfachen, alltagstauglichen, anthropomorph ausgerichteten und einer differenzierteren,

---

1062 Büttner/Dieterich, Entwicklungspsychologie, 165. Die folgenden Seitenzahlen im Text beziehen sich darauf.

1063 Vgl. genauer ebd.

reflektierten, nichtanthropomorph argumentierenden.« (166) Allerdings dürfen diese Befunde nicht einseitig interpretiert werden, insofern Unterschiede in der kognitiven Entwicklung zwischen Kindern und Erwachsenen einfach negiert würden. Es darf nicht dazu führen, die »Vorstellungen von Kindern und Erwachsenen [...] schlichtweg gleichzusetzen« (167). Vielmehr sind idealtypisch vier Gotteskonzepte zu unterscheiden: »1. das konkret menschenähnliche (personale) sowie 2. das konkret nichtmenschliche (apersonale) bei Kindern; ferner 3. das abstrakt menschenähnliche (personale) sowie 4. das abstrakt nichtmenschliche (apersonale) bei Erwachsenen.« (167) Religionspädagogisch ergibt sich daraus als Zielstellung, »die Akzeptanz des doppelten Gottesbildes bei Kindern *und* Erwachsenen«[1064] zu fördern. Damit einher hat die Wahrnehmung der Suchbewegung von Heranwachsenden und Erwachsenen zu gehen sowie damit verbunden ein Gespür für die situativen und lebensgeschichtlichen Herausforderungen, denen Menschen zu begegnen haben.

e) Zusammenfassung in religionspädagogischer Absicht

Dass psychologische Theorien keine Reifungstheorien sind, ist schon lange im Blick. Die Entwicklung ist nicht abhängig vom Lebensalter, sondern von der Entwicklung von Fähigkeiten, die in diesen Theorien beschrieben werden. Insofern ist »die Zuordnung bestimmter Entwicklungsstufen zu bestimmten Lebensaltern fragwürdig«[1065].

Das gilt auch für das religiöse Feld. Der amerikanische Theologe und Religionspädagoge Gabriel Moran (geb. 1935) hat bereits vor 35 Jahren vorgeschlagen, den *problematischen Begriff der Entwicklung, der mit so viel Fortschrittsideologie verbunden ist, in der Beschreibung von Religion durch andere Bilder wie »Reise«, »Weg«, »Labyrinth« oder »Spirale« zu ersetzen.* Es schwingt hier immer eine Norm mit, nach der »Entwicklung« geordnet und beschrieben wird. Insofern handelt es sich hier nicht nur um einen deskriptiven, sondern um einen wertenden Begriff.

Moran plädiert für ein Modell, das verschiedene Geschwindigkeiten und Gestalten von Religion im Leben eines Menschen darstellen will, und »nutzt dafür die Spiralform, bei der lebensgeschichtlich jeweils die Gemeinschaft (in der Kindheit), das Wissen (in der Schulzeit), die

---

1064 Biewald, Zwischen zwei Göttern, 110.

1065 Kuld, Kinder, 63.

Arbeit (im Erwachsenenalter), die Weisheit bzw. der Humor (im späten Erwachsenenalter) im Vordergrund stehen«[1066]. Gegenwärtig wächst zudem das Bewusstsein dafür, dass *Religion kein homogener Gegenstandsbereich ist, den man geschlossen in den Blick nehmen könnte.* Vielmehr ist eine *ganze Fülle dieser Gegenstandsbereiche* zu identifizieren, die eigens zu untersuchen sind, weil sie ihre eigene »Entwicklungslogik«[1067] haben. Dabei spielen Wissensbestände und anregende Lernumwelten, die Impulse zur vertieften Durchdringung geben, eine wichtige Rolle. Es erklärt auch, warum einerseits hoch differenzierte Zugänge beispielsweise im naturwissenschaftlichen Bereich ausgeprägt sein können, während andererseits im religiösen Feld kaum Entwicklungen zu beobachten sind, die über die Vorstellungen von Grundschülern hinausgehen. Man kann also »fachlich hochqualifiziert und religiös auf Grundschulniveau stehengeblieben sein [...]. Vermutlich finden wir in keinem Bereich der Persönlichkeit so viele Kindheitsreste wie bei den religiösen Einstellungen Erwachsener.«[1068] Dabei spielt die sozialisatorische Prägung eine wesentliche Rolle, sind damit doch immer auch Impulse zur religiösen Entwicklung verbunden.

In alledem wird deutlich, dass eine ausschließlich auf das Individuum konzentrierte Sicht nicht ausreicht, denn auch religiöse Positionierungen von Menschen werden in hohem Maße kontextuell bestimmt. Dieser Aspekt soll im Folgenden näher betrachtet werden.

4.3.3 Sozialisationstheoretische Impulse

Unter dem Begriff der Sozialisation wird der Fokus auf die Einflussnahme von Umweltbedingungen auf die menschliche Entwicklung gelegt. Dabei rückt der Prozess der Persönlichkeitsentwicklung »in produktiver Auseinandersetzung mit den natürlichen Anlagen, insbesondere den körperlichen und psychischen Grundmerkmalen (der ›inneren Realität‹) und mit der sozialen physikalischen Umwelt (der ›äußeren Realität‹)«[1069] in das Zentrum. Hier geht es nicht nur um Vergesellschaftung, wie noch die Begründer der Sozialisationstheorie Georg Simmel

1066 Vgl. Kuld, Kinder, 90 unter Bezug auf Moran, Religious Education.

1067 Büttner/Dieterich, Entwicklungspsychologie, 219.

1068 Grom, Religionspsychologie, 181.

1069 Hurrelmann, Einführung, 7.

(1858–1918) und Émile Durkheim (1858–1917) betonten, sondern um komplexe Wechselwirkungen, bei denen das Individuum aktiv beteiligt ist. Im Fokus stehen die ständigen Interaktionen »zwischen individueller Entwicklung und den umgebenden sozialen Strukturen, wobei diese Interaktionserfahrungen aktiv und produktiv verarbeitet und sowohl mit den inneren körperlichen und psychischen als auch mit den äußeren sozialen und physischen Gegebenheiten permanent austariert werden«[1070].

Sozialisation nimmt die *gesamte Lebensspanne* in den Blick und umfasst *alle Impulse auf die Persönlichkeitsentwicklung, unabhängig davon, ob sie geplant und beabsichtigt sind.*

Um diese *komplexen Interaktionen zwischen Individuum und Gesellschaft* angemessen erfassen zu können, müssen die damit fokussierten Vorgänge mit entsprechend komplex angelegten Theorieansätzen erforscht werden. Dabei sind individuelle und strukturelle Faktoren gleichermaßen zu berücksichtigen. Im Zentrum einer solchen Sozialisationstheorie »steht die Frage, wie ein Mensch mit seiner genetischen Ausstattung an Trieben und Bedürfnissen, seinen angeborenen Temperaments- und erworbenen Persönlichkeitsmerkmalen sowie in Interaktion mit den ihn umgebenden Umweltfaktoren zu einem Subjekt mit der Fähigkeit zur Selbstreflexion wird und es dabei schafft, die Anforderungen an die individuelle Integration in ein soziales Gefüge zu bewältigen« (16).

Über die letzten 100 Jahre hinweg zeigen sich markante Veränderungen in der Profilierung der Sozialisationstheorie. Stand anfänglich die Vergesellschaftung im Zentrum, so dass noch über die 1970er Jahre hinweg ein »anpassungsmechanistische[s] Denken« (210) vorherrschte, wuchs in den Jahren danach das Bewusstsein für die subjektiven Möglichkeiten der Individuen. Man kann hier von einer subjektiven Wende sprechen. Gegenwärtig findet wieder eine gegenläufige Entwicklung statt. Es waren nicht zuletzt die PISA-Studien, die die Aufmerksamkeit auf die sozial ungleichen Voraussetzungen für die Persönlichkeitsentwicklung erneut auf die Tagesordnung setzten. Dies führte zu einer neuen Ausbalancierung zwischen Subjekt- und Strukturorientierung. Die Sozialisationstheorie ist »sowohl als eine Theorie von der gesell-

---

1070 Hurrelmann/Bauer, Sozialisationstheorie, 15. Die folgenden Seitenangaben im Text beziehen sich darauf.

schaftlichen Bedingtheit der Persönlichkeitsentwicklung als auch von der Gestaltbarkeit der sozialen Verhältnisse durch das Individuum« (214) zu beschreiben. Beides ist im Blick zu behalten und aufeinander zu beziehen. Ein Modell, mit dem das versucht wird, soll im Folgenden skizziert werden.

a) Zum Modell der produktiven Realitätsverarbeitung

Eine Sozialisationstheorie agiert im Spannungsfeld zwischen Gesellschaft und Individuum, zwischen sozialer Integration und persönlicher Individuation und hat sich zudem immer auch im Spektrum bereits vorliegender Theorien zu verorten. Das trifft auch auf das von Klaus Hurrelmann (geb. 1944) und Ullrich Bauer (geb. 1971) vorgelegte Modell der produktiven Realitätsverarbeitung zu.

Bis in die 1980er Jahre hinein standen Vergesellschaftungsaspekte im Vordergrund. Sozialisation wurde als Prozess der Anpassung an vorgegebene soziale Strukturen verstanden. Seit Ende der 1970er Jahre entwickelte sich eine »anti-deterministische« (93) Tendenz. Immer deutlicher regte sich Widerstand gegen die Vorstellung der Dominanz sozialer Strukturen. Damit verbunden war eine Abkehr von einer »lediglich passiven Subjektivität« (93). Sozialisation wurde nun als Individuation verstanden, als »Entwicklung zu einer autonomen, sich selbst steuernden Persönlichkeit« (94). Strukturierende Aspekte der Persönlichkeitsentwicklung traten damit in den Hintergrund. Gegenwärtig wird jedoch der Blick neu auf die starke Wirkung von Sozialisationsinstanzen wie beispielsweise der Familie gerichtet. Hurrelmann und Bauer plädieren deshalb dafür, »künftig die Strukturorientierung wieder angemessen zu betonen und sie der Subjektorientierung gleichzusetzen« (95). Damit versuchen sie, eine analytische Doppelperspektive einzunehmen, indem sie Vergesellschaftungs- und Individuationseinflüsse in wechselseitiger Abhängigkeit und Gleichgewichtigkeit sehen. Sozialisation dient dabei als »kategorialer Oberbegriff« (96), um eine Reihe von Sachverhalten zu ordnen, zu deren Erklärung jeweils gegenstandsbezogene soziologische wie psychologische Theorien notwendig sind. Das Modell versucht nun das »Spannungsverhältnis zwischen den Polen Fremdbestimmung (Heteronomie) und Selbstbestimmung (Autonomie) der Persönlichkeitsentwicklung« (96) aufzunehmen. Der Prozess der Persönlichkeitsentwicklung wird damit in Beziehung gesetzt zur Gesellschaftsentwicklung. Die Individualität des Menschen wird durch persönliche Anlagen, seine biografische Entwicklung sowie durch soziale und ökologische Faktoren bedingt. Vor diesem Hintergrund lässt sich mit Hurrelmann und Bauer *Sozialisation als Persönlichkeitsentwicklung* definieren, *»die sich aus der produktiven Verarbeitung« (97)*[1071] *der inneren Realität (= genetische Veranlagung, körperliche Konstitution, Intelligenz, psychisches Temperament, Grundstruktur der Persönlichkeit) und der äußeren Realität (= Familie, Wohnbedingungen, Freundes- und Gleichaltrigen-Gruppen, Erziehungs- und Bildungseinrichtungen, Arbeitsstätten, Freizeit- und Medienangebote, Politik, physische Umwelt, Räume, Plätze, natürliche Lebensbedingungen, Ernährungsangebote) ergibt.* Die Realitätsverarbeitung wird als produktiv beschrieben, weil sich ein Mensch stets aktiv mit seinem Leben auseinandersetzt. Das menschliche Gehirn als Verarbeitungsinstanz ist »keine passive Aufnahmestelle von Sinneseindrücken und Informationen, sondern stellt ununterbrochen Vergleiche und Einordnungen an, nimmt Kombinationen und Rückschlüsse vor und macht den Menschen auf diese Weise reaktions- und handlungsfähig« (100). Dabei ist offen, ob die Bewältigung im Sinne einer gelingenden Auseinandersetzung mit der inneren und äußeren Realität erfolgt. Das hängt von den zur Verfügung stehenden personalen und sozialen Ressourcen ab und ist nicht nur auf einzelne Phasen im Lebenslauf bezogen. Vielmehr zieht sich durch alle Lebens- und Entwicklungsphasen »die Anforderung, die persönliche Individuation mit der gesellschaftlichen Integration in Einklang zu bringen, um die Ich-Identität zu sichern« (97). Die Persönlichkeit eines Menschen formt sich also in der »Interaktion zwischen verfügbaren und erworbenen individuellen Merkmalen sowie der materiellen, sozialen und symbolischen Ausstattung der Umwelt ständig weiter« (102). Die Interaktion hat eine »doppelte Wirkrichtung«. Sie bezieht sich auf »Prozesse der Individuation, die entweder die Veränderung oder aber die Verfestigung von Persönlichkeitsmerkmalen beinhalten können«, und auf »Prozesse der Vergesellschaftung, da sich soziale Strukturen, in denen gehandelt wird, ebenfalls in einem permanenten Prozess der Veränderung und Verfestigung befinden« (104). Auf dieser Linie unterscheiden Heinz Abels und Alexandra König zwischen einer auf die Entwicklung der Persönlichkeit (Identität und Individualität) und einer auf Pro-

1071 Im Original nicht kursiv.

zesse der sozialen Integration zielenden Perspektive innerhalb der Sozialisationstheorie.[1072]

Religionspädagogisch werden mit den hier skizzierten Linien wichtige Perspektiven markiert, die zu berücksichtigen sind. Dabei ist davon auszugehen, dass religiöses Lernen immer in den Prozess der Persönlichkeitsentwicklung eingebettet ist und von ihm maßgeblich mitbestimmt wird. Das gilt auch in umgekehrter Weise für den Einfluss religiösen Lernens auf die Persönlichkeitsentwicklung. Religionspädagogisch ist das grundlegend von Norbert Mette aufgenommen worden, der sein Lehrbuch bewusst im Kontext einer »kirchlich-christlichen (De-)Sozialisation«[1073] angelegt hat. Interessant ist auch das von Michael Fiedler im Rahmen der Rostocker Langzeitstudie vorlegte Modell zur religiösen Sozialisation »in der Balance von Struktur und Freiheit«[1074], mit dessen Hilfe er den Verlauf einer religiösen Biographie rekonstruieren und unterschiedliche religiöse Typen unterscheiden möchte. Dabei geht er von einem Sozialisationsprozess aus, *»in dem die Familie die zentrale, koordinierende Instanz* (gleichsam einen *Knotenpunkt*) bildet«[1075], die Kommunikationsräume zur Schule, Gemeinde oder Freizeit eröffnet oder auch schließt. Mindestens ebenso wichtig, vielleicht sogar von »höchster Bedeutung«, sind *»die Freiräume der Selbstsozialisation* (Eigenstrukturierung)«[1076]. Fiedler sieht *im Ausbalancieren von Struktur und Freiheit* den maßgeblichen Punkt einer gelungenen religiösen Sozialisation. Problematisch sind sowohl »Überstrukturierung« mit einer »erzwungenen Resonanz« als auch »Unterstrukturierung« mit einer »fehlenden Resonanz«[1077]. Das Ideal sieht er im »traditions- und selbstbewusste[n] Umgang mit der postmodernen Vielfalt religiöser und weltanschaulicher Elemente im eigenen Leben und in der gegenwärtigen Gesellschaft«[1078].

1072 Vgl. Abels/König, Sozialisation, 21.

1073 Mette, Religionspädagogik, 15.

1074 Eine Kurzzusammenfassung findet sich bei Fiedler, Kinder, 270 (im Original kursiv). Dabei bezieht er sich auf die in seiner Dissertation erhobenen Befunde: Ders., Strukturen.

1075 Fiedler, Kinder, 272.

1076 Ebd.

1077 A. a. O., 271.

1078 Ebd.

b) Zu den Entwicklungsaufgaben im Lebenslauf

Innerhalb ihres Lebenslaufs stehen Menschen ständig vor der Herausforderung, neue Situationen zu meistern und dafür angemessene Formen des Handelns auszubilden. Notwendig dafür ist die Aktivierung von Bewältigungsfähigkeiten. Das Konzept der Entwicklungsaufgaben kann hier eine hilfreiche Orientierung bieten.[1079] Grob gesagt geht es dabei darum, *soziale Anforderungen und die je individuellen Entwicklungsverläufe ins Verhältnis zu setzen* und dabei bestimmte Teilziele der Entwicklung zu identifizieren.

Wichtige Impulse dazu kamen aus den soziologischen Theorien von Jürgen Habermas und Lothar Krappmann sowie aus der Psychologie von Erik H. Erikson, Robert J. Havighurst und Urie Bronfenbrenner.

Ausgehend von der Unterteilung des Lebenslaufs in vier große Abschnitte (Kindheit, Jugendzeit, Erwachsenenzeit und Seniorenalter) versteht man unter einer Entwicklungsaufgabe »das Profil von individuellen Handlungskompetenzen im Umgang mit Körper, Psyche und sozialer und physischer Umwelt, das für eine bestimmte Lebensphase erwartet wird« (106). In jedem der vier Lebensabschnitte ergeben sich Erwartungen an die Verarbeitung der Realität, die aus der körperlichen und psychischen Entwicklung und aus der sozialen Umwelt stammen. Dabei sind die biologischen und psychischen Anforderungen universal. So wird von jedem Menschen verlangt, die biologisch programmierten körperlichen Veränderungen zu akzeptieren und das eigene Verhalten entsprechend auszurichten.

Die gesellschaftlichen und ökologischen Anforderungen sind nicht überall gleich, sondern unterscheiden sich stark nach dem Stadium der politischen, wirtschaftlichen, kulturellen Entfaltung einer Gesellschaft. Vom Grundsatz her ist davon auszugehen, dass in demokratischen Gesellschaften die kulturellen und sozialen Normen nicht mehr so stark normiert sind wie in nicht-demokratischen. Dadurch steht dem Einzelnen ein größerer Spielraum für die Bewältigung der altersspezifischen Entwicklungsaufgaben zur Verfügung.

1079 Vgl. zum Folgenden Hurrelmann/Bauer, Sozialisationstheorie, 106–143. Die Seitenangaben im Text beziehen sich darauf.

[Entwicklungsaufgaben in den einzelnen Lebensphasen nach Hurrelmann/Bauer]

Grob skizziert ergeben sich in den einzelnen Lebensphasen folgende Entwicklungsaufgaben:

»In der frühen Kindheit geht es darum, die grundlegenden sensorischen und motorischen Fertigkeiten zu entwickeln, die Bindungen zu den primären Bezugspersonen aufzubauen, anschließend soziale Kontakte zu Gleichaltrigen zu knüpfen und Sprache und Wahrnehmung zu schulen. In der Grundschulzeit werden dann intellektuelle Leistungen und das Einüben sozialer Umgangsformen verlangt.

Im Jugendalter ist die Veränderung der körperlichen Gestalt zu akzeptieren, eine Geschlechtsidentität zu entwickeln, die schulische Leistungsfähigkeit zu stärken und eine Ablösung vom Elternhaus einzuleiten. Außerdem geht es darum, Beziehungen zu Gleichaltrigen und später auch intime Paarbeziehungen einzugehen, wirtschaftlich zu handeln und mit Konsum- und Medienangeboten umgehen zu lernen, ein eigenes Wertsystem sowie eine politische Handlungsfähigkeit aufzubauen.

Im Erwachsenenalter wird in der Regel die Aufnahme einer Berufstätigkeit erwartet, ebenso die Gründung eines eigenen Haushalts mit selbstständiger Bewirtschaftung, die Etablierung einer eigenen Familie mit Kindern und deren Versorgung und Betreuung, die Pflege von Freundschaften und sozialen Kontakten und die Übernahme von Verantwortung als Staatsbürger.

Im Seniorenalter geht es darum, sich auf die Veränderung der körperlichen und kognitiven Leistungsfähigkeit einzustellen, den Austritt aus dem Erwerbsleben zu gestalten, die Beziehungen zur Gesamtfamilie weiterzuführen, eine neue Rolle im sozialen Netzwerk von Freunden und Bekannten zu finden, die Rolle als Wirtschafts- und Staatsbürger fortzuführen und sich auf das Lebensende vorzubereiten.« (107 f.)

Die Entwicklungsaufgaben bauen aufeinander auf. Zugleich verweisen sie auf Anforderungen, die eine Neuorganisation der personalen und sozialen Ressourcen verlangen. Hurrelmann und Quenzel ordnen die einzelnen Entwicklungsaufgaben vier Bereichen zu. Auf diese Weise weiten sie den Blick über die einzelnen Lebensphasen hinweg auf den gesamten Lebenslauf und beschreiben Aufgaben in vier Bereichen.[1080] Dabei geht es erstens um das Qualifizieren, also die Entwicklung der intellektuellen und sozialen Kompetenzen, zweitens um das Binden, also die Entwicklung der Körper- und Geschlechtsidentität, und drittens um das *Konsumieren.* Hier steht die Entwicklung von sozialen Kontakten und Entlastungsstrategien im Zentrum. Dazu gehört auch die

1080 Vgl. Hurrelmann/Quenzel, Lebensphase, 26 f.

psychische Reproduktion als Wiederherstellung der in anderen Bereichen aufgezehrten Leistungsfähigkeit. Viertens steht die Aufgabe, ein individuelles Werte- und Normensystem und die Fähigkeit zur politischen Partizipation zu entwickeln, was mit dem Stichwort des *Partizipierens* beschrieben wird. Durch alle vier Entwicklungsaufgaben zieht sich die Anforderung, »die persönliche Individuation und die soziale Integration aufeinander [zu] beziehen und miteinander [zu] verbinden« (109). Beides ist miteinander auszutarieren, was nicht immer leicht ist, weil damit sich widersprechende Anforderungen und Erwartungen verbunden sein können. Wenn die Bewältigung der Entwicklungsaufgaben mit dem *Ausgleich von Individuation und Integration* gelingt, kommt es zum Aufbau einer Ich-Identität, die als »Kontinuität des Selbsterlebens auf der Grundlage eines positiv gefärbten Selbstwertgefühls und des Empfindens einer Selbstwirksamkeit« (111) beschrieben werden kann. Gestört wird die Identitätsbildung meistens durch eine mangelnde Übereinstimmung von Prozessen der Individuation und der Integration, also von Bedürfnissen und Interessen, die mit der Entwicklung der individuellen Persönlichkeitsstruktur einhergehen, und Erwartungen, die sich durch die Übernahme gesellschaftlicher Mitgliedsrollen und die Eingliederung in die sozialen Strukturen der Gesellschaft ergeben. Wenn die Bewältigung der Entwicklungsaufgaben gelingt, »kann das Spannungsverhältnis von persönlicher Individuation und sozialer Integration ausgeglichen und eine Ich-Identität aufgebaut werden« (112 f.). Gelingt die Bewältigung nicht, kann es zu Störungen der Persönlichkeitsentwicklung und zur Ausbildung von Problemverhalten kommen (Aggressionen gegen andere, Ausweichen bzw. Aus-dem-Weg-Gehen, Rückzug und Isolation, psychosomatische Störungen und depressive Stimmungen). Die Voraussetzungen für die erfolgreiche Bewältigung der Entwicklungsaufgaben sind gut, wenn »die personalen und sozialen Ressourcen zahlreich und vielfältig sind« (114). Ist das nicht der Fall, führt das zu einem »Zustand von Schutzlosigkeit, der als Vulnerabilität, als Gefahr der Verletzlichkeit, bezeichnet werden kann« (114). Ein solcher Zustand kann nach kritischen Lebensereignissen entstehen, aber auch, wenn unterschiedliche Faktoren zusammenkommen wie beispielsweise finanzielle Benachteiligung, Mehrfachbelastungen und Mängel an Zuwendung. Dadurch werden die Möglichkeiten zur Bewältigung der anstehenden Entwicklungsaufgaben empfindlich eingeschränkt, was besonders in wohlhabenden demokratischen Gesellschaften mit vielfältigen Biografie-Optionen zu Tage tritt. Voraussetzung dafür ist ein hohes Maß an Selbstorganisation, um Individuation und Integration miteinander zu verbinden. Vermutlich ist eine Ich-Identität »unter den heutigen Lebensbedingungen schwieriger zu erlangen als noch vor zwei oder drei Generationen« (115). Die »Ent-Standardisierung von Lebensforderungen« (116) stellt hohe Ansprüche an die individuelle Bewältigung. Anders als noch Mitte des letzten Jahrhunderts, als die Gesellschaft ihren Mitgliedern das »Angebot einer normierten Lebenskarriere« (121) unterbreitete, ist *heute nicht mehr* von *Normal-Biografien* auszugehen. Der 1950 »noch als natürlich geltende traditionelle Rhythmus der Gestaltung des Lebenslaufs« (123) ist außer Kraft gesetzt. Das eröffnet den Einzelnen einerseits große *Gestaltungsmöglichkeiten*, kann aber auch mit *Überforderungstendenzen* einhergehen, weil die Gesellschaft ihren Mitgliedern nur »wenig Unterstützung beim Übergang von der Normal- zur Wahlbiografie« (125) bietet. Besonders stark trifft das diejenigen unter den Heranwachsenden, deren Ausgangsbedingungen relativ schlecht sind. Das ist bei etwa einem Fünftel aller Kinder der Fall. Die dritte »World-Vision-Studie« spricht hier deshalb für Deutschland von einer »Vier-Fünftel-Gesellschaft«[1081], wobei sich die Kluft zwischen Privilegierten und Benachteiligten weiter vergrößert. Auch unter Jugendlichen und Erwachsenen lässt sich ein vergleichbarer Befund erheben. In vielen Fällen schreibt sich dabei die »Benachteiligung von der Lebensphase Kindheit über die Lebensphase Jugend bis in das Erwachsenenalter« (140) fort.

Religionspädagogisch ist die Sensibilisierung für die unterschiedlichen Profile innerhalb der Lebensphasen wie auch hinsichtlich der verfügbaren ökonomischen, kulturellen und sozialen Ressourcen von großer Bedeutung. Bereits 1973 hatte Hans-Jürgen Fraas eine Arbeit zur religiösen Erziehung und Sozialisation im Kindesalter vorgelegt.[1082] 1983 folgte Norbert Mette mit grundlegenden Überlegungen zur christlichen Elementarerziehung »vor dem Horizont veränderter Sozialisationsbedingungen insgesamt«[1083], mit denen er Grundlagen für

1081 Word Vision Deutschland e.V. (Hg.), Kinder, 12. Auch in der neuesten Studie wird betont, dass ein Fünftel mit Armut leben muss und deshalb vom Alltag an vielen Stellen ausgeschlossen bleibt; vgl. a. a. O., 13.

1082 Vgl. Fraas, Religiöse Erziehung.

1083 Mette, Voraussetzungen, Vorwort, V.

eine Religionspädagogik des Kleinkindalters formulierte. Friedrich Schweitzer hat unter dem Stichwort des »Rechts des Kindes auf Religion« nachdrücklich auf die Bedeutung von Religion für die kindliche Entwicklung hingewiesen.[1084] Intensiv wurde von ihm auch das Jugendalter in den Blick genommen.[1085] Diese Lebensphase, die in besonderer Weise mit den Herausforderungen »Exploration und Identitätssuche«[1086] beschäftigt ist, bringt deutliche Veränderungen auch in religiöser Perspektive mit sich. Dabei zeigt sich oft eine zunehmende Distanz zur Kirche, wobei sich die Glaubenseinstellungen – »bei leicht abnehmender Tendenz« – »insgesamt als eher konstant«[1087] erweisen, wie eine neue Untersuchung unter Jugendlichen in Baden-Württemberg zeigt. Insgesamt wird deutlich, dass die Bewältigung der anstehenden Entwicklungsaufgaben mit spezifischen religiösen Profilierungen einhergeht. Dabei ist auch den Jugendlichen selbst bewusst, dass sich ihre religiösen Orientierungen verändern. Auf den Punkt gebracht wird das im Votum der 18-jährigen Alea: »Mein Glaube und damit verbundene Ansichten können sich verändern. Wer weiß, wie ich alles in einem Jahr sehen werde. Das ist ein Prozess, der das ganze Leben lang andauert.«[1088]

Bereits diese kurze Skizze zeigt, wie die einzelnen Lebensphasen mit spezifischen Herausforderungen einhergehen. Das verlangt sowohl theologisch wie religionspädagogisch nach einer Theorie, für die Friedrich Schweitzer bereits vor 15 Jahren sehr weitblickend drei grundlegende Fragen formuliert hat: »1. Welche Aspekte des christlichen Glaubens sind auf den verschiedenen Stufen von besonderer Bedeutung? Was sagt dieser Glaube im Blick auf die Probleme der verschiedenen Phasen des Lebenszyklus? 2. Welche ethischen Leitlinien bietet dieser Glaube im Blick auf verschiedene Lebensalter, Stufen oder Lebensphasen? 3. Wie ist religiöse Kommunikation angesichts der postmodernen Herausforde-

---

1084 Schweitzer, Recht.

1085 Vgl. Schweitzer, Die Suche, vgl. auch Orientierung an der biographischen Perspektive in seiner Religionspädagogik: Ders., Religionspädagogik, 197–261. Als kurze Skizze des Verhältnisses von Jugend und Religion unter Berücksichtigung der Verarbeitung von innerer und äußerer Realität vgl. Domsgen, Jugendliche und Religion.

1086 Streib/Gennerich, Jugend und Religion, 20.

1087 Schweitzer u. a., Jugend, 26.

1088 Demont/Schenker, Ansichten, 11.

rungen von Pluralisierung, Individualisierung und religiöser Privatisierung möglich?«[1089]

c) Zu den Sozialisationskontexten

Der Prozess der Persönlichkeitsentwicklung erstreckt sich nicht nur über das gesamte Leben, sondern wird dabei auch maßgeblich durch die sozialen und räumlichen Orte und Institutionen bestimmt. Denn Sozialisation findet immer in sozialen Kontexten statt. Sie geben jeweils spezifische Impulse zur Verarbeitung der inneren und äußeren Realität.

Die Sozialisationsforschung unterscheidet dabei unterschiedliche Sozialisationskontexte bzw. -instanzen. Die *Familien* nehmen hier einen besonderen Stellenwert ein und werden deshalb als *primäre Sozialisationsinstanzen* bezeichnet. Seit Jahrhunderten agieren sie »als die einflussreichsten Vermittler der äußeren Realität für den gesellschaftlichen Nachwuchs«[1090] und bilden für die meisten Menschen die erste und wichtigste soziale Umwelt. Daneben finden sich gesellschaftliche Einrichtungen, die Impulse geben sollen, die die Familie nicht vermitteln kann. Dazu gehören die *Bildungsinstitutionen*, in denen Pädagogen arbeiten, die sich professionell der Erziehung und Bildung widmen, um Fähigkeiten und Kompetenzen im ökonomischen, kulturellen und sozialen Feld zu fördern. Sie werden als *sekundäre Sozialisationsinstanzen* bezeichnet. Darüber hinaus finden sich soziale Systeme, die sich anderen gesellschaftlichen Aufgaben im Feld von *Partnerschaft, Arbeit, Freizeit, Konsum, Unterhaltung und Regeneration* widmen. Dazu gehören Institutionen und Organisationen für »Arbeit und Beruf, Religionsausübung und Wertorientierung, Politik, Medien, Unterhaltung, Freizeit und Regeneration, Konsum, Sozialkontakt und Kommunikation«, aber auch informelle Kontexte wie die »intime Partnerschaft, der Freundes- und Bekanntenkreis und die sozioökologische Lebenswelt«[1091]. Sie können als *tertiäre Sozialisationsinstanzen* bezeichnet werden.

Die jeweiligen Sozialisationskontexte weisen spezifische Prägungen auf und unterliegen dabei selbst einer Entwicklung, insofern sie maßgeblich von sozialen, kulturellen und ökonomischen Veränderungen auf gesellschaftlicher Ebene bestimmt werden.

1089 Schweitzer, Postmoderner Lebenszyklus, 179.

1090 Hurrelmann/Bauer, Sozialisationstheorie, 145.

1091 A. a. O., 181.

So ist die *Familie* durch das dauerhafte Zusammenleben von Angehörigen mehrerer Generationen gekennzeichnet, die in Solidarität und Verlässlichkeit miteinander verbunden sind.

> [*Konstitutive Merkmale von Familie nach Nave-Herz*]
> Die Familiensoziologin Rosemarie Nave-Herz (geb. 1935) nennt drei konstitutive Merkmale von Familie, die sie von anderen Lebensformen in der Gesellschaft unterscheiden, und zwar »in allen Kulturen und zu allen Zeiten«. Das sind:1. »die biologisch-soziale Doppelnatur aufgrund der Übernahme der Reproduktions- und zumindest der Sozialisationsfunktion neben anderen, die kulturell variabel sind, 2. ein besonderes Kooperations- und Solidaritätsverhältnis«, aus dem heraus alle Rollendefinitionen festgelegt sind (wie z. B. Vater/Mutter/Tochter/Sohn/Schwester usw.) und 3. »die Generationendifferenzierung«[1092] (Eltern oder Mutter bzw. Vater/Kind[er]), evtl. Großeltern oder auch Urgroßeltern).

In den letzten Jahrzehnten haben sich *grundlegende Wandlungen im familialen Bereich* vollzogen, die sowohl die Struktur der Familie insgesamt als auch die Beziehungen der einzelnen Familienmitglieder untereinander betreffen. Für das Verständnis von Familie ist dabei maßgebend, dass die *Elternschaft* im Laufe des 20. Jahrhunderts zum konstitutiven Moment geworden ist, so dass der Familienbegriff zunehmend von der Eltern-Kind-Beziehung und nicht mehr von der Ehe bestimmt wird. »Dauerhaft Verantwortung für ein oder mehrere Kinder zu übernehmen, macht Elternschaft aus und begründet Familie.«[1093] Die Ehe spielt dafür nur insofern eine Rolle, als dass sie nach außen hin die Bereitschaft dokumentiert, Verantwortung für gemeinsame Kinder zu übernehmen. Allerdings ist Elternschaft nicht darauf beschränkt. Sie wird auch in anderen Modellen realisiert, von Alleinerziehenden über nichteheliche Lebensgemeinschaften bis hin zu Patchwork- oder Regenbogenkonstellationen. Familie gewinnt hier einen großen Freiraum, sich selbst zu profilieren und zu definieren, die eigene Gemeinschaft zu entwickeln und Lebensentwürfe auf ganz individuelle Weise zu gestalten. Allerdings hat das auch seinen Preis.

Der Zugewinn an Freiheit bringt eine Fülle von Belastungen mit sich, die Familien »zu einem höchst prekären und darum leicht zer-

---

1092 Nave-Herz, Familie heute, 16 f.; vgl. auch dies., Ehe- und Familiensoziologie.
1093 Blasberg-Kuhnke, Familie, 1.

brechlichen Gebilde«[1094] haben werden lassen. *Es sind die Betroffenen selbst, die für das Gelingen und Scheitern von Ehe und Familie in der jeweils von ihnen gewählten Form des Zusammenlebens verantwortlich sind.* Der Staat garantiert den Schutz von Ehe und Familie (Art. 6 GG), das aber »suspendiert Familien [...] keineswegs von der Notwendigkeit, den Sinn ihres Zusammenlebens als Familie motivträchtig und für die einzelnen Familienmitglieder erfahrbar und stützend selbst zu entwickeln«[1095].

Im längeren historischen Vergleich zeigt sich eine deutliche Verschiebung in den Funktionen, die von der Familie zu erbringen sind. Verblieben sind die Aufgaben »der Nachwuchssicherung (Geburt, Pflege und Erziehung von Kindern)« und der »psychische[n] und physische[n] Regeneration und Stabilisierung aller ihrer Mitglieder (jung bis alt)«[1096]. Allerdings führt die Auslagerung früherer Aufgaben nicht zu einer Entlastung der Familien. Vielmehr gilt das Gegenteil, insofern *die Leistungserwartungen an Eltern enorm gestiegen* sind. Zu nennen sind hier beispielsweise der »Wandel der Erziehungsmethoden, nämlich durch die Versprachlichung der Erziehung«, »die Rückverlagerung von schulischen Funktionen an die Familie (in Form der Hausaufgaben-Betreuung)«, »die neuen Informations- und Kommunikationsmittel« sowie »die allgemeine Beschleunigungsdynamik der modernen Gesellschaft, durch die heutzutage notwendig gewordene Synchronisierung der Zeitstrukturen aller Mitglieder«[1097]. Eine gewisse Verdichtung erfährt all das in den *Erziehungsstilen,* die die Persönlichkeitsentwicklung der Kinder unterstützen, aber auch behindern können.

Generell zeigt sich über die letzten fünf Jahrzehnte, dass die Vermittlung von Selbstständigkeit und Selbstvertrauen besondere Bedeutung gewonnen, während Unterordnung und Konformität deutlich an Gewicht verloren haben. Eltern stehen nun vor der Aufgabe, die individuellen Bedürfnisse ihrer Kinder zu berücksichtigen und gleichzeitig Regeln einzutragen, die das Zusammenleben in verlässlicher Weise im Sinne einer »liebevollen Konsequenz«[1098] ordnen. *Anerkennung, Anre-*

1094 Mette, Familie, 543.

1095 Blasberg-Kuhnke, Familie, 3.

1096 Nave-Herz, Unkenrufe, 994.

1097 Ebd.

1098 Hurrelmann/Timm, Kinder, 45.

gung und Anleitung sind aufeinander zu beziehen. Das gelingt am besten in einem »autoritativ-partizipativen Stil«[1099]. Die damit gesetzte Linie wird von der Mehrheit der Eltern befolgt. Zumindest stellen die Kinder ihren Eltern mehrheitlich ein »außerordentlich gutes Zeugnis aus«[1100]. Allerdings gibt es auch eine Minderheit, die dem nicht folgt. Eine Rolle spielt dabei auch soziale Isolierung und Armut. Vom Grundsatz her können alle Familienformen davon betroffen sein, denn wer Kinder hat, »ist statistisch stärker von relativer Armut bedroht als Kinderlose« (163). Allerdings ist der Anteil von Alleinerziehenden und von Familien mit Migrationshintergrund besonders hoch. Probleme in der Vereinbarkeit von Beruf und Kindererziehung sowie ein geringer Bildungsgrad der Eltern gehen hier oft mit einer Bildungsbenachteiligung der Kinder einher. Da die Eltern den schulischen Aktivitäten keine große Aufmerksamkeit widmen (z. B. in der Hausaufgabenkontrolle), entwickeln Kinder eine negative oder zumindest distanzierte Einstellung zur Schule. Das wiederum hat Auswirkungen auf die gesamte Lebensführung.

Bereits hier wird deutlich, dass *die familialen Prägungen wesentlich über Erfolg und Misserfolg in den sekundären Sozialisationsinstanzen bestimmen.* So agieren die *öffentlichen Erziehungs- und Bildungsinstitutionen* wie Kindertagesstätten, Horte, Schulen, Ausbildungseinrichtungen, Hochschulen, sozialpädagogische Institutionen und Einrichtungen der beruflichen Aus- und Weiterbildung zwar auf professionelle Weise, bleiben aber in ihren pädagogischen Aktivitäten immer auf die Vorarbeit der Elternhäuser angewiesen. *Die grundlegenden Persönlichkeitsstrukturen werden familial geprägt und beeinflussen deshalb alle weiteren Bildungs- und Erziehungsprozesse.* Wie stark die Zusammenhänge sind, ist in letzter Zeit wesentlich durch die PISA-Studien deutlich geworden. Dabei zeigt ein Vergleich mit anderen europäischen Ländern, dass der Familie in Deutschland eine besonders hohe Wertschätzung entgegengebracht wird. Sie findet ihren prägnanten Ausdruck in der grundgesetzlichen Regelung, dass Pflege und Erziehung der Kinder das »natürliche Recht« (Art. 6,2 GG) der Eltern seien. Dem korrespondiert ein spezifisch deutsches Modell der Wohlfahrtspolitik. Anders als in der

1099 Hurrelmann/Bauer, Sozialisationstheorie, 158. Die folgenden Seitenangaben im Text beziehen sich darauf.

1100 Nave-Herz, Familie heute, 78.

skandinavischen (bei der in die individuelle Bildung jedes einzelnen Gesellschaftsmitglieds und in dessen Absicherung gegen Risiken im Lebensverlauf gleich stark investiert wird) und angelsächsischen Tradition (bei der in die individuelle Bildung jedes Einzelnen stark investiert, zur Statussicherung der Bürger aber nur wenig beigetragen wird), kommt im deutschen Modell der Wohlfahrtspolitik »der sozialen Sicherung die eindeutig größte Bedeutung zu, und diese Sicherung wird überwiegend über die Familie vorgenommen« (168). *Die Aufmerksamkeit des Staates ist ganz auf die Familien als »Keimzellen« der Gesellschaft gerichtet.* Das führt dazu, dass die Kinder »sozusagen ›auf Gedeih und Verderb‹ auf ihre Eltern angewiesen« (169) sind. Gegenwärtig findet allerdings ein spürbarer *Wandel* statt, insofern das staatliche Engagement die öffentliche Erziehung und einen möglichst frühzeitigen Start in die Bildungseinrichtungen forciert. Auf diese Weise rücken die *Kindertagesstätten* neu als grundlegende Bildungseinrichtungen in das Blickfeld des Interesses. Auch wird die Frage der Leistungsungleichheit nach sozialer Herkunft der Schülerschaft neu auf die Tagesordnung gehoben. Denn gerade in Deutschland zeigt sich eine hohe Abhängigkeit schulischer Leistungen von der sozialen Herkunft.

Daraus ergibt sich ein Zweifaches: Einerseits müssen Eltern, wenn ihnen eine solch große Rolle bei der Förderung ihrer Kinder zukommt, auch in die Lage versetzt werden, diese Rolle kompetent auszufüllen. Andererseits ergeben sich für die Gestaltung und Profilierung von *Schule* als einzig verbliebener Pflichtinstitution der Gesellschaft verstärkt Anforderungen, die ungleichen Bildungsvoraussetzungen der Kinder besser aufzunehmen und zu bearbeiten. Denn die Schule wie auch das staatliche Bildungssystem insgesamt übt einen wesentlichen Einfluss auf die Persönlichkeitsentwicklung aus. Der Schweizer Pädagoge HELMUT FEND (geb. 1940) benennt in seiner Schultheorie gesellschaftliche und individuelle Sozialisationsfunktionen, die aufeinander bezogen sind. Dabei geht er von einer gesellschaftlich-kulturellen Reproduktions- bzw. Innovationsaufgabe des Bildungswesens aus, die sich in die *Enkulturation* (Einführung in die vorherrschenden gesellschaftlichen Werte, Stärkung der Autonomie der Person im Denken und Handeln), *Qualifikation* (Erwerb von Wissen und Fähigkeiten; Entwicklung der individuellen Leistungspotenziale), *Allokation* (Möglichkeit zum beruflichen Aufstieg; Planung individueller Bildungs- und Berufsbiografien) und *Legitimation & Integration* (Chance der Begegnung mit den kulturellen Traditionen eines Gemeinwesens) gliedert.[1101] Dem entsprechen Handlungs- und Entwicklungschancen auf der individuellen Ebene. Der gesellschaftlich-kulturellen Reproduktion entspricht die individuelle Funktion der Herstellung von Handlungsfähigkeit. Sie entfaltet sich im *Qualifikationserwerb*, in der *Lebensplanung*, in der *sozialen Orientierung* und *Identitätsbildung*.[1102]

Formalen Bildungsabschlüssen kommt eine große Bedeutung zu. Insgesamt ist ein »Trend zur Hochqualifizierung zu erkennen« (177), wobei jedes Gesellschaftsmitglied vor der lebenslangen Herausforderung steht, »eine individuelle Bildungsbiografie zu komponieren« (180). Nicht nur von Auszubildenden und Studierenden, sondern auch von den Arbeitnehmerinnen und Arbeitnehmern verlangt das eine »ausgeprägte Fähigkeit zur Selbstmotivation und die Bereitschaft zur fachlichen Flexibilität« (179), was nicht wenige auch überfordert.

Bei aller Bedeutung der Erwerbsarbeit und den damit verbundenen Anforderungen darf nicht die Prägekraft der *tertiären Sozialisationsinstanzen* übersehen werden. Deren Funktion geht nicht in Erziehung, Bildung und Qualifizierung auf, sondern umfasst andere Aufgaben. Dazu gehören Religionsausübung, Wertorientierung, Unterhaltung, Medien, Freizeit, Konsum, Sozialkontakte und Regeneration. Dafür gibt es eigene Institutionen und Organisationen (z. B. Kirchen und Parteien), aber auch informelle soziale Systeme wie Partnerschaften, Freunde oder Bekannte gehören dazu. Sie wurden lange Zeit in ihrer Bedeutung nicht ausreichend wahrgenommen, erhalten aber gegenwärtig nicht zuletzt aufgrund der Möglichkeiten virtueller Kommunikation eine neue Bedeutung, insofern als sich durch die sozialen Netzwerke neue Möglichkeiten der Interaktion auch über große Entfernungen hinweg ergeben. Zu bedenken ist auch, dass mit den als anforderungsreich und belastend erlebten Entwicklungsaufgaben des Qualifizierens und Bindens die Nachfrage nach »Unterhaltung, Ablenkung und Regeneration«[1103] steigt.

Religionspädagogisch ist die Bedeutung der Kontexte im Lehrbuch von Christian Grethlein nicht zuletzt über die ökosoziale Perspektive Urie Bronfenbrenners (1917–2005) 1998 in prominenter Weise

1101 Vgl. Fend, Neue Theorie, 53.
1102 Vgl. a. a. O., 53 f.
1103 A. a. O., 184.

eingetragen worden, in dem die Orte religiösen, christlichen und kirchlichen Lernens als Gliederungsprinzip dienen.[1104] Auch danach machte sich Grethlein immer wieder für eine Lernort-Theorie stark.[1105] Auf diese Weise rückte nicht zuletzt die Bedeutung der Familie als primäre Sozialisationsinstanz neu in das Blickfeld und führte zu einer ersten Grundlegung für eine religionspädagogische Theorie der Familie.[1106]

Die Familie erweist sich auch in der Perspektive religiösen Lernens als überaus bedeutsam und strukturiert schulische und gemeindliche Bildungsprozesse in maßgeblicher Weise vor.[1107] Ihre besondere Rolle resultiert nicht zuletzt aus den »mitgelernten Bedeutungen und mitschwingenden Beziehungserfahrungen«[1108] kraft der sich familial vollziehenden »basalen ›Gewöhnung‹«[1109]. Die grundlegenden Persönlichkeitsstrukturen werden in der familialen Sozialisation in entscheidender Weise geprägt, so dass außerfamiliale Lernimpulse daran anzuknüpfen haben. Deshalb sind in religionsdidaktischer Perspektive nie nur die einzelnen Lernenden in den Blick zu nehmen, sondern immer auch ihr prägendes Umfeld. Begrifflich lässt sich die damit gesetzte Aufgabe einer die Lernorte verknüpfenden Sichtweise mit dem terminus einer systemischen Religionspädagogik aufnehmen.[1110] Allerdings konnte das damit avisierte Programm bisher nur ansatzweise ausgearbeitet werden.

d) Zusammenfassung in religionspädagogischer Absicht

Die Sozialisationstheorie lenkt die Aufmerksamkeit auf den Prozess der Persönlichkeitsentwicklung in der Auseinandersetzung mit der inneren und der äußeren Realität. Auf diese Weise wird die *gesamte Lebensspanne*

1104 Vgl. Grethlein, Religionspädagogik, 307–541.

1105 Vgl. Grethlein, Lernort-Theorie; Ders., Lernorte religiöser Bildung.

1106 Vgl. Domsgen, Familie und Religion. Zuvor hatte bereits Hans-Jürgen Fraas wichtige Impulse zur Bedeutung der Familie für die Religionspädagogik gegeben; vgl. Ders., Religiöse Erziehung; Ders./Mey, Am Anfang; Ders., Religiosität des Menschen.

1107 Zum Verhältnis von Familie und Religionsunterricht vgl. Domsgen, Religionsunterricht und Familie; Ders., Religiöse Bildung; zum Verhältnis von Kita und Familie: Domsgen, Kita und Familie; zum Verhältnis von Familie und Gemeinde vgl. Domsgen, Familie und Gemeinde; Ders., Familie, Kirchengemeinde und Kindergarten; Ders., Kirchliche Sozialisation; Ders., Zur Bedeutung.

1108 Nipkow, Bildung, 270 (im Original kursiv).

1109 A. a. O., 271 unter Bezug auf: Müller, Gewohnheitschristentum, 206 ff.

1110 Vgl. Domsgen, Plädoyer; Ders. (Hg.), Religionspädagogik.

in den Blick genommen. Zugleich wird neu nach den beabsichtigten und unbeabsichtigten Impulsen gefragt, die lebensgeschichtlich wirken. *Individuation und Integration sind gleichermaßen im Blick,* wobei sich in der Rückschau eine Verschiebung aufzeigen lässt. Wurde Sozialisation zu Beginn der wissenschaftlichen Reflexion vor allem als Vergesellschaftung betrachtet, so liegt heute der Schwerpunkt auf den individuellen Spielräumen. Zugleich wird gegenwärtig neu der Blick auf strukturelle Begrenzungen gerichtet. Selbst- und Fremdbestimmung sind gleichermaßen in den Blick zu nehmen.

Religionspädagogisch ergeben sich daraus grundlegende Impulse, denn die *religiöse Entwicklung ist Teil der Persönlichkeitsentwicklung.* Um dafür einen positiven Beitrag leisten zu können, sind grundlegende Orientierungen notwendig, die später noch näher expliziert werden.[1111] Mit Blick auf die Wahrnehmung ergibt sich sowohl eine *neue Aufmerksamkeit für die Entwicklungsaufgaben in den verschiedenen Phasen des Lebens als auch für die prägende Kraft der jeweiligen Sozialisationskontexte.* Dabei spielt einerseits der Lernende als aktiver Konstrukteur seiner Lebensgeschichte eine wichtige Rolle. Andererseits ist er immer eingebunden in bestimmte Impulse von Sozialisationskontexten bzw. Umwelten, die ihn umgeben. Beides ist zu berücksichtigen und aufeinander zu beziehen.

4.4 Zusammenfassung und Ausblick

Die lerntheoretischen, entwicklungspsychologischen und sozialisationstheoretischen Ausführungen lassen sich als unterschiedliche Perspektivierungen religiöser Entwicklungs- und Kommunikationsprozesse lesen. Sie nähern sich dem hier interessierenden Feld in unterschiedlicher Fokussierung. Dabei verdeutlichen sie auf ihre je eigene Weise, dass die Lernenden selbst wie auch ihre prägenden Umwelten gleichermaßen in den Blick zu nehmen sind. Sie werden sowohl von innen wie von außen vorangetrieben. *Die Einzelnen sind dabei immer in ihren Lebenswelten zu sehen. Dazu gehören personale, soziale, räumliche, zeitliche und mediale Komponenten,* um nur die wichtigsten Punkte zu nen-

---

1111 Vgl. die Ausführungen im fünften Teil (unter 5.2) sowie im sechsten Teil (unter 6.1.2).

nen. Die damit angestoßenen Prozesse sind nicht nur auf die Kindheit und Jugend begrenzt, sondern beziehen sich auf die *gesamte Lebensgeschichte.* Für eine an der Unterstützung von Lernprozessen ausgerichtete Religionspädagogik ergibt sich daraus, dass sowohl religionspädagogische Wahrnehmung (im Sinne einer verstehenden Beschreibung der Entwicklungen) wie Handlungsorientierung (im Sinne einer Verbesserung von Praxisvollzügen) den Menschen in seiner (allgemeinen und darin verwobenen religiösen) Entwicklung als konstruierenden und geprägten Lernenden gleichermaßen zu bedenken hat, also als einen, der sich selbst, aber immer auch die Gemeinschaft, in der er sich befindet, berücksichtigen muss, sowie als einen, der selbst die Fäden in der Hand hält, dabei jedoch maßgeblich von Impulsen aus den unterschiedlichen Sozialisationsinstanzen geprägt wird. Folgendes nur die elementaren Aspekte für Schülerinnen und Schüler berücksichtigende Schema soll das veranschaulichen. Es wäre hinsichtlich der Entwicklungsaufgaben und Sozialisationsinstanzen je nach Lebensphase zu modifizieren.

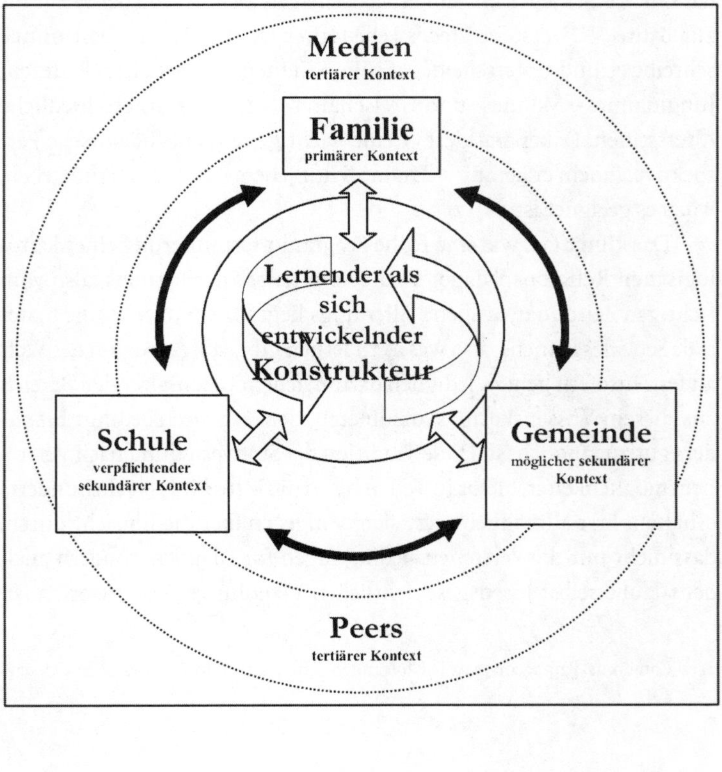

Im Zentrum steht hier der Lernende, der in der Verarbeitung der inneren und äußeren Realität seine Persönlichkeit entwickelt. Bei der inneren Realität gibt es einerseits überpersonal wiederkehrende Strukturmuster und Phasen, worauf besonders Entwicklungs- und Religionspsychologie hinweisen. Andererseits gibt es biografisch-individuelle Besonderheiten, die sich aus den Erfahrungen einzelner Menschen in ihrem Lebenslauf sowie aus den Kontextbedingungen, also der äußeren Realität ergeben. Beides ist zu beachten und aufeinander zu beziehen. Das gilt auch für religiöse Entwicklungen, die darin involviert sind. *Die Religiosität eines Menschen kann sich hinsichtlich der Komplexität und Angemessenheit im Verhältnis zur Wirklichkeit weiterentwickeln, sie kann aber auch erstarren oder verkümmern.* All das hat Auswirkungen auf die Gestaltung christlich motivierter Lehr- und Lernprozesse.

Der Blick auf ein lebenslanges, entwicklungsbegleitendes Lernen ist nicht neu, sondern findet sich bereits bei dem großen Theologen und Pädagogen der Barockzeit, Johann Amos Comenius (1592–1670). Schon er richtet seine *Pampaedia* an den Lebensaltern aus, indem er das Leben eines jeden einzelnen Menschen als »Schule, von der Wiege bis zur Bahre«[1112] versteht. »Jedes Lebensalter ist zum Lernen bestimmt«, schreibt er und unterscheidet »Frühe Kindheit, Knabenalter, Reifezeit, Jungmannes-, Mannes- und Greisenalter« (120 f.) als unterschiedliche Altersstufen. Dabei markiert er eine wichtige religionsdidaktische Perspektive, indem er betont: »Man muß nur jedem Alter das zu tun geben, wozu es geeignet ist[.]« (121)

Das klingt fast wie eine frühe Programmformulierung einer kairologischen Religionspädagogik, die vom Kairos des Lernens, also vom richtigen Zeitpunkt, ausgeht. Allerdings liegt für Comenius die materiale Seite des Lernens, also was es zu lernen gibt, von Anbeginn der Welt an fest. Insofern geht es lediglich darum, jedem Lebensalter den Bereich aus diesem Wissenskosmos anzubieten, der ihm altersbedingt besonders gut zugänglich ist. Diese Tradition der Stoffverteilung nach Verstehensmöglichkeiten bleibt in Teilen bis in die Mitte des 20. Jahrhunderts erhalten. Erst allmählich setzt sich demgegenüber die Einsicht durch, dass nicht nur die Verstehensbedingungen für Glauben, sondern auch der Glaube selbst lebensgeschichtlichen Wandlungen unterworfen ist.

1112 Comenius, Pampaedia, 119. Die folgenden Seitenzahlen im Text beziehen sich darauf.

Dabei besteht einerseits die Herausforderung darin, »mit einem Lebenszyklus zurechtzukommen, der sich als permanente Baustelle darstellt, mit konkurrierenden Bauplänen im Überfluß und ohne klare Kriterien, um eine Wahl zwischen ihnen zu treffen«[1113]. Andererseits ergeben sich auch bezüglich des Inhalts und Ziels christlich motivierten Lehrens- und Lernens eigene Profile, die immer individuell eigens zuzuschneiden, zugleich jedoch in grundlegenden Perspektiven auch überindividuell zu beschreiben sind. Denn Lernende greifen auf allen Entwicklungsstufen in den eigenen Erziehungs- und Bildungsprozess ein, »indem sie sich nach Maßgabe ihrer Anlagen und bisherigen sozialisatorischen Erfahrungen aktiv mit der vorfindlichen Umwelt auseinandersetzen und diese (mit-)gestalten«[1114].

An diesen Aspekten haben sich die religionspädagogischen Inhalts- und Zielbestimmungen auszurichten. In der Profilierung dessen hat sich die Religionspädagogik nicht nur als pädagogische, sondern ebenso als theologische Disziplin zu erweisen. Wie die anderen theologischen Disziplinen auch widmet sie sich der gemeinsamen Interpretationsaufgabe, die sich mit Ingolf U. Dalferth dreifach beschreiben lässt: als Interpretation christlichen Glaubens anhand der überlieferten Zeugnisse, als Interpretation des christlichen Glaubenslebens in seinen individuellen und organisierten Formen und als Interpretation des jeweiligen kulturellen Gesamtgefüges.[1115]

Die Religionspädagogik widmet sich dieser Aufgabe in einer eigenen Profilierung – »anders als Exegese, Kirchengeschichte und Systematik, aber strukturell ähnlich wie die ethische Theologie – von ihrer Wahrnehmung der Lebenswirklichkeit, der religiösen Praxen und Deutungen der Lernenden her«[1116]. Sie fragt danach, wie Menschen Religion lernen, wobei sie sowohl die Wahrnehmung wie die Handlungsorientierung im Blick hat. Gegenwärtige lebenswirkliche Bezüge sind dabei gleichermaßen wichtig wie die christliche Tradition. Beides bedarf einer kundigen Interpretation wie einer Bezugnahme aufeinander. »Auf dieser Grundlage ist die ›doppelseitige Erschließung‹ (Wolfgang Klafki), die Öffnung der Menschen für Sachverhalte und ›Sache‹ des christlichen

1113 Schweitzer, Postmoderner Lebenszyklus, 28.

1114 Krapp/Weidenmann, Pädagogische Psychologie, 205.

1115 Vgl. Dalferth, Evangelische Theologie, 53.

1116 Schröder, Religionspädagogik, 5.

Glaubens und deren Auslegung auf die Menschen sowie deren Lebensführung und -deutung hin ihre entscheidende Aufgabe.«[1117]

Damit nimmt sie Bezug auf eine ihr vorausliegende Praxis. Religionspädagogik als Theorie ist ohne diese Praxis nicht denkbar, darf allerdings nicht mit ihr in eins gesetzt werden. Zugespitzt ließe sich sagen: Religionspädagogik ist ein theoriegeleitetes Praxisfach, insofern sie als wissenschaftliche Reflexion auf eine Praxis Bezug nimmt (Wahrnehmung), sie hermeneutisch interpretiert (Beurteilung) und damit diese Praxis anleiten und verbessern will (Handlungsorientierung).[1118] Im Folgenden sollen daraus resultierende Grundlinien skizziert werden, indem in Aufnahme und Bündelung der historischen, systematischen sowie empirischen und komparativen Perspektiven Religionspädagogik als Theorie evangelischen Empowerments konturiert wird.

4.5 Weiterführende Literatur

Heinz Abels/Alexandra König, Sozialisation. Über die Vermittlung von Gesellschaft und Individuum und die Bedingungen von Identität. Wiesbaden ^{2}2016.

Marcus Hasselhorn/Andreas Gold, Pädagogische Psychologie. Erfolgreiches Lernen und Lehren. Stuttgart ^{4}2017.

Michael Meyer-Blanck, Zeigen und Verstehen. Skizzen zu Glauben und Lernen. Leipzig 2018.

Joachim Kunstmann, Subjektorientierte Religionspädagogik. Plädoyer für eine zeitgemäße religiöse Bildung. Stuttgart 2018.

Norbert Ricken/Rita Casale/Christiane Thompson (Hg.), Subjektivierung. Erziehungswissenschaftliche Theorieperspektiven. Paderborn 2019.

Jens Schlieter (Hg.), Was ist Religion? Texte von Cicero bis Luhmann. Stuttgart ^{2}2018.

Wolfgang Schneider/Ulman Lindenberger, Entwicklungspsychologie. Weinheim/Basel ^{8}2018.

Christiane Thompson, Allgemeine Pädagogik. Eine Einführung. Stuttgart 2018.

1117 Ebd.

1118 Vgl. dazu genauer die einführenden Überlegungen im sechsten Teil unter 6.1.

5. Religionspädagogische Perspektiven

Nachdem in den vorherigen Abschnitten christlich motiviertes Lehren und Lernen in unterschiedlichen Perspektiven in den Blick genommen wurde, soll es nun um eine verdichtende Betrachtung der dabei gewonnenen Erkenntnisse gehen. Auf diese Weise sollen Aufgaben und Ziele religionspädagogischen Reflektierens und Handelns vor dem Hintergrund gegenwärtiger Herausforderungen skizziert und im Begriff des Empowerments fokussiert werden. *In der Summe geht es um die Beschreibung eines religionspädagogisch profilierten »Reflexionsraumes, in dem die Dinge neu zusammengeschaut und perspektiviert wie rekombiniert werden«*[1119].

Zugrunde liegt einem solchen Vorgehen die *Einsicht in die Begrenztheit der Erkenntnismöglichkeiten,* die besonders deutlich unter pluralen Voraussetzungen vor Augen tritt. Auch eine Religionspädagogik kann die Fragen der Lebensgestaltung und Daseinsdeutung »nicht mit Ausschließlichkeitsanspruch, sondern nur im Bewusstsein reflektieren, im Diskurs der einschlägigen Wissenschaften eine bestimmte Perspektive zur Geltung zu bringen, die ihrerseits andere Wissensbestände und Perspektiven aufnimmt, und mit ihnen um die Angemessenheit der Wahrnehmungen, Interpretationen und Gestaltungsoptionen ringt«.[1120]

Das Ziel einer verdichtenden religionspädagogischen Betrachtung kann nicht darin liegen, »enzyklopädische Geschlossenheit« zu erlan-

1119 Bucher, Befähigung und Bevollmächtigung, 185 (im Original nicht kursiv). Auch im Folgenden greife ich immer wieder auf seine Untersuchungsergebnisse zurück und nehme die von ihm erarbeiteten Befunde auf. Die in mustergültiger gedanklicher Klarheit vorgelegte Arbeit bietet eine erste systematisch-grundlegende Auseinandersetzung mit Empowerment-Diskursen in religionspädagogischer Perspektive und verdeutlicht auf eindrückliche Weise das darin liegende Potenzial. Zum Stand der Auseinandersetzung mit Empowerment in der religionspädagogischen und praktisch-theologischen Diskussion vgl. a. a. O., 12–24.

1120 Schröder, Religionspädagogik, 9.

gen. Vielmehr geht es – »gleichsam bescheidener und dadurch vermutlich passgenauer«[1121] – um den *Entwurf von Theorien ›mittlerer Reichweite‹*.[1122] Sie können »in disziplinärer Grenzgängerschaft die verbundwissenschaftlichen Konfigurationen offen und flexibel«[1123] halten und sind dadurch in der Lage, konkrete Fragestellungen und Kontexte in immer neuer Ausrichtung zu beleuchten.

Eine solche Vorgehensweise folgt dem, was mit Ingolf U. Dalferth als ein *»topisches Denken in Perspektiven und Horizonten«*[1124] bezeichnet werden kann. Zentral für diesen Denkstil ist der Versuch, die »Vielaspektigkeit und Rekombinierbarkeit der Phänomene« in »verschiedenen Perspektiven und Horizonten zu betrachten« und nicht einfach auf ein »Allgemeines« (12) zurückzuführen. Dementsprechend liegt das *Ziel nicht in der begrifflichen Fixierung im Sinne eines »richtigen« Verstehens*. Das wiederum bedeutet keinen Verzicht auf Fragen der Bestimmtheit, Richtigkeit, Wahrheit oder Verbindlichkeit, sondern vielmehr eine Neujustierung in der Beschreibung derselben. Letztlich wird damit die Erkenntnis gestärkt, dass sich das, was verbindlich gilt, »nicht zeitfrei, situationsunabhängig und auf nur eine ›richtige‹ Weise inhaltlich fixieren« lässt, so dass es »auf eine und nur eine Weise ›richtig‹« (12) zu verstehen wäre.

Für eine Religionspädagogik, die sich als »pünktlich«[1125] versteht, ist ein solches Vorgehen in besonderer Weise angezeigt. Widerspiegeln muss sich das auch in den Begrifflichkeiten, die regulierende Funktion haben, und zwar einerseits mit Blick auf die interpretative Vermittlung von theologischen und pädagogischen bzw. humanwissenschaftlichen Perspektiven und andererseits in der Organisation von Religionspädagogik als Verbund- bzw. Interaktionswissenschaft[1126], wobei beides

---

1121 Bucher, Befähigung und Bevollmächtigung, 48.

1122 Der Begriff geht auf Robert K. Merton zurück, der damit eine Theoriebildung zur bewussten Einholung einer »Pluralität von Perspektiven und Paradigmen« (Mackert/Steinbicker, Aktualität Robert K. Merton, 47) beschreibt.

1123 Bucher, Befähigung und Bevollmächtigung, 48.

1124 Dalferth, Evangelische Theologie als Interpretationspraxis, 12 (im Original nicht kursiv). Die folgenden Seitenangaben im Text beziehen sich darauf. Vgl. dazu die Ausführungen im dritten Teil unter 3.1.4.

1125 Vgl. Englert, Glaubensgeschichte und Bildungsprozeß, 693 ff.

1126 Sturm spricht von Religionspädagogik als Verbundwissenschaft, Porzelt nennt sie in Anlehnung an Biehl und Wegenast »Interaktionswissenschaft«. Vgl. Sturm, Religionspädagogische Konzeptionen, 63; Porzelt, Grundlegung, 12.

miteinander aufs Engste zusammenhängt. Welche Perspektiven miteinander zu verschränken sind, steht nämlich nicht ein für allemal fest, sondern ist je nach Kontext und Situation immer wieder neu auszuloten. Dafür bedarf es eines Leitbegriffs, der in der Lage ist, sowohl die grundlegenden Perspektiven aufzunehmen, die mit dem Bildungsbegriff theologisch wie pädagogisch beschrieben werden können, als auch über die damit verbundenen Begrenzungen hinauszuführen und erhellend für gegenwärtige Herausforderungen zu sein. Die mit dem Empowerment-Begriff verbundenen Diskurse bieten dafür Potenzial, das im Folgenden entfaltet werden soll.

5.1 Empowerment als regulative Idee: Erste Konturierungen

Von *empowerment* ist gegenwärtig in vielerlei Bezügen die Rede und nicht selten in sehr verkürzter und inhaltlich disparater Weise.[1127] Der Begriff selbst ist »ziemlich unübersetzbar – ›Ermutigung‹ ist eigentlich ein zu schwaches und etwas zu betuliches Äquivalent. Empowerment zielt auf eine Lebenshilfe, die die Partner befähigt, ihren eigenen Kräften zu vertrauen und ihr Leben selbständig zu gestalten.«[1128] So könnte man mit dem Praktischen Theologen Jürgen Ziemer (geb. 1937) in einem ersten Zugang formulieren.

Im englischen Sprachraum lässt sich seit Mitte der 1970er Jahre, im deutschen dann seit Mitte der 1980er Jahre eine »steil ansteigende und – für die deutsche Textproduktion – nach wie vor anhaltende Verbreitungskurve«[1129] aufzeigen. Dabei treten – dem semantischen Potenzial von *empowerment* folgend – verschiedene Schwerpunkte hervor. Auffällig ist zum einen die Verknüpfung zweier Ebenen: Neben individuellen, persönlichen Kompetenzen und Fähigkeiten treten die strukturellen Entfaltungs- und Verwirklichungsbedingungen in den Blick. Zum anderen zeigen sich »Konnotationen von ›Kraft‹ und ›Stärke‹ sowie die des ›Mutes‹ im Sinne einer Widerstandskraft im Angesicht von Bewälti-

---

1127 Vgl. zur ersten begrifflichen Annäherung die Ausführungen im ersten Teil unter 1.1.3.

1128 Ziemer, Seelsorgelehre, 161.

1129 Bucher, Befähigung und Bevollmächtigung, 196.

gungssituationen bzw. der Fähigkeit zur Aufrechterhaltung von Zielen und Plänen im Angesicht möglichen Scheiterns und Widerstands«[1130]. Begrifflich lässt sich das in der Überschneidung der Felder *power* und *enablement* rückbinden.

In seiner grundlegenden Untersuchung zur religionspädagogischen Rezeption von Empowerment-Diskursen identifiziert Georg Bucher (geb. 1982) in einem ersten Durchgang drei »Pointen«, die die »religionspädagogische Relevanz wie Anschlussfähigkeit«[1131] des Empowermentbegriffs unterstreichen. Sie lassen sich bildungstheoretisch gut rückbinden und explizieren,[1132] verweisen aber zugleich darüber hinaus. Von Interesse ist hier vor allem, dass *neben der pädagogischen Interaktion und der Entwicklung des Einzelnen immer auch »das Netzwerk sozialer Beziehungen und die Schaffung organisatorischer Rahmenbedingungen«*[1133] im Blick sind. Auf diese Weise verschiebt sich die Blickrichtung, insofern Menschen unter den »Leitideen der Eigenverantwortung und Partizipation stärker im Kontext ihrer Entwicklung in sozialen und kulturellen Gemeinschaften gesehen«[1134] werden. Vor diesem Hintergrund sind mit Bucher drei Aspekte zu nennen:

1. Der Empowerment-Begriff lässt sich »als *eine spezifische Akzentuierung des Bildungsbegriffs* verstehen, die unter den gegenwärtig kontextuell höchst disparaten Herausforderungen religiöser Bildung von großer Bedeutung ist«[1135], insofern die bereits skizzierten gegenwärtigen Entwicklungen (unter den Stichwörtern der Heterogenität, Inklusion und Relevanz) präziser aufgenommen werden können.

2. Der Empowerment-Begriff bietet den Vorteil – im Gegensatz zum Bildungsbegriff –, *nicht auf den deutschen Sprachraum beschränkt* zu sein. Vielmehr handelt es sich um einen »*international ausgewiesene[n] und kommunizierbare[n] Ansatz*«[1136]. Schon ein erster Blick auf den Diskurs zeigt, dass er zum großen Teil im anglo-amerikanischen Sprach-

1130 A. a. O., 198.

1131 A. a. O., 2.

1132 Vgl. Theunissen, Empowerment und Inklusion, 213–220.

1133 Arnold/Hascher/Messner/Niggli/Patry/Rahm, Empowerment durch Schulpraktika, 141 (im Original nicht kursiv).

1134 Ebd.

1135 Bucher, Befähigung und Bevollmächtigung, 3 (im Original nicht kursiv).

1136 Arnold/Hascher/Messner/Niggli/Patry/Rahm, Empowerment durch Schulpraktika, 138 (im Original nicht kursiv).

raum stattfindet. Dazu kommen wichtige Impulse aus dem südamerikanischen Raum.

3. Schließlich ermöglicht der Empowerment-Begriff in prominenter Weise die *Thematisierung von Machtfragen und Machtverhältnissen* (*power*), die bisher im religionspädagogischen Diskurs eher selten in den Blick genommen werden.

[*Macht*]
Mit dem Erziehungswissenschaftler Norbert Ricken (geb. 1963) lassen sich sechs Punkte markieren, die für die Bestimmung eines differenzierten Machtbegriffs zu beachten sind, »wobei sie sich alle als Entfaltung des ersten lesen lassen: 1. *Macht beschreibt Relationen, keine Substanz.* 2. Es geht also um komplexe Wechselverhältnisse von Kräften im Sinne von Konkurrenz und Kampf, nicht aber um (direkt) lineare Zusammenhänge. 3. Macht konfiguriert Handlungsspielräume und Möglichkeiten asymmetrisch. 4. Macht ist nicht der Gegenbegriff von Freiheit, sondern ein von dieser unterscheidbarer, aber mit ihr verschränkter sozialer Sachverhalt. 5. Macht ist symbolisch und modal strukturiert. 6. Damit ist Macht also nicht normativ, sondern analytisch, mithin eine Kategorie der Beobachtung: ›Was [...] als ›Macht in den Blick kommt, hängt ausschließlich davon ab, wie ›Macht‹ gedacht wird und auch begrifflich gefasst wird. Immer aber erlaubt ›Macht‹, soziale Verhältnisse unter der Perspektive ihrer jeweiligen Bedingtheit durch andere wahrzunehmen; in ihrer jeweiligen ›Andersmöglichkeit‹ aber ist sie gerade nicht Freiheit entgegengesetzt, sondern mit ihr verschränkt, so dass beide konsequent nur als transzendentale Begriffe (mit eminent praktisch bedeutsamen Folgen) justiert werden können, die jeweilig andere Aspekte von Sozialität – Bedingtheit wie Unbedingtheit – beobachten lassen‹.«[1137]

Wie wichtig eine Auseinandersetzung damit ist, tritt beispielsweise im Umgang mit konfessionslosen Schülerinnen und Schülern zu Tage. Einerseits zeigt sich in der unmittelbaren pädagogischen Interaktion die Notwendigkeit, »machtsensibel zu agieren und damit die Spannung ›zwischen Partizipation und Distanzspielräumen‹ zu wahren«[1138]. Andererseits geht es um »definitorische und damit auf Normalisierung bzw. Exzeptionalisierung zielende Machtaspekte«[1139]. Denn die Sicht auf andere ist immer von der eigenen Sicht geprägt. Insofern besteht die

1137 Bucher, Befähigung und Bevollmächtigung, 131 (im Original nicht kursiv), mit Bezug auf Ricken, Macht der Macht, 125–127.

1138 A. a. O., 4, unter Bezug auf Saß, Zwischen Partizipation, 87–99.

1139 Ebd., mit Bezug auf Link, Versuch; Cyranka, Missionsgebiete?, 215–232.

Gefahr einer vereinnahmenden Perspektive, die man als »diskursive Hegemonialität«[1140] bezeichnen könnte.

Bereits hier wird deutlich: *Empowerment wird nicht in Opposition zum Bildungsbegriff eingeführt, sondern vielmehr als erweiternde Perspektive.* Auf diese Weise eröffnet sich ein Potenzial, um wichtige Desiderate aufzunehmen, die sich vor dem Hintergrund gegenwärtiger Entwicklungen aufzeigen lassen. Er übernimmt damit eine grundlegende regulative Funktion in der Ausrichtung »unsere[r] Aufmerksamkeit«, »indem er uns warnt, unverzichtbare Denk- und Handlungszusammenhänge zu vergessen«.[1141]

5.2 Empowerment-Bezugsdiskurse in ihrem religionspädagogischen Potenzial: Ein kurzer Überblick

Wenn *empowerment* religionspädagogisch fruchtbar gemacht werden soll, dann kann es nicht um eine bloße Übernahme eines Schlagworts gehen, was *empowerment* gegenwärtig zweifelsohne auch darstellt. Von Interesse sind vielmehr die damit verbundenen diskursiven Kontexte, in die der Begriff verweist. Dabei sind vor allem die auf *empowerment* als »handlungsleitende Denkfigur«[1142] konzentrierten Diskurse im Blick, nicht zuletzt deshalb, weil auch sie sich der »Reflexion von professionstheoretisch verantworteter Assistenz«[1143] verpflichtet wissen. Sie sollen im Folgenden kurz skizziert und religionspädagogisch fokussiert werden.[1144]

1140 Cyranka, Missionsgebiete, 223.

1141 Nipkow, Bildung als Lebensbegleitung, 59.

1142 Theunissen, Empowerment und die Inklusion, 32.

1143 Bucher, Befähigung und Bevollmächtigung, 203.

1144 Dabei folge ich der Darstellung bei Bucher/Domsgen, Empowerment, 424–433; vgl. ausführlicher dazu Bucher, Befähigung und Bevollmächtigung, 204–296.

5.2.1 Empowerment als Erweiterung der Möglichkeiten, das eigene Leben zu bestimmen – Impulse aus der Gemeindepsychologie

Aufs engste mit der theoriegeleiteten Etablierung von *empowerment* ist die Genese der Gemeindepsychologie verknüpft. Dieser Teilbereich der Psychologie beschäftigt sich mit der Beziehung zwischen gesellschaftlich und kulturell bestimmten Lebensbedingungen und individueller psychischer Gesundheit und entstand im Bemühen, einer Tendenz zur Individualisierung von Problemen entgegenzuwirken.

Wesentliche Impulse dafür gab der US-amerikanische Psychologe Julian Rappaport, indem er *empowerment* als dasjenige Phänomen bestimmte, dem das forschungsleitende Interesse zu gelten habe, also das definiert, verstanden, erklärt und erzeugt oder befördert werden soll.[1145] Als Basaldefinition fungierte dabei die *Zielbestimmung, »für Menschen die Möglichkeit zu erweitern, ihr Leben zu bestimmen«*[1146]. Damit sollten Einseitigkeiten psychosozialer Handlungsstrategien durchbrochen werden, indem der Blick auf die für die Wahrnehmung individueller Rechte erforderlichen personalen und ökosozialen Ressourcen gelenkt wurde. Verbunden war das mit einem Abschied von der Vorstellung zentralisierter Lösungsmöglichkeiten zugunsten »regionaler« Impulse, die »ihrerseits die Lösungen fördern, die die verschiedenen Gegebenheiten in verschiedenen Orten, Kontexten und Nachbarschaften berücksichtigen«[1147].

Im deutschen Sprachraum ist es vor allem der Sozialpsychologe Heiner Keupp (geb. 1943), der sich (seit den 1960er Jahren) von einer »psychologisch-individualisierten Psychokultur«[1148] absetzte und ausdrücklich »für gesellschaftliche Veränderungen als Bedingung für die Verbesserung individueller Entfaltungsmöglichkeiten«[1149] optierte.

1145 Vgl. Rappaport, Terms of Empowerment, 144–148.

1146 Rappaport, Plädoyer, 257–278, 269 (zuerst: Ders., In Praise of Paradox. A Social Policy of Empowerment Over Prevention, in: American Journal of Community Psychology 9 (1981), 1–25) (im Original nicht kursiv.)

1147 Rappaport, Plädoyer, 271.

1148 Keupp, Gemeindepsychologie, 119.

1149 A. a. O., 110.

Inzwischen hat sich die Gemeindepsychologie als eigenständige Disziplin etabliert, die »den ökologischen, gesellschaftlichen und kulturellen Bedingungen subjektiver Phänomene« besondere Aufmerksamkeit schenkt und ihr »professionelles Aktionsfeld nicht ausschließlich auf der individuellen Ebene sieht, sondern auch Änderungen auf den unterschiedlichen soziokulturellen Kontextebenen anzielt«[1150].

Religionspädagogisch bedeutsam ist hier vor allem die *»radikale Kontextualisierung von Lebensführungsfragen«*[1151], die den tendenziell individualpsychologisch dominierten Blick innerhalb der Religionspädagogik zu korrigieren vermag. Die damit angestoßene Perspektiverweiterung führt eindrücklich vor Augen, wie stark die konkreten, lokalen, sozialen, familiären, politischen, institutionellen und demographischen Rahmenbedingungen Heterogenitätserfahrungen prägen. Dementsprechend unterschiedlich müssen religionspädagogische Angebote ausfallen, wobei für deren Entstehung und Entwicklung Impulse der Betroffenen vor Ort entscheidend sind.

Die Orientierung an der *community* als dem räumlichen und sozialen Nahumfeld bzw. dem Netzwerk ist nicht nur gemeindepädagogisch von Bedeutung, sondern markiert auch in schulpädagogischer Hinsicht ein wichtiges Desiderat. Denn »Gemeinde« innerhalb der Gemeindepsychologie nimmt auf den »soziokulturelle[n], sozioökonomische[n] und ökologisch[n] Lebenskontext in einem umfassenden Sinne«[1152] Bezug. *Lehr- und Lernprozesse sind dergestalt zu profilieren, dass ihre »Relevanz für das gemeinsame Zusammenleben in der jeweils konkreten ›Gemeinde‹ deutlich wird«*[1153]. Auf diese Weise rückt die politische und gesellschaftliche Dimension religiöser Bildung in den Fokus, die seit einiger Zeit auch religionspädagogisch unter den Stichwörtern einer »bildungsgerechtigkeitsfähige[n] Religionspädagogik«[1154] und der politischen Dimension von Religionspädagogik[1155] verhandelt wird.

In (religions)didaktischer Hinsicht wird damit der Blick für diejenigen Faktoren geschärft, die das didaktische Handeln immer schon bedingen und die nicht ausgeblendet werden dürfen, wenn es erfolg-

1150 Keupp, Psychologisches Handeln, 18.

1151 Bucher/Domsgen, Empowerment, 420 f.

1152 Keupp, Psychologisches Handeln, 18.

1153 Bucher/Domsgen, Empowerment, 422 (im Original nicht kursiv).

1154 Grümme, Bildungsgerechtigkeit. Desiderat, 479.

1155 Vgl. Schlag, Horizonte demokratischer Bildung.

reich verlaufen soll. Anregend dafür kann die Diskussion um lokale bzw. kommunale Bildungslandschaften sein, mit denen schulische und außerschulische, formale und informelle Lernprozesse in ihren Zusammenhängen wahrzunehmen versucht werden.[1156]

5.2.2 Empowerment als Leitmetapher für den Richtungssinn professionellen Handelns im Sinne von Befähigung und Bevollmächtigung – Impulse aus der Theorie Sozialer Arbeit

Die Theorie der Sozialen Arbeit befasst sich keineswegs nur mit sozialen Problemen. Vielmehr hat die Entwicklung der letzten Jahrzehnte dazu geführt, »sich zu einem ›normalisierten‹, quasi ›veralltäglichten‹, im Alltag allseits präsenten, lebensweltorientierten und -unterstützenden Hilfs-, Unterstützungs- und Bildungsangebot sowie zu einer Begleiterin, Initiatorin und Unterstützerin von Bildungsprozessen zu erweitern« und somit zu einem »normalisierten gesellschaftlichen Hilfe- und Bildungssegment«[1157] im Hinblick auf »Lebensbewältigung und Lebensgestaltung«[1158] zu werden. Es gibt eine Reihe von Handlungsfeldern (wie die offene Jugendarbeit, die Schulsozialarbeit oder die schulnahe Jugendarbeit), die hier aus der Sicht der Religionspädagogik unmittelbar von Bedeutung sind, insofern sich wichtige Schnittmengen zu klassischen religionspädagogischen Handlungsfeldern ergeben. Darüber hinaus schärft die sozialarbeitstheoretische Perspektive den Blick für die Notwendigkeit einer Erweiterung didaktischer Kompetenzen. Nur so kann es gelingen, dass Lehrerinnen und Lehrer oder Pfarrerinnen und Pfarrer nicht »konzeptionell und praktisch hilflos« dastehen in Unterrichtsprozessen, »die die herkömmliche Art von Wissensvermittlung blockieren«[1159].

Dass die dabei anzustoßenden Lernprozesse eine besondere Unterstützung brauchen, ist unmittelbar einsichtig. Auch deshalb spielt Empowerment in fast allen Bereichen der Theorie der Sozialen Arbeit eine Rolle. Die darin enthaltenen »Qualitäten der Kraft, der Macht und

---

1156 Vgl. Fischbach/Kolleck/de Haan (Hg.), Auf dem Weg, 19–21.
1157 Thole, Soziale Arbeit, 55 f.
1158 A. a. O., 53.
1159 Wieland, soziale Seite, 13.

des Mutes (Empowerment) auf der einen und die Fähigkeiten, Kompetenzen (Enablement) auf der anderen Seite machen deutlich, was es gleichermaßen für die gelingende Lebensführung braucht»[1160]. Empowerment verweist dabei auf beides, auf die *strukturellen und die personellen Ressourcen,* also *den gesellschaftlichen und den personalen Möglichkeitsraum,* und setzt beides zueinander in eine untrennbare Beziehung.[1161] So gesehen kann Empowerment als »*Leitmetapher für den Richtungssinn*«[1162] jedweden professionellen Unterstützungshandelns gesehen werden. Unverzichtbar dafür ist eine »ressourcen- und eben nicht defizitorientierte Annäherung an die Lebensführungen«[1163], die also paternalistisch nicht schon vorab weiß, was die anderen brauchen oder haben müssten. Das begrenzt professionelles Handeln in grundlegender Weise. *Befähigung und Bevollmächtigung,* um das von Georg Bucher gewählte Begriffspaar »als Kristallisationspunkt der terminologischen Übertragung«[1164] zu nutzen, geht einerseits mit der *Erweiterung des Möglichkeitsraumes* unter Wahrung der »Freiheit des Subjekts«[1165] einher und wäre dabei zugleich um Elemente der *Bestärkung* und *Ermutigung* in individualpsychologischer und lerntheoretischer Perspektive anzureichern. Andererseits ist hier immer auch die *strukturelle Ebene* zu berücksichtigen.

Fähigkeiten und Kenntnisse, die sich nicht als strukturell relevant erweisen, stehen in der Gefahr, resonanzlos zu bleiben. Sie können sogar kontraproduktiv sein, insofern die Bedeutungslosigkeit der erworbenen Fähigkeiten quasi von Beginn an ungewollt mitgelernt wird. Um diese Gefahr möglichst gering zu halten, darf einerseits Religion nie nur auf eine Komponente reduziert werden (z. B. auf kultisch-ästhetische Vollzüge) und braucht es andererseits Partizipationsmöglichkeiten. Darin eingeschlossen ist auch die organisatorische Offenheit für *Mitgestaltungsprozesse,* beispielsweise in Schule und Gemeinde. Partizipation kann nicht verordnet werden, sondern bedarf der »aktiven Mitverantwortung, Mitwirkung und Mitbestimmung«[1166]. Empowerment ist

1160 Röh, Soziale Arbeit, Gerechtigkeit und das gute Leben, 239.

1161 Vgl. ebd.

1162 Bucher/Domsgen, Empowerment, 426.

1163 Schlag, Horizonte demokratischer Bildung, 50.

1164 Bucher, Befähigung und Bevollmächtigung, 23

1165 Grethlein, Befähigung zum Christsein, 13.

1166 Macha, Organisation und Partizipation, 46.

letztlich nur im »Modus des Aushandelns«[1167] möglich und stellt dadurch »ein inhärentes *Korrektiv auch gegen subtile Formen der Machtausübung*«[1168] dar. »Finden Aushandlungsprozesse nicht statt, dann handelt es sich nicht um Empowerment.«[1169]

5.2.3 Empowerment als Unterstützung der Selbstbestimmungs-, Mitbestimmungs- und Solidaritätsfähigkeit – Impulse aus der Heilpädagogik

Mit dem Begriff der Heilpädagogik wird eine Disziplin der Pädagogik in den Blick genommen, die zum Ziel hat, die Bildung und Erziehung von Kindern und Jugendlichen unter erschwerten Bedingungen zu unterstützen.[1170] Einen wesentlichen Punkt stellt dabei die Frage nach dem *angemessenen Umgang mit Differenz und Heterogenität* dar, wobei sich dies keineswegs auf Menschen mit Behinderungen beschränkt. Insofern verwundert es nicht, dass hier die Inklusionsdebatte in besonderer Weise geführt wird. Befördert wurde das nicht zuletzt durch die Ratifizierung der UN-Konvention über die Rechte von Menschen mit Behinderungen. Religionspädagogisch ist das von unmittelbarer Bedeutung. Zudem bieten die Überlegungen des systematischen Theologen Ulf Liedke (geb. 1961) und des Heilpädagogen Georg Theunissen (geb. 1951) interessante Impulse für eine Verknüpfung von Empowerment und Bildung.[1171] Als übergeordnetes Bildungsziel fungiert bei Theu-

---

1167 Seckinger, Art. Empowerment, 312.

1168 Ebd. (im Original nicht kursiv).

1169 Ebd.

1170 Die Fachbezeichnung ist umstritten. Eine Alternative zum Begriff der »Heilpädagogik« (wobei hier der Begriffsbestandteil der Heilung als problematisch wahrgenommen wird) stellt der Terminus »Sonderpädagogik« dar. Der jedoch »erscheint u. a. aufgrund des damit evozierten Bildes der Absonderung mindestens ebenso problematisch« (Bucher, Befähigung und Bevollmächtigung, 257). Auch die Bezeichnung als »Behindertenpädagogik« ist aufgrund des Behinderungsbegriffs umstritten. Hier zeigt sich eine »Verschiebung im Verhältnis des Benannten zur Benennung«, »mit der nicht das Merkmal der Person von Interesse ist, sondern die gestörten Beziehungen zwischen ihr und der Umwelt« (a. a. O., 258 unter Verweis auf Sasse, Vorwort, 9).

1171 Vgl. Theunissen, Empowerment und Inklusion, 131–137. 213–220; Liedke, Beziehungsreiches Leben, 516–549.

nissen die »*Unterstützung und Entfaltung der ›Selbstbestimmungs-, Mitbestimmungs- und Solidaritätsfähigkeit‹*«[1172]. Dabei lässt sich allerdings eine einseitige Überbetonung der Stärken-Perspektive erkennen, auf die Liedke zu Recht hinweist. Die Stärken-Perspektive sei zwar »notwendig und unhintergehbar. Schwachheit, Grenzen und Begrenzungen sollten aber bei der Betonung der Potenziale nicht übersehen werden. Nur wenn individuelle Begrenzungen nicht übergangen werden, können Grenzen auch überschritten werden. Nur wo Ohnmachtserfahrungen nicht als unwirklich abgetan werden, kann Ermächtigung verwirklicht werden.«[1173] Religionspädagogisch ist diese theologisch-anthropologische Präzisierung für das Verständnis von und den Umgang mit Inklusion von großem Interesse. *Inklusion hat immer auch die Begrenzungen wahrzunehmen und zu berücksichtigen und von dort her den Umgang mit Heterogenität anzubahnen.* »Für das Empowerment gilt: Mensch sein kannst du dort, wo du Schwäche zeigen kannst, ohne Stärke zu revozieren.«[1174]

5.2.4 Empowerment als Sensibilisierung für den Zusammenhang von Bildung und kulturellen, gesellschaftlichen und ökonomischen Strukturen – Impulse aus der (kritischen) Pädagogik

Innerhalb der *critical pedagogy*, der US-amerikanischen Variante der kritischen Erziehungswissenschaft (so die Bezeichnung im deutschen Sprachraum), ist *empowerment* ein zentraler Begriff. Vor allem Ira Shor (geb. 1945), Professor für Komposition und Rhetorik in New York, hat mit seinem Buch zu »Empowering Education«[1175] wesentliche Aspekte benannt. Dabei bezieht er sich maßgeblich auf den brasilianischen Pädagogen Paulo Freire, der seit seiner 1970 erstmals erschienenen »Pädagogik der Unterdrückten«[1176] als wichtigster Vertreter für die Theorien des Empowerments gelten kann. Ohne dies im Einzelnen zu entfalten und

1172 Theunissen, Erwachsenenbildung und Behinderung, 79 (im Original nicht kursiv).
1173 Liedke, Menschenbilder, 264.
1174 Liedke, Beziehungsreiches Leben, 599.
1175 Shor, Empowering Education.
1176 Freire, Pädagogik der Unterdrückten.

auf entsprechende religionspädagogische Anknüpfungen einzugehen,[1177] soll an dieser Stelle festgehalten werden, dass dadurch »Fragen nach dem *Zusammenhang von Bildung und kulturellen, gesellschaftlichen wie insbesondere ökonomischen Strukturen*«[1178] in besonderer Weise stark gemacht werden. Dazu kommen wichtige Anfragen zu den »*kontrakulturellen und transformatorischen Impulsen religiöser Traditionen, Symbole und Riten*« sowie zur »*Macht in den pädagogischen und gesellschaftlichen Beziehungen*«[1179]. Religionspädagogik kann sich hier nicht nur beobachtend verhalten, sondern hat engagiert und anwaltschaftlich Position zu beziehen für »unversehrte [...] Subjektivität und Intersubjektivität«[1180]. Dabei geht es auch um die Erarbeitung von Spielräumen, »die den Subjekten unter gegebenen widersprüchlichen Bedingungen ermöglichen, Handlungsfähigkeit aufzubauen und zu erhalten«[1181].

Solche Lernprozesse ergeben sich nicht einfach von selbst, sondern brauchen Ermutigung. Lerntheoretisch ist dabei auf die Bedeutung der Emotionen zu verweisen, die auch neurowissenschaftlich verstärkt in den Blick rückt.[1182] Ermutigung erweist sich als wesentlicher Faktor von Unterricht und Lernen.[1183] Denn »Lernen ist schmerzhaft«[1184], weil dazu konstitutiv das Scheitern gehört. Um daraus zu lernen, anders ausgedrückt, um »negatives Wissen« aufbauen zu können, braucht es eine »Fehlerermutigungsdidaktik« statt einer »Fehlervermeidungsdidaktik«[1185]. Mit Blick auf interreligiöses Lernen bedeutet das beispielsweise, Fremdheit in ihren Irritationen zuzulassen. Nur wenn Widerständigkeiten offen hervortreten und Fremdheit irritiert, kann sich »produktiv(es) Potenzial«[1186] entfalten. Eine Ermutigungsdidaktik fungiert hier als Gegenpol zu didaktischen Konfliktvermeidungsstrategien.

1177 Vgl. z. B. in der Profilierung eines Dialogberichts: Knauth, Religionsunterricht und Dialog, 213–225, sowie in einer religionspädagogischen Relecture Freire, Unterdrückung und Befreiung; Ders., Bildung und Hoffnung; Ders., Pädagogik der Autonomie.

1178 Bucher/Domsgen, Empowerment, 432 (im Original nicht kursiv).

1179 Ebd. (im Original nicht kursiv).

1180 Knauth, Religionsunterricht und Dialog, 273.

1181 A. a. O., 271.

1182 Adam, Religionslehrerin/Religionslehrer, 306 f.

1183 Vgl. Dinkmeyer/Dreikurs, Ermutigung.

1184 Oser/Spychiger, Lernen ist schmerzhaft.

1185 A. a. O., 164–167.

1186 Streib, interreligiöse Lernprozesse, 231.

5.3 Empowerment als verdichtender Reflexionsfokus: Interpretative Vermittlungen

Religionspädagogik im hier vertretenen Sinne ist als eine Verbundwissenschaft zu verstehen, die sich theologischer und pädagogischer Vergewisserung verdankt. Zur In-Beziehung-Setzung beider Perspektiven hat Karl Ernst Nipkow bereits in den 1970er Jahren das Modell der »interpretative[n] Vermittlung«[1187] vorgeschlagen. Dabei leitete ihn die Frage, ob es möglich sei, »die Bedeutung der christlichen Botschaft für das Ganze und für die Einzelfragen der Erziehung sichtbar werden zu lassen, ohne in das bevormundende theologische Reden zurückzufallen«[1188]. Sein Vorschlag zur interpretativen Vermittlung zielt auf »Entsprechungen«, in denen »pädagogische Aussagen weder theologisch abgeleitet werden noch lediglich dem erziehungswissenschaftlichen Verstand überlassen bleiben« (212). Das daraus resultierende Vorgehen lässt sich als »doppelseitige(s) korrespondierende(s) Verfahren zwischen nichttheologischen und theologischen Fragestellungen« (105) verstehen, wobei weder »Identifikation« noch »Harmonisierungen« (214) angestrebt werden. Vielmehr wird nach der Relevanz gefragt, die theologische und nichttheologische Perspektiven für die jeweilige Erziehungswirklichkeit haben, so dass »jeweils das eine im Medium des anderen erkannt und zum Moment seiner Entschlüsselung zu werden vermag«[1189].

Entsprechend dieser Ausrichtung sollen nun Überlegungen zu *empowerment* und zur Kommunikation des Evangeliums korrespondierend ins Gespräch gebracht werden, um so die Bedeutung für die Erhellung gegenwärtiger Erziehungswirklichkeit zu skizzieren. Einige Aspekte dabei sind bereits in den vorangegangenen Überlegungen angeklungen. Nun soll in zusammenfassender Form noch einmal Wesentliches verdichtet werden.

1187 Nipkow, Grundfragen 1, 211.

1188 Ebd. Die folgenden Seitenangaben im Text beziehen sich darauf.

1189 Albrecht, Kasualtheorie, 195.

5.3.1 Von der Kommunikation des Evangeliums her auf Empowerment geschaut

Die auch religionspädagogisch inzwischen breit rezipierte Kurzformel von der »Kommunikation des Evangeliums« lenkt die Aufmerksamkeit auf die Praxisvollzüge und bestimmt Christsein als Lebensform.[1190] Diese ist auf grundlegende Kommunikationsmodi bezogen, die immer wieder anzustoßen und zu unterstützen sind. Anders formuliert: Die Kommunikation des Evangeliums bedarf der »Assistenz«[1191]. Diese ist jedoch nicht hierarchisch bestimmt, weil jede und jeder Einzelne in unmittelbarer Verantwortung vor Gott steht, wie nicht zuletzt in besonderer Weise die Reformatoren betonten. »Ein Christ ist in seinem Glauben und in seinen Entscheidungen, die er aus dem Glauben heraus fällt, verantwortlich für sich selbst. Keine Institution kann ihm das abnehmen.«[1192]

Die christliche Lebensform weist spezifische Prägungen auf, die sich aus der Gottesrelation ergeben. Diese Prägungen korrespondieren mit den im christlichen Grundimpuls verdichteten Modi, die in unterschiedlichen Kontexten auch unterschiedlich gewichtet und gestaltet werden. Das hängt wesentlich damit zusammen, dass Gott sich im jüdisch-christlichen Verständnis als der Mitgehende und »Dabeiseiende« zeigt (vgl. Ex 3,14) und so immer wieder neue Facetten sichtbar werden.

Die christliche Lebensform ergibt sich nicht einfach von selbst, sondern braucht unterstützende Impulse. Christsein heißt, sich vom Auftreten, Wirken und Geschick Jesu »berühren«[1193] zu lassen. Das lässt die eigene Lebensführung auch in »das konfliktreiche und risikobesetzte Leben des irdisch-vorösterlichen Jesus verwoben« sein, was zu »Kritik« führen und sogar auf »Ablehnung stoßen« kann.[1194] Georg Bucher spricht hier von sich ergebenden »Responsibilitätsanmutungen« und meint damit »Zumutungen der Verantwortungsübernahme ›für die

---

1190 Vgl. Grethlein, Christsein, 139–244.

1191 Schröder, Priestertum aller Getauften, 151–160; Grethlein, Praktische Theologie, 357. 362. 437.

1192 Barth, Einander Priester sein, 212.

1193 Grethlein, Kirchentheorie, 31.

1194 Thomas, Taufe, 56.

Gemeinschaft‹ und ›vor Gott‹«[1195]. Die Begleitung und Förderung der Kommunikation des Evangeliums erfolgt eben auch »gegen Widerstände«, und zwar »individualpsychologischer Art (z. B. Angst vs. Mut) sowie [...] struktureller Art (z. B. Exklusion vs. Inklusion bzw. Partizipation).« (121). Letztlich handelt es sich hier um »Tiefendimensionen von ›Evangelium‹« als »Erschließungsgeschehen der ›liebenden und wirksamen Gegenwart Gottes‹« (123)[1196], die nicht einfach ausgeblendet werden können.

Lehr- und Lernprozesse sind von den hier skizzierten Zumutungen nicht ausgenommen. Sie werden in grundlegender Weise von den Lebensumständen der Lernenden geprägt und bestimmt. Deshalb bedarf es eines Instrumentariums, das dies umfassend wahrzunehmen und zu verstehen hilft. Die mit *empowerment* verbundenen Diskurse bieten dafür wichtige Hilfen, indem sie sowohl den Einzelnen als auch die ihn prägenden Strukturen in den Blick nehmen. Dabei korrespondiert die ausdrückliche Thematisierung von Machtfragen mit der auf eine gleichberechtigte Kommunikation zielenden Grundstruktur der Kommunikation des Evangeliums. Ergebnisoffenheit (und darin eingeschlossen auch die Möglichkeit zur Ablehnung) ist nicht mit Beliebigkeit zu verwechseln, sondern lässt sich als Voraussetzung dafür begreifen, dass sich neue Einsichten einstellen können.

Religionspädagogisch fokussiert ließe sich vor dem Hintergrund dieses Verständnisses hinsichtlich der Zielrichtung von Lehr- und Lernprozessen sagen, dass es um ein »Durchsichtig-Machen« im Sinne einer Perspektiverweiterung geht – und zwar in doppelter Weise:

Einerseits zielt die Kommunikation des Evangeliums darauf, *»die Gegenwart auf Gott hin durchsichtig zu machen«*[1197], d. h., in, mit und unter Prozessen des Lernens, Feierns und Helfens »das Wirken des Geistes im Leben von Menschen (individuell) und [in] Gemeinschaften (kollektiv)«[1198] wahrzunehmen und zu verstehen. Differenziert nach den drei von Grethlein benannten Kommunikationsmodi zielt das »Durchsichtig-Machen« auf unterschiedliche Aspekte:

1195 Bucher, Befähigung und Bevollmächtigung, 121 (unter Bezug auf Barth, Einander Priester sein, 215. 218). Die folgenden Seitenangaben im Text beziehen sich darauf.

1196 Unter Verweis auf Grethlein, Praktische Theologie, 165.169.172).

1197 Grethlein, Praktische Theologie, 328.

1198 Dalferth, Wirkendes Wort, 446.

- »in Lehr- und Lernprozessen hinsichtlich der Wahrnehmung seines gegenwärtigen Wirkens und der Hoffnung auf sein zukünftiges Handeln«,
- »im gemeinschaftlichen Feiern auf die Gleichheit der Menschen hin, die in deren Geschöpflichkeit und ihrem gemeinsamen Schüler-Verhältnis zu Jesus zum Ausdruck kommt« sowie
- »im Helfen zum Leben durch die Entdeckung, dass in dem/der hilfsbedürftigen Nächsten Jesus Christus selbst begegnet«.[1199]

Andererseits ist durchsichtig und plausibel zu machen, *wie die christlich motivierten kommunikativen Vollzüge »Menschen nachhaltig in ihrem Leben helfen«*[1200]. Damit wird der Fokus auf die Lebensrelevanz christlicher Kommunikationsprozesse gelegt. Theologisch ist dabei mit Karl Ernst Nipkow daran zu erinnern, dass »Religion [...] nicht in einzelnen Fähigkeiten zur ›Problemlösung‹ in ›Situationen‹ aufgeht, schon gar nicht in erfolgreicher Bewältigung (*coping*) von Problemen«[1201] (*coping* = »zurechtkommen«, »jemandem oder etwas gewachsen sein«, »mit etwas fertig werden«, »etwas bewältigen«). Das ist ein berechtigter Einwand. Zugleich ist daran festzuhalten, dass theologische Interpretationsfiguren immer *auch* in ihrer Lebensrelevanz auszuweisen sind. Die Relevanz ist stark zu machen, ohne damit zugleich immer alles nur in Relevanz aufgehen zu lassen. Religionspädagogisch fokussiert ließe sich formulieren: Lehr- und Lernprozesse sind in ihren Überlagerungen und Verknüpfungen mit Prozessen des Helfens zum Leben und des gemeinschaftlichen Feierns zu verstehen und zu gestalten.

Dabei können Empowerment-Diskurse auf sehr erhellende Weise *Aspekte von Evangelium mit Blick auf Fragen der Lebensbegleitung und -führung als zentral markieren* und zugleich vor einem paternalistischen Zugriff bewahren. Dazu gehört, sich nicht an vorab diagnostizierten Schwächen zu orientieren, sondern am Selbstbestimmungsrecht und der Selbstorganisationsfähigkeit von Individuen in ihren Kontexten. Dabei ist immer auch der Blick auf die Stärken bzw. die Ressourcen zu richten, die Menschen mitbringen. Der Zielpunkt einer solchen Wahrnehmung und dem daraus resultierenden Handeln liegt in der Ermöglichung einer »daseinsmächtigen Lebensführung«[1202].

1199 Grethlein, Praktische Theologie, 328 (im Original kursiv).
1200 Grethlein, Befähigung zum Christsein, 10 (im Original nicht kursiv).
1201 Nipkow, Bildungsverständnis im Umbruch, 133.
1202 Vgl. Röh, Soziale Arbeit, Gerechtigkeit und das gute Leben, 163.

Theologisch kann hier ein Blick auf sünden- und bußtheologische Aspekte sehr erhellend sein. So weist Georg Bucher darauf hin, dass Sünde als

> »Indexausdruck etwa für ungerechte politische Strukturen [...] oder auch Kulturen und Strukturen von die symmetrische Kommunikation des Evangeliums [...] gefährdenden und unterbindenden kirchlichen Amtsverständnissen und -theologien [steht und] auf individueller Ebene vielleicht dann als das zu beschreiben [ist], was sich der Verwirklichung neuer Lebensperspektiven [...] bzw. der Verwirklichung der eigenen Gaben und Charismen [...] im individualpsychologischen Sinn entgegenstellt und der ›Bewältigung‹ (wie wirksamer Befähigung) bedarf.«[1203]

Empowerment lässt sich nun – so Buchers Vorschlag – *als die »Suche nach und dem Ringen um angemessene Formen dessen sehen, was sich als Assistenz bezeichnen lässt«*[1204]. Diese Bestimmung greift in der theologischen Rückbindung und Explikation auf die Denkfigur vom allgemeinen Priestertum zurück. Dahinter steht ein Argumentationszusammenhang, den Bernd Schröder (geb. 1965) im Anschluss an Christian Grethlein formuliert hat. Schröder nimmt den Gedanken der »Assistenzfunktion«[1205] von Kirche auf, mit dem Grethlein die Notwendigkeit der Förderung der Kommunikation des Evangeliums in verschiedenen Sozialformen stark macht,[1206] und etabliert das Interpretament vom »Priestertum aller Getauften« als »Grundaxiom Praktischer Theologie«[1207]. *Auf diese Weise rückt »die Lebensführung und -deutung Einzelner ›unter Inanspruchnahme des Christlichen‹«* (149.157)[1208] *in den Mittelpunkt und wird zum »Dreh- und Angelpunkt einer so konzipierten Praktischen Theologie«* (149).

> *[Priestertum aller Gläubigen bzw. Getauften/Allgemeines Priestertum]*
> Die Varianten in der Bezeichnung des hier Genannten reichen »vom ›allgemeinen Priestertum aller Getauften‹ (Grethlein) über das ›Priestertum aller Gläubigen‹, das ›geistliche Priestertum‹ (Philipp Jakob Spener), ›gemeinsa-

1203 Bucher, Befähigung und Bevollmächtigung, 123 (unter Verweis auf Barth, Einander Priester sein, 158 f.237).

1204 A. a. O., 5 (im Original nicht kursiv).

1205 Schröder, Priestertum aller Getauften, 148.153.

1206 Vgl. Grethlein, Praktische Theologie, 339 f.

1207 Schröder, Priestertum aller Getauften, 148 (im Original nicht kursiv). Die folgenden Seitenangaben im Text beziehen sich darauf.

1208 Im Original nicht kursiv. Die Formel von der »Inanspruchnahme des Christlichen«

mes Priestertum‹ bis hin zum ›allgemeinen Priestertum‹ oder dem ›Priestertum aller Christen‹ (Kaufmann)«[1209]. Die damit verbundene Vorstellung, dass die Glaubenden bzw. Getauften Priester sind, geht auf 1Petr 2,9 (vgl. Apk 1,6; 5,10) zurück. Unter Berufung auf Hos 2,25 wird hier die Zusage an das Bundesvolk auf die Christen übertragen.
Im katholischen Verständnis ist die hierarchische Gliederung und Unterscheidung von Klerus und Laien konstitutiv. Aufgrund seiner »sakramental verstandenen Weihe unterscheidet sich der Priester vom allgemeinen Priestertum aller Gläubigen [...] nicht nur graduell, sondern auch qualitativ«[1210]. Der von Luther in seiner Adelsschrift von 1520 wahrscheinlich zum ersten Mal skizzierte Entwurf eines allgemeinen Priestertums rüttelte an dieser Ordnungsstruktur, indem er herausstellte, dass die Unmittelbarkeit der Gottesbeziehung durch Christus allen eröffnet sei.[1211] Insofern seien auch alle zu Priestern gemacht. Grundlegend für das Verständnis des allgemeinen Priestertums ist das Verständnis der Taufe. Beachtet man deren inklusiven, prozessualen und passivischen Charakter,[1212] öffnet sich eine Perspektive für die Einbeziehung Ungetaufter in die Denkfigur vom allgemeinen Priestertum. Auch die zur Taufe Eingeladenen, darauf Zugehenden und sie Begehrenden partizipieren an deren »das ganze Leben [...] orientierendem Charakter«[1213]. Das allgemeine Priestertum »beginnt nicht erst mit der Taufe, wiewohl es konstitutiv auf diese bezogen ist. Als theologische Denkfigur aber nimmt es alle Menschen in den Blick unter einer spezifischen Perspektive.«[1214]

Begreift man in wissenschaftstheoretischer Perspektive Praktische Theologie und Religionspädagogik aufgrund desselben Gegenstandes und gemeinsamer Verfahrensweisen im Umgang damit als »disziplinäre Geschwister«[1215], erweist sich die hier benannte Leitperspektive auch religionspädagogisch als höchst relevant. Sie unterstreicht, dass *die Modi in der Kommunikation des Evangeliums nicht getrennt werden dürfen*, dass also auch Lehr- und Lernprozesse den Bezug zum Feiern und Helfen zu

übernimmt Schröder von Albrecht Beutel, der damit »die identitätsstiftende Kenntlichkeit des kirchengeschichtlichen Stoffes« beschreiben will; vgl. Beutel, Nutzen und Nachteil, 5 f.

1209 Bucher, Befähigung und Bevollmächtigung, 148 (unter Bezug auf Thomas Kaufmann, An den christlichen Adel deutscher Nation von des christlichen Standes Besserung [Kommentare zu Schriften Luthers 3], Tübingen 2014.

1210 Körtner, Ökumenische Kirchenkunde, 112.

1211 Vgl. genauer dazu Bucher, Befähigung und Bevollmächtigung, 150–155.

1212 Vgl. Grethlein, Taufpraxis in Geschichte und Gegenwart.

1213 Grethlein, Praktische Theologie, 583.

1214 Bucher, Befähigung und Bevollmächtigung, 157.

1215 Schröder, Religionspädagogik, 177.

wahren haben. Zugleich rückt die Frage danach in das Zentrum, *was ein Mensch eigentlich lernen muss, um als Christ leben zu können, und zwar sowohl befähigungs- wie bevollmächtigungstheoretisch.* Hinsichtlich Ersterem hat Christian Grethlein bereits 2005 eine fachdidaktische Konkretisierung vorgenommen, indem er das Ziel religionsunterrichtlichen Handelns im Sinne des ganzheitlichen Kennenlernens, Sich-Entscheiden- und Andere-Verstehen-Könnens beschrieben hat.[1216] Dies wäre nun in der Perspektive der Bevollmächtigung auch didaktisch weiter auszuziehen, wobei dies alles im Horizont des »Überwältigungsverbots«[1217] zu geschehen hat. Orientierend kann hier die Denkfigur des allgemeinen Priestertums sein, insofern *damit die Einzelnen in ihren Entfaltungsmöglichkeiten mit Blick auf die im Evangelium angelegten Perspektiven* beschrieben werden. So gesehen wäre jeder Mensch »zum allgemeinen Priestertum geboren«[1218]!

Dem korrespondiert eine Sicht auf den Einzelnen in seiner »Interdependenz« (241), also seiner sozialen und ökologischen Verwobenheit und Abhängigkeit. Der systematische Theologie Hans-Martin Barth (geb. 1939) spricht hier von der »Gegenseitigkeit« (222), die untrennbar mit der Denkfigur des allgemeinen Priestertums verbunden ist. Neben der zweifelsohne wichtigen emanzipatorischen Seite (alle Glaubenden dürfen sich als Priester verstehen), die besonders klar im Bildungsbegriff ausgezogen wird, ist damit noch auf eine »konstruktive Seite dieses Ansatzes« (222) zu verweisen, die nicht zuletzt in Empowerment-Diskursen ihre Entsprechung findet: »Alle dürfen sich als Priester füreinander begreifen!« (222) Dazu gehört eben auch die Funktion, »Sorgen anderer Menschen zu übernehmen und sich mit ihrer Schuld zu identifizieren.« (222)

> Der Gedanke des allgemeinen Priestertums ist »nicht nur als Idee« zu erfassen, sondern muss »vor allem als Lebensstil verwirklicht werden« (222). Notwendig dafür ist »auch das Wissen um die eigenen Grenzen und um die Verletzlichkeit des Partners« (223).

1216 Vgl. Grethlein, Fachdidaktik, 272.276.

1217 Beutelsbacher Konsens, unter: http://www.bpb.de/die-bpb/51310/beutelsbacher-konsens (zuletzt abgerufen am 17.09.18); vgl. auch die Ausführungen im vierten Teil unter 4.1.2).

1218 Barth, Einander Priester sein, 208. Die folgenden Seitenangaben im Text beziehen sich darauf.

> Der Mensch tritt hier in seiner Vulnerabilität (lat. vulnerare = verwunden), also in seiner Verwund- und Verletzbarkeit, in den Blick. Das kann zu einer realistischen und geradezu unerlässlichen »Erdung« der Stärkenorientierung beitragen. Rechtfertigungstheologisch gesehen, ist der Mensch gerade vom Zwang zur Selbstbehauptung befreit. Das hilft dazu, Momente der Endlichkeit und »Verdanktheit« (im Sinne der Geschöpflichkeit) von vornherein einzuweben. Theologisch-anthropologisch ist damit die Fokussierung auf das »autonome Subjekt«, das in Eigenregie die eigenen Lebensumstände aktiv gestaltet, als ultimative Zielperspektive anzufragen.

Dem »Prinzip der Gegenseitigkeit« (223) korrespondiert eine »Aufmerksamkeit für die Welt um uns herum, in der gegenseitigen Angewiesenheit auf Liebe und Verzeihen, [...] vor allem auch in der Förderung eines gegenseitigen Begabungsprozesses«[1219]. Vulnerabiltät und Solidarität sind zusammenzudenken. Deutlich wird dabei aus theologischer Perspektive, dass Empowerment letztlich als ein »Wagnis in Freiheit« zu verstehen ist, das »nicht zum Gelingen verdammt, sondern auf Hoffnung hin eröffnet wird, das Vulnerabilität und Fragmentarität anerkennen und nur so Autonomie und Entschiedenheit (im Hinblick auf selbstbestimmte Lebensführung) zumuten kann«[1220]. Letztlich handelt es sich hier um eine nicht abschließbare Bewegung. »*Empowerment* als alltägliche Hilfe zum Leben braucht bzw. ist verwiesen auf Empowerment und setzt es (idealiter) selbst wiederum frei.«[1221]

Die hier skizzierte Richtung lässt sich auch begabungstheoretisch ausziehen. Die für Empowerment-Diskurse grundlegende Orientierung an vorhandenen Begabungen und Ressourcen (sog. Stärken-Orientierung) steht in der Gefahr, Wesentliches zu übersehen, wenn man sich nur auf Vorfindliches konzentriert. Dem »rechtfertigenden Zuspruch Gottes« entspricht ein »kreatorisch(er)«, jedenfalls »weniger konstativ[er]«[1222] Zugang im Blick auf Begabungen. Er beschränkt sich nicht auf die »Akzeptanz und Entwicklung des (scheinbar) Vorfindlichen, sondern hat schöpferische Züge.« (276) Zum Vorfindlichen kann etwas hin-

---

1219 Steinmeier, Verwundbare Freiheit, 146.

1220 Bucher, Befähigung und Bevollmächtigung, 160. Bucher erinnert hier auch an die »Vorgängigkeit des Anerkanntseins im Personsein«, damit »›Stärken-‹ und ›Ressourcenorientierung‹ ›Selbstbestimmung‹, ›Eigenverantwortung‹ und ›solidarische Vernetzung‹ als vorletzte Ziele im Blick bleiben.« (160 f.)

1221 A. a. O., 162.

1222 Lütze, Religionsunterricht, 276. Die folgenden Seitenangaben im Text beziehen sich darauf.

zukommen. Pädagogisch ergibt sich eine Akzentverschiebung, »wenn der ursprünglich schöpfungstheologische Begabungsbegriff rechtfertigungstheologisch neu justiert wird.« (277): Der Blick wird damit auf das schöpferische Potenzial der Zuwendung Gottes gerichtet. Ein neuer Horizont eröffnet sich. Dessen Nutzung freilich kann nicht erzwungen werden.

5.3.2 Von Empowerment-Diskursen her auf die Kommunikation des Evangeliums geschaut

Dass Empowerment-Diskurse vielfältige Anknüpfungsmöglichkeiten aus theologischer Warte in sich bergen, ist bereits deutlich geworden. Interessant ist nun, dass sich auch aus den Diskursen selbst Bezugnahmen auf theologische Denkfiguren aufzeigen lassen. So weist Georg Bucher darauf hin, dass Barbara Levi-Simon in ihrem einflussreichen Lehrbuch zur Empowerment-Tradition in der Geschichte der amerikanischen Sozialarbeit deren geistige und politische Wurzeln bereits im Zeitalter der Reformation sieht, »was sich u. a. in der Lesart der Idee vom ›Priestertum aller Gläubigen‹ als ›Vorläufer zu den demokratischen Neigungen Empowerment-basierter-Praktiken und deren Entthronung der unhinterfragten Herrschaft der Experten‹ ausdrückt«[1223]. Bucher spricht hier zu Recht von einem »Ankerpunkt für eine Reihe weiterer Strukturanalogien zwischen den Empowerment-Ansätzen in den helfenden Berufen und der reformatorischen Denkfigur« (7) des allgemeinen Priestertums und nennt die »konsequent subsidiäre wie altruistische Grundausrichtung [...], die konstitutive Relevanz, die den Stärken und Ressourcen bzw. ›Charismen‹ bei der Wahrnehmung der Individuen zugemessen wird, die Orientierung an den wechselseitig aufeinander bezogenen und in die politische Dimension verweisenden Prinzipien der Selbstbestimmung und Partizipation sowie den sich daraus ergebenden konsequenten Einspruch gegen den ›Terror der Fachkompetenz‹ und die ›Entmündigung der Laien‹« (6 f.).

Die hier skizzierten Punkte sind auch theologisch nicht zuletzt deshalb von großem Interesse, weil auf diese Weise »der Theorie des allge-

---

1223 Bucher, Befähigung und Bevollmächtigung, 6 f. (unter Bezug auf Simon, Empowerment, 35). Die folgenden Seitenangaben beziehen sich darauf.

meinen Priestertums zu größerer Klarheit über sich selbst«[1224] verholfen und damit auch die Rahmentheorie der Kommunikation des Evangeliums hinsichtlich ihrer religionspädagogischen Leistungsfähigkeit näher bestimmt werden kann.

Fasst man die an *empowerment* orientierten Konzeptionen zusammen, so lassen sie sich als »Reflexionsbewegungen rund um die Frage des Verhältnisses des Einzelnen zu professionalisierten und institutionalisierten Formen der Assistenz« lesen, »die von der Grenzbestimmung getragen werden, dass letztere sich selbst überflüssig machen«[1225]. Damit rückt der Einzelne in seiner Lebensführung innerhalb spezifischer Rahmenbedingungen und einer konkreten sozialen Umgebung (community) in das Zentrum der Überlegungen, dem alles andere funktional zuzuordnen ist. Diese Zielrichtung ist religionspädagogisch sehr aufschlussreich. Einerseits bietet sie in ihrer Ausrichtung am Einzelnen und der Entfaltung der in ihm angelegten Möglichkeiten eine Anknüpfungsmöglichkeit an den Bildungsdiskurs. Andererseits wird deutlich darüber hinausgegangen, indem die Einzelnen in ihren Vernetzungen bedacht werden und dabei zugleich deren Verletzlichkeit und Fragmentarität grundlegend in den Blick tritt. Schließlich geht es immer auch um Benachteiligungen, Einschränkungen und Begrenzungen, die die lebensweltlichen Kontexte bestimmen und prägen. Wer eine »daseinsmächtige Lebensführung«[1226] ermöglichen will, kann daran nicht vorbeisehen.

Damit lässt sich gut an Überlegungen von Peter Biehl anschließen, der Bildung als Prozess der Subjektwerdung des Menschen in der Gesellschaft beschrieben hat, in dem Menschen die ihnen innewohnenden Möglichkeiten entfalten. Auf dieser Linie lässt sich Empowerment unmittelbar als Befähigung und Bevollmächtigung zu genau diesem Prozess verstehen, »im Sinne des Freilegens von Möglichkeiten (als Stärke und Ressourcen)«, *wobei* sich ein neuer Akzent ergibt, indem der Mensch dabei in seiner Konflikthaftigkeit und ökosozialen Relationalität in den Blick tritt. Ein wesentlicher Hinweis liegt darin, einen Menschen nicht auf sein Handicap bzw. seine Probleme und Schwierigkeiten festzulegen, sondern nach den Ressourcen zu suchen, die in ihm liegen.

1224 Barth, Einander Priester sein, 209.

1225 Bucher, Befähigung und Bevollmächtigung, 90.

1226 Röh, Soziale Arbeit, Gerechtigkeit und das gute Leben, 254.

Die sog. Stärken-Orientierung ist dabei nicht einseitig auf den Einzelnen gerichtet, sondern »personal- und umweltbezogen sowie prozessual über die Ebenen Individuum, Gruppe, Institution und Gemeinde perspektiviert und somit wesentlich« als Ressource im Blick (168).[1227]

Die damit gesetzte Horizonterweiterung ist auch religionspädagogisch von Bedeutung. Allerdings gibt es Erfahrungen der Schwachheit und Sinnlosigkeit, die nicht auf bloßer Verschüttung von Ressourcen beruhen. Hier kommt die Ressourcenorientierung an eine Grenze. Rechtfertigungstheologisch ist daran zu erinnern, dass der Blick auf menschliches Leben konstitutiv nicht durch Postulate zur Eigenaktivität oder Selbstbestimmungsfähigkeit begründet werden darf. Aus einer Orientierung an Menschenstärke kann sonst leicht eine Ideologie der Menschenstärke werden. Durch das Rechtfertigungsgeschehen ist der Mensch gerade vom Zwang zur Selbstbehauptung befreit.

Die hier skizzierte Linie lässt sich auch schöpfungstheologisch im Interpretament der Gottesebenbildlichkeit ausführen. Weil der Mensch »als durch Gott angesprochenes Geschöpf Person und damit Mensch ist, ist die Ansprechbarkeit aufgrund seines Angesprochenseins der Grundzug des Menschen, der ihm in der Gemeinschaft mit anderen Menschen in der Welt Subjekt zu werden ermöglicht und ihn zum eigenen Ansprechen und Sprechen befähigt«[1228]. Peter Biehl hat das religionspädagogisch fruchtbar gemacht, indem er das Personsein als Grund bestimmt, der menschlicher Freiheit und Selbstbestimmung immer voraus liegt. »Subjekt muß der Mensch im Prozeß seiner Bildung erst werden, Person ist er immer schon«[1229]. Theologisch-anthropologisch ist damit die Rede vom autonomen Subjekt, das in Eigenregie die eigenen Lebensumstände aktiv gestaltet, als Bezugspunkt anzufragen, insofern immer auch begrenzende Momente ins Spiel zu bringen sind. Zu denken ist hier beispielsweise an die Endlichkeit und Verdanktheit menschlicher Existenz.

Der Mensch wird innerhalb der Empowerment-Diskurse in seinen Kommunikationen wahrgenommen. Das führt auch zu einer Neubestimmung des Subjektbegriffs, der sich nun innerhalb der kommunikationstheoretischen Zuordnung einzufügen hat. Konstitutiv für Kom-

---

1227 A. a. O., 171, unter Verweis auf Herriger, Empowerment, 96–99.

1228 Dalferth/Jüngel, Person und Gottesebenbildlichkeit, 91.93 f.

1229 Biehl, Gottesebenbildlichkeit, 40.

munikation ist die Beziehung, »an der freilich Einzelne partizipieren. ›Subjekt‹ bzw. ›Individuum‹ werden [...] integriert und figurieren nicht mehr als grundlegende Begriffe«[1230]. Zugleich jedoch fängt der Subjektbegriff etwas ein, was kommunikationstheoretisch alles andere als selbstverständlich ist, »nämlich die distanzierende Reflexion von kommunikativen Vollzügen und damit die Ermöglichung von Distanzspielräumen«[1231]. Vor allem in der Gestaltung von Lernprozessen ist das von grundlegender Bedeutung. Insofern kann auf den Subjektbegriff nicht gänzlich verzichtet werden. Zwar ist die Autonomie des Subjekts »strukturell-machtlogisch stets gefährdet«, als »Fluchtpunkt für die Zielbestimmung pädagogischen Handelns« (69) jedoch ist sie unaufgebbar.

Im Rahmen einer solchen Perspektive werden die Lernenden nun als Subjekte adressiert, die zu »Selbstbestimmung, Autonomie und Wahrheit sowie zur Solidarität« fähig sind, wobei »ihre innere wie äußere Vulnerabilität die bleibende Notwendigkeit von *empowerment* als Assistenz-Prozess indiziert« (129).

Der Bildungsbegriff steht stärker in der Gefahr, in der Betonung von Selbstreflexivität und Individualität Lernen »radikal« zu vereinzeln, indem »Differenzen so weit dispersiv« gedacht werden, »dass nicht einmal eine Tendenz auf Einheit sichtbar wird«[1232]. Das hängt damit zusammen, dass der »Schwerpunkt auf die eigene Autonomie, Selbsttätigkeit, Selbstwirksamkeit, Selbstattribuierung« bei einseitiger Gewichtung übersieht, dass »jeder Mensch anthropologisch gesehen auf andere angewiesen ist«.[1233]

Über die Empowerment-Diskurse kann nun im Rückgriff auf den Solidaritätsbegriff genau diese Perspektive stark gemacht und eingetragen werden, »sich für gemeinsame Ziele oder für Ziele anderer einzusetzen, die man als bedroht und gleichzeitig als wertvoll und legitim ansieht«[1234]. Solidarität fußt in der »Tatsache der als Gemeinsamkeit wahrgenommen[en] Bedrohtheit und Verletzlichkeit, die nicht anthropologisch-abstrakt und generalisierend, sondern kontextuell-konkret

1230 Grethlein, Praktische Theologie, 147.

1231 Bucher, Befähigung und Bevollmächtigung, 130. Die folgenden Seitenangaben im Text beziehen sich darauf.

1232 Grümme, Heterogenität in der Religionspädagogik, 242.

1233 Nipkow, Religiöse Bildung, 367.

1234 Wildt, Solidarität, 1004.

und strukturell-politisch im Sinne der Orientierung an Bedingungen der Möglichkeiten guten Zusammenlebens gefasst werden will und auf die Bereitschaft abzielt, sich in die Nöte des Anderen verstricken zu lassen«[1235].

Wie Georg Bucher zu Recht betont, bedingen Vulnerabilität und Solidarität einander. Subjekten wird sowohl die Stärke als auch die Verantwortung zugetraut, »sich angesichts aller Unterschiede zu auf Transformation zielender Aktion solidarisch zu vernetzen und so einen spezifischen Modus von Resilienz und damit Freiheit zu aktualisieren«[1236] (72). Es geht hier um eine »Balancefigur aus Passivität und Aktivität« (72), die bei der Rede von *action* kritisch in Anschlag zu bringen ist und sich gut an die Theorie von der Kommunikation des Evangeliums anschließen lässt, handelt es sich beim *euangelizesthai* doch um ein Oszillieren zwischen Aktiv und Passiv, was deutlich auch in der Fassung des *genus verbi* als Medium vor Augen tritt.[1237]

Zentral in alledem ist die Erkenntnis, dass eine Befähigungspraxis »den Resonanzraum von Selbstwirksamkeitserfahrung im Sinne von Teilhabe« (74) benötigt. Damit verweist *empowerment* »auf die Dimension der Transformation bestehender Strukturen in Richtung vertiefter institutioneller wie kommunikativer Öffnung und Transparenz« (74)[1238]. Verbunden damit ist ein »Ausloten partizipativer Spielräume für Lebensweltgestaltung bzw. allgemeiner: für die ›Wirklichkeit, [...] wie sie sein *könnte*‹« (74 f.).[1239]

Eine an Empowerment orientierte Religionspädagogik wird insofern neu dafür sensibilisiert, dass christlich motivierte Lernprozesse »transformierende kommunikative Prozesse«[1240] sind, die letztlich auf die Bewältigung des Lebens ausgerichtet sind. Den Ansatzpunkt bildet dabei nicht primär »die – evtl. sogar als für das Eigentliche gehaltene – Ebene der (inneren) Sinnzuschreibungen und ›Transzendenzbezüge‹ [...]

1235 Bucher, Befähigung und Bevollmächtigung, 72. Die folgenden Seitenangaben im Text beziehen sich darauf.

1236 Unter Bezug auf Grümme, Heterogenität in der Religionspädagogik, 241.

1237 Vgl. Grethlein, Praktische Theologie, 161; vgl. dazu auch die Ausführungen im vierten Teil unter 4.1.2.

1238 Unter Bezug auf Riegel, Bildung – Intersektionalität – Othering, 314.

1239 Im Zitat von Nipkow, Grundfragen 1, 84.

1240 Schmidt, Leitfaden Religionspädagogik, 55.

und also nicht die Suche nach religioiden, religionsaffinen oder religiösen ›Mustern‹ [...], sondern konkrete, praktische Gestaltungsformen menschlichen Lebens bzw. besser: menschlicher Kommunikation«[1241]. Inhaltlich erfolgt dabei eine Rückbindung an die im Evangelium als Speichermedium zugänglichen Kommunikationsmodi und Möglichkeit der sich darin ereignenden liebenden und wirkenden Gegenwart Gottes, die im Evangelium als Übertragungsmedium Ereignis wird.

5.4 Religionspädagogik als Theorie evangelischen Empowerments: Bündelung grundlegender Aspekte

Dass Religionspädagogik nicht allgemein, sondern immer nur mit Blick auf die »Gestalt einer konkreten empirischen Religion«[1242] entworfen werden kann, ist bereits in der Einführung zu diesem Lehrbuch ausgeführt worden. Zugleich spielen die Zugangsperspektiven eine wesentliche Rolle, die in der Wahrnehmung und Beschreibung des Gegenstandsbereichs[1243] eingenommen werden. Die Fachbezeichnung »Religionspädagogik« rückt dafür zunächst einmal den Religionsbegriff ins Zentrum. Dessen Stärke liegt vor allem in der allgemeinen Gebräuchlichkeit und der damit gegebenen Möglichkeit, Religion als spezifische Art und Weise der Welt- und Lebensdeutung an Deutungsprozesse allgemeiner Art anschließen zu können. Zugleich ergeben sich kritische Anfragen. Sie verweisen einerseits auf die Gefahr der Übergriffigkeit, indem beispielsweise andere Glaubensrichtungen als Religion in den Blick genommen werden, was deren Selbstverständnis deutlich widersprechen kann. Andererseits zeigt sich – vor allem im religionsdidaktischen Zugriff – eine Tendenz, Religion um der Domänenspezifik und damit letztlich um ihrer schultheoretischen Anschlussfähigkeit willen in ihrem Gegenstandsbereich zu beschränken und damit wichtige Dimensionen aus dem Blick zu verlieren.

Eine Religionspädagogik, die christlich motiviertes Lehren und Lernen wahrnehmen und handlungsorientierend begleiten will, tut dies in

1241 Bucher, Befähigung und Bevollmächtigung, 104 Anm. 441.

1242 Dressler, Unterscheidungen, 132.

1243 Vgl. Rothgangel, Religionspädagogik im Dialog, 27–33.

Auseinandersetzung mit einem spezifischen Gegenstand, für dessen Bezeichnung sich die Kurzformel von der Kommunikation des Evangeliums bewährt hat. Daraus ergeben sich auch spezielle Schwerpunktsetzungen. *Die Kompetenzen und Zuständigkeiten einer Religionspädagogik als Disziplin evangelischer Theologie liegen nicht einfach »in der Wahrnehmung, Deutung und Förderung von Religiosität(en), sondern von solchen Ausprägungen der Lebensführung und -deutung, die als christlich ansprechbar sind«*[1244]. Dass dafür »Bezugnahmen auf Religion und Religiosität bzw. auf nicht-christliche Religionen in der Lebensführung und -deutung von Menschen« (152) wichtig und unverzichtbar sind, steht außer Frage. Verständigungskategorien wie »Religion« oder »Spiritualität« werden benötigt, um die Grenzen des Gegenstandsbereichs immer wieder neu auszuloten und Diskursmöglichkeiten in verschiedenen Feldern bzw. Referenzrahmen zu schaffen. »Deren Inblicknahme ist als deskriptive bzw. analytische Aufgabe, zudem als Analogie und Gesprächspartner, als Kontraktmodell oder Konkurrenz unverzichtbar.« (152)

Eine Religionspädagogik, deren Gegenstand »die Kommunikation des Evangeliums im Medium von Lernprozessen, sei es Sozialisation, sei es Unterricht oder Erziehung, sei es Bildung«[1245] *darstellt, »rückt die Lebensführung und -deutung der Individuen in den Fokus«*, also »das Zu-sich-und-zu-seiner-Welt-in-ein-ausdrückliches-Verhältnis-Treten« (152). Auf diese Weise gewinnen die Interdependenzen von Menschen neue Aufmerksamkeit.

Die Kommunikation des Evangeliums zielt auf ein »neues Verständnis des alltäglichen Lebens«[1246]*, also auf eine »Lebensgestaltungsoption«*[1247].

Eine solche Ausrichtung korrespondiert mit der in den Empowerment-Diskursen eingeschlagenen Grundrichtung und gibt ihr zugleich ein eigenes Gepräge. Zum einen wird deutlich, dass *die Orientierung an Befähigung* (und somit an anzustrebenden Kompetenzen) *eine Verschränkung mit derjenigen an Bevollmächtigung braucht.* Verbunden

1244 Schröder, Priestertum aller Getauften, 152 (im Original nicht kursiv). Die folgenden Seitenangaben im Text beziehen sich darauf.

1245 Schröder, Religionspädagogik, 10 (im Original nicht kursiv).

1246 Grethlein, Praktische Theologie, 587 (im Original nicht kursiv).

1247 Schröder, Priestertum aller Getauften, 149 (im Original nicht kursiv).

damit ist ein kritischer Blick auf die strukturellen wie emanzipatorischen Aspekte von Bildungs-, Erziehungs- und Sozialisationsprozessen. Die Teilhabefrage wird neu in das Blickfeld gerückt. Religiöse Bildung, Erziehung und Sozialisation ist »nicht nur auf einen individuell-intersubjektiven Bereich«[1248] zu beschränken. Norbert Mette spricht in seinem Lehrbuch von einer »Befähigung zur Identität in universaler Solidarität« (139) und weist damit auf notwendige Lernprozesse hin, die es ermöglichen, das »eigene Selbst« nicht »gegen andere zu behaupten und durchzusetzen«, sondern »im kreativen Umgang mit ihnen sich in seiner Einmaligkeit und Unverwechselbarkeit zu erkunden und zu erproben« (140).

Auf dieser Linie bewegt sich auch eine an Empowerment orientierte Religionspädagogik. Damit Pluralität als »›heilsame‹ und unhintergehbare Selbstbegrenzung« begriffen werden kann, die eine »offene Begegnung mit den ›Anderen‹ ermöglicht«[1249], braucht es das »Angebot lebbarer Formen des Umgangs«[1250] damit.

Genau in der Konzentration auf ein solches *Angebot lebbarer Formen* liegt eine wesentliche Pointe einer an Empowerment orientierten Religionspädagogik. *Der Schwerpunkt liegt auf einer das Christliche in Anspruch nehmenden, darauf fußenden und sich davon berühren lassenden Lebensform.*

Auch im Kompetenzerwerb bei Lehr- und Lernprozessen ist *neben der Befähigung zum Erwerb verschiedener Fähigkeiten die Dimension der Be(voll)mächtigung im Sinne von Selbstwirksamkeits- und Relevanzerfahrungen einzuziehen,* damit sich eine lebensweltliche Bedeutsamkeit eröffnen kann. Mit dem katholischen Religionspädagogen Burkhard Porzelt (geb. 1962) lässt sich hier von einem »Prüfstein«[1251] jeglicher religionsdidaktischer Bemühungen sprechen.

Das unterstreicht noch einmal die Notwendigkeit zur Gesamtschau auf die unterschiedlichen Kommunikationsmodi. Auch in der Konzentration auf Lehr- und Lernprozesse ist der Zusammenhang mit

---

1248 Mette, Religionspädagogik, 140. Die folgenden Seitenangaben im Text beziehen sich darauf.

1249 Bucher, Befähigung und Bevollmächtigung, 45.

1250 Wunderlich, Pluralität, 40

1251 Porzelt, »Ein Erlebnis, das mir wirklich wichtig war.«, 153–166. Porzelt bezieht sich hier auf die korrelative Didaktik.

»gemeinschaftlichem Feiern« und dem »Helfen zum Leben« (in der Dimension des Helfens und sich Helfenlassens) zu wahren.

In alledem kann *Relevanz als das entscheidende »Medium von Aneignungsvollzügen«*[1252], wozu auch Lernprozesse gehören, gelten. Das aus Empowerment-Diskursen stammende Konzept der Selbstwirksamkeit ergänzt die Rede von der Relevanz, wie Bucher überzeugend herausarbeitet. Die aus dem Relevanzerleben »resultierende positive Selbstwirksamkeitserwartung (verstanden als ›die subjektive Gewissheit, neue oder schwierige Anforderungssituationen auf Grund eigener Kompetenz bewältigen zu können‹ bzw. eine positive, persönliche Einschätzung eigener Handlungsmöglichkeiten‹)«[1253] kann zu einer Ressource im Blick auf zukünftige lebensbedeutsame Herausforderungen werden.

Eine solche an lebensweltlichen Vollzügen orientierte Religionspädagogik steht stets in der Spannung von »Transformation und Affirmation«[1254], von Vertrautem bzw. Wiederkanntem und Neuem. Beides ist aufeinander zu beziehen. Die zentrale Frage lautet dabei, inwiefern die christlichen Kommunikationsmodi und Gestaltungsformen »zu einer Erweiterung der Handlungsfähigkeit von Subjekten, zum Aufbau von Bewältigungskulturen in den verschiedenen Sozialformen [...] und zum kritischen Umgang mit gesellschaftlich freigesetzten Bewältigungsproblemen«[1255] beitragen können. Dem korrespondiert, dass es sich hier um ein ganzheitliches Kommunikationsgeschehen handelt, das also die kognitive, affektive und pragmatische Dimension gleichermaßen einschließt und in dem sich das Evangelium als lebensbedeutsam erweist.

Evangelisches Empowerment im Sinne einer Orientierung am Evangelium nimmt Menschen in ihrer Geschöpflichkeit und Gottesebenbildlichkeit in den Blick und sieht gerade deshalb in ihnen Subjekte, die zu Selbstbestimmung, Autonomie, Wahrheit und Solidarität fähig sind, ohne dabei deren Begrenzungen und Verletzlichkeiten aus dem Blick zu verlieren. Im Gegenteil: *Gerade die dem Menschen inne-*

1252 A. a. O., 222 (im Original nicht kursiv).

1253 Bucher, Befähigung und Bevollmächtigung, 97 f., unter Bezug auf Hardina/Middleton/Montana/Simpson, Empowering, 224 f.; Schwarzer/Jerusalem, Das Konzept der Selbstwirksamkeit, 35.

1254 Stetter, Predigt als Praxis, 28.

1255 Bucher, Befähigung und Bevollmächtigung, 108 f.

wohnende innere wie äußere Verletzlichkeit verlangt nach Empowerment im Sinne einer Unterstützung, die von der einem Menschen grundsätzlich gegebenen Möglichkeit von Selbsttätigkeit und Freiheit ausgeht. »Kurz: Die zu empowernden Subjekte sind frei und (darin) verwundbar.«[1256] Damit ergibt sich eine Neujustierung im kommunikationstheoretischen Zugriff, insofern nun neben den Kommunikationen die Kommunizierenden neu in das Blickfeld treten.

Evangelisches Empowerment kann vor diesem Hintergrund – schöpfungstheologisch (über die Vorstellung einer *creatio continua*) bzw. rechtfertigungstheologisch – als stetiger Prozess der Subjektwerdung verstanden werden, und zwar in, mit und unter aller Fragmentarität und Verletzlichkeit. Evangelium ist dabei als Ereigniskategorie zu verstehen, das den Menschen auf- und neu ausrichtet.[1257] Auf diese Weise ist es möglich, die Potenziale von Menschen »ressourcenorientiert«[1258] aufzunehmen und gleichzeitig den »widerständigen Impuls« nicht zu verschweigen, insofern »sie Dimensionen von ›Annahme, Würdigung und Inanspruchnahme geschöpflichen Lebens‹ umfassen, was insgesamt dann als evangelisch-theologisch verantwortete Rede dessen gelten kann, was in den Empowerment-Diskursen verkürzt als ›Stärkenorientierung‹ begegnet«.[1259]

Zugleich ergibt sich durch Empowerment eine *Akzentverschiebung hinsichtlich der Zielperspektive religionspädagogischen Handelns*, insofern hier der Lernende als kommunizierender und damit in Interdependenzen agierender Mensch in den Blick genommen wird. Vor allem der Aspekt der Bevollmächtigung hat immer auch mit Vergemeinschaftungsprozessen zu tun. Die Erweiterung der Möglichkeiten, das »Leben zu bestimmen«,[1260] korrespondiert mit kollektiven Vernetzungen, durch die wiederum »Lebenskräfte« aktiviert und angeeignet werden sollen.

Damit verbunden ist eine Präzisierung auf subjektivitätstheoretischer Ebene, auf die Bucher auch hinweist: »›Keine Subjektivität ohne

---

1256 A. a. O., 129, unter Bezug auf Steinmeier, Verwundbare Freiheit.

1257 Ein solches Verständnis von Evangelium lässt sich bereits in der Konkordienformel erkennen, wenn es heißt, dass das Evangelium den Menschen und sein Gewissen »wieder aufrichtet«; vgl. dazu den Hinweis von Kirchmeier, Drei Kommunikationsmodi, 43.

1258 Schlag, Religionspädagogik, 76.

1259 Bucher, Befähigung und Bevollmächtigung, 76, unter Bezug auf Thomas, Taufe, 90.

1260 Rappaport, Plädoyer, 269.

Intersubjektivität‹, und ebenso: Autonomie ist nicht Autarkie.«[1261] Was religionsphilosophisch mit Blick auf Religion als gelebte Praxis unter dem Stichwort der »*gemeinschaftlichen Lebenspraxis*«[1262] bereits zu markieren ist, tritt um so stärker im Zugriff auf die Theorie von der Kommunikation des Evangeliums hervor. Sie verweist unaufgebbar auf die intersubjektive, dialogische bzw. gemeinschaftliche Dimension und ist letztlich nur in ihrer kontextuellen Profilierung denkbar. Unterschiedliche Kontexte werfen verschiedene Fragen auf und markieren unterschiedliche Herausforderungen, die wiederum die Kommunikation des Evangeliums bestimmen. Die jeweils spezifisch zu profilierende »Lebensgestaltungsoption«[1263] kann vom Grundansatz her letztlich nur eine *solidarische* sein.

Dass es in allem nicht um ein Gegenüber von Inhalts- und Lebensweltrelevanzorientierung gehen kann und soll, sondern um eine Verschränkung, macht Bucher mit Blick auf unterrichtliche Vollzüge deutlich. Wie sich am Zusammenhang von Abendmahl und Solidarität[1264] oder Taufpraxis und egalitär-inklusiver und partizipativer Praxis[1265] zeigen lässt, geht es darum, über eine *dialogische Kommunikation* grundsätzliche wie auch je neu aktualisierte Vulnerabilitäten aufzuzeigen und »die darin grundgelegte Befähigung und Bevollmächtigung zur solidarischen Vernetzung, zur Interaktion und zu Aktion, kurz: *christliches Empowerment*« explizit zu machen, indem »die solidarischen und transformatorischen Tiefendimensionen und Impulse religiöser Vollzüge (Beten, Segnen, Singen, Feiern) und der symbolisch verdichteten Deutungsangebote in ›Schrift und Tradition‹«[1266] erarbeitet und vor Augen geführt werden.

Damit wird an eine notwendige *Differenzierung* erinnert *zwischen den Kommunikationsmodi*, die als grundlegend anzusehen und hin-

---

1261 Bucher, Befähigung und Bevollmächtigung, 117, mit Zitat von Dierken, Inter-Subjektivität, 347.

1262 Dalferth, Wirklichkeit des Möglichen, 92. Dalferth betont weiter, dass Religion als gemeinschaftliche Lebenspraxis »keine soziale Veräußerlichung der für das Eigentliche gehaltenen religiösen Innerlichkeit« sei, »sondern eher umgekehrt dasjenige, ohne das es kein individuelles religiöses Leben und Bewusstsein geben könnte« (ebd.).

1263 Schröder, Priestertum aller Getauften, 149.

1264 Vgl. Barth, Einander Priester, 194.

1265 Vgl. Grethlein, Taufpraxis, 182 u. ö.

1266 Bucher, Befähigung und Bevollmächtigung, 75.

sichtlich ihres Kontakts zu Gott[1267] zu unterscheiden sind, *sowie den konkreten Kommunikationsformen* (Schröder spricht hier von »Vollzugsformen«), die sich hinsichtlich ihrer anthropologischen, kulturgeschichtlichen, theologischen und kirchlichen Fundierung unterscheiden lassen. Die hier nun vorlegte Systematik ist nicht »zwingend«, sondern versteht sich als Versuch, »in dynamischen Lebensvollzügen begegnende und somit stets individuelle Kommunikationen geordnet zur Darstellung zu bringen«[1268]. Auf diese Weise soll der theologisch bestimmte Kern des religionspädagogischen Gegenstandsbereichs beschrieben werden.

Ergänzt wird er in der folgenden Darstellung durch unterschiedliche Verständigungskategorien. Sie markieren den Versuch, die Grenzen des Gegenstands immer wieder auszuloten und Begriffe zu finden, die in unterschiedliche Bereiche hinein kommunizierbar sind. Das Schema auf der folgende Seite soll das noch einmal verdeutlichen.

Empowerment markiert eine spezifische Perspektive, unter der die Kommunikation des Evangeliums im Medium von Lernprozessen beschrieben und religionspädagogisch fruchtbar gemacht werden kann. Sie versteht sich als keineswegs »zwingend noch dringlich geboten«, sondern vielmehr als »fruchtbar und perspektiverweiternd«[1269]. Das gilt nicht zuletzt vor dem Hintergrund der bereits unter den Stichwörtern der Heterogenität, Inklusion und Relevanz skizzierten gegenwärtigen Herausforderungen.[1270] Zudem will sie die Orientierung an Bildung als »regulativer Idee« nicht einfach ablösen, sondern vielmehr neu ausrichten.

Empowerment, so ließe sich verkürzend sagen, »thematisiert Bildung *als* Befähigung und Bevollmächtigung« (296).[1271] Theologisch

1267 Vgl. Grethlein, Praktische Theologie, 508: »Im Modus des Lehrens und Lernens steht die Kommunikation über Gott im Mittelpunkt, im gemeinschaftlichen Feiern die Kommunikation mit Gott, beim Helfen zum Leben die von Gott kommende Kraft.« (im Original kursiv)

1268 A. a. O., 509. Bei der Darstellung orientiere ich mich an Schröder, Priestertum aller Getauften, 159.

1269 Bucher, Befähigung und Bevollmächtigung, 295. Die folgenden Seitenangaben im Text beziehen sich darauf.

1270 Vgl. dazu die Ausführungen im dritten Teil unter 3.3.

1271 Bucher spricht dabei von Empowerment als »Reaktivierungsformel für das kritisch-konstruktive wie aufklärerisch-emanzipatorische ›Erbe‹ des Bildungsbegriffes und darauf bezogener Theorietraditionen« (ebd.). Zum Bildungsbegriff vgl. die Ausführungen im vierten Teil unter 4.2.2.

**Evangelisches Empowerment
im Modus von Bildung, Erziehung
und Sozialisation als
Befähigung und Bevollmächtigung**

Gegenstandsbereich der Religionspädagogik

Verständigungskategorien
zur Kommunikation und der Auslotung des Gegenstandsbereichs
in unterschiedlichen Perspektiven

Theorie der
Kommunikation des Evangeliums

im Horizont des Zusammenlebens in unterschiedlichen Sozialformen und damit verbundenen Vollzügen

Kommunikationsmodi und ihre Spielarten	Lehren und Lernen ... über Gott	Gemeinschaftliches Feiern ... mit Gott	Helfen zum Leben ... von Gott her
Elementarer Grundvollzug	Erzählen	Beten	Segnen
Elaborierte Form	Miteinander sprechen	Singen	Heilen
Kirchliche Hochform	Predigen	Abendmahl feiern	Taufen
Altkirchliche Begrifflichkeit	Martyria	Leiturgia	Diakonia

Religion, Spiritualität, Tradition, Symbol, Ästhetik, Ethik, Performanz u.a.

**mit Blick auf eine auf
Selbstbestimmung und Solidarität
orientierte Lebensführung und
-deutung unter Inspruchnahme des
Christlichen**

wird dafür innerhalb der Rahmentheorie der Kommunikation des Evangeliums das allgemeine Priestertum zum Bezugspunkt. Professionstheoretisch ergibt sich daraus eine Orientierung »als ethisch-aszetische, kritische Befähigungs- und Bevollmächtigungspraxis einer an Selbstbestimmung und Solidarität orientierten Lebensführung und -deutung unter Inanspruchnahme des Christlichen« (296).

Es ist wohl kein Zufall, dass der evangelische Religionspädagoge Michael Meyer-Blanck (geb. 1954) gerade mit Blick auf den Berufsschul-Religionsunterricht ein Ziel von Bildung benennt, das demjenigen einer an *empowerment* orientierten Perspektive sehr nahe kommt. Schließlich tritt dort der Aspekt der Vulnerabilität deutlicher hervor als an allgemeinbildenden Schulen und sind Fragen der Lebensform zentral. Er spricht davon, dass es darauf ankomme, zu »Hause [zu] sein in seinem eigenen Leben und gerade damit gewollt und anerkannt zu sein«[1272]. Um das zu erreichen, erweist sich die Orientierung an Lebensgestaltungsfragen als sehr hilfreich.[1273] Das hängt immer auch damit zusammen, dass Menschen einen Platz in der Gesellschaft finden, »an dem ihre Kräfte geschätzt und gebraucht werden«[1274]. Letztlich geht es darum, »die Möglichkeiten der Lernenden wahrzunehmen, bewusst zu machen und zu fördern« (109) und dabei auch die strukturellen Hemmnisse einzuziehen, denen sich die Schülerinnen und Schüler zu stellen haben. Eine neue Ausrichtung könnte sich dabei in der Perspektive der Vernetzung eröffnen, die wiederum mit der Erfahrung der Steigerung von Lebenskräften einhergehen könnte. In der »Solidarität mit dem anderen, auch mit dem Schwächeren«, können neue Lebensmöglichkeiten erwachsen, die wiederum mit »Veränderungen von Kommunikationsformen und von Umständen« (108) einhergehen.

1272 Meyer-Blanck, Übergänge begleiten, 109.

1273 Dahinter steht die Einsicht, dass »Gegenstände auch durch Praxisvollzüge ins Bewusstsein gebracht werden«, dass auch »Handlungsabläufe als ›Aufmerksamkeitspraktiken‹ [...] fungieren« können, »die nicht einfach äußerlich mitvollzogen werden, sondern bewußtseinsmäßige, innere Reaktionen auslösen«. Stetter, Relevanz, 210, unter Bezug auf Waldenfels, Phänomenologie.

1274 Meyer-Blanck, Übergänge begleiten, 109. Die folgenden Seitenangaben im Text beziehen sich darauf.

5.5 Zusammenfassung und Ausblick

Die Orientierung an Empowerment-Diskursen in der hier skizzierten Form geht mit mehreren Schwerpunktsetzungen einher. Sie betreffen *erstens* die Fokussierung und konsequente Kontextualisierung von Lebensführungsfragen, wobei die Frage der Relevanz von dementsprechend profilierten Lehr- und Lernprozessen in den Mittelpunkt rückt, *zweitens* die Sensibilisierung für den Richtungssinn jedweden Professionalisierungshandelns im Sinne einer ressourcenorientierten Unterstützung, *drittens* den angemessenen Umgang mit Differenz und Heterogenität, wobei die Unterstützung und Entfaltung der Selbstbestimmungs-, Mitbestimmungs- und Solidaritätsfähigkeit bei gleichzeitiger Berücksichtigung von Begrenzungen zentral ist sowie *viertens* die (erneute) Bewusstmachung des Zusammenhangs von Bildung und kulturellen, gesellschaftlichen und ökonomischen Strukturen verbunden mit der Erkenntnis, dass Lernprozesse sich nicht einfach von selbst ergeben, sondern Ermutigung brauchen.

In der Vermittlung mit der Theorie der Kommunikation des Evangeliums zeigen sich vielfältige Verknüpfungsmöglichkeiten, die religionspädagogisch interessant sind. Sie fokussieren Lehr- und Lernprozesse im Sinne einer Perspektiverweiterung, die einerseits die Lebenswelt auf die Gegenwart des liebenden und wirkenden Gottes hin durchsichtig machen will und andererseits die christlich motivierten kommunikativen Vollzüge in ihrer lebensfördernden und -unterstützenden Kraft erkennbar und plausibel machen wollen. Beides kommt zusammen in der Ermöglichung einer »daseinsmächtigen Lebensführung«[1275]. Dafür sind neben individuellen Aspekten kollektive Vernetzungen von grundlegender Bedeutung. In und durch sie können »Lebenskräfte« aktiviert und angeeignet werden. Damit werden nicht zuletzt wesentliche Elemente aufgerufen, die sich im Rahmen einer Theorie der Kommunikation des Evangeliums aufzeigen lassen. Die Orientierung daran kann zu einer klaren Fokussierung der Spezifik einer christlichen Lebensform führen, die nicht zuletzt auch im interreligiösen Diskurs von Bedeutung ist. Gerade in einer Optionsgesellschaft ist es wichtig, die unterschiedlichen Lebensgestaltungsoptionen

1275 Röh, Soziale Arbeit, Gerechtigkeit und das gute Leben.

deutlich wahrnehmbar bestimmen und erkennen zu können, ohne dabei vereinnahmend oder vorschnell abgrenzend zu sein. Dafür bietet die Theorie der Kommunikation wesentliche Impulse.

Religionspädagogisch steht dabei, eine Formulierung von Bernd Schröder aufgreifend, die »Lebensführung und -deutung Einzelner ›unter Inanspruchnahme des Christlichen‹«[1276] im Mittelpunkt. Orientierend kann hier die Denkfigur des allgemeinen Priestertums sein, insofern damit die Einzelnen in ihren Entfaltungsmöglichkeiten im Blick auf die im Evangelium angelegten Perspektiven beschrieben werden und zugleich das Aufeinander-Verwiesen-Sein – Hans-Martin Barth spricht von der »Gegenseitigkeit«[1277] – als zentraler Aspekt markiert wird.

In professionstheoretischer Hinsicht verweisen die Empowerment-Diskurse auf eine Reihe von Punkten, die religionspädagogisch bedeutsam sind. Die Doppelpoligkeit von Befähigung und Bevollmächtigung und daraus resultierend von individualpsychologischen und strukturellen Faktoren, die gleichermaßen zu berücksichtigen sind, markiert dabei einen wesentlichen Aspekt, der deutlich mehr Gewicht in der Religionspädagogik erhalten muss. Auch die ausdrückliche Thematisierung von Machtfragen stellt einen wichtigen Impuls dar. Prüfstein aller religionsdidaktischen Bemühungen liegt in der Relevanz. Sie kann nicht einfach hergestellt werden. Zugleich aber gilt es, genauere Vorstellungen über mögliche Relevanzfokusse und -modi zu gewinnen. Dazu können Empowerment-Diskurse einiges beitragen.

Religiöses Lernen geschieht nie voraussetzungslos. Eine *empowerment*-orientierte Religionspädagogik ist dafür in besonderer Weise sensibel und steht – im Anschluss an Rappaport formuliert – vor der Aufgabe, Prozesse und Dynamiken der Stärkung und Klärung weiter zu erforschen, tiefer zu verstehen und partizipativ und engagiert zu befördern. Die dafür notwendigen Lernprozesse sind nicht frei von Zumutungen und bedürfen unterstützender Impulse. Das gilt gerade auch im Feld religiöser Heterogenitäten, ist aber nicht darauf zu beschränken.[1278]

1276 Schröder, Priestertum aller Getauften, 149. 157.

1277 Barth, Einander Priester sein, 222.

1278 Vgl. Bucher/Domsgen, Empowerment, 438.

5.6 Weiterführende und grundlegende Literatur[1279]

Georg Bucher, Befähigung und Bevollmächtigung. Interpretative Vermittlungen zwischen ›allgemeinem Priestertum‹ und empowerment-Konzeptionen in religionspädagogischer Perspektive. Grundlegung und exemplarische Durchführung, Diss. Uni Halle 2019.

Norbert Herriger, Empowerment in der sozialen Arbeit. Eine Einführung, Stuttgart ⁵2014.

Heiner Keupp, Psychologisches Handeln in der Risikogesellschaft. Gemeindepsychologische Perspektiven, München 1994.

Britta Konz/Dominik Gautier, »Du weißt meine Schmach, Schande und Scham« (Ps 69,20). Dominanzkritische Überlegungen zu inklusiver religiöser Bildung, in: Julia Enxing/Katharina Peetz (Hg.), Contritio. Annäherungen an Schuld, Scham und Reue (Beihefte zur Ökumenischen Rundschau 114), Leipzig 2017, 16–35.

Ulf Liedke, Menschenbilder und Bilderverbot. Eine Studie zum anthropologischen Diskurs in der Behindertenpädagogik, Bad Heilbrunn 2013.

Fritz Oser/Maria Spychiger, Lernen ist schmerzhaft. Zur Theorie des negativen Wissens und zur Praxis der Fehlerkultur, Weinheim/Basel 2005.

Dieter Röh, Soziale Arbeit, Gerechtigkeit und das gute Leben. Eine Handlungstheorie zur daseinsmächtigen Lebensführung, Wiesbaden 2013.

Ira Shor, Empowering Education. Critical Teaching for Social Chance, Chicago/London 1992.

Georg Theunissen, Erwachsenenbildung und Behinderung. Impulse für die Arbeit mit Menschen, die als lern- oder geistig behindert gelten (Heilpädagogische Handlungsfelder in Schule und Sozialer Arbeit 2), Bad Heilbrunn 2003.

Georg Theunissen, Empowerment und Inklusion behinderter Menschen. Eine Einführung in die Heilpädagogik und Soziale Arbeit, Freiburg i. Br. ³2013.

Werner Thole (Hg.), Grundriss Soziale Arbeit. Ein einführendes Handbuch, Wiesbaden ⁴2012.

1279 Da es sich hier um Neuland handelt, wird im Folgenden auf Literatur verwiesen, mit der ein Einblick in Empowerment-Diskurse besonders gut möglich ist.

6. Handlungsorientierende Perspektiven

Religionspädagogik als theoriegeleitetes Praxisfach will die Praxis religiösen Lehrens und Lernens nicht nur wahrnehmen, sondern im Fokus eines christlich motivierten Lehrens und Lernens auch verbessern. Damit wird eine Linie aufgenommen, die sich bereits in (den wenigen) biblischen Texten, die sich mit Erziehung befassen, und allen weiteren katechetischen und religionspädagogischen Verlautbarungen erkennen lässt: *Es geht immer auch um Handlungsorientierung.* Bernd Schröder spricht deshalb völlig zu Recht von der Handlungsorientierung als »traditionsreichste[r] Reflexionsschiene der Religionspädagogik«[1280].

6.1 Grundlegende Klärungen

Wesentlich zur Handlungsorientierung gehören didaktische Fragestellungen. Allerdings geht Handlungsorientierung einer sich auf die Kommunikation des Evangeliums beziehenden Religionspädagogik nicht in der didaktischen Dimension auf.

[(Religions-)Didaktik]

Der Begriff »Didaktik« stammt vom griechischen Verb διδάσκειν (*didáskein*) ab und »kann sowohl aktiv (als ›lehren‹ und ›unterrichten‹) wie auch passiv (als ›lernen‹, ›belehrt werden‹, ›unterrichtet werden‹) und medial (›aus sich selbst lernen‹, ›ersinnen‹, ›sich aneignen‹) übersetzt werden. Das vom Verb abgeleitete Substantiv *didaxis* bedeutet: Lehre, Unterricht, Unterweisung. [...] Schon in der Antike bezog sich das Wort Didaktik also sowohl auf das Lehren wie auf das Lernen«[1281]. Didaktik ist von der Herkunft her im übergreifenden Sinne als *allgemeine Theorie des Lehrens und Lernens an allen Orten* (d. h. *in* der Schule und *außerhalb* der Schule) zu bestimmen. Religionsdidaktik bezeichnet dem-

1280 Schröder, Religionspädagogik, 425. Die folgenden Seitenangaben im Text beziehen sich darauf.

1281 Jank/Meyer, Didaktische Modelle, 17.

> entsprechend einerseits die »praktische Fertigkeit oder Kunst, Lernen (im Bereich der Religion) zu ermöglichen« und andererseits das »theoretische Nachdenken über Lehren und Lernen (von Religion)«[1282]. Religionsdidaktik reflektiert, analysiert und plant religionspädagogisch verantwortbare Lernprozesse im Rahmen schulischen und außerschulischen Lehrens und Lernens. Sie steht dabei mit der *Religionspädagogik als der übergreifenden Grundlagenwissenschaft* in einem engen Kontakt. Dabei ist eine Differenzierung im Gebrauch des Begriffs Religionsdidaktik sinnvoll. *Religionsdidaktik in einem engeren Sinne* kann folglich als die »Theorie des Lehrens und Lernens im Schulfach (Evangelische) Religionslehre« verstanden werden. Sie bedenkt die Frage(n), wer was wem, wozu, warum, wie, womit, wann und wo im Religionsunterricht erschließt bzw. erschließen soll. *Religionsdidaktik im weiteren Sinne* thematisiert jedwede Form von Unterricht in Sachen Religion, also zum Beispiel den Konfirmandenunterricht in der Gemeinde oder unterrichtliche Impulse religiöser Erwachsenen- bzw. Seniorenbildung.

Neben »originär pädagogischen« gilt es auch »seelsorgliche, liturgische und mediale Arbeitsformen« (427) aufzunehmen. Darin spiegelt sich nicht zuletzt die Untrennbarkeit der drei Kommunikationsmodi, die bereits dargestellt und mit den Stichwörtern Lernen, Feiern und Helfen bezeichnet wurden.

6.1.1 Handlungsorientierung in der Zirkularität von Wahrnehmen, Urteilen und Handeln

Religionspädagogisch profilierte Überlegungen zur *Handlungsorientierung* verstehen sich *nicht* als *bloße Anwendung vorab fixierter Grundsätze,* sondern verdanken sich vielmehr einer umfassenden Reflexion. *Einerseits geht es um die Wahrnehmung und das Erfassen von Konstellationen.* Dafür sind historische, empirische und vergleichende Reflexionen notwendig, die »nach dem Ist-Zustand eines religionspädagogisch relevanten Phänomens und seiner Genese« (426) fragen. *Andererseits braucht es Kriterien, mit denen die Umstände und Verhältnisse beurteilt werden können.* Sie sind aus theologischen und pädagogischen Reflexionen heraus zu gewinnen. *Beides ist aufeinander zu beziehen, um Handlungsoptionen erkennen, begründen und ausloten* und »didaktisch (oder etwa kybernetisch oder poimenisch) nach den bestmöglichen Handlungsweisen« (426) suchen *zu können.*

1282 Porzelt, Bibeldidaktik, 33.

Auch wenn sich *auf den ersten Blick* eine *Abfolge aus Wahrnehmen, Urteilen und Handeln* ergibt, sind die einzelnen Reflexionsschritte von vornherein aufeinander bezogen und bedingen einander. So gibt es keine Wahrnehmung ohne Beurteilungskriterien. Zugleich werden Wahrnehmen und Urteilen immer schon durch eine pädagogische Praxis und ein damit verbundenes mögliches Spektrum von Handlungsoptionen vorstrukturiert. Deshalb ist von einer *Zirkularität im Wahrnehmen, Urteilen und Handeln* auszugehen. Sie resultiert nicht zuletzt aus dem sog. »praxeologische[n] Vorbehalt« (426), der sich aus dem Vorrang der Praxis ergibt. Eine handlungsorientierende Theoriebildung denkt von einer bestimmten Praxis her und zielt auf deren Verbesserung. Damit sind zum einen Reduktionen verbunden, insofern Praxissituationen nie »zur Gänze theoretisch abgebildet, geschweige denn antizipiert werden können« (426). Zum anderen ergibt sich daraus ein Referenzsystem mit Aspekten, die aufeinander bezogen und letztlich nicht voneinander zu trennen sind. Für die Praxis selbst bedeutet das, dass eine Theorie der Handlungsorientierung »Wissen«, »Einsichten und Argumente zur Verfügung« stellt, die eine rechenschaftsfähige »Entscheidungsfindung ermöglichen«, ohne damit »dem Praktiker dessen Entscheidungen [...] abnehmen« (426) zu wollen und zu können.

6.1.2 Handlungsorientierung in der Konzentration auf Familie, Gemeinde und Schule und deren Vernetzung

In der hier vertretenen Profilierung einer Religionspädagogik als Theorie evangelischen Empowerments wird der Blick über die jeweils anzustoßenden und zu profilierenden pädagogischen Interaktionen hinaus auf die Kontexte gerichtet, in die sie eingebettet sind. Das schärft den Blick auf die prägenden Kräfte der jeweiligen Lernorte und lässt zugleich deren Interdependenzen hervortreten.

Denn die Praxis religiöser Lehr- und Lernprozesse wird stark durch die Orte geprägt, an denen sie stattfindet. Religionspädagogisch ist dabei der Fokus besonders auf die Familie, die Schule und die Gemeinde zu richten. Das hat neben professionspragmatischen vor allem lernorttheoretische Gründe. Einerseits richtet sich dieses Lehrbuch besonders an Studierende der Religions- und Gemeindepädagogik, die zu *professionals* in den Feldern Familie, Schule und Gemeinde ausgebildet werden sollen. Andererseits lassen sich für die hier vorgenommene Auswahl der drei genannten Lernorte gute Gründe finden:

Die *Familie* bildet für fast alle Menschen die primäre Sozialisationsinstanz. Sie legt die Grundlagen, die alle weiteren Bildungsimpulse vorstrukturieren. Das gilt auch mit Blick auf Dispositionen zur Kommunikation des Evangeliums. Schon deshalb muss die Familie religionspädagogisch Berücksichtigung finden.

Die *Schule* ist die einzige sekundäre Sozialisationsinstanz, die alle Kinder und Jugendlichen in Deutschland verpflichtend zu besuchen haben. Das verleiht dem dort stattfindenden religionspädagogischen Handeln (vornehmlich, aber nicht nur in Form des Religionsunterrichts) per se ein besonderes Gewicht. Auf diese Weise rücken Fragen der allgemeinen Kommunizierbarkeit und Plausibilität in das Zentrum. Theologisch korrespondiert das der Frage nach der Elementarisierung im Sinne des für christlich motivierte Lehr- und Lernprozesse Wesentlichen und Fundamentalen.

Diese Fragen stellen sich auch am Lernort *Gemeinde*. Er spielt lebensweltlich – zumindest in der parochialen Form – für einen immer kleiner werdenden Teil der Bevölkerung eine Rolle, wenngleich einzelne Handlungsfelder, allen voran die Konfirmandenarbeit, im Durchschnitt noch immer fast ein Drittel aller Jugendlichen erreicht. Theologisch und religionspädagogisch ist der Lernort Gemeinde von grundlegender Bedeutung.

Einerseits werden damit Fragen nach den mit der Kommunikation des Evangeliums verbundenen Sozialformen stark gemacht. Andererseits wird hier besonders deutlich, dass christlich motivierte Lehr- und Lernprozesse nie nur auf einzelne Lebensphasen, sondern auf das Leben insgesamt zu beziehen sind.

Dass alle drei Lernorte durch tertiäre Sozialisationsinstanzen beeinflusst und geprägt werden, wobei den neuen Medien besondere Aufmerksamkeit zu gelten hat, ist bereits ausgeführt worden und verweist auf die Notwendigkeit einer möglichst weiten Wahrnehmung. Sie ergibt sich nicht nur durch die in der Empowerment-Perspektive enthaltene *Sensibilität für die strukturellen Abhängigkeiten* in Fragen der Befähigung und Bevollmächtigung. Auch lerntheoretisch ergibt sich die *Notwendigkeit zu einer vernetzenden Sicht* auf die Lernorte. Es zeigt sich nämlich, dass das, was an einem Lernort gelernt wurde, nicht automatisch mit dem verknüpft wird, was an einem anderen Lernort vermittelt wird. Vor Augen führen lässt sich das an empirischen Befunden, die unter Studierenden gewonnen wurden. Dabei fiel auf, dass sie »die Lehrveranstaltungen mit dem gleichen Verständnis« verließen, das sie zu Beginn hatten.

> »Einerseits gibt es Zusammenhänge, die von Wissenschaftlern behauptet werden. Sie sind aus der Sicht der Lernenden allerdings nur in jener Bildungsstätte zu verwenden, der sie gerade angehören. Andererseits sind Zusammenhänge bekannt, die im ›wirklichen Leben‹ angewandt werden können.«[1283]

Man könnte hier von einer »doppelten Buchführung« sprechen oder besser von »zwei gleichzeitig vorhandenen Systemen«[1284].

Die damit bezeichnete Thematik ist religionspädagogisch von unmittelbarer Bedeutung. Wenn nicht nur Fähigkeiten vermittelt werden sollen, die in einem abgegrenzten Bereich (beispielsweise im Religions- oder Konfirmandenunterricht und damit innerhalb der Schule oder der Gemeinde) relevant sind, dann braucht es gesonderter Impulse, die eine Verschränkung über die jeweiligen »Primärsysteme« hinaus ermöglichen, in denen die Fähigkeiten erlangt wurden. Nur so lässt sich eine am Evangelium und damit an einer Lebensgestaltungsoption orientierte Religionspädagogik sinnvollerweise profilieren. Ansonsten besteht die Gefahr einer Selbstmarginalisierung. Die mit den jeweiligen Lernorten verbundenen Chancen und Grenzen markieren sonst auch den Geltungsbereich des darin Thematisierten. Aus diesem Grund werden bei den handlungsorientierenden Impulsen jeweils drei Aspekte thematisiert. Nach grundlegenden Ausführungen, in denen basale Koordinaten zur Sprache gebracht werden, die dieses Feld strukturieren können, kommen systemische Perspektiven in den Blick, um abschließend unter dem Blickwinkel von Empowerment exemplarisch Konturierungen aufzuzeigen.

1283 Mietzel, Pädagogische Psychologie, 56.

1284 Ebd. Der Begriff der doppelten Buchführung hat bereits psychopathologisch eine feste Bedeutung in der Verhältnisbestimmung von Wahn und Realität. Deshalb ist es besser, von zwei gleichzeitig vorhandenen Systemen zu sprechen.

6.1.3 Handlungsorientierung vor dem Hintergrund der Spezifik von Familie, Gemeinde und Schule

Mit der Familie, der Gemeinde und der Schule kommen drei Lernorte in den Blick, die zwar aufeinander zu beziehen, jedoch aufgrund ihrer jeweiligen Spezifik auch deutlich voneinander zu unterscheiden sind. Hilfreich dafür können zwei Differenzierungen sein.

Die erste bezieht sich auf die strukturellen Modalitäten und grenzt Bildungsorte von Lernwelten ab. Von *Bildungsorten* im engeren Sinn wäre zu sprechen, wenn es sich »um lokalisierbare, abgrenzbare und einigermaßen stabile Angebotsstrukturen mit einem expliziten oder zumindest impliziten Bildungsauftrag handelt«.[1285] Sie sind »als zeiträumliche Angebote geschaffen worden, bei denen infolgedessen der Angebotscharakter überwiegt« (91). Im Unterschied dazu sind *Lernwelten* »weitaus fragiler, nicht an einen geografischen Ort gebunden« und »zeit-räumlich nicht eingrenzbar« (91). Zudem weisen sie einen weitaus geringeren Standardisierungsgrad auf. Vor diesem Hintergrund wären Schule und Gemeinde als Bildungsorte zu bezeichnen. Die Familie würde als Lernwelt eingestuft.

Dazu kommt eine zweite Differenzierung, die stärker akteurbezogen ausgerichtet ist und zwischen *informellen, non-formalen und formalen Lernprozessen* unterscheidet, wobei der Grad der Formalisierung der geplanten Bildungsarrangements als Differenzkriterium dient. Denn Lernen als die »dauerhafte Veränderung bzw. Erweiterung des Verhaltensrepertoires«[1286] durch Erfahrung findet in unterschiedlichen Lebenszusammenhängen und Formen statt. Es lässt sich beschreiben

- als *formales Lernen*, das üblicherweise in einer Bildungs- oder Ausbildungseinrichtung stattfindet, (in Bezug auf Lernziele, Lernzeit oder Lernförderung) strukturiert ist und zur Zertifizierung führt. Die Schule steht prototypisch für diese Form des Lernens;
- als *non-formales Lernen*, das nicht in Bildungs- oder Berufsbildungseinrichtungen stattfindet und üblicherweise nicht zur Zertifizierung führt, gleichwohl aber systematisch (in Bezug auf Lernziele, Lerndauer und Lernmittel)

1285 Bundesministerium, Zwölfter Kinder- und Jugendbericht, 91. Die folgenden Seitenangaben im Text beziehen sich darauf.

1286 Treml/Becker, Lernen, 107.

ist; viele Lernprozesse innerhalb der Gemeinde, allem voran die Konfirmandenarbeit, lassen sich damit beschreiben;
- als *informelles Lernen*, das im Alltag, am Arbeitsplatz, im Familienkreis oder in der Freizeit stattfindet; es ist (in Bezug auf Lernziele, Lernzeit oder Lernförderung) nicht strukturiert und führt üblicherweise nicht zur Zertifizierung; was in der Familie an Lernprozessen stattfindet, lässt sich damit gut beschreiben.

Zu beachten ist, dass mit dieser Unterscheidung zwar eine Differenzierung hinsichtlich der primär angestoßenen Lernprozesse in Familie, Gemeinde und Schule beschrieben werden kann. Zugleich ist aber zu bedenken, dass beispielsweise informelles Lernen nie nur auf die Familie beschränkt ist, sondern auch in Gemeinde und Schule stattfindet. Auch sind formale Lernprozesse nie nur auf die Schule beschränkt. Wenn beispielsweise Teamer in der Kirchengemeinde eine Ausbildung zum Jugendleiter absolvieren und dieses mit einem Zertifikat abschließen, bewegen sie sich innerhalb dieser Lernform. Es gibt also Überschneidungen in unterschiedlichen Richtungen. Gleichzeitig jedoch stehen die genannten Lernformen durchaus für das jeweils spezifische Profil in Familie, Gemeinde und Schule, ohne dass damit eine Ausschließlichkeit beschrieben wäre.

6.2 Die Familie als Lernwelt im Fokus informellen Lernens

Mit der Familie kommt ein Lernort in den Blick, dessen Bedeutung kaum überschätzt werden kann. Die hier erhaltenen Prägungen werden hauptsächlich implizit erlernt, wirken ein Leben lang und können nie gänzlich hinter sich gelassen werden.

6.2.1 Wahrnehmen: Entwicklungen im familialen Feld

Von den Kriterien zur Bestimmung dessen, was Familie konstituiert, sowie von grundlegenden Wandlungstendenzen war bereits im Zuge der sozialisationstheoretischen Impulse die Rede.[1287] Daran anknüp-

1287 Vgl. die Ausführungen unter 4.3.3 c).

fend sollen nun drei weitere Aspekte dargestellt werden, die für eine religionspädagogisch motivierte Wahrnehmung familialer Entwicklungen von Bedeutung sind.

a) Die Familie als emotionaler und instabiler Binnenraum

Mit dem Wechsel der Begrifflichkeiten vom »Haus« zur »Familie« im ausgehenden 18. Jahrhundert manifestiert sich eine wichtige Veränderung im Zusammenleben der Menschen. Anders als im »Haus« mit seiner »Einheit von Produktion, Konsumtion und Reproduktion unter einem Dach«[1288], wo also Verwandte und Nichtverwandte miteinander lebten, arbeiteten und häufig auch die seltenen freien Momente miteinander teilten, tritt in der Familie ein neuer Vergemeinschaftungsaspekt in den Mittelpunkt. Die Liebe »als alleiniges Motiv der Eheschließung«, so das Ideal des neu aufkommenden Bürgertums zu Beginn des 19. Jahrhunderts, fungiert letztlich auch als »einigendes Band aller Familienmitglieder« (988). Familie steht »als Gefühls- und Verständigungsgemeinschaft mit verbindendem Wertekanon und einem gewissen Maß an Intimität und Privatheit« (988) für eine *Form des Zusammenlebens, die vorrangig emotional bestimmt* ist und in der »überlegt-absichtsvolle[n] Erziehungsaufgabe« (990) ihren zentralen Bezugspunkt findet.

Die hier angestoßene Entwicklung setzt sich auch gegenwärtig fort, wobei nicht die Ehe, sondern die Elternschaft Familie begründet. Damit einher geht eine deutliche Erweiterung im Spektrum familialer Lebensformen. Zugleich werden familiale Rollenbilder neu profiliert und gestaltet. *Das schafft Freiräume, führt aber auch zu einer Fragilität,* weil die Erwartungen hoch, die Formen für deren Umsetzung jedoch immer wieder neu auszuhandeln und zu gestalten sind.

Dass Menschen der Familie trotz aller Herausforderungen eine außerordentlich hohe Bedeutung beimessen, hat einerseits damit zu tun, dass *Kinder* dem Leben einen *Sinn geben.*[1289] Andererseits verspricht die Familie dem Einzelnen eine *Kompensation zur Arbeitswelt*

1288 Budde, Kraftentfaltung, 989. Die folgenden Seitenangaben im Text beziehen sich darauf. Zu den historischen Linien vgl. Koschorke/Ghanbari/Eßlinger/Susteck/Taylor, Vor der Familie.

1289 Vgl. Nave-Herz, Unkenrufe, 994. Die folgenden Seitenangaben im Text beziehen sich darauf.

bzw. zum Bildungssystem. Gerade für Menschen in einer vernetzten Welt, in der die Anonymität gestiegen ist, wächst das Bedürfnis nach »Kleingemeinschaften [...], in denen er sich nicht als Rollenträger definiert, die eine ganzheitliche Lebenswelt, Überschaubarkeit, ein personales Angenommensein versprechen. In der Familiensoziologie wird diese Leistungserwartung an die Familie mit ›Spannungsausgleichsfunktion‹ bezeichnet« (994).

Mit Familie als grundsätzlich auf Lebensdauer und Gegenseitigkeit angelegter Lebensform verbinden sich Sehnsüchte und Bedürfnisse. Allerdings darf das nicht über deren *Schattenseiten* hinwegtäuschen. Denn nicht alle Spannung kann durch die Familiensolidarität aufgefangen werden. *Ehe und Familie besitzen auch »selbstproduzierende Konfliktpotenziale«* (994)[1290]. Kriminalitätsstatistisch gesehen ist die Familie »der gefährlichste Ort in unserer Gesellschaft. [...] Überwiegend werden Mord, Totschlag, sexueller Missbrauch von Familienangehörigen gegenüber anderen Familienangehörigen begangen.« (994)

Familie dient der »Nachwuchssicherung (Geburt, Pflege und Erziehung von Kindern) und der psychische[n] und physische[n] Regeneration und Stabilisierung aller ihrer Mitglieder (jung bis alt)« (994). Die darin im längeren historischen Vergleich sichtbare Funktionsreduktion kann als ein Ergebnis des Modernisierungsprozesses verstanden werden. Zugleich zeigt sich in der damit familial gesetzten Konzentration auf die Eltern-Kind-Beziehung eine *»Gegenläufigkeit zum allgemeinen Modernisierungsprozess«.*

> »Wenn nämlich als ein Charakteristikum des Modernisierungsprozesses die Zunahme der Revisionsmöglichkeit von individuellen Entscheidungen genannt wird (z. B. kann ich jederzeit die Berufswahl ändern), dann gilt dies zwar im Hinblick auf die Ehe. Dagegen kann die Verbindung zum Kind von einem Elternteil zwar durch die Scheidung gelockert, aber kaum gekündigt werden. Die Entscheidung zum Kind (vor allem für Mütter) wurde so gut wie irreversibel. Noch bis Anfang des vorigen Jahrhunderts hätte z. B. die Weggabe von Kindern an vermögende kinderlose Verwandte oder an die Kirche keine Verletzung einer sozialen Norm bedeutet.« (994)[1291]

Der mit Familie aufgrund des angestrebten besonderen Kooperations- und Solidaritätsverhältnisses einhergehende Verbindlichkeits- und Ver-

1290 Im Original nicht kursiv.

1291 Im Original nicht kursiv.

pflichtungsaspekt hat also eine Verlagerung von der Paarbeziehung (Ehe) auf die Eltern-Kind-Beziehung erfahren und tritt dort in aller Deutlichkeit hervor. Hier zeigen sich dann auch die größten Schwierigkeiten in der Vereinbarung von Familie und Beruf oder allgemeiner in den Anforderungen des Erwerbslebens, die nicht zuletzt bereits im Bildungsbereich deutlich vor Augen treten und zu einem maßgeblichen Stressfaktor für Familien werden können.

»Familie zu leben, ist schwieriger geworden.« (994) Insofern ist von vornherein vor weiteren Leistungserwartungen an das familiale System zu warnen, »weil dann die Gefahr besteht, dass diese in Leistungsüberforderungen ›umkippen‹« (994). Verstärkt wird dies durch die Emotionalisierung von Familie, die durch gesellschaftliche Differenzierungsprozesse bedingt ist. Der Soziologe Franz-Xaver Kaufmann (geb. 1932) verweist darauf, dass die Familie in modernen Gesellschaften »zum einzigen institutionalisierten Lebensbereich geworden« ist, »in dem das Äußern von Gefühlen – und zwar nicht nur der Liebe, sondern auch der Angst, ja eventuell des Hasses – als erlaubt, ja wünschenswert gilt, und in dem Gefühlsäußerungen als Ausdruck der Personhaftigkeit (und nicht z. B. als psychische Labilität) gelten«[1292]. Sie fungiert als das *einzige soziale System, »in dem der Mensch als Person, d. h. grundsätzlich in all seinen Lebensbezügen angesprochen wird«*[1293]. Der Zusammenhalt der Familienmitglieder erhält dadurch eine besondere Tiefe, kann aber nicht einfach als gegeben angesehen werden, sondern ist immer wieder aufs Neue herzustellen. »Familie ist, wo man nicht rausgeworfen wird.«[1294] Diese Äußerung eines Kindes markiert anschaulich, dass Familie als Refugium der Emotionalität verstanden wird. Das macht sie in hohem Maße attraktiv, lässt aber auch deren Fragilität deutlich hervortreten und verlangt nach permanenten Herstellungsleistungen.

b) Die Familie als soziales System

Die Familie gibt es nicht. Es gibt nur Familien. Diese unterscheiden sich in ihrer Struktur. So lassen sich eine Mehrzahl von Familientypen und -formen aufzeigen. Folgt man der Familiensoziologin Rosemarie Nave-Herz, die die unterschiedlichen Rollenzusammensetzungen

---

1292 Kaufmann, Zukunft, 36.

1293 A. a. O., 38 (im Original nicht kursiv).

1294 Vgl. Domsgen, »Familie ist ...«, 467.

(Elternfamilien mit bzw. ohne formale Eheschließung sowie Mutter- bzw. Vater-Familien) und Familienbildungsprozesse (durch Geburt, Adoption, Scheidung/Trennung, Verwitwung, Wiederheirat, Pflegschaft) berücksichtigt, lassen sich derzeit in Deutschland 20 verschiedene, rechtlich mögliche Familientypen benennen:[1295]

Familienbildung durch	Eltern-Familien			Ein-Eltern-Familien	
	Formale Eheschließung	Nichteheliche Lebensgemeinschaft	Homosexuelle Paare	Mutter-Familien	Vater-Familien
Geburt	x	x	(x)[1]	x	
Adoption	x		x	x	x
Scheidung/Trennung		x	x	x	x
Verwitwung		x	x	x	x
Wiederheirat	x		x		
Pflegschaftsverhältnis	x			x	

x[1] Für lesbische Paare ist eine heterologe Insemination möglich. Für schwule Paare ergeben sich hier keine Möglichkeiten, da die Leihmutterschaft in Deutschland gänzlich verboten ist. Gleichgeschlechtliche Paare, die sich ihren Kinderwunsch mittels einer Leihmutter oder einer Eizellspende erfüllen möchten, nehmen diese Leistungen zunehmend im Ausland in Anspruch.

Mit jeder dieser Familienformen sind unterschiedliche Herausforderungen verbunden, die nicht ohne weiteres egalisiert werden können. Zu beachten ist ebenfalls, dass Familie nicht nur auf die Eltern-Kind-Relation zu beziehen ist. Auch andere Beziehungen spielen eine wesent-

1295 Vgl. Nave-Herz, Familie heute, 18.

liche Rolle, allen voran die Großeltern-Enkel-Beziehungen. Die Familienmitglieder leben zwar nicht in einem Haushalt zusammen, fühlen sich aber zusammengehörig und pflegen einen intensiven Austausch miteinander, so dass »eine Differenzierung zwischen Kernfamilie und erweiterter Großfamilie eigentlich nicht mehr aufrechterhalten werden kann«[1296]. Auf den Begriff gebracht wird das mit der Kurzformel der *multilokalen Mehrgenerationenfamilie.*[1297]

Außerdem ist zu bedenken, dass *Familien einer Entwicklung unterliegen, weil sich die Rollen der Familienmitglieder im Laufe des Lebenszyklus verändern.* Dabei markiert das Alter der Kinder ein wichtiges Kriterium für die Unterscheidung verschiedener Stadien (bzw. Familienzyklen), wobei jedes Stadium eigene Aufgaben in sich birgt. In diesen Umbrüchen stellen sich für die einzelnen Familienmitglieder neue Herausforderungen, die sie zu bewältigen haben. Jede Phase hat also ihre eigene Prägung.

Beide genannten Punkte, die Struktur wie auch die Entwicklung innerhalb einer Familie, sind in ihrem Zusammenhang zu sehen. So gibt es nicht nur Entwicklungen innerhalb einer sich hindurchziehenden Familienstruktur. Vielmehr führen veränderte Strukturen (Scheidung, Tod des Partners) auch zu veränderten Familienentwicklungsaufgaben.

> »Wie auch immer die konkreten Familienformen und zugehörigen Entwicklungsaufgaben aussehen: Dadurch, daß sich Familien ihnen stellen, sie durch gemeinsames Handeln zu bewältigen versuchen, und zugleich im Handlungsvollzug bestehende Kompetenzen konsolidieren bzw. sich neu aneignen, entsteht eine besondere Beziehungsqualität zwischen den Mitgliedern des Personensystems ›Familie‹.«[1298]

Diese besondere Verbundenheit der Familienmitglieder basiert auf einem *immer neu auszuhandelnden Gleichgewicht zwischen individueller Autonomie der Familienmitglieder sowie ihrer Verbindung miteinander.* Denn nicht nur die Familie als ganze unterliegt einer Entwicklung,

---

1296 Bertram, Familienwandeln, 74.

1297 Bertram, Die multilokale Mehrgenerationenfamilie; Lauterbach, Die multilokale Mehrgenerationenfamilie.

1298 Schneewind, Familienentwicklung, 164. Die folgenden Seitenangaben im Text beziehen sich darauf.

auch die einzelnen Familienmitglieder durchlaufen eine individuelle Entwicklung. *Wer von der Familie spricht, hat also einerseits die Familie als ganze in den Blick zu nehmen, und zwar in der Bezogenheit der Familienmitglieder aufeinander. Andererseits sind aber auch die Einzelnen zu bedenken, die individuelle Entwicklungsaufgaben im Kontext des Beziehungssystems Familie zu bewältigen haben.* Die sich im Lebensgang einer Person entfaltenden Handlungsspielräume und Kompetenzmuster lassen sich unter dem Begriff der Autonomie zusammenfassen. Familie operiert immer »im Kontext von Verbundenheit und zugestandener Autonomie« (165). Die Entwicklungspsychologie spricht hier von »Metaentwicklungsaufgaben, welche die im Familienlebenszyklus alters- und situationsspezifisch auftretenden Familienentwicklungsaufgaben überlagern« (165). Dabei ergänzen sich familiär-gemeinschaftliches und individuelles Handeln nicht immer problemlos (eine Phase, in der dies besonders deutlich zu Tage tritt, ist die Adoleszenzzeit der Heranwachsenden. Vom Grundsatz her gilt das aber auch für die anderen Lebensaltersphasen der Kinder). Die Folge ist, dass die im bisherigen Beziehungsprozess gefundene Balance von Verbundenheit und zugestandener Autonomie auf eine harte Probe gestellt wird und ein neues Austarieren dieser Variablen erforderlich ist. Man kann den dafür notwendigen Prozess (mit Lyman C. Wynne – 1923–2007) als »Gegenseitigkeit« bezeichnen. Sie beginnt »mit dem Erkennen von Schwierigkeiten, die nicht im Rahmen der bisherigen Beziehungsmuster gelöst werden können, sondern vielmehr eine Umarbeitung derselben und manchmal einen Übergang zu neuen Mustern bedingen«[1299]. Das wiederum verlangt nach einer offenen Bestandsaufnahme der Beziehungsqualitäten und der Umstände, die sie beeinflussen. Gegenseitigkeit lässt sich »neben Verbundenheit und zugestandener Autonomie« als dritte zentrale »Metaentwicklungsaufgabe im Familienentwicklungsprozeß« (166) bezeichnen.

Wer also Familie in den Blick nimmt, hat das Wechselspiel von Gemeinschaftlichkeit und Individualität immer mit zu bedenken. Die Familie als ganze ist wichtig, aber eben auch der Einzelne, der sich in dieser Gemeinschaft entfalten soll. *Insofern impliziert Familie eine doppelte religionspädagogische Blickrichtung: auf das Ganze, das gestärkt*

1299 Vgl. Wynne, Die Epigenese, 131, hier zit. n. Schneewind, Familienentwicklung, 165.

werden soll, aber auch auf den Einzelnen, der – manchmal mit, aber auch manchmal ohne dieses Ganze – gestärkt werden soll.

Dabei wird noch einmal deutlich, dass Familie ein höchst dynamisches Gebilde ist. Das gilt mit Blick auf den familialen Binnenraum, wie es eben geschehen ist. Das gilt aber auch im Blick auf die Familie als Ganzes und ihre Einbettung in den sozialen Kontext. Denn zu den innerfamilialen Prozessen im Austarieren von Gemeinschaftlichkeit und Individualität kommen kontextuelle Impulse, die unbedingt zu berücksichtigen sind. Familie ist nicht das Flaggschiff, das unbeirrt seine Bahnen durch die Zeiten zieht. Sie ist kein Gegenpol der Gesellschaft, in dem beispielsweise christlicher Glaube überdauern könnte, auch wenn sich die Gesellschaft tiefgreifend gewandelt hat. *Vielmehr agiert Familie relativ autonom, d. h. sie wird von ihrer Umgebung geprägt, setzt aber nicht alles eins zu eins um, sondern verarbeitet die Impulse aus dem sie umgebenden Kontext familienspezifisch.* Deshalb ist von vornherein das familiale Umfeld mit zu bedenken. Wer mit Familien arbeiten möchte, hat also auch den Kontext, in dem Familien leben, zu berücksichtigen. Dabei ist zwischen allgemeinen und spezifischen Herausforderungen zu unterscheiden. Für alle gilt, dass unsere Gesellschaft eine »strukturelle Rücksichtslosigkeit gegenüber Familien«[1300] prägt. Zwar gibt es staatliche Unterstützung bei Kinderbetreuung und Pflegeleistungen. Sie bleibt allerdings weit hinter dem tatsächlichen Aufwand zurück. Zudem stehen Erwerbstätigkeit und Konsum mit ihren »Anforderungen an Beschleunigung und Effizienz«[1301] der Erziehung und Pflege entgegen. *Während es in der ökonomischen Logik um Verdichtung und Zielorientierung geht, sind im Umgang mit Kindern und Pflegebedürftigen Zeit und Geduld gefragt, was weder einfach vertagt noch beschleunigt werden kann.* Hier begegnen sich zwei Logiken, die nur schwer miteinander in Einklang zu bringen sind.

Vor diesem Hintergrund verwundert es nicht, dass mehr als die Hälfte aller Alleinerziehenden und fast jeder zweite Paarhaushalt mit minderjährigen Kindern Hilfe für die Gestaltung des Alltags benötigen.[1302] Väter und Mütter leisten pro Woche knapp zehn Stunden mehr Arbeit als Personen ohne Kinder, weil Kinderbetreuung und

1300 Kaufmann, Zukunft der Familie, 174.

1301 Peuckert, Der demokratische Gesellschaftsvertrag, 285.

1302 Vgl. Bundesministerium, Wo bleibt die Zeit?, 28.

Haushaltsführung mehr Zeit beanspruchen.[1303] In alledem spielt die Vereinbarkeit von Familie und Beruf eine sehr wichtige Rolle. Allerdings geht das, was mit dem Begriff der strukturellen Rücksichtslosigkeit bezeichnet wird, weit darüber hinaus. Neben den Faktoren Bildung und Arbeitsmarkt spielen die demografische Entwicklung (Anteil der Kinder an der Gesamtbevölkerung, Fertilitätsrate, Binnenwanderungssaldo) sowie Sicherheit und Wohlstand eine wichtige Rolle. Sie entscheiden wesentlich mit darüber, ob ein Umfeld als familienfreundlich und unterstützend oder als hemmend, vielleicht sogar als widerstreitend erlebt wird, und bilden somit einen wichtigen Prägefaktor für die Ausformung des sozialen Systems Familie.

c) Die Familie als religiöser Lernort

Familiale Prägungen spielen (auch) beim religiösen Lernen eine grundlegende Rolle. Sie bilden gleichsam eine Vorstrukturierung, die von Heranwachsenden im Lernen am Modell erworben wird, eine besondere Tiefe besitzt und alle weiteren Lernprozesse prägt.

Empirisch untersucht wird das unter dem Stichwort der intergenerationalen Transmission, womit die Perspektive der Übertragung elterlicher Vorstellungen und Verhaltensweisen auf die nachfolgende Generation in den Blick genommen wird. Religiöse Lebensformen sind darin eingeschlossen. Die meisten der in der Interaktion zwischen den Generationen zu beobachtenden Effekte sind »nicht das Ergebnis gezielter Anstrengungen der älteren Generation, sondern die Folge der elterlichen Lebensform, ihres ›Vor‹-Bildes, ihrer Art und Weise, das Leben zu gestalten und zu bewältigen«[1304].

Religiöse Einstellungen und Verhaltensweisen werden also zum großen Teil implizit erlernt. Als »besonders erfolgreich«[1305] kann dabei die intergenerationale Transmission kirchlich-religiöser Orientierungen gelten. Empirisch ist ein »sehr hoher intergenerationaler Vererbungsgrad in Bezug auf religiöse Praktiken und Überzeugungen«[1306] aufweisbar, wobei hier immer auch kontextuelle Prägungen zu berücksichtigen sind. Religionsfreundliche Kontexte unterstützen mehrheitlich die

1303 Vgl. Statistisches Bundesamt, Wie die Zeit vergeht, 8.
1304 Fend, Was die Eltern ihren Kindern mitgeben, 84.
1305 Becker/Lois/Steinbach, Kontexteffekte, 422.
1306 Ebd.

intergenerationale Transmission, religionsfeindliche oder -indifferente tun das nicht in gleicher Weise. Zugleich gilt, dass elterliche Religiosität vor allem dort prägend ist, wo sie sich erkennbar zeigt und somit von den Kindern als solche wahrgenommen werden kann.

Grundsätzlich gilt, dass der intensivste Austausch zwischen den Generationen dort erfolgt, »wo die größten familiären Investitionen getätigt werden«[1307]. *Nur das, was als wichtig erachtet wird, kann in Transmissionsprozessen in seiner prägenden Kraft hervortreten.* Dazu kommt, dass es sich dabei nie um eine passive Übertragung von Wissen und Verhalten auf jüngere Generationen handelt, sondern vielmehr um deren *aktive Aneignung*, wozu auch eine Veränderung des Überlieferten gehört.[1308] Insgesamt ist eher von einer »Transmission zum Äquivalenten« als von einer »Transmission zum Identischen«[1309] auszugehen, wobei in der Summe eine »außerordentliche Konstanz bei der Weitergabe der familialen Bezugsrahmen«[1310] konstatiert werden kann (was im Kern auch für die religiösen Orientierungen und Verhaltensweisen gilt). Das hängt auch damit zusammen, dass sich *über die Generationen hinweg eher eine Generationenkontinuität* als ein Generationenkonflikt beobachten lässt. Eltern und Kinder verarbeiten die Erfahrungen, auch diejenigen mit Religion, gemeinsam. Je stärker der Austausch ist und je besser die emotionalen Bindungen sind, umso stärker ist die Gemeinsamkeit zwischen den Generationen.

Dabei spielen sowohl das Geschlecht der Eltern als auch das Geschlecht der Kinder eine Rolle für den Ausgang des Transmissionsprozesses. Mütter sind bei der Transmission religiöser Einstellungen und Verhaltensweisen besonders wichtig. Die Übernahme von religiösen Überzeugungen ist bei Töchtern stärker ausgeprägt als bei Söhnen.[1311] Wahrscheinlich resultiert beides aus einem bestimmten Rollenverständnis. Insofern wäre zu prüfen, ob sich bei einer anderen Rollenkonstellation auch andere Akzente ergeben.

Wichtig für erfolgreiche Transmissionsprozesse sind auch Synergieeffekte, die sich durch die Auswahl kulturell adäquater Institutionen (wie beispielsweise einer evangelischen Kita oder Schule) und den Auf-

---

1307 Fend, Was die Eltern ihren Kindern mitgeben, 100.

1308 Vgl. Lüscher, Ambivalenz; Schwab, Familienreligiosität.

1309 Berteaux/Berteaux-Wiame, Was du ererbt, 38.

1310 Kraul/Radicke, Familiale Erziehung, 161.

1311 Vgl. Klein, Religiosität, 70–73.

enthalt in einem religiös geprägten sozialen Netzwerk (hier spielen auch die Großeltern eine wichtige Rolle) ergeben. Überhaupt wird die »soziale Vererbung«[1312] von Religiosität durch eine hohe Qualität sowohl der Paar- als auch der Eltern-Kind-Beziehung gefördert. In der Kindheit spielt hier insbesondere ein gutes Familienklima innerhalb eines unterstützenden und zugewandten Erziehungsstils eine wichtige Rolle. *Eine »enge, durch emotionale Nähe und häufige Kontakte geprägte, intergenerationale Beziehung« macht »die nachhaltige Transmission religiöser Orientierungen wahrscheinlicher«*[1313].

Vergleichbares gilt übrigens auch für die Transmission nichtreligiöser Orientierungen. Insofern verwundert es nicht, dass dort, wo eine religiös geprägte kulturelle Alltagspraxis nicht anzutreffen und eine elterliche Religiosität für Kinder nicht erkennbar ist, sich auch im Erwachsenenalter der Kinder kaum Spuren einer auf Konturierung hin ausgerichteten Religiosität finden.[1314] Zwar können dann in der sogenannten Zielfamilie neue Impulse in dieser Richtung gegeben werden, indem beispielsweise die Kinder entsprechende Fragen eintragen, doch ist festzuhalten, dass hinsichtlich der Profilierung von Religiosität »der Einfluss der Sozialisation im Elternhaus augenscheinlich deutlich stärker als spätere Partnereinflüsse«[1315] ist.

Als Zwischenergebnis bleibt festzuhalten: *Die Bedeutung familialer Sozialisation ist ungebrochen hoch. Niemand wird* nicht *sozialisiert.* Die vorherigen Generationen hinterlassen immer ihre Spuren. Auch wenn eine ausdrückliche religiöse Erziehung tendenziell in den Familien abnimmt, heißt das nicht, dass Familie als religiöser Lernort bedeutungslos würde. Vielmehr kommt es zu anderen Prägungen.

Dabei übernimmt die jüngere Generation nicht einfach nur das Vorgegebene, sondern modifiziert es, passt es an und gibt dadurch wiederum Impulse an die ältere Generation. Besonders deutlich wird das in der Gestaltung von Ritualen. Das Weihnachtsfest beispielsweise

---

1312 Becker/Lois/Steinbach, Kontexteffekte, 420.

1313 A. a. O., 436 (im Original nicht kursiv).

1314 Wie hier durch eine sensible religionspädagogische Arbeit Impulse zur religiösen Entwicklung gegeben werden können, lässt sich aus der Rostocker Langzeitstudie zu Gottesverständnis und Gottesbeziehung von Kindern, die in mehrheitlich konfessionslosem Kontext aufwachsen, ersehen; vgl. Szagun, Dem Sprachlosen Sprache verleihen.

1315 A. a. O., 438 f.

verdankt seine »Flexibilität und Lebendigkeit zum grossen Teil der Kreativität, dem Erfindergeist, der Forschungs- und Kontaktfreude der Kinder«[1316]. »Oft sind es die Kinder, deren religiöse Kompetenz die Eltern herausfordert, das Leben neu zu erkunden und ungewohnte Zugänge zur eigenen Spiritualität zu entdecken.«[1317]

d) Zusammenfassung

Die Familie stellt in dem mit ihr verbundenen besonderen Kooperations- und Solidaritätsverhältnis einen wichtigen und nachhaltig prägenden Sozialisationsraum für die meisten Menschen dar. In ihrem Profil als emotionaler Binnenraum ist sie das einzige soziale System, in dem ein Mensch mit allen seinen Möglichkeiten zur Entfaltung kommen kann. Daraus ergeben sich, nicht zuletzt im Verbund mit einem kindorientierten Erziehungsstil sowie einer neuen Rollenbeschreibung im Miteinander von Vätern und Müttern, vielfältige Chancen. Zugleich jedoch sind einige Familien damit auch überfordert, so dass Familie zu einem Raum permanenter Konflikte werden kann. Strukturell gibt es eine Reihe von Entwicklungen, die der Familie in ihrer jetzigen Ausprägung entgegenstehen. Mit den Möglichkeiten zur freien Entfaltung gehen Überforderungstendenzen einher, die Familie zu einem fragilen Gefüge werden lassen, das viel Aufmerksamkeit und Geschick benötigt, um für alle Beteiligten als hilfreich und unterstützend wahrgenommen zu werden. Stichwörter wie Verbundenheit, Autonomie und Gegenseitigkeit beschreiben auf der Metaebene wichtige Aufgaben, denen sich Familien über alle Phasen und Formen hinweg zu stellen haben.

In die sich dabei ergebenden Interaktionen eingebettet sind auch religiöse Kommunikations- und Lernprozesse. Sie erhalten auf diese Weise ein eigenes Gepräge. In religionspädagogischer Perspektive offenbaren sie ein großes Potenzial. Um es zu heben, braucht es allerdings einen klareren Blick als bisher auf die hier stattfindenden Lernprozesse. Dazu gibt es eine Reihe von Untersuchungen, die dieses Desiderat nach und nach in Angriff nehmen, allerdings ohne es in Gänze bearbeiten zu können.[1318] Bisher bestenfalls ansatzweise im Bick sind dabei mediale

---

1316 Baumann, Weihnachtsfeier, 160.

1317 Hauri/Morgenthaler, Lebensstile und Familienrituale, 136.

1318 Zu empirischen Perspektiven vgl. z. B. Domsgen. Religiöse Bildung in der Familie; Kleint, Empirische Perspektiven.

Kommunikationen zwischen den Familienmitgliedern. Dem wird zukünftig deutlich mehr Aufmerksamkeit geschenkt werden müssen.

Sehr deutlich tritt allerdings schon jetzt vor Augen, dass die Kontinuität der in der Adoleszenz aufgebauten Grundorientierungen »verblüffend groß«[1319] ist. Die Befunde sind hier so eindeutig, dass der Familie – bei aller Nicht-Instrumentalisierbarkeit – religionspädagogisch mehr Aufmerksamkeit gewidmet werden muss. Welche Kriterien dabei zu berücksichtigen sind, soll im Folgenden bedacht werden.

6.2.2 Urteilen: Hermeneutische Grundlinien mit Blick auf die Familie

Beurteilungskriterien zur Einordnung familialer Entwicklungen sowie zur Profilierung religionspädagogischen Handelns lassen sich in einem stärker theologisch und einem stärker pädagogisch konturierten Zugang gewinnen.

a) Zu den Anknüpfungspunkten für die Beschreibung der Gottesbeziehung

Biblisch-theologisch auffällig ist, dass bereits im Alten Testament die Beziehungen zwischen den Mitgliedern des Hauses den selbstverständlichen Hintergrund für die Beschreibung und Gestaltung der Gottesbeziehung bilden. »Von Gott wird als Vater und Hausherr, als Mutter oder Ehemann gesprochen. Israel wird als Sohn, Tochter und Ehefrau bezeichnet. Damit dienen die alltäglich vorfindbaren Beziehungen innerhalb des Hauses als Anknüpfungspunkte für die Beschreibung des Glaubens an Gott.«[1320] *Allem Anschein nach erweist sich gerade das familiale Zusammenleben als besonders geeignet dafür, um von Gott in plausibilisierender Weise sprechen zu können.*

Grundlegend dafür war einerseits die hohe Bedeutung des Hauses. Der Einzelne war ganz auf die familiale Einbindung und Unterstützung angewiesen. Indem nun die Gottesbeziehung mit den Termini der Familienbeziehung beschrieben wurde, konnte das Aufeinander-Verwiesensein eindrücklich zur Sprache gebracht werden. Andererseits scheint darin eine inkarnatorische Perspektive auf, insofern Gottes Wirken und

---

1319 Fend, Was die Eltern ihren Kindern mitgeben, 101.

1320 Domsgen, Familie und Religion, 267 f. Auch im Folgenden beziehe ich mich darauf.

seine Gegenwart oder anders formuliert das »Heil« nicht einem besonderen und abgegrenzten Raum vorbehalten ist, sondern »mitten im banalen Alltag, im alltäglichsten Getriebe der familiären Auseinandersetzungen und des Zusammenlebens«[1321] erfahren werden kann.

Dabei zeigen sich bereits im Alten Testament *Spannungen zwischen dem auf die Großgruppe und dem auf den familialen Lebensraum bezogenen Handeln.* Auf der einen Seite steht die Familienreligiosität mit einer Konzentration auf die familialen Bedürfnisse. Gott gilt hier als der »persönliche Schutzgott«, zu dem ein »weithin unverlierbares Vertrauensverhältnis wie zwischen einem kleinen Kind und seinen Eltern«[1322] besteht. Auf der anderen Seite steht die übergreifende Perspektive der geschichtlichen Gotteserfahrung im Jahwe-Kult mit der Betonung der Ausschließlichkeit. Beides lässt sich nicht einfach in eine zeitliche Abfolge zueinander bringen, sondern bleibt – wenn auch an einigen Stellen theologisch korrigiert – nebeneinander bestehen. Letztlich gab es »nie allein ein auf die Großgruppe bezogenes Handeln [...], sei es nun am Volk oder an der Gemeinde, sondern daneben gab es immer ein Handeln Gottes, das sich auf den einzelnen Menschen in seinem familiären Lebensraum bezog«[1323]. Hier scheint eine Thematik auf, die sich auch im Neuen Testament nachverfolgen und sich vom Grundsatz her bis in die Gegenwart hinein aufzeigen lässt, wo sie dann im christlichen Fokus im Verhältnis von Kirche und Familie Ausdruck findet.

Die neutestamentlich zu erhebende »Spannung«[1324] zwischen einer die familialen Beziehungen relativierenden und stabilisierenden Perspektive bewahrt vor einseitigen Schwerpunktsetzungen. *Der Ruf, das Zusammenleben in der Hausgemeinschaft angesichts des nahen Gottesreiches aufzugeben* (z. B. in den familienkritischen Sprüchen – Mk 3,31–35; Mt 12,46–50; Lk 8,19–21), *stand neben der Aufforderung zur Stärkung des familialen Zusammenlebens* (z. B. in Jesu Position zur Ehescheidung – Mk 10,1–12; 19,2–10; Mt 5,31 f., 19,1–9; Lk 16,18; 1Kor 7,10 – oder den Positionen der frühen Gemeinden zur Familienethik in den sog. Haustafeln – Kol 3,18–4,1; Eph 5,22–6,9; 1Petr 2,13–3,12).

1321 Scharer, Das »geheiligte« Fragment, 123.

1322 Albertz, Religionsgeschichte, 153.

1323 Albertz, Persönliche Frömmigkeit, 206 f.

1324 Klauck, Die Familie im Neuen Testament, 81.

Auf diese Weise wird deutlich, dass Familie keinen Letztwert an sich darstellt. Die konkreten Strukturen familialen Zusammenlebens sind nicht heilsrelevant. Nicht zufällig wird im Bild von der »Familie Gottes« (mit Schwestern und Brüdern im Glauben) der Begriff Familie aufgenommen, »aber zugleich transzendiert«[1325]. Die Spannung bzw. Ambivalenz der Bezugnahme auf familiale Beziehungen im biblischen Befund verdeutlicht das.

Zugleich sind die familialen Beziehungen von einer solchen Bedeutung, dass ohne sie Aussagen über Gott und sein Verhältnis zu den Menschen anscheinend nicht ausreichend verstanden werden können. Die familialen Beziehungen verdeutlichen, dass der Mensch ein Beziehungswesen ist. Er ist auf Gemeinschaft hin angelegt. Damit entspricht er zutiefst dem Wesen Gottes. Denn Gott ist Liebe (vgl. 1Joh 4,16), »das heißt: er ist Kommunikation in sich«[1326]. Der göttlichen Beziehungshaftigkeit entspricht die menschliche. »Der Mensch ist als Ebenbild dieses Gottes ein Beziehungswesen.«[1327] Deshalb verwundert es nicht, dass gerade die von (fast) allen Menschen erlebten familialen Beziehungen entscheidend für die Beschreibung des Gottesverhältnisses sind. In ihnen wird etwas vom Wesen Gottes deutlich, das zutiefst menschlichem Bedürfnis entspricht.

Religionspädagogisch ist dieser Befund sehr interessant. Er unterstreicht den bereits im Rahmen entwicklungspsychologischer Überlegungen skizzierten Zusammenhang von Eltern- und Gotteskonzept[1328] und verweist mit Nachdruck auf die große Bedeutung der Familie. Sie stellt ein »unwillkürliches Deutungsmuster menschlichen Lebens«[1329] dar, das Menschen in entscheidender Weise prägt. Wie diese Prägungen in religionspädagogischer Perspektive näher zu beschreiben sind, soll im Folgenden erörtert werden.

b) Zur impliziten und expliziten religiösen Erziehung im Horizont christlich motivierten Lehrens und Lernens

Die innerhalb eines Familienverbundes gemachten Erfahrungen als Vater, Mutter, Sohn, Tochter, Bruder oder Schwester sind grundlegend

1325 Fraas, Glaube und Identität, 238.

1326 Fraas, Bildung und Menschenbild, 210.

1327 Ebd.

1328 Vgl. die Ausführungen unter 4.3.2 d).

1329 Korsch, Weihnachten, 225.

für die Selbstwerdung von Menschen und gerade darin auch für das Verständnis Gottes und die Anbahnung einer Gottesbeziehung. Letztlich treten damit Perspektiven in den Blick, die begrifflich in der *Differenzierung zwischen der impliziten und expliziten Seite einer christlich motivierten Erziehung* ihre Entsprechung finden können und so auf Aspekte hinweisen, die voneinander zu unterscheiden sind, obschon nicht zu trennen.

In seiner sozialisationstheoretisch profilierten Untersuchung zur christlichen Elementarerziehung hat Norbert Mette bereits 1983 darauf hingewiesen, dass *christlich-religiöse Erziehung »nicht die Schulung ausgegrenzter Fähigkeiten« bedeute, sondern »eine bestimmte Einstellung zur Welt und zum Leben insgesamt«*[1330] *vermittele.*

Die Grenzen zwischen allgemeiner und religiöser Erziehung sind »fließend«[1331]. Das gilt vor allem dann, wenn damit die Möglichkeit einer Lebensform wie derjenigen des Christseins angebahnt werden soll. Es geht dabei nicht nur um die Vermittlung von religiösen Praktiken und Vorstellungen, sondern um die Entfaltung einer Persönlichkeit, die sich bejaht weiß und deshalb frei entfalten kann. Erziehung generell und damit auch eine sich als religiös verstehende Erziehung basiert auf der menschlichen Grunderfahrung, unbedingt erwünscht und angenommen zu sein.[1332] Besonders gut deutlich, wenngleich nicht darauf beschränkt, wird das im Kleinkindalter. Wenn ein Kind in seinem Bezugssystem die Erfahrung macht, angenommen zu sein, »ist es bereit, sein eigenes Dasein und das seiner Umwelt, so wie es diese erfährt, als sinnvoll zu betrachten«[1333]. Denn gerade (aber nicht nur) bei der religiösen Erziehung geht es »in ihrer elementaren Tiefenschicht« immer auch um »Gefühls-›Echos‹«.[1334] Mit Feige und Gennerich lässt sich hier von »*Gefühls*konnotationen« sprechen, die als »Elemente einer religiösen Dimension« fungieren, »und zwar ohne dass ein Rekurs auf eine herkömmlich als ›religiös‹ *geltende* Semantik zwingend erscheint«[1335].

1330 Mette, Voraussetzungen christlicher Elementarerziehung, 235 (im Original nicht kursiv).

1331 Fraas, Glaube und Identität, 231.

1332 Vgl. Blasberg-Kuhnke, Die Erfahrung.

1333 Mette, Voraussetzungen christlicher Elementarerziehung, 224.

1334 Nipkow, Religiöse Bildung für ein ganzes Leben, 364.

1335 Feige/Gennerich, Lebensorientierungen Jugendlicher, 201.

Religionspädagogisch ergibt sich daraus ein Zweifaches: *Einerseits wird damit der Blick auf eine unverzichtbare Dimension religiöser Erziehung gelenkt,* die *hier als implizite religiöse Erziehung bezeichnet wird* und bei der es darum geht, Heranwachsenden Erfahrungen anzubieten und zu ermöglichen, »die auf den ersten Blick gar nicht nach religiösen Erfahrungen aussehen, die aber dennoch dafür sorgen, daß die Wörter und Bilder unserer Kinder reich an Vorstellungen, Erinnerungen und Hoffnungen werden«[1336], die sie für tradierte religiöse Versprachlichungen und Erzählfiguren ansprechbar machen. Letztlich geht es hier um *elementare Kindheitserfahrungen bzw., allgemeiner formuliert, um grundlegende Erfahrungen des Menschseins,* wozu »Verlässlichkeit, Geborgenheit, Schutz, Zuwendung, Ermutigung und Hilfe«[1337] gehören. Sie bilden einen Erfahrungsfundus, von dem her religiöse Versprachlichungen und Begrifflichkeiten nicht nur als bloße »Richtigkeitszumutungen [...] auf der Ebene von scheinbar objektivem Sachverhaltsstatus«[1338] wahrgenommen, sondern an eigene Gefühlserfahrungen zurückgebunden werden können. »Von Gott als Liebe reden ist dann nicht auslegungsbedürftig.«[1339] Begrifflich soll dies mit der Kurzformel von der *impliziten religiösen Erziehung* bezeichnet werden.

Andererseits verlangt die eben skizzierte Perspektive eine genauere Bestimmung dessen, was in Sachen Religion persönlichkeitsfördernd ist und was nicht. *Die einzelnen Religionen beinhalten verschiedene Lösungsansätze zur Bewältigung von Krisen- und Grenzerfahrungen, wobei sie nicht per se einen positiven Beitrag zur Selbstwerdung des Menschen bieten.* Die Angebote der Religionen scheinen »offensichtlich sowohl identitätsstiftende als auch identitätszerstörende Weisen des Handelns zuzulassen«[1340]. Auch deshalb muss die Rede von der religiösen Erziehung präzisiert werden, indem auf bestimmte religiöse Traditionen zurückgegriffen wird. Begrifflich wird das mit der Kurzformel von der *expliziten religiösen Erziehung* auf den Punkt gebracht. Die Kommunikation des Evangeliums kann einen positiven Part zur Subjektwerdung des Menschen beitragen.

1336 Krappmann, Symbole, Riten, Festlichkeit, 16f.

1337 Nipkow, Religiöse Bildung für ein ganzes Leben, 365.

1338 Feige/Gennerich, Lebensorientierungen Jugendlicher, 201.

1339 Nipkow, Religiöse Bildung für ein ganzes Leben, 365.

1340 Mette, Voraussetzungen christlicher Elementarerziehung, 264. Die folgenden Seitenangaben im Text beziehen sich darauf.

> Er »realisiert sich in einer kommunikativen Praxis, in der Menschen sich sagen und gesagt sein lassen: ›Ich/wir glauben, daß Gott dich/euch liebt.‹ [...] Von diesem konstitutiven Zusammenhang von Erfahrung Gottes und Erfahrung des Nächsten her läßt sich das Spezifikum christlicher Selbsterfahrung bestimmen. Sie läßt sich in dem Satz zusammenfassen: ›Das glaubende Ich erfährt sich als absolut anerkannt und geliebt – auch dort, wo es nicht liebenswürdig ist‹.« (273)[1341]

Daraus ergibt sich, dass *christliche Erziehung nicht in erster Linie als »ein Vertrautmachen mit Inhalten oder bereits interpretierten Erfahrungen« zu verstehen ist, sondern grundlegender als »Vermittlung einer Erfahrung unbedingten Erwünscht- und Anerkanntseins«* (275).[1342]

Was sich hier bereits andeutet, kann mit den Begriffen der expliziten und impliziten religiösen Erziehung im Horizont christlich motivierten Lehrens und Lernens prägnant so zusammengefasst werden: *Christliche Erziehung als eine Form expliziter religiöser Erziehung basiert auf der impliziten religiösen Erziehung und ist in sie eingebettet.* »Man wird sogar sagen dürfen, daß jede Erziehung, die auf unbedingter Liebe basiert und in der die Beteiligten sich gegenseitig schöpferische Freiheit auf eine offene Zukunft hin zumuten, in ihrem Kern genau das realisiert, was christliche Praxis ist.« (275 f.)

Innerhalb der Familie wird das in den alltäglichen Interaktionen und im Besonderen in Ritualen und Feiern erlebbar, können hier doch in grundlegender und sinnenhaft erlebbarer Weise implizite und explizite Ebene ineinanderfließen und sich damit ergänzend durchdringen. Die Familie ist hier so besonders wichtig, weil sie als »Domäne des Rituals« verstanden werden kann, also als »das Feld, in dem Riten vorrangig vermittelt werden«[1343].

Was unter der Kurzformel von der Kommunikation des Evangeliums in den drei Modi des Lernens, Feierns und Helfens bereits benannt wurde, lässt sich mit Blick auf die Familie sehr eindrücklich verdeutlichen.[1344] Allgemein menschliche Kommunikationsformen erfahren im »Kontakt zu Gott«[1345] ein spezielles Profil, wobei es hier immer auch

---

1341 Unter Bezug auf Krappmann, Symbole, Riten, Festlichkeit, 21 f.24.

1342 Im Original nicht kursiv.

1343 Fraas, Glaube und Identität, 239; vgl. Schwab, Eltern, Kinder und die Religion, 41 f.

1344 Vgl. dazu die Ausführungen unter 4.1.2.

1345 Grethlein, Praktische Theologie, 508.

zu Überschneidungen (von christlichen und allgemein-menschlichen Kommunikationen) kommen kann. Das liegt daran, dass es sich hier – theologisch formuliert – um inkarnatorisch zu deutende Prozesse handelt, also um ein Geschehen, das im Horizont der Menschwerdung Gottes verstanden werden kann. Pädagogisch betrachtet handelt es sich dabei um bildende Prozesse, die auf die Subjektwerdung (oder allgemeiner formuliert auf die Menschwerdung) des Menschen zielen und »damit auf etwas, das Individuen *möglicherweise* auch auf anderem Wege erreichen können«[1346].

Eltern können bei der religiösen Erziehung unterschiedliche Absichten verfolgen.[1347] Als *einweisend religiös* Erziehende fördern sie eine ganz bestimmte Grundorientierung. Sie wird meist von Eltern gewählt, die von der Richtigkeit ihrer Glaubensposition überzeugt sind und deshalb auch ihre Kinder in diesem Glauben erziehen wollen. Anders ist es bei denjenigen, die *hinweisend religiös* erziehen. Hier wird zwar die Notwendigkeit einer Grundorientierung gesehen, aber in Anbetracht der Relativität der eigenen Sicht ermöglicht man lediglich die Begegnung mit unterschiedlichen Sinn- und Wertannahmen, ohne die Wahrheitsfrage zu beantworten.

Religionspädagogisch ist die Differenzierung zwischen impliziter und expliziter religiöser Erziehung auch deswegen so wichtig, weil sie dazu verhilft, familiale Entwicklungen differenzierter wahrzunehmen und das Zusammenleben in der Familie als »Eigenwert«[1348] zu würdigen, auch wenn nicht explizit religiös erzogen wird. Denn »nach wie vor werden in den Familien, auch wenn sie den Kirchen fern stehen, Erfahrungen ermöglicht und Fundamente gelegt, die für einen (späteren) religiösen Vollzug unverzichtbar sind: Gemeinschaft, soziales Handeln, Nächstenliebe, Fest und Feier, Umgang mit Kontingenzsituationen und Krisen, Trösten und Verzeihen«[1349]. Allerdings darf der Zusammenhang zwischen impliziter und expliziter Ebene auch nicht zu glatt gedacht werden. *Wenn die benannten allgemein menschlichen Erfahrungen in der Sozialisation nicht mit der explizit religiösen Dimension in Verbindung*

1346 Schröder, Das Priestertum, 159.

1347 Zur Differenzierung vgl. Schmidt, Religionspädagogik, Ethos, Religiosität, Glaube, 131 f.

1348 Bucher, Familie und religiöse Sozialisation, 139.

1349 A. a. O., 138.

gebracht wurden, ergeben sich Distanzen, die nur schwer zu überbrücken sind. Explizit religiöse Deutungsmuster und Praktiken bleiben oftmals fremd. Die Aussage »Ich bin nicht so erzogen worden« beschreibt dann einen Graben, der eine Annäherung an Religion massiv erschwert. Erst durch »desintegrative Erfahrungen bezüglich des säkularen Sozialisationshintergrundes«[1350] eröffnet sich der Raum für Annäherungen im religiösen Feld. Dies gilt vor allem auch dann, wenn die emotionalen Erfahrungen im familialen Bereich negativ bestimmt sind, also mit Abwertung, Vereinnahmung oder Vernachlässigung zu tun haben. Unverzichtbar sind hier Erfahrungen, die das Spektrum eigener lebensgeschichtlicher Prägungen erweitern, wie Wilfried Meissner (geb. 1982) in seiner empirischen Untersuchung zur Taufe von Erwachsenen belegen kann.[1351]

Desintegrative Momente hinsichtlich des eigenen Sozialisationshintergrunds können dann mit Neuorientierungen einhergehen, wenn sich Perspektiverweiterungen ergeben. Notwendig dafür sind Erfahrungen »verstehende[r] Resonanz, welche durch aufmerksames Einfühlen das vom Gegenüber Gesagte in sich lebendig werden lässt und zum eigenen Mitschwingen Rückmeldung gibt«[1352].

c) Zusammenfassung

Sowohl aus theologischer wie aus pädagogischer Perspektive lässt sich die Notwendigkeit zur Berücksichtigung der Familie nachzeichnen. In der Summe stellt sich dabei nicht die Struktur, sondern die *Beziehungsqualität der Familienmitglieder* untereinander als entscheidend heraus. Daraus ergibt sich einerseits eine Weite in der Wahrnehmung familialer Entwicklungen. Die Vielfalt der Familienformen kann wahrgenommen werden, ohne gleich in das Lamento vom Untergang der Familie einstimmen zu müssen. Andererseits resultiert daraus eine besondere Aufmerksamkeit für die familialen Interaktionen, in die auch die Kommunikation des Evangeliums einzuzeichnen ist.

Familie bestimmt nicht nur die Persönlichkeitsentwicklung und hat Einfluss auf weitere Lernprozesse, sondern prägt auch das Gottes-

---

1350 Meißner, Lebensgeschichtliche Bezugspunkte, 71.

1351 Vgl. dazu das sehr aufschlussreiche Schema über Bedeutungskomplexe und Strukturen beim Zustandekommen von Erwachsenentaufen, a. a. O., 70.

1352 Szagun, Dem Sprachlosen Sprache verleihen, 62. Was das konkret bedeutet, zeigen die Fallbeispiele auf eindrückliche Weise.

konzept von Menschen. Die Differenzierung zwischen impliziter und expliziter religiöser Erziehung markiert dabei religionspädagogische Dimensionen, die in der Familie mit besonderer Deutlichkeit vor Augen treten, aber nicht darauf beschränkt sind.

Religiosität entsteht nicht unvermittelt. Sie ist – pädagogisch gesprochen – auf Fremdsozialisation angewiesen. Gott gelangt für das Kind nur im Zusammenhang mit einer bestimmten kommunikativen Praxis zur Sprache. Wesentlich dafür sind die prägenden Personen. Die Inhalte haben einen nachgeordneten Stellenwert. Sozialisationstheoretisch gesehen, kann explizite religiöse Erziehung nur im Kontext gelungener impliziter religiöser Erziehung agieren. Sie basiert auf der impliziten religiösen Erziehung und ist in sie eingebettet. Beides ist also begrifflich zu unterscheiden, darf jedoch nicht voneinander getrennt werden.

Der Gestaltung und Prägung der Beziehungsebene kommt an den anderen Lernorten eine ebenso grundlegende Bedeutung zu, auch wenn sie aufgrund der jeweils herrschenden Binnenlogik unterschiedlich zu profilieren ist. Die große *Chance der Familie* besteht darin, dass *in einzigartiger Weise die spürbare und erfahrbare Annahme der eigenen Person mit der Explizierung der religiösen Dimension im Reden und Tun verbunden werden kann.*

Christlich motivierte Lehr- und Lernprozesse sind immer im Kontext der Persönlichkeitsentwicklung zu bedenken und zu gestalten. Die Anerkennung der Person und die Entfaltung der ihr gegebenen Möglichkeiten sind dabei wesentliche Aspekte. Subjektwerdung bzw. Identitätsbildung geschehen nicht einseitig, sondern im wechselseitigen Prozess zwischen dem Heranwachsenden und seinen Bezugspersonen.

Die Familie prägt einen Menschen in entscheidender Weise. Deshalb kommt es unter religionspädagogischer Perspektive darauf an, sehr genau die Entwicklungen im familialen Bereich wahrzunehmen und nachzuzeichnen, um nach Anknüpfungspunkten für die Beschreibung des Gottesverhältnisses suchen zu können. Dabei geht es nicht um einen rein adaptiven Ansatz, sondern um eine wechselseitige Erschließung. Die familialen Beziehungen helfen, die Gottesbeziehung zu plausibilisieren. Zugleich trägt diese Perspektive Spezifisches dazu bei, die Beziehungen in Ehe und Familie zu deuten und zu gestalten.

6.2.3 Handeln: Impulse für die Arbeit mit Familien

a) Grundlegende Orientierungen: »doing family« und »doing religion« aufeinander beziehen

Wer die Entwicklungen im familialen Feld unter dem Blickwinkel der Differenzierung zwischen impliziter und expliziter religiöser Erziehung betrachtet, kommt zu einem ambivalenten Ergebnis: *Implizite religiöse Erziehung im Sinne einer dem Kind zugewandten Erziehung findet sich in heutigen Familien wesentlich stärker als früher.* Der größtenteils anzutreffende kindorientierte Erziehungsstil ist dafür durchaus förderlich. Noch nie in der Geschichte Deutschlands hat es so viele Eltern gegeben, die sich für ihre Kinder einsetzen und sich in hohem Maße mit Erziehung auseinandersetzen. Allerdings gibt es auch *Tendenzen, die diese Entwicklung erschweren.* So ist damit zu rechnen, dass ca. ein Drittel der Familien dem kindorientierten Erziehungsziel nicht folgt. Zu der Gruppe gehören mehr geschiedene und alleinerziehende Elternteile sowie Mehrelternfamilien, also Mütter und Väter mit neuen Partnern und ggf. deren Kinder. Außerdem zeichnen sie sich durch einen geringeren Sozialstatus aus. Ein weiteres Drittel der Eltern dürfte mit Erziehungsproblemen im Großen und Ganzen recht gut zurechtkommen, hat aber bei einzelnen sich zuspitzenden Konflikten Bedarf an Unterstützung. Gleichzeitig schränken *strukturelle Hindernisse* als permanente Bedrohung die Herausbildung von grundlegendem Vertrauen in das Leben ein.[1353] Zu erinnern ist hier beispielsweise an ökonomische Schwierigkeiten. Ebenfalls hinderlich ist die Tendenz, Kinder von vornherein auf Anpassung hin festzulegen.

All das sind Hindernisse, die einer impliziten religiösen Erziehung entgegenstehen oder sie zumindest beeinträchtigen können. Die größten Schwierigkeiten ergeben sich jedoch bei der expliziten religiösen Erziehung. Sie findet in Westdeutschland bei der Mehrheit der Familien als hinweisende Erziehung (vorwiegend im Sinne einer Teilnahme an kirchlichen und schulischen Bildungsangeboten) statt und fällt praktisch bei dem Großteil der ostdeutschen Familien ganz aus. Gleichzeitig mangelt es an religiöser Ausdrucksfähigkeit in denjenigen Familien, die noch ein Verhältnis zur Religion haben.

1353 Vgl. dazu die Ausführungen unter 4.3.3 b) und c).

Zudem stellt die mangelnde außerfamiliale Stützung in Sachen Religion ein gravierendes Hindernis dar. Positive Impulse und Anregungen werden kaum noch von außen gegeben. Die Familien sind in dieser Hinsicht weitgehend auf sich selbst verwiesen. Explizite religiöse Erziehung ist jedoch in starkem Maße von dem Umfeld abhängig, in dem sie geschieht. Dieses Umfeld kann sowohl verstärkend als auch hemmend wirken. Die Prägung des gesellschaftlichen Raums ist also von herausragender Bedeutung. Wird er durch ein weitgehend areligiöses Klima bestimmt, sinkt die Wahrscheinlichkeit einer explizit religiösen Erziehung. Insofern lässt sich festhalten:

Wer die Familie als Lernort des Glaubens stärken will, kommt an der Stärkung der allgemeinen Erziehungskompetenz nicht vorbei. Zudem kann es einem nicht gleichgültig sein, in welchem Kontext Familien agieren. Bei alledem kommt es darauf an, die Explizierung von Religion als Unterstützung deutlich werden zu lassen. Daraus ergeben sich drei Aspekte, die im Folgenden kurz vorgestellt werden:

(1) Unterstützung im »doing family«: Familien existieren nicht einfach, sondern leben »als permanente Herstellungsleistung der beteiligten privaten und öffentlichen Akteure«:[1354]. »Doing family« heißt das dafür geprägte Schlagwort. Familie als System ist »selbst Akteur mit eigenen Ressourcen, Handlungs- und Innovationspotenzialen an den Schnittstellen zwischen Privatheit und verschiedenen Öffentlichkeiten, d. h. dem Institutionsgeflecht zwischen Betreuungs-Bildungs- und wohlfahrtsstaatlichen Institutionen, Erwerbsarbeit, den Institutionen der Kinder-, Jugend- und Familienhilfe sowie sozialem Nahbereich und Nachbarschaft«[1355].

Ein wesentliches Kriterium im *doing family* hinsichtlich außerfamilialer Angebote ist der Unterstützungsfaktor. Die Wahrscheinlichkeit zur Aufnahme außerfamilialer Impulse steigt, wenn sie als unterstützend oder entlastend wahrgenommen werden. Das gilt vor allem für die Herstellung individueller und gemeinsamer Zeit, wobei sich hier die Bedürfnislagen von Familien fundamental unterscheiden können.

Familie gilt heute vor allem als emotionaler Binnenraum. Das ist Fluch und Segen zugleich. Familien brauchen deshalb einerseits Hilfen zur Bewältigung dieser Aufgabe und andererseits auch Angebote, die

1354 Jurczyk, Familienzeit, 49.

1355 Ebd.

diese Emotionalisierung versachlichen, indem der Blick auf größere Zusammenhänge gelenkt wird.

An dieser Stelle könnten größere soziale Einheiten für die einzelnen Familien bedeutsam werden, insofern sie das Auf-sich-selbst-Bezogensein in einen neuen Zusammenhang rücken. Dazu gehören vom Grundsatz her auch die Kirchen.

Interessant sind an dieser Stelle Überlegungen des Soziologen Andreas Lange (geb. 1960), der die Frage untersucht, wofür Familien und Kinder Zeit brauchen. Er betont, dass Kinder und Eltern »individualitäts- und identitätsstiftende Zeitareale«[1356] benötigten, wobei hier den Wochenenden eine besondere Bedeutung zukomme. Dieses bewusste Einräumen von Familienzeit und Kinderzeit ist »keine abgehobene Luxusbeschäftigung«[1357]. Kinder brauchen Leitbilder des Arbeitens und Lebens, die nicht nur kognitiv vermittelt, sondern vorgelebt werden. Solche Zeitareale für Familien anzubieten, stellt eine wesentliche Aufgabe dar. Für die Profilierung einer christlichen Eltern- und Familienarbeit resultiert daraus eine Weitung des Blicks. Sie sollte ihr Augenmerk von vornherein auf die Stärkung und ausgewogene Gestaltung der familialen Beziehungen legen. Dabei kommt der Eltern-Kind-Beziehung eine besondere Bedeutung zu. Zu bedenken wären aber auch etwaige Beziehungen zu Großeltern oder Geschwistern. Es geht dabei um die Stärkung der erzieherischen Kompetenz von Eltern und Großeltern wie auch um die Beziehungs- und Kommunikationskompetenz der Familienmitglieder untereinander. Fragen, wie Kinder in der Trotzphase am Abend ins Bett zu bekommen sind, oder wie mit pubertierenden Jugendlichen umgegangen werden kann, sind in einer solchen Perspektive vom Grundsatz her genauso bedeutsam, wie die Frage nach dem abendlichen Gebet oder die Teilnahme an der Konfirmation. Auch die Frage, wie die Balance zwischen Arbeit und Alltag, zwischen Kindern und Partnerschaft, zwischen Familienwohl und privaten Interessen erreicht werden kann, gehört zu den unaufgebbaren Themen einer christlichen Eltern- und Familienarbeit.

(2) Unterstützung im »doing religion«: Grundlage der vorhandenen Familientraditionen und den Anforderungen des Alltags.[1358] Das alles geschieht weitgehend unreflektiert. Maßstab der Partizipation ist die

---

1356 Lange, Arbeits- und Familienzeiten, 140.

1357 A. a. O., 139.

alltagspraktische und lebensgeschichtliche Relevanz religiöser Angebote. Religiöse Inhalte werden übernommen, soweit sie geeignet erscheinen, die individuelle Lebensausrichtung zu unterstützen. Unter der Familienperspektive ist die Stützung familialer Gemeinschaft von besonderer Bedeutung. Dabei geht es in erster Linie um die Begleitung von lebensgeschichtlich verunsichernden Situationen (an den großen Lebensübergängen wie Geburt und Tod, aber auch an den kleinen wie der Einschulung oder der Konfirmation) und die Stärkung der familialen Interaktion (z. B. beim weihnachtlichen Kirchgang). Die rituelle Dimension spielt hier eine bedeutende Rolle. Dabei finden die öffentlichen Riten, also die gottesdienstlichen Handlungen eine große Akzeptanz. Aber auch das Gebet als Form privater religiöser Praxis ist nicht unwichtig, doch vermeidet hier das Gros der Kirchenmitglieder die äußere Erkennbarkeit. Leider wissen wir nicht, ob das abendliche Gebet im Rahmen des Zu-Bett-Geh-Rituals davon auch in diesem starken Maße betroffen ist. Denn gerade diese Form des abendlichen Betens in der Interaktion zwischen Eltern und Kind hat lebensgeschichtlich eine außerordentlich große Bedeutung.

Unter Familienperspektive lassen sich *drei Hauptperioden aufzeigen, in denen ein Mensch in entscheidender Weise in seiner Glaubensentwicklung geprägt wird.* Zuerst ist die Zeit *als Kind in der Herkunftsfamilie zu nennen.* Die in der Kindheit erfahrenden Prägungen bestimmen alle weiteren Sozialisations- und Bildungsprozesse. Die hier vermittelten Basiserlebnisse sowie die dazugehörigen Interpretationsmuster bleiben ein Leben lang relevant und können niemals völlig ausgeblendet oder negiert werden. Dieser Aspekt darf jedoch nicht deterministisch verstanden werden. Neuorientierungen sind möglich. Eine fehlende christliche Sozialisation geht nicht zwangsläufig mit Areligiosität im Erwachsenenalter einher. Es heißt auch nicht, dass religiöse Fragen im weitesten Sinn in diesen Biografien nicht auftauchen würden. Allerdings ist die explizit religiöse Thematisierung dieser Fragen dann in ganz hohem Maße kontextuell abhängig. Eine Offenheit muss erst hergestellt werden. Insofern ist auch hier von einer Vorstrukturierung durch die Familie zu sprechen.

1358 Vgl. Schwab, Familienreligiosität.

Eine zweite wichtige Zeit für die Glaubensentwicklung stellt die *Erfahrung des Elternseins* dar. Es ist eine Zeit, die vor allem bei denjenigen, die gerade Mütter und Väter geworden sind, durch eine besondere Offenheit und die Bereitschaft zur Veränderung geprägt ist. Die Geburt wird oft als ein Wunder erlebt. Gleichzeitig wächst schnell die Erkenntnis, dass der eigenen Fürsorge für die nachfolgende Generation Grenzen gesetzt sind.

Eine dritte für die Glaubensentwicklung wichtige Zeit beginnt, *wenn die eigenen Eltern pflegebedürftig werden und sterben.* Die vorausgehende Generation kann nicht mehr unterstützend und fürsorgend tätig werden, sondern bedarf selbst der Pflege und Fürsorge. Neben den damit verbundenen physischen und psychischen Anstrengungen rückt mit dem Tod von Vater und Mutter auch die eigene Endlichkeit nah in das Blickfeld und lässt – wie auch die Geburt von Enkelkindern – neu nach Grund und Ziel des Lebens fragen.

Bei alledem gilt: Religiöse Erziehung ist für Eltern und Großeltern mit Herausforderungen verbunden. Sie kann verunsichern, wenn (bisher vielleicht verdrängte) Fragestellungen ans Licht kommen, auf die man keine Antwort parat hat. Gleichzeitig aber kann sie auch als zusätzliche Belastung erlebt werden, wenn nun religiöse Praktiken (wie das Gebet) aufgenommen werden sollen, die vorher keine Rolle spielten.

Eine christliche Eltern- und Familienarbeit sollte hier Hilfestellungen zur Explizierung des eigenen Glaubens bieten, wobei innerfamiliäre Ressourcen aufgenommen werden und Eltern wie Großeltern Formen religiöser Erziehung finden können, die ihnen angemessen sind.

Notwendig dafür sind Kommunikationsräume, in denen es möglich ist, eigene Erfahrungen mit Kirche, Glaube und Religion zur Sprache zu bringen. Dabei gilt grundsätzlich: Religiöse Kompetenz in Erziehungsfragen und eigene Religiosität hängen aufs engste zusammen. Eltern und Großeltern brauchen keine Belehrung, sondern Impulse, die sie in ihrem Suchen und Fragen weiterführen, stärken und begleiten. Letztlich geht es um die Erweiterung von Handlungs- und Reflexionsspielräumen.

(3) Unterscheidung von Familienarbeit im engeren und weiteren Sinn: Bisher werden Familien schwerpunktmäßig nur in einer bestimmten Familienphase in den Blick genommen. Dies ist die Phase der jungen Familien mit kleinen Kindern. Zu wenig wird dabei berücksichtigt, dass die familialen Beziehungen den Lebenslauf insgesamt bestim-

men. Die Prägung der Biografie durch »lebenslange Beziehungen mit Eltern und Großeltern bei gleichzeitiger Selbständigkeit von frühster Jugend an«[1359] ist bisher nicht ausreichend aufgenommen worden. Zwar ist in jüngster Zeit ein verstärktes Interesse an der Herkunftsfamilie als Familie mit kleinen Kindern zu beobachten, die weiteren biografischen Prägungen durch familiale Beziehungen sind jedoch noch zu wenig bearbeitet. Zu denken ist hier an die Bedeutung der Großeltern für die Entwicklung von Enkeln, aber auch an das Problem der Betreuung und Pflege alt gewordener Eltern.

Wer also darüber nachdenkt, Familien stärker in den Blick zu nehmen, wird seine *Perspektive weiten* müssen, *weg von der Familie mit kleinen Kindern hin zu den familialen Beziehungen.* Dadurch könnte auch aufgenommen werden, dass sich für einen nicht geringen Teil von Menschen in Deutschland Familie auf ihre Herkunftsfamilie beschränkt und somit die Erfahrung des Elternseins nicht gemacht wird. Wichtig ist dabei auch, dass die Familie nicht immer als Ganzes im Blick ist, sondern auch in der Perspektive der Einzelnen, also in der Rollenbeschreibung innerhalb der familialen Beziehungen (z. B. als Mutter, Vater, Großvater oder Großmutter). Zu bedenken ist ebenfalls, dass nicht nur Kindern von ihren Eltern lernen, sondern auch umgekehrt die ältere von der jüngeren Generation.

Eine Differenzierung zwischen Familienarbeit im engeren und weiteren Sinn läge ganz auf dieser Linie und könnte dazu helfen, unterschiedliche Handlungsfelder miteinander zu vernetzen. *Familienarbeit im engeren Sinn bezieht sich auf die Familienphasen von der Familiengründung bis hin zur Selbstständigkeit der Kinder.* Primär, aber nicht ausschließlich geht es dabei um das Sozialsystem als Ganzes. Traditionell liegt hier der Schwerpunkt gemeindepädagogischer Arbeit. *Familienarbeit im weiteren Sinn nimmt die Menschen in ihrer familialen Verankerung in den Blick, denn Eltern-, Kind- und Geschwister-Sein bleiben ein Leben lang prägende Kategorien, wenngleich sie in ihrer Bedeutung im Lebenslauf unterschiedlich stark gewichtet werden und inhaltlich bestimmt sind.* Primär stehen die Einzelnen im Fokus. Insofern handelt es sich hier um eine Perspektive, die erweiternd zu der eben genannten hinzukommt und gleichzeitig darüber hinausweist. So lässt sich beispielsweise die Seniorenarbeit unter der Familienperspektive im weite-

1359 Bertram, Familienwandel, 77.

ren Sinn neu bestimmen (Großeltern-Enkel-Beziehung). Zugleich rücken soziale Beziehungen ins Blickfeld (z. B. Freunde), die in ihrer Funktion als familienähnlich bezeichnet werden könnten.

b) Systemische Aspekte: Familie und Gemeinde – die evangelische Kita als Schnittstelle

Die Familie hat eine große Bedeutung. Allerdings ist sie nie allein wirksam. Es bedarf weiterer Impulse. *Die Beziehungsorientierung in der Familie ist eine große Chance, aber auch eine große Begrenzung.* Deshalb wäre es eine Überforderung, religionspädagogisch allein auf die Familie setzen zu wollen. Die Familie bildet zwar den Ort der Ersterziehung, der primären Sozialisation, doch ist sie in starkem Maße abhängig von den Einflüssen außerfamilialer Instanzen.

Die Primärerziehung bedarf der Stützung durch sekundäre Sozialisationsinstanzen, so wie die sekundären Sozialisationsfelder nicht ohne die Familie agieren können. Dabei ist jedoch zu beachten, dass »deren Wirksamkeit und Erfolg [...] in entscheidender Hinsicht davon ab[hängen], ob ihr Einfluss von der Familie bejaht und unterstützt wird oder nicht«[1360]. Im schulischen Bereich wird deshalb in letzter Zeit verstärkt nach »Erziehungspartnerschaften« gerufen. Allerdings ist das »in aller Regel noch ein uneingelöstes Ideal«[1361]. Was für die Schule zu konstatieren ist, gilt wohl erst recht für die Gemeinde. Die Familienperspektive kann ein wichtiger Impuls zur Vernetzung der unterschiedlichen Lernorte sein. Im Blick sollten dabei auch die Angebote für Familien innerhalb des Gemeinwesens sein, wie beispielsweise Familienzentren oder Geburtshäuser.

Für die Ausbildung und Förderung von Religiosität in der Familie (sowohl der einzelnen Familienmitglieder wie auch der Familie insgesamt) ist das Umfeld von herausragender Bedeutung. Begegnen Kinder (und Eltern) auch außerfamilial der religiösen Dimension, steigt die Wahrscheinlichkeit einer verstärkten Familienreligiosität. Fehlen stützende außerfamiliale Impulse, steht der Explizierung des Gottesglaubens in der Familie die faktische Abwesenheit Gottes in den anderen Sozialisationsinstanzen (Kindergarten, Schule, Peergroup) gegenüber. Die große Mehrzahl der Familien ist auf die außerfamiliale Explizierung

1360 Grom, Religiöse Sozialisation, 604.
1361 Wissenschaftlicher Beirat, Erziehungskompetenzen, 91.

von Religion in besonderer Weise angewiesen. Deshalb reicht es nicht, wenn gemeindliche Eltern- und Familienarbeit nur den eigenen Lernort im Blick hat. Hier ist die Perspektive zu ändern. Es sollte gesucht werden, wo an den anderen Lernorten (wie Kindergarten, Schule, Peergroup) eigene Angebote eingebracht werden können, die Familien in ihrer impliziten und expliziten religiösen Erziehung stützen. Dabei kommt den Kindertagesstätten eine besondere Bedeutung zu, da Eltern diesem Lernort in der Regel eine besondere Aufmerksamkeit schenken, weil ihr Kind hier zum ersten Mal intensiv von außerfamilialen Bezugspersonen betreut wird. Nicht zuletzt geht es darum, die unterschiedlichen Impulse aus Familie, Peergroup und Gemeinde vernetzend aufzunehmen, um so Schwierigkeiten in ihrer Vermittlung durch die Kinder und Eltern zu minimieren.

Grundsätzlich gilt: In der *Wiederverschränkung von Lern- und Lebenswelten*, die für die Menschen sowieso zusammengehören, liegen große Potenziale für Bildungsprozesse verschiedenster Art.[1362] Was das bedeutet, lässt sich am Beispiel von Kindertagesstätten in evangelischer Trägerschaft vor Augen führen. Der Fokus auf Familien kann dazu verhelfen, die sich dabei stellenden Herausforderungen produktiv zu bearbeiten.[1363]

In einem evangelischen Kindergarten kommen zwei ganz verschiedene Bereiche und Aufgaben zusammen. Auf der einen Seite die Öffentlichkeit und der vom Staat übertragene Auftrag zur Betreuung, Bildung und Erziehung von Kindern im Vorschulalter. Auf der anderen Seite die Kirche und ihr Auftrag, die Botschaft von Gottes Zuwendung und Liebe an alle Menschen weiterzugeben. Beide Bereiche und Aufträge lassen sich nicht völlig zur Deckung bringen. Allerdings ist ein ausgewogenes Verhältnis anzustreben. Eine Hilfe kann dabei der gemeinsame Blick auf die Familien sein. Sie sollten auch hinsichtlich der explizit religiösen Erziehung nicht als potentielle Gemeindeglieder im Blick sein.

> »Die Kirchengemeinde sollte nicht von der Fragestellung ausgehen, wie sie Familien und Kinder heranführen, gewinnen und binden kann, sondern von der Überlegung, wie das Angebot der Kirche aussehen kann, damit Familien und Kinder an ihrem Ort in ihrer Gemeinde gut leben können. Entscheidend

---

1362 Vgl. Rauschenbach, Zukunftschance Bildung, 198.

1363 Vgl. dazu Domsgen, Familie, Kirchengemeinde und Kindergarten; Ders., Kindergarten und Gemeindeaufbau; Ders., Kita und Familie.

> ist nicht, daß Menschen bleiben, sondern daß sie Erfahrungen und Erlebnisse mit der Kirche gemacht haben, die sie in unterschiedlichen Lebensphasen und Lebenskrisenzeiten begleiten, unterstützen und stärken konnten.«[1364]

Dabei kommt den Erzieherinnen und Erziehern eine besondere Bedeutung zu. Angesichts der enormen Herausforderungen im Blick auf die religiöse Erziehung brauchen sie in erster Linie Unterstützung. Es ist verstärkt nach einem Arbeitsklima zu suchen, das es ihnen erleichtert, die eigene Religiosität auszubilden und zu praktizieren. Als religionspädagogische Herausforderung stellt sich die Wiederentdeckung von Religiosität auch im eigenen Leben.

Religiöse Erziehung ist ein Vorgang, der nur wechselseitig zwischen Lehrendem und Lernendem geschehen kann. *Religiöse Erziehung bei anderen lässt sich nur fördern, wenn die Agierenden sich selbst auf Lernprozesse einlassen (können).* Wünschenswert bei der Begleitung von religiösen Entwicklungsprozessen ist ein aufmerksames Dasein, ein Fördern und Unterstützen und ein liebendes Mitgehen, denn gemeinsam auf dem Weg zu sein – in der Familie, im Kindergarten und in der Gemeinde – ist Kennzeichen des christlichen Glaubens.[1365] *Letztlich geht es darum, sich in der Welt des anderen zurechtfinden zu können, ohne eigene Positionen verbergen zu müssen.* Auf diese Weise können beide Seiten profitieren. Den Familien wird die Möglichkeit eröffnet, die durch die christliche Religion eröffnete Weltsicht und Lebensgestaltung kennenzulernen und in der Auseinandersetzung mit überlieferten Traditionen und religiösen Praktiken Impulse zu erhalten, die die familialen Interaktionen erweitern und unterstützen können. Die Gemeinde bzw. die Trägerinstitution bekommt Kontakt zu Eltern und Kindern, mit denen sie sonst – aller Wahrscheinlichkeit nach – nicht in Kontakt kommen würde. Gleichzeitig hat sie die Chance, die lebensfördernde Dimension des christlichen Glaubens offenkundig werden zu lassen. Sie braucht nicht nur darüber zu sprechen, sondern kann es praktizieren. Dabei geht es nicht um von außen kommende zusätzliche Handlungen, die Kindern und Eltern quasi anerzogen werden sollen. Vielmehr gilt es, gemeinsam mit den Kindern und ihren Familien den Grundcharakter der Begleitung und ihres gemeinsamen familiären Lebens zu bedenken

---

1364 Matthieu, Elternarbeit im Kindergarten, 86.

1365 Vgl. Beile, Kinder glauben anders, 67.

und bewusst zu machen. Christliche Religionspraxis ist dann als *lebensfördernd erweiternde Deutung der vorfindlichen kommunikativen Vollzüge* zu verstehen.

c) Konturierungen in der Empowerment-Perspektive: Gemeinsam mit den Familien im Modus der Unterstützung agieren

Wer Familien unter der Empowerment-Perspektive in den Blick nimmt, kann in mehrfacher Hinsicht Einsatzpunkte markieren, die religionspädagogisch von Bedeutung sind. Quasi von selbst wird dabei die Netzwerkstruktur sozialer Beziehungen vor Augen geführt, die Menschen bestimmend prägen und ihnen Orientierung geben. Die mit der Familie verbundenen Prägungen und Orientierungen sind höchst heterogen und lassen sich nicht einfach auf einen Nenner bringen. Deutlich kommt dabei zum Ausdruck, wie Menschen ihr Leben gestalten, welchen Zwängen sie dabei ausgesetzt sind und was sie motiviert, inmitten vielfältiger Widrigkeiten zu agieren.

Wer die Familie im Fokus einer möglichen Kommunikation des Evangeliums reflektiert, richtet die Aufmerksamkeit auf die Menschen tragenden Beziehungen und auf die Kontexte, in denen sie leben. Damit wird eine Linie markiert, deren Bedeutung bereits mehrfach betont wurde. Die Kommunikation des Evangeliums passiert nicht losgelöst von sonstigen Kommunikationsprozessen, sondern ist in sie eingebettet. Insofern kommt es darauf an, allgemein menschliche Kommunikationsformen »auf Gott hin durchsichtig zu machen«[1366]. *Durch die Kommunikation des Evangeliums kann es zu einem vertieften Verständnis und einer erfüllenden Praxis des Menschseins kommen.* Dabei spielen zwei Aspekte eine Rolle, die mit dem Begriff der »Durchsichtigkeit« gut eingefangen werden können: Es geht um ein vertieftes Sehen und um ein kritisches Durchschauen. Dass dafür die Lernwelt Familie in ihrer Beziehungsorientierung und der Ausrichtung an der gesamten Person in besonderer Weise geeignet ist, kann man sich gut an der Deutung des aaronitischen Segens in Verbindung mit dem abendlichen Zu-Bett-Geh-Ritual vor Augen führen.

> »Wenn die Mutter sich lächelnd über das Bett des Kindes beugt, geht für das Kind die Sonne auf. Seine Existenzgrundlage wendet sich ihm zu. Im Bereich

1366 Grethlein, Praktische Theologie, 328.

> religiöser Sprache wird dieses Bild vom aaronitischen Segen [...] aufgenommen: ›Der Herr lasse sein Angesicht leuchten über dir, der Herr erhebe sein Angesicht auf dich.‹«[1367]

Der christliche Glaube ist nicht etwas schlichtweg anderes als unsere zwischenmenschlichen Erfahrungen. Er stellt sie allerdings in ein neues Licht.

In der Familie werden die elementaren Grundvollzüge der Kommunikationsmodi des Evangeliums[1368] – Erzählen, Beten und Singen – in grundlegender Weise erlernt bzw. *vorstrukturiert*. Die Vorstrukturierung kann dabei eine Öffnung zum »Kontakt zu Gott«[1369], der unterschiedlich hergestellt wird, beinhalten oder auch nicht. Im letzteren Fall bleiben die elementaren Grundvollzüge in ihrem Gottesbezug offen bzw. werden als nicht damit verknüpft verinnerlicht.

Christentumsgeschichtlich ist daran zu erinnern, dass das familiale Miteinander in allen drei Kommunikationsmodi des Evangeliums als besondere Lernwelt fungierte. Vor allem in den ersten Jahrhunderten wurde dem Beisammensein in den Häusern – hier vor allem den gemeinsamen Mahlfeiern – eine große Bedeutung beigemessen. Interessant dabei ist, dass dies Sättigungsmahlzeiten waren, dass also die Befriedigung elementarer menschlicher Bedürfnisse und die Erfahrung der anbrechenden Gottesherrschaft zusammenfielen. Übersetzt in heutige institutionell bestimmte Terminologie ließe sich sagen: Diakonie und Kirche fielen hier in eins.[1370] Von der Sache her gilt das auch für die Familien heute noch. Das Potenzial dafür ist vorhanden. Allerdings zeigen sich vor allem hinsichtlich der expliziten religiösen Dimension oder anders formuliert hinsichtlich des Kontaktes zu Gott deutliche Unsicherheiten, Zurückhaltungen und Distanzierungen. Um dem zu begegnen braucht es Impulse, die familiales Leben unterstützen. Wenn sie als bereichernd und bestärkend erlebt werden, können sich Relevanzerfahrungen einstellen, die Zugänge ermöglichen.

Eine christlich motivierte Familienarbeit agiert im Feld allgemeinmenschlicher Erziehung, eröffnet dabei allerdings auch eigenständige Perspektiven, die sich aus der Explizierung des christlichen Glaubens

1367 Fraas, Die Religiosität des Menschen, 169.

1368 Vgl. dazu die Ausführungen unter 5.4.

1369 Grethlein, Praktische Theologie, 508. Zum Singen vgl. Tenbergen, Can a Song.

1370 Vgl. Grethlein, Abendmahl feiern, 260.

ergeben. Eine gute Möglichkeit dazu bieten Rituale. Die Gemeinde vor Ort, aber auch in Kommunikationsforen im Internet könnten Orte sein, an denen darüber nachgedacht und kommuniziert wird, welche Gemeinschafts-, Interaktions-, Gelegenheits-, Wochen-, Feiertags- und Jahresrituale es in Familien gibt.[1371] Gleichzeitig wäre zu überlegen, wie die Dimension des christlichen Glaubens unsere zwischenmenschlichen Kommunikationsmuster vertiefen kann. Ein eindrückliches Beispiel dafür ist der sog. Wuschelsegen, auf den Hartmut Rupp schon vor einigen Jahren hingewiesen hat.[1372] Der Vater oder die Mutter wuschelt dem Kind liebevoll durch das Haar. Gute Wünsche – ausgesprochen oder still mitgegeben – gehören dazu. Hier wäre dann auch das Potenzial einer expliziten religiösen Bezugnahme (beispielsweise durch ein Kreuzeszeichen oder den Zuspruch »Gott segne und behüte dich«) zu bedenken, also die ausdrückliche Verbindung der Gesten und Wünsche mit Gott.

In alledem geht es allerdings nicht um ein Agieren für, sondern ein Agieren mit Familien. Mit ihnen gemeinsam ist nach Möglichkeiten der Entfaltung, Stärkung und solidarischen Vernetzung zu suchen. Das schließt einen Abschied von paternalistischen Konzepten ein, die schon vorab festlegen, woraufhin Lern- und Kommunikationsprozesse anzustoßen sind. Letztlich bilden familiale Lebenswelten die Anforderungssituation für eventuelle Unterstützungsprozesse. Herriger nennt für die Praxis des Empowerments drei »Handlungsdimensionen«, die hier von Bedeutung sind.

> »Sie ist für ihre Adressaten (1) Wegweiser im Irrgarten multipler Identitäten und Wegbegleiter bei der Suche nach Lebenssinn. Sie vermittelt (2) tatkräftige Unterstützung bei Aufbau und Renovierung von sozialen Netzwerken. Und sie fördert (3) die Eröffnung von Partizipationsräumen, in denen Menschen in sozialer Inklusion die Erfahrung von selbstorganisierter Gestaltungsfähigkeit machen und die Ressource Solidarität neu entdecken können.«[1373]

Damit einher gehen:

> »(1) das Vertrauen in die Fähigkeit eines jeden einzelnen zu Selbstgestaltung und gelingendem Lebensmanagement« (74 f.), »(2) die Akzeptanz von Eigen-

1371 Vgl. Betz, Familie braucht Rituale, 105–108.

1372 Vgl. Rupp, Familiäre Rituale, 214.

1373 Herriger, Empowerment in der Sozialen Arbeit, 53. Die folgenden Seitenangaben im Text beziehen sich darauf.

Sinn und der Respekt auch vor unkonventionellen Lebensentwürfen« (75 f.), »(3) das Respektieren der ›eigenen Wege‹ und der ›eigenen Zeit‹ des Klienten und der Verzicht auf strukturierte Hilfepläne und eng gefaßte Zeithorizonte« (74 f.), »(5) die Orientierung an der Lebenszunft des Klienten« (77 f.), (6) die Orientierung an einer ›Rechte-Perspektive‹ und ein parteiliches Eintreten für Selbstbestimmung und soziale Gerechtigkeit« (78 f.).

In alledem sind drei Ebenen im Blick, die individuelle, die gruppenbezogene und die gesellschaftliche. Dass das auch die Bereitschaft der Akteure zur Sensibilisierung für eine »neue professionelle Identität«[1374] mit einschließt, ist zu vermerken, kann hier aber nicht vertieft werden.[1375]

d) Zusammenfassung und Ausblick

»Die Familie braucht Hilfe, aber es ist schwer, ihr zu helfen.«[1376] So hat es Franz-Xaver Kaufmann in pointierter Weise formuliert und damit daran erinnert, dass in ein Familiensystem nicht direkt eingegriffen werden kann. Das gilt auch dann, wenn die edelsten Absichten dahinterstehen. Familie agiert relativ autonom. Auch dann, wenn Angebote bewusst unterstützend profiliert werden, gibt es keine Garantie dafür, dass sie auch wirklich genutzt werden. Insofern ist *Familienarbeit immer auch riskante Arbeit.* Sie muss sich dem Risiko der Ergebnisoffenheit aussetzen. Im Blick auf die bereits beschriebenen Linien einer an Empowerment orientierten Familienarbeit ließe sich festhalten: *Die Familie braucht Unterstützung, aber es ist schwer, sie zu unterstützen.* Gerade im Bereich der religiösen Erziehung wird deutlich, dass nur in bewusster Unterstützung der Familie agiert werden kann. Religion hat sich als Lebenspraxis zu beweisen, die hilfreich bei der Gestaltung des Familienlebens ist.

Einen Kontakt mit Familien kann nur herstellen, wer einen langen Atem hat und bereit ist, sich ihren je eigenen Lebenslagen zuzuwenden. Dazu muss eine »wertschätzende lokale Vernetzung« kommen, »wo jeder die Aufgaben, Stärken und Grenzen der anderen kennt und respektiert«[1377]. Besonders deutlich, wenngleich nicht darauf beschränkt, wird

1374 A. a. O., 229 (erläutert werden die »Profile einer neuen Professionalität« auf den Seiten 229–236).

1375 Vgl. dazu die Ausführungen unter 6.3.3. c).

1376 Kaufmann, Zukunft der Familie, 164.

1377 Bird/Hübner, Handbuch, 127.

das im Blick auf sozial und ökonomisch benachteiligte Familien. Auch hier handelt es sich um ein disparates Feld, in dem sich aus der Familienperspektive unterschiedliche Erfahrungshorizonte auftun[1378] und verdeutlichen, dass alle von Armut betroffenen oder bedrohten Familien in eine *Lebenslage der gestörten Selbstwirksamkeit* geraten können. Sie kann dazu führen, dass Eltern nicht mehr daran glauben, dass ihr Handeln etwas bewirken könnte. Das führt zu starken Beeinträchtigungen im Erziehungshandeln, bis dahin, dass Erziehung teilweise gar nicht mehr stattfindet.

Diese Familien stehen oft nicht im Fokus kirchengemeindlicher und erwachsenenpädagogischer Arbeit und könnten dort auch kaum von den Angeboten profitieren. Es gibt in der Regel kaum ein Programm, das auf sie ausgerichtet ist.

Letztlich geht es um ein Sich-Einlassen auf die konkreten Herausforderungen der einzelnen Familien. Das gilt auch und gerade für eine religionspädagogisch orientierte Arbeit. Dabei wird dann auch schnell deutlich, dass die Unterstützung von Erziehungsverpflichtungen zwar wichtig ist, aber dadurch nicht verdeckt werden darf, dass das Koordinierungsproblem für Pflegepersonen in der Familie bisweilen noch schwieriger ist, weil es hier deutlich stärker als hinsichtlich der Erziehungsherausforderungen noch immer an einer staatlichen Unterstützung mangelt.[1379]

Wer sich auf die Herausforderungen in den Familien einlässt, bekommt in neuer Weise den Blick dafür geöffnet, wie Menschen heute ihr Leben leben, wo Potenziale liegen, aber auch worin Herausforderungen bestehen und wo handfeste Probleme zu bewältigen sind. *Familien wahrzunehmen heißt, die Einzelnen in ihrer familialen Einbettung und damit in der Gestaltung von für sie sehr bedeutsamen Beziehungen zu sehen.* Dabei wird dann auch deutlich, dass es eine wachsende Zahl von Menschen gibt, die für sich selbst die Gründung einer eigenen Familie nicht mehr ins Auge fassen.

Kirche in ihren unterschiedlichen überregionalen Aufgabenbereichen wie auch die Gemeinden vor Ort sollten Familie um ihrer selbst

---

1378 Katherine Bird und Wolfgang Hübner nennen hier sechs Kategorien der Armutserfahrungen: 1. Gestörte Selbstwirksamkeit; 2. Genussvolles Konsumieren; 3. In den Tag hinein leben; 4. Ausgebrannt und überarbeitet; 5. Souveräne Bewältigung; 6. Gemachte Fremdheit; vgl. Dies., Handbuch, 54.

1379 Vgl. Mayert, Mit gutem Beispiel, 38.

willen in den Blick nehmen. Familie darf nicht lediglich als Anknüpfungspunkt auf dem Weg zur kirchlichen Gemeinschaft im Sinne heutiger institutioneller Verfasstheit verstanden werden. Vielmehr sollte es darum gehen, offen zu sein für neue christliche Sozialformen. Hier ließe sich dann auch Einiges von der Familie lernen.[1380]

6.2.4 Weiterführende Literatur

Albert Biesinger, Kinder brauchen mehr als alles. Eine Elternschule, Ostfildern 2003.

Albert Biesinger, Kinder nicht um Gott betrügen. Warum religiöse Erziehung so wichtig ist, Freiburg/Basel/Wien 2012.

Albert Biesinger/Hans-Jürgen Kerner/Gunther Klosinski, Friedrich Schweitzer (Hg.), Brauchen Kinder Religion? Neue Erkenntnisse – Praktische Perspektiven, Weinheim/Basel 2005.

Michael Domsgen, Ehe und Familie, in: Wissenschaftlich-Religionspädagogisches Lexikon im Internet (www.wirelex.de) 2016, unter: https://www.bibelwissenschaft.de/stichwort/100059/.

Michael Domsgen, Religiöse Bildung in intergenerationellen Lernprozessen ermöglichen. Eine Bestandsaufnahme und einige Anmerkungen zu deren Chancen und Grenzen, in: Theo Web 17 (2018), 103–119.

Karl Lenz/Frank Nestmann (Hg.), Handbuch Persönliche Beziehungen, Weinheim/München 2009.

Heide Liebold, »In dieser Hinsicht lassen wir uns eigentlich ziemlich in Ruhe«. Religiöse Erziehung in christlich-konfessionslosen Familien. Ein Beitrag aus Ostdeutschland, in: Wege zum Menschen 57 (2005), 239–253.

Rüdiger Maschwitz/Martin Evang (Hg.), Familienkirche. Konzeption und Entwürfe für die Praxis, Neukirchen-Vluyn 2008.

Norbert Mette, Religiöse Erziehung in der Familie, in: Gottfried Adam/Rainer Lachmann (Hg.), Neues Gemeindepädagogisches Kompendium (Arbeiten zur Religionspädagogik 40), Göttingen 2008, 151–170.

Friedrich Schweitzer/Albert Biesinger, Religiöse Erziehung in evangelisch-katholischen Familien, Freiburg/Basel/Wien 2009.

Friedrich Schweitzer, Das Recht des Kindes auf Religion, Gütersloh 2013.

1380 Vgl. Domsgen, Welche Kirche.

6.3 Die Gemeinde als Bildungsort im Fokus non-formaler Lernprozesse

Anders als bei der Familie, die (vor allem innerhalb des evangelischen Bereichs) religionspädagogisch lange keine besondere Beachtung fand, so dass gegenwärtig nur Grundlagen einer religionspädagogischen Theorie vorliegen, kann im Feld von Kirche und Gemeinde an eine mehr als vier Jahrzehnte währende Diskursgeschichte angeschlossen werden, die unter dem Begriff der »Gemeindepädagogik« geführt wurde.[1381] Im Folgenden kommt sie nur so weit zur Sprache, wie sie für die hier ausgewählten Perspektiven in der Konzentration auf non-formale Lernprozesse von Bedeutung sind. Ausführt wird das am Beispiel der Konfirmandenarbeit als einem zentralen gemeindepädagogischen Handlungsfeld. Damit soll die Bedeutung anderer Handlungsfelder (wie beispielsweise des Kindergottesdienstes sowie der Erwachsenen- oder Altenbildung[1382]) nicht geschmälert werden. Vielmehr wird die Konfirmandenarbeit hier *pars pro toto* in den Blick genommen, um mit ihr auf grundlegende Perspektiven hinzuweisen, die sich auch in den anderen Handlungsfeldern hätten aufzeigen lassen, hier aber besonders deutlich hervortreten, weil es um eines der wirkmächtigsten kirchlichen Handlungsfelder geht.

6.3.1 Wahrnehmen: Entwicklungen in Kirche und Gemeinde

Der Begriff Kirche »stammt wahrscheinlich von einer Adjektivableitung des griech. Substantivs κύριος/kýrios«[1383] und bezeichnet eine Sozialform der zum Herrn Gehörigen. Umgangssprachlich lassen sich drei Bedeutungen aufzeigen: Kirche steht für den Gottesdienst, für das Gebäude, in dem dieser gefeiert wird, sowie für eine Institution bzw.

1381 Zu den unterschiedlichen Entwicklungen in West und Ost vgl. die Ausführungen unter 2.3.1. d) (Entwicklungen in der BRD) sowie unter 2.3.2 (zu den Entwicklungen in der DDR).

1382 Vgl. dazu die Ausführungen in den Theorien zur Gemeindepädagogik in: Grethlein, Gemeindepädagogik; Adam/Lachmann, Neues Gemeindepädagogisches Kompendium; Bubmann u. a. (Hg.), Gemeindepädagogik.

1383 Wenz, Kirche, 997.

Organisation.[1384] Im Neuen Testament »nimmt ›Ekklesia‹ das hebräische ›qahal‹ (Versammlung) auf« und steht »für die Zusammenkunft der an Christus Glaubenden« (386). Luther übersetzte den Begriff durchgehend mit »Gemeinde«. Dieser Terminus »bezeichnet ursprünglich das gemeinsame Gebiet bzw. den Grund sowie das daran geknüpfte Leben. Theologisch gesehen ist dieser Grund Jesus Christus« (387).

Im Folgenden steht Kirche für die Institution bzw. Organisation und Gemeinde für eine Sozialform, die zum einen innerhalb von Kirche eingebunden ist (Kirchengemeinde) und zum anderen darüber hinausreicht (mediale Netzwerke, Fördervereine usw.). Dabei konzentriere ich mich auf die evangelische Kirche sowie auf die darin stattfindenden non-formalen Lernprozesse. Daraus ergibt sich ein institutioneller Schwerpunkt. Bei einem stärkeren Blick auf informelle Lernprozesse sähe diese Konstellation anders aus.

Beginnen werde ich mit Überlegungen, die über den unmittelbaren gemeindepädagogischen Bezug hinausgehen. Die eher kirchentheoretisch profilierten Überlegungen markieren den Rahmen, in dem gemeindepädagogische Reflexion gegenwärtig stattfindet. Deshalb sind sie unverzichtbar.

a) Kirche unter Veränderungsdruck

Von den grundlegenden Veränderungen, die unsere Gegenwart prägen, war bereits die Rede.[1385] Auch die Kirchen sind davon massiv betroffen.

Nicht zuletzt die mediale Kommunikation bestimmt die Machtverhältnisse innerhalb der Gesellschaft neu, wofür der Philosoph Michel Serres (geb. 1930) ein eindrückliches Bild gebraucht. Er spricht von den »großen Institutionen« als von »jenen Sternen, deren Licht uns erreicht, während sie, wie die Astrophysik uns lehrt, seit langem schon erloschen sind« [1386].

Gut daran anschlussfähig sind Überlegungen von Ulrich Beck. Er weist auf die kosmopolitisch bestimmten Herausforderungen hin, denen sich die (nationalstaatlich bzw. regional agierenden) Institutionen zu widmen haben. Allerdings können sie dies nur mit einem in

---

1384 Vgl. Grethlein, Praktische Theologie, 386. Die folgenden Seitenzahlen im Text beziehen sich darauf.

1385 Vgl. die Ausführungen unter 3.2.

1386 Serres, Erfindet euch neu!, 62 f.

ihrem Wirkungspotenzial sehr eingeschränkten Instrumentarium tun. Daraus resultiert in der Bevölkerung eine grundsätzliche Skepsis überkommenen Institutionen gegenüber, von der die Kirchen nicht ausgenommen sind.

Ein Blick auf die Daten zur Kirchenmitgliedschaft belegt das eindrucksvoll. Seit der ersten Hälfte des 20. Jahrhunderts besteht bei den Evangelischen »keine allgemeine Selbstverständlichkeit der Kirchenmitgliedschaft«[1387] mehr. Zu einem massiven Einbruch kam es aber erst in der zweiten Hälfte des letzten Jahrhunderts. Seit 1969 liegen die Kirchenaustrittszahlen durchweg im sechsstelligen Bereich, insgesamt traten über sieben Millionen Menschen aus einer Evangelischen Landeskirche aus.[1388] Auffällig dabei ist, dass es beim kirchlichen Mitgliederbestand in den vergangenen 50 Jahren letztlich nur eine Richtung gibt: Er sinkt, und das kontinuierlich, also ohne gegenläufige Tendenzen.

Die wohlgesetzte Ordnung früherer Zeiten, in der die beiden Kirchen ihren festen Platz hatten, gibt es so in vielen Bereichen nicht mehr. Auch die damit gegebene Unterscheidbarkeit löst sich auf. Dass Menschen aus der evangelischen Kirche austreten, weil sie mit Äußerungen oder Praktiken im katholischen Bereich nicht einverstanden sind, ist normal geworden. Inzwischen zeichnet sich ab, dass islamistisch motivierte Terrorakte auch Auswirkungen auf die Einstellungen den christlichen Kirchen gegenüber haben.

Die Kirchen stehen hier vor Herausforderungen, die sie im Einzelnen nicht alle selbst zu verantworten haben und die sie auch nicht mehr steuern können. Dazu kommt, dass frühere Entscheidungen heute in ihren (unbeabsichtigten) negativen Nebenfolgen zum Tragen kommen.

> »So verfolgte die Einbindung der Landesherren in den Aufbau der Evangelischen Landeskirchen das Ziel, den Menschen wieder die reine Lehre des Evangeliums zugänglich zu machen. Eine Nebenfolge war unbeabsichtigt: die enge Verbindung von Kirche und Staat. Sie führte über lange Zeit zu einer problematischen Funktionalisierung von Kirche für obrigkeitliche Zwecke und zu einer staatsanalogen Kirchenstruktur, die hierarchisch funktioniert.«[1389]

Dies wiederum hat zur Folge, dass die bereits angesprochene Aushöhlung der Institutionen die Kirchen mit voller Kraft trifft.

1387 Vgl. Grethlein, Kirchentheorie, 131.

1388 Vgl. a. a. O., 132; vgl. dazu auch die Ausführungen unter 3.1.9.

1389 Grethlein, Kirchentheorie, 223.

Die Kirchen versuchen, diesen Entwicklungen mit verschiedenen Reformen zu begegnen. Man kann hier geradezu von einem »Reformstress«[1390] sprechen. Dabei wird der Handlungsdruck letztlich aus ökonomischen und gesellschaftspolitischen Interessen heraus beschrieben und erst sekundär theologisch gedeutet.[1391] Damit bewegt man sich in einem Paradoxie-Feld, auf das der Soziologe Armin Nassehi (geb. 1960) hinweist. Er führt aus, dass »Glaubensinhalte, ihre Tradierung, ihre Bereitstellung für kollektives Erleben von Organisationsentscheidungen abhängig« sind, »dass das Glaubenserleben aber immer unorganisierbarer wird«[1392]. Dazu kommt, dass »sich an Organisationen nur das ändert, was sich explizit organisieren lässt – Zuständigkeiten, Strukturen, interne Arbeitsteilungen, Mittelzuweisungen, Fördermaßnahmen, Belohnungs- und Anreizsysteme etc«. Das ist »keineswegs alles und auch keineswegs das, worauf es womöglich ankommt und was man ändern will«[1393].

Hinter alledem steht unausgesprochen ein Bild von Kirche, das sich am Gegenwärtigen orientiert. Die entscheidende, gemeindepädagogisch wie kirchentheoretisch grundlegende Frage heißt nicht: Wie können kirchlicherseits Entwicklungen gestoppt werden, die als problematisch wahrgenommen werden? Vielmehr ist umgekehrt zu fragen: Worin stoppen die aufzeigbaren Entwicklungen kirchliches Handeln? Es ist also danach zu suchen, was Kirche daran zu lernen hat.[1394]

b) Kirchlichkeit im Kontinuitätsmodus

Wer der evangelischen Kirche angehört, steht zumeist in einer familiären Traditionslinie. Das gilt auch dann, wenn diese Tradition eher nebensächlich und Kirchlichkeit nicht zentral ist. Dabei scheint ein

---

1390 Karle, Kirche im Reformstress.

1391 So die Einschätzung von Stefanie Brauer-Noss in ihrer Analyse von Kirchenreformen im evangelischen Bereich: »Die Theologie dient zwar dazu, die historische Legitimität der Kirche zu belegen, sie hat aber keinen Einfluss auf die Programmpolitik der Kirche und damit keine Geltung für die in ihr gefällten Entscheidungen. [...] Die Theologie kommt nur in den Randbemerkungen zum Ausdruck. Für das eigentliche Kerngeschäft, die Organisation der Verkündigung, hat sie dagegen keine Bedeutung.« Dies., Unter Druck, 134.

1392 Nassehi, Organisation des Unorganisierbaren, 199.

1393 Ebd.

1394 Vgl. Domsgen, Evangelium kommunizieren.

Abweichen vom traditionellen Familienbild Kirchlichkeit zu erschweren. Verheiratete Eltern mit mehreren Kindern messen kirchlichen Angeboten mehr Bedeutung zu als Alleinerziehende oder nichteheliche Lebensgemeinschaften mit einem Kind. In gewisser Weise fallen Familien jenseits des (zumindest für Westdeutschland weitgehend noch anzutreffenden) Normalmodells aus dem primären Fokus kirchlicher Angebote heraus.

Vergleichbares gilt auch für Familien, die weniger bildungsaffin sind und sozioökonomisch am Rand stehen. Einerseits liegt das daran, dass die unterschiedlichen Familienkonstellationen nicht gleichermaßen vom Nutzen solcher Angebote profitieren. Andererseits vermögen sie wohl die dafür erforderlichen Voraussetzungen schwerer aufzubringen.

Kirchlichkeit trägt in Deutschland institutionelle Züge und ist deshalb mit Elementen des »Vorgegebenen« und »Dauerhaften«[1395] verwoben. Damit wird primär eine Form der Religiosität beschrieben, die auf Langfristigkeit angelegt ist und damit generationenübergreifend verstanden werden kann. Das macht sie in besonderer Weise anschlussfähig für Familienkonstellationen, die an Kontinuität orientiert sind, und trägt in sich zugleich ein kontrastierendes Moment anderen Konstellationen gegenüber, die sich weniger im Gestern und Morgen als vielmehr im Hier und Jetzt verorten und bei denen Kontinuitäten eine geringere Rolle spielen.

Besonders deutlich vor Augen geführt wird das in der Milieuforschung.[1396] Das Konzept »Milieu« kann helfen, über statistische Daten hinaus auch die Mentalitäten und Handlungslogiken unterschiedlicher gesellschaftlicher Soziallagen zu begreifen und zu würdigen. Mit dem soziologischen Milieubegriff, der auf Émile Durkheim zurückgeht, lässt sich aufnehmen, dass sich in der Gesellschaft nach wie vor soziale Gruppen unterscheiden lassen. Sie sind nicht nur durch vergleichbare Berufe und Einkommen sowie ein vergleichbares formales Bildungsniveau verbunden, sondern durch Gemeinsamkeiten im Blick auf Interessen, Geschmack, Lebensstil, Einstellungen und Mentalität. Bisweilen fallen sogar Gemeinsamkeiten in der Körpersprache auf. Mit Pierre

1395 Ludwig, Von der Institution, 13.

1396 Vgl. die Ausführungen unter 3.1.2., in denen der Milieubegriff kurz vorgestellt wird. Zum Überblick vgl. auch Schwillus, Religionspädagogik.

Bourdieu (1930–2002) ließe sich von einem gemeinsamen »Habitus« sprechen.

> »Als *Habitus* eines Menschen bezeichnet der französische Soziologe das von frühester Kindheit an einverleibte Set von Strukturmustern, die Wahrnehmungen und Haltungen, Denken und Handeln steuern. Es handelt sich gewissermaßen um das ›Betriebssystem‹, das je nach Sozialisation unterschiedlich aufgebaut ist und dessen Struktur alle weiteren Operationen (geistiger wie körperlicher Natur) prägt. Beobachtbar ist insofern nicht der Habitus an sich, doch kann aus Verhaltensweisen, Denkschemata etc. auf einen zu Grunde liegenden Habitus geschlossen werden.«[1397]

Bei Jugendlichen selbst sollte nicht von Milieus im eigentlichen Sinne, sondern »vorsichtiger von ›Milieuorientierung‹ gesprochen werden [...], da sich eine ›Milieuidentität‹ erst im späteren Verlauf des Erwachsenenwerdens« herausbildet.[1398] Gleichwohl scheint der Anschluss einiger Milieus an kirchliche Arbeit leichter zu fallen als der anderer. Das lässt sich auch in der Konfirmandenarbeit beobachten.

c) Konfirmandenarbeit zwischen Tradition und Innovation

Die Konfirmandenarbeit gehört, zumindest was die Teilnehmerzahlen angeht, zu den erfolgreichsten Angeboten der evangelischen Kirchen in Deutschland. In den letzten zweieinhalb Jahrzehnten seit der Einheit Deutschlands lag der Anteil der Konfirmandinnen und Konfirmanden unter den in Deutschland lebenden 14-Jährigen konstant bei rund 30 %.[1399] Zuletzt sank sie auf 24,4 % (2016).[1400] Das liegt am Rückgang der Gesamtzahl evangelischer Jugendlicher. Denn die Beteiligungsquote unter den evangelischen 14-Jährigen liegt »stabil«[1401] auf einem Niveau von etwa 90 %.

Auch in der Rückschau verbinden ehemalige Konfirmandinnen und Konfirmanden mit der Konfirmandenzeit positive Erfahrungen, wie nicht zuletzt die jüngste Studie zu Langzeiteffekten der Konfirman-

---

1397 Lütze, Religionsunterricht, 83, unter Bezug auf Fröhlich, Habitus und Hexis, 100.

1398 Ebertz, Dichte Milieubeschreibung, 75, unter Bezug auf Wippermann/Calmbach, Wie ticken Jugendliche?, 12.

1399 In Westdeutschland lag die Quote mit 33% gut doppelt so hoch wie in Ostdeutschland mit 15% (im Jahr 2007); vgl. Ilg u. a., Konfirmandenarbeit in Deutschland, 39.

1400 Vgl. Simojoki u. a., Zukunftsfähige Konfirmandenarbeit, 18.

1401 Ebd.

denarbeit zeigt. 69 % aller befragten evangelischen jungen Erwachsenen gaben rückblickend an, dass sie mit der Konfi-Zeit insgesamt zufrieden waren. »Für 29 % gehört die Konfirmation zu einem der wichtigsten Tage in ihrem Leben – selbst viele Jahre nach diesem Fest.«[1402]

Konfirmation und Konfirmandenarbeit sind also ein in seiner Bedeutung sehr genau wahrzunehmendes gemeindepädagogisches Handlungsfeld non-formaler Bildung. Es ist aufs Engste mit der Taufe verbunden und hängt nicht zuletzt dadurch stark von einer bestimmten lebensgeschichtlichen Prägung ab. Dabei spielen die Taufe im Kleinkindalter und – damit zusammenhängend – eine bestimmte familiale Sozialisation, die die Taufe mehr oder weniger selbstverständlich in Anspruch nimmt, eine wesentliche Rolle, wie nicht zuletzt der Rückgang der absoluten Zahlen an Konfirmandinnen und Konfirmanden zeigt. Der Zusammenhang von Taufe und Konfirmation ist nicht nur theologisch wichtig, sondern schlägt sich auch lebensgeschichtlich nieder.

[*Konfirmandenunterricht als auf Taufe bezogener Unterricht – historische Aspekte*]

In der *frühen Christenheit* bildete sich die Praxis aus, die Geistverleihung an die Getauften durch eine Salbung in einer gesonderten Handlung nach der Taufe durch den Bischof zum Ausdruck zu bringen. Mit dem Anwachsen der Gemeinden, vor allem aber mit der zunehmenden Praxis der Kindertaufe konnte der Bischof nicht mehr bei jeder Taufe anwesend sein – ein wichtiger Grund für das Auseinandertreten von Taufritus und (nach wie vor an das Bischofsamt gebundener) Salbung. Diese bekam als Stärkung und Bestätigung der Taufe bald eine eigene Würde und wurde im Konzil von Florenz 1439 verbindlich als Sakrament anerkannt. Vorreformatorische Bewegungen im Spätmittelalter, etwa die Waldenser in Italien oder die Böhmischen Brüder, hielten demgegenüber eine katechetische Unterweisung der Jugendlichen im Sinne eines nachgeholten Taufunterrichts für wichtiger.[1403]

Das *reformatorische Konzept* des Konfirmandenunterrichts bildete sich in kritischer Auseinandersetzung mit der Firmung als Sakrament heraus. Martin Luther interpretierte die Firmung als eine Entwertung der Taufe, da diese bereits alle Heilsgaben voll vermittle. Ein Sakrament konnte die Firmung aus seiner Sicht nicht sein, weil sich in der Bibel dafür keine Grundlage finde. Andererseits zeigten die Gemeindevisitationen bald erhebliche katechetische Defizite. So kam es zur Entwicklung des Katechismus und seiner Praxis. Luthers Interesse am Unterricht ist durchgängig katechetisch bestimmt:

1402 Ilg u. a., Jung Evangelisch Engagiert, 90.

1403 Vgl. Grethlein, Grundinformation Kasualien, 163. Die folgenden Seitenangaben im Text beziehen sich darauf.

Es geht um den *nachgeholten Taufunterricht sowie den Erwerb des nötigen Wissens für die verständige Teilnahme am Abendmahl.* Im Blick auf den gottesdienstlichen Ritus zeigt Luther nur geringes Interesse: Man kann im Gottesdienst konfirmieren, sofern die rituelle Handlung als Segenshandlung verstanden wird und ein Fürbittgebet umfasst.

Der Straßburger Reformator Martin Bucer (1491–1551) gilt mit Recht als der eigentliche »Vater« (164) der Konfirmation. In Auseinandersetzung mit den Wiedertäufern, die die Bedeutung des Glaubens für die Taufe betonten, konnte er den Zusammenhang von Glaube und Taufe durch die Konfirmation in den Blick nehmen, indem er sie als Erneuerung des Taufbekenntnisses interpretierte (mit Handauflegung, Fürbitte um den Heiligen Geist sowie Aufforderung zur Teilnahme am Abendmahl). Die durch Bucer vorbereitete *Ziegenhainer Zuchtordnung* von 1538 enthält erstmals eine Konfirmationsordnung mit folgenden Elementen: »Katechismusunterricht; Prüfung mit Bekenntnis bzw. Gelübde; Fürbittgebet (um Mehrung des Heiligen Geistes bei den Kindern); Handauflegung; Teilnahme am Abendmahl« (165).

Wesentlich für die »Einwurzelung der Konfirmation in das Bewusstsein der Evangelischen« (166) sind die Theologien des *Pietismus* und der *Aufklärung.* Sie rücken beide den Einzelnen in das Zentrum. Das Konfirmationsbekenntnis als nachgeholtes Taufbekenntnis des Glaubens rückt entsprechend in den Mittelpunkt. Die Aufklärung übernimmt die Betonung der Bekenntnishandlung, die nun aber eher eine gesellschaftlich-religiöse Mündigkeitserklärung wird. Die Konfirmation wird so zum Passageritus als Abschluss der Schulzeit und zum Zeichen des Übergangs in die Erwachsenenwelt.

Einen wirkmächtigen Impuls gab Friedrich Schleiermacher in seiner Glaubenslehre. »Er bestimmt jetzt die Kindertaufe als durch die Konfirmation ergänzungsbedürftig.« (167) Begründet wird das mit Argumenten, die pietistische und rationalistische Positionen vermischen. Die Konfirmation gilt nun »als die eigentliche Vollendung der Taufe, damit nun diese der volle Anfang eines wahrhaft christlichen und seligen Lebens sei« (168).

Wer getauft wurde, lässt sich mit einiger Wahrscheinlichkeit auch konfirmieren. Die Konfirmandenzeit wird dabei als an die eigene Taufe anknüpfende Unterweisung verstanden, als eine Zeit der Auseinandersetzung mit dem christlichen Glauben.

Die pädagogisch ausgerichtete Vorbereitung auf die Konfirmation ist »mittelbar [...] auf den Katechumenat der Alten Kirche bezogen« und »wurzelt direkt im Katechismus [...] im Sinne von Unterrichtsverfahren, -stoff und Lehrbuch«[1404]. Hier sind vor allem Luthers Kleiner Katechismus und der Heidelberger Katechismus zu nennen.

1404 Schröder, Konfirmandenunterricht, 1555; vgl. zum Katechumenat die Ausführungen unter 2.1.2 sowie zur Reformation unter 2.1.4.

In alledem war lange Zeit unumstritten, dass die Konfirmandenzeit als Konfirmandenunterricht eine unverzichtbare Grundlage für die Konfirmation darstellt. Inhaltlich ging es um einen »nachgeholten Taufunterricht« und »Vorbereitung auf das Abendmahl«[1405]. Dies blieb bis Mitte des 20. Jahrhunderts so, auch wenn es immer wieder teilweise sehr radikale und breite Kritik daran gab. So wurde beispielsweise im 19. Jahrhundert vorgeschlagen, die Konfirmation in zwei Akte zu teilen: »einen ersten Akt für alle, der eine Erneuerung des Taufbundes darstellen sollte, und einen zweiten Akt der Aufnahme in die volle Kirchenmitgliedschaft für diejenigen, die zur engagierten Beteiligung am Gemeindeleben bereit sind«[1406]. Geändert wurde allerdings letztlich nichts.

Während der Zeit des Nationalsozialismus kam es im Zuge der Einschränkung des schulischen Religionsunterrichts durch den Staat zu einer zeitlichen Ausdehnung (auf zwei Jahre) und zu einer stärkeren katechetischen Profilierung des Konfirmandenunterrichts. Die (reformatorischen) Katechismen bildeten den Lehrplan und Lehrstoff. Konfirmandenunterricht wurde weitgehend Katechismusunterricht mit einem erheblichen Memorierpensum. Unmittelbar nach dem Krieg änderte sich daran nur wenig. Erst nach und nach kam es zu Veränderungen, die in der Bundesrepublik und in der DDR unterschiedlich profiliert waren. Zwar hatte man in den 1950er Jahren noch versucht, »eine für Ost und West verbindliche Regelung der Konfirmationsfrage durch eine EKD-Synode verabschieden [zu] lassen«[1407]. Dies erwies sich jedoch aufgrund der völlig unterschiedlichen kontextuellen Gegebenheiten als nicht durchführbar. Gleichwohl gab es auf fachlicher Ebene über die gesamte Zeit der Teilung Deutschlands hinweg intensiven Austausch.

In der *Bundesrepublik* wurde nach verschiedenen Reformbemühungen seit den 1960er Jahren vor allem in den 1980er Jahren eine lebensweltlich- und adressatenorientierte Form von Konfirmandenunterricht entwickelt, die sich (seit den 1970er Jahren) bewusst als *Konfirmandenarbeit* verstand und mit den Stichwörtern »Ganzheitlichkeit«, »Entschulung«, »Überwindung kognitiver Engführung« sowie »erfahrungsbezogenes Lernen« wichtige Impulse gab.

1405 Ebd.

1406 Adam, Konfirmandenarbeit, 259.

1407 A. a. O., 259. Im Folgenden beziehe ich mich auf Lachmanns Ausführungen (a. a. O., 259–261) sowie auf Grethlein, Gemeindepädagogik, 189–199.

[*Konfirmandenunterricht in der BRD – ein kurzer Rückblick*]
In der Bundesrepublik kam es Ende der 1960er Jahre zu einer *breiten Reformbewegung*, die vor allem pädagogisch motiviert war. Dabei ging es in den folgenden Jahren um (1) Änderungen des Organisationsmodells (zunehmender Anteil an Freizeiten; Wochenendblöcken etc.); (2) eine Revision der Inhalte (thematischer KU analog zum thematisch-problemorientierten RU), wenngleich die Katechismen weiterhin eine wichtige Rolle spielen; (3) eine Besinnung auf die Spezifika des Lernorts Gemeinde; (4) schließlich um einen erweiterten Lernbegriff, der die Verengung des Katechismus-(Auswendig)-Lernens überwindet. In alledem wurden die Erfahrungen der Konfirmandinnen und Konfirmanden mit einbezogen. Glaube und Lernen sollten einander nicht dialektisch-theologisch entgegengesetzt, sondern konstruktiv einander zugeordnet werden. Die Aufnahme lebensweltlich- und adressatenorientierter Perspektiven führte zu einem Reformschub und in den 1980er Jahren zur Option für eine gemeindepädagogisch vernetzte Konfirmandenarbeit.
Ein Modell der Konfirmandenarbeit aus dieser Zeit hat überdauert und ist mittlerweile in vielen Gemeinden eingeführt, in der württembergischen Landeskirche sogar als Standardmodell: Der sogenannte *KU 3* oder *KU 4* (je nach schulischer Jahrgangsstufe der teilnehmenden Kinder). Dabei wird das erste Jahr Konfirmandenunterricht vorgezogen und parallel zum 3. (oder 4.) Schuljahr unterrichtet, und zwar in der Regel nicht vom Pfarrer bzw. der Pfarrerin, sondern in Form von elterngeleiteten Hauskreisen, wobei die Eltern wiederum in der Gemeinde zum Unterrichten befähigt werden. Die Bilanz des als *Hoyaer Modell* bekannten Modells fällt in vielfacher Hinsicht überzeugend aus.[1408]

Die Entwicklung in der DDR verlief deutlich anders. Hier war mit der Einführung der Jugendweihe ein staatlich initiierter und privilegierter Passageritus in direkter Konkurrenz zur Konfirmation installiert worden, der sich massiv auf die Konfirmandenunterrichtspraxis auswirkte. Aus der Konfirmation als Ritus einer Mehrheit wurde in kurzer Zeit der Ritus einer Minderheit. Das hatte zur Folge, dass die Konfirmandengruppen immer kleiner wurden, weil viele Jugendliche dem staatlichen und kirchlichen Druck nicht standhalten konnten. *Die aufgebaute Alternative »Entweder Jugendweihe oder Konfirmation« überforderte viele und führte letztlich dazu, dass die Konfirmation ihre Selbstverständlichkeit verlor.*

1408 Vgl. genauer dazu Grethlein, Grundinformation, 199–202.

[Jugendweihe]

Auf der Suche nach einer Feier für ihre Jugendlichen, die sie als eigene Alternative für die traditionelle christliche Firmung und Konfirmation anbieten konnten, entwickelten liberal-religiöse Gemeinden (sog. Freireligiöse) in der Mitte des 19. Jahrhunderts die Jugendweihe.[1409] Der Begriff selbst geht auf den ersten Präsidenten des Bundes Freireligiöser Gemeinden Eduard Balzer (1814–1887) zurück. Aufgrund enger Verbindungen zwischen freireligiösen Gemeinden und sozialistischen Parteien kam es nach dem Ersten Weltkrieg zu einer verstärkten Einflussnahme proletarischer Kreise. Bereits 1889 war in Berlin noch mit Bezug zur freireligiösen Tradition die erste proletarische Jugendweihe gefeiert worden. In Hamburg ergab sich dieser Bezug nicht mehr. Bewusst sprach man deshalb nicht von »Jugendweihe«, sondern von »Schulentlassungsfeier«. In den 1920er Jahren entwickelten die radikalen Sozialisten »einen eigenen Unterricht zur Vorbereitung auf die Jugendweihe von Proletarierkindern« (17). 1921 fand die erste kommunistische Jugendweihe statt. Im Nationalsozialismus fungierte die Jugendweihe als »Aufnahmeritus in die deutsch-germanische Bluts- und Volksgemeinschaft« (19). Sie fand wie Konfirmation, Jugendweihe und Schulentlassungsfeier im Frühjahr statt. Nicht zuletzt aufgrund dieser Vorgeschichte ging man in der DDR anfänglich auf Distanz zur Jugendweihe. »Stattdessen sollten ›Schulentfassungsfeiern‹ für alle Kinder angeboten werden.« (20) 1954 beschloss die DDR im Zusammenhang mit einem verschärft antikirchlichen Kurs, die Jugendweihe einzuführen. Sie »war der politischen Erziehung der Jugendlichen auf materialistisch-marxistischer Grundlage gewidmet« (21). Lag die Teilnahmequote 1955 noch bei 17,7 %, so war sie bis 1989 auf »über 90 %« (21) gestiegen. Die Jugendweihe »war nicht nur eine Festveranstaltung, sondern Endpunkt eines ganzen ›Jugendweihejahres‹« (22), in dem mehrere »Jugendweihestunden« stattfanden, in denen die Jugendlichen »nicht nur die weltanschaulichen Grundlagen ihres Staates« kennenlernten, sondern auch »Arbeitsstätten in Industrie und Landwirtschaft« (22), Gedenkstätten und Museen besuchten.

Die Kirchen versuchten anfänglich, Jugendliche, die an der Jugendweihe teilnahmen, von der Konfirmation auszuschließen, mussten aber bald vor der Macht des Faktischen kapitulieren und eine Doppelteilnahme zulassen. Nach der Friedlichen Revolution 1989 ging die Beteiligung an der Jugendweihe auf unter 30 % zurück, stieg aber nach 1992/93 wieder an und liegt gegenwärtig bei ca. 30 %. Angeboten werden diese Feiern als Jugendweihen durch den Bundesverband Jugendweihe Deutschland e. V. und als Jugendfeiern durch den Humanistischen Verband Deutschland e. V. Allerdings liegen die Teilnahmequoten weit unter denen der DDR. Der größte Teil der ostdeutschen Jugendlichen, 2010 waren es 49 %, nimmt an keinem Übergangsritual teil, also weder an Jugendweihe oder Jugendfeier noch an Konfirmation oder Firmung.[1410]

1409 Vgl. dazu und im Folgenden: Nanko/Pilger-Strohl, Jugendweihe.

1410 Handke, Weder Jugendweihe noch Konfirmation, 106.

Die *Evangelischen Kirchen in der DDR* entwickelten vor diesem Hintergrund das *Konzept des Konfirmierenden Handelns*. Es fungierte als Gesamtrahmen. Konfirmation und *Konfirmandenunterricht* wurden dabei *als Teil eines umfassenderen kirchlichen Handelns* gesehen, mit dem Kirche Kinder, Jugendliche und Erwachsene begleiten wollte, um als Christ »verantwortlich vor Gott in der sozialistischen Gesellschaft leben«[1411] zu können. So formulierte es der Rahmenplan für die kirchliche Arbeit mit Kindern und Jugendlichen von 1977.

[*Konfirmandenunterricht in der DDR – ein kurzer Rückblick*]
Im Ergebnis der kirchenfeindlichen Politik des DDR-Staates und der Einführung der Jugendweihe kam es bald zu kleinen und kleinsten Konfirmanden-Gruppen. In den 1970er Jahren wurde in den evangelischen Kirchen das Konzept des *konfirmierenden Handelns der Gemeinde* entwickelt, das einen katechetischen Gesamtrahmen der Bemühungen um religiöse Arbeit mit Kindern und Jugendlichen aufstellte. Auch im Gegenüber zum staatlich formulierten Anspruch, im »einheitlichen sozialistischen Bildungssystem« »sozialistische Persönlichkeiten« zu erziehen, entwickelten die Kirchen im konfirmierenden Handeln ein Konzept, das in diesem Kontext ein eigenes Bildungsprogramm formulierte. Die Aufmerksamkeit richtete sich auf den Gesamtprozess, der als Begleitung angelegt war. Demzufolge sollte der Konfirmandenunterricht nur eine Phase und der Konfirmationsgottesdienst ein Moment des Gesamtprozesses sein. Christenlehre und Konfirmandenarbeit wurden miteinander koordiniert. Inhaltlich ging es um eine systematische Verschränkung von lebensweltlichen Fragen und biblischen Perspektiven. Kognitive Lernformen sollten gegenüber ganzheitlichen zurücktreten. Eine Öffnung für ungetaufte Jugendliche wurde angestrebt. An der Feier des Abendmahls sollte vor der Konfirmation teilgenommen werden, so dass der Konfirmationsgottesdienst als Einsegnung verstanden wurde.
In die Praxis fand dieses Modell nur partiell Eingang, was wohl auch daran lag, dass damit andere (volkskirchliche) Erwartungen, die sich auf die Konfirmationsfeier als Passageritus und Pendant zur Jugendweihe richteten, durch das prozessoral orientierte Modell des »Konfirmierenden Handelns« nicht gleichermaßen eingelöst werden konnten.

Nach der Friedlichen Revolution von 1989 hofften nicht wenige auf eine Reaktivierung einer volkskirchlichen Konfirmationspraxis. Das jedoch erwies sich als Irrtum. Die Teilnahmequoten in Ostdeutschland liegen deutlich niedriger und sind nur halb bzw. ein Drittel so hoch wie in

1411 Bund der Evangelischen Kirchen in der DDR (Hg.), Rahmenplan, 2.

Westdeutschland. Ungefähr 10–15 % der 14-jährigen Jugendlichen eines Jahrgangs lassen sich konfirmieren.

Dabei eint die Konfirmandenarbeit in Ost und West, dass nicht getaufte Jugendliche nur zu einem kleinen Teil davon erreicht werden. Nur ca. 7 % der Jugendlichen eines Jahrgangs nehmen an der Konfirmandenarbeit teil, ohne getauft zu sein.[1412] Das verdeutlicht, *wie stark dieses gemeindepädagogische Handlungsfeld an eine bestimmte familiale Sozialisation der Jugendlichen gebunden ist. Wer nicht als Kind getauft wurde, findet nur im Ausnahmefall dazu.* Das zeigt nicht zuletzt auch der bereits erwähnte Rückgang der absoluten Zahl an Konfirmandinnen und Konfirmanden eines Jahrgangs. Mit der kleiner werdenden Zahl evangelischer (also in der Regel bereits als Kind getaufter) Jugendlicher sinkt auch die Zahl der Konfirmandinnen und Konfirmanden. Zudem scheint die momentan praktizierte Form der Konfirmandenarbeit für Gymnasiasten deutlich attraktiver zu sein als für Hauptschüler. Vor allem für Ostdeutschland lässt sich ein klarer »bildungsbürgerlicher« Trend aufzeigen.[1413]

Gleichwohl kann die Konfirmandenarbeit als durchaus erfolgreich bezeichnet werden. Das zeigen die Untersuchungsergebnisse der bundesweiten Studien zur Konfirmandenarbeit in übereinstimmender Weise.[1414] Hier lassen sich *vor allem aus kirchlicher Sicht positive Effekte* aufzeigen. So steigt während der Konfirmandenzeit das Zugehörigkeitsgefühl zur Kirche. Am Ende betont fast die Hälfte aller Jugendlichen (46 % im Vergleich zu 41 % zu Beginn), es sei ihnen »wichtig, zur Kirche zu gehören« (CG 01). Dass Kirche »viel Gutes für die Menschen tut«, bejahen gegen Ende 74 % (CG 05, KG 05; zu Beginn waren es 72 %). Auch das Interesse, sich einer kirchlichen Jugendgruppe anzuschließen, wächst deutlich (von 18 % auf 26 % [CG 08, KG 08]). Dasselbe Bild ergibt sich auch bei den Einstellungen zur Religiosität im weiteren Sinne. Beschreiben zu Beginn der Konfirmandenzeit 66 % der Jugendlichen ihre »Einstellung zum christlichen Glauben insgesamt« als sehr bzw. eher positiv, so sind es gegen Ende der Konfirmandenzeit 72 % (CF 01, KF 01).

1412 Vgl. Simojoki u. a., Zukunftsfähige Konfirmandenarbeit, 19.

1413 Vgl. Domsgen, Kirche auf dem Prüfstand, 130f; Ders., Hauptschüler in der Konfirmandenarbeit.

1414 Vgl. Ilg u. a., Konfirmandenarbeit in Deutschland, für die erste Studie, Schweitzer u. a., Konfirmandenarbeit im Wandel, sowie Simojoki u. a., Zukunftsfähige Konfir-

Allerdings *dürfen diese Befunde auch nicht einseitig interpretiert werden.* Denn die Jugendlichen nehmen weniger aus inhaltlichen Interessen heraus an der Konfirmandenarbeit teil. Vielmehr gibt es *vor allem ein Ziel, das sie zur Teilnahme motiviert*: Es ist *das Konfirmationsfest selbst.* Die allermeisten Konfirmandinnen und Konfirmanden möchten deshalb möglichst stressfrei durch die Konfirmandenzeit kommen. Kurz vor der Konfirmation sagen 37 %, dass sie sich am »liebsten konfirmieren lassen« würden, »ohne vorher die Konfi-Zeit mitzumachen« (KK 41).[1415]

Vor diesem Hintergrund ist es äußerst problematisch, dass fast die Hälfte aller Konfirmanden (46 %) explizit der Aussage zustimmen, dass das, was sie »in der Konfi-Zeit gelernt« haben, »mit ihrem Alltag wenig zu tun« habe (KK 35). Nur 27 % verneinen das. Darum scheint es äußerst wichtig zu sein, dass den Jugendlichen *Lernräume mit Echtheitscharakter* ermöglicht werden. Am Beispiel des Gottesdienstbesuches lässt sich das gut veranschaulichen. Die Studie zur Konfirmandenarbeit hatte einen ernüchternden Befund zu Tage gebracht. Stimmten zu Beginn der Konfirmandenzeit 45 % der Aussage zu, dass Gottesdienste langweilig seien (CG 04), waren es am Ende 52 % (KG 04).[1416] Allerdings gilt das nur für diejenigen Gottesdienste, an denen die Jugendlichen nicht aktiv beteiligt sind. Wo Gottesdienste von ihnen mit vorbereitet werden, wo sie sich »als ›tatkräftig‹ erleben können«, wenn es ihnen ermöglicht wird, »ihre eigenen ›Ideen einzubringen‹«[1417], fällt die Einschätzung deutlich positiver aus. Dann stellt sich das ein, was als »wesentlicher Bewirkungsfaktor« bezeichnet werden kann: »die Erfahrung von Gemeinschaft«[1418].

---

mandenarbeit, für die zweite Studie. Die Abkürzungen im Text beziehen sich auf die Items der Studien.

1415 16 % votieren hier im Mittelwert und 48 % verneinen dies. Dieser Wert ist im Vergleich zur ersten Konfirmandenstudie etwas zurückgegangen. Damals hatten dem 41 % zugestimmt, 15 % votierten im Mittelwert und 44 % verneinten das. Interessant ist hier ein schulformspezifischer Vergleich. So stimmten in der zweiten Studie 45 % der Hauptschul-, aber nur 33 % der gymnasial Orientierten diesem Item zu.

1416 In der ersten Studie lagen die Ausgangswerte etwas höher. Die Tendenz ist jedoch gleichbleibend. Zu Beginn ihrer Konfirmandenzeit waren 49 % der Meinung, dass Gottesdienste langweilig seien. Am Ende waren es 54 %.

1417 Meyer, Gottesdienst in der Konfirmandenarbeit, 655.

1418 A. a. O., 654.

Ein Gemeinschaftserleben stellt sich ein, wenn die Einzelnen in ihrer Person gewürdigt werden, indem sie sich selbst einbringen und dabei Selbstwirksamkeit erfahren dürfen. Hier bekommt die Rede von der Subjektorientierung ein Gesicht. Es geht dabei in erster Linie nicht um jugendgemäße Themen, an die dann angeknüpft werden könnte. Es geht vielmehr um Ermöglichungsräume von Gemeinschaftserfahrungen, durch die und in denen Inhalte realisiert werden. »Lernen heißt hier, sich zu begegnen und sich, wechselseitig mitteilend, zu verändern und damit auch die Lebenswirklichkeit des Glaubens zu verändern.«[1419] Unter solchen Voraussetzungen kann sich die Relevanz des Glaubens auch für diejenigen erweisen, denen religiöse Fragen nicht zentral sind und die aus einer Mischung von lebensgeschichtlichen, familiären, kirchlichen und gesellschaftlichen Gründen zur Konfirmation kommen. In der Wahrnehmung und Würdigung des Einzelnen sowie der Vernetzung mit anderen liegt also eine wesentliche Bedingung für eine gelingende Konfirmandenarbeit.

Das *Konfirmationsfest* genießt bei alledem eine hohe Attraktivität. Sie bildet neben der familialen Sozialisation eine wesentliche Voraussetzung für die Teilnahme an der Konfirmandenarbeit. Die Konfirmation als Einheit von Konfirmandenzeit, Konfirmation und anschließender Feier wird *vorrangig als Familien-, Geschenke- und Segensfest verstanden*, und zwar genau in dieser Reihenfolge (Ja: 83 %, 68 %, 64 % [KB09-11]). »Feier, Geld, Segen und Glauben liegen also für das jugendliche Empfinden ganz nahe beieinander.«[1420] Genau dies macht die Konfirmation so beliebt. Hier wird ein kirchliches Angebot sozial abgestützt und erhält so eine Selbstevidenz. Dies führt dazu, dass sich die Jugendlichen unkompliziert zur Konfirmandenarbeit anmelden und dann auch bis zur Konfirmation durchhalten.

In Ostdeutschland stellt sich die Ausgangslage deutlich anders dar. Dort wird die Konfirmation von den Jugendlichen nicht zuletzt im Gegensatz zur Jugendweihe stärker als Bekenntnisakt und Segenshandlung verstanden. Extrinsische Motive werden dagegen weniger stark gewichtet. Ein solches Konzept ist nicht mehrheitsfähig. Auch deshalb sind die Konfirmationszahlen in Ostdeutschland in den letzten beiden Jahrzehnten nicht angewachsen. Dem korrespondiert, dass ostdeutsche

---

1419 Fechtner, Von Fall zu Fall, 133.

1420 Meyer-Blanck, Was und wie, 29.

Konfirmanden stärker kirchlich sozialisiert sind als ihre westdeutschen Altersgenossen.[1421]

Resümierend bleibt festzuhalten, dass die Konfirmation insgesamt eine bis in die Gegenwart reichende Erfolgsgeschichte hat. Das liegt zu einem großen Teil auch an der Flexibilität ihrer Zielbestimmung. So können sich ganz unterschiedliche Motive mit ihr verbinden.[1422] Diese Motive sind alle aus der Geschichte bekannt. Gegenwärtig ergeben sich *mindestens drei Verschiebungen.*

Der sakramentale Bezug der Konfirmation wird vielschichtiger. Einerseits erfordert der Anteil nicht getaufter Jugendlicher, dass Konfirmandenarbeit nicht nur nachgeholter Tauf(erinnerungs)unterricht sein kann, sondern auch Taufunterweisung sein sollte. Andererseits weicht die traditionelle Bindung der Abendmahlszulassung an die Konfirmation auf zugunsten eines Abendmahls mit Kindern sowie einer stärker didaktisch orientierten Erstbegegnung mit dem Mahl auf einer Konfirmandenfreizeit.[1423]

Das konfessorische Interesse, die Jugendlichen zu einem Einstimmen in das Bekenntnis der Gemeinde zu bringen, wirft einige Schwierigkeiten auf. Ende der 1950er Jahre fasste Kurt Frör (1905–1980) den Ertrag der Diskussion um diese Frage so zusammen: »Es widerspricht dem reformat. Verständnis des christl. Lebens, wenn von den Konfirmanden ein ›Gelübde‹ verlangt wird, in dem sie über ihr künftiges Leben vorausgreifend u. vorwegnehmend verfügen.«[1424] Gerade angesichts der noch bevorstehenden Umbrüche im Jugendalter kann es sich nicht um eine in die Zukunft weisende Bindung der Jugendlichen handeln, sondern nur um eine Momentaufnahme zum Zeitpunkt der Konfirmation.

1421 Vgl. genauer Domsgen/Haeske, Konfirmandenarbeit und Konfirmation.

1422 Gottfried Adam nennt: (1) sakramentale Motive: Abendmahlszulassung bzw. Tauferinnerung; (2) ekklesiologisch-konfessorische Motive: Einstimmen in das Bekenntnis der Gemeinde; (3) parochiale Motive: Glauben lernen durch Partizipation an der Ortsgemeinde; (4) katechetisch-unterrichtliche Motive: denkerische Aneignung des Glaubens; (5) seelsorgerlich-erweckliche Motive: Interesse für rel. Fragen wecken; (6) kasuelle Motive: Abschlussgottesdienst des Konfirmandenunterrichts, Kasualhandlung am Übergang in die Jugendwelt; (7) kirchenrechtliche Motive: Abendmahlsrecht; Patenrecht; (8) lebensbegleitende Motive: Segenshandlung. Ders., Konfirmandenarbeit, 275.

1423 Zur Frage des Abendmahls mit Kindern vgl. Domsgen, Altersbeschränkung am Tisch.

1424 Frör, Confirmatio, 197, zit. n. Adam, Konfirmandenarbeit, 274.

Das kasuelle Motiv des Schwellenritus hat sich verändert, ist aber keineswegs, wie man zunächst meinen könnte, aufgehoben. Die Konfirmation markiert längst nicht mehr, wie zu Beginn des 20. Jahrhunderts, den Übergang in die Erwachsenenwelt, sondern eine wichtige Wegstation auf dem Übergang in die Jugendzeit. Gerade als solche hat sie für die Jugendlichen und vor allem für ihre Eltern eine erhebliche Bedeutung. Allerdings lässt sich hier ein Wandel beobachten. Es geht wohl weniger um die Initiierung des Übergangs als vielmehr um die »Demonstration der Tatsache, dass die Jugendlichen der Kindheit ›entwachsen‹ sind«[1425]. Möglicherweise ist auch die Konfirmation »eher Ausdruck einer Ritualisierung intergenerationaler Praxis als ein Übergangsritual«[1426]. Das würde dann auch den Rückgang der Konfirmationszahlen erklären helfen. In heterogenen Elternkonstellationen kann eine einheitliche Ritualpraxis nicht selbstverständlich vorausgesetzt werden. Wenn hier allerdings Differenzen vorherrschen, die u. a. auch schwierig für die Gestaltung der Paarbeziehung sind, steigt die Wahrscheinlichkeit, dass für die nachfolgende Generation keine festen Vorgaben mehr gemacht werden. Eine intergenerationale Praxis, die im Ritual zur Darstellung kommen könnte, wäre dann nicht gegeben und bräuchte demzufolge auch nicht eigens gefeiert werden.

Hier deutet sich an, *was zukünftig immer stärker als Herausforderung von Konfirmandenarbeit zu reflektieren sein wird. Es ist der Wandel familialer Sozialisation, durch den eine von Selbstverständlichkeit geprägte Kirchlichkeit nicht mehr vorausgesetzt werden kann. Dabei handelt es sich keineswegs nur um ein ostdeutsches Phänomen.*

Auch wenn Profil und Ausmaß von Konfessionslosigkeit in Ost und West unterschiedlich zu bestimmen sind, gibt es einerseits auch in Ostdeutschland noch viele Kirchengemeinden, die eine ganz traditionelle Konfirmandenarbeit pflegen können und andererseits auch in Westdeutschland Regionen, an denen die herkömmliche Konfirmandenarbeit immer stärker an die Grenzen stößt. So zeigen empirische Befunde aus Württemberg, dass die Zahl der Konfirmandinnen und Konfirmanden – vor allem in den Städten – zurückgeht. Seit 2011 sinkt sie jährlich um ca. 5 %, wobei die Jahrgangsstärke von 13-Jährigen insgesamt in

1425 Eulenbach u. a., Jugendweihe, 153.

1426 Ebd.

Deutschland stabil bleibt.[1427] Dies mit dem Rückgang an evangelischen Jugendlichen zu erklären, ist richtig, wirft aber eben auch tieferliegende Fragen auf. Eine davon ist diejenige nach dem Sozialisationsprofil, auf das Konfirmandenarbeit und Konfirmation ausgerichtet sind.

Wenn in »Zentren wie Hannover oder Bremerhaven [...] rund die Hälfte aller Familien darauf« verzichtet, »ihre gleichwohl getauften Kinder zur Konfirmandenarbeit der jeweiligen Kirchengemeinde anzumelden«[1428], dann weist das deutlich darauf hin, dass das Zusammenspiel von Kirche und Familie nicht mehr selbstverständlich funktioniert.

Konfirmandenarbeit geht bisher davon aus, dass sie attraktiv genug ist, um auch für Jugendliche mit schwacher religiöser Sozialisation oder ohne Prägungen in dieser Hinsicht anziehend zu sein. Mit Blick auf frühere und gegenwärtige Entwicklungen sind daran jedoch Zweifel angebracht. Konfirmandenarbeit besitzt durchaus Potenzial in dieser Richtung, das noch nicht ausreichend gehoben wurde. Allerdings zeigen nicht zuletzt die Erfahrungen in Ostdeutschland, dass bei zunehmender kirchen- und religionsdistanzierter Sozialisation positiv besetzte Verknüpfungen mit der Konfirmandenarbeit kaum noch möglich sind. Deshalb muss auch nach neuen Wegen einer Konfirmandenarbeit gesucht werden, die institutionelle Interessen zugunsten der Unterstützung der Persönlichkeitsentwicklung der Jugendlichen in den Hintergrund treten lässt.

Wie das konkret aussehen könnte, lässt sich beispielsweise anhand von Erfahrungen verdeutlichen, die im Rahmen eines Kooperationsprojekts zwischen Schule und Kirche in Bremerhaven gewonnen wurden. Dort war in den Schuljahren 2009/10 bis 2011/12 ein »überkonfessionelles und überkulturelles Bildungsangebot für Jugendliche in der 7. und 8. Jahrgangsstufe« (1) eingerichtet worden. Der inhaltliche Schwerpunkt lag auf »einer erfahrungs- und altersbezogenen Einführung in die Fragen der Lebensgestaltung und der religiösen Sinnfindung« (1 f.), das Ziel in der Eröffnung eines »Zugang[s] zu religiösen Fragen, Riten, Festen und Feiern und zu Grundaussagen des Glaubens« (2). Die Kurse wurden als kirchliches Angebot für die Kooperation von Kirche und Schule im Ganztagsschulbereich der Schulen konzipiert. Die Erfahrungen damit

1427 Vgl. mit Blick auf Württemberg, Ilg u. a., Jugend zählt, 266.

1428 Stemm, Expeditionen, 1. Die folgenden Seitenangaben im Text beziehen sich darauf; vgl. auch Ders., Knockin'.

waren durchaus positiv. Der doppelte Zugang, in den Fragen der Jugendlichen nach eigenen religiösen Bedürfnissen und in der Frage nach grundsätzlicher religiöser Bildung, erwies sich als tragend. Dabei war »die Identifikation mit ›Kirche‹ und christlichem Glauben [...] am Ende der Kurse erstaunlich hoch. So haben in jedem Jahrgang sich Jugendliche entschieden, an einem gemeindlichen Konfirmationsvorbereitungskurs außerhalb der Schule teilzunehmen und sich konfirmieren zu lassen.« (3)

Interessant in alledem ist, dass »in diesen Kursen keine Konkurrenz zu dem bisherigen Angebot der Konfirmandenarbeit gesehen werden muss« (3). In der Summe wird man sagen können, dass mit dieser neuen Form einer Konfirmandenarbeit sowohl Gewinn wie Verluste einhergehen. Gewonnen wird ein Zugang zu einer Klientel, die mit dem bisherigen Angebot nicht erreicht werden kann. Der Preis dafür liegt in einem Rückgang der Prägekraft im gemeindlichen Feld, insofern die Schule als Lernort stark gemacht wird.

d) Zusammenfassung

Die Konfirmandenarbeit gehört zu den erfolgreichsten und bedeutsamsten gemeindepädagogischen Handlungsfeldern der Kirchen. Jugendliche werden hier in einer wichtigen Phase ihres Lebens über einen Zeitraum von einem bis eineinhalb Jahren kirchlich begleitet, dabei mit Grundthemen des christlichen Glaubens vertraut gemacht und zugleich in ihrer Persönlichkeitsentwicklung unterstützt. Dabei verdeutlicht nicht zuletzt das weitverbreitete und große Engagement von Teamern, dass es sich hier um ein attraktives Angebot handelt, das in seiner Bedeutung über das unmittelbare Erleben hinausgeht und langfristige Effekte zeitigt.

Obwohl sich die Konfirmation erst seit dem Beginn des 19. Jahrhunderts in allen deutschen Landeskirchen durchgesetzt hat, also historisch gesehen relativ jung ist, gilt sie inzwischen zu Recht »als ›entscheidende Schaltstelle‹ der kirchlichen Sozialisation«[1429]. Von Henning Luther (1947–1991) stammt der Gedanke, Konfirmandenarbeit und Konfirmation als »Konfirmandenprüfung« zu verstehen, und zwar im Sinne eines *genitivus subjectivus*: »Die Kirche steht auf dem Prüfstand, weil die Konfirmandinnen und Konfirmanden überprüfen, ob es ihr

1429 Fechtner, Von Fall zu Fall, 116.

gelungen ist, ihnen die Relevanz des christlichen Glaubens zu vermitteln.«[1430] In dieser Perspektive wird man beides festzuhalten haben: Einerseits sind diesbezüglich große Fortschritte gemacht worden in der Gestaltung der Konfirmandenarbeit. Die positiven Einschätzungen der Jugendlichen in den bundesweiten Studien zur Konfirmandenarbeit bestätigen das. Andererseits jedoch bleiben entscheidende Aspekte offen. Vor allem hinsichtlich der Relevanz des Vermittelten für die Gestaltung des eigenen Lebens gibt es deutliche Reserven. Dazu kommt, dass Konfirmandenarbeit als durchaus voraussetzungsreich zu bezeichnen ist. Es sind vor allem bestimmte Sozialisationsleistungen, die wohl stärker eine Rolle spielen als bisher angenommen. Dazu kommen die kontextuellen Prägungen. Vor allem dann, wenn sich Mehrheiten verschieben und die Konfirmation als Minderheitskasualie in den Blick kommt, treten die familial zu erbringenden Sozialisationsleistungen hervor. Dabei wird deutlich, dass die Konfirmation ein »Fest in dreiseitiger Logik« ist: »Kirche, Jugendliche und Familien sind in ihren jeweiligen Logiken aufeinander zu beziehen.«[1431] Dies scheint gegenwärtig auch bei evangelisch getauften Jugendlichen nicht mehr selbstverständlich zu gelingen und stellt bei nicht getauften Jugendlichen eine noch größere Herausforderung dar. Deshalb sind Neuorientierungen notwendig, die das Gesamtgefüge neu auszutarieren versuchen. Eine Möglichkeit stellen dabei schulbezogene Aktivitäten dar, wie sie bereits in Bremerhaven erprobt wurden. Sie setzen bei der Bedeutung von Schule als einer Institution an, die alle Kinder und Jugendlichen zu besuchen haben und in der sie einen großen Teil ihrer Zeit verbringen. Denkbar wäre auch eine Camp-Arbeit in den Ferien, die zwar von der Schule ausgeht, sich aber nicht in schulische Zusammenhänge einzuordnen hat. Damit stellen sich grundsätzliche Fragen nach der Bestimmung von Kirche und Gemeinde. Sie sollen im Folgenden bedacht werden.

6.3.2 Urteilen: Hermeneutische Grundlinien mit Blick auf Kirche und Gemeinde

Wesentlich für die Beurteilung von Entwicklungen im Feld von Kirche und Gemeinde im gemeindepädagogischen Fokus sind die Fragen nach

1430 A. a. O., 132.

1431 Domsgen, Kirche auf dem Prüfstand, 136.

dem, was unter Kirche und Gemeinde zu verstehen ist. Dazu sollen drei Aspekte beleuchtet werden. Sie betreffen die Mehrdimensionalität gemeindlicher Sozialformen, die unterschiedlichen Kommunikationsperspektiven sowie die Assistenzfunktion von Kirche.

a) Zur Multidimensionalität gemeindlicher Sozialformen

Nimmt man den neutestamentlich wichtigsten Gemeinde-Begriff (ἐκκλησία/*ekklesía*, wörtlich »die Herausgerufene«) in den Blick, so fällt dessen *multidimensionale Verwendung* auf.

Paulus kann ihn sowohl im Blick auf *Hausgemeinden* (etwa 1Kor 16,19: »Es grüßen Aquila und Priska mit ihrer Haus-*ekklesía*«) auch auf konkrete *Ortsgemeinden* (etwa die *ekklesía* in Korinth 2Kor 1,1) verwenden. Zudem spricht er von den *ekklesíai* (etwa in Asien 1Kor 16,19) im Plural wie auch im Singular von der *ekklesia tou theou*, die er verfolgt habe (etwa 1Kor 15,9).

Gemeinde ist also kein »kein Quantitäts-, sondern ein Qualitätsbegriff«[1432]. Zudem umfasst sie »verschiedene Sozialformen: die Hausgemeinde, die Ortsgemeinde, die Kirche auf Provinzialebene und die weltweite Ökumene«[1433].

Dass vor allem die letzten beiden Dimensionen für die meisten der Gläubigen lebensweltlich nicht einzuholen waren, insofern sie ihr ganzes Leben an ein und demselben Ort verbrachten, ist sehr bemerkenswert und lässt die Frage nach der Bedeutung der Face-to-face-Kommunikation in der Gemeinde in einem neuen Licht erscheinen. Sie ist nicht für alle Dimensionen von Gemeinde gleichermaßen von Bedeutung.

Zu erinnern ist auch daran, dass die Gemeinde als Gemeinschaft der von Christus Gerufenen sich nicht selbst verdankt und sich nicht selbst reproduziert. Darin hat der kommunikative, eher egalitäre als hierarchische Grundzug der Gemeindepädagogik seinen eigentlichen theologischen Grund. In gewisser Spannung dazu steht die amtskirchlich-hierarchische Tendenz der Confessio Augustana (CA). Als kirchenkonstituierende Elemente werden in CA VII Wort und Sakrament genannt, wobei in CA V beide ausdrücklich an das kirchliche Amt gebunden werden.

1432 Schmidt, kaleo, 507 (im Original z. T. gesperrt).

1433 Grethlein, Praktische Theologie, 338.

[Die Augsburgische Konfession (lat. Confessio Augustana)]
Das Augsburger Bekenntnis von 1530 ist »die wichtigste Bekenntnisschrift des Protestantismus«[1434]. Im ersten Teil werden »Hauptartikel des Glaubens« geboten (Artikel 1–21). Das »Herzstück« des Bekenntnisses bildet die Rechtfertigungslehre in den Artikeln 4–6 und 20. In den Artikeln 22–28 werden die in den evangelischen Kirchen geänderten Missbräuche aufgezählt. In CA VII heißt es: *»Est autem ecclesia congregatio sanctorum, in qua evangelium pure docetur et recte administrantur sacramenta. Et ad veram unitatem ecclesiae satis est consentire de doctrina evangelii et de administratione sacramentorum.«* // »[...] welche ist die Versammlung aller Gläubigen, bei welchen das Evangelium rein gepredigt und die heiligen Sakramente laut des Evangelii gereicht werden. Dann ist dies genug zu wahrer Einigkeit der christlichen Kirchen, daß da einträchtiglich nach reinem Verstand das Evangelium gepredigt und die Sakramente dem göttlichen Wort gemäß gereicht werden.« (BSLK 61) Und CA V hält fest: *»Ut hanc fidem consequamur, institutum est ministerium docendi evangelii et porrigendi sacramenta.«* // »Solchen Glauben zu erlangen, hat Gott das Predigtamt eingesetzt, Evangelium und Sakrament zu geben.« (BSLK 58)

In Zeiten medialer Kommunikation ergeben sich in diesem Punkt besondere Herausforderungen, insofern sich die vernetzte Kommunikation einer Hierarchisierung entzieht. Serres spricht hier sogar von einer »Umkehrung [...] zwischen denen, die Macht ausüben, und denen, die ihr unterworfen sind«[1435]. Gestiftet wird eine »symmetrische Zirkulation«, die »zu mehr Wechselseitigkeit führt«[1436]. Gemeindepädagogisch ist das zu berücksichtigen. Auch deshalb verdient der Vorschlag Henning Schröers (1931–2002) besondere Beachtung, die Thesen 3 und 4 der Barmer Theologischen Erklärung als theologische Grundsatztexte einer Gemeindepädagogik hinzuzunehmen, insofern sie die egalitären Perspektiven stark macht und auf diese Weise eine Anknüpfungsmöglichkeit an heutige kommunikative Vollzüge außerhalb von Zwangsinstitutionen schafft.[1437]

[Barmer Theologische Erklärung vom 31. Mai 1934]
Die Barmer Theologische Erklärung, eigentlich »Theologische Erklärung zur gegenwärtigen Lage der DEK« (= Deutschen Evangelischen Kirche) kann als Gründungsdokument der Bekennenden Kirche verstanden werden, die »sich

---

1434 Peters, Augsburger Bekenntnis, 953.
1435 Serres, Erfindet euch neu, 50.
1436 Ebd.
1437 Schröer, Gemeindepädagogik wohin?, 172.

1934 im Protest gegen die von den nationalsozialistisch gesonnenen Deutschen Christen eroberten Kirchenleitungen formiert hatte«[1438] und deren Erste Synode vom 29.–31.5.1934 in Wuppertal-Barmen stattfand. Die Erklärung besteht aus einem Vorspruch, sechs Thesen und einem Schlusssatz. Die Thesen sind jeweils gleich aufgebaut: Am Anfang steht ein neutestamentliches Bibelwort. Darauf folgt eine positive theologische Aussage. Anschließend wird die falsche Lehre (als Gegenteil der positiven Aussage) verworfen. In These 3 wird die Gestalt der Kirche thematisiert. Es heißt: »Die christliche Kirche ist die Gemeinde von Brüdern, in der Jesus Christus in Wort und Sakrament durch den Heiligen Geist als der Herr gegenwärtig handelt. Sie hat mit ihrem Glauben wie mit ihrem Gehorsam, mit ihrer Botschaft wie mit ihrer Ordnung mitten in der Welt der Sünde als die Kirche der begnadigten Sünder zu bezeugen, dass sie allein sein Eigentum ist, allein von seinem Trost und von seiner Weisung in Erwartung seiner Erscheinung lebt und leben möchte.« Vor dem Hintergrund des Führungsanspruchs Einzelner betont These 4: »Die verschiedenen Ämter in der Kirche begründen keine Herrschaft der einen über die anderen, sondern die Ausübung des der ganzen Gemeinde anvertrauten und befohlenen Dienstes.«

Worauf wache Geister bereits vor mehr als zwei Jahrzehnten hingewiesen haben, ist heute dringender denn je. Es geht um die *Schärfung des Gemeindebegriffs in Aufnahme der bereits neutestamentlich angelegten Mehrdimensionalität.*

Analysiert man in biblischer Perspektive die »Lebenspraxis heutiger Menschen (in Deutschland) hinsichtlich der verschiedenen Modi der Kommunikation des Evangeliums, ergibt sich entgegen dem gewohnten kirchenzentrierten Bild«, dass beispielsweise der Familie »eine größere Bedeutung zu[kommt] als der Kirchengemeinde bzw. der Landeskirche oder ihren diversen Einrichtungen«[1439]. Und mediale Kommunikationsformen lassen sich durchaus als Umsetzung und Konkretion der weltweiten oder doch zumindest regionalen Ausrichtung von Gemeinde sehen. Mit einer solchen »Horizonterweiterung« ist »keine Geringschätzung von Kirchengemeinde, Landeskirche und kirchlichen Einrichtungen verbunden. Vielmehr enthält die Einsicht, dass das Evangelium an verschiedenen Orten kommuniziert wird, wichtige Herausforderungen für (organisierte) kirchliche und kirchengemeindliche Arbeit. Sie hat die Kommunikation des Evangeliums in anderen Sozialformen

1438 Plasger, Barmer Theologischer Erklärung, 124.
1439 Grethlein, Praktische Theologie, 339.

zu unterstützen und damit eine wichtige *Assistenzfunktion.*«[1440] Bevor das noch näher entfaltet wird, soll in kirchentheoretischer Perspektive noch einmal genauer auf die Kirche geschaut werden.

b) Zur Denkfigur von Kirche als Hybrid

Kirchentheoretisch kann man in Anlehnung an Eberhard Hauschildt (geb. 1958) und Uta Pohl-Patalong (geb. 1965) von »Kirche als Hybrid aus Institution, Organisation und Bewegung«[1441] sprechen. Dabei zeigt sich immer deutlicher, dass Kirche als Institution und Organisation in ernsten Schwierigkeiten steckt und Kirche als Gruppe, Gemeinschaft und Bewegung zwar Potenzial besitzt, dies jedoch bisher nur in Ansätzen zur Entfaltung gebracht wird.[1442] Das hängt auch damit zusammen, dass dabei die gängige Unterscheidung zwischen kirchlichen und nichtkirchlichen Orten ins Wanken gerät. Wenn zum Beispiel in der netzwerkanalytischen Auswertung der fünften Kirchenmitgliedschaftsuntersuchung der EKD die Familie im Kontext »nichtkirchlicher Gelegenheiten und Orte«[1443] genannt wird, dann ist das konzeptionell entlarvend. Es offenbart nämlich ein primär parochial geprägtes und damit verengtes Gemeindeverständnis, das dem neutestamentlichen Befund entgegensteht, aber gleichwohl auch heute noch gemeindepädagogisch prominent ist.

Zwar versucht beispielsweise das neubearbeitete Gemeindepädagogische Kompendium eine Ausweitung, indem ausdrücklich betont wird, dass »nicht mehr nur die Parochie der gemeindepädagogische Lernort ist, sondern auch die überparochialen Dienste und christlichen Gruppen und Netzwerke bis hin zum Kirchentag als Treffpunkt für Gemeinden, ›Individualchristen‹ oder gesellschaftspolitisch engagierte Initiativgruppen«[1444], allerdings bleibt die Prominenz der verfassten Kirche und letztlich auch der Parochie bestehen, was wohl zu einem großen Teil mit der eben skizzierten Konzentration auf CA VII zusammenhängt, insofern damit ausschließlich lokalgemeindliche Vollzüge die

---

1440 Ebd.

1441 Hauschildt/Pohl-Patalong, Kirche, 218.

1442 Das gilt nicht nur für Ostdeutschland, lässt sich aber dort besonders deutlich aufzeigen; vgl. Domsgen, Kirche in Ostdeutschland.

1443 Bedford-Strohm/Jung, Vernetzte Vielfalt, 437.

1444 Adam/Lachmann, Was ist Gemeindepädagogik?, 20.

notwendigen und hinreichenden Kennzeichen der Kirche bilden. Damit einher geht auch eine problematische Reduktion auf liturgisch-gottesdienstliche Vollzüge, die das Christsein als ethisch orientierte Lebensform weitgehend ausblenden.[1445] Das wiederum führt zu heimlichen oder auch offenen Unterscheidungen zwischen Kernaufgaben und Sonstigem bzw. zwischen Unverzichtbarem und Möglichem, ist also alles andere als nebensächlich und ist deshalb gemeindepädagogisch immer mit zu reflektieren. Die Öffnung, die in der Denkfigur von Kirche als Hybrid angelegt ist, steht damit in der Gefahr, vorschnell auf parochiale bzw. institutionell und organisatorisch bestimmte kirchliche Vollzüge verengt zu werden.

Die Wahrnehmung von Kirche als Institution, Organisation und Bewegung nimmt nicht nur gegenwärtige Sozialformen im vorzutreffenden Kirchenmodell in den Blick. Sie beschreibt auch wichtige und unverzichtbare Kommunikationsperspektiven des Kirche- bzw. Gemeinde-Seins. Sie lassen sich als verstetigende, dynamisierende und steuernde Perspektive bezeichnen.

Was mit Blick auf die Sozialform der Institution besonders deutlich wird, steht für eine Handlungslogik, die als *verstetigende Perspektive in der Kommunikation des Evangeliums* bezeichnet werden kann. Kommunikation knüpft immer auch an Bestehendes an. Das völlig Neue ist nicht anschlussfähig. Deswegen geht es wesentlich um die Fortsetzung von Vertrautem. Auf diese Weise wird Kommunikation verlässlicher. Bekenntnisse, Ordnungen und Festlegungen gehören in diese Perspektive. Sie sorgen für Kontinuität und können durchaus als *Versuch* verstanden werden, *die Zufälligkeit in der Auseinandersetzung und Begegnung mit dem christlichen Grundimpuls zu minimieren.* Da sie jedoch immer auch mit Machtfragen einhergehen, handelt es sich um eine Kommunikationsform mit Nebenfolgen. Von Bedeutung ist verstetigende Perspektive vor allem dann, wenn das »Wie« der Kommunikation des Evangeliums im Mittelpunkt steht und nicht die Sache selbst.

Den korrespondierenden Pol dazu bildet die *dynamisierende Perspektive,* die im Blick auf die Sozialform der Gruppe bzw. Bewegung zu thematisieren ist. Sie setzt sich stärker dem Situativen und damit der Unverfügbarkeit von Kommunikation aus. Auf diese Weise treten neue und unvorhergesehene Aspekte in das Blickfeld, die einerseits Kommu-

1445 Vgl. Grethlein, Gemeindepädagogik, 26 f.

nikation verunsichern, sie aber andererseits auch befördern, indem sie an Stellen aufbrechen, die so vorher gar nicht im Blick waren. Letztlich sind es die sich uns in den Weg stellenden Dinge, an denen wir lernen, die uns voranbringen und durch die wir mit anderen in Kontakt kommen. Die dynamisierende Perspektive gewinnt vor allem in solchen Settings an Bedeutung, in denen es gilt, eingefahrene Gleise zu verlassen, ohne dass bereits klar wäre, wohin die Reise gehen soll. Die dynamisierende Perspektive ist nur bedingt plan- und initiierbar und zudem in ihrer Reichweite beschränkt. Auch trägt sie ihren Zweck nicht in sich selbst. Letztlich bleibt das damit bezeichnete Geschehen unverfügbar, was durchaus als Manko gesehen werden kann. Dazu kommt, dass überlieferte Formen und Aspekte in der Kommunikation des Evangeliums verloren zu gehen drohen, weil sie nicht bewusst überliefert und aktualisiert werden. Eine solche Perspektive ist vor allem dann gefragt, wenn die Kommunikation des Evangeliums in den bisher praktizierten Formen fraglich geworden scheint und es darum geht, Menschen in dieses Geschehen einzubeziehen, die sich bisher haben nicht ansprechen lassen.

Quasi in der Mitte zwischen diesen beiden Polen ist die *steuernde Perspektive* zu verorten, die in der Organisation ihre Sozialgestalt findet. Denn zwischen Verstetigung und Dynamisierung braucht es ein Austarieren. Dabei gilt es, Extreme zu vermeiden im Sinne eines »organisatorischen Überdeterminieren[s] (als Ersatz dafür, dass die institutionelle Kraft der Kirche reduziert wurde) und eines Unterdeterminieren (das die informelle Religion sich selbst überlässt, obwohl diese sich kritisch wie rezeptiv auf organisierte Religion bezieht)«[1446]. Dabei ist zu beachten, dass sowohl die verstetigende als auch die dynamisierende Perspektive mit Steuerungen zu tun hat. Jede Setzung ist eine Steuerung, jeder Versuch, etwas Überliefertes zu unterlassen, auch. Insofern gilt: Wir können nicht *nicht* steuern. Allerdings braucht es auch bewusstes Steuern im Sinne einer Kurskorrektur, einer Neujustierung. Das gilt vor allem für reformatorische Phasen, in denen sich das Bisherige als problematisch bzw. kraftlos erweist und zugleich der Anspruch auf ein reflektiertes Gegenlenken nicht aufgegeben werden soll. Es spricht viel dafür, dass es innerhalb des Spektrums von Verstetigung, Steuerung und Dynamisierung gegenwärtig Impulse braucht, die eine Dynamisierung

1446 Hauschildt/Pohl-Patalong, Kirche, 218.

ermöglichen. Der Bewegungscharakter wird stärker zu gewichten sein. In alledem geht es um eine ermutigende und mutige Kreativität.[1447]

c) Zur Assistenzfunktion von Kirche bei der Kommunikation des Evangeliums

Eine solche Orientierung geht mit einem Perspektivenwechsel einher. Eine Gemeindepädagogik (wie eine Kirchentheorie auch) kann nicht von der verfassten Kirche her auf die Einzelnen hin entworfen werden, sondern nur von den Einzelnen und ihren Familien her auf das kirchliche Handeln hin.[1448]

Die bereits beschriebene *Assistenzfunktion von Kirche* zielt auf die Unterstützung der Kommunikation des Evangeliums in den verschiedenen Sozialformen.[1449] Die verfassten Kirchen könnten in Anlehnung an Armin Nassehi als »Zonen dichter gekoppelter Kommunikation«[1450] verstanden werden, deren Aufgabe es ist, Impulse im System religiöser Kommunikationen zu geben. Sie haben sie in spezifischer Weise zu unterstützen, insofern sie »die skriptural tradierte sekundäre Religionserfahrung in die Kommunikation des Evangeliums«[1451] eintragen. Bernd Schröder hat diesen Gedanken aufgenommen und personenbezogen, also mit Blick auf die handelnden Personen weitergedacht. Dazu greift er den Gedanken des Priestertums der Getauften auf und rückt damit zwei Aspekte in den Blick: Einerseits den Getauften bzw. den die Taufe Begehrenden und andererseits die Kirche mit dem, was sie zu seiner Förderung tun kann. »Dreh- und Angelpunkt« dabei wäre die »Lebensführung und -deutung Einzelner ›unter Inanspruchnahme des Christlichen‹«[1452]. Zielpunkt wäre die »Subjektwerdung der Getauften in ihrem Verhältnis zu Gott, zu Anderen und sich selbst« (159). Die Assis-

---

1447 Emilia Handke spricht hier von einer neuen »(er)mutige(nden) Kreativität«. Dies., Zeit, dass sich was dreht.

1448 Ich lehne mich hier an eine Formulierung Bernd Schröders an, die er mit Blick auf die Praktische Theologie insgesamt gebraucht hat; vgl. Schröder, Das Priestertum, 151.

1449 Vgl. dazu die Ausführungen unter 5.3.1.

1450 Grethlein, Praktische Theologie, 339, unter Bezug auf Nassehi, Organisation des Unorganisierbaren, 205.

1451 Ebd.

1452 Vgl. Schröder, Das Priestertum, 149 (Schröder zitiert hier Beutel, Protestantische Konkretionen, 5 f.). Die folgenden Seitenzahlen im Text beziehen sich darauf.

tenz von Kirche zielt »damit auf etwas, das Individuen *möglicherweise* auch auf anderem Wege erreichen können« (159). Eine solche Zielsetzung erfordert eine selbstlos agierende Kirche, die sich geradezu verschwenderisch gibt, Ergebnisoffenheit aushält und bereit ist, sich dem Situativen und damit eben auch der Unverfügbarkeit konstitutiv auszusetzen. Damit wäre Kirche allerdings ganz bei ihrer Sache, denn Evangelium vollzieht sich als ein möglichst symmetrischer Kommunikationsvorgang, nicht als einseitig vorgetragene Lehre, und nimmt die jeweiligen Herausforderungen auf. Die jeweilige Situation des Kommunikationspartners prägt das Profil von Evangelium als kommunikativem Prozess.

d) Zusammenfassung

Die vielfältigen kirchlichen Reformprozesse aufgrund sich verändernder Kontexte gehen auch mit Herausforderungen für die Theorie und Praxis der Gemeindepädagogik einher. Sie führen einerseits zu einer Verstärkung der Frage nach der Sozialgestalt von Kirche und Gemeinde und verweisen andererseits auf den Zusammenhang von Gemeindepädagogik mit Fragen der Gemeindeentwicklung und des Gemeindeaufbaus.

Vor allem die Orientierung an der Assistenzfunktion von Kirche bei der Kommunikation des Evangeliums öffnet den Blick für Bereiche, die bisher gemeindepädagogisch eher am Rande stehen. Dies soll im Folgenden exemplarisch erläutert werden.

6.3.3 Handeln: Impulse im gemeindepädagogischen Bereich

a) Grundlegende Orientierungen: Kommunikative Prozesse und Lernen im weiteren Sinne befördern

Die Gemeindepädagogik, darauf hat Karl Ernst Nipkow hingewiesen, tritt »in gewisser Weise heute das Erbe der Katechetik an, hebt aber hierbei [...] vor allem auf den Erfahrungs-, Lebens-, Gemeinschafts- und Handlungsbezug des Glaubenslernens ab«[1453] und nimmt damit eine wichtige Neuorientierung vor. Der Zugang wird nun »primär aus päd-

1453 Nipkow, Bildung als Lebensbegleitung, 109.

agogischer Perspektive im Sinne eines weiten Lernbegriffs gewählt: Glauben lernen in Lebens- und Erfahrungszusammenhängen; zustimmen durch Einstimmen«.[1454]

Eine solche Sichtweise lässt eine Zurückhaltung gegenüber formativen Modi religiösen Lernens erkennen, die auf eine bestimmte Profilierung im Sinne eines zu erreichenden Zieles abheben. Gelernt wird nicht nur in didaktisch arrangierten Settings, sondern auch in anderen Bezügen. Damit ist bereits ein wichtiger Aspekt markiert. Denn christlich motiviertes Lehren und Lernen verändert sich durch die Zeiten hindurch.[1455]

Das gegenwärtig zu beobachtende Profil als – mit Englert formuliert – Expedition in offenes Land[1456] mit der Betonung von Individualität und selbstbestimmtem Dasein beinhaltet spezifische Herausforderungen. Religiöse Traditionen werden selektiv aufgenommen. Grundlegendes Kriterium dafür ist die Möglichkeit zur Anknüpfung an lebensgeschichtliche Prägungen und Ereignisse.

Analysiert man vor diesem Hintergrund die Weitergabe des christlichen Glaubens an die nächste Generation, so zeigt sich, dass die Kirchen weitgehend an »formativen« (283) Modi des religiösen Lernens festhalten, die heutigen Generationen jedoch Lernformen brauchen, die sie in ihrer »Expedition in ›offenes Land‹« (283) unterstützen. Zugespitzt ließe sich sagen: *Die Kirchen agieren noch im Modus des konfessionellen Zeitalters, wo die fraglose Übernahme der christlichen Tradition ergänzt wurde durch die Bewusstmachung bestimmter Inhalte. Auf das Optionszeitalter haben sie sich noch nicht eingelassen.*

Nicht zuletzt durch den damit gegebenen Anachronismus steht Kirchlichkeit immer mehr für ein abgegrenztes Spektrum an Lebensdeutungen und -gestaltungen, das heute immer weniger anschlussfähig ist und kontextuell abnehmend gestützt wird.

Vor diesem Hintergrund kann die bereits mehrfach markierte Differenzierung der drei Modi des Lernens, Feierns und Helfens in der Kommunikation des Evangeliums hilfreich sein. Es spricht einiges dafür, dass die Expedition in offenes Land stärker durch die Begegnung

---

1454 Ebd.

1455 Vgl. dazu die Ausführungen unter 2.1.7 und 3.2.1 c).

1456 Vgl. Englert, Religionspädagogische Grundfragen, 283. Die folgenden Seitenangaben im Text beziehen sich darauf.

mit den Modi des Feierns und Helfens aufgenommen werden kann als durch den Modus des Lehrens und Lernens im engeren Sinne. *Es geht nicht um Belehrung, sondern um Kommunikation und damit um Lernen im weiteren Sinne.* In der Konsequenz heißt das, religiöses Lehren vor allem als strukturiertes, umfassendes Angebot an den Lernenden zu sehen, das *nicht nur auf der Inhalts-, sondern maßgeblich auch auf der Beziehungsebene abläuft* und von ihm als hilfreich und lebensfördernd gesehen werden kann. Hier ist konsequent vom Lernenden her zu denken und zu handeln. Letztlich geht es darum, in bestimmten »Anlässen, Gegebenheiten und Herausforderungen«, und das heißt auch im »geduldigen Abwarten«,[1457] Impulse geben zu können, die auf die konkreten Herausforderungen eingehen und darauf zugeschnitten sind. In der für die Unterscheidung der unterschiedlichen Arten von Lernprozessen verwendeten Terminologie formuliert, bedeutete das, auch non-formale Lernprozesse stärker von den Potenzialen informeller Lernprozesse her zu sehen und zu gestalten. Auf diese Weise lassen sich neue Potenziale aufzeigen. Zugleich eröffnet sich ein Freiraum, um biographisch passgenau agieren zu können. *Denn die Biographie stellt das »Nadelöhr für die religiöse Thematik«*[1458] dar. Dabei kann es gemeindepädagogisch nicht darum gehen, vermeintliche Anknüpfungspunkte zu identifizieren, um anschließend eine feststehende Botschaft zu vermitteln. Vielmehr geht es darum, in gemeinsamer Verständigung nach der Bedeutung von Evangelium zu suchen – und damit zu rechnen, auch von Menschen außerhalb der Kirchenmilieus theologisch lernen zu können. Dazu gehört auch die Bereitschaft, vertraute Positionen in Frage zu stellen. Kriterium einer solchen Kommunikation kann nicht das weithin Übliche sein.

Ein Schlüssel für gemeindepädagogisches Handeln liegt darin, lebensweltliche Vollzüge erhellen zu können. Relevanz wird zur Schlüsselkategorie.[1459] Diese ergibt sich nicht per se aus bestimmten Prägungen und Haltungen, wenngleich sie in eröffnender Weise vorstrukturierend sein können. Relevant ist, »was beim Individuum Aufmerksamkeit erhält«[1460]. Nach diesen Aufmerksamkeiten wäre verstärkt zu suchen.

1457 Henting, Glauben lernen?, 4.

1458 Grethlein, Praktische Theologie, 212.

1459 Vgl. dazu die Ausführungen unter 3.3.3.

1460 Hauschildt/Pohl-Patalong, Kirche, 110.

Was dies konkret bedeuten kann, soll im Folgenden in der systemischen Perspektive mit Blick auf neue Medien sowie in der Empowerment-Perspektive am Beispiel der religiösen Jugendfeiern ausgeführt werden.

Das alles geschieht vor dem Hintergrund, dass die »bisher als sicher geglaubte Glaubensweitergabe durch die Familien, unterstützt durch Religionsunterricht und Katechese, [...] abgebrochen«[1461] ist und auch nicht einfach wieder revitalisiert werden kann. Gundo Lames (geb. 1957) betont deshalb, dass die »normative Erwartung an Eltern als zuständige Agenten der Weitergabe des Glaubens [...] umgeschrieben werden« muss »in eine kognitive, in eine lernbereite Erwartung, die auf Begegnung und Beziehung setzt [...], in der Glaubensgeschichten erzählt, angenommen, bedacht, verworfen werden können«[1462]. Eine solche Sichtweise korrespondiert mit Erfahrungen, die Eberhard Buck (geb. 1957) im Rahmen der Tage Ethischer Orientierung (TEO) in Mecklenburg-Vorpommern gemacht hat: »Wo Menschen sich im Kontext institutioneller Verfasstheit handelnd begegnen – und die Intention des gemeinsamen Handelns wiederum auf andere, Dritte beziehen –, beginnen sie sich selbst zu verändern.«[1463] Voraussetzung dafür aufseiten der Kirche ist die grundsätzliche Bereitschaft, die Fülle unterschiedlicher Lebensentwürfe zu respektieren und in »wechselseitiger Achtung voreinander [...] dieselbe Toleranz, die man auch für die eigene Wahrheitserfahrung erwartet«,[1464] den anderen in ihren Überzeugungen und Einstellungen gegenüber zum Ausdruck zu bringen. Aus der vernetzten Kommunikation lässt sich dabei lernen, dass Autoritäten nicht vorab feststehen. Vielmehr haben sie sich im kommunikativen Prozess als solche zu erweisen.

b) Systemische Aspekte: Gemeinde und neue Medien – Kommunikation des Evangeliums in mediatisierter Form

Von der Bedeutung neuer Medien war bereits unter dem Stichwort der »Mediengesellschaft« die Rede.[1465] Vernetzte Kommunikation stellt bisher als selbstverständlich geltende Verfahren zur Wissensgenerierung

---

1461 Lames, Kirchenbildung, 609.

1462 Ebd.

1463 Buck, Volkskirche aus ostdeutscher Sicht, 142 f.

1464 Nipkow, Gott in Bedrängnis?, 261.

1465 Vgl. dazu die Ausführungen im dritten Teil unter 3.2.3.

auf den Prüfstand und teilweise sogar in Frage. Vor diesem Hintergrund formuliert der US-amerikanische Professor für Politik- und Computerwissenschaften David Lazer grundsätzliche Anfragen an das Vorgehen der Wissenschaft. Seiner Meinung nach gehe die Wissenschaft »ähnlich vor wie ein Betrunkener, der seinen verlorenen Schlüssel bei einer Straßenlaterne sucht, weil dort das Licht besser ist«[1466].

Selbst dann, wenn man in seiner Einschätzung nicht so weit gehen möchte wie Lazer, lässt sich daraus doch ein Impuls zur kritischen Überprüfung des Bisherigen gewinnen, was auch für die Kommunikation des Evangeliums unverzichtbar ist.

»Netzwerke sind keine Phänomene, die erst mit computergestützten Kommunikationen entwickelt worden wären.«[1467] Aber sie sind – vor allem auch durch die Digitalisierung von Kommunikation – »zu einem Faktor geworden, der hochmoderne Gesellschaften prägt« (409). Insofern ist es durchaus berechtigt, sie als »Sinnbild für die Beschreibung von sozialen Beziehungen« (409) zu verstehen. Hier sieht man besonders deutlich, wovon unsere Kommunikationen heute bestimmt werden, worauf sie hinauslaufen und welche Schwerpunkte sich dabei ergeben. Deshalb ist es gemeindepädagogisch auch so aufschlussreich, die dort stattfindenden religiösen Kommunikationen wahrzunehmen und zu analysieren. Sie finden »nicht in festen und traditionell eingeübten Referenzrahmen statt«, können sich »nicht auf allgemein geteilte Voraussetzungen« stützen und nicht darauf aufbauen, »dass man ihre Antworten als sinnvoll und hilfreich empfindet« (413). Vielmehr werden sie als »diskursive Tatbestände greifbar, die sich in Beziehungen kommunikativ entwickeln« (413). Dabei geschieht Gemeindebildung im doppelten Sinne. Einerseits lässt sich beobachten, wie Bildung im Sinne der Selbstwerdung geschieht. Andererseits sind die dabei stattfindenden Vernetzungen durchaus im Sinne der Gemeindebildung zu verstehen. Dabei ist zu bedenken, dass die Sozialformen das nicht per se leisten, »sondern nur insofern die Individuen in ihnen das ›Priestertum aller Getauften‹ wahrnehmen«[1468].

1466 Zit. n.: D. Weinberger, Digitale Glaskugel, 221.

1467 Nord, Gemeinde in Netzwerken, 409. Die folgenden Seitenangaben im Text beziehen sich darauf.

1468 Schröder, Das Priestertum, 150.

Das alles geschieht deutlich öfter als bisher im Blick ist. Die Sozialformen werden dann zu Kommunikationsräumen des Evangeliums. Beobachten kann man dies beispielsweise bei Gebetsforen im Internet. Hier vermischen sich »die bisher streng getrennte privat-persönliche und die öffentliche Dimension des Betens«[1469]. Menschen kommunizieren mit Gott und zugleich mit anderen Menschen. Dabei ergeben sich neue Perspektiven. So geht Anna-Katharina Lienau (geb. 1980) davon aus, dass hier »von einer zeitlich verschobenen Gebetserhörung als Kategorie der Selbsthilfe oder Seelsorge gesprochen werden« kann, »in der die Anteilnahme der anderen Nutzer über die noch nicht erfolgte Gebetserhörung hinwegtrösten kann«[1470]. Die Anonymität des Mediums eröffnet einen »neuen Status sozialer ›Bindung‹«[1471]. Hier bekommt das ein Gesicht, was Uwe Sander (geb. 1955) als »mediatisierte Kommunikation« bezeichnet. Zugleich eröffnet die Möglichkeit zur Interaktion auch die Begegnung mit der Andersartigkeit des Evangeliums, das nicht lediglich affirmativ Lebensabläufe begleitet.

Überhaupt zeigt ein Blick auf innovative kirchliche Praxis, dass sie »im höchsten Maße an den kontextuellen Bedürfnissen orientiert«[1472] ist. So liegt beispielsweise ein wesentliches Moment für das Gelingen der Fresh-Expression-Bewegung in der Orientierung an den gegenwärtigen Herausforderungen und Bedürfnissen. »Gearbeitet und angeboten wird das, wessen Menschen in diesem Umfeld bedürfen.«[1473] Im Auf- und Ernstnehmen vorfindlicher Kommunikationen kann die Verbindung mit dem »Evangelium von der liebenden und wirksamen Gegenwart Gottes«[1474] gelingen. Es kann zu wechselseitigen Durchdringungen kommen, so dass »allgemein menschlich[e] Kommunikationsformen auf die Nähe der Gottesherrschaft hin durchsichtig«[1475] werden. Inkulturierende und kontrakulturierende Momente des Evangeliums können hier zum Tragen kommen.

Damit wird eine Richtung angedeutet, die in der Empowerment-Perspektive grundlegend ist. Gelingende Kommunikations- und Lern-

---

1469 Grethlein, Christsein, 188.

1470 Lienau, Gebete im Internet, 311.

1471 Sander, Bindung, 188; vgl. dazu auch die Ausführungen unter 3.2.2 c).

1472 Müller, Fresh expressions, 454.

1473 Ebd.

1474 Grethlein, Praktische Theologie, 169.

1475 Ders., Pfarrberuf, 5.

prozesse brauchen eine Sozialraumanalyse und sind auf die Eröffnung von Prozessen anzulegen, die Partizipation (auch im Sinne der Distanzierung und Verweigerung) auf allen Ebenen zu ermöglichen versucht (also sowohl bei der inhaltlichen Konturierung wie auch bei den Gestaltungsformen). Dass dabei bisweilen auch neue Formate zu finden sind, soll am Beispiel der religiösen Jugendfeiern vor Augen geführt werden.

c) Konturierungen in der Empowerment-Perspektive: Konfirmation und religiöse Jugendfeiern als Kontextualisierungen der Kommunikation des Evangeliums

Herkömmliche gemeindepädagogische Angebote setzen in der Regel eine Sozialisation voraus, die von einer gewissen Offenheit der Kirche gegenüber bestimmt ist. Maßgeblich findet sie ihre Gestalt in der Kindertaufe. Die Taufe fungiert dabei weniger als Indikator einer persönlichen Religiosität der Kinder und Jugendlichen, sondern ist vielmehr als Ausdruck eines bestimmten Verhaltens der Eltern und Großeltern zu verstehen. Sie stellt quasi einen Rahmen dar, mit dem eine gewisse Wahrscheinlichkeit gesetzt ist.

Nehmen die Taufzahlen ab, wie das momentan deutschlandweit der Fall ist,[1476] hat das auch Auswirkungen auf die gemeindepädagogischen Handlungsfelder. Der Rückgang der Quote der Konfirmierten unter allen 14-Jährigen von etwa 30 % in den vergangenen Jahren auf 24,4 % im Jahr 2016 kann als ein Indiz dafür betrachtet werden. Er resultiert aus dem Rückgang der Zahl evangelischer Jugendlicher insgesamt.[1477]

Vor diesem Hintergrund kommt die von der EKD angestrebte Öffnung der Konfirmandenarbeit für Konfessionslose und die Erhöhung der Attraktivität der Konfirmation immer deutlicher an ihre Grenzen.[1478] Sie werden dann erreicht, wenn innerhalb der familiären Traditionslinie eine kirchenferne Logik an Dominanz gewinnt. Besonders

---

1476 Wie drastisch hier teilweise der Rückgang ausfällt, zeigt die Detailstudie aus der Stadt Essen: Waren 1987 bei den noch nicht schulpflichtigen Kindern zwei Drittel getauft (26 % evangelisch, 39 % katholisch), so nahmen diese Anteile im Zeitverlauf kontinuierlich ab. 2016 waren nur noch 29 % der Kinder getauft (11 % evangelisch, 18 % katholisch); vgl. Stadt Essen, Statistik Schlagzeile 8/2017.

1477 Vgl. Simojoki u. a., Zukunftsfähige Konfirmandenarbeit, 18.

1478 Vgl. Kirchenamt der EKD, Jugendliche begleiten.

deutlich kommt das innerhalb des Feldes der ererbten Konfessionslosigkeit zum Ausdruck, ist aber nicht darauf beschränkt.

Neben der unbestreitbar wichtigen Qualitätssteigerung gemeindepädagogischer Angebote braucht es auch neue Wege christlich motivierten Lehrens und Lernens. Dem Sozialisationsparadigma wird über kurz oder lang eine Art Konversionsparadigma oder, vorsichtiger formuliert, eine Art temporales Partizipationsparadigma zur Seite gestellt werden müssen. Wie dies im Einzelnen zu profilieren ist, zeichnet sich momentan nur schemenhaft ab. Dabei ist klar, dass ein wesentliches Ziel solcher Aktivitäten zur Beförderung religiöser Kommunikation darin liegen sollte, »Sinn für den Sinn von Religion«[1479] zu entwickeln. Letztlich geht es um die Plausibilisierung dessen, was dabei geschieht. Notwendig dafür sind Räume, in denen Menschen die wesentlichen Fragen ihres Lebens überdenken und einander begegnen können, ohne dass damit Mitgliedschaftskonsequenzen verbunden wären.

Konkret bedeutet das, verstärkt zu überlegen, wie sich (neben den traditionellen Ansätzen der Konfirmandenarbeit, die weiterentwickelt und optimiert werden sollten) ein organisatorisch neuer Zweig von Konfirmandenarbeit entwickeln könnte. Dabei würde diejenige Gruppe von Jugendlichen stärker in den Blick kommen, die weder an der Konfirmation, der Firmung, der Jugendweihe noch an einem Alternativangebot teilnehmen. Ihr Anteil dürfte inzwischen bei bis zu 40 % eines Jahrgangs liegen. In Westdeutschland stieg der Anteil kontinuierlich von 32 % im Jahr 1991 auf 43 % im Jahr 2010, in Ostdeutschland im gleichen Zeitraum (bei großen Schwankungen) von 46 % auf fast 49 %.[1480]

Dabei gibt es unterschiedliche Möglichkeiten. *Einerseits* kann versucht werden, eine *ergänzende Form der Konfirmandenarbeit* zu entwickeln, die offen für die Teilnahme an der Konfirmation ist, sie aber nicht primär in den Blick nimmt. Sie wurde bereits anhand des Projekts »Knockin' on Heaven's Door« kurz vorgestellt und kann als schulformbezogene Konfirmandenarbeit bezeichnet werden.[1481] Sie legt nicht zuletzt deshalb auf die Schule einen Schwerpunkt, weil sie eine der wenigen Institutionen ist, die alle Kinder und Jugendlichen zu besu-

---

1479 Vgl. Domsgen, Mission impossible?, 240.

1480 Zu den Zahlenangaben vgl. Handke, Weder Jugendweihe, 106 f.

1481 Vgl. die Ausführungen unter 6.3.1 c) sowie Domsgen/Haeske, Konfirmandenarbeit und Konfirmation, 244.

chen haben und in der sie einen großen Teil ihrer Zeit verbringen. Denkbar wäre auch eine Camp-Arbeit in den Ferien, die zwar von der Schule ausgeht, sich aber nicht in schulische Zusammenhänge einzuordnen hat.

Andererseits gibt es die Möglichkeit, eine *alternative Form zum Konfirmationsritus* zu entwickeln und dies auch in der Vorbereitung zu profilieren. Impulse dafür lassen sich im Zusammenhang mit der Durchführung von *Religiösen Jugendfeiern* und dem sie begleitenden Diskurs gewinnen.

[Religiöse Jugendfeiern]

Mit diesem von Emilia Handke (geb. 1986) in ihrer Dissertation geprägten Sammelbegriff wird ein von der Katholischen oder/und Evangelischen Kirche (mit-)verantwortetes Passageritual mit zugehörigem Vorbereitungskurs bezeichnet, das sich an konfessionslose Jugendliche richtet und ihnen eine Alternative zur Jugendweihe/Jugendfeier säkularer Anbieter neben der Konfirmation bzw. Firmung ermöglichen will.[1482] Im katholischen Bereich hat sich vor allem der Begriff »Feier zur Lebenswende« etabliert. Daneben existieren, vorwiegend im evangelischen Bereich, Bezeichnungen wie »Segensfeier«, »Wunsch- und Segensfeier«, »Jugendsegen«, »Jugendwendefeier«, »Juventusfest«, »Take off-Fest«, »Feier des Erwachsenenwerdens«, »Wegweiser-Projekt«, »Lebens-Fest« sowie »proJekt E«. Mit der Bezeichnung als religiöse Jugendfeiern wird die christliche Prägung des Religionsbegriffs fruchtbar gemacht. Religiöse Jugendfeiern bewegen sich im christlich-religiösen Spektrum und werden von den Teilnehmenden unter dieser Profilierung in Anspruch genommen.

Die erste Initiative einer Feier zur Lebenswende war 1997 vom damaligen Dompfarrer und heutigen Weihbischof des Bistums Erfurt Reinhard Hauke (1953) ausgegangen.[1483] Inzwischen sind in Aufnahme und Auseinandersetzung dieses Impulses mehr als 30 Initiativen entstanden, die über ganz Ostdeutschland hinweg zu finden sind. Die Teilnehmerzahlen liegen bei reichlich 1000 Jugendlichen (= 1 % aller 14-Jährigen im Osten).

Die inhaltliche Breite der Schwerpunktsetzung schlägt sich auch in der unterschiedlichen organisatorischen Rückbindung nieder. Wie

---

1482 Vgl. grundlegend dazu Handke, Religiöse Jugendfeiern, sowie zum Überblick: Domsgen/Handke, Religiöse Jugendfeiern. Im Folgenden beziehe ich mich darauf.

1483 Einen ersten Überblick über die Entwicklungen gibt Freund, Alltag und Übergang.

Emilia Handke zeigen kann, findet ein Großteil dieser Feiern an christlichen Schulen statt. Darüber hinaus sind einige auch an übergemeindliche Kontaktstellen der Kirchen angebunden.

Die mit Abstand größte Jugendfeier findet in Halle statt. Im Jahr 2018 nahmen dort 650 Jugendliche daran teil.[1484] Aus einem Angebot einer katholischen Schule für ihre eigene Schülerklientel ist hier ein schulformübergreifend ausgerichtetes Angebot für die gesamte Stadt geworden, das inzwischen ökumenisch verantwortet wird. Es handelt sich hier nicht um eine spontane Bewegung. Vielmehr steht dahinter eine jahrelange kontinuierliche Arbeit, die von Personen mit einer großen Sensibilität für die Lebenswelt der Jugendlichen und ihrer Familien gestaltet wurde. Die Lebenswendefeiern werden seit 2001 angeboten und sind erst in den letzten Jahren zu einem Angebot geworden, das eine solch große Anziehungskraft hat.

Finden religiöse Jugendfeiern im Umfeld konfessioneller Schulen statt, muss auch schultheoretisch nach der Funktion solcher Feiern gefragt werden. Denn Schulen als Institutionen, in denen individuelle Spielräume eingeschränkt sind, setzen besondere Prämissen. Schülerinnen und Schüler sind hier in eine Gemeinschaft hingestellt, die sie sich nicht selbst ausgesucht haben. Für religiöse Jugendfeiern ergeben sich damit *spezifische Rahmungen, die zu beachten sind.* Auf alle Fälle dürfen diese Feiern nicht verzweckt werden. Sehr sensibel ist mit Machtaspekten umzugehen, indem immer wieder neu vor dem Hintergrund der spezifischen Voraussetzungen die Logiken der Schule wie auch der Jugendlichen und ihrer Familien aufeinander zu beziehen sind. Das zwingt zu einer offenen und kreativen Gestaltung. Die Anregungen aus den Empowerment-Diskursen können dafür sehr anregend sein.[1485]

Interessant ist ein Blick auf die Feierpraxis im Rahmen einer evangelischen Schule, den Emilia Handke auf der Grundlage ihrer empirischen Untersuchung unter den teilnehmenden Jugendlichen, ihren Eltern sowie denjenigen Konfirmandinnen und Konfirmanden geführt hat, die bei der Segensfeier ihrer Mitschüler als Gäste dabei waren.[1486] Dabei zeigt sich als durchgehender roter Faden, dass *hinter der Teilnah-*

1484 Damit wurden ca. viermal so viele Jugendliche erreicht, wie es Konfirmandinnen und Konfirmanden im gesamten Kirchenkreis Halle gab (2018: 156).

1485 In schultheoretischer Perspektive vgl. dazu: Helsper, Schulfeiern.

1486 Vgl. Handke, Religiöse Jugendfeiern, 261–428.

me an der Segensfeier und der Teilnahme an der Konfirmation unterschiedliche Logiken stehen. Wie bereits bei der Konfirmandenarbeit auch, spielt hier die familiale Sozialisation die maßgebliche Rolle. Fällt sie religiös-kirchlich oder zumindest kirchenaffin aus, tritt die Konfirmation als wahrscheinliches Übergangsritual ins Blickfeld. Finden sich allerdings in der familialen Sozialisation keine religiös-kirchlichen Bezüge, liegt die Entscheidung für die Konfirmation außerhalb des Blickfeldes. *Die sozialisatorische Prägung in der Familie gibt also die Richtung vor und bestimmt maßgeblich über die Wahl des öffentlichen Ritus.* Ein Überschreiten dieser Linien ist eher unwahrscheinlich und ist mit verschiedenen Faktoren verbunden, die zusammenkommen müssen. Neben den persönlichen Beziehungen hängt das stark von der Prägung des Mehrheitskontextes ab. Letztlich gilt aber, dass die Konfirmation für Konfessionslose in Ostdeutschland biografisch kaum oder nur in Ausnahmefällen infrage kommt.

Von Bedeutung ist an dieser Stelle ein Blick auf die Familien der Jugendlichen. Lässt sich für die Konfirmandenarbeit aufzeigen, dass die dort Teilnehmenden mehrheitlich aus Mehrkindfamilien stammen, in denen die Eltern miteinander verheiratet sind und über ein (mindestens) ausreichendes Einkommen verfügen, und somit sozial benachteiligte Familien so gut wie gar nicht vorkommen,[1487] so verhält sich die Ausgangslage an der untersuchten christlichen Schule anders. Die Jugendlichen, die dort an der Segensfeier teilnehmen, stammen nicht nur zum großen Teil aus Familien, in denen eine Kirchenmitgliedschaft bei den Eltern eher selten ist. Vielmehr ist auffällig, dass sie aus Familien stammen, in deren Entwicklung es zu Brüchen kam. Deutlich stärker als im Umfeld der Konfirmation treten hier Familienkonstellationen jenseits der Traditionsorientierung in das Blickfeld.

Entscheidend aus der Sicht der Rezipienten ist, dass man sich den Segen gefallen lassen kann, »ohne sich aktiv zu einer Glaubensüberzeugung bekennen zu müssen«[1488]. Diese *Offenheit bildet geradezu die Voraussetzung dafür, dass die Jugendlichen und ihre Familien sich auf das kirchliche Angebot der religiösen Jugendfeiern einlassen können.* Je nach-

---

1487 Das gilt übrigens auch für den kleinen Teil der Jugendlichen, der nicht kirchlich geprägt ist; vgl. Domsgen/Haeske, Konfirmandenunterricht und Konfirmation, 238.

1488 Wagner-Rau, Kasualien und Öffentlichkeit, 90.

dem, welche Prägung sie mitbringen, werden die dabei gesammelten Erfahrungen vor dem Hintergrund des Konfirmations- oder Jugendweiheparadigmas interpretiert. Immer jedoch lässt sich ein Voranschreiten beobachten, ein Annähern an eine ihnen bisher weitgehend verborgen gebliebene Dimension der Lebensgestaltung und -deutung. Nach der Segensfeier und ihren Vorbereitungsstunden zeigt sich ein verändertes Verständnis, weil nun eigene Erfahrungen mit dem Gegenstand gesammelt werden konnten. Welche Konsequenzen sich daraus ergeben, bleibt offen. Dazu gehört auch die kirchlicherseits drängende Frage nach Veränderungen hin zu einer Annäherung an die Kirche und ihre Vollzüge. Hier wird man nur festhalten können, dass durch solche Segensfeiern das Verhältnis zur Kirche eher positiv als negativ bestimmt wird.

Sowohl auf konzeptioneller Ebene wie auch für die Ausgestaltung und Vorbereitung von Ritualen im Jugendalter gibt der mit Empowerment bezeichnete Richtungssinn wesentliche Orientierungspunkte vor. Sie sind sowohl für die Konfirmation als auch für religiöse Jugendfeiern von Bedeutung, weil hier letztlich vergleichbare Perspektiven innerhalb der Orientierung an den Jugendlichen und ihren Familien im Fokus sind, wie Anne Polster (geb. 1983) auf der Grundlage ihrer empirischen Untersuchung betont: »Eine Stärke des Empowerment-Ansatzes ist, dass er sich in angemessener Weise mit der Wortbedeutung von ›confirmare‹ verbinden lässt« (= bekräftigen, befestigen, bestätigen), »die dadurch eine Neuorientierung erfährt«[1489]. Gegenwärtig liegt der Schwerpunkt »auf den reflexiven Bedeutungselementen. Vor dem Hintergrund des Empowerment-Ansatzes verschiebt sich der Bedeutungsgehalt in Richtung von ›confirmare‹ als ›erstarken‹. Dazu rücken die transitiven Bedeutungen ›stärken, ermutigen, trösten‹ vermehrt in den Vordergrund« (279). Das wiederum deckt sich mit empirischen Befunden, die zeigen, dass den Jugendlichen Bedeutungsfacetten des Schutzes sehr wichtig sind, »weil damit den für das Erleben des Konfirmationstages relevanten Emotionen der Scham und Fremdscham ein Gegenpol entgegengesetzt wird« (279). Vergleichbares lässt sich übrigens auch für die Einschätzung der Segensfeier erheben. Deutlich wird das beispielsweise an der Äußerung eines Jugendlichen über den empfangenen Segen: »Das ist'n tolles Gefühl. Weil das, ja den Segen bekommt auch

1489 Polster, Der Konfirmationstag. Die folgenden Seitenangaben im Text beziehen sich darauf.

jeder, ja, das ist wie, als würdest du beschützt werden [...] vor Gefahren. Ja, und das macht mich froh.«[1490]

Auf diese Weise werden die Jugendlichen in das Zentrum gerückt. Daraus resultiert auch eine Neujustierung beim Konfirmationsgottesdienst. Für die Konfirmandinnen und Konfirmanden ist das Glaubensbekenntnis »weniger als Bekenntnisakt denn als Aufführung von Bedeutung« (280). In der Perspektive von Empowerment wird betont, dass es für die Jugendlichen »jetzt keine Stellvertreter*innen in Glaubensdingen mehr gibt und sie selbst für ihre Suche und ihr Fragen zuständig sind. Demgegenüber müsste konsequenterweise ein Versprechen der Eltern und Familien stehen, Macht abzugeben und Freiheiten zuzugestehen.« (280)

In diesem Sinne könnte für die Eltern die Konfirmation ebenso wie eine religiöse Jugendfeier »eine Entlassung aus einer Machtstellung« (280) bedeuten. Auch auf die inhaltliche Profilierung hätte das Auswirkungen. Weder »Unsicherheit noch Zweifel« sind problematisch, »sondern in erster Linie eine Haltung der Lethargie« (280).

Letztlich geht es darum, die Kommunikationsmodi des Evangeliums in ihren unterschiedlichen Spielarten[1491] zu erproben und hinsichtlich der persönlichen Relevanz zu prüfen. Dass dafür rein rezeptive Lernformen nicht ausreichen, leuchtet unmittelbar ein. Dass 49 % der Gemeinden auf Gemeindepraktika, 21 % auf Konfi-Tage und 9 % auf Freizeiten verzichten,[1492] ist vor diesem Hintergrund ein problematischer Befund.

Bei alledem kommt der Beziehungsebene eine besondere Bedeutung zu. Die Veranstalter sollten sich in ihrer eigenen Position zu erkennen geben und so »in der eigenen Praxis exemplarisch Wege« aufzeigen, »wie mit religiöser Pluralität und der Pluralität der Lebensoptionen umgegangen werden kann« (275). Hilfreiche Impulse für die Bestimmung eines Professionsprofils können die von Herriger benannten unterschiedlichen Rollenangebote als »Lebenswelt-Analytiker«, »Kritischer Interpret«, »Netzwerker und Ressourcenmobilisierer« und »Inter-

---

1490 Die Äußerung des Jugendlichen findet sich auf der DVD zur Segensfeier an der Evangelischen Sekundarschule Haldensleben, die dem Buch Domsgen/Handke (Hg.), Lebensübergänge begleiten, beiliegt.

1491 Vgl. dazu die Übersicht im fünften Teil unter 5.4.

1492 Vgl. Simojoki u. a., Zukunftsfähige Konfirmandenarbeit,18.

mediärer Brückenbauer« sein, die mit »Flexibilität, Experimentierfreude und Offenheit«[1493] zu erproben sind.

d) Zusammenfassung und Ausblick

Bereits vor mehr als 25 Jahren hat Karl-Ernst Nipkow darauf hingewiesen, dass das »Denkmodell eines gestuften kontinuierlichen Aufbaus, der auf in der Kindheit zu legenden Grundlagen aufbaut, [...] allein nicht mehr tragfähig« sei. Vielmehr sollte es »durch das Modell eines je neuen Anfangs zu jedem Lebenszeitpunkt und an jedem Ort« ergänzt werden, also durch »ein Modell diskontinuierlicher Entwicklung«[1494].

Angesichts veränderter Transmissionsprozesse in den Familien ist dem noch einmal besonders Nachdruck zu verleihen. Daraus resultiert allerdings auch eine Neujustierung religionspädagogischen Arbeitens. Denn die Kommunikation des Evangeliums kann innerhalb des weiten Feldes der religiösen Indifferenz, mit der aufgrund ausfallender einweisender religiöser Erziehung in den Familien immer mehr zu rechnen ist, schwerlich durch Instruktion gefördert werden. Formativ ausgerichtete Modi des Lernens kommen hier schnell an ihre Grenze. Im gemeindepädagogischen Bereich kommt das besonders deutlich zum Vorschein, da die Teilnahme daran freiwillig ist. Die Notwendigkeit des Bezugs auf die Lebenswirklichkeit der Lernenden sowie die Prozessorientierung sind hier besonders stark zu machen. Es geht primär um anzustoßende Auseinandersetzungen, nicht um deren Ergebnisse. Das gilt für herkömmliche und neu zu konzipierende Handlungsfelder gleichermaßen.

Am Beispiel religiöser Jugendfeiern zeigt sich, dass konfessionslose Menschen bereit sind, sich auf Neues einzulassen. Allerdings leiten sie daraus nicht die Notwendigkeit einer dauerhaften und beständigen Zuwendung zur Kirche ab. Dass damit die kirchliche Institutionenlogik empfindlich auf den Kopf gestellt wird, ist deutlich. Andererseits scheint gerade dies eine Voraussetzung dafür zu sein, dass Menschen, die in ihrer Kindheit nicht religiös-kirchlich sozialisiert wurden, sich überhaupt der Kirche zuwenden. Das zeigen auch andere Anlässe, die bewusst über die Grenzen der Kirchenmitgliedschaft hinausgehen, wie Segnungsgottesdienste zu unterschiedlichen Anlässen (z. B. am Valentinstag oder zur Meisterfeier von Handwerkerinnungen). Gemeinde-

1493 Vgl. Herriger, Empowerment in der sozialen Arbeit, 233.

1494 Nipkow, Bildung als Lebensbegleitung, 40 f.

pädagogische und kirchentheoretische Überlegungen liegen hier sehr eng beieinander und sollten stärker in ihrem Bezug beleuchtet werden.

Schließlich wird deutlich, dass religiöses Lernen sowohl explizite wie auch implizite Impulse braucht. In beiden spielen personale Prägungen eine grundlegende Rolle. Dabei ist eine Autorität nicht vorauszusetzen. Vielmehr hat sie sich als solche zu erweisen, indem Authentizität und Zugewandtheit zusammenkommen.

Weiterentwicklungen bestehender oder die Initiierung neuer gemeindepädagogischer Handlungsfelder lassen sich als notwendige Kontextualisierungen der Kommunikation des Evangeliums verstehen. In alledem geht es ja nicht um eine Wiederholung des im Grundimpuls vom Auftreten, Wirken und Geschick Jesu Angestoßenen, sondern um dessen Interpretation. Eröffnet wird damit ein dynamischer Prozess, der einerseits vom Grundimpuls geprägt ist und andererseits die jeweiligen Gegebenheiten aufnimmt.

»Die Geschichte der Christenheit ist eine Geschichte von Kontextualisierungen, jeweils regional abgewandelt.«[1495] Angesichts gegenwärtiger Problemlagen, wie sie in einer zunehmenden Entkirchlichung ihren Kulminationspunkt finden, drängt sich die Frage auf, ob Kirche einer Kontextualisierungsgestalt anhängt, die sich zumindest in Teilen überholt hat. Eine wichtige Prüffrage besteht darin, ob im herkömmlichen Profil die Menschen erreicht werden, »denen das Evangelium hilfreich wäre, wenn sie es nur erfassen könnten«[1496].

6.3.4 Weiterführende Literatur

Heide Albrecht/Matthias Dargel/Michael Freitag/Astrid Giebel/Wilfried Knorr/Ulrich Lilie/Maria Loheide, #religionsundkultursensibel. Perspektiven für die Arbeit mit Kindern und Jugendlichen in evangelischen Kontexten, Leipzig 2018.

Tobias Beißwenger/Achim Härtner, Konfirmandenarbeit im freikirchlichen Kontext. Der Kirchliche Unterricht in der Evangelisch-methodistischen Kirche in Deutschland. Ergebnisse der bundesweiten Studie 2012–2016 (Konfirmandenarbeit erforschen und gestalten 9), Gütersloh 2017.

Peter Bubmann/Götz Doyé/Hildrun Keßler/Dirk Oesselmann/Nicole Piroth/Martin Steinhäuser (Hg.), Gemeindepädagogik, Berlin/Boston 2012.

1495 Barth, Konfessionslos glücklich, 208.

1496 Ebd.

Michael Domsgen/Christhard Lück, Konfirmandenunterricht zu Beginn des 21. Jahrhunderts. Entwicklungen – Ansätze – Perspektiven, in: ThLZ 133 (2008), 1283–1306.

Michael Domsgen, Wie kann Konfirmandenarbeit zukünftig profiliert werden? Überlegungen am Beispiel Deutschlands, in: IJPT 14 (2010), 219–237.

Michael Domsgen/Emilia Handke (Hg.), Lebensübergänge begleiten. Was sich von Religiösen Jugendfeiern lernen lässt. Mit einer DVD zur Segensfeier an der Evangelischen Sekundarschule Haldensleben, Leipzig 2016.

Thomas Ebinger/Thomas Böhme/Matthias Hempel/Herbert Kolb/Achim Plagentz, Handbuch Konfi-Arbeit. Eine Veröffentlichung des Comenius-Instituts und der ALPIKA-AG Konfirmandenarbeit, Gütersloh 2018.

Yvonne Kaiser/Matthias Spenn/Michael Freitag/Thomas Rauschenbach/Mike Corsa (Hg.), Handbuch Jugend. Evangelische Perspektiven, Eine Veröffentlichung des Comenius-Instituts, Evangelische Arbeitsstätte für Erziehungswissenschaft e. V. und der Arbeitsgemeinschaft der Evangelischen Jugend in Deutschland e. V., Opladen/Berlin/Toronto 2013.

Thomas Klie/Martina Kumlehn/Ralph Kunz, Praktische Theologie des Alterns (Praktische Theologie im Wissenschaftsdiskurs 4), Berlin/New York 2009.

Friedrich Schweitzer/Kati Tervo-Niemelä/Thomas Schlag/Henrik Simojoki (Hg.), Youth and Confirmation Work in Europe. The Second International Study (Konfirmandenarbeit erforschen und gestalten 7), Gütersloh 2015.

Friedrich Schweitzer/Georg Hardecker/Christoph H. Maaß/Wolfgang Ilg/Katja Lißmann, in Verbindung mit Peter Schreiner und Birgit Sendler-Koschel, Jugendliche nach der Konfirmation. Glaube, Kirche und eigenes Engagement – eine Längsschnittstudie (Konfirmandenarbeit erforschen und gestalten 8), Gütersloh 2016.

Friedrich Schweitzer/Thomas Schlag/Henrik Simojoki/Kati Tervo-Niemelä/Wolfgang Ilg (Hg.), Confirmation, Faith and Volunteerism. A Longitudinal Study on Protestant Adolescents in the Transtition towards Adulthood. European Perspectives (Konfirmandenarbeit erforschen und gestalten 10), Gütersloh 2017.

Matthias Spenn/Doris Beneke/Frieder Harz/Friedrich Schweitzer (Hg.), Handbuch Arbeit mit Kindern – Evangelische Perspektiven. Eine Veröffentlichung des Comenius-Instituts, Gütersloh 2007.

6.4 Die Schule als Bildungsort im Fokus formaler Lernprozesse

Der Schule kommt religionspädagogisch eine außerordentlich große Bedeutung zu. Das liegt nicht nur daran, dass die Religionspädagogik als eigene Wissenschaftsdisziplin quasi aus dem schulischen Religionsunterricht heraus erwachsen ist,[1497] sondern hängt wesentlich auch damit zusammen, dass der Religionsunterricht dasjenige religionspädagogische Handlungsfeld mit der größten Reichweite ist. Hier werden mit Abstand die meisten Kinder und Jugendlichen erreicht, und das über einen Zeitraum von (mindestens) neun oder zehn Jahren hinweg.

Seit der Einführung der Schulpflicht im 18. Jahrhundert ist jeder Bürger in Deutschland zum Schulbesuch verpflichtet. *Schule ist also eine Zwangsinstitution.* Das ist in den Schulgesetzen der Bundesländer so festgelegt und markiert klare Rahmenbedingungen. Pflichten ergeben sich daraus nicht nur für die Kinder und Jugendlichen, sondern auch für den Staat selbst. Er muss zur Umsetzung der Schulpflicht eine entsprechende Infrastruktur bereitstellen. Dazu gehören sowohl die Ausbildung und Besoldung von professionellem Personal als auch die Schaffung eigener Räume und Strukturen.

Wesentliches Element von Schule ist der Unterricht, der »unbeschadet seiner Fachlichkeit und seiner Didaktisierung formalen Regeln« folgt: »Er findet in für diesen Zweck geschaffenen Räumen statt, er ist zeitlich getaktet und sequentiell, er erfolgt zielorientiert, er strebt messbare Ergebnisse an.«[1498] Damit schafft er einen speziellen Raum mit einer eigenen Logik. Der Fokus liegt auf der Vermittlung von Wissen, Kompetenzen und Einstellungen unter fachlogischen und didaktischen Gesichtspunkten. Tagesaktueller Bedarf sowie Fragen und Herausforderungen der Alltagswelt spielen dabei bestenfalls eine mittelbare Rolle. Die »Abkoppelung« davon ist gewollt und »ermöglicht« die »Effizienz« von Schule: Sie ist sozusagen »ihr ›Sitz im Leben‹, insofern überhaupt erst die Ausdifferenzierung der modernen Gesellschaft den Erwerb von Qualifikationen« verlangte, »Gegenstände, Herausforderungen, Sachverhalte der außerschulischen Lebenswelt sind in der Schule im Regel-

1497 Vgl. die Ausführungen unter 1.2 sowie im zweiten Teil unter 2.2.

1498 Schröder, Religionspädagogik, 535f. Die folgenden Seitenangaben im Text beziehen sich darauf.

fall lediglich symbolisch oder medial präsent« (536). Schule ist also *ein Lernort, der einer eigenen Logik folgt und von dort her die ihm zukommenden Aufgaben erfüllt.*[1499] Schule ist vor allem Unterricht. Darauf weist bereits der griechische Begriff σχολή/*schole* hin, der mit »Muße« übersetzt werden kann: Schule steht für die vom Alltag separierte Zeit für wissenschaftliche Beschäftigung.[1500]

Das hat viele Vorteile, geht aber auch mit Nachteilen einher, auf die der Allgemeinpädagoge Andreas Flitner (1922–2016) bereits in den 1980er Jahren unter dem Stichwort vom »König-Midas-Problem« hingewiesen hat. Ähnlich König Midas, dem sich alles zu Gold verwandelte, droht der Schule alles zu »Unterricht«, zum »Bücherwissen« zu werden und zu erstarren.[1501]

Religionspädagogisch ergeben sich aus der Eingliederung in den schulischen Gesamtzusammenhang *Chancen und Grenzen.* Einerseits ermöglicht Schule in ihrer allgemeinen Funktion die kontinuierliche Auseinandersetzung mit »religiös relevante[n] Wissensbeständen«, Fähigkeiten und Einstellungen »in systematisch-sequentieller Weise« (536). Andererseits gerät die »unterrichtliche Thematisierung von ›Religion‹« in Spannung zu »deren ganzheitlichem Charakter [...]. In dem Maße, in dem Religionsunterricht auch außerschulisch religiöse Praxis, Erfahrung und Kenntnis nicht mehr voraussetzen kann, potenziert sich dieses Problem« (536)

Letztlich wird man bezüglich des Religionsunterrichts im System Schule von einer gewissen »Sperrigkeit« (536) zu sprechen haben. Sie ist sowohl schultheoretisch wie religionspädagogisch keineswegs nur als Problem einzuschätzen, sondern beinhaltet auch viel Potenzial, und zwar sowohl für die Profilierung des Religionsunterrichts selbst wie auch für die Gestaltung von Schule insgesamt. Beides sollte im Blick sein.

Bei alledem ist zu beachten, dass es *in Deutschland eine spezifische Konstellation in der Zuordnung von Schule und Religionsgemeinschaften* gibt. Die entsprechenden gesetzlichen Res mixta-Regelungen resultieren aus bestimmten geschichtlichen Voraussetzungen.[1502] Zu nennen

---

1499 Vgl. die Ausführungen unter 4.3.3 c).

1500 Vgl. Rupp, Schule/Schulwesen, 591.

1501 Vgl. Flitner, Für das Leben, 62.

1502 Vgl. die Ausführungen zum Staatskirchenrecht sowie zum Religionsunterricht in Deutschland unter 3.2.3 c).

sind hier die »tradierte Bikonfessionalität der Bevölkerung«, die »Sorge vor einem totalitären Anspruch des Staates im Bereich der Daseins- und Wertorientierung« sowie die »Balance zwischen der Anerkennung kirchlich-christlichen Erziehungspotentials einerseits und der Absage an ein Staatskirchentum andererseits« (527).

Ein Blick auf Europa zeigt, dass das Spektrum möglicher Organisationsformen breit ist. Es lassen sich mit Bernd Schröder fünf Typen religionsunterrichtlicher Formen unterscheiden.

[Organisationsformen des Religionsunterrichts in Europa nach Bernd Schröder[1503]]

1. *»Absage an Religionsunterricht in der Schule«* (524): »Der völlige Verzicht auf ein eigenes Unterrichtsfach zum Thema Religion bzw. Religionen wird in Ländern geübt, die eine Tradition der strikten Trennung von Staat und Kirche pflegen. So gibt es keinen Religionsunterricht an staatlichen Schulen in den USA und Frankreich (wo allerdings [...] mit Modulen eines Unterrichts über Religion experimentiert wird), zudem in den staatlichen Sekundarschulen der Niederlande sowie in einigen französischsprachigen Kantonen der Schweiz (etwa Génève und Neuchâtel).« (524 f.) Kritisch anzufragen wäre hier, »ob dieses Modell funktional ist« (525). Schließlich sind sowohl die Kulturgeschichte wie auch die Gegenwart durch religiöse Strömungen und damit durch religiöse und kulturelle Pluralität geprägt, »die einer Verstehensbemühung und Bearbeitung durch alle Bürger des Gemeinwesens in der Schule bedarf« (525).

2. *»Unterricht in allein religionsgemeinschaftlicher Verantwortung in der staatlichen Schule«* (525): Religionsunterricht wird zwar in den Räumen der staatlichen Schule erteilt. Allerdings obliegt er ausschließlich der Verantwortung der Religionsgemeinschaft bzw. Kirche und wird deshalb von kirchlichen Mitarbeitern erteilt. Die Teilnahme daran ist freiwillig. Leistungsnachweise gibt es nicht. »Auf dieser Basis wird etwa in Irland, Polen (seit 1990) und einigen Kantonen der Schweiz (etwa Schwyz) Religionsunterricht erteilt.« (525) Problematisch daran ist vor allem, dass religiöse Bildung hier »nicht als Aufgabe der Allgemeinbildung anerkannt, sondern lediglich in einem äußerlichen Sinne von der Schule beherbergt wird« (525).

3. *»Religiöser Unterricht in allein staatlicher Verantwortung in überkonfessioneller Gestalt«* (525): Der Staat ist hier sowohl für die äußeren Bedingungen wie auch für die Inhalte des Unterrichts verantwortlich, identifiziert sich aber nicht mit einer bestimmten religiösen Position. Das führt zu einer »multikonfessionelle[n] oder religionskundlich-unparteiische[n] Darstellung mehrerer Religionen«. Alle Schülerinnen und Schüler müssen daran teilnehmen. Eine Abmeldemöglichkeit gibt es nicht. »Diese Konzeption findet sich mittlerweile

1503 Vgl. dazu Schröder, Religionspädagogik, 524–527 (im Original nicht kursiv).

in fast allen Ländern Skandinaviens, genauer: in Dänemark (seit 1975), Island (seit 1926), Norwegen [...] seit 1979 [...]) und Schweden ([...] seit 1969); zudem in staatlichen Schulen Englands, in der Türkei und in einigen Kantonen der Schweiz (etwa im Kanton Zürich, der ein Schulfach ›Religion und Kultur‹ anbietet).« (526) Kritisch anzufragen ist hier, ob bei der Religionserschließung ein »zureichende[r] Tiefgang« und »ein hohes Maß an Authentizität sowie Übereinstimmung mit dem [...] Selbstverständnis« von Religionsgemeinschaften erreicht werden kann. Auch ist zu fragen, wie »Kriterien für die kritisch-konstruktive Auseinandersetzung mit Religionen« (526) gewonnen werden können.

4. *»Religiöser Unterricht der Mehrheitskonfession in staatlicher Verantwortung«*: Der Staat ist sowohl für die äußeren Bedingungen wie für die Inhalte des religiösen Unterrichts zuständig. Die Inhalte sind »nicht der Neutralität verpflichtet, sondern entsprechen offiziell den Grundsätzen derjenigen Religion respektive christlichen Konfession, der die Mehrheit der Bevölkerung angehört«. Für die Schülerinnen und Schüler der Mehrheitskonfession ist dieser Unterricht verbindlich. »Diese Konzeption findet sich in Ländern mit klarer Dominanz einer Konfession oder Religion, so in Griechenland (mehrheitlich griechisch-orthodox), Spanien und Italien (mehrheitlich römisch-katholisch).« (526) Problematisch ist hier, dass die »Pluralität von Religion und Weltanschauungen« religionsunterrichtlich nicht abgebildet wird.

5. *»Nebeneinander des Religionsunterrichts mehrerer Religionen oder Konfessionen, jeweils als gemeinsame Sache von Staat und Religionsgemeinschaft«*: Dabei gewährleistet der Staat »den Status des Faches und seine Integration in die Schule, die Religionsgemeinschaften verantworten den Inhalt des Religionsunterrichts und die Transparenz seiner Positionen in Achtung des allgemeinen staatlichen Rechts. [...] Dieses Modell wird in Deutschland, Österreich, in den französischen Departments Ober-Rhein, Nieder-Rhein und Mosel sowie in Rumänien und Finnland praktiziert.« (527) Problematisch ist hier, »dass es Schülern unterschiedlicher religiöser Bindung kein gemeinsames Lernen in Sachen Religion ermöglicht und insofern den Auftrag verfehlt, interreligiöse Verständigung zu befördern« (527).

Bereits der knappe Überblick über die skizzierten Modelle zeigt, dass es nicht möglich ist, ein einzig richtiges Modell zu identifizieren. Vielmehr handelt es um unterschiedliche Kontextualisierungen, bei denen sich jeweils sowohl Chancen als auch Grenzen aufzeigen lassen.

Im Sinne einer um »Pünktlichkeit« bemühten Religionspädagogik geht es letztlich darum, in ständiger Reflexion von historischen, empirischen, komparativen, systematischen und didaktischen Perspektiven diejenigen Aspekte zu identifizieren, die angesichts aktueller Herausforderungen für die Weiterentwicklung bzw. Neujustierung eines religionsunterrichtlichen Modells eine Rolle spielen.

6.4.1 Wahrnehmen: Entwicklungen in Schule und Religionsunterricht

Im Folgenden werden die Entwicklungen in Schule und Religionsunterricht aus religionspädagogischer Perspektive und in der Konzentration auf die Verhältnisse in Deutschland in den Blick genommen. Damit kommen vor allem zwei religionspädagogische Felder in den Blick: der Religionsunterricht und die Gestaltung des Schullebens. Beides ist im Zusammenhang schulischer Entwicklungen zu sehen.

a) Schule als sich ausweitender Lern- und Lebensraum zwischen Scholarisierung und Entscholarisierung

Bildungsfragen sind in Deutschland Sache der Bundesländer. Daraus resultiert eine Pluriformität des Schulwesens, insofern sich die schulformspezifische Gliederung in jedem Bundesland etwas anders darstellt. Dazu kommen vielfältige Reformimpulse, die zu beschreiben hier nicht Aufgabe sein kann und muss. Es genügt, daran zu erinnern, dass es verschiedene Schularten gibt, die mit spezifischen Aufgaben verbunden sind und von daher auch den Religionsunterricht in einen speziellen Rahmen einschreiben, den es zu beachten gilt.[1504]

So liegen die Aufgaben der *Grundschule* bzw. Primarstufe in der Förderung der Persönlichkeitsbildung des Kindes sowie dem Legen der Grundlagen für weiterführendes Lernen. Die *Hauptschule* hat eine grundlegende allgemeine Bildung anzustreben, wobei Berufsvorbereitung und Fremdsprachenunterricht eine wichtige Rolle spielen. Die *Realschule* dient der erweiterten allgemeinen Bildung. Die Aufgaben des *Gymnasiums* liegen in der Allgemeinbildung, der Wissenschaftspropädeutik und der Sicherung der Studierfähigkeit. Die *Förderschulen* sollen Kindern und Jugendlichen mit unterschiedlichem Förderbedarf durch individuelle Hilfen unterstützen, um ihr Recht auf schulische Bildung und Erziehung wahrnehmen zu können. Die *Berufsbildenden Schulen* dienen der handlungsorientierten Berufsausbildung, der Vorbereitung auf berufliche Flexibilität sowie der Befähigung zur Übernahme gesellschaftlicher Verantwortung.

1504 Vgl. zu den einzelnen Schulformen im Blick auf religiöse Bildung: Schröder/Wermke, Religionsdidaktik, 17–252. Ein zusammenfassender Überblick findet sich bei Schröder, Religionspädagogik, 538–543. Darauf nehme auch ich Bezug.

In all den unterschiedlichen Schulformen samt ihren länderspezifischen Profilierungen besteht »der große Anspruch, allen Bevölkerungsgruppen, unabhängig von Wohnort und Einkommen, ein qualitativ gleichwertiges Angebot zu machen, das den Begabungen und Neigungen der jungen Generation entspricht«[1505]. Dabei lässt sich *im Vergleich mit anderen Ländern in Deutschland eine spezifische »Konfiguration der rechtlich-administrativen Steuerung«* (101) erkennen. Sie ist im Kern durch die »überwiegend staatliche Trägerschaft« (101) und die Einbindung ihrer »Träger in eine hierarchisch gestaltete Beamtenstruktur« (102) bestimmt. Zudem ist ein *hoher Grad an Verrechtlichung aller Vorgänge* charakteristisch. Sie treten in der »Programmsteuerung durch kanonisierte Inhaltsvorhaben, Zielvorgaben und Prüfungsanforderungen« (101), bei »interne[n] Leistungskontrolle[n] als Grundlagen für Berechtigungen zum Besuch weiterführender Schulen« (102), in der »Entwicklung eines flächendeckenden, gleichwertigen Bildungsangebotes über Ressourcensteuerung [...] und Prüfungsanforderungen« sowie bei der »interne[n] Regulierung von Aufsicht und Qualitätskontrolle« (102) zu Tage. Sie tragen zu *Rechtssicherheit* bei und sind darin in ihrer Bedeutung hoch einzuschätzen. Denn auch »die Schule muss ein Raum sein, der Schutz bietet, Schutz vor Übergriffen von Lehrern und Mitschülern, Schutz vor willkürlicher Behandlung« (101). Hier bietet die Verrechtlichung viele Vorteile. Zugleich jedoch ist sie auch mit Nachteilen verbunden, weil sie nur schwer in der Lage ist, sich auf die eigene Dynamik von Lernvorgängen als Kommunikationsprozessen einzulassen, die »im Einzelnen« nicht »vorhersehbar und damit planbar ist«.[1506]

Verstärkt wird die damit gesetzte Problematik durch die gegenwärtig forcierte *Kompetenzorientierung*, also die Ausrichtung am sog. »Output« bzw. »Outcome«. Sie wurde vor allem durch die internationalen Schulleistungsvergleiche angestoßen[1507] und fällt mit einem *Paradigmenwechsel* zusammen. »Im Kern geht es darum, von einer Inputsteuerung zu einer Outputsteuerung überzugehen und die *Schule als verantwortungstragenden ›Betrieb‹ der ›Produktion von Schulleistungen‹* zu stärken.« (108) Der Fokus liegt nun darauf, dass die Schulen im Rahmen

---

1505 Fend, Schule gestalten, 100. Die folgenden Seitenangaben im Text beziehen sich darauf. (Im Original nicht kursiv.)

1506 Grethlein, Praktische Theologie, 375.

1507 Vgl. die Ausführungen unter 3.1.7.

eines ihnen gegebenen »unternehmerischen Spielraum[s] [...] die vereinbarten Leistungen erreicht haben« (108).[1508] Damit ist eine Doppelstrategie verbunden: Zum einen geht es um die »Vergrößerung der Autonomie der einzelnen Schule« und zum anderen »um eine neue Form von Controlling, von Rechenschaftslegung und der Dokumentation der erbrachten Leistungen« (109).[1509]

Religionspädagogisch ist diese Entwicklung als ambivalent zu beurteilen. Einerseits kann die damit verbundene Ausrichtung an alltagspraktischer Relevanz und Lebensdienlichkeit gut aufgenommen werden. Die Konzentration auf den operationalisierbaren Bereich führt zu einer wichtigen Verständigung darüber, was Kinder und Jugendliche im Religionsunterricht hinsichtlich der anzustrebenden Problemlösefähigkeiten gelernt haben sollen. Andererseits steht die strikte Ausrichtung an überprüfbaren Kompetenzen vom Grundsatz mit der Ergebnisoffenheit in der Kommunikation des Evangeliums in Spannung. Zugleich ist kritisch zu fragen, inwiefern sich religionspädagogische Angebote in eine Logik einfügen können, die zumindest in der Gefahr steht, wesentliche Perspektiven einer christlichen Lebensgestaltung auszublenden oder doch zumindest nicht stark genug zu gewichten.[1510] Insgesamt »darf bei der Umstellung auf kompetenzorientierte Arbeitsweisen sowie Bildungsstandards nicht aus dem Blick geraten, dass das Wichtigste und Beste am Religionsunterricht, aber auch an der Schule sich gerade nicht in Kompetenzen oder Standards ausdrücken lässt«[1511].

Tendenziell geht die Kompetenzorientierung mit einem verstärkten Effizienzdenken einher. Bildungsprozesse werden von ihrem Ertrag her in den Blick genommen, der wiederum wesentlich von der Bedeutung für die weiteren Berufs- und Ausbildungswege bestimmt wird. In dieser Perspektive treten die Qualifikations- und Allokationsfunktion gegenüber der Enkulturations- und Legitimations- bzw. Integrationsfunktion von Schule in den Vordergrund.[1512] Gesellschaftliche und individuelle Funktionen werden vor allem markwirtschaftlich fokussiert.

1508 Im Original teilweise kursiv.

1509 Im Original teilweise kursiv.

1510 Vgl. die Ausführungen unter 3.1.8.

1511 Schweitzer, Bildungsstandards, 240. Zur umfassenden Auseinandersetzung mit der Kompetenzorientierung vgl. Obst, Kompetenzorientiertes Lehren und Lernen.

1512 Zu den Aufgaben von Schule vgl. die Ausführungen unter 4.3.3. c).

Dass Bildung zu den wesentlichen Ressourcen für die Entwicklung ihrer Kinder gehört, steht den meisten Eltern deutlich vor Augen, so dass viele »Schülerinnen und Schüler verstärkt dazu angehalten« werden, »sich neben den formalen Bildungsabschlüssen durch spezifische Qualifikationen Start- und Wettbewerbsvorteile gegenüber potenziellen Mitbewerbern um Ausbildungs- oder Arbeitsplätze zu verschaffen«[1513]. Die damit verbundene Tendenz könnte man als »Scholarisierung von Freizeit« (124) bezeichnen. Schule tritt hier als Unterrichtsschule in den Blick, deren grundlegende Zielsetzung einer guten Bildung auch in der Freizeit zu unterstützen ist.

Gleichzeitig jedoch gibt es Entwicklungen, die eine andere Schwerpunktsetzung mit sich bringen. Sie hängen mit den veränderten sozialisatorischen Voraussetzungen bei Kindern und Jugendlichen zusammen. Schulen erhalten auf diese Weise »vermehrt Aufgaben, die früher andere Einrichtungen wahrgenommen haben« (121). Nicht zuletzt geht die Erwerbstätigkeit beider Elternteile mit veränderten Erwartungen an öffentliche Bildungseinrichtungen einher. Sie sollen zu Lebensräumen werden, die nicht nur im Feld des formalen Lernens Qualifikationen ermöglichen, sondern darüber hinaus auch Angebote im non-formalen und informellen Bereich konstitutiv mit berücksichtigen. Von der Tendenz her soll es zu einer »Entscholarisierung von Schule« (121) kommen. Die Enkulturations- und Legitimations- bzw. Integrationsfunktion von Schule wird hier sehr stark gewichtet, damit sie ihrer Qualifikations- und Allokationsfunktion gerecht werden kann. In dieser Logik sollten Schulen stärker zu Lebensräumen werden, an denen nicht nur im fachlichen Sinne unterrichtet wird, sondern auch Erlebnis- und Erfahrungsräume angeboten werden, die über die reine Fachlichkeit hinausgehen. Damit verschieben sich pädagogische Settings. Deutlich stärker als bisher gewinnen nun beziehungsorientierte Arrangements an Bedeutung.

Bildungspolitisch wird gegenwärtig versucht, beides miteinander in Einklang zu bringen. Strukturell äußert sich das im weiteren Ausbau von Ganztagsschulen. Ihr Anteil lag 2016 laut Statistik der Kultusministerkonferenz bei 66 % der Grundschulen, 75 % der Hauptschulen, 54 % der Realschulen und 63 % der Gymnasien,[1514] wobei hier die Angebote ganz

1513 Fölling-Albers, Entscholarisierung, 124. Die folgenden Seitenangaben im Text beziehen sich darauf.

1514 Sekretariat Kultusminister, Allgemeinbildende Schulen in Ganztagsform. Zu

unterschiedlich aussehen. Auf diese Weise soll Schule verstärkt als Lebensraum profiliert werden, der über die reine Lernschule hinausgeht. Zugleich jedoch gibt es verstärkte Anstrengungen zur Durchsetzung einer an Bildungsstandards und Kompetenzen ausgerichteten und damit effizienzorientierten Schule. Auf diese Weise treffen die Tendenzen zur Scholarisierung und Entscholarisierung innerhalb der einzelnen Schulen zusammen und müssen vor Ort in ihrem Verhältnis bestimmt werden.

Dahinter stehen auch »zwei kontroverse Schuldebatten« (128). Die eine Argumentationsrichtung dabei setzt »auf eine Re-Scholarisierung von Schule [...]. Eine andere [...] auf eine Weiterentwicklung der Schule als Lebensraum« (128). Innerhalb dieser Gemengelage agiert auch der Religionsunterricht. Was für die Schule insgesamt skizziert wurde, trifft ihn in vergleichbarer Weise. Veränderte sozialisatorische Voraussetzungen der Schülerinnen und Schüler, nicht zuletzt die verstärkte Unabhängigkeit des Glaubens junger Menschen von der Kirche,[1515] lässt die Frage nach der Verhältnisbestimmung von Scholarisierung und Entscholarisierung von Religionsunterricht neu in den Mittelpunkt rücken. Sie wird je nach den unterschiedlichen individuellen Voraussetzungen der Schülerinnen und Schüler sowie der kontextuellen Prägungen regional unterschiedlich zu beantworten sein.

b) Religionsunterricht in vielfältigen und sich wandelnden Organisationsformen

Die Vielgestaltigkeit des Schulwesens in Deutschland bildet sich auch im Religionsunterricht ab. Einerseits gibt es *unterschiedliche Rechtskonstruktionen.* So legt bereits das Grundgesetz in der sog. Bremer Klausel fest, dass es Ausnahmen von der Regelung geben solle, dass der »Religionsunterricht in den öffentlichen Schulen mit Ausnahme der bekenntnisfreien Schulen ordentliches Lehrfach« ist.

[Ordentliches Lehrfach]
Im Gegensatz zum Wahlunterricht (z. B. in Arbeitsgemeinschaften, Übungen oder dem Förderunterricht) bezeichnet der Begriff »ordentliches Lehrfach« einen Unterricht an allgemeinbildenden und berufsbildenden Schulen, an

---

unterscheiden sind hier voll gebundene, teilweise gebundene und offene Formen der Ganztagsschule.

1515 Vgl. dazu z. B. Schweitzer u. a., Jugend, 23.

dem alle Schülerinnen und Schüler teilnehmen müssen und dabei einer versetzungsrelevanten Leistungsbewertung unterliegen. Beim Religionsunterricht gilt die Regelung, dass man sich aus Glaubens- und Gewissensgründen (gemäß Art 4 GG) davon abmelden kann. »Die Erziehungsberechtigten haben das Recht, über die Teilnahme des Kindes am Religionsunterricht zu bestimmen.« (Art 7,2 GG) Insofern ist der Religionsunterricht als ordentliches Lehrfach sachlich obligatorisch, mit Blick auf den einzelnen Schüler jedoch freiwillig.

Art. 141 bestimmt, dass Art. 7 Abs. 3 Satz 1 dort »keine Anwendung« findet, wo am 1.1.1949 eine andere landesrechtliche Reglung bestand.[1516] Das war in *Bremen* und Berlin der Fall. Außerdem bezog sich Brandenburg nach der deutschen Einheit darauf.

In der Bremer Landesverfassung heißt es in Art. 32: »Die allgemeinbildenden öffentlichen Schulen sind Gemeinschaftsschulen mit bekenntnismäßig nicht gebundenem Unterricht in Biblischer Geschichte auf allgemein christlicher Grundlage.« Der Religionsunterricht (seit dem Schuljahr 2014/15 auch so benannt) an öffentlichen Schulen ist hier also ausschließlich Angelegenheit des Staates. Die Lehrkräfte müssen nicht Mitglied einer christlichen Kirche sein.[1517] Die Ausrichtung des Fachs wird durch die Landesverfassung und das Bremische Schulgesetz vorgegeben. Der Unterricht soll nicht in ein bestimmtes Bekenntnis hineinführen, sondern sich als schulisches Bildungsangebot an alle Schülerinnen und Schüler richten, ungeachtet ihrer jeweiligen religiösen und weltanschaulichen Überzeugungen.

In *Berlin* verhält es sich anders. Das Schulgesetz vom 26.6.1948 bestimmte den Religionsunterricht als freiwilliges Angebot, das von den Kirchen verantwortet wird.[1518] Der Religionsunterricht ist also kein ordentliches Lehrfach. Er wird zwar in den Räumen der Schule erteilt, allerdings nicht von staatlichen, sondern von kirchlichen Lehrkräften. Seit dem Schuljahr 2006/2007 wird in den Jahrgangsstufen 7–10 Ethikunterricht als ordentliches Lehrfach angeboten. Daneben kann der Religionsunterricht als freiwilliges Fach gewählt werden.

Auch in *Brandenburg* ist der Religionsunterricht kein ordentliches Lehrfach. Gleichzeitig sichert das Schulgesetz den Kirchen das Recht zu,

---

1516 Zu den rechtlichen Grundlagen vgl. die Ausführungen unter 3.2.3 a).

1517 Vgl. Lott/Schröder-Klein, Religion unterrichten in Bremen, 111–127; Kenngott, Toleranz, 88–94.

1518 Vgl. Häusler, Religion unterrichten in Berlin, 67.

»Schülerinnen und Schüler in allen Schulformen und Schulstufen in Übereinstimmung mit ihren Grundsätzen sowie den Bestimmungen für den Schulunterricht zu unterrichten«[1519]. Realisiert wird das durch Lehrkräfte, die von der Kirche beauftragt sind. Eine besondere Konstellation ergibt sich durch die Einführung des Faches LER (ab 1992 als »Lebensgestaltung-Ethik-Religion« in einem Modellversuch [unter Mitwirkung der evangelischen Kirche] und ab 1995 als »Lebensgestaltung-Ethik-Religionskunde« im Status eines ordentliches Lehrfachs [ohne Mitwirkung der Kirchen]). Eine Klage der Evangelischen Kirche in Berlin-Brandenburg, des Erzbistums Berlin, der Bistümer Görlitz und Magdeburg sowie einer Elterninitiative zur Gleichstellung des Religionsunterrichts mit LER endete in einem Vergleichsvorschlag, der von allen Beteiligten angenommen wurde. Infolgedessen wurde Schülerinnen und Schülern sowie deren Eltern die Möglichkeit eingeräumt, sich von LER befreien zu lassen, sofern sie am Religionsunterricht teilnehmen.

Neben den Unterschieden aufgrund differenter rechtlicher Konstruktionen finden sich andererseits auch bei der gemeinsamen Bezugnahme auf Art. 7 Abs. 3 GG *deutlich wahrnehmbare Unterschiede in den Bundesländern. Sie sind Ausdruck spezifischer regionaler Gegebenheiten.* Deutlich tritt das beispielsweise in *Hamburg* hervor. In Übereinstimmung mit Art. 7,3 wird Religionsunterricht hier als konfessioneller Religionsunterricht erteilt. Da die Katholische Kirche als Minderheit nur an ihren eigenen Schulen katholischen Religionsunterricht anzubieten vermochte, stand der evangelische Religionsunterricht bereits seit den 1960er Jahren vor der Herausforderung, auch für diejenigen Schülerinnen und Schüler ein Angebot zu unterbreiten, die nicht der evangelischen Kirche angehören. Das führte zur Etablierung des sog. *Hamburger Religionsunterrichts für alle in evangelischer Verantwortung*. Er wendet sich an alle Schülerinnen und Schüler, gleich welcher Glaubensvorstellung oder Weltanschauung sie anhängen. Konstitutiv für diese Art des Religionsunterrichts ist die interreligiöse Ausrichtung, mit der auf den »Prozess der Pluralisierung von Religion« (mit 106 Religionsgemeinschaften) und der »Individualisierung von Lebensstilen«[1520] (in den Schulen sind Kinder mit rund 100 Familiensprachen vertreten) in Hamburg Bezug genommen wird.

1519 Borck/Schluß, Religion unterrichten in Brandenburg, 97.

1520 Doedens/Weiße, Religion unterrichten in Hamburg, 131.

Mit deutlich anderen Gegebenheiten hat sich der Religionsunterricht in den ostdeutschen Bundesländern auseinanderzusetzen. Hier ist es vor allem die mehrheitliche Konfessionslosigkeit, die zu einem eigenen Profil in der Zuordnung von Religions- und Ethikunterricht geführt hat. Seit Ende der 1960er Jahre waren zuerst im Saarland, anschließend in Bayern und Rheinland-Pfalz sowie darauf folgend in den anderen Bundesländern nach und nach Ersatzfächer für diejenigen Schülerinnen und Schüler eingerichtet worden, die sich vom Religionsunterricht abgemeldet hatten.[1521] Eine solche Regelung erschien im Zuge der Einrichtung des Religionsunterrichts nach der deutschen Einheit vor dem Hintergrund der Kirchenzugehörigkeit von 20–30 % der ostdeutschen Bevölkerung als problematisch. Deshalb verankerten die *mitteldeutschen Bundesländer Religions- und Ethikunterricht gleichermaßen als ordentliche Lehrfächer*, wobei Sachsen-Anhalt so weit ging, dass Ethik, Evangelische und Katholische Religion von vornherein als Wahlfächer konzipiert wurden, zu denen man sich anzumelden hat. Eine automatische Zuordnung zum Religionsunterricht anhand der Konfessionszugehörigkeit ist nicht vorgesehen. Auf diese Weise wird der Anspruch zur Bildung einer Fächergruppe deutlich formuliert. Allerdings fehlen bisher auf der untergesetzlichen Ebene Strukturen, die ordnende Hinweise dazu geben. Zugleich wird *damit der Blick auf die gesamte Schülerschaft* (und nicht nur auf die Evangelischen darunter) *gelenkt.*

Im Vergleich von Norden nach Süden lässt sich »eine Verdichtung der Zusammenarbeit« von Kirche und Schule beobachten. »So gehört in Bayern, Baden-Württemberg und Rheinland-Pfalz die Erteilung von Religionsunterricht (in einem bestimmten Umfang) zu den Obliegenheiten der Parochialpfarrer; ihre Unterrichtsleistung deckt einen signifikanten Teil des zu erteilenden Religionsunterrichts in der Primar- und der Sekundarstufe ab (in Baden-Württemberg z. B. ca. 20 %) – freilich ohne den Dienst grundständig ausgebildeter Religionslehrer zu erübrigen.«[1522] In Mecklenburg-Vorpommern wiederum wird völlig auf kirchliche Mitarbeiterinnen und Mitarbeiter bei der Erteilung des Religionsunterrichts verzichtet.

1521 Zu den unterschiedlichen Profilen in der Inhalts- und Aufgabenbestimmung vgl. Seiferlein, Ethikunterricht.

1522 Schröder, Religionspädagogik, 528.

Der Religionsunterricht findet also in vielfältigen Organisationsformen statt. Zugleich verändert er sich darin auch, weil neue »Passungsverhältnisse«[1523] *zu suchen sind.* So ist seit Anfang der 2000er Jahre eine Tendenz zu einem konfessionell-kooperativen Religionsunterricht zu erkennen, die in den vergangenen Jahren starken Aufwind erhielt. 1998 hatten die Deutsche Bischofskonferenz und die Evangelische Kirche in Deutschland festgehalten, dass »konfessioneller Religionsunterricht immer auch in ökumenischem Geist«[1524] zu erteilen ist. Als sichtbaren Ausdruck davon bejahten sie die konfessionelle Kooperation« in unterschiedlichen Formen (z. B. bei gemeinsamen Elternabenden, der Einladung des Religionslehrers der anderen Konfession in den eigenen Religionsunterricht, einem zeitweiligen *team-teaching* wie auch bei gemeinsamen Unterrichtsprojekten und Projekttagen) und auf unterschiedlichen Ebenen (in der Praxis des Religionsunterrichts, innerhalb der Schulverwaltung, in der Lehrerbildung, im Vorbereitungsdienst und in der Fortbildung). Einen deutlichen Schritt weiter ging man 1998 in Niedersachsen und 2005 in Baden-Württemberg mit Ermöglichung von konfessionell-kooperativem Religionsunterricht. Die Erfahrungen hier belegen »einen deutlichen ›Mehrwert‹ an Lernchancen und Lernmöglichkeiten«[1525].

Dass gegenwärtig der *konfessionell-kooperative Religionsunterricht vor allem in Westdeutschland immer stärker als »Regelform des konfessionellen bekenntnisgebundenen Religionsunterrichts«*[1526] verstanden wird, liegt weniger an fachdidaktischen Visionen als vielmehr an schulpraktischen und -organisatorischen Erwägungen. Die Ermöglichung eines konfessionell-kooperativen Religionsunterrichts in Nordrhein-Westfalen zum Schuljahr 2018/19, hängt vor allem damit zusammen, dass »die Aufteilung der Schülerinnen und Schüler in konfessionell homogene Lerngruppen kaum noch möglich«[1527] ist. Indem die Kirchen nun miteinander kooperieren, können die Klassenverbände beieinanderbleiben. Auch die Weiterentwicklung des konfessionellen Religionsunterrichts zu einem konfessionell-kooperativen Religionsunterricht in Berlin, flä-

---

1523 Naurath/Schambeck, Einleitung, 10.

1524 Die Deutsche Bischofskonferenz und EKD, Zur Kooperation, 1.

1525 Kuld u. a., Im Religionsunterricht zusammenarbeiten, 228.

1526 Kirchenamt der EKD, Konfessionell-kooperativ erteilter Religionsunterricht, 9 f.

1527 Schulte/Timmer, Konfessionell-kooperativer Religionsunterricht, 13. Zu Niedersachsen vgl. Gennerich/Mokrosch, Religionsunterricht kooperativ.

chendeckend für alle Schularten seit dem vergangenen Schuljahr, ist vor diesem Hintergrund zu sehen. *Es sind also nicht zuletzt die veränderten Rahmenbedingungen, die die Akteure dazu veranlassen, neue Wege einzuschlagen.* Dass der konfessionell-kooperative Religionsunterricht dabei vor allem in Westdeutschland angestrebt bzw. praktiziert wird, hängt wesentlich damit zusammen, dass die Mehrheit der Bevölkerung Mitglied einer der beiden christlichen Kirchen ist. In Ostdeutschland stellt sich die Lage anders dar, insofern beide Kirchen in der Minderheit sind und die Katholische Kirche sich in einer doppelten Diasporasituation (griech. διασπορά/*diasporá* = Zerstreuung, Verstreutheit) befindet. Sie lebt zum einen in der Situation einer »konfessionellen Diaspora«, zum anderen aber gleichzeitig – gemeinsam mit der evangelischen Kirche – in einer »säkularen und ökumenischen Diasporasituation«[1528]. Dadurch verstärkt sich die Sorge, dass innerhalb eines konfessionell-kooperativen Religionsunterrichts die eigenen Belange nicht adäquat aufgenommen werden können.

In der Summe sind es vor allem die veränderten sozialisatorischen Voraussetzungen auf Seiten der Schülerinnen und Schüler, deren Religiosität in wachsendem Maße »ungebunden«[1529] *ist, die zu Weiterentwicklungen herkömmlicher Religionsunterrichtsformen anregen.* Das betrifft keinesfalls nur den konfessionellen Religionsunterricht in der klassischen Variante, sondern lässt sich auch beim »Religionsunterricht für alle« in Hamburg beobachten. Laut Hamburgischem Schulgesetz soll er als ordentliches Lehrfach »in Übereinstimmung mit den Grundsätzen der Religionsgemeinschaften im Geiste der Achtung und Toleranz gegenüber anderen Bekenntnissen erteilt werden« (§ 7,1). Eine »Wahlpflichtalternative zum Religionsunterricht in den Bereichen Philosophie und Ethik« wird den Schülerinnen und Schülern nur angeboten, soweit das »in der Stundentafel vorgesehen« (§ 7,4) ist. Auch das verstärkt die Weiterentwicklung des jetzt Praktizierten. So wird der Religionsunterricht seit 2014 an ausgewählten Modellschulen nicht mehr nur in evangelischer, sondern in gemeinsamer Verantwortung gestaltet. Dabei sollen Inhalte aller Religionsgemeinschaften berücksichtigt werden. Zugleich wird der Religionsunterricht nicht mehr nur ausschließlich von evangelischen Lehrkräften, sondern auch von muslimischen, alevi-

1528 Vgl. Röhrig: Art. Diaspora III.

1529 Boschki, Aldi oder Lidl?, 162 (im Original nicht kursiv).

tischen und jüdischen Religionslehrern erteilt. Ein solcher Unterricht nimmt die interreligiöse Perspektive in gut nachvollziehbarer Weise auf. Allerdings bleiben diejenigen Schülerinnen und Schüler weitgehend unberücksichtigt, die keiner Religionsgemeinschaft angehören.

Insgesamt gesehen wird deutlich, dass die jeweiligen Organisationsformen von Religionsunterricht gegenwärtig in verstärktem Maße vor der Herausforderung einer Weiterentwicklung stehen. Dabei sind es vor allem zwei Entwicklungen, die zu berücksichtigen sind: Der »Bedeutungsverlust« von Religion einerseits und die »voranschreitend[e] Multireligiosität«[1530] andererseits. Gegenwärtig ist vor allem die zweite Herausforderung im Blick. Man versucht ihr durch eine Erweiterung im Spektrum religionsunterrichtlicher Angebote auf der Grundlage der geltenden rechtlichen Regelungen zu begegnen. So bieten mehrere Bundesländer neben dem evangelischen und katholischen Religionsunterricht islamischen Religionsunterricht in unterschiedlichen Formen an.

[Islamischer Religionsunterricht]
Islamischer Religionsunterricht wird in neun Bundesländern in unterschiedlichen Formen angeboten:[1531] Als *bekenntnisorientierter Religionsunterricht* in Kooperation mit muslimischen Verbänden in Hessen (DITIB-Landesverband Hessen e.V. und Ahmadiyya Muslim Jamaat) und *Niedersachsen* (SCHURA Niedersachsen – Landesverband der Muslime in Niedersachsen e. V. und DITIB-Landesverband Niedersachsen und Bremen e. V.), als *bekenntnisorientierter Religionsunterricht im Rahmen eines Modellversuchs* in Kooperation mit muslimischen Partnern in *Nordrhein-Westfalen* (in Kooperation mit einem Beirat), *Baden-Württemberg* (in Kooperation mit einem Beirat), *Rheinland-Pfalz* (in Kooperation mit regionalen Verbänden) und dem *Saarland* (in Kooperation mit lokalen islamischen Verbänden und Vereinen), als islamische Religionskunde in staatlicher Verantwortung in *Bayern* und *Schleswig-Holstein* sowie als interreligiöser bzw. -konfessioneller Religionsunterricht in *Bremen* und *Hamburg* und als bekenntnisorientierter Religionsunterricht außerhalb der Stundentafel in Berlin (Islamische Föderation Berlin). Keinen islamischen Religionsunterricht gibt es in Brandenburg, Mecklenburg-Vorpommern, Sachsen, Sachsen-Anhalt und Thüringen.

Dazu kommen – je nach Bundesland verschiedene – andere Religionsunterrichtsangebote, die allerdings oft regional bzw. lokal begrenzt sind. So wird beispielsweise Religionsunterricht in Nordrhein-Westfa-

---

1530 Porzelt, Grundlegung, 81.

1531 Zum ersten Überblick vgl. Mediendienst Integration, Religion an Schulen.

len (teilweise innerhalb von regional begrenzten Modellprojekten) in acht Bekenntnissen angeboten: als evangelischer, katholischer, syrisch-orthodoxer, orthodoxer, jüdischer, islamischer, alevitischer und mennonitischer Religionsunterricht. Schulorganisatorisch mit in den Blick zu nehmen ist dabei auch das Angebot für die diejenigen Schülerinnen und Schüler, die nicht am Religionsunterricht teilnehmen. In Nordrhein-Westfalen ist es das Unterrichtsfach »Praktische Philosophie«. Vergleichbar plural geht es auch in Berlin zu. Dort wird außerhalb der Stundentafel Religions- bzw. Lebenskundeunterricht von neun Religions- bzw. Weltanschauungsgemeinschaften erteilt, und zwar von der Evangelischen Kirche Berlin-Brandenburg-schlesische Oberlausitz, vom Erzbistum Berlin, der Jüdischen Gemeinde in Berlin, der Griechisch-Orthodoxen Metropolie von Deutschland, dem Humanistischen Verband Deutschlands, der Islamischen Föderation, dem Kulturzentrum Anatolischer Aleviten, der Buddhistischen Gesellschaft in Berlin und der Christengemeinschaft.

Bei alledem sind die unterschiedlichen Teilnahmezahlen im Blick zu behalten. Nach wie vor nimmt der evangelische und katholische Religionsunterricht eine herausragende Stellung ein. Aber unterhalb der bloßen statistischen Ebene ändert sich einiges. So liegt die Zahl der konfessionslosen Schülerinnen und Schüler, die am evangelischen Religionsunterricht teilnehmen, durchschnittlich zwischen reichlich 20 % (in Baden-Württemberg) und ca. 50 % (in Sachsen-Anhalt).[1532] Durch die Einrichtung des islamischen Religionsunterrichts kommt es zudem zu einer Entmischung der Lerngruppen, insofern muslimische Schülerinnen und Schüler, die früher am evangelischen Religionsunterricht teilnahmen, nun den islamischen Religionsunterricht besuchen können. Außerdem besuchen die Schüler dort, wo der Ethikunterricht (in welcher Bezeichnung auch immer) flächendeckend eingerichtet ist, zu gleichen (vor allem in Westdeutschland) oder zu größeren Teilen (vor allem in Ostdeutschland) nicht den Religionsunterricht, sondern das Alternativfach im weltanschaulich-neutralen Modus. All das verstärkt die

1532 Die Anteile variieren deutlich zwischen den Schulformen. Zu beachten ist auch, dass Kinder und Jugendliche aus freikirchlichen Gemeinden de jure als konfessionslos gelten. Ihr Anteil ist in Baden-Württemberg durchaus hoch, in Sachsen-Anhalt dagegen gering; vgl. genauer zur Schülerschaft in Sachsen-Anhalt: Domsgen/Lütze, Schülerperspektiven, 51–112; zur Statistik in Württemberg: Evangelische Kirche in Württemberg, Jahresbericht, 72.

Notwendigkeit zur Plausibilisierung des konfessionellen Religionsunterrichts.

c) Konfessioneller Religionsunterricht unter Plausibilisierungsdruck

Der Religionsunterricht in Deutschland ist im Grundgesetz als konfessioneller Religionsunterricht verankert, der »in Übereinstimmung mit den Grundsätzen der Religionsgemeinschaften« (Art 7. Abs. 3 GG) zu erteilen ist.[1533] Die darin beschriebene Zusammenarbeit zwischen Staat und Religionsgemeinschaften begrenzt sowohl den Staat als auch die Religionsgemeinschaften in hilfreicher Weise. Obwohl das Schulwesen unter »Aufsicht des Staates« (Art. 7 Abs. 1 GG) steht, bleibt mit dem Religionsunterricht ein Bereich markiert, in dem er sich zurückhält, weil »Glaubens-, Gewissens- und Bekenntnisfreiheit« »unverletzlich« (Art. 4 Abs. 1) sind. Die Religionsgemeinschaften wiederum werden durch die Einbindung in der gemeinsamen Sache (*res mixta*) des Religionsunterrichts in ihren (auch immer mit zu bedenkenden) problematischen Möglichkeiten begrenzt, indem sie ihre Grundsätze in einer staatlich beaufsichtigten Institution pädagogisch einzubringen haben. Dazu gehört, dass die Religionsgemeinschaften ihre Grundsätze formulieren und bei deren pädagogischer Vermittlung immer auch deren Einbindung in den schulischen Bildungs- und Erziehungsauftrag in »doppelte[r] Konzentration« zu bedenken haben: »einmal auf das Grundlegende oder Elementare, zum anderen auf das Beispielhafte und Exemplarische. Ziel ist es, das Grundlegende der Religion in exemplarischer Weise anschaulich und begreifbar werden zu lassen«[1534].

Ein großer Vorteil des konfessionellen Religionsunterrichts liegt in seiner Transparenz, insofern die Religionsgemeinschaften ihre Grundsätze offen zu legen haben, und zwar mit Blick auf den Inhalt, der zu unterrichten ist, die Lehrkräfte, die Religionsunterricht erteilen, sowie die Schülerinnen und Schülern, die dieses Fach besuchen.

[Evangelischer Religionsunterricht als konfessioneller Religionsunterricht] Als konfessionell wird ein Religionsunterricht im Sinne von Art. 7 Abs. 3 GG bezeichnet, der »unbeschadet des staatlichen Aufsichtsrechtes [...] in Übereinstimmung mit den Grundsätzen der Religionsgemeinschaften erteilt« wird. Wie ein solcher Religionsunterricht aus evangelischer Sicht genauer zu be-

1533 Vgl. die Ausführungen unter 3.2.3 a).

1534 Porzelt, Grundlegung, 80.

stimmen ist, ist *1971* in einer *Stellungnahme der EKD zu verfassungsrechtlichen Fragen des Religionsunterrichts* beschrieben worden, die bis heute als rechtsverbindliche Auslegung von Art. 7 Abs. 3 Satz 2 GG gilt.[1535] Sie formuliert *orientierende Leitlinien für den evangelischen Religionsunterricht*, in denen sie »das *biblische Zeugnis von Jesus Christus unter Beachtung seiner Wirkungsgeschichte*« als sachliches Fundament beschreibt, dabei aber zugleich als hermeneutische Perspektive festhält, dass »Glaubensaussagen und Bekenntnisse [...] in ihrem geschichtlichen Zusammenhang zu verstehen und in jeder Gegenwart einer erneuerten Auslegung bedürftig« sind. Schließlich wird auf »den *Zusammenhang mit dem Zeugnis und Dienst der Kirche*« hingewiesen, um den Standpunkt zu markieren, von dem aus agiert wird. Mit Blick auf die Lehrkräfte wird festgehalten, dass sie »die Auslegung und Vermittlung der Glaubensinhalte *auf wissenschaftlicher Grundlage und in Freiheit des Gewissens*« vornehmen. Insgesamt geht es im Religionsunterricht darum, sich mit »den verschiedenen geschichtlichen Formen des christlichen Glaubens« zu befassen, »um den eigenen Standpunkt und die eigene Auffassung zu überprüfen, um *Andersdenkende zu verstehen und um zu größerer Gemeinsamkeit zu gelangen*. Entsprechendes gilt für die Auseinandersetzung mit nichtchristlichen Religionen und nichtreligiösen Überzeugungen.« Der Unterricht ist so zu gestalten, dass er zu »Dialog« und »Zusammenarbeit« befähigt.

Die verfassungsrechtliche Stellungnahme verzichtet auf die Festlegung eines materialen Zentrums in Sinne eines inhaltlich bestimmten Kerncurriculums. Erst die erste *EKD-Denkschrift* »Identität und Verständigung«[1536] (1994) widmet sich dieser Aufgabe und schlägt vor, ausgehend von existenziellen Fragen der Schülerinnen und Schüler die *Gottesfrage zum Leitgedanken des Evangelischen Religionsunterrichts* zu machen. Das Ziel eines solchen Unterrichts liegt nicht in der kirchlichen Bestandssicherung, sondern in der religiösen Mündigkeit der Schülerinnen und Schüler. Ausgehend von der wachsenden weltanschaulichen und religiösen Pluralität wird ein Unterricht gefordert, der die »eigene« konfessionelle Identität erschließt und zugleich die Verständigung mit alternativen religiösen bzw. weltanschaulichen Orientierungen sucht. Hier setzt dann die zweite *EKD-Denkschrift* »Religiöse Orientierung gewinnen«[1537] (2014) an. Sie plädiert für einen auch über die christliche Ökumene hinaus pluralitätsfähigen Religionsunterricht, dessen *Bildungsziel* in der *Pluralitätsfähigkeit* liegt. Daraus resultiert ein Zweifaches: Einerseits ist evangelischer Religionsunterricht als dialogisch offenes pädagogisches Angebot zu profilieren und hat ausdrücklich die Kooperation mit dem Unterricht anderer Religionsgemeinschaften anzustreben. Andererseits ist ein einzelnes Fach mit dieser Aufgabe überfordert. Deshalb kann heute über den Religionsunterricht

---

1535 Vgl. Rat der EKD, Zu verfassungsrechtlichen Fragen, 60 f. (im Original nicht kursiv).

1536 Vgl. Kirchenamt der EKD, Identität und Verständigung.

1537 Vgl. Kirchenamt der EKD, Religiöse Orientierung gewinnen.

nicht mehr geredet werden, ohne über die Schule insgesamt zu reden – und umgekehrt. Deshalb soll nicht nur *die konfessionelle Kooperation vorangetrieben, sondern auch verstärktes Augenmerk auf das interreligiöse Lernen gelegt werden, wobei die Selbstinterpretation der Religionen und auch die jeweilige Glaubensüberzeugung konstitutiv Berücksichtigung finden soll.* In alledem darf der Religionsunterricht nicht nur bei sich selbst bleiben. Vielmehr sind Beiträge zur Gestaltung des Schullebens zu leisten. Überhaupt hat sich die ganze Schule in Schulprofil und Schulkultur dem Ziel der Pluralitätsfähigkeit zu widmen.

Deutlich ist in allen Stellungnahmen ein *kritischer Vorbehalt gegenüber einem dogmatisch fixierten Referenzrahmen des Religionsunterrichts* zu erkennen. *Evangelische Identität ist im Kern* nicht durch das Für-wahr-Halten von Dogmen, sondern *durch eine unabschließbare Denkbewegung des Glaubens bestimmt.*

Evangelischer Religionsunterricht wird durch evangelische Inhalte (spezifischer Zugang zum biblischen Zeugnis von Jesus Christus unter Beachtung seiner Wirkungsgeschichte) *und durch evangelische Lehrkräfte* (die die Auslegung der Glaubensinhalte auf wissenschaftlicher Grundlage und in Freiheit des Gewissens vornehmen) *bestimmt.* Aufgrund der Res-mixta-Konstruktion des Religionsunterrichts benötigen die Lehrkräfte neben dem Nachweis eines erfolgreich abgeschlossenen Lehramtsstudiums auch eine Beauftragung durch die Religionsgemeinschaft.

[Beauftragung der Lehrkräfte: Vocatio (evangelisch), Missio canonica (katholisch), Idschaza (islamisch)]

Entsprechend der Konstruktion des konfessionellen Religionsunterrichts als *res mixta* sind auch die Lehrkräfte *personae mixtae,* die einerseits über einen staatlich anerkannten Bildungsabschluss mit entsprechender Lehrbefähigung und andererseits über eine Genehmigung der jeweiligen Religionsgemeinschaft verfügen müssen, mit deren Grundsätzen der Religionsunterricht erteilt werden soll. Für die Beauftragung gibt es verschiedene Fachbegriffe: In der katholischen Kirche spricht man von der *missio canonica* (besondere Sendung [griech. κανών/*kanón* = Richtschnur, Maßstab]), in der evangelischen Kirche von der *vocatio* (Berufung) und innerhalb des Islam von der *Idschaza* (Lehrerlaubnis).[1538]

Die Schülerinnen und Schüler müssen nicht evangelisch sein.[1539] An diesem Punkt unterscheidet sich das Verständnis des evangelischen Reli-

1538 Vgl. Verburg, Missio canonica, 1.

1539 Vgl. Kirchenamt der EKD (Hg.), Identität und Verständigung, 66.

gionsunterrichts vom katholischen, bei dem von der sog. Trias ausgegangen wird: Katholische Lehrkräfte unterrichten katholische Schüler auf der Grundlage katholischer Lehrpläne. Allerdings gibt es inzwischen auch hier Lockerungen. Da, wo katholischer Unterricht in einer konfessionell homogenen Gruppe nicht mehr möglich ist, kann es durchaus auch gemischt-konfessionelle Lerngruppen geben.[1540]

Interessant ist an dieser Stelle der Blick auf ein Urteil des Bundesverfassungsgerichts zum Religionsunterricht aus dem Jahr 1987 zur Teilnahme konfessionsfremder Schülerinnen und Schüler.[1541] Darin war festgehalten worden, dass die Entscheidung darüber den Religionsgemeinschaften zustehe, weil damit das »in Art. 7 Abs. 3 Satz 2 GG gewährleistete Selbstbestimmungsrecht der Religionsgemeinschaften über Ziel und Inhalt des Unterrichts« betroffen werde. Schließlich habe »die Zusammensetzung des Teilnehmerkreises [...] unmittelbare Rückwirkungen auf die Unterrichtsgestaltung. Namentlich beim Religionsunterricht liegt es auf der Hand, daß die Vermittlung von Glaubenssätzen gegenüber Angehörigen eines fremden Bekenntnisses inhaltlich und didaktisch einen anderen Ablauf der Lehrveranstaltung erfordern kann als bei Konfessionszugehörigen.« Letztlich wird hier *zu Recht daran erinnert, dass die inhaltliche Ausrichtung das Faches Religion von der Konfessionszugehörigkeit bzw. -nichtzugehörigkeit der daran teilnehmenden Schülerinnen und Schüler mit bestimmt wird.*

Konfessioneller Religionsunterricht steht unter dem besonderen Schutz des Grundgesetzes. Das gilt allerdings nur, solange der Unterricht »nicht seine besondere Prägung als konfessionell gebundene Veranstaltung verliert«, d. h. »keine überkonfessionelle vergleichende Betrachtung religiöser Lehren, nicht bloße Morallehre, Sittenunterricht, historisierende und relativierende Religionskunde, Religions- oder Bibelgeschichte« ist, sondern in »konfessioneller Positivität und Gebundenheit« erteilt wird. Dabei handelt es sich nicht um ein Privileg der Kirchen. Vielmehr ist Art 7 Abs. 3 von Art. 4 GG her zu lesen und zu verstehen. Es geht um das Recht der freien Religionsausübung und die Unterstützung elterlicher Erziehung.[1542]

1540 Vgl. Altmeyer, Religionsunterricht, 8.

1541 Bundesverfassungsgericht: Teilnahme konfessionsfremder Schüler. Die folgenden Zitate im Text beziehen sich darauf.

1542 Vgl. dazu die Ausführungen unter 3.2.3 a).

Gegenwärtig gerät der konfessionelle Religionsunterricht von zwei Seiten unter Druck. Zum einen führt die *zunehmende Multireligiosität* zur »Notwendigkeit, über einen durch die christliche Tradition bestimmten Religionsunterricht hinauszudenken«[1543]. Die Einrichtung des islamischen Religionsunterrichts agiert in der vom Grundgesetz aufgezeigten Perspektive und ist zu begrüßen. In gewisser Weise stärkt er auch das Modell des konfessionellen Religionsunterrichts. Zugleich lassen sich daher auch Grenzen erkennen. Einerseits sind sie schulorganisatorischer Natur (mehrere Religionsunterrichte sind schwer zu organisieren). Andererseits rückt die Frage in das Zentrum, wie angesichts einer solchen Ausdifferenzierung religionsunterrichtlicher Angebote ein gemeinsames Lernen in Sachen Religion ermöglicht und interreligiöse sowie eine auch nichtreligiöse Positionen einschließende Verständigung aller Schülerinnen und Schüler befördert werden kann.

Zum anderen führt die *wachsende Entkirchlichung,* die sich nicht zuletzt in einer zunehmenden Zahl von konfessionslosen Schülerinnen und Schüler äußert, zu einem steigenden Bedarf an einem Unterricht, der nicht »in konfessioneller Positivität und Gebundenheit« und deshalb in alleiniger Verantwortung des Staates erteilt wird. Bezeichnung und Status des Faches sind in den einzelnen Bundesländern verschieden.[1544] Auch dort wird Religion thematisiert, wobei unterschiedliche Schwerpunktsetzungen möglich sind. So besteht die Möglichkeit, »erstens, Religion lediglich in Gestalt religiöser Ethik oder nur als Gegenstand von (Religions-)Kritik zu thematisieren, zweitens, Religionen in Gestalt einer informierenden Religionskunde oder, drittens, als authentisch zu repräsentierende, gleichrangige Optionen der Daseins- und Wertorientierung zur Sprache kommen zu lassen. De facto tendiert der Ethikunterricht zu den ersten beiden Möglichkeiten.«[1545] Hält man sich

1543 Porzelt, Grundlegung, 81.

1544 In Baden-Württemberg, Bayern, Hessen, Rheinland-Pfalz, Sachsen und Thüringen heißt das Fach Ethik, in Sachsen-Anhalt Ethikunterricht, im Saarland Allgemeine Ethik, in Brandenburg Lebensgestaltung-Ethik-Religionskunde, in Bremen, Hamburg und Schleswig-Holstein Philosophie, in Mecklenburg-Vorpommern Philosophieren mit Kindern/Philosophie, in Nordrhein-Westfalen Praktische Philosophie und in Niedersachsen Werte und Normen. Allerdings steht nicht allen Schülerinnen und Schülern ein Alternativfach zur Verfügung. So gibt es beispielsweise in Baden-Württemberg und Hamburg im Grundschulbereich keinen Ethikunterricht.

1545 Schröder, Religionspädagogik, 550.

dabei vor Augen, dass vor allem in den östlichen Bundesländen 50–80 % der Schülerschaft am Ethikunterricht teilnimmt, erscheinen die Vorteile des konfessionellen Religionsunterrichts in einem anderen Licht, weil sich einerseits der darin angelegte Öffentlichkeitscharakter von Religion nur schwer abbilden lässt und andererseits nur eine Minderheit aller Schülerinnen und Schüler davon profitieren kann.

Nicht zuletzt vor diesem Hintergrund ergibt sich ein *verstärkter Plausibilisierungsbedarf* für den konfessionellen Religionsunterricht. Es gibt eine Reihe von Gründen, die verdeutlichen können, warum Religion ein fester Bestandteil schulischer Bildung sein sollte. Auch die bestehende rechtliche Regelung zum Religionsunterricht lässt sich aus verschiedenen Perspektiven heraus als wichtig und sinnvoll beschreiben.

[Begründungsmuster für den schulischen Religionsunterricht]

Als Begründungen für den konfessionellen Religionsunterricht werden unterschiedliche Begründungsargumente herangezogen, deren Bezeichnung und Anzahl leicht variiert. Sie sollen hier in fünf Punkten zusammengefasst werden, wobei hinsichtlich ihrer Plausibilität immer auch zu fragen ist, ob sie für einen konfessionellen Religionsunterricht oder allgemein für die Thematisierung von Religion in der Schule sprechen.

1. *»Man versteht die abendländische Kultur nicht ohne Religion« – kulturgeschichtliche Begründung*: Den Ausgangspunkt bildet die fundamentale »Bedeutung der biblischen Überlieferung und ihrer historischen Konkretionen für unseren abendländischen Kulturraum.«[1546] »Geschichte und Kultur in Deutschland, in Europa sowie im weltweiten Zusammenhang« lassen sich »ohne Vertrautheit besonders mit dem Christentum, dem Judentum und dem Islam nicht angemessen verstehen.«[1547] Zur Aufgabe von Schule gehört es, auch diese Überlieferungsbereiche zu erschließen. Diese Argumentationslinie kann an Alltagserfahrungen anschließen und die Thematisierung von Religion in der Schule plausibilisieren. Allerdings ließe sich die damit gesetzte Aufgabe auch anders als in einem konfessionellen Religionsunterricht umsetzen. Zudem steht die Argumentationslinie in der Gefahr, Religion als Quelle kultureller Prägungen zu musealisieren.

2. *»Religion ist ein wichtiger Faktor der gegenwärtigen Gesellschaft« – gesellschaftsbezogene Begründung*: Den Ausgangspunkt bilden hier religionsgeprägte Phänomene, die den Schülerinnen und Schülern in ihrer Lebenswelt als gegenwärtig wirksame Faktoren begegnen. Die Plausibilität dieser Argumen-

1546 Adam/Lachmann, Begründungen, 141; vgl. dazu auch die Position Stallmanns, die unter 2.3.1 a) vorgestellt wird.

1547 Kirchenamt der EKD, Zehn Thesen.

tation steht und fällt mit der aktuellen Bedeutung von Religion im öffentlichen Raum (die beispielsweise in nicht wenigen ostdeutschen Regionen eher gering ausfällt). Die Fokussierung der öffentlich wahrnehmbaren (und das heißt oftmals auch konfliktträchtigen) Seiten von Religion läuft immer auch Gefahr, Religion nicht als unmittelbar lebensbedeutsam, sondern eher (medienwirksam) als exotisch in den Blick zu nehmen. Für eine solche schulische Thematisierung braucht es nicht unbedingt einen konfessionellen Religionsunterricht, allerdings kommt eine religionskundliche Betrachtung schnell an ihre Grenzen, weil sie die Eigenlogik der jeweiligen religiösen Phänomene nicht ausreichend zu beschreiben vermag.

3. *»Jeder Mensch ist in irgendeiner Weise religiös« – anthropologische Begründung*: Angesetzt wird hier bei existenziellen Fragen, wobei man davon ausgeht, dass sie sich jedem Menschen stellen. Es sind Fragen nach dem Woher, Wozu und Woraufhin der eigenen Existenz. Ganz abgesehen davon, dass solche Fragen immer auch kontextuell bedingt, also ein Produkt einer bestimmten Kultur sind, die nicht für alle gleichermaßen vorausgesetzt werden können,[1548] ist immer auch zu bedenken, dass die genannten Fragen immer auch nicht-religiös thematisiert und beantwortet werden können. Insofern handelt es sich hier eher um eine Begründung für die Fächergruppe insgesamt als für den Religionsunterricht im Besonderen. Zugleich verfügen Religionen über ein reiches Repertoire an Texten, Riten und Symbolen, die auf existenzielle Fragen bezogen sind. Sie können deshalb einen Resonanzraum für die Beschäftigung mit den eigenen Fragen eröffnen. Hier liegt zweifelsohne ein großes Potenzial des konfessionellen Religionsunterrichts.

4. *»Kinder und Jugendliche brauchen religiöse Wegmarken zur Orientierung in einer pluralistischen Welt« – sozialdiakonische Begründung*: Den Ausgangspunkt bildet hier die Pluralität möglicher Lebensentwürfe und Lebenseinstellungen, die mit einem gestiegenen Orientierungsbedarf bei den Heranwachsenden einhergeht. Die Orientierungsaufgabe kann nicht stellvertretend für sie übernommen werden. Dafür braucht es Kommunikationsräume, die auch in der Schule anzubieten sind. Angesprochen sind hier neben dem Religions- und Ethikunterricht auch die anderen Fächer. Allerdings bietet sich die Fächergruppe besonders dafür an. Der konfessionelle Religionsunterricht birgt dabei in besonderer Weise die Chance, in exemplarischer Auseinandersetzung mit einer spezifischen Position die eigene Orientierung zu profilieren. Allerdings ist hier immer mit zu bedenken, dass Orientierung Freiheit braucht. Institutionelle Interessen sind ganz bewusst zurückzunehmen.

5. *»Religion gehört als eigener Modus der Weltwahrnehmung zur Bildung« – bildungstheoretische Begründung*: Bildung als umfassender Prozess ist ein mehrdimensionales Geschehen, das auch die Auseinandersetzung mit sinnstiftenden Deutungen des Lebens und der Welt mit einschließt. Neben einem ökonomischen, szientistischen und ästhetischen gibt es auch einen religiösen

1548 Vgl. dazu die Ausführungen unter 2.1.6.b).

> Weltzugang. Er gilt als »eine unverzichtbare, nicht substituierbare Dimension«[1549], die nicht Verfügungs-, sondern Orientierungswissen bietet, immer auch an die Grenzen aller Kausalitätserklärungen erinnert, vor Zweckrationalitäten bewahrt und sich kritisch gegenüber (religiösen) Letztgültigkeitsansprüchen verhält. Die damit beschriebene Argumentationslinie verweist nicht nur auf die Bedeutung von Religion im Feld schulischer Bildung, sondern vermag ebenso zu begründen, warum es dafür eines konfessionellen Religionsunterrichts bedarf, der Religion aus der Innen- und Außenperspektive erschließen kann.

In erster Linie begründen die genannten Argumente eine Thematisierung von Religion bzw. religionsaffinen existenzieller Fragen in der Schule. Dabei werden auch die Stärken eines konfessionellen Religionsunterrichts sichtbar. Allerdings gibt es kein Argument, dass ihn zwingend begründen würde. *Erst aus der Zusammenschau der Begründungen ergibt sich ein Plädoyer für einen Religionsunterricht, der die Innenperspektive von Religion konstitutiv mit einbezieht und so in exemplarischer Weise das Grundlegende einer Religion erkennbar und verstehbar werden lässt.*

Zugleich ist aus politischer Perspektive anzumerken, dass Religion »nicht einfach eine Privatangelegenheit« ist. »Ob sie zu einem friedlichen Miteinander beiträgt oder nicht, ist von öffentlichem Interesse und aus diesem Grund auch ein unverzichtbarer Gegenstand schulischer Bildung.«[1550] Denn die »freiheitliche Werteordnung trägt sich nicht von selbst. Sie ist voraussetzungsvoll, und das hat auch mit Religion zu tun. Religiöse Überzeugungen sind bedeutsam für die persönliche Handlungsorientierung, aber auch für die Gestaltung eines funktionierenden Gemeinwesens.«[1551] Auch aus diesem Grund ist immer wieder danach zu suchen, wie Religionsunterricht zu organisieren ist. Die strukturellen Voraussetzungen sind so zu wählen und zu gestalten, dass möglichst viele Kinder und Jugendliche daran teilnehmen können und zugleich der Gegenstand, um den es dabei geht, anschaulich und begreifbar werden kann. Zugleich muss unter dieser Perspektive verstärkt danach gefragt werden, wie ein gemeinsames Lernen in Sachen Religion ermöglicht werden kann, um auch auf diese Weise eine interreligiöse Verständigung einzuüben.

1549 Dressler, Unterscheidungen, 121.
1550 Kothmann, Religionsunterricht, 13.
1551 Ebd.

d) Zusammenfassung

In der Schule verdichten sich gesellschaftliche Entwicklungen wie in einem Brennglas. Nicht zuletzt durch die in Deutschland herrschende Schulpflicht werden Veränderungen in der Gesellschaft auch in der Schule schnell sichtbar und müssen dementsprechend berücksichtigt werden. Schlüsselbereiche dafür sind die Demografie, die wirtschaftliche Entwicklung, die Erwerbstätigkeit sowie die Familien- und Lebensformen.[1552]

Darüber hinaus besteht eine der großen Herausforderungen schulischer Bildung in der Auseinandersetzung mit dem Problem, »dass man etwas lernen muss, obwohl man nicht wissen kann, was man in Zukunft wissen muss. Bildung kann heute nicht mehr durch einen Kanon lexikalisch-materialen Wissens definiert werden.«[1553] Notwendig sind auch »Orientierungen des bewussten Lebens«, um »in einer immer unsicheren Welt ohne falsche Sicherheiten auskommen zu können«[1554].

Der Religionsunterricht ist Teil des Systems Schule und erhält so Anteil an den darin stattfindenden Entwicklungen und den dort liegenden Herausforderungen. Zugleich hat er eine Sonderstellung inne, ist er doch als einziges Schulfach grundgesetzlich verankert und versteht sich als *res mixta* von Staat und Religionsgemeinschaft. In Deutschland gibt es unterschiedliche Organisationsformen des Religionsunterrichts, die einerseits mit unterschiedlichen rechtlichen Regelungen zusammenhängen und andererseits auf kontextuellen Besonderheiten beruhen. Zugleich lassen sich Weiterentwicklungen wie in der Frage eines konfessionell-kooperativen Religionsunterrichts oder eines gemeinsam von mehreren Religionsgemeinschaften verantworteten positionellen Religionsunterrichts in Hamburg beschreiben. Dabei spiegelt sich nicht zuletzt die Kontextualität von Religionsunterricht wider.

Der konfessionelle Religionsunterricht birgt großes Potenzial, steht aber dennoch unter verstärktem Plausibilisierungsdruck. Das hängt vor allem mit Prozessen religiöser Pluralisierung und voranschreitender Entkirchlichung zusammen. Die damit verbundene Entmischung der Schülerschaft durch den Besuch unterschiedlicher unterrichtlicher Angebote steht gegenwärtig stark im Fokus, weil sich Fragen nach gemeinsamen Perspektiven in einer pluralisierten Gesellschaft in den

---

1552 Vgl. Autorengruppe Bildungsberichterstattung: Bildung in Deutschland, 2.

1553 Dressler, Religiöse Bildung und Schule, 90.

1554 A. a. O., 90 f.

Vordergrund drängen. Auch deshalb stellt sich die Herausforderung zur Weiterentwicklung von Modellen des Religionsunterrichts in deutlich wahrnehmbarer Weise. Bei alledem ist daran zu erinnern, dass die »Bildungsverantwortung der Kirchen« deutlich weiterreicht als die »Rettung eines konfessionellen R[eligions]U[nterricht]s«[1555]. Im gesamtgesellschaftlichen Interesse für eine öffentliche Bildung heißt es »aus bildungstheologischer Perspektive für eine Erneuerung säkularer Schule« einzutreten, »in der Sach- und Unterrichtsorientierung nicht gegen Lebensorientierung ausgespielt wird, vielmehr beide miteinander konvergieren«[1556].

6.4.2 Urteilen: Hermeneutische Grundlinien mit Blick auf den Religionsunterricht

Vor allem drei Aspekte sind wesentlich für die Gestaltung des Religionsunterrichts. Sie betreffen das Profil, das Ziel und den Gegenstand des Faches Religion und sollen im Folgenden näher bedacht werden.

a) Zum Profil: Positionalität

Die Diskussion um die Konfessionalität des Religionsunterrichts auf der Grundlage von Art. 7 Abs. 3 GG ist nicht neu. Bereits in den 1970er Jahren konstatierte der Praktische Theologie Peter C. Bloth (1931–2012) ein »zur Konfession negativ eingestellte(s) Gemeinverständnis«, was daraus resultiere, dass »christliche Konfession als bekannter Glaube, als fixierte Urkunde und als kirchliche Organisation nach Meinung vieler Zeitgenossen ein Bekennen praktiziert, das gedankliche Weite, Freiheit und Toleranz eher verhindert«[1557]. Vor dem Hintergrund einer kirchlichen und gesellschaftlichen Multikonfessionalität plädierte er für einen »konfessorische[n] Religionsunterricht« (349), »in der das Evangelium als Verwirklichung von Weltoffenheit, Freiheit und Liebe bewahrheitet und bewährt werden kann« (356).

Damit eröffnete er eine Richtung, die inzwischen breite Zustimmung gefunden hat. Konfessioneller Religionsunterricht soll »nicht

1555 Heimbrock, Religionsunterricht im Kontext Europa, 71.

1556 Ebd.

1557 Bloth, Konfessioneller als konfessorischer Religionsunterricht, 351. Die folgenden Seitenangaben im Text beziehen sich darauf.

mehr konfessionalistisch gefordert, begründet und vollzogen werden« (356). Es geht nicht um einen bekenntnisförmigen, also auf ein bestimmtes Bekenntnis hin zielenden, sondern um einen ergebnisoffenen und bekenntnisbildenden Religionsunterricht, der in der *Ermöglichung eigener Positionierung* im Dienst der Subjektwerdung der Schülerinnen und Schüler steht. Dem korrespondiert eine doppelte Blickrichtung. Zum einen interpretiert ein konfessorischer Religionsunterricht die Konfessionalität subjektorientiert im Sinne einer »Standpunktfähigkeit des Subjekts in religiös-weltanschaulichen Fragen noch vor jedem konfessionellen Bekenntnis«[1558]. Hier rücken die Lernenden in das Zentrum, die zur eigenen Standpunktbildung angeregt werden sollen. Zum anderen wird der Blick auf die Religionsgemeinschaften gelegt, die für eine »gesprächsfähige Identität«[1559] stehen sollen, d. h. institutionell motivierte konfessionalistische Abgrenzungen vermeiden und so als Impulsgeber für die religiös-weltanschauliche Entwicklung der Schülerinnen und Schüler auftreten. Vermittelt wird eine solche Positionierung über die Lehrkräfte.

> »Zu ihrer Professionalität gehört es, Religion über das im Unterricht zur Geltung kommende reflektierte Urteil hinaus auch im Modus von Gewissheit und stilsicherem Umgang zu zeigen, um den Schülern das eigene Urteil in der Weise zu ermöglichen, dass es der Entwicklung und Vertiefung einer eigenen Gewissheit nicht entgegensteht.«[1560]

In bildungstheoretischer Perspektive hat Bernhard Dressler (geb. 1947) nachdrücklich darauf hingewiesen, dass es im Religionsunterricht nicht darum gehe, Schülerinnen und Schüler »auf ein Bekenntnis« (74) festzulegen. Allerdings sollten Kinder und Jugendliche lernen, »dass religiöse Praxis [...] nur im Modus eines Bekenntnisses möglich ist« (74). Das konfessorische Moment von Religion ist also konstitutiv. Deshalb können religiöse Lernprozesse davon nicht absehen.

1558 Woppowa, Für eine zukunftsfähige religiöse Bildung, 126; vgl. auch Ders., Differenzsensibel.

1559 Schlüter, Konfessioneller Religionsunterricht, 49.

1560 Dressler, Wie bildet sich »Wahrheitskompetenz« in religiösen Lernprozessen?, 74. Die folgenden Seitenangaben beziehen sich darauf. Zu empirischen Perspektiven zum Beruf der Religionslehrkraft vgl. Lück, Beruf Religonslehrer; Beck-Matthieu, Gemeindepfarrer; Rothgangel/Lück/Klutz, Praxis Religionsunterricht.

Seine bildende Kraft entfaltet das konfessorische Moment im »Wechsel zwischen Binnen- und Außenperspektive« (75), der sich beispielsweise in der Unterscheidung zwischen religiöser Rede und der Rede über Religion äußert. Dieser Wechsel ist konstitutiv für religiöses Lernen und muss didaktisch angeregt und ermöglicht werden. Dazu gehören übrigens immer auch »Möglichkeiten reflexiver Distanznahme« (74). Religionsdidaktisch resultiert daraus die Ermöglichung von Teilnahme und Beobachtung gleichermaßen, wobei sich hier ganz unterschiedliche Partizipationsgrade ergeben können. Unter Rückgriff auf die Terminologie hermeneutisch-rekonstruktiver Sozialforschung hat Dressler dafür die Unterscheidung zwischen »beobachtender Teilnahme« und »teilnehmender Beobachtung« vorgeschlagen.[1561] Damit tut sich ein Spektrum auf, das unterschiedliche Distanzspielräume von vornherein berücksichtigt.

Soll religionsunterrichtlich ein Sinn für Religion lernend erworben werden können, dann muss auch der Wahrheitsanspruch von Religionen und Weltdeutungen im Unterricht zur Geltung kommen. Dies allerdings nicht im Sinne eines »kirchlich normierte[n] Richtigkeitsanspruch[s]« (75). Vielmehr geht es darum, »die unterschiedlichen Modellierungen der Welt und die damit verbundenen unterschiedlichen Geltungsansprüche nicht nur als Lehrende im Blick zu behalten, sondern den Lernenden nach und nach auf altersangemessene Weise bewusst zu machen« (75). Dazu gehört maßgeblich, die eigene Logik religiöser Aussagen zu verstehen. Hilfreich dafür kann die Unterscheidung zwischen Verfügungs- und Orientierungswissen, also zwischen Tatsachen und der Deutung von Tatsachen sein. Religion bewegt sich im Bereich der Orientierungen. Die Aufgabe des Religionsunterrichts besteht deshalb darin, »den spezifischen Modus« zu verstehen, »in dem religiöse Wahrheitsansprüche im Unterschied zu Tatsachenbehauptungen erhoben werden«[1562]. Es geht eben nicht »um das Für-wahr-Halten wissenschaftlich widerlegter Sachverhalte«[1563]. Das kann weitgehend als Konsens

1561 Dressler, Unterscheidungen, 170. Dressler schlägt diese Differenzierung zur »didaktischen Feinjustierung bei der Unterscheidung zwischen schulischer und kirchlicher religiöser Bildung« (169) vor, wobei er die »beobachtende Teilnahme« eher bei »kirchlichen« und die »teilnehmende Beobachtung« bei »religionsunterrichtlichen Lernprozessen« (170) sieht.

1562 Dressler, Religionsunterricht, 31.

1563 Ebd.

gelten. Offen ist jedoch, welche Bedeutung dem theologisch zu erhebenden Wahrheitsanspruch zukommen oder, anders ausgedrückt, woraufhin die religionsunterrichtlichen Lernprozesse zulaufen sollen.

b) Zum Ziel: Perspektiverweiterung

Mit dem Begriff eines konfessorischen bzw. positionellen Religionsunterrichts wird eine Denkrichtung eröffnet, die mit einer »gewandelte[n] Auffassung vom Gegenstand der Vermittlung – der Religion, des (christlichen) Glaubens«[1564] einhergeht. Rudolf Englert spricht hier von »Verschiebungen im didaktischen Gefüge« (46) und identifiziert als entscheidende Frage, »inwieweit man Aussagen über Gott, die über subjektive Anmutungen hinausgehen, überhaupt für möglich hält« (47). Seine These lautet: »Die religionspädagogische Vermittlungsintention richtet sich heute nicht mehr auf die Weitergabe von Wahrheiten, sondern auf das Angebot von Bedeutungen.« (48) Er spricht von einer »Wende vom ›Bezeugen‹ zum Beobachten« (49) und markiert damit eine grundlegende Frage. Handelt es sich bei den beispielsweise im Religionsunterricht gegebenen positionellen Impulsen lediglich »um Spielmaterial für die Konstruktion eigener Bedeutungen«, deren Ausgang völlig offen ist, oder steht dahinter eine begründete Wahrheit, die »letztlich zur Annahme im Glauben vorgelegt« (48) wird? Dahinter stehen gewichtige theologische Anfragen, die Englert gut auf den Punkt bringt, indem er formuliert: »Ist ein religiöser Glaube im besten Fall nützlich oder kann er [...] auch so etwas wie ›Wahrheit‹ beinhalten?« (50)

Hilfreich kann an dieser Stelle eine Unterscheidung des systematischen Theologen Dirk Evers (geb. 1962) sein. Er unterscheidet drei Zugänge zur Wirklichkeit, die er der »Einfachheit halber als Wirklichkeit 1, Wirklichkeit 2 und Wirklichkeit 3«[1565] bezeichnet. Damit bringt er zum Ausdruck, dass sich Wirklichkeit weder auf das beschränkt, »was der Fall ist«, noch »sich nach unseren Wünschen« (91) richtet.

[Zum Verständnis von Wirklichkeit nach Dirk Evers]

Unter *Wirklichkeit 1* versteht Evers »den Aspekt von Wirklichkeit, an dem wir mit unseren Vorstellungen scheitern können. Dies ist Wirklichkeit in der Perspektive vornehmlich der 3. Person.« (93) Hier drückt sich eine gewisse »Wider-

1564 Englert, Religion gibt zu denken, 47. Die folgenden Seitenzahlen im Text beziehen sich darauf.

1565 Evers, Wirklichkeit, 93. Die folgenden Seitenangaben im Text beziehen sich darauf.

ständigkeit« (94) aus, mit der Wirklichkeit uns gegenübersteht. Als »andere Seite« der »eigentümlichen Widerständigkeit von Wirklichkeit gegenüber dem Beliebigen menschlicher Antizipation« steht die »Verlässlichkeit« (97).
Wirklichkeit 2 ist über die Wirklichkeit hinaus, »wie sie uns als widerständig gegenübersteht«, die Wirklichkeit, »aus der heraus wir existieren. Es ist nicht der Aspekt der Wirklichkeit, der sie uns gegenständlich werden lässt, sondern gewissermaßen das an der Wirklichkeit, was sich immer schon im Rücken des Subjekts befindet und uns primär über die Selbsterfahrung eigener Existenz als in uns und durch uns wirkend zugänglich ist und durch das wir eingebettet sind in den Gesamtzusammenhang des gegenwärtig Wirkenden. [...] Wir gehen selbst auf verborgene Weise aus dem Zusammenhang der Wirklichkeit hervor« (98). Den Zugang dazu »gewinnen wir vornehmlich durch die 1. Person-Perspektive.« (93)
Aus dem Verständnis von Wirklichkeit 1 und 2 ergibt sich nun das, was als *Wirklichkeit 3* bezeichnet wird. »Der wechselseitige Zusammenhang des widerständigen und des aktiv wirkenden Moments von Wirklichkeit stellt sich modallogisch noch einmal dar als die Verwirklichung von Möglichem, das nicht so sein müsste, wie es ist.« (101) »Wirklichkeit kann nicht allein für sich und nur aus sich selbst heraus verstanden werden, sondern muss in seinem Zusammenhang mit dem Woher und Woraufhin des Möglichen gesehen werden. In dieser Hinsicht setzen wir uns zu anderem Wirklichen in ein Verhältnis, das dem der 2. Person entspricht.« (93) Zentral ist hier die »Struktur der Begegnung, wie sie sich im Gebrauch der 2. Person niederschlägt« (102). Wirklichkeit erscheint »im Licht einer *Teilnehmerperspektive,* in der wir nicht durch das Widerständige und auch nicht durch die Unmittelbarkeit von Subjektivität, sondern durch die uns aus uns selbst heraussetzende, gewissermaßen ek-statische Begegnung mit dem Du der Anderen auf uns selbst angesprochen werden und dadurch die personale Perspektivität auf Wirklichkeit im Sinne der 1. und 3. Person erst als die unsrige ausbilden« (103).

Ein Religionsunterricht, der zum Verstehen der Wirklichkeit Gottes anregen und beitragen will, hat die unterschiedlichen Perspektiven in den Blick zu nehmen, die sich daraus ergeben. Dazu gehört die Wirklichkeit 1, also das Sprechen von Gott in der 3. Person. »Auch Gott kommt im Rahmen unseres Verstehens von Wirklichkeit Widerständigkeit zu. Gott ist immer noch einmal anders, als wir ihn uns denken.« (105) Ein großer Teil der biblischen Überlieferung erzählt die »Geschichte von Desillusionierungen« (105). Zugleich zeigt sich darin als andere Seite auch eine Verlässlichkeit. Die Wirklichkeit Gottes, die sich in der Treue des Schöpfers zeigt, »ist nicht Willkür und Chaos« (105).

Von Gott in der Perspektive der Wirklichkeit 2, also in der 1. Person zu sprechen heißt, ihn als den »sich mitteilende[n] und sich in dieser

Mitteilung zugleich zugunsten seiner Geschöpfe zurücknehmende[n] Grund des Eigenwirkens der Wirklichkeit« (106) zu sehen. »Die Perspektive des christlichen Glaubens auf die Wirklichkeit im Sinne von Wirklichkeit 2 ist dann die durch Gottes Geist selbst inspirierte Erwartung alles Guten von Gott in, mit und unter den Ambivalenzen, der Negativität, der Endlichkeit und der Sünde menschlichen Lebens.« (106)

Vor allem hält die Wirklichkeitssicht des christlichen Glaubens »an der Einbettung von Wirklichen im Sinne von Wirklichkeit 3« (2. Person) fest, indem »wir im Wechselspiel von Kontinuität und Unterbrechung als Du angeredet werden und uns zu anderen und darin zu uns selbst verhalten. [...] Der Glaube lässt sich bedingungslos auf die Wirklichkeit ein; ohne doch in ihr aufzugehen, weil alles Wirkliche davon lebt, dass es in einem Horizont des Möglichen sich vollzieht, dass es von der Kraft des Möglichen her und auf die Potenz des Möglichen hin erst wirklich ist.« (106) Religionsdidaktisch ergibt sich daraus eine *große Sensibilität gegenüber Vereinseitigungen.* Vermieden werden muss einerseits, »die Sache im Subjekt gewissermaßen« zu versenken, und andererseits, »religiöse Traditionen [...] als Selbstzweck«[1566] zu vermitteln. Anzustreben ist die Eröffnung individueller Aneignungsräume, denn »religiöse Bedeutungen sind gar nicht anders denkbar denn als eigene Konstruktionen individueller Subjekte«[1567]. Dazu gehört auch und gerade die Begegnung und Auseinandersetzung mit dem Fremden, mit dem, was mir nicht von vornherein vertraut und eingängig ist.

Die darin liegende didaktische Aufgabe wird gegenwärtig häufig mit dem Begriff des Perspektivenwechsels bezeichnet. Bei der damit verbundenen Fähigkeit geht es um eine doppelte Aufgabe:

> »Zum einen ist die Fähigkeit gefragt, sich in die Perspektive eines anderen Menschen hineinversetzen zu können. Für religiöse Lernprozesse gerade im Raum intra- und interreligiösen Lernens stellt dies eine notwendige Voraussetzung dar. Zusätzlich aber ist die Fähigkeit gefragt, die eigene Wirkung (z. B. der religiösen Tradition und Praxis) auf andere reflektieren zu können. Diese doppelte Bewegung ist an kognitive Voraussetzungen gebunden, bedarf aber als geweitete Form der Fähigkeit zum Perspektivenwechsel im oben beschriebenen Sinne auch der Entwicklung von Empathie. Perspektivenwechsel ist demnach ein mehrdimensionales Konstrukt, das sich sowohl auf kognitiver wie auch auf sozialer und emotionaler Ebene abspielt.«[1568]

1566 Englert, Religion gibt zu denken, 63.
1567 A. a. O., 62.

Zu beachten ist bei alledem, dass ich »nur in meiner Perspektive die eines Anderen imaginieren kann, nie und nimmer aber mich so zu sehen vermag, wie ein Anderer«[1569]. Letztlich komme ich auch beim vermeintlichen Wechseln der Perspektiven nie aus meiner Perspektive heraus. Dabei spielen die sozialisatorischen Voraussetzungen eine maßgebliche Rolle. So ist es beispielsweise alles andere als unerheblich, ob ich mich in die christliche Perspektive als nicht religiös oder als religiös Sozialisierter imaginieren soll. Die Zugänge und Anknüpfungen, die Vertrautheits- und Fremdheitsanmutungen werden hier ganz unterschiedlich ausfallen.

Sich daran zu erinnern, ist wichtig, stellt aber keine grundsätzliche Anfrage an das Programm des Perspektivenwechsels dar. Wichtiger ist die Verknüpfung mit der eingangs formulierten Frage nach der Zielrichtung religiöser Lernprozesse, also woraufhin der Wechsel der Perspektiven anzulegen ist. Grundlegend ist hier, ob er zu einer vertieften Wahrnehmung der Wirklichkeit im Sinne der skizzierten Differenzierung führt oder lediglich im Affirmativen verbleibt, d. h. in der bloßen Bestätigung dessen, was mir ohnehin schon wichtig ist. Entscheidend ist also nicht nur die Fähigkeit zum Perspektivenwechsel an sich, sondern auch die damit verbundene Zielrichtung. Damit rückt die Relevanzfrage ins Zentrum. In dieser Richtung ist wichtig, dass es zu einer *Perspektiverweiterung* bei den Schülerinnern und Schülern kommt. Mit dieser Zielbeschreibung wird einerseits aufgenommen, dass Lernen als eigenständiges und aktives Konstruieren zu verstehen ist, das maßgeblich von den Voraussetzungen der inneren und äußeren Realität der Kinder und Jugendlichen geprägt wird und hinsichtlich der »individuellen Adaption«[1570] unterrichtlicher Impulse unverfügbar bleibt. Andererseits wird festgehalten, dass es neben bestätigenden Impulsen auch irritierender Anregungen bedarf. Beides ist im positionellen Zugang potenziell enthalten, muss aber auch immer wieder aktiv angestrebt werden.

Begrifflich könnte die damit intendierte Richtung als *»Didaktik der Potenzialität«*[1571] gefasst werden. Die Religionspädagogin Gundula Rosenow (geb. 1967) bezeichnet damit eine Didaktik, die die Potenziale

1568 Tautz, Perspektivenwechsel, 2.

1569 Dalferth/Stoellger, Perspektive und Wahrheit, 13.

1570 Englert, Religion gibt zu denken, 62.

1571 Rosenow, Individuelles Symbolisieren, 284. Die folgenden Seitenzahlen im Text beziehen sich darauf.

der Schülerinnen und Schüler aufgreift und sie hinsichtlich ihrer theologischen Möglichkeiten in einen »offenen Prozess« (284) einbringt. Dabei berücksichtigt sie konstitutiv, dass Schülerinnen und Schüler »interpretierende Entscheidungen treffen können, die jederzeit – auch im Laufe des Lebens – veränderbar sind. Entscheidungen für oder gegen eine Interpretation sind deshalb genauso zu akzeptieren, wie eine Leerstelle, die als Platzhalter wirksam ist.« (284) Dabei gilt es, »diese Potenzialität für einen zukünftigen lebensbegleitenden Interpretationsprozess offen zu halten« (284).

Zur genaueren Bestimmung der dabei zu eröffnenden Prozesse können die Empowerment-Diskurse anregend sein, weil sie den Blick in besonderer Weise für die jeweiligen lebensweltlichen Herausforderungen öffnen und zugleich die Perspektiverweiterung in Prozesse der Selbstwirksamkeit und solidarischen Vernetzung einzeichnen können. Dabei geht es nicht um eine Auflösung christlicher Religion in Nützlichkeitserwägungen, sondern um deren lebensgestaltende Dimension. Sie bildet einen Schlüssel dafür, dass Kinder und Jugendliche religionsunterrichtliches Lernen als sinnvoll und motivierend erleben können.[1572] Insofern wird eine weitere Frage in das Blickfeld gerückt. Es ist diejenige nach dem Gegenstand des Religionsunterrichts. An dessen Profilierung entscheidet sich nämlich maßgeblich, welche Aspekte auch religionsunterrichtlich stark gemacht werden.

c) Zum Gegenstand: Christsein als Lebensform

Christentum und Christsein fallen »weder mit dem Erwartungshorizont manifester Kirchlichkeit« zusammen, noch lassen sie sich »auf eine bloß innere Privatfrömmigkeit«[1573] reduzieren. Sie sind vielmehr als ein »in sich vielfältig differenzierte[r] soziale[r] Praxiszusammenhang aufzufassen und in diesem Sinne als ›Lebensform‹ zu bestimmen.«[1574]

[Lebensform]

Die Philosophin Rahel Jaeggi (geb. 1967) beschreibt Lebensformen als »Zusammenhänge von Praktiken und Orientierungen und Ordnungen sozia-

1572 »Es ist nicht das Unterrichtsverfahren, das direkt über Aktivität oder Passivität der Lernenden entscheidet, sondern dessen motivierende Wirkung auf die Schüler.« Mietzel, Pädagogische Psychologie, 55.

1573 Laube, Religion als Praxis, 45.

1574 Ebd.

len Verhaltens. Diese umfassen Einstellungen und habitualisiertes Verhalten mit *normativem Charakter*, die die *kollektive Lebensführung* betreffen, obwohl sie gleichzeitig *nicht streng kodifiziert* oder institutionell verbindlich verfasst sind.«[1575] Sie lassen sich als »Interpretations- und Funktionszusammenhang« (106) verstehen, insofern sie »immer auch ein durch Interpretation gestifteter Zusammenhang« (106) sind und die zur Lebensform »versammelten Praktiken« sich »teilweise praktisch-funktional aufeinander beziehen und ineinandergreifen« (107). Jaeggi spricht hier von einer »innere[n] oder qualitative[n] Beziehung zueinander. Das soll bedeuten: Diese Praktiken treten nicht nur regelmäßig zusammen auf, sondern dieses Zusammenauftreten ist intelligibel im weit verstandenen Kontext einer Bestimmung dessen, was sich in Lebensformen ausdrücken und realisieren soll.« (109)

Religionspädagogisch weiterführend ist dabei die Erkenntnis, dass »soziale Praktiken [...] vor den Subjekten« bestehen, zugleich aber »nur *durch* die Subjekte« entstehen. »Übertragen auf das Christentum heißt das: Die Ebene christlicher Praxis ist ebenso *unhintergehbar* wie umgekehrt die Dimension individueller Frömmigkeit *uneinholbar*.«[1576] Soziale Praxis und individuelle Frömmigkeit sind auf engste aufeinander bezogen. »Das Christentum eröffnet dem Einzelnen einen sozialen Spielraum zur Lebensführung.« (48) Wie und ob er ihn ausfüllt und gestaltet, ist seine Sache. »Niemand kann sein Leben allein führen, auch wenn jeder sein Leben nur selbst führen kann.« (48)

(Christliche) Religion ist immer auch in ihren personalen Bezügen und kontextuellen Einbettungen zu verstehen. Indem sie als Lebensform thematisiert wird, können Aspekte stärker hervortreten, die – vor allem im Gefolge der Auseinandersetzung mit den unterschiedlichen Modi der Weltbegegnung und damit verbundenen spezifischen Formen von Rationalität nach Jürgen Baumert (geb. 1941) – eher am Rande bedacht werden.[1577] Die damit gesetzte Konzentration auf Fragen nach dem Woher, Wohin und Wozu des menschlichen Lebens lässt vor allem die diakonische Dimension christlicher Religion stark zurücktreten und fördert eine Konzentration auf kultische Vollzüge. Dies kann durch den Rückgriff auf das Konzept von Religion als Lebensform neu austariert werden.

1575 Jaeggi, Kritik von Lebensformen, 89. Die folgenden Seitenzahlen im Text beziehen sich darauf.

1576 Laube, Religion als Praxis, 48. Die folgenden Seitenangaben im Text beziehen sich darauf.

1577 Vgl. dazu die Ausführungen unter 3.1.7 sowie unter 6.4.1 c) in der Skizze zu den

Inhaltlich bietet sich hier eine gute Anschlussmöglichkeit an die Theorie der Kommunikation des Evangeliums mit den drei Kommunikationsmodi des Lernens, Feierns und Helfens. Einen elementaren Zugang dazu »gewähren drei in der Christentumsgeschichte vielfach erprobte Kommunikationsweisen: Segnen, Beten und Erzählen«[1578], die »in verdichteter Form« (244) beim Taufen, Mahlfeiern und Predigen begegnen. »Im Anschluss« daran »entwickelten sich zahlreiche weitere wie Heilen, Singen, Miteinander-Sprechen usw.« (244) Christsein erweist sich dabei auch in seiner Widerständigkeit als bedeutsam. Das tritt besonders deutlich in krisenhaften Situationen vor Augen, in denen es um neue Orientierungen geht, ist aber nicht darauf beschränkt. Auf alle Fälle ergeben sich Perspektiven, die auch für heutige Menschen bedeutungsvoll sind. So verweist Grethlein darauf, dass beispielsweise die »schöpfungstheologische Einsicht in den Gabe-Charakter von Erde und Leben [...] den Blick auf eine andere Lebensform« (158) eröffnet. »Der Mensch als Geschöpf steht dem Homo faber bzw. Homo oeconomicus gegenüber.«

Die christliche Auferstehungshoffnung lässt sich an die Sehnsucht des Menschen nach Nicht-Sterblichkeit anschließen. »Zugleich steht sie dabei den Bestrebungen nach Nicht-Sterblichkeit entgegen, indem sie auf die Bedeutung der Endlichkeit aufmerksam macht und Sterben als zum Leben gehörig anerkennt.« (158) Dies führt zu einer Ergänzung und auch Korrektur einer einseitig kurativ ausgerichteten Medizin, wie er z. B. im Ansatz von *Palliative Care* Niederschlag findet, der in Hospizen verfolgt wird. In der christlichen Lebensform wird ein breites Spektrum eröffnet. Christliche Religion kann nicht auf innerlich bestimmte Vollzüge konzentriert und damit reduziert werden. Zugleich sind immer auch die sozialen Bezüge konstitutiv, die ihren Ausdruck in bestimmten Kommunikationen finden. Es geht hier um ein Vollzugsgeschehen, in das Einzelne involviert sind, ohne dass es sich darauf beschränken ließe.

Begründungsmustern schulischen Religionsunterrichts. Die Orientierung an der Erschließung von Orientierungswissen, mit dem die Welt in unterschiedlichen Perspektiven zu verstehen ist, knüpft an Überlegungen Wilhelm von Humboldts und Friedrich Schleiermachers an.

1578 Grethlein, Christsein als Lebensform, 243 f. Die folgenden Seitenangaben im Text beziehen sich darauf; vgl. dazu auch die Ausführungen unter 4.1.2 sowie unter 5.4.

Dieses Geschehen mit den darin stattfindenden Kommunikationen ist auch religionsunterrichtlich zu thematisieren. Dabei wird schnell deutlich, dass der »Erwerb religiöser Kompetenz ohne religiöse Erfahrung [...] ebenso schlecht möglich« ist »wie der Erwerb von Fremdsprachenkompetenz ohne das Sprechen einer Fremdsprache«[1579]. Deshalb müssen dann, wenn Schülerinnen und Schüler solche Erfahrungen nicht von sich aus mitbringen, »Erfahrungsmöglichkeiten auf religiösem Gebiet ›pädagogisch‹ arrangiert werden«[1580]. Die Frage dabei ist, in welcher Weise das geschehen soll und welche Rolle schulischer Unterricht selbst dabei spielen kann. Besonders klar thematisiert wird das im Diskurs um eine performative Religionsdidaktik. Dabei geht es darum, durch den »Wechsel von Perspektiven, d. h. durch den Wechsel von Wahrnehmungs-, Kommunikations- und Handlungskontexten« unterschiedliche Bedeutungen gleichsam zu erzeugen und zu unterscheiden.[1581] Es wird hier unterschiedlich bewertet, inwieweit bzw. unter welchen Voraussetzungen ein solches Vorgehen als sachgemäß und schülerorientiert gelten kann.[1582] Allerdings bleibt festzuhalten, dass religiöse Bildung ohne die Erfahrungsdimension nicht vollständig gelingen kann. Sie ist pädagogisch zu arrangieren, wobei immer auch darauf zu achten ist, dass sie nicht unter der Hand zum Ziel religiöser Bildung wird.[1583]

1579 Schluß, Religiöse Bildung, 141.

1580 A. a. O., 141.

1581 Dressler, Performativer Religionsunterricht, 8.

1582 Auf den Punkt gebracht werden die Anfragen z. B. von Frank M. Lütze, der betont: »Auch eine überzeugend gelungene liturgische Inszenierung im Unterricht kann der pragmatischen Spannung nicht entrinnen, dass hier etwas probehalber und um einer anschließend auswertbaren Erfahrung willen gemacht wird, was an sich als Ernstfall und um seiner selbst willen gedacht ist. Letztlich dürfte es sich im Blick auf die handlungsleitende Intention um eine Variante der in der Kommunikationspsychologie wohlbekannten Sei-spontan-Paradoxie handeln: Wer bewusst als ob handelt, kann gerade darum nicht als ob handeln.« Ders., Religiöse Lernprozesse, 131. Hinsichtlich der Schülerinnen und Schüler wäre nach den kognitiven und sozialisatorischen Voraussetzungen für das »gedankenexperimentelle Als-ob-Denken« zu fragen, das »mit dem Ziel« initiiert wird, »kognitive Erkenntnisgewinne zu erzeugen«. Dressler, Religionsunterricht. Bildungstheoretische Grundlegungen, 257.

1583 Wie das konkret aussehen kann, lässt sich an Beispielen erkennen, die Frank M. Lütze für Mitteldeutschland zusammengetragen hat; vgl. Ders., Religion wahrnehmen.

d) Zusammenfassung

Mit dem Begriff des positionellen Religionsunterrichts wird ein wesentlicher Aspekt religiöser Bildung in der Schule beschrieben. Damit wird einerseits markiert, dass die Rechtskonstruktion von Art 7 Abs. 3 GG nicht institutionell enggeführt im Sinne eines Unterrichts zu verstehen ist, der auf ein bestimmtes Bekenntnis hin zu erziehen hat. Vielmehr geht es um einen Unterricht, der im Sinne der Ergebnisoffenheit eine eigene Positionierung in Sachen Religion ermöglicht. Unter Rückbezug auf Art. 4 GG ließe sich formulieren: Es geht darum, »die Fähigkeit zu erschließen, das Grundrecht auf Religionsfreiheit sowohl für andere anzuerkennen als auch für sich selbst praktisch in Anspruch zu nehmen«[1584].

Andererseits macht der Begriff des positionellen Religionsunterrichts deutlich, dass religiöse Bildung generell nicht auf das konfessorische Moment verzichten kann, weil es hier um einen Wahrheitsanspruch geht, den zu verstehen der Religionsunterricht verhelfen will. Dabei ist es »nicht Ziel und Aufgabe schulischen Religionsunterrichts«, »zur tatkräftigen Bejahung der Religion zu erziehen. Am Lernort ›Schule‹ stellt sich vielmehr die Aufgabe, für die besondere Sphäre des Religiösen Verständnis zu wecken«[1585] und in diesem Prozess zu einer Erweiterung der eigenen Perspektiven zu kommen. Voraussetzung dafür ist ein didaktisch zu inszenierender Wechsel der Perspektiven zwischen Binnen- und Außenperspektive. Notwendig dafür sind Erfahrungsmöglichkeiten auf religiösem Gebiet. Sie können nicht bei allen Schülerinnen und Schülern gleichermaßen vorausgesetzt werden und müssen deshalb pädagogisch arrangiert werden. Der Bezug auf das Christsein als Lebensform kann dabei dazu verhelfen, das gesamte Spektrum der Kommunikationsmodi des Evangeliums zu berücksichtigen und nicht vorschnell auf eine schulförmige Variante hin einzuschränken.

1584 Dressler, Religiöse Bildung und Schule, 96.

1585 Porzelt, Grundlegung, 79.

6.4.3 Handeln: Impulse für den Religionsunterricht und die Gestaltung des Schullebens

In der Reflexion hermeneutischer Perspektiven ist bereits deutlich geworden, dass der Religionsunterricht nie nur auf sich selbst bezogen sein kann, sondern auf eine Praxis verwiesen ist, die konstitutiv mit aufzunehmen ist, wenn man Religion verstehen lernen soll. Insofern ist auch handlungsorientierend der Blick zu weiten über das unmittelbare operative unterrichtliche Geschäft hinaus auf Erfahrungs- und Ermöglichungsräume religiöser Praxis.

a) Grundlegende Orientierungen: Zeigen und Verstehen innerhalb einer Didaktik des Arrangements

Letztlich sind es *zwei Perspektiven, die mit Blick auf den Religionsunterricht zu berücksichtigen sind. Sie betreffen das Unterrichtsgeschehen an sich und die Kontexte, in die der Unterricht eingebettet ist.* Zum einen geht es »um die ›Art und Weise‹, das ›Wie‹ des Lehrens und Lernens«[1586] Sie wird herkömmlicherweise als fachdidaktisch bezeichnet. Zum zweiten geht es »um eine kritische Prüfung, welchen inhaltlichen Steuerungseinflüssen die Lernenden (und Lehrenden) in der Vielfalt der Lernbotschaften, die letztlich von Menschen veranlasst werden, unterliegen«[1587]. Man könnte sie als strukturell oder kontextuell bezeichnen. Sie ist bisher kaum im Blick, bekommt aber gegenwärtig eine neue Bedeutung, weil nicht zuletzt durch die Vielfalt möglicher Lebensgestaltungen und -orientierungen innerhalb der Gesellschaft jeweils neu danach zu fragen ist, was für die Schülerinnen und Schüler konkret als allgemein plausibel gilt, also was sie in ihrer Lebensführung und -entwicklung bestimmt. Das ist deswegen so wichtig, *weil die jeweiligen Plausibilitäten religionsunterrichtliche Lernprozesse bestätigen oder konterkarieren können, auf alle Fälle aber entschieden prägen.* Denn jede Kommunikation bezieht sich auf »ein Wissen von Wirklichkeit, das jeweils kulturell und gesellschaftlich relativ ist«[1588].

1586 Koerrenz, Religionspädagogik, 76. Ich folge hier Überlegungen, die ich bereits an anderer Stelle ausgeführt habe; vgl. Domsgen, Sensibilisieren.

1587 Ebd.

1588 Grethlein, Praktische Theologie, 196. Die folgenden Seitenangaben im Text beziehen sich darauf.

Das personale Handeln der Religionslehrkraft und Schülerschaft im unterrichtlichen Geschehen ist mit der strukturellen bzw. kontextuellen Ebene zu koppeln. In der »Verhältnisbestimmung von personalem und strukturellem Handeln« (76) liegt letztlich ein entscheidender Punkt für gelingenden Unterricht. Das »Mit- und Gegeneinander von personal-direktem und strukturell-indirektem Handeln« (78) ist ausdrücklich zum Thema zu machen und religionsdidaktisch einzuholen. Begrifflich ließe sich ein solches Vorgehen als »Didaktik des Arrangements« (77) bezeichnen. Der Begriff des Arrangierens ist bereits im Nachdenken über den notwendigen Zusammenhang von religiösem Lernen und Erfahrungen in diesem Feld aufgetaucht. Der Erziehungswissenschaftler und Theologe Henning Schluss (geb. 1968) spricht von »›pädagogisch arrangierte[n] Erfahrungsmöglichkeiten‹ als Grundlegung eines reflexiven Unterrichts nach dem Traditionsabbruch«[1589]. Dahinter steht der Gedanke, dass der Religionsunterricht Erfahrungen mit Religion nicht einfach nur voraussetzen kann. Das nimmt vor allem die Lebenswirklichkeit konfessionsloser Schülerinnen und Schüler auf, betrifft aber nicht nur sie. Deshalb sind »Erfahrungsmöglichkeiten auf religiösem Gebiet«[1590] pädagogisch zu arrangieren. Es geht dabei nicht um die Integration in eine religiöse Praxis, sondern um das Verstehen einer Religion. Dies wiederum ist nur möglich, wenn Kindern und Jugendlichen religiöse Praxis gezeigt worden ist.

Einzuordnen wäre ein solches Ansinnen in der Auseinandersetzung mit der operativen Pädagogik. Der Erziehungswissenschaftler Klaus Prange (geb. 1939), der dafür in grundlegender Weise steht, bestimmt das Zeigen zum Zwecke des Lernens als »Grundform des Erziehens«[1591]. Allerdings geht das Zeigen nicht immer von selbst mit dem Lernen einher. »Ohne dass (1) eine soziale Beziehung genutzt oder gestiftet wird, kann (2) auch nichts gezeigt werden, und ohne dass (3) beobachtet und geprüft wird, was davon gelernt ist, kann man nicht wissen, ob es sich um eine gelungene und missratene Zeigeoperation gehandelt hat.« (27) *Unterrichten ist »artikuliertes Zeigen«, wobei der Zeigeakt so zu inszenieren ist, »dass das Erwünschte oder Angesonnene aufgenommen und ge-*

1589 Schluß, Religiöse Bildung, 138.

1590 A. a. O., 142.

1591 Prange, Zeigen – Lernen – Erziehen, 22. Die folgenden Seitenzahlen im Text beziehen sich darauf. (Die Kursivierungen finden sich nicht im Original.)

lernt werden kann« (27). Dabei müssen personales und strukturelles Handeln gleichermaßen im Blick sein.

Wie in anderen Schulfächern auch wird im Religionsunterricht etwas gezeigt, um das Lernen der Kinder und Jugendlichen zu fördern und zu fordern. Gezeigt wird eine bestimmte Lebensform. Die beruht auf der Fähigkeit, in und hinter dem vor Augen Stehenden eine Wirklichkeit wahrzunehmen, die zu erfassen und zu beschreiben bestimmter Sprachspiele und Artikulationsformen bedarf und deren Wahrnehmung Auswirkungen auf der Einstellungs-, Handlungs- und Ausdrucksebene hat. Religion ist nicht voraussetzungslos. Es bedarf fremdsozialisatorischer Impulse, um sie auszuüben.

Auch für den Religionsunterricht gilt, dass »das Lernen immer schon da und in Rechnung zu stellen ist« (42). Am einfachsten scheint es dabei zu sein, wenn auf etwas Bekanntes gezeigt wird und die Intention des Zeigens mit derjenigen übereinstimmt, die das zu Zeigende hat bekannt werden lassen. Erhellend kann auch das Zeigen auf Unbekanntes sein, weil eine Vorstrukturierung nicht hinderlich im Wege steht. Deutlich schwieriger wird es, wenn auf etwas bereits Gezeigtes gezeigt wird und die dahinter stehenden Intentionen konträr zueinander stehen, also wenn beispielsweise eine ausschließlich pragmatische oder szientistische Weise der Lebensdeutung und -gestaltung verinnerlicht wurde, im Religionsunterricht jedoch Perspektiven zur Sprache kommen, die dem zuwiderlaufen oder aber die Grundintention nicht aufzunehmen in der Lage sind.

Damit das unterrichtliche Zeigen nicht spätestens hier an Grenzen stößt, braucht es »einen thematischen, sozusagen zeigbaren und vorweisbaren Anhalt«, sonst hängt es »in der Luft« oder dient »anderen als erzieherischen Zwecken«[1592]. Es reicht nicht aus zu sagen, »es komme darauf an, etwas gut zu zeigen, wenn nicht näher angegeben wird, worin dessen Maßstäbe bestehen« (144). Prange identifiziert drei Aspekte, »um einigermaßen zuverlässig etwas so zu zeigen, damit es gut gelernt werden kann, auch ohne die Gewissheit, dass es tatsächlich gelernt wird« (145). Unter der Maßgabe der Rationalität muss das, was gezeigt werden soll, »sachlich richtig, einsichtig und nachvollziehbar« sowie zweitens unter der Berücksichtigung der Schülervoraussetzungen

1592 Prange, Die Zeigestruktur, 76. Die folgenden Seitenangaben im Text beziehen sich darauf.

»zumutbar« (146) sein. Drittens ist darauf zu achten, »dass die Lernenden mit dem, was wir ihnen zeigen und damit als Lernaufgabe präsentieren, auch etwas anfangen können, um es selbständig fortzusetzen und anzuwenden, sei es für weiteres Lernen, sei es direkt für lebenspraktische Zwecke« (147).

Eine solche Ausrichtung führt zu einer neuen Sensibilität für strukturelle Fragen mit Blick auf die Sozialräume, in denen sich die Schülerinnen und Schüler bewegen, aber auch mit Blick auf die Schule mit ihren Paradoxien und spezifischen Problemlagen. Vor dem Hintergrund der Überlegungen zum Empowerment steigt zugleich die Aufmerksamkeit für die personale Qualität beim Zeigen auf Religion. Hinsichtlich der Sachebene ist im Blick zu behalten, dass Religion – anders als beispielsweise ein physikalisches Phänomen – nicht unabhängig von der persönlichen Einstellung des Praktizierenden modellhaft abgebildet werden kann. Wenn es dennoch versucht wird, ist die Gefahr groß, dass es ins Folkloristische abgleitet und kaum etwas mit der Sache an sich zu tun hat. Beispielsweise das Gebet oder das Abendmahl sind nicht nur Handlungen, sondern Handlungen mit einer bestimmten Intention des Handelnden. Deshalb lassen sie sich nicht ohne weiteres modellhaft abbilden. Dem Religionsunterricht sind vor diesem Hintergrund also hinsichtlich des Zeigens von Religion Grenzen gesetzt. Was bereits beim interreligiösen Lernen skizziert wurde, gilt letztlich auch an dieser Stelle. Als »Königsweg«[1593] erweist sich die direkte Begegnung, wobei immer unterschiedliche Partizipationsgrade im Blick sein müssen (von beobachtender Teilnahme bis zur teilnehmenden Beobachtung) und Möglichkeiten zur reflexiven Distanznahme konstitutiv dazugehören.

Im Blick auf das über Empowerment-Diskurse eingetragene Begriffspaar der Befähigung und Be(voll)mächtigung ist auch in den Blick zu nehmen, wie Möglichkeiten vor Augen geführt oder sogar geschaffen werden, um Erlerntes selbst in Anschlag zu bringen. Religionsunterrichtlich erworbene Kompetenzen bleiben dann nicht nur auf einen Sonderbereich beschränkt, der, wenn man sich nicht dazugehörig fühlt, als weitgehend irrelevant erscheint, sondern können als hilfreich für die eigenen Lebenswelten wahrgenommen und verstanden werden. Der empirische Befund, dass es Schülerinnen und Schülern, die nicht religiös sozialisiert wurden, besonders schwerfällt, dem Religionsunterricht

---

1593 Leimgruber, Interreligiöses Lernen, 21 u. ö.

etwas für ihre eigene Lebensführung Relevantes zu entnehmen,[1594] unterstreicht die Notwendigkeit zu didaktischen Arrangements auch in dieser Richtung. Der Verknüpfung von Lern- und Lebenswelten, durchaus auch im Sinne ihrer Wiederverschränkung,[1595] kommt religionspädagogisch und religionsdidaktisch eine grundlegende Bedeutung zu. Damit steht auch die Frage nach einer Zielbestimmung schulischer religiöser Bildung im Raum, denn wenn »wir jemandem etwas zeigen, damit er oder sie es selber wieder zeigen kann, verhalten wir uns ausdrücklich oder unausdrücklich direktiv, auch dann noch [...], wenn wir die direktive Komponente sehr schwach halten oder sie ganz verstecken. Das Gezeigte, sei es ostensiv zum Zwecke der Übungen, sei es repräsentativ, um den Gedankenkreis zu erweitern und zu vertiefen, soll wiederholt und zu eigen gemacht werden.«[1596] In welcher Weise dieses Zueigen-machen geschehen soll, muss von vornherein transparent sein und zur Sprache gebracht werden.

Religionsunterricht ist pädagogisch und theologisch reflektiertes Zeigen. Neben dem Blick auf den Einzelnen ist hier die Sicht auf den anderen und damit auf das Ganze von grundlegender Bedeutung. Religion wird nur dann sinnvoll im Fächerkanon der Schule zu verankern sein, wenn sie sich als hilfreich für möglichst viele erweist. Wichtige Impulse dafür lassen sich dabei auch aus einer Didaktik des Perspektivenwechsels gewinnen, insofern »alle Schüler [...] auf die [...] Begegnung mit Menschen vorbereitet werden« sollen, »die anders denken, fühlen oder handeln als sie selbst«, des Weiteren in ihrem Leben »ein reflektiertes Selbstverhältnis entwickeln« und »auf ein Leben in unterschiedlichen Systemrationalitäten vorbereitet werden« müssen.[1597] Der Religionsunterricht trägt hier zweifelsohne Bedeutsames bei, hat aber über die individuelle Dimension hinauszugehen, indem der Mensch als Beziehungswesen im Blick ist, das gestaltend wirken kann und soll. Vor allem vor dem Hintergrund des strukturell-indirekten Handelns, das beim personal-direkten Handeln immer Berücksichtigung finden muss, wird deutlich, dass Zielperspektiven die soziale Einbindung sowie die sich daraus ergebenden Konsequenzen im Blick haben sollten. Dem kor-

1594 Vgl. zu den Einzelbefunden Domsgen/Lütze, Schülerperspektiven, 136–143.

1595 Vgl. Rauschenbach, Zukunftschance Bildung, 198.

1596 Prange, Die Zeigestruktur, 32 f.

1597 Käbisch, Didaktik des Perspektivenwechsels, 367.

respondiert, dass christliche Religion in einer streng individualistisch ausgerichteten und ästhetisch-performativen Weise nicht vollständig bestimmt ist. Die Relevanz christlicher Religion erweist sich immer auch auf der Ebene der Lebensgestaltung, die nicht im Erleben oder Ausdruckshandeln einzelner Individuen aufgeht. Sie kann die Ebene des Umgangs mit Alltagsproblemen nicht ausblenden und ist immer als solidarische Aufgabe zu verstehen, die gesellschaftliche Aspekte einschließt.

Fachdidaktisch rücken damit klassische Problemkreise, die sich mit den Stichwörtern »Lebensgestaltung«, »Alltagsbewältigung« und »Lebensrelevanz« umreißen lassen, verstärkt in den Blick, und zwar neben individuellen Perspektiven immer auch hinsichtlich der gesellschaftlichen, politischen und solidarischen Implikationen. Felder wie »diakonisches Lernen« würden damit systematisch integriert werden können.

Aber auch die Lernprozesse im Religionsunterricht selbst würden in einer spezifischen Weise zu profilieren sein, indem die Frage nach der Prozessqualität im Fokus stünde. Der Empowerment-Ansatz bietet die Möglichkeit, diese anhand konkreter Qualitätsmerkmale (Ressourcen-Orientierung, Steigerung der Partizipationsfähigkeit, Ermöglichung und Einübung in solidarische Vernetzung etc.) zu spezifizieren und zu ergänzen. Dies gilt auch für methodische Fragen. Auf der Ebene der Lernpsychologie ist nach der Gestaltung ermutigender Lehr- und Lernprozesse zu fragen.

Zudem – und dies ist innerhalb einer Didaktik des Arrangements von grundlegender Bedeutung – bietet die Auseinandersetzung mit Empowerment-Ansätzen die Möglichkeit, den Religionsunterricht in seiner Spezifik am Schnittpunkt von Schüler und System Schule neu zur Geltung zu bringen und hier besonders ein Sensorium für die Sperrigkeit des Faches wachzuhalten. Eine empowerment-sensible Religionspädagogik könnte den Religionsunterricht auch als exemplarischen Lernort profilieren, an dem Schülerinnen und Schüler lernen, ihre eigene Subjektivität, ihre Bedürfnisse und Fähigkeiten zu entdecken, ihnen Ausdruck zu verleihen und sich sodann in solidarischer Vernetzung in deren Um- und Durchsetzung im schulischen Kontext einzuüben und dabei Selbstwertsteigerung und Gestaltungskraft zu erfahren. Nicht zuletzt dadurch könnte der Blick darauf gerichtet werden, »wofür Religionspädagogik im System Schule verantwortlich sein kann und soll«[1598].

In der Summe könnten Empowerment-Ansätze dazu verhelfen, die Ernsthaftigkeit christlicher Religion im System Schule so zur Geltung zu bringen, dass es einerseits schultheoretisch anschlussfähig und andererseits lebensweltlich ausgerichtet geschieht.

b) Systemische Aspekte: Schule, Familie und Gemeinde – Elternarbeit, Schulgottesdienste und Schulseelsorge

Eine Beschränkung religionspädagogischer Bemühungen auf die bloßen Religionsunterrichtsstunden ist weder in theologischer noch in pädagogischer Perspektive sinnvoll. Lernen, Feiern und Helfen sind im Zusammenhang zu sehen. Außerdem sind die Lern- und Lebenswelten der Kinder und Jugendlichen konstitutiv miteinzubeziehen. Auf diese Weise wird der Blick auf notwendige Vernetzungen gerichtet, die hier anhand von drei Handlungsfeldern exemplarisch erläutert werden sollen. Sie betreffen das Lernen (Elternarbeit), Feiern (Schulgottesdienste) und Helfen (Schulseelsorge) und nehmen nicht ausschließlich diejenigen in den Blick, die Schülerinnen und Schüler im Religionsunterricht sind. Insofern manifestiert sich hier auch der Öffentlichkeitsanspruch christlicher Religion.

Hinsichtlich einer Elternarbeit ist zu beachten, dass religiöse Bildung aus Elternsicht auf einer Skala »von ›sehr relevanten‹ bis hin zu ›nicht-relevanten‹ Umwelten«[1599] einzuordnen ist. Wer die Elternperspektive im Feld schulischer religiöser Bildung stark machen möchte, wird deshalb für einen Religionsunterricht und eine Umgangskultur darin votieren, in denen die Relevanz von Religion zentral bedacht und Transparenz zum durchgängigen Prinzip erhoben wird. Dahinter steht das Ansinnen, ein möglichst stimmiges Zusammenspiel von Familie, Religionsunterricht und Biografie zu erreichen. *Elternarbeit im Rahmen des Religionsunterrichts geschieht in aller Regel nicht von selbst, sondern bedarf gezielter Impulse und ist verbunden mit dem Bestreben, die Vorstellungen der Eltern konstitutiv mit in die Unterrichtsgestaltung einfließen zu lassen.*[1600] Eine solche Zielrichtung stellt besondere Anforderungen an die Lehrpersonen, die bereit und fähig sein müssen, mit Eltern in

---

1598 Koerrenz, Religionspädagogik, 81.

1599 Spuller, Grundlagen, 70.

1600 Zum Überblick über die (wenigen) Befunde zu elterlichen Erwartungshaltungen an den Religionsunterricht vgl. Domsgen, Kaum gefragt.

Kontakt zu treten und mit ihnen zu kommunizieren. Die Erziehungswissenschaftlerin Siglinde Spuller (geb. 1966) spricht hier vom »Angebot einer Beziehung auf der Basis von Echtheit und einer emotional zugewandten Grundhaltung als Fundament einer Beziehungskonstruktion gegenüber den Eltern, über die sich die Inhaltsebene transportiert«[1601]. Religionsunterricht und religionspädagogische Elternarbeit partizipieren dabei an einer »parallel verlaufende[n] Zielsetzung« (84). In alledem geht es um »eine gelungene Kommunikation des Beziehungsdreiecks Schüler-Eltern/Familie-Religionslehrer« (91). Der Schüler-Lehrer-Interaktion kommt dabei eine besondere Bedeutung zu, fungieren die Kinder und Jugendlichen doch als »bilinguale Mediator[en]« (131), insofern sie die Sprachspiele in Familie und Religionsunterricht kennen und – im Idealfall – aufeinander zu beziehen in der Lage sind. Religionspädagogische Elternarbeit ist deshalb »schülerorientierte Elternarbeit« (141). Daraus folgt, dass »formelle Zusammenkünfte so weit wie möglich durch informelle Elemente anzureichern« (141) sind.

Religiöse Bildung in der Schule ist kaum gegen die Eltern möglich. Der familiale Einfluss ist in der Regel stärker als der schulische. Deshalb sollte Schule insgesamt – und damit auch der Religionsunterricht – den Kontakt zu den Familien der Schülerinnen und Schüler suchen. Wie das im Einzelnen zu geschehen hat, wird immer auch von den Gegebenheiten vor Ort abhängig und damit variabel sein.

Das gilt auch für Angebote gemeinsamen Feierns, etwa in Form von *Schulgottesdiensten*. Sie sind aus religionspädagogischer Perspektive nachdrücklich zu unterstützen. In Anlehnung an Dressler lassen sich dabei *drei Grundformen* unterscheiden: »1. Schulgottesdienste aus außergewöhnlichem Anlass« (anlässlich von Gewaltakten, Katastrophen, Krisen, Trauerfällen, Jubiläen und Einweihungen), »2. Schulgottesdienste anlässlich biographischer Schwellensituationen« (zur Einschulung oder beim Übertritt in eine neue Schulart bzw. beim Abschluss der Schullaufbahn), »3. Schulgottesdienste im Rhythmus von Schuljahr und Kirchenjahr«[1602] (zum Beginn oder zum Ende des Schuljahrs, mit Bezug auf christliche Feste, z. B. zu Weihnachten und zu Ostern).

1601 Spuller, Grundlagen, 84. Die folgenden Seitenangaben im Text beziehen sich darauf.

1602 Gojny, Schulgottesdienst, unter Bezug auf Dressler, Schulgottesdienst, 53–59. (Im Original kursiv.)

Aus rechtlicher Perspektive ist zwischen Schul- und Schülergottesdiensten zu unterscheiden. Während Schülergottesdienste in alleiniger Verantwortung der jeweiligen Religionsgemeinschaft angeboten werden, verstehen sich Schulgottesdienste als gemeinsame Veranstaltungen von Schule und Religionsgemeinschaft(en) auf der Grundlage von Art. 4 GG.[1603] Die darin verankerte Religionsfreiheit garantiert nicht nur eine negative, sondern auch eine positive Religionsfreiheit und umfasst das Recht, die jeweils eigene Religion auch öffentlich auszuüben. Nicht nur aus pädagogischen, sondern auch aus theologischen Gründen ist es hierbei wichtig, *allen Schülerinnen und Schülern Partizipationsmöglichkeiten zu eröffnen, aber zugleich jede Form möglicher Überwältigung zu vermeiden*. Die große Chance besteht darin, dass »hier die Schülerinnen und Schüler ganzheitlich wahrgenommen werden und Dimensionen zur Entfaltung kommen, die im Unterricht zu kurz kommen«[1604].

Dem »grundsätzlichen Öffentlichkeitscharakter«[1605] von Schulgottesdiensten korrespondiert das Bemühen um eine möglichst breite Berücksichtigung unterschiedlicher (auch) religiöser Positionen in ökumenischen und interreligiösen bzw. multireligiösen Schulgottesdiensten. Mit Blick auf Schülerinnen und Schüler, die einer anderen Religion angehören, haben sich in der Praxis

> »drei Grundmodelle entwickelt, die auf ihre Anwendbarkeit im jeweiligen Schulgottesdienst geprüft werden müssen. Es ist zu unterscheiden,
> - ob nichtchristliche Schüler zu einem christlichen Gottesdienst als Gäste eingeladen werden mit eventueller Beteiligungsmöglichkeit aus ihrer Tradition,
> - ob sie in einen interreligiösen Gottesdienst aktiv integriert sind, in dem christliche und nichtchristliche Traditionen und Formen theologisch verantwortbar sind,
> - oder ob sie an einer multireligiösen Feier teilnehmen, in der Elemente aus den verschiedenen Religionen getrennt voneinander zur Geltung gebracht werden.«[1606]

Bei konfessionslosen Kindern und Jugendlichen ist sensibel danach zu suchen, wie ihnen unterschiedliche Partizipationsräume ermöglicht

---

1603 Vgl. die Ausführungen unter 3.2.3 a).

1604 Ebd.

1605 Dressler, Schulgottesdienst, 27.

1606 A. a. O., 76.

werden, die Beobachtung und Teilnahme in ein für sie selbst stimmiges Verhältnis setzen können.[1607] Gelingt das, können Schulgottesdienste einen pädagogisch wichtigen Beitrag zur Integration des Schullebens leisten. Zugleich können Fremdheitserfahrungen im Modus gemeinsamen Agierens gemacht werden, die auch den (Religions)Unterricht wiederum zu bereichern vermögen. Erfahrungen des gemeinschaftlichen Feierns können also Impulse für das Lernen von Religion geben.

Vergleichbares gilt auch für die Dimension des Helfens, die in Bemühungen um *Schulseelsorge* (im katholischen Bereich spricht man von Schulpastoral) zum Ausdruck kommen können. Sie wendet sich »an alle Menschen an der Schule« und will »einen Beitrag zur Humanisierung der Schulwirksamkeit«[1608] leisten. Aus systemischer Perspektive ist sie *eine »Form der psychosozialen Beratung und Begleitung, der es um die Lösung von Lebensproblemen«[1609] im System Schule geht.*

> Sie »befasst sich mit der Besorgung der notwendigen Mittel zum gelingenden Alltag dieser Menschen. Sie identifiziert sich mit den konkreten Herausforderungen von Menschen und sucht mit ihnen die notwendigen psychischen, sozialen, materiellen, kulturellen und religiösen Ressourcen zur Lösung von Problemen und Konflikten. Als spezifische Form psychosozialer Beratung und Begleitung ist Schulseelsorge Hilfe zur Lebensgestaltung für die Menschen im Kontext der Schule.«[1610]

Schulseelsorge ist keine res mixta, sondern eine Aktivität einer Religionsgemeinschaft und bedarf deshalb einer zweifachen Begründung: einer (kirchlich) theologischen und einer (schulisch) pädagogischen. Theologisch gesehen ergibt sie sich vom Evangelium her als Unterstützungs- und Begleitungshandeln, als Vergewisserung und Orientierung im Referenzrahmen des christlichen Glaubens und als christlich motivierte Sorge für (seelisch) in Not Geratene im Kontext von Schule. Sie kann als *Raum für die Kommunikation des Evangeliums im Modus des Helfens* verstanden werden, in dem es nicht nur um entsprechende Beziehungen zwischen Lehrkräften und Schülern bzw. Schülerinnen geht. Viel-

---

1607 Vgl. am Beispiel von Gottesdiensten zur Einschulung: Domsgen, »Mama, Herr D. hat mich gesegnet«; Saß, Schulanfang und Gottesdienst.

1608 Baierlein/Kumher, Schulseelsorge/Schulpastoral; vgl. zum Überblick: Koerrenz/Wermke, Schulseelsorge; Gutmann u. a., Praxisbuch Schulseelsorge.

1609 Schneider-Harpprecht, Evangelische Seelsorge, 26 (im Original nicht kursiv).

1610 Ebd.

mehr gilt es ebenso, die Schülerinnen und Schüler zur gegenseitigen Achtsamkeit und Hilfeleistung – auch über den Kreis engerer Freundinnen und Freunde hinaus – zu ermuntern und anzuleiten.[1611]

Schulpädagogisch gesehen ergibt sich hier eine gewisse Spannung, hat Schule doch den Auftrag, *alle* Schülerinnen und Schüler im Unterricht und auch darüber hinaus in ihrem (Bildungs-)Lebenslauf zu geleiten und zu unterstützen. Schulseelsorge ist vor diesem Hintergrund als ein Teil innerhalb der *caring community* zu sehen. Dabei ist auch zu klären, welche Unterstützung diejenigen erhalten, die keine christlich motivierte Hilfe in Anspruch nehmen wollen bzw. können. »Hier ist auch der Ansatzpunkt für eine interkulturelle und interreligiöse Seelsorge an der Schule. Sie geht aus von dem gemeinsamen Interesse an einem gelingenden Zusammenleben in der Schulgemeinschaft und will, dass jeder und jede Einzelne Hilfe zur Gestaltung seines Lebens im Rahmen des Wirklichkeitsverständnisses seiner Kultur und Religion bekommt.«[1612] Idealiter wird das in multireligiösen Teams abgebildet, durch die eine echte Wahlmöglichkeit für die Rat suchenden Personen besteht.

Eine andere Perspektive ergibt sich, wenn man mit Gundo Lames Schulseelsorge zuallererst durch *eine spezifische Beobachterperspektive* charakterisiert sieht, die durch die »Leitunterscheidung bedingte/unbedingte Annahme«[1613] bestimmt ist. Schulseelsorge beobachtet damit, »wie z. B. aus Menschen gute oder schlechte SchülerInnen werden, wie Menschen sich im Kontext der Schule organisieren, um die Folgen negativer wie positiver Selektion zu beachten, wie Menschen angeregt durch schulische Kommunikation nach Religion oder nach Gott fragen«[1614]. Auf diese Weise bringt Seelsorge einen »anderen Beobachterstandpunkt ins Spiel als das Erziehungssystem und gewinnt von daher andere Handlungsmöglichkeiten und Optionen«[1615]. Er ist nicht nur auf die Professionals beschränkt, sondern wird auch und gerade von Schülern getragen. Vor allem auf dem Hintergrund des Gedankens eines allgemeinen Priestertums wird damit der Blickwinkel neu ausgerichtet. Schülerinnen und Schüler brauchen Unterstützung, um einander in

1611 Vgl. umfassend dazu Lienau, Schulseelsorge.

1612 Schneider-Harpprecht, Evangelische Seelsorge, 27.

1613 Lames, Schulpastoral, 137.

1614 Ebd.

1615 Büttner, Schulseelsorge, 640.

Achtung und Solidarität zu begegnen und auf diese Weise Schulseelsorge leisten zu können.

c) Konturierungen in der Empowerment-Perspektive: Merkmale guten Religionsunterrichts im schulischen Gefüge

Versteht man den Empowerment-Begriff – so wie vorgeschlagen[1616] – als spezifische Akzentuierung bzw. Neuausrichtung des Bildungsbegriffs, wobei Befähigung und Be(voll)mächtigung gleichermaßen in den Blick treten, dann ergeben sich daraus auch für den Religionsunterricht spezifische Gewichtungen. Von einigen der damit verbundenen Akzentsetzungen soll im Folgenden die Rede sein. Genauer zu entfalten wäre das im Rahmen einer Fachdidaktik. Hier geht es zunächst einmal um einige grundlegende Linien.

Die Empowerment-Perspektive führt nicht zu einem gänzlich anderen Profil der Unterrichtsplanung und -durchführung, geht aber als »regulative Idee« (Nipkow) mit spezifischen Sensibilisierungen und Schwerpunktsetzungen einher. Sie ergeben sich, indem den religionspädagogischen Professionals durch den Diskurs mit anderen Disziplinen neue Horizonte eröffnet werden und damit der Blick auf Fragestellungen gerichtet wird, die bisher, wenn überhaupt, eher am Rande thematisiert wurden. Wer einmal mit der Gemeindepsychologie danach gefragt hat, wie die Möglichkeiten erweitert werden können, dass Menschen ihr eigenes Leben bestimmen, wer in der Theorie Sozialer Arbeit für den Richtungssinn professionellen Handelns im Sinne von Befähigung und Bevollmächtigung sensibilisiert, in der Heilpädagogik auf die Zielbestimmung der Unterstützung von Selbstbestimmungs-, Mitbestimmung- und Solidaritätsfähigkeit ausgerichtet und durch die kritische Pädagogik auf den Zusammenhang von Bildung und kulturellen, gesellschaftlichen und ökonomischen Strukturen hingewiesen wurde, sieht auch das religionsunterrichtliche Geschehen mit anderen Augen.[1617] Die Auseinandersetzung mit Empowerment-Diskursen führt zu einer neuen Wahrnehmung der Koordinaten, die Religionsunterricht bedingen und ihn prägen. Daraus resultieren auch eigene Akzentsetzungen. Einige davon sollen nun skizziert werden. Dabei beziehe ich mich auf die von Bernd Schröder formulierten »Qualitätsdimensionen und

---

1616 Vgl. dazu die Ausführungen im fünften Teil, besonders unter 5.1 und 5.4.

1617 Vgl. dazu genauer die Ausführungen unter 5.2.1–5.2.4.

Kriterien guten Religionsunterrichts«, mit denen er ein »normatives Ideal« beschreibt, auch um damit »Anreize zu bieten« und Religionsunterricht »zu überprüfen und zu verbessern«[1618].

[Qualitätsdimensionen und Kriterien guten Religionsunterrichts nach Bernd Schröder]

Nach Schröder lassen sich acht Qualitätsdimensionen und daraus resultierende Kriterien guten Religionsunterrichts benennen:

»1. Guter RU ist ›ordentlich‹ erteilter Religionsunterricht in ›vorbereiteter Umgebung‹ (Qualität der Rahmenbedingungen/Strukturqualität).« Dazu gehören »Regelmäßigkeit und Langfristigkeit«, »Integration in die Stundentafel«, »Vorbereitete Umgebung (Fachräume/Ausstattung)«, »Hinreichender Stundenumfang« und »Wertschätzung durch Schulleitung«.

»2. Guter RU ist Unterricht von ›guten‹ Religionslehrer/-inne/n und ›guten‹ Schüler/-inne/n (Personale Qualität).« Dazu gehören »Aufgeschlossenheit der Schüler/-innen«, »Leistungsbereitschaft der Schüler/-innen«, »Innere Beteiligung (commitment) der Religionslehrer/-innen«, »Formale Qualifikation und Fortbildung der Lehrer/-innen«, »Fachliche und fachdidaktische Kompetenz der Lehrer/-innen«.

»3 Guter RU entspricht handwerklich den Regeln der Kunst des Unterrichtens (Prozessqualität/handwerkliche Qualität).« Dazu gehören »Zielorientierung/Spannungsbogen«, »Klare Struktur/Transparenz«, »Methodenvielfalt«, »Passung/Binnendifferenzierung« und »Effiziente Zeitnutzung«.

»4. Guter Religionsunterricht lässt sich theologisch verantworten und erschließt das Elementare seines Gegenstandes, d. h. er schlägt Brücken zwischen zentralen Themen des Faches und den Erfahrungen der Schüler/-innen (Fachliche Qualität).« Dazu gehören »Konzentration auf das Wesentliche«, »Streben nach wechselseitiger Erschließung«, »Verweise von der gelehrten zur gelebten Religion«, »Wechsel zwischen Außen- und Innenperspektive« und »Theologische Zeitgemäßheit«[1619].

»5. Guter Religionsunterricht bindet die Aufmerksamkeit der Beteiligten, spiegelt die wechselseitige Wertschätzung von Lehrer/-inne/n und Schüler/-inne/n und lässt die Beteiligten zufrieden sein. (Atmosphärische/Beziehungs-Qualität).« Dazu gehören »Wechselseitige Wertschätzung von Lehrer/-inne/n und Schüler/-inne/n«, »Förderung aktiven/selbsttätigen Lernens«, »Akzeptanz der Grundlage von Kritik/Fehlerfreundlichkeit«, »Gegenseitige Unterstützung der Schüler/-innen« und »Motivation der Beteiligten/Spaß«.

»6. Guter Religionsunterricht führt gezielt zu ausweisbaren Lernfortschritten möglichst vieler Schüler/-inne/n und trägt – perspektivisch – zu ihrer Subjektwerdung bei (Ergebnisqualität).« Dazu gehören: »Sequenzielles, kumulatives

---

1618 Schröder, Fachdidaktik, 50. Wichtige Hinweise dazu verdanke ich Georg Bucher.

1619 Schröder, Fachdidaktik, 50 (im Original nicht kursiv.)

Lernen«, »Erbringen überprüfbarer Lernergebnisse«, »Meidung ›trägen‹ Wissens«, »Orientierung am Grundsatz ›Niemand darf verloren gehen‹« und »Intentionale Ausrichtung an Persönlichkeitsbildung«.

»7. Guter Religionsunterricht unterstützt den Aufbau fachübergreifender Kompetenzen und trägt zu Schulleben und Schulprofil bei. (Systemqualität).« Dazu gehören »Bewusste Förderung nicht-fachspezifischer Sozial- und Methodenkompetenz«, »Beteiligung an fachübergreifenden Projekten«, »Brückenschläge zur ›gelebten Religion‹ im Unterricht und über ihn hinaus«, »Beitrag zum Schulprofil« und »Akzeptanz im Kollegium«.

»8. Guter Religionsunterricht lässt sich in seiner Gestalt begründen und gezielt verbessern (Konzeptqualität). Dazu gehören »Konzeptionsleitung des Religionsunterrichts«, »Konstruktive Nachbereitung von Unterricht«, »Kontinuierliche Erweiterung des methodischen und inhaltlichen Repertoires«, »Supervision/Kollegiale Evaluation« und »Einbeziehung und Prüfung des eigenen Unterrichts am Maßstab ›Bildung‹ (Bildung als regulative Idee)«[1620].

Ein Schwerpunkt einer empowerment-sensiblen Religionspädagogik liegt in der *Personalen Qualität.* Der Religionsunterricht rückt so neu als personales Geschehen in den Blick. Beziehungsorientierung und -gestaltung werden als maßgebliche Parameter bedacht. Entscheidend dabei ist, dass sich die Professionals als Religions*pädagogen* (also nicht lediglich als Religions*lehrer*) begreifen und Religion nicht ausschließlich als Unterrichtsgegenstand in den Blick nehmen, sondern darüber hinausdenken, indem Religion als Lebensform verstanden wird. Dazu gehört, sich bewusst zu vernetzen (idealerweise in multiprofessionellen Teams) und so ein Sensorium für das konkrete Umfeld zu entwickeln. Gemeindepsychologisch würde man hier von der *community* sprechen, in die Unterricht einzubetten ist und zu der es deswegen immer auch Vernetzungen geben kann und muss. Zu denken ist dabei an Akteure und Orte gleichermaßen. Auf diese Weise geraten Kirchengemeinden, Altersheime, Sportvereine und Friedhöfe genauso in den Blick wie (jugendliche) Treffpunkte an Straßenbahnhaltestellen oder Einkaufszentren, um nur einige Beispiele zu nennen. Mit Schröder könnte von der *Systemqualität* gesprochen werden, die dadurch unterstützt wird. Entwickeln ließe sie sich mittels verschiedener Methoden. Denkbar wären beispielsweise eine Sozialraumanalyse (anhand ausgewählter Parameter wird eine bestimmte Struktur, auch im Vergleich mit anderen, beschrieben), ein *community-mapping* (eine Karte der Gemeinschaft

1620 A. a. O., 51.

wird gezeichnet, auf der Einrichtungen, Treffpunkte, Erfreuliches und Probleme eingetragen werden) oder die Methode »Photovoice« (einzelne Szenen werden fotografiert und damit bestimmte Themen eingetragen). Sie eignen sich für Lehrkräfte und Schüler gleichermaßen und lenken zudem den Blick auf *Prozessqualität*. Partizipation gehört auf allen Ebenen zu einem sich an Empowerment orientierenden Religionsunterricht, wobei hier ausdrücklich immer auch die Möglichkeit der Verweigerung im Blick zu sein hat. Sie hängt eng mit der Gestaltung der Kommunikationsatmosphäre zusammen, also mit dem, was als *atmosphärische Qualität oder Beziehungsqualität* bezeichnet werden kann. Sie ist immer auch vor dem Hintergrund von Machtfragen zu bedenken und zu gestalten. Der schulische Rahmen gibt dafür besondere Prägungen vor, die nicht einfach übersprungen, aber religionsunterrichtlich doch spezifisch zu reflektieren und zu gestalten sind. Von dort her rückt die Frage nach der *Strukturqualität* in das Blickfeld. Schule ist (auch) im Religionsunterricht in ihren strukturellen Paradoxien und den damit verbundenen Problemen zu bedenken. Sie verstärken die Aufmerksamkeit für Fragen nach einer gerechten Leistungsmessung, nach Mobbing sowie nach der Rolle von Religion im Schulleben, aus der sich viel ablesen lässt hinsichtlich der Differenzsensibilität von Schule insgesamt.[1621] Dass eine empowerment-sensible Religionspädagogik immer über den Religionsunterricht hinausdenkt und auf mögliche Impulse im Schulleben ein besonderes Augenmerk zu legen hat, ist bereits deutlich markiert worden.

Aus alledem resultiert mit Blick auf die konkrete Unterrichtsgestaltung, also hinsichtlich der *Prozessqualität*, der *fachlichen Qualität* und der *Ergebnisqualität* methodisch eine Aktions- bzw. Produktorientierung und konzeptionell eine Öffentlichkeitsorientierung. Verknüpfen lassen sich beide Aspekte durch Aktionen bzw. Produkte, die auf das unmittelbare Umfeld (*community*) bezogen sind und Echtheitscharakter haben. Umgesetzt werden könnte das in Leserbriefen an die Lokalzeitung, *postings* in sozialen Netzwerken, Plakaten und Ausstellungen in der Schule oder der Kirchengemeinde, öffentlichen Diskussionen mit Eltern bzw. Schülerinnen und Schülern der gesamten Fächergruppe oder religionsbezogenen Stadtteilführungen (oder Kirchenführungen) mit Eltern. Wichtig wären zudem Verknüpfungen mit Dimensionen

1621 Vgl. Domsgen, Schule und Religion in der Säkularität, 170 f.

liturgischen und diakonischen Lernens, um die Gesamtheit der Kommunikationsmodi des Evangeliums im Lernen, Feiern und Helfen angemessen berücksichtigen zu können.[1622]

In alledem geht es nicht um einen Paradigmenwechsel, sondern um die Bündelung grundlegender theologisch und pädagogisch verantworteter religionsdidaktischer Perspektiven vor dem Hintergrund gegenwärtiger Entwicklungen.

d) Zusammenfassung und Ausblick

Dem Religionsunterricht kommt innerhalb der Religionspädagogik eine ausgesprochen große Bedeutung zu. Die bereits skizzierten religionspädagogischen Herausforderungen nehmen nicht zufällig mehrheitlich auf ihn Bezug.[1623] Der Religionsunterricht ist dasjenige religionspädagogische Handlungsfeld mit der größten Reichweite und längsten Dauer. Zugleich partizipiert er durch seine Verankerung in der Schule in besonderer Weise an gesellschaftlichen Entwicklungen und steht auch deshalb vor der Herausforderung einer Dauerreflexion, die neben seiner Profilierung immer auch die Frage seiner Begründung mit zu bedenken hat.

Dass Religion Teil der schulischen Bildung sein sollte, lässt sich gut begründen. Denn in der »modernen Gegenwartskultur ist es vielleicht möglich, gebildet zu sein, ohne religiös zu sein, es ist aber nicht möglich, gebildet zu sein, ohne sich mit religiösen Fragen sachangemessen auseinander zu setzen«[1624]. Zugleich steht ganz klar vor Augen, dass das »unter den pluralistischen Bedingungen der Gegenwart« nicht »ohne interreligiöse Verständigungsfähigkeit«[1625] möglich ist. Dazu muss eine Verständigungsfähigkeit zwischen religiösen und nicht-religiösen Lebensformen kommen. Allerdings fehlen dafür bisher im religionspädagogischen Diskurs entsprechende Begrifflichkeiten. Der systematische Theologe Hans-Martin Barth (geb. 1939) spricht hier vom »inter-

---

1622 Zur ersten Orientierung vgl. Husmann, Liturgisches Lernen; Dressler, Art. Performativer Religionsunterricht; Fricke, Diakonisches Lernen.

1623 Vgl. dazu die Ausführungen zu unterschiedlichen Herausforderungen unter 3.1. Insgesamt lässt sich hier eine Konzentration auf den gymnasialen Religionsunterricht beobachten.

1624 Dressler, Religiöse Bildung und Schule, 95.

1625 Ebd.

optionalen Dialog«[1626]. Zu beachten ist allerdings, dass nicht-religiöse Orientierungen nie nur im Status einer Option, sondern einer tatsächlich praktizierten Lebensform begegnen. Insofern könnte es passender sein, von einem interpositionellen Dialog zu sprechen und die lernende Auseinandersetzung damit als interpositionelles Lernen zu bezeichnen. Wie auch immer die Sache im Einzelnen terminologisch gefasst wird, ist festzuhalten, dass der Religionsunterricht im Kontext interreligiöser und – darüber hinausgehend – interpositioneller Verständigungsfähigkeit zu profilieren ist. Nur so kann »exemplarisch gelernt werden, dass die Alternative zur Staatsreligion nicht die Religion als Privatangelegenheit ist«[1627]. Dass dabei die »Möglichkeiten der Darstellung von Religion im öffentlichen Raum [...] freilich erst wieder neu zu entdecken«[1628] sind, ist grundlegend und stellt auch an den Religionsunterricht besondere Anforderungen, insofern die Öffentlichkeitsdimension immer mit zu bedenken ist.

Ein positioneller Religionsunterricht, der sich auf die christliche Lebensform bezieht und in Auseinandersetzung mit weiteren Lebensformoptionen danach fragt, was Menschen lernen sollten, um die Lebensform als Christ zu verstehen und, so sie es wollen, für sich in Anspruch zu nehmen, bietet dafür gute Möglichkeiten. Dadurch werden Kinder und Jugendliche »zum einen befähigt, sich verantwortlich hinsichtlich ihrer Daseins- und Wertorientierung zu entscheiden, zum anderen andere Menschen zu verstehen, die ihr Leben wesentlich aus christlichen, ja im weiteren Sinne religiösen Motiven gestalten«[1629]. Der Religionsunterricht kann dann sowohl denen, die sich als religiös verstehen, als auch denjenigen, die das nicht tun, Impulse zur Perspektiverweiterung geben und so eröffnend und unterstützend wirken für eine Auseinandersetzung, die ein Leben lang anhält.

Religionspädagogisches Handeln ist dabei zweipolig zu gestalten: Einerseits zielt es auf Befähigung, also auf Fähigkeiten und Kompetenzen, die unterrichtlich zu vermitteln sind. Andererseits muss es aber immer auch im Blick haben, dass die erworbenen Fähigkeiten zur Anwendung gebracht werden können. Sonst besteht die Gefahr, dass sie

1626 Barth, Konfessionslos glücklich, 211 f.

1627 Dressler, Religiöse Bildung und Schule, 98.

1628 Ebd.

1629 Vgl. Grethlein, Fachdidaktik, 272.

auf der Ebene des Postulats verbleiben und letztlich irrelevant sind. Befähigung und Bevollmächtigung sind im Zusammenhang zu sehen. Für eine gelingende Lebensführung braucht es beides gleichermaßen.

Eine solche Profilierung verlangt nach einem *kooperativen Religionsunterricht*, und zwar nach innen wie nach außen. Nach innen wird er immer auch daraufhin ausgerichtet sein, authentische Begegnungen zu ermöglichen und Bezüge zur Praxis Religion herzustellen, ohne dabei die Begrenzungen des Lernorts Schule unzulässig zu überschreiten. Es geht um eine pädagogisch zu reflektierende Praxis, die beispielsweise in beobachtender Teilnahme im Rahmen eines Lernortwechsels ermöglicht wird. Nach außen korrespondiert dem das Bemühen um Austausch und Verständigung, um die eigene Position einbringen zu können. Der Gedanke der Fächergruppe bietet hier viel Potenzial, weil er innerhalb des schulischen Rahmens gleichsam »natürliche« Kooperationspartner identifiziert, mit denen der Religionsunterricht durch Inhalte und Aufgaben verbunden ist. Insofern kann guter Religionsunterricht nie nur ein auf sich selbst bezogener Unterricht sein, sondern muss immer auch die Verständigung mit anderen suchen. Nur so kann das Potenzial der Positionalität vollauf zur Entfaltung kommen und für die Schülerinnen und Schüler orientierend sein.

Begrifflich könnte das im Terminus eines kooperativen Religionsunterrichts gefasst werden. Er ist zum einen auf die Kooperation zwischen dem evangelischen und katholischen und – so vorhanden – auf alle weiteren Formen von Religionsunterricht bezogen. Zum anderen hat der Religionsunterricht immer auch die Kooperation mit dem Ethikunterricht zu suchen.[1630] Das Potenzial, das im Projekt einer Fächergruppe liegt, ist sehr groß. Bisher kommt es jedoch nur in Ansätzen zur Entfaltung.

»Pluralität ist in ihrem Kern Differenz.«[1631] Entscheidend ist es, damit umgehen zu lernen. Dies ist aber nur möglich, wenn sie nicht von vornherein ausgeblendet und Lehrkräften sowie ihren Schülerinnen und Schülern in pädagogischen Arrangements zugemutet wird.

1630 Vgl. Kultusministerium Sachsen-Anhalt, Ethik- und Religionsunterricht. Anregend sind hier nicht zuletzt die Hinweise zu schulpraktischen und -organisatorischen Gestaltungsmöglichkeiten (wahldifferenzierte Phasen im Kurssystem, Arbeitsgemeinschaften, Projektunterricht).

1631 Nipkow, Bildung in einer pluralen Welt Bd. 1, 176 (im Original teilweise kursiv).

Wird Religion zur Privatsache erklärt und taucht beispielsweise in der Schulöffentlichkeit nicht auf, dann ist das nicht nur für den Religionsunterricht bedauerlich, sondern vor allem hinsichtlich verpasster Lernchancen äußerst problematisch. Auf diese Weise werden Vorurteile ungebrochen weitertradiert. »Normalität« allerdings »gibt aus sich heraus nicht zu denken«[1632]. Es braucht irritierende Momente, die Differenz sichtbar machen und Wege aufweisen, damit umzugehen. »Differenzsensible Verständigung«[1633] heißt dabei die Aufgabe.

6.4.4 Weiterführende Literatur

Michael Domsgen/Harald Schwillus (Hg.), Der Religionsunterricht der Zukunft. Modelle auf dem Prüfstand mit Blick auf Sachsen-Anhalt (Religionspädagogik im Kontext 10), Berlin 2019.

Eva-Maria Kenngott/Rudolf Englert/Thorsten Knauth (Hg.), Konfessionell – interreligiös – religionskundlich. Unterrichtsmodelle in der Diskussion (Praktische Theologie heute 136), Stuttgart 2015.

Saskia Eisenhardt/Kathrin S. Kürzinger/Elisabeth Naurath/Uta Pohl-Patalong (Hg.), Religion unterrichten in Vielfalt. konfessionell – religiös – weltanschaulich, Göttingen 2019.

Georg Langenhorst, Trialogische Religionspädagogik. Interreligiöses Lernen zwischen Judentum, Christentum und Islam, Freiburg/Basel/Wien 2016.

Konstantin Lindner/Mirjam Schambeck/Henrik Simojoki/Elisabeth Naurath (Hg.), Zukunftsfähiger Religionsunterricht. Konfessionell – kooperativ – kontextuell, Freiburg/Basel/Wien 2017.

Rainer Möller/Clauß Peter Sajak/Mouhanad Khorchide (Hg.), Kooperation im Religionsunterricht: Chancen und Grenzen interreligiösen Lernens. Beiträge aus evangelischer, katholischer und islamischer Perspektive, Münster 2017.

Ulrich Riegel, Wie Religion in Zukunft unterrichten? Zum Konfessionsbezug des Religionsunterrichts von (über-)morgen, Stuttgart 2018.

Zekirija Sejdini/Martina Kraml/Matthias Scharer, Mensch werden. Grundlagen einer interreligiösen Religionspädagogik und -didaktik aus muslimisch-christlicher Perspektive (Studien zur interreligiösen Religionspädagogik), Stuttgart 2017.

1632 Jäggle, Religiöse Pluralität, 274.

1633 Schweitzer, Religion als ›Maß‹, 36.

7. Ausblick

Eine Religionspädagogik kann nur als kontextuelle Religionspädagogik sinnvoll entwickelt werden. Das lässt sich deutlich in den unterschiedlichen Perspektiven erkennen, die in diesem Lehrbuch entfaltet und reflektiert wurden.

Der Praktische Theologe HANS-GÜNTER HEIMBROCK (geb. 1948) hat schon vor 15 Jahren auf den »Lebensweltbezug« (und das heißt auf den »Standortbezug«) von Lernprozessen hingewiesen, den es konstitutiv aufzunehmen gilt. Nur so kann »verhindert werden, dass religiöse Bildung auf Weitergabe quasi kontextfreier abstrakter Lehrsätze reduziert wird«[1634]. Letztlich gibt es keine Religionsunterrichts- oder Konfirmandenarbeits-Modelle mehr, die für alle gleichermaßen gelten würden. Wenn HEIMBROCK von einem »Lernen jenseits der falschen Vereinseitigungen von globaler Uniformisierung eines ›überkulturellen‹ Gesamt-Weltbildes wie jenseits einer partikularistisch verengten oder gar fundamentalisierenden Verherrlichung von Heimatbezug«[1635] spricht, so markiert er damit wesentliche Eckpunkte religionspädagogischen Denkens und Handelns.

Eine Religionspädagogik als Theorie evangelischen Empowerments agiert in der damit skizzierten Perspektive. Sie versucht, sich an den »›konkreten Anliegen konkreter Menschen‹ an jeweils konkreten Orten«[1636] zu orientieren, und nimmt damit die Programmatik kontextueller Theologie auf, die darauf abhebt, ihre Theoriebildung »nicht in neutraler Wissenschaftlichkeit [...] zu praktizieren, sondern engagiert und konkret im Blick auf bestimmte kulturelle, soziale, politische und ökonomische Problemlagen hin zu entwerfen«[1637]. Kontextuelle Theo-

1634 Heimbrock, Religionsunterricht, 221.

1635 Ebd.

1636 Bucher, Befähigung und Bevollmächtigung, 35.

1637 Dalferth, Kontextuelle Theologie, 35. Die folgenden Seitenangaben im Text beziehen sich darauf.

logie ist engagierte Theologie. Vergleichbares gilt auch für eine kontextuelle Religionspädagogik. Sie weiß um ihre Verwobenheit in die jeweiligen lebensweltlichen Voraussetzungen und versteht sich so als eine teilnehmende und mitstreitende Wissenschaft. Das schließt auch das Wissen um eigene Begrenzungen und die Notwendigkeit zur ständigen Weiterentwicklung eigener Theoriekonzepte mit ein.

Ingolf U. Dalferth erinnert in seiner kritischen Auseinandersetzung mit dem Programm kontextueller Theologie an die »wechselseitig[e] Konstitution von ›context and concern‹« (38). »Bestimmte Kontexte werfen bestimmte Fragen auf und stellen bestimmte Herausforderungen dar, und bestimmte Fragen und Anliegen lassen bestimmte Problemlagen und Zusammenhänge im Leben der Menschen als Kontexte theologischen Denkens relevant werden.« (39)

Damit wird ein dynamisches und letztlich unabschließbares Denken eröffnet, das verschiedene Horizonte und Perspektiven beschreibt und jeweils aufeinander zu beziehen versucht. Es macht ernst mit der Erkenntnis, dass wir »nicht im Stand absoluter Wahrheitserkenntnis« leben, »sondern mit relativen und revisionsbedürftigen Einsichten, auch im religiösen Leben. Das schließt absolute Entscheidungen und Festlegungen auf Unbedingtes und Letztgültiges nicht aus. Aber sie lassen sich nicht begründungstheoretisch durch vernünftiges Abwägen aller Alternativen im Denken als allgemein gültig absichern, sondern werden uns von Handlungssituationen abverlangt, in denen wir immer nur riskante Entscheidungen unter immer noch größerer Unwissenheit treffen können, weil uns das Leben keine Zeit lässt, alles immer weiterzu-bedenken: Nur im Handeln, nicht aber im Denken gibt es letzte Gründe.«[1638]

Was Dalferth hier subjektivitätstheoretisch formuliert, kann religionspädagogisch gut eingebunden und fruchtbar gemacht werden. Auch und gerade eine Religionspädagogik als Theorie evangelischen Empowerments versteht sich als riskante, und das heißt eben auch als entdeckende, engagierte und bisweilen auch angreifbare Theorie, die auf der Reflexionsebene die Begrenztheit eigener Festlegungen von vornherein thematisiert, um auf der Handlungsebene couragiert agieren zu können.

1638 Dalferth, Die Wirklichkeit des Möglichen, 430 (im Original teilweise kursiv).

Literatur

Abels, Heinz/König, Alexandra: Sozialisation. Soziologische Antworten auf die Frage, wie wir werden, was wir sind, wie gesellschaftliche Ordnung möglich ist und wie Theorien der Gesellschaft und der Identität ineinander spielen, Wiesbaden 2010.

Adam, Gottfried/Lachmann, Rainer: Begründungen des schulischen Religionsunterrichts, in: Martin Rothgangel/Gottfried Adam/Rainer Lachmann (Hg.), Religionspädagogisches Kompendium, Göttingen 72012, 144–159.

Ders./Englert, Rudolf/Lachmann, Rainer/Mette, Norbert (Hg.): Gott. Ein religionspädagogischer Reader, Münster 2014.

Ders.: Konfirmandenarbeit: Profil und Perspektiven, in: Gottfried Adam/Rainer Lachmann (Hg.), Neues Gemeindepädagogisches Kompendium, Göttingen 2008, 255–281.

Ders./Lachmann, Rainer: Neues Gemeindepädagogisches Kompendium (Arbeiten zur Religionspädagogik 40), Göttingen 2008.

Ders.: Religionslehrerin/Religionslehrer: Beruf – Person – Kompetenz, in: Martin Rothgangel/Gottfried Adam/Rainer Lachmann (Hg.), Religionspädagogisches Kompendium, Göttingen 72012, 292–309.

Ders./Rainer, Lachmann: Was ist Gemeindepädagogik?, in: Dies. (Hg.), Neues Gemeindepädagogisches Kompendium, Göttingen 2008, 15–39.

Affolderbach, Martin/Kirchhoff, Hans-Ulrich (Hg.): Miteinander leben lernen. Zum Gespräch der Generationen in der christlichen Gemeinde, Gütersloh 1985.

Albert, Matthias/Hurrelmann, Klaus/Quenzel, Gudrun: 17. Shell Jugendstudie Jugend 2015, Frankfurt a. M. 2015.

Albertz, Rainer: Persönliche Frömmigkeit und offizielle Religion. Religionsinterner Pluralismus in Israel und Babylon (CThM.BW 9), Stuttgart 1978.

Ders.: Religionsgeschichte in alttestamentlicher Zeit. Bd. 1: Von den Anfängen bis zum Ende der Königszeit (ATD Ergänzungsreihe 8/1), Göttingen 1992.

Albrecht, Christian: Kasualtheorie. Geschichte, Bedeutung und Gestaltung kirchlicher Amtshandlungen (PThGG 2), Tübingen 2006.

Alheit, Peter: »Biografizität« als Schlüsselkompetenz in der Moderne, Vortrag 2006, 9 S., unter: http://freiealtenarbeitgoettingen.de/cms/upload/2_LERNEN/pdf-Dateien/Alheit_Biographizitaet_2006.

Ders.: »Biographizität« als Lernpotential: Konzeptionelle Überlegungen zum biographischen Ansatz in der Erwachsenenbildung, in: Heinz-Hermann Krüger/Winfried Marotzki (Hg.), Erziehungswissenschaftliche Biographieforschung,

(Studien zur Erziehungswissenschaft und Bildungsforschung 6), Opladen 1995, 276–307.

Altmeyer, Stefan: Ästhetik, in: Burkhard Porzelt/Alexander Schimmel (Hg.), Strukturbegriffe der Religionspädagogik, Bad Heilbrunn 2015, 205–210.

Ders.: Art. Identität, in: Wissenschaftlich-Religionspädagogisches Lexikon im Internet (www.wirelex.de) 2016, unter: https://www.bibelwissenschaft.de/stichwort/100197/.

Ders.: Religionsunterricht, katholisch, in: Wissenschaftlich-Religionspädagogisches Lexikon im Internet (www.wirelex.de) 2015, unter: https://www.bibelwissenschaft.de/stichwort/100104/.

Arnold, Karl Heinz/Hascher, Tina/Messner, Rudolf/Niggli, Alois/Patry, Jean-Luc/Rahm, Sibylle: Empowerment durch Schulpraktika. Perspektiven wechseln in der Lehrerbildung, Bad Heilbrunn 2010.

Artelt, Cordula/Baumert, Jürgen/Klieme, Eckhard/Neubrand, Michael/Prenzel, Manfred/Schiefele, Ulrich/Schneider, Wolfgang/Schümer, Gundel/Stanat, Petra/Tillmann, Klaus-Jürgen/Weiß, Manfred (Hg.): PISA 2000. Zusammenfassung zentraler Befunde, Berlin 2001, unter: https://www.mpib-berlin.mpg.de/Pisa/ergebnisse.pdf.

Arzt, Sylvia/ Jakobs, Monika/Knauth, Thorsten/Pithan, Annebelle: Gender und Religionspädagogik der Vielfalt. Einleitung, in: Annebelle Pithan/Silvia Arzt/Monika Jakobs/Thorsten Knauth (Hg.), Gender, Religion, Bildung. Beiträge zu einer Religionspädagogik der Vielfalt, Gütersloh 2009, 9–28.

Augst, Kristina: Religion in der Lebenswelt junger Frauen aus sozialen Unterschichten, Stuttgart 2000.

Autorengruppe Bildungsberichterstattung: Bildung in Deutschland kompakt 2018. Zentrale Befunde des Bildungsberichts Bielefeld 2018, 2, unter: https://www.kmk.org/fileadmin/Dateien/pdf/PresseUndAktuelles/2018/Kurzfassung_Bildung_in_Deutschland_2018.pdf.

Baacke, Dieter/Röll, Franz-Josef (Hg.): Weltbilder, Wahrnehmung, Wirklichkeit. Bildung als ästhetischer Lernprozeß, Opladen 1995.

Baierlein, Ute/Kumher, Ulrich: Art. Schulseelsorge/Schulpastoral, in: Wissenschaftlich-Religionspädagogisches Lexikon im Internet (www.wirelex.de), 2016, unter: https://www.bibelwissenschaft.de/stichwort/100212/.

Baldermann, Ingo: Das Alphabet der Hoffnung buchstabieren, LM 29, 1990, 370–374.

Ders.: Die Bibel – Buch des Lernens. Grundzüge biblischer Didaktik, Berlin ²1986.

Ders.: Einführung in die Biblische Didaktik, Darmstadt 1996.

Bandura, Albert: Social Learning Theory, New York 1977.

Barrett, Justin L.: Do Children experience God as Adults do?, in: Jensine Andresen (Hg.), Religion in Mind. Cognitive Perspectives on Religious Belief, Ritual and Experience, Cambridge u. a. 2001, 173–190, 187.

Barth, Bertram/Flaig, Berthold Bodo/Schäuble, Norbert/Tautscher, Manfred (Hg.):

Praxis der Sinus-Milieus. Gegenwart und Zukunft eines modernen Gesellschafts- und Zielgruppenmodells. Wiesbaden 2018.

Barth, Hans-Martin, Das Vaterunser. Inspiration zwischen Religionen und säkularer Welt, Gütersloh 2016.

Ders.: Einander Priester sein. Allgemeines Priestertum in ökumenischer Perspektive (Veröffentlichungen des Konfessionskundlichen Instituts des Evangelischen Bundes 29), Göttingen 1990.

Ders.: Konfessionslos glücklich. Auf dem Weg zu einem religionstranszendenten Christsein, Gütersloh 2013.

Barth, Ulrich: Was ist Religion?, ZThK 93, 1996, 538–560.

Bartholomäus, Wolfgang: Einführung in die Religionspädagogik, Darmstadt 1983.

Basden, J. C.: Authentic Tasks as the Basis for Multimedia Design Curriculum, T. H. E. Journal 29, 2001, 16–18.

Baumann, Maurice: Weihnachtsfeier. Kindheitskultur des kreativen Konformismus, in: Christoph Morgenthaler/Roland Hauri (Hg.), Rituale im Familienleben. Inhalte, Formen und Funktionen im Verhältnis der Generationen, Weinheim/München 2010, 137–160.

Baumert, Jürgen/Lehmann, Rainer/u. a.: TIMSS – Mathematisch-naturwissenschaftlicher Unterricht im internationalen Vergleich. Deskriptive Befunde, Opladen 1997.

Baumgarten, Otto: Neue Bahnen. Der Unterricht in der christlichen Religion im Geist der modernen Theologie, Tübingen/Leipzig 1903.

Beck, Ulrich: Deutschland im internationalen Bildungsvergleich, in: Nelson Killius/Jürgen Kluge/Linda Reisch (Hg.), Die Zukunft der Bildung, Frankfurt a. M. [4]2002, 100–150.

Ders.: Die Metamorphose der Welt, Berlin 2017.

Ders.: Freiheit oder Kapitalismus. Gesellschaft neu denken. Ulrich Beck im Gespräch mit Johannes Willms, Frankfurt a. M. 2000.

Ders./Beck-Gernsheim, Elisabeth: Nicht Autonomie, sondern Bastelbiographie. Anmerkungen zur Individualisierungsthese am Beispiel des Aufsatzes von Günter Burkart, ZfS 22, 1993, 178–187.

Ders.: Risikogesellschaft. Auf dem Weg in eine andere Moderne, Frankfurt a. M. 1986.

Beck-Gernsheim, Elisabeth: Was kommt nach der Familie? Einblicke in neue Lebensformen, München [2]2000.

Beck-Mathieu, Günter: Gemeindepfarrer als Religionslehrer. Empirische Studien zu Selbstverständnis, Handeln im System Schule und Nachbarschaft von Schule und Gemeinde (APrTh 61), Leipzig 2015.

Becker, Jürgen: Jesus von Nazareth, Berlin/New York 1996.

Becker, Oliver Arranz/Lois, Daniel/Steinbach, Anja: Kontexteffekte in Familien – Angleichung von Paaren und intergenerationale Transmission am Beispiel Religiosität, Kölner Zeitschrift für Soziologie und Sozialpsychologie 66, 2014, 417–444.

Becker, Ulrich: Art. Ökumenisches Lernen, in: LexRP II, 2001, 1443–1448.

Bedford-Strohm, Heinrich/Jung, Volker (Hg.): Vernetzte Vielfalt. Kirche angesichts von Individualisierung und Säkularisierung: die fünfte EKD-Erhebung über Kirchenmitgliedschaft, Gütersloh 2015.

Bednarek-Gillnand, Antje: Sinn und Sinnlosigkeit im Leben von Langzeitarbeitslosen. Empirische Ergebnisse und kritische Anregungen, in: Anika Füser/Gunther Schendel/Jürgen Schönwitz (Hg.), Beruf und Berufung. Wie aktuell ist das reformatorische Berufsverständnis?, Leipzig 2017, 198–225.

Beier, Miriam/Gabriel, Holger/Rieger, Hans-Martin/Wermke, Michael (Hg.): Religion und Bildung – Ressourcen im Alter? Zwischen dem Anspruch auf Selbstbestimmung und der Einsicht in die Unverfügbarkeit des Lebens (Studien zur religiösen Bildung 12), Leipzig 2017.

Beile, Hartmut: Kinder glauben anders. Religiosität in der Familie aus entwicklungspsychologischer Sicht, in: Albert Biesinger/Herbert Brendel (Hg.), Gottesbeziehung in der Familie. Familienkatechetische Orientierungen von der Kindertaufe bis ins Jugendalter, Ostfildern 2000, 44–72.

Ders.: Religiöse Emotionen und religiöses Urteil. Eine empirische Studie über Religiosität bei Jugendlichen, Ostfildern 1998.

Benthaus-Apel, Friederike: Lebensstilspezifische Zugänge zur Kirchenmitgliedschaft, in: Johannes Friedrich/Wolfgang Huber/Peter Steinacker (Hg.), Kirche in der Vielfalt der Lebensbezüge. Die vierte EKD-Erhebung über Kirchenmitgliedschaft, Gütersloh 2006, 205–236.

Berger, Peter: Der Zwang zur Häresie. Religion in der pluralistischen Gesellschaft, Frankfurt a. M. 1980.

Ders./Luckmann, Thomas: Die gesellschaftliche Konstruktion der Wirklichkeit. Eine Theorie der Wissenssoziologie, Frankfurt a. M. [23]2010.

Bergold, Ralph/Boschki, Reinhold: Einführung in die religiöse Erwachsenenbildung, Darmstadt 2014.

Bergunder, Michael: Art. Säkularisation/Säkularisierung, in: RGG[4] VII, Tübingen 2004, 774 f.

Ders.: Was ist Religion? Kulturwissenschaftliche Überlegungen zum Gegenstand der Religionswissenschaft, Zeitschrift für Religionswissenschaft 19, 2011, 3–55.

Berteaux, Daniel/Berteaux-Wiame, Isabelle: »Was du ererbt von deinen Vätern ...«. Transmissionen und soziale Mobilität für fünf Generationen, BIOS. Zeitschrift für Biographieforschung, Oral History und Lebensverlaufsanalysen 4, 1991, 13–40.

Bertram, Hans: Die multilokale Mehrgenerationenfamilie – Von der neolokalen Gattenfamilie zur multilokalen Mehrgenerationenfamilie, in: Michael Feldhau/Niels Logemann/Monika Schlegel (Hg.), Blickrichtung Familie. Vielfalt eines Forschungsgegenstandes, Würzburg 2003, 15–32.

Ders.: Familienwandeln und Generationsbeziehungen, in: Hans Peter Buba/Norbert F. Schneider (Hg.), Familie. Zwischen gesellschaftlicher Prägung und individuellem Design, Opladen 1996, 61–79.

Betz, Susanne: Familie braucht Rituale, in: Bildung und Familie. Jahrbuch für kirchliche Bildungsarbeit 2008/2009, hg. v. Hartmut Rupp und Christoph Th. Scheilke, Stuttgart 2008, 101–108.

Beutel, Albrecht: Protestantische Konkretionen. Studien zur Kirchengeschichte, Tübingen 1998.

Ders.: Vom Nutzen und Nachteil der Kirchengeschichte. Begriff und Funktion einer theologischen Kerndisziplin, in: Ders., Protestantische Konkretionen. Studien zur Kirchengeschichte, Tübingen 1998, 1–27.

Beutelsbacher Konsens, unter: http://www.bpb.de/die-bpb/51310/beutelsbacher-konsens.

Biehl, Peter: Die Gottesebenbildlichkeit des Menschen und das Problem der Bildung – Zur Neufassung des Bildungsbegriffs in religionspädagogischer Perspektive, in: Ders./Karl Ernst Nipkow: Bildung und Bildungspolitik in theologischer Perspektive (Schriften aus dem Comenius-Institut 7), Münster 2003, 9–102.

Ders.: Jan Amos Comenius (1592–1670), in: Henning Schröer/Dietrich Zilleßen (Hg.), Klassiker der Religionspädagogik, 47–73.

Ders.: Art. Säkularisierung, in: LexRP II, Neukirchen-Vluyn 2001, 1888–1892.

Ders.: Art. Symboldidaktik, in: LexRP II, Neukirchen-Vluyn 2001, 2074–2079.

Ders.: Symbole geben zu lernen. Einführung in die Symboldidaktik anhand der Symbole Hand, Haus und Weg (WdL 6), unter Mitarbeit von Ute Hinze und Rudolf Tammeus, Neukirchen-Vluyn [2]1991.

Ders.: Theologische Aspekte des Bildungsverständnisses, EvErz 43, 1991, 575–591.

Bienert, Wolfgang A.: Art. Katechese/Katechetik, in: RGG[4] IV, Tübingen 2001, 853–860.

Biesinger, Albert/Edelbrock, Anke/Schweitzer, Friedrich (Hg.): Auf die Eltern kommt es an! Interreligiöse und Interkulturelle Bildung in der Kita (Interreligiöse und Interkulturelle Bildung im Kindesalter 2), Münster/New York/München/Berlin 2011.

Biewald, Jörg: Zwischen zwei Göttern? – Das doppelte Gottesbild bei Kindern und Erwachsenen, in: Anton Bucher/Gerhard Büttner/Petra Freudenberger-Lötz/Martin Schreiner (Hg.), »Sehen kann man ihn ja, aber anfassen …?« Zugänge zur Christologie von Kindern, (JaBuKi 7), Stuttgart 2008, 91–110.

Bird, Katherine/Hübner, Wolfgang: Handbuch der Eltern- und Familienbildung mit Familien in benachteiligten Lebenslagen, Opladen/Berlin/Toronto 2013.

Blasberg-Kuhnke, Martina: Die Erfahrung unbedingt erwünscht zu sein, in: Sekretariat der Deutschen Bischofskonferenz, Kirchenamt der EKD (Hg.), Worauf du dich verlassen kannst: Miteinander leben in Ehe und Familie, Aachen 1998, 16–18.

Dies.: Familie, in: Wissenschaftlich-Religionspädagogisches Lexikon im Internet (www.wirelex.de) 2015, unter: https://www.bibelwissenschaft.de/stichwort/100100/.

Blaszcyk, Sabine: Martin Luther. Ein Bild von einem Mann. Meinungsäußerungen von Jugendlichen aus Sachsen-Anhalt zu Martin Luther, in: Sabine Blaszcyk/Joachim Liebig (Hg.), Luther – Ein Bild von einem Mann. Meinungsbilder von

Jugendlichen aus Sachsen-Anhalt. Eine wissenschaftliche Studie und deren religionspädagogische Impulse mit den Lehren für die Praxis, Halle 2017, 17–97.

Bloth, Peter C.: Konfessioneller als konfessorischer Religionsunterricht, EvTh 34, 1974, 349–356.

Bock, Wolfgang: Islamischer Religionsunterricht oder Religionskunde? Zu ihren verfassungsrechtlichen Rahmenbedingungen, in: Ders. (Hg.), Islamischer Religionsunterricht? Rechtsfragen, Länderberichte, Hintergründe, Tübingen 2006, 3–32.

Bockwoldt, Gerd: Religionspädagogik. Eine Problemgeschichte (Kohlhammer Urban Taschenbücher 183), Stuttgart/Berlin/Köln/Mainz, 1977.

Böhme, Waltraud: Art. Bildung und Erziehung, Kleines Politisches Wörterbuch, Berlin [7]1988, 139 f.

Bohne, Gerhard: Das Wort Gottes und der Unterricht, Berlin [3]1965.

Borck, Karin/Schluß, Henning: Religion unterrichten in Brandenburg, in: Martin Rothgangel/Bernd Schröder (Hg.), Evangelischer Religionsunterricht in den Ländern der Bundesrepublik Deutschland. Empirische Daten – Kontexte – Entwicklungen, Leipzig 2009, 95–108.

Boschki, Reinhold: »Aldi oder Lidl?« – Konfessionelle Differenz und Identitätskonstruktion in Zeiten konfessioneller Indifferenz, in: Konstantin Lindner/Mirjam Schambeck/Henrik Simojoki/Elisabeth Naurath (Hg.), Zukunftsfähiger Religionsunterricht. Konfessionell – kooperativ – kontextuell, Freiburg/Basel/Wien 2017, 159–173.

Ders.: Einführung in die Religionspädagogik. In Zusammenarbeit mit Stefan Altmeyer und Julia Münch, Darmstadt [2]2012.

Ders.: Art. Subjekt, in: Wissenschaftlich-Religionspädagogisches Lexikon im Internet (www.wirelex.de), 2017, unter: https://www.bibelwissenschaft.de/stichwort/100312/.

Boyd, Danah/Crawford, Kate: Bit Data als kulturelles, technologisches und wissenschaftliches Phänomen. Sechs Provokationen, in: Heinrich Geiselberger/Tobias Moorstedt (Hg.), Big Data. Das neue Versprechen der Allwissenheit, Berlin [2]2013, 187–218).

Böttrich, Christfried: Bekenntnis (NT), in: Das wissenschaftliche Bibellexikon im Internet (www.wibilex.de) 2015, unter: https://www.bibelwissenschaft.de/stichwort/49971/.

Bower, Gordon H./Hilgard, Ernest R.: Theorien des Lernens. 1, Stuttgart 1983.

Bransford, John D.: Who gonna call? Thoughts about teaching problem solving, in: P. Hallinger/K. Leithwood/J. Murphy (Hg.), Cognitive perspectives on educational leadership, New York 1993, 2–30.

Brauer-Noss, Stefanie: Unter Druck: Kirchenreform aus der Leitungsperspektive. Eine empirische Studie zu drei Evangelischen Landeskirchen, Leipzig 2017.

Brockmann, Gerhard/Stoodt, Dieter: Schülerorientierung als Situationserschließung und Situationsbearbeitung (WPKG 65), Göttingen 1976, 256–269.

Bronk, Kay-Ulrich: Der Flug der Taube und der Fall der Mauer. Die Wittenberger Gebete um Erneuerung im Herbst 1989 (APrTh 16), Leipzig 1999.

Bruner, Jerome S.: Actual minds, possible worlds, Cambridge 1986.

Bubmann, Peter/Doyé, Götz/Keßler, Hildrun/Oesselmann, Dirk/Piroth, Nicole/ Steinhäuser, Martin (Hg.): Gemeindepädagogik, Berlin/Boston 2012.

Bucher, Anton A.: Familie und religiöse Sozialisation, in: Michael Krüggeler/Fritz Stolz (Hg.), Ein jedes Herz in seiner Sprache ... Religiöse Individualisierung als Herausforderung für die Kirchen, Zürich/Basel 1997, 129–139.

Ders.: Kindertheologie: Provokation? Romantizismus? Neues Paradigma?, in: Ders./ Gerhard Büttner/Petra Freudenberger-Lötz/Martin Schreiner (Hg.), »Mittendrin ist Gott«. Kinder denken nach über Gott, Leben und Tod, Jahrbuch für Kindertheologie 1, 9–27.

Bucher, Georg: Befähigung und Bevollmächtigung. Interpretative Vermittlungsversuche zwischen »Allgemeinem Priestertum« und »empowerment«-Konzeptionen in religionspädagogischer Absicht, Diss. Uni Halle 2019.

Ders./Domsgen, Michael: Empowerment in religionspädagogischer Perspektive – Überlegungen zu einem Konzept mit theologischem und pädagogischem Potenzial vor dem Hintergrund gegenwärtiger Herausforderungen, ZThK 113, 2016, 407–439.

Buck, Eberhard: Volkskirche aus ostdeutscher Sicht. Anmerkungen aus der Praxis, in: Bernd-Michael Haese/Uta Pohl-Patalong (Hg.), Volkskirche weiterdenken. Zukunftsperspektiven der Kirche in einer religiös pluralen Gesellschaft, Stuttgart 2010, 133–146.

Budde, Gunilla: Kraftentfaltung in der Krise. Familie aus historischer Sicht, Forschung und Lehre 12, 2015, 988–991.

Büttner, Gerhard: Abschied von Piaget?, Katechetische Blätter 135, 2010, 208–212.

Ders.: Die Praxis der Evangelischen Unterweisung. Neue Zugänge zu einem ‚alten' Konzept, Jena 2004.

Ders./Dieterich, Veit-Jakobus (Hg.): Die religiöse Entwicklung des Menschen. Ein Grundkurs, Stuttgart 2000.

Ders./Dieterich, Veit-Jakobus: Entwicklungspsychologie in der Religionspädagogik (UTB 3851), Göttingen ²2016.

Ders./Freudenberger-Lötz, Petra/Kalloch, Christina/Schreiner, Martin (Hg.): Handbuch Theologisieren mit Kindern. Einführung – Schlüsselthemen – Methoden, Stuttgart/München 2014.

Ders.: Konstruktivistische Perspektiven für den Religionsunterricht – Einleitende Überlegungen, in: Ders. (Hg.), Lernwege im Religionsunterricht. Konstruktivistische Perspektiven, Stuttgart 2006, 9–21.

Ders.: Lernwege im Religionsunterricht. Konstruktivistische Perspektiven, Stuttgart 2006.

Ders./Mendl, Hans/Reis, Oliver/Roose, Hanna (Hg.): Religion lernen. Jahrbuch für konstruktivistische Religionsdidaktik, Bd. 1: Lernen mit der Bibel, Bd. 2: Kirchengeschichte, Bd. 3: Lernumgebungen, Bd. 4: Ethik, Hannover 2010-2013,

Bd. 5: Unterricht planen, Bd. 6: Glaubenswissen, Bd. 7: Narrativität, Bd. 8 Religiöse Pluralität, Babenhausen 2014–2017.

Ders.: Schulseelsorge, in: Wilfried Engemann (Hg.), Handbuch der Seelsorge. Grundlagen und Profile, Leipzig 32016, 627–641.

Bultmann, Rudolf: Neues Testament und Mythologie. Das Problem der Entmythologisierung der neutestamentlichen Verkündigung (1941), Nachdruck München 1988.

Ders.: Welchen Sinn hat es, von Gott zu reden?, in: Ders., Glauben und Verstehen. Gesammelte Aufsätze, Tübingen 1933, 26–37.

Bund der Evangelischen Kirchen in der DDR. Kommission für Kirchliche Jugendarbeit, Arbeitsgemeinschaft Christlicher Jugend (Hg.): Bericht über die Konsultation zur Situation Jugendlicher, USB-Nr. 436/88, masch. 10 S.

Bund der Evangelischen Kirchen in der DDR (Hg.): Rahmenplan für die kirchliche Arbeit mit Kindern und Jugendlichen (Konfirmanden), Sonderdruck Berlin 1977.

Bundesministerium für Familie, Senioren, Frauen und Jugend, Statistisches Bundesamt (Hg.): Wo bleibt die Zeit? Die Zeitverwendung der Bevölkerung in Deutschland 2001/02, o. O. 2003.

Dass.: Zwölfter Kinder- und Jugendbericht. Bericht über die Lebenssituation junger Menschen und die Leistungen der Kinder- und Jugendhilfe in Deutschland. – Zwölfter Kinder- und Jugendbericht – Bildung, Betreuung und Erziehung vor und neben der Schule, Bonn 2005.

Bundesverfassungsgericht: Beschluss des Ersten Senats vom 27. Januar 2015, 1 BvR 471/10 – Rn. (1–31), http://www.bverfg.de/e/rs20150127_1bvr047110.html.

Bundesverfassungsgericht, Beschluss vom 17. Dezember 1975, BVerfGE 41, 29 – Simultanschule, 141, http://www.servat.unibe.ch/dfr/bv041029.html.

Dass.: Teilnahme konfessionsfremder Schüler am RU. Urteil v. 25.02.1987, Akz. 1 BvR 47/84, in: BVerfGE 74, 244–256, unter: http://datenbank.flsp.de/flsp/lpext.dll/Infobase8/r/religionsunterricht/652nr15?fn=document-frame.htm&f=templates&2.0#.

Burkhart, Günter: Die Entscheidung zur Elternschaft. Eine empirische Kritik von Individualisierungs- und Rational-Choise-Theorien, Stuttgart 1994.

Bürig-Heinze, Susanne/Rösener, Christiane/Schaper, Carolin/Stoebe, Katrin/Wenzel, Beate, Anforderungssituationen im kompetenzorientierten Religionsunterricht. 20 Beispiele, Göttingen 2014.

Comenius, Johann Amos: Pampaedia. Lateinischer Text und deutsche Übersetzung, 2. durchges. u. verb. Aufl., hg. von Dmitrij Tschizewskij (Editionen und Monographien 5), Heidelberg 1965.

Cyranka, Daniel: Missionsgebiete? Überlegungen zur Verortung von Theologien in Ostdeutschland, in: Michael Domsgen/Dirk Evers (Hg.), Herausforderung Konfessionslosigkeit. Theologie im säkularen Kontext, Leipzig 2014.

Ders.: Von der ›protestantischen Revolution‹ in den ›religionslosen Osten‹ – Überlegungen zur Macht von Repräsentationen, in: Daniel Cyranka/Henning Wrogemann (Hg.), Religion – Macht – Raum. Religiöse Machtansprüche und ihre medialen Repräsentationen (Veröffentlichungen der Wissenschaftlichen Gesellschaft für Theologie 56), Leipzig 2018, 141–154.

Dalferth, Ingolf U.: Die Wirklichkeit des Möglichen. Hermeneutische Religionsphilosophie, Tübingen 2003.

Ders.: Evangelische Theologie als Interpretationspraxis. Eine systematische Orientierung (ThLZ.F 11/12), Leipzig 2004.

Ders., Kontextuelle Theologie in einer globalen Welt, in: Thomas Flügge/Martin Ernst Hirzel/Frank Mathwig/Peter Schmid (Hg.), Wo Gottes Wort ist. Die gesellschaftliche Relevanz von Kirchen in der pluralen Welt, Festgabe für Thomas Wipf (Beiträge zu Theologie, Ethik und Kirche 6), Zürich 2010, 29–46.

Ders./Jüngel, Eberhard: Person und Gottesebenbildlichkeit, in: Franz Böckle u. a. (Hg.), Christlicher Glaube in moderner Gesellschaft. Teilband 24: Anthropologie und Theologie, Person und Gottebenbildlichkeit, System und Subjekt (Enzyklopädische Bibliothek), Freiburg 1981, 57–99.

Ders./Stoellger, Philipp: Perspektive und Wahrheit, in: Dies. (Hg.), Wahrheit in Perspektiven. Probleme einer offenen Konstellation, Tübingen 2004.

Ders.: Theologie und Gottes Gegenwart, in: Ingolf U. Dalferth (Hg.), Gedeutete Gegenwart. Zur Wahrnehmung Gottes in den Erfahrungen der Zeit, Tübingen 1997, 269–285.

Ders.: Wirkendes Wort. Bibel, Schrift und Evangelium im Leben der Kirche und im Denken der Theologie, Leipzig 2018.

Danilovich, Yauheniya: Deutsch als Zweitsprache. Religionspädagogische Herausforderungen und Chancen, ThLZ 142 , 2017, 1 ff.

Dies.: Religiöses Lernen im Jugendalter. Eine internationale Studie in der orthodoxen und evangelischen Kirche, Göttingen 2016.

Dannenfeldt, Astra: Gotteskonzepte bei Kindern in schwierigen Lebenslagen. Rostocker Langzeitstudie zu Gottesvorstellung und Gottesbeziehung von Kindern, die in mehrheitlich konfessionslosem Kontext aufwachsen, Jena 2009.

De Roos, Simone A.: Der Einfluss von Eltern und Erzieherinnen auf die Gottesbilder von Kindern, in: Albert Biesinger/Hans-Jürgen Kerner/Günther Klosinski/Friedrich Schweitzer (Hg.), Brauchen Kinder Religion? Neue Erkenntnisse – Praktische Perspektiven, Weinheim/Basel 2005, 80–94.

Degen, Roland: Art. Gemeindepädagogik, in: LexRP I, Neukirchen-Vluyn 2001, 682–687.

Demmrich, Sarah: Religiosität und Rituale. Empirische Untersuchungen an ostdeutschen Jugendlichen (APrTh 62), Leipzig 2016.

Demont, Oliver/Schenker, Dominik: Ansichten vom Göttlichen. 22 Jugendliche, Zürich 2009.

Die Deutsche Bischofskonferenz und die Evangelische Kirche in Deutschland (EKD): Zur Kooperation von Evangelischem und Katholischem Religionsunterricht in Deutschland, Bonn/Hannover 1998, unter: https://www.kirche-schule.de / damfiles/default/ kirche_und_schule/themen/religionsunterricht/Merkblatt_KoKoRU-cac597196b68248d71decd8b1207232dH.pdf.

Dierken, Jörg: Einleitung. Religion als Kommunikation von Ganzheits- und Kontrafaktizitätsbewusstsein, in: Ders., Ganzheit und Kontrafaktizität. Religion in der Sphäre des Sozialen, Tübingen 2014, 1–19.

Ders.: Inter-Subjektivität. Dimensionen ethischer Theologie, ZThK 108, 2011, 336–354.

Dinkmeyer, Don/Dreikurs, Rudolf: Ermutigung als Lernhilfe, Stuttgart 2004.

Döbert, Rainer: Oser/Gmünders Stadium 3 der religiösen Entwicklung im gesellschaftlichen Kontext: ein circulus vitiosus, in: Karl Ernst Nipkow/Friedrich Schweitzer/James Fowler (Hg.), Glaubensentwicklung und Erziehung, Gütersloh 1988.

Ders.: Religiöse Erfahrung und Religionsbegriff, Religionspädagogische Beiträge 14, 1984, 98–118.

Doedens, Folkert/Weiße, Wolfram: Religion unterrichten in Hamburg, in: Martin Rothgangel/Bernd Schröder (Hg.), Evangelischer Religionsunterricht in den Ländern der Bundesrepublik Deutschland. Empirische Daten – Kontexte – Entwicklungen, Leipzig 2009, 129–156.

Domsgen, Michael: Altersbeschränkung am Tisch des Herrn? Warum Kinder vom Abendmahl nicht ausgeschlossen werden dürfen, DtPfrBl 107, 2007, 184–189.

Ders.: Diagnose »konfessionslos« – was heißt das religionspädagogisch?, Loccumer Pelikan. Religionspädagogisches Magazin für Schule und Gemeinde des Religionspädagogischen Instituts Loccum 3, 2018, 4–9.

Ders.: Evangelium kommunizieren in einer mehrheitlich konfessionslosen Gesellschaft. Sechseinhalb Thesen in kirchentheoretischer Absicht, WzM 70, 2018, 165–180.

Ders.: »Familie ist, wo man nicht rausgeworfen wird.« Zur Bedeutung der Familie für die Theologie – Überlegungen in religionspädagogischer Perspektive, ThLZ 131, 2006, 467–486.

Ders.: Familie, Kirchengemeinde und Kindergarten. Impulse aus der Familienperspektive, PrTh 43, 2008, 292–297.

Ders.: Familie und Gemeinde. Erste Überlegungen zu einer angemessenen Bestimmung ihres Verhältnisses in der Kybernetik, Pastoraltheologie 95, 2006, 160–171.

Ders.: Familie und Religion. Grundlagen einer religionspädagogischen Theorie der Familie (APrTh 26), Leipzig [2]2006.

Ders.: Fremdheit bereichert die Gemeinde. Konfessionslosigkeit als Herausforderung, DtPfrBl 116, 2016, 16–19.

Ders.: Generation: Familie und Lebenserwartungen, in: Thomas Klie/Martin Kumlehn/Ralph Kunz (Hg.), Praktische Theologie des Alterns (PThW 4), Berlin/New York 2009, 257–281.

Ders.: Grundlagen und Ziele einer systemischen Religionspädagogik. Einführende Thesen, in: Ders. (Hg.), Religionspädagogik in systemischer Perspektive. Chancen und Grenzen, Leipzig 2009, 7–26.

Ders.: Hauptschüler in der Konfirmandenarbeit. Warum sie sich schwerer dafür begeistern lassen – Eine Spurensuche, in: Thomas Klie/Dietrich Korsch/Ulrike Wagner-Rau (Hg.), Differenzkompetenz. Religiöse Bildung in der Zeit, Leipzig 2012, 315–326.

Ders./Evers, Dirk (Hg.), Herausforderung Konfessionslosigkeit. Theologie im säkularen Kontext, Leipzig 2014.

Ders.: Jugendliche und Religion, Das Baugerüst 1, Zeitschrift für Jugend- und Bildungsarbeit, 2015, 6–9.

Ders.: Kaum gefragt, aber von grundlegender Bedeutung. Welchen Religionsunterricht finden Eltern eigentlich gut?, in: Christoph Bizer/Roland Degen/Rudolf Englert u. a. (Hg.), Was ist guter Religionsunterricht? Jahrbuch der Religionspädagogik 22, Neukirchen-Vluyn 2006, 136–147.

Ders.: Kindergarten und Gemeindeaufbau – wie passt das zusammen?, PTh 98, 2009, 33–47.

Ders.: Kirche auf dem Prüfstand. Perspektiven von Konfirmandinnen und Konfirmanden sowie deren Familien in Ost und West, in: Michael Domsgen/Emilia Handke (Hg.), Lebensübergänge begleiten. Was sich von Religiösen Jugendfeiern lernen lässt, Leipzig 2016, 122–139.

Ders.: Kirche in Ostdeutschland. Ein Plädoyer nicht nur für die Regionalisierung der Kirchentheorie, in: Birgit Weyel/Peter Bubmann (Hg.), Kirchentheorie. Praktisch-theologische Perspektiven auf die Kirche, Leipzig 2014, 63–79.

Ders.: Kirchliche Sozialisation: Familie, Kindergarten, Gemeinde, in: Jan Hermelink/Thorsten Latzel (Hg.), Kirche empirisch. Ein Werkbuch, Gütersloh 2008, 73–94.

Ders.: Kita und Familie. Chancen und Grenzen einer familienorientierten religionspädagogischen Arbeit, PTh 104, 2015, 87–92.

Ders., Schröder, Bernd (Hg.): Kommunikation des Evangeliums. Leitbegriff der Praktischen Theologie (APrTh 57), Leipzig 2014.

Ders.: Kommunikation des Evangeliums – Perspektiven der Lebensbegleitung, in: Michael Domsgen/Bernd Schröder (Hg.), Kommunikation des Evangeliums. Leitbegriff der Praktischen Theologie (APrTh 57), 2014, 75–85.

Ders.: Konfessionslosigkeit. Annäherungen an einen Leitbegriff in Ermangelung eines besseren, in: Ders./Dirk Evers (Hg.), Herausforderung Konfessionslosigkeit. Theologie im säkularen Kontext, Leipzig 2014, 11–27.

Ders./Haeske, Carsten: Konfirmandenarbeit und Konfirmation im Kontext der ostdeutschen Gesellschaft, in: Thomas Böhme-Lischewski/Volker Elsenbast/Carsten Haeske/Wolfgang Ilg/Friedrich Schweitzer (Hg.), Konfirmandenarbeit gestalten. Perspektiven und Impulse aus der Bundesweiten Studie zur Konfirmandenarbeit in Deutschland (Konfirmandenarbeit erforschen und gestalten 5), Gütersloh 2010, 237–248.

Ders.: »Mama, Herr D. hat mich gesegnet«. Schulgottesdienste in Ostdeutschland, Arbeitsstelle Gottesdienst 20, 2006, 27–35.

Ders.: Mission impossible? Religiöse Kommunikation in Ostdeutschland, in: Michael Domsgen/Dirk Evers (Hg.), Herausforderung Konfessionslosigkeit. Theologie im säkularen Kontext, Leipzig 2014, 233–244.

Ders.: Plädoyer für eine systemische Religionspädagogik, IJPT 11, 2007, 1–18.

Ders. (Hg.): Religionspädagogik in systemischer Perspektive. Chancen und Grenzen, Leipzig 2009.

Ders.: Religionsunterricht in Ostdeutschland. Die Einführung des evangelischen Religionsunterrichts in Sachsen-Anhalt als religionspädagogisches Problem (APrTh 10), Leipzig 1998.

Ders., Religionsunterrichtliche Lerndimensionen, in: Martin Rothgangel/Gottfried Adam/Rainer Lachmann (Hg.), Religionspädagogisches Kompendium, Göttingen 72012, 338–355.

Ders.: Religionsunterricht und Familie in Ostdeutschland. Überlegungen zu einem vernachlässigten Verhältnis, ZPT 57, 2005, 65–77.

Ders.: Religiöse Bildung in der Familie, in: Peter Schreiner/Friedrich Schweitzer (Hg.), Religiöse Bildung erforschen. Empirische Befunde und Perspektiven, Münster/New York, 53–65.

Ders.: Religiöse Bildung und Elternarbeit im schulischen Kontext, ZPT 69, 2017, 219–230.

Ders./Handke, Emilia: Religiöse Jugendfeiern, in: Michael Klöcker/Udo Tworuschka (Hg.), Handbuch der Religionen. Kirche und andere Glaubensgemeinschaften in Deutschland/im deutschsprachigen Raum, 50. Ergänzungslieferung, Band 1–9.5, Landsberg am Lech 2016, 1–14.

Ders.: Religiöse Pluralität anders wahrnehmen, in: Henning Schluß/Susanne Tschida/Thomas Krobath/Michael Domsgen (Hg.), Wir sind alle »andere«. Schule und Religion in der Pluralität, Göttingen 2015, 145–164.

Ders.: Schule und Religion in der Säkularität – Impulse für die weitere Diskussion, in: Ders./Henning Schluß/Matthias Spenn (Hg.), Was gehen uns »die anderen« an? Schule und Religion in der Säkularität, Göttingen 2012, 161–184.

Ders./Lütze, Frank: Schülerperspektiven zum Religionsunterricht. Eine empirische Untersuchung in Sachsen-Anhalt, Leipzig 2010.

Ders.: Schulische Religionspädagogik und Gemeindepädagogik – ein Spannungsfeld? Von der Notwendigkeit der Vernetzung, in: Hildrun Keßler/Götz Doyé (Hg.), Den Glauben denken, feiern und erproben. Erfolgreiche Wege der Gemeindepädagogik, Leipzig 2010, 91–104.

Ders.: Sensibilisieren, vor Augen führen und plausibilisieren. Lerntheoretische und schulpädagogische Perspektiven, ZPT 66, 2014, 243–252.

Ders.: Welche Kirche brauchen Familien? Eine Antwortskizze in sechs Schritten, epd/D 43, 2014, 21–24.

Ders.: Wenn Koordinaten sich verschieben. Zur Evangelizität der Religionspädagogik im mehrheitlich säkularen Kontext, TheoWeb 15, 2016, 92–103.

Ders.: Zur Bedeutung familialer Beziehungen für Theorie und Praxis der Gemeindepädagogik. Grundlegende Perspektiven, ZThK 106, 2009, 477–500.

Dorrance, Carmen/Dannenbeck, Clemens: UN-Behindertenrechtskonvention (UN-BRK), in: Kerstin Ziemen (Hg.), Lexikon Inklusion, Göttingen 2017, 226–228.

Doyé, Götz: Das Zusammenleben der Generationen in der Gemeinde; gemeinsam mit Kindern in der Gemeinde lernen, in: Dieter Reiher (Hg.), Kirchlicher

Unterricht in der DDR 1949–1990. Dokumentation eines Weges, Göttingen 1992, 193–200.

Ders.: Geht hin ... und lehrt. Gedanken zur katechetischen Arbeit in einer Kirche, die sich als Lerngemeinschaft versteht, CRP 39, 1986, 148–154.

Ders.: Religiöse Fragen Heranwachsender, in: Dieter Reiher (Hg.), Kirchlicher Unterricht in der DDR 1949–1990. Dokumentation eines Weges, Göttingen 1992, 147–152.

Dreier, Horst: Staat ohne Gott. Religion in der säkularen Moderne, München 2018.

Dressler, Bernhard.: Bildung – Religion – Kompetenz, ZPT 56, 2004, 258–263.

Ders./Klie, Thomas/Kumlehn, Martina: Der Umgang mit Performanz will gelernt sein, in: Dies., Unterrichtsdramaturgien. Fallstudien zur Performanz religiöser Bildung, Stuttgart 2012, 317–320.

Ders.: Performativer Religionsunterricht, in: Wissenschaftlich-Religionspädagogisches Lexikon im Internet (www.wirelex.de) 2015, unter: https://www.bibelwissenschaft.de/stichwort/100017/.

Ders.: Religionsunterricht. Bildungstheoretische Grundlegungen, Leipzig 2018.

Ders.: Religionsunterricht – mehr als Kompetenzorientierung!?, in: Andreas Feind/Volker Elsenbast/Peter Schreiner/Albrecht Schöll (Hg.), Kompetenzorientierung im Religionsunterricht, Münster 2009, 23–37.

Ders.: Religiöse Bildung und Schule, in: Peter Schreiner/Ursula Sieg/Volker Elsenbast (Hg.), Handbuch Interreligiöses Lernen, Gütersloh 2005, 86–101.

Ders. (Hg.): Schulgottesdienst feiern. Eine Orientierungshilfe der Liturgischen Konferenz, Gütersloh 2012.

Ders.: Unterscheidungen. Religion und Bildung (ThLZ.F 18/19), Leipzig 2006.

Ders.: Wie bildet sich »Wahrheitskompetenz« in religiösen Lernprozessen? Einige Anmerkungen zu Friedrich Schweizers Kritik, in: Volker Elsenbast/Dietlind Fischer (Hg.), Stellungnahmen und Kommentare zu »Grundlegende Kompetenzen religiöser Bildung«, Münster 2007, 73–77.

Ders./Klie, Thomas: Zeichenspiele inszenieren. Umrisse einer semiotischen Religionspädagogik, JRP 18, 2002, 90–99.

Ebeling, Gerhard: Die Klage über das Erfahrungsdefizit in der Theologie als Frage nach ihrer Sache, in: Ders., Wort und Glaube III, Tübingen 1975, 3–28.

Eberhard, Otto: Der evangelische Religionsunterricht in der Arbeitsschule. Didaktische Normen und methodische Leitlinien, in: Ders. (Hg.), Arbeitsschulmäßiger Religionsunterricht. Gesammelte Stundenbilder aus pädagogischer Werkstatt, Stuttgart 1924, 5–38.

Ebertz, Michael N.: Dichte Milieubeschreibung 2: Jugendliche und Junge Erwachsene, in: Ders./Bernhard Wunder (Hg.), Milieupraxis. Vom Sehen zum Handeln in der pastoralen Arbeit, Würzburg 2009, 73–89.

Ders.: Erosion der Gnadenanstalt? Zum Wandel der Sozialgestalt von Kirche, Frankfurt a. M. 1998.

Ders./Hunstig, Hans-Georg (Hg.): Hinaus ins Weite. Gehversuche einer milieusensiblen Kirche, Würzburg [2]2008.

Dies. (Hg.): Milieupraxis. Vom Sehen und Handeln in der pastoralen Arbeit, Würzburg 2009.

Ders.: Wahrnehmung, Akzeptanz und Umgang mit religiöser Vielfalt in Deutschland, in: Mirjam Schambeck/Sabine Pemsel-Maiser (Hg.), Welche Werte braucht die Welt? Wertebildung in christlicher und muslimischer Perspektive, Freiburg/Basel/Wien 2017, 17–37.

Edelbrock, Anke/Biesinger, Albert/Schweitzer, Friedrich (Hg.): Religiöse Vielfalt in der Kita. So gelingt interreligiöse und interkulturelle Bildung in der Praxis, Berlin 2012.

Dies. (Hg.): Wie viele Götter sind im Himmel? Religiöse Differenzwahrnehmung im Kindesalter (Interreligiöse und Interkulturelle Bildung im Kindesalter 1), Münster/New York/München/Berlin 2010.

Edelmann, Walter/Wittmann, Simone: Lernpsychologie. Mit Online-Materialien, Weinheim ^{7}2012.

Elsenbast, Volker/Ilg, Wolfgang/Schweitzer, Friedrich: Konfirmandenarbeit erforschen und gestalten, Bände 1–5, Gütersloh 2009–2010.

Engemann, Wilfried: Kommunikation des Evangeliums. Anmerkungen zum Stellenwert einer Formel im Diskurs der Praktischen Theologie, in: Michael Domsgen/Bernd Schröder (Hg.), Kommunikation des Evangeliums. Leitbegriff der Praktischen Theologie (APrTh 57), Leipzig 2014, 15–32.

Ders.: Lebensgefühl und Glaubenskultur. Menschsein als Vorgabe und Zweck der religiösen Praxis des Christentums, WzM 65, 2013, 218–237.

Ders.: Personen und Zeichen im Prozess der Kommunikation des Evangeliums. Praktische Theologie als Theorie der Lebensäußerungen der Gemeinde, in: Ders. (Hg.), Personen, Zeichen und das Evangelium. Argumentationsmuster der Praktischen Theologie (APrTh 23), Leipzig 2003, 37–50.

Englert, Rudolf: Glaubensgeschichte und Bildungsprozeß. Versuch einer religionspädagogischen Kairologie, München 1985.

Ders.: Performativer Religionsunterricht – eine Zwischenbilanz, ZPT 60, 2008, 3–16.

Ders.: Plädoyer für »religionspädagogische Pünktlichkeit«, KatBl 113, 1988, 159–169.

Ders.: Religion gibt zu denken. Eine Religionsdidaktik in 19 Lehrstücken, München 2013.

Ders.: Religionspädagogische Grundfragen. Anstöße zur Urteilsbildung, Stuttgart ^{2}2008.

Ders./Schwab, Ulrich/Schweitzer, Friedrich/Ziebertz, Hans-Georg (Hg.): Welche Religionspädagogik ist pluralitätsfähig? Strittige Punkte und weiterführende Perspektiven, Kontroversen um einen Leitbegriff (RPG 17), Freiburg/Basel/Wien 2012.

Entschließungen der vierten Synode der Evangelischen Kirche in Deutschland vom 12. November 1971, in: Kirchenamt der EKD (Hg.), Die Denkschriften der Evangelischen Kirche in Deutschland. Bd. 4: Bildung und Erziehung, Gütersloh 1987, 64–79.

Erikson, Erik: Der junge Mann Luther. Eine psychoanalytische und historische Studie, Frankfurt a. M. 1975.

Eulenbach, Marcel/Fuchs, Thorsten/Soremski, Regina/Wiezorek, Christine: Jugendweihe – Übergangsritual oder gesellschaftlich-kultureller Raum intergenerationeller Praxis?, in: Edith Glaser/Hans-Christoph Koller/Werner Thole/Salome Krumme (Hg.), Räume für Bildung – Räume der Bildung? Beiträge zum 25. Kongress der Deutschen Gesellschaft für Erziehungswissenschaft (Schriften der Deutschen Gesellschaft für Erziehungswissenschaft), Opladen/Berlin/Toronto 2018, 149–158.

Evangelische Kirche in Deutschland (Hg.): Engagement und Indifferenz. Kirchenmitgliedschaft als soziale Praxis. V. EKD-Erhebung über Kirchenmitgliedschaft, Hannover 2010.

Evangelische Kirche in Württemberg: Jahresbericht, Stuttgart 2016, unter: https://www.elk-wue.de/fileadmin/Downloads/Wir/Oberkirchenrat/2016__WEB__Jahresbericht.pdf.

Evangelischer Pressedienst 47 (1982): Einführung zum Bericht über die Arbeit der Kommission für die Kirchliche Arbeit mit Kindern und Konfirmanden (und Anlage), vorgetragen auf der Tagung der Bundessynode in Halle vom 24.bis 28. September 1982, 40–45.

Evers, Dirk: Wirklichkeit – »Was der Fall ist« oder »Wie es Euch gefällt?«, in: Birgitta Annette Weinhardt/Joachim Weinhardt (Hg.), Naturwissenschaften und Theologie II. Wirklichkeit: Phänomene, Konstruktion und Transzendenzen, Stuttgart 2014, 91–107.

Ders.: »Wo zwei oder drei versammelt sind ...« Ekklesiologische Perspektiven, in: Michael Domsgen/Dirk Evers (Hg.), Herausforderung Konfessionslosigkeit. Theologie im säkularen Kontext, Leipzig 2014, 153–178.

Fechtner, Kristian: Von Fall zu Fall. Kasualien wahrnehmen und gestalten, Gütersloh ^{2}2011.

Feierabend, Sabine/Klingler, Walter/Turecek, Irina: Mediennutzung junger Menschen im Langzeitvergleich, Media Perspektiven 2, 2016, 120–128.

Feige, Andreas/Gennerich, Carsten: Lebensorientierungen Jugendlicher. Alltagsethik, Moral und Religion in der Wahrnehmung von Berufsschülerinnen und -schülern in Deutschland.

Eine Umfrage unter 8000 Christen, Nicht-Christen und Muslimen, Münster/New York/München/Berlin 2008.

Feldtkeller Andreas: Art. Häresie I: Philosophisch und religionsgeschichtlich, in: RGG^{4} III, Tübingen 2000, 1441.

Fend, Helmut: Neue Theorie der Schule. Einführung in das Verstehen von Bildungssystemen, Wiesbaden ^{2}2008.

Ders.: Schule gestalten. Systemsteuerung, Schulentwicklung und Unterrichtsqualität, Wiesbaden 2008.

Ders.: Was die Eltern ihren Kindern mitgeben – Generationen aus Sicht der Erziehungswissenschaft, in: Harald Künemund/Marc Szydlik (Hg.), Generationen. Multidisziplinäre Perspektiven, Wiesbaden 2009, 81–103.

Fetz, Reto L./Reich, K. Helmut/Valentin, Peter: Weltbildentwicklung und Schöpfungsverständnis. Eine strukturgenetische Untersuchung bei Kindern und Jugendlichen, Stuttgart 2001.

Fiedler, Michael: Kinder neben den Stufen. Religiöse Entwicklung und Sozialisation: Einzelfälle und alternative Modelle jenseits von Stufenentwicklungstheorien, WzM 62, 2010, 261–273.

Ders., Strukturen und Freiräume religiöser Sozialisation. Religiöse Sozialisation und Entwicklung von Gotteskonzepten bei Kindern aus Familien im konfessionslosen Kontext Ostdeutschlands (Kinder erleben Theologie, Band IV), Jena 2010.

Finsterbusch, Karin: Die kollektive Identität und die Kinder. Bemerkungen zu einem Programm im Buch Deuteronomium (JBTh 17), Neukirchen-Vluyn 2002, 99–120.

Fischbach, Robert/Kolleck, Nina/de Haan Gerhard (Hg.): Auf dem Weg zu nachhaltigen Bildungslandschaften. Lokale Netzwerke erforschen und gestalten, Wiesbaden 2015.

Fischer, Dietlind/Schöll, Albrecht: Lebenspraxis und Religion. Fallanalysen zur subjektiven Religiosität von Jugendlichen, Gütersloh ²1998.

Fleige, Marion: ›Nutzen‹ religiöser Erwachsenenbildung aus erwachsenenpädagogischer Perspektive. Erwachsenenpädagogische Reflexionen und Hypothesen, in: Antje Rösener (Hg.), Was bringt uns das? Vom Nutzen religiöser Bildung für Individuum, Kirche und Gesellschaft (Erwachsenenbildung 1), Münster/New York/München/Berlin 2013, 35–52.

Flitner, Andreas: Für das Leben – Oder für die Schule? Pädagogische und politische Essays, Weinheim/Basel 1987.

Flitner, Wilhelm: Allgemeine Pädagogik, Stuttgart 1997.

Foitzik, Karl: Gemeindepädagogik. Problemgeschichte eines umstrittenen Begriffs, Gütersloh 1992.

Ders.: Gemeindepädagogik ein »Container-Begriff«, in: Ders. (Hg.), Gemeindepädagogik. Prämissen und Perspektiven. Beiträge zum Fünften Gemeindepädagogischen Symposium Hannover 2001, Darmstadt 2002, 11–46.

Fölling-Albers, Maria: Entscholarisierung von Schule und Scholarisierung von Freizeit? Überlegungen zu Formen der Entgrenzung von Schule und Kindheit, Zeitschrift für Soziologie der Erziehung und Sozialisation 20, 2000, 118–131.

Forschungsgruppe Weltanschauungen in Deutschland: Religionszugehörigkeiten in Deutschland 2016, unter: https://fowid.de/meldung/religionszugehoerigkeiten-deutschland-2016.

Forschungsgruppe Weltanschauungen in Deutschland, Religionszugehörigkeit der Bevölkerung in ausgewählten Städten, unter: https://fowid.de/meldung/religionszugehoerigkeit-bevoelkerung-ausgewaehlten-staedten.

Foucault, Michel: Archäologie des Wissens, Frankfurt a. M. 2008.

Ders.: Die Ordnung der Dinge. Eine Archäologie der Humanwissenschaften, Frankfurt a. M. 2009.

Fowler, James W.: Glaubensentwicklung. Perspektiven für Seelsorge und kirchliche Bildungsarbeit, eingeführt und herausgegeben von Friedrich Schweitzer, aus dem amerikanischen Englisch übersetzt von Sieglinde Denzel und Susanne Naumann, München 1989.

Fraas, Hans-Jürgen/Mey, Hans: Am Anfang des Lebens. Erste religiöse Erfahrungen. Ein Elternbuch, Frankfurt a. M./München/Aarau 1977.

Ders.: Bildung und Menschenbild in theologischer Perspektive, Göttingen 2000.

Ders.: Die Religiosität des Menschen. Ein Grundriß der Religionspsychologie, Göttingen ²1993.

Ders.: Glaube und Identität. Grundlegung einer Didaktik religiöser Lernprozesse, Göttingen 1983.

Ders.: Glauben und Lernen. Ein theologisch-didaktischer Leitfaden für die Elementarerziehung, Göttingen 1978.

Ders.: Religiöse Erziehung und Sozialisation im Kindesalter, Göttingen 1973.

Freire, Paulo: Bildung und Hoffnung, Münster/New York/München/Berlin 2007.

Ders.: Pädagogik der Autonomie. Notwendiges Wissen für die Bildungspraxis, Münster/New York/München/Berlin 2008.

Ders.: Pädagogik der Unterdrückten. Bildung als Praxis der Freiheit, Reinbek ³1975.

Ders.: Unterdrückung und Befreiung, Münster/New York/München/Berlin 2007.

Freund, Annegret: Alltag und Übergang. Die rituelle Begehung des Endes der Kindheit mit einem Evangelium im Pianissimo, Theo Web. Zeitschrift für den Religionsunterricht 2, 2003, 63–84.

Fricke, Michael: Art. Diakonisches Lernen, evangelisch, in: Wissenschaftlich-Religionspädagogisches Lexikon im Internet (www.wirelex.de) 2016, unter: https://www.bibelwissenschaft.de/stichwort/100314/.

Fröhlich, Gerhard: Habitus und Hexis. Die Einverleibung der Praxisstrukturen bei Pierre Bourdieu, in: Claudia Honegger (Hg.), Grenzenlose Gesellschaft? 29. Kongress der Deutschen Gesellschaft für Soziologie, 16. Österreichischer Kongress für Soziologie, 11. Kongress der Schweizerischen Gesellschaft für Soziologie, Opladen 1999.

Frör, Kurt (Hg.): Confirmatio. Forschungen zur Geschichte und Praxis der Konfirmation, München 1959.

Gärtner, Claudia: Religionsunterricht – ein Auslaufmodell? Begründungen und Grundlagen religiöser Bildung in der Schule (Religionspädagogik in pluraler Gesellschaft 19), Paderborn 2015.

Gennerich, Carsten: Empirische Dogmatik des Jugendalters. Werte und Einstellungen Heranwachsender als Bezugsgrößen für religionsdidaktische Reflexionen (PTHe 108), Stuttgart 2010.

Ders./Mokrosch, Reinhold: Religionsunterricht kooperativ. Evaluation des konfessionell-kooperativen Religionsunterrichts in Niedersachsen und Perspektiven für einen religions-kooperativen Religionsunterricht, Stuttgart 2016.

Glock, Charles Y.: Über die Dimensionen der Religiosität, in: Joachim Matthes (Hg.), Kirche und Gesellschaft. Einführung in die Religionssoziologie 2, Reinbek 1969, 150–168.

Gloy, Horst: Themen statt Texte, in: Hans-Bernhard Kaufmann (Hg.), Streit um den problemorientieren Unterricht in Schule und Kirche, Frankfurt 1973, 28–35.

Gojny, Tanja: Art. Schulgottesdienst, in: Wissenschaftlich-Religionspädagogisches Lexikon im Internet (www.wirelex.de) 2016, unter: https://www.bibelwissenschaft.de/stichwort/100213/.

Goldmann, Ronald: Religious Thinking from Childhood to Adolescence, London 1964.

Göllner, Reinhard: Die »dunklen« Gottesbilder kennen- und deuten lernen. Ein Literaturbericht aus religionspädagogischer Perspektive, in: Ders. (Hg.), Das Ringen um Gott. Gottesbilder im Spannungsfeld von subjektivem Glauben und religiöser Tradition, Berlin/Münster/Wien/Zürich/London 2008.

Gräb, Wilhelm: Medien, Massenmedien/Mediengesellschaft/Religion in den Medien/Kirche in den Medien, in: Ders./Birgit Weyel (Hg.), Handbuch Praktische Theologie, Gütersloh 2007, 149–161.

Grethlein, Christian: Abendmahl feiern in Geschichte, Gegenwart und Zukunft, Leipzig 2015.

Ders.: Befähigung zum Christsein – ein lernortübergreifendes religionspädagogisches Ziel, Theo-Web. Zeitschrift für Religionspädagogik 5, 2006, 2–18.

Ders.: Christsein als Lebensform. Eine Studie zur Grundlegung der Praktischen Theologie (ThLZ.F 35), Leipzig 2018.

Ders.: Fachdidaktik Religion. Evangelischer Religionsunterricht in Studium und Praxis, Göttingen 2005.

Ders.: Gemeindepädagogik, Berlin/New York 1994.

Ders.: Grundinformation Kasualien. Kommunikation des Evangeliums an Übergängen des Lebens (UTB 2919), Göttingen 2007.

Ders.: Art. Katechumenat, in: RGG[4] IV, Tübingen 2001, 868–870.

Ders.: Kirchentheorie. Kommunikation des Evangeliums im Kontext, Berlin/Boston 2018.

Ders.: Kommunikation des Evangeliums in der Mediengesellschaft (ThLZ.F 10), Leipzig 2003.

Ders.: Lernort Gemeinde – Lernort Schule. Einige religionspädagogische Überlegungen zu ihrem Verhältnis, ThLZ 118, 1993, 571–586.

Ders.: Lernorte religiöser Bildung, in: Wissenschaftlich-Religionspädagogisches Lexikon im Internet (www.wirelex.de) 2015, unter: https://www.bibelwissenschaft.de/wirelex/das-wissenschaftlich-religionspaedagogische-lexikon/lexikon/sachwort/anzeigen/details/lernorte-religioeser-bildung/ch/2d163ca31da33bc57bdf9b121acofdf4/.

Ders.: Lernort-Theorie – eine religionspädagogische Differenzierung in heuristischem und didaktischem Interesse, in: Michael Domsgen (Hg.), Religionspädagogik in systemischer Perspektive. Chancen und Grenzen, Leipzig 2009, 73–92.

Ders.: Pfarrberuf – ein theologischer Beruf. Vortrag beim Symposium zum Auftakt der Erarbeitung eines rheinischen Pfarrbildes 29. Januar 2011 in Düsseldorf, masch. 9 Seiten, unter: http://www.ekir.de/www/downloads/Grethlein_Pfarrberuf-ein_theologischer_Beruf.pdf.

Ders.: Praktische Theologie, Berlin/Boston ²2016.

Ders.: Religionspädagogik, Berlin/New York 1998.

Ders.: Religionspädagogik ohne Inhalt? Oder: Was muß ein Mensch lernen, um als Christ leben zu können?, ZThK 100, 2003, 118–145.

Ders.: Taufpraxis in Geschichte. Gegenwart und Zukunft, Leipzig 2014.

Grom, Bernhard: Religionspsychologie, München ³2007.

Ders.: Religiöse Sozialisation in der Familie, StZ 214, 1996, 601–610.

Grözinger, Albrecht: Praktische Theologie und Ästhetik. Ein Beitrag zur Grundlegung der Praktischen Theologie, München 1987, 105–122.

Grümme, Bernhard: Bildungsgerechtigkeit. Ein Desiderat religiöser Bildung in der Schule, StZ 230, 2012, 472–482.

Ders.: Heterogenität in der Religionspädagogik. Grundlagen und konkrete Bausteine, Freiburg/Basel/Wien 2017.

Ders.: Mystagogische Performanz. Der Religionsunterricht als Raum religiöser Praxis, ThG(B) 50, 2007, 291–300.

Ders: School matters. Zur Relevanz von Schule und unterrichtlichem Handeln für einen bildungsgerechten Religionsunterricht, in: Bernhard Grümme/Thomas Schlag (Hg.), Gerechter Religionsunterricht. Religionspädagogische, pädagogische und sozialethische Orientierungen, Religionspädagogik innovativ 11, 2016, 130–138.

Grünheit, Evelyn: Wandel und Kontinuität in der Partnerwahl in Deutschland. Analysen zur Homogamie von Paaren, in: Bib Working Paper 1/2011, 9, unter: http://www.bib-demogra-fie.de/SharedDocs/Publikationen/DE/Working__Paper/2011__1__partnerwahl—deutschland.pdf?__blob=publicationFile&v=4.

Gutmann, Hans-Martin: Der Herr der Heerscharen, die Prinzessin der Herzen und der König der Löwen. Religion lehren zwischen Kirche, Schule und populärer Kultur, Gütersloh ²2000.

Ders./Kohlmann, Birgit/Meuche, Katrin: Praxisbuch Schulseelsorge, Göttingen 2014.

Habermas, Tilmann: Geliebte Objekte. Symbole und Instrumente der Identitätsbildung, Frankfurt a. M 1999.

Häcker, Helmut O./Staph, Kurt H. (Hg.): Dorsch Psychologisches Wörterbuch, Bern ¹⁵2009.

Halbfas, Hubertus: Das dritte Auge. Religionsdidaktische Anstöße, Düsseldorf 1982.

Ders.: Fundamentalkatechetik. Sprache und Einführung in den Religionsunterricht, Düsseldorf ²1969.

Hammelsbeck, Oskar: Der kirchliche Unterricht. Aufgabe, Umfang, Einheit, München 1939.

Han, Byung-Chul: Im Schwarm. Ansichten des Digitalen, Berlin ⁴2017.

Handke, Emilia: Religiöse Jugendfeiern »zwischen Kirche und anderer Welt«. Eine historische, systematische und empirische Studie über kirchlich (mit)verantwortete Alternativen zur Jugendweihe (APrTh 65), Leipzig 2016.

Dies.: Weder Jugendweihe noch Konfirmation, PTh 105, 2016, 105–120.

Dies.: Zeit, dass sich was dreht. Überlegungen zu einer Kasualpraxis der Zukunft, in: fein-schwarz.net. Theologisches Feuilleton, Seite 6, unter: http://www.fein-schwarz.net/zeit-dass-sich-was-dreht-ueberlegungen-zu-einer-kasualpraxis-der-zukunft/.

Hardina, Donna/Middleton, Jane/Montana, Salvador/Simpson, Roger A.: An Empowering Approach to Managing Social Service Organizations, New York 2006.

Harnack, Adolf von: Das Wesen des Christentums, hg. und kommentiert von Trutz Rendtorff, Gütersloh 1999.

Haub, Edward: Die Messung der Religiosität: Empirische Grundlagen und Methoden, in: Edgar Schmitz (Hg.), Religionspsychologie. Eine Bestandsaufnahme des gegenwärtigen Forschungsstandes, Göttingen 1992, 271–273.

Hauri, Roland/Morgenthaler, Christoph: Lebensstile und Familienrituale. Zur sozialstrukturellen Einbettung von Taufe, Weihnachtsfeier und Abendritual, in: Christoph Morgenthaler/Roland Hauri (Hg.), Rituale im Familienleben. Inhalte, Formen und Funktionen im Verhältnis der Generationen, Weinheim/München, 81–136.

Hauschildt, Eberhard/Pohl-Patalong, Uta: Kirche. Lehrbuch Praktische Theologie 4, Gütersloh 2013.

Häusler, Ulrike: Religion unterrichten in Berlin, in: Martin Rothgangel/Bernd Schröder (Hg.), Evangelischer Religionsunterricht in den Ländern der Bundesrepublik Deutschland. Empirische Daten – Kontexte – Entwicklungen, Leipzig 2009, 65–94.

Heckel, Theodor: Zur Methodik des evangelischen Religionsunterrichtes, München 1928.

Heimbrock, Hans-Günter: Religionsunterricht im Kontext Europa. Einführung in die kontextuelle Religionsdidaktik in Deutschland, Stuttgart 2004.

Heine, Susanne: Grundlagen der Religionspsychologie. Modelle und Methoden (UTB 2528), Göttingen 2005.

Helsper, Werner: Pädagogisches Handeln in den Antinomien der Moderne, in: Heinz-Hermann Krüger/Werner Helsper (Hg.), Einführung in die Grundbegriffe und Grundfragen der Erziehungswissenschaft, Opladen/Farmington Hills [9]2010, 15–34.

Ders.: Schulfeiern. Zu ihrer – auch religiösen – Bedeutung in der Schulkultur, in: Michael Domsgen/Emilia Handke (Hg.), Lebensübergänge begleiten. Was sich an Religiösen Jugendfeiern lernen lässt, Leipzig 2016, 90–109.

Ders.: Sozialisation, in: Heinz-Hermann Krüger/Werner Helsper (Hg.), Einführung in Grundbegriffe und Grundfragen der Erziehungswissenschaft, Opladen, Farmington Hills [9]2010, 79–89.

Hemel, Ulrich: Lebenskarrieren in der modernen Gesellschaft und religiöse Tradierungskrise. Überlegungen zum Zusammenhang von sozialer Lebenswelt, Konformitätsdruck und religiöser Überlieferung, RPäB 19, 1987, 93–102.

Ders.: Religionsdidaktik im Kontext von Theologie und Kirche, Düsseldorf 1986.

Ders.: Ziele religiöser Erziehung. Beiträge zu einer integrativen Theorie (RSTh 38), Frankfurt a. M./Bern/New York/Paris 1988.

Hempelmann, Heinzpeter: Gott im Milieu. Wie Sinusstudien der Kirche helfen können, Menschen zu erreichen, Gießen 2012.

Henkys, Jürgen: Die Gemeinde als Ort pädagogischer Verantwortung. Ein Rückblick, CRP 49, 1996, 5–11.

Ders.: Gemeindepädagogik in der DDR, in: Gottfried Adam/Rainer Lachmann (Hg.), Gemeindepädagogisches Kompendium, Göttingen 1987, 55–86.

Ders.: Was ist Gemeindepädagogik, in: Dieter Reiher (Hg.), Kirchlicher Unterricht in der DDR 1949–1990. Dokumentation eines Weges, Göttingen 1992, 168–176.

Hentig, Hartmut von: Glauben lernen? Zehn Gedanken zu einer Mathetik des christlichen Glaubens, Christenlehre/Religionsunterrichts-Praxis 4, 2004, 4–6.

Herriger, Norbert: Empowerment in der sozialen Arbeit. Eine Einführung, Stuttgart [5]2014.

Hermann, Adrian: Unterscheidungen der Religion. Analysen zum globalen Religionsdiskurs und dem Problem der Differenzierung von ‚Religion' in buddhistischen Kontexten des 19. und frühen 20. Jahrhunderts (Critical Studies in Religion/Religionswissenschaft 10), Göttingen/Bristol 2015.

Herrmann, Ulrich: Das pädagogische Jahrhundert. Volksaufklärung und Erziehung zur Armut im 18. Jahrhundert in Deutschland, Weinheim 1981.

Hervieu-Leger, Danièle: Pilger und Konvertiten. Religion in Bewegung (Religion in der Gesellschaft 17), Würzburg 2004.

Heßler, Eva: Zeitgemäße Gedanken über das Verhältnis von Theologie und Pädagogik, in: Matthias Hahn (Hg.), Eva Heßler: Gemeindepädagogik als Dialog zwischen Theologie und Pädagogik, Leipzig 2015, 51–65.

Hildebrandt, Uta: Das Grundrecht auf Religionsunterricht. Eine Untersuchung zum subjektiven Rechtsgehalt des Art. 7 Abs. 3 GG (Ius Ecclesiasticum 63), Tübingen 2000.

Hilger, Georg/Leimgruber, Stephan/Ziebertz, Hans-Georg: Religionsdidaktik. Ein Leitfaden für Studium, Ausbildung und Beruf, München [5]2008.

Hinz, Andreas, Umsetzung der UN-Behindertenrechtskonvention im Schulsystem – Segregation und ›Integration plus‹ statt Inklusion!?, in: Ursula Böing/Andreas Köpfer (Hg.): Be-Hinderung der Teilhabe. Soziale, politische und institutionelle Herausforderungen inklusiver Bildungsräume, Bad Heilbrunn 2016, 60–81.

Ders.: Von der Integration zur Inklusion – terminologisches Spiel oder konzeptionelle Weiterentwicklung?, Zeitschrift für Heilpädagogik 53, 2002, 354–361.

Hoenen, Raimund: Vom Ende des Zweiten Weltkriegs bis zur Wiedervereinigung: Deutsche Demokratische Republik, in: Rainer Lachmann/Bernd Schröder (Hg.), Geschichte des evangelischen Religionsunterrichts in Deutschland. Ein Studienbuch, Neukirchen-Vluyn 2007, 299–330.

Ders.: Vom Religionsunterricht zur kirchlichen Unterweisung. Otto Güldenberg und die Anfänge der ostdeutschen Katechetik, Leipzig 2003.

Hof, Renate: Die Entwicklung der Gender Studies, in: Hadumod Bußmann/Renate Hof (Hg.), Genus. Zur Geschlechterdifferenz in den Kulturwissenschaften, Stuttgart 1995, 6–33.

Hölscher, Lucian: Geschichte der protestantischen Frömmigkeit in Deutschland, München 2005.

Hößle, Corinna: Theologisieren mit Kindern. Kritische Diskussion der Dilemmamethode als Medium zum Theologisieren, ZPT 57, 2005, 295–305.

Huber, Stefan: Dimensionen der Religiosität. Skalen, Messmodelle und Ergebnisse einer empirisch orientierten Religionspsychologie, Freiburg (CH) 1996.

Ders.: Kommentar: Gott ist tot! Tatsächlich? – Transzendenzerfahrungen und Transzendenzglaube im ALLBUS 2012, in: Bedford-Strohm/Volker Jung (Hg.), Vernetzte Vielfalt. Kirche angesichts von Individualisierung und Säkularisierung. Die fünfte EKD-Erhebung über Kirchenmitgliedschaft, Gütersloh 2015, 267–276.

Hull, John M.: Gott und Geld, Berg am Irchel 2000.

Hurrelmann, Klaus: Einführung in die Sozialisationstheorie, Weinheim/Basel ⁹2006.

Ders./Bauer, Ullrich: Einführung in die Sozialisationstheorie. Das Modell der produktiven Realitätsverarbeitung, Weinheim/Basel, ¹¹2015.

Ders./Timm, Adolf: Kinder, Bildung, Zukunft. Drei Wege aus der Krise, Stuttgart 2011.

Ders./Quenzel, Gudrun: Lebensphase Jugend. Eine Einführung in die sozialwissenschaftliche Jugendforschung, Weinheim/Basel ¹³2016.

Husmann, Bärbel: Liturgisches Lernen. Zum Erwerb von Partizipationskompetenz im Religionsunterricht, Theo Web. Zeitschrift für den Religionsunterricht 5, 2006, 108–111.

Ilg, Wolfgang/Heinzmann, Gottfried/Cares, Mike (Hg.): Jugend zählt. Ergebnisse, Herausforderungen und Perspektiven aus der Statistik 2013 zur Arbeit mit Kindern und Jugendlichen in den Evangelischen Landeskirchen Baden und Württemberg, Stuttgart 2014.

Ders./Pohlers, Michael/Gräbs-Santiago, Aitana/Schweitzer, Friedrich: Jung – Evangelisch – Engagiert. Landzeiteffekte der Konfirmandenarbeit und Übergänge in ehrenamtliches Engagement. Empirische Studien im biografischen Horizont (Konfirmandenarbeit erforschen und gestalten 11), Gütersloh 2018.

Ders./Schweitzer, Friedrich/Elsenbast, Volker: Konfirmandenarbeit in Deutschland. Empirische Einblicke – Herausforderungen – Perspektiven. Mit Beiträgen aus den Landeskirchen (Konfirmandenarbeit erforschen 1), Gütersloh 2009.

Jackson, Philipp W.: Einübung in eine bürokratische Gesellschaft: Zur Funktion der sozialen Verkehrsformen im Klassenzimmer, in: Jürgen Zinnecker (Hg.), Der Heimliche Lehrplan, Weinheim/Basel 1975, 19–34.

Jaeggi, Rahel: Kritik von Lebensformen. Berlin ²2014.

Jäggle, Martin: Religiöse Pluralität als Herausforderung für Schulentwicklung, in: Thomas Krobath/Robert Schelander (Hg.), lebens.werte.schule. Religiöse Dimensionen in Schulkultur und Schulentwicklung, Münster 2009, 265–280.

Jakobs, Monika: Religion und Religiosität als diskursive Begriffe der Religionspädagogik, Theo-Web. Zeitschrift für Religionspädagogik 1, 2002, 70–82.

Jank, Werner/Meyer, Hilbert: Didaktische Modelle, Frankfurt a. M. ³1994.

Jentsch, Werner: Urchristliches Erziehungsdenken. Die Paideia Kyriu im Rahmen der hellenistisch-jüdischen Umwelt, Gütersloh 1951.

Joas, Hans: Glaube als Option. Zukunftsmöglichkeiten des Christentums, Freiburg 2012.

Jurczyk, Karin: Familienzeit – knappe Zeit? Rhetorik und Realitäten, in: Martina Heitkötter/Karin Jurczyk/Andreas Lange/Uta Meier-Gräwe (Hg.), Zeit für Beziehungen? Zeit und Zeitpolitik für Familien, Opladen/Farmington Hills 2009, 37–66.

Kabisch, Richard: Wie lehren wir Religion? Versuch einer Methodik des evangelischen Religionsunterrichts für alle Schularten auf psychologischer Grundlage, Hildesheim/Zürich/New York 1988.

Käbisch, David: Didaktik des Perspektivenwechsels – Einheitsmoment religiöser Bildung in unterschiedlichen Schulformen?, in: Bernd Schröder/Michael Wermke (Hg.), Religionsdidaktik zwischen Schulformspezifik und Inklusion. Bestandsaufnahmen und Herausforderungen, Leipzig 2013, 351–379.

Ders.: Religionsunterricht und Konfessionslosigkeit. Eine fachdidaktische Grundlegung (PThGG 14), Tübingen 2014.

Kalloch, Christina/Leimgruber, Stephan/Schwab, Ulrich: Lehrbuch der Religionsdidaktik. Für Studium und Praxis in ökumenischer Perspektive, Freiburg 2014.

Kammeyer, Katharina: Theologisieren in heterogenen Lerngruppen, in: Veit-Jakobus Dietrich (Hg.), Theologisieren mit Jugendlichen. Ein Programm für Schule und Kirche, Stuttgart 2012, 192–210.

Kant, Immanuel: Beantwortung der Frage: Was ist Aufklärung?, in: Ders., Werke in zwölf Bänden, hg. v. Wilhelm Weischedel, Band XI, Frankfurt a. M. 1964, 51–61.

Karle, Isolde: Den Glauben wahrscheinlich machen. Schleiermachers Homiletik kommunikationstheoretisch betrachtet, ZThK 99, 2002, 332–350.

Dies.: Kirche im Reformstress, Gütersloh 2010.

Kaufmann, Franz-Xaver: Auf der Suche nach den Erben der Christenheit, in: Ders., Religion und Modernität. Sozialwissenschaftliche Perspektiven, Tübingen 1989, 70–88.

Ders.: Kirche begreifen. Analysen und Thesen zur gesellschaftlichen Verfassung des Christentums, Freiburg i. Br. 1979.

Ders.: Zukunft der Familie im vereinten Deutschland. Gesellschaftliche und politische Bedingungen, München 1995.

Kaufmann, Hans-Bernhard: Muß die Bibel im Mittelpunkt des Religionsunterrichts stehen? Thesen zur Diskussion um eine zeitgemäße Didaktik des Religionsunterrichts (1966), in: Ders. (Hg.), Streit um den problemorientierten Religionsunterricht in Schule und Kirche, Frankfurt 1973, 23–27.

Kaupp, Angela: Geschlecht, in: Burkhard Prozelt/Alexander Schimmel (Hg.), Strukturbegriffe der Religionspädagogik, Bad Heilbrunn 2015, 33–38.

Kegan, Robert: Die Entwicklungsstufen des Selbst. Fortschritte und Krisen im menschlichen Leben, München 31994.

Kenngott, Eva-Maria: Staatlich verordnete Toleranz versus bürgerschaftliches Laissez-faire. Staatlicher Religionsunterricht in Deutschland, in: Dies./Englert, Rudolf/Knauth, Thorsten, Konfessionell – interreligiös – religionskundlich. Unterrichtsmodelle in der Diskussion (Praktische Theologie heute 13), Stuttgart 2015, 87–103.

Keupp, Heiner/Höfer, Renate (Hg.), Identitätsarbeit heute. Klassische und aktuelle Perspektiven der Identitätsarbeit heute, Frankfurt a. M. 1998.

Ders.: Gemeindepsychologie, in: Otto Speck/Heinz Bach (Hg.) Handbuch der Sonderpädagogik 10: Sonderpädagogik und Sozialpädagogik, Berlin 1990.

Ders.: Psychologisches Handeln in der Risikogesellschaft. Gemeindepsychologische Perspektiven, München 1994.

Kiesel, Andrea/Koch, Iring: Lernen. Grundlagen der Lernpsychologie, Wiesbaden 2012.

King, Winston L.: Religion, in: EncRel XII, 1987, 282–293.

Kirchenamt der EKD (Hg.): Identität und Verständigung. Standort und Perspektiven des Religionsunterrichts in der Pluralität. Eine Denkschrift der Evangelischen Kirche in Deutschland, Gütersloh 1994.

Dass. (Hg.): Jugendliche begleiten und gewinnen. 12 Thesen des Rates der Evangelischen Kirche in Deutschland zur Jugendweihe/Jugendfeier und ihrem Verhältnis zur Konfirmation, Hannover 1999, unter: https://www.ekd.de/ekd_de/ds_doc/konfirmandenarbeit_2013.pdf.

Dass. (Hg.): Kirche und Bildung. Herausforderungen, Grundsätze und Perspektiven evangelischer Bildungsverantwortung und kirchlichen Bildungshandelns. Eine Orientierungshilfe des Rates der Evangelischen Kirche in Deutschland, Gütersloh 2009.

Dass. (Hg.): Kompetenzen und Standards für den Evangelischen Religionsunterricht in der Sekundarstufe I. Ein Orientierungsrahmen (EKD-Texte 111), Hannover 2011.

Dass. (Hg.): Konfessionell-kooperativ erteilter Religionsunterricht. Grundlagen, Standards und Zielsetzungen (EKD-Texte 128), Hannover 2018.

Dass. (Hg.): Maße des Menschlichen. Evangelische Perspektiven zur Bildung in der Wissens- und Lerngesellschaft. Eine Denkschrift, Gütersloh 2003.

Dass. (Hg.): Religiöse Orientierung gewinnen. Evangelischer Religionsunterricht als Beitrag zu einer pluralitätsfähigen Schule. Eine Denkschrift des Rates der Evangelischen Kirche in Deutschland, Gütersloh 2014.

Dass. (Hg.): Zehn Thesen des Rates der EKD zum Religionsunterricht, Hannover 2006, unter: https://www.ekd.de/ekd_de/ds_doc/religionsunterricht.pdf.

Kirchenamt der Evangelischen Kirche in Deutschland (EKD) und der Vereinigung

Evangelischer Freikirchen (VEF) (Hg.): Zum Umgang mit Taufbegehren von Asylsuchenden. Eine Handreichung für Kirchengemeinden, Hannover 2013, unter: https://archiv.ekd.de/download/taufbegehren_von_asylsuchenden_2013.pdf.

Kirchmeier, Bernhard: Drei Kommunikationsmodi – eine Funktion? Erwägungen zum Zweck der Kommunikation des Evangeliums, in: Michael Domsgen/Bernd Schröder (Hg.), Kommunikation des Evangeliums. Leitbegriff der Praktischen Theologie (APrTh 57), Leipzig 2014, 33–48.

Kirkpatrick, Lee A.: Attachment, Evolution, and the Psychology of Religion, New York/London 2005.

Kittel, Helmuth: Vom Religionsunterricht zur Evangelischen Unterweisung, Wolfenbüttel/Hannover 1947.

Klafki, Wolfgang: Studien zur Bildungstheorie und Didaktik, Weinheim/Basel 1975.

Klauck, Hans-Josef: Die Familie im Neuen Testament. Grenzen und Chancen, in: Gottfried Bachl (Hg.), Familien leben. Herausforderungen für kirchliche Lehre und Praxis, Düsseldorf 1995, 9–36.

Klein, Stephanie: Art. Biografieforschung, in: LexRP I, 2001, 201–204.

Dies.: Das männliche Gottesbild und die Religiosität von Frauen und Männern, in: Elmar Klinger/Stephanie Böhm/Thomas Franz (Hg.), Die zwei Geschlechter und der eine Gott, Würzburg 2002, 9–27.

Dies.: Gottesbilder von Mädchen. Bilder und Gespräche als Zugänge zur kindlichen religiösen Vorstellungswelt, Stuttgart 2000.

Dies.: Religiosität in der Familie. Ihre geschlechtsspezifische Ausprägung und Tradierung, in: Christoph Gellner (Hg.), Paar- und Familienwelten im Wandel. Neue Herausforderungen für Kirche und Pastoral, Zürich 2007, 63–84.

Kleint, Steffen: Empirische Perspektiven religiöser Familienbildung, in: Peter Schreiner/Friedrich Schweitzer (Hg.), Religiöse Bildung erforschen. Empirische Befunde und Perspektiven, Münster/New York 2014, 67–78.

Klie, Thomas/Kumlehn, Martin/Kunz, Ralph (Hg.): Praktische Theologie des Alterns (PThW 4), Berlin/New York 2009.

Klieme, Eckhard: Zur Entwicklung nationaler Bildungsstandards. Eine Expertise, hg. vom Bildungsministerium für Bildung und Forschung, Bonn 2003.

Knauth, Thorsten: Religionsunterricht und Dialog. Empirische Untersuchungen, systematische Überlegungen und didaktische Perspektiven eines Religionsunterrichts im Horizont religiöser und kultureller Pluralisierung (Jugend – Religion – Unterricht 2), Münster/New York 1996, 213–225.

Koch, Wolfgang/Frees, Beate: ARD/ZDF-Online-Studie 2017: Neun von zehn Deutschen online, in: Media Perspektiven 9/2017, 434–446.

Koerrenz, Ralf: Religionspädagogik und Didaktik des Arrangements, in: Thomas Klie/Dietrich Korsch/Ulrike Wagner-Rau (Hg.), Differenzkompetenz. Religiöse Bildung in der Zeit, Leipzig 2012, 71–81.

Ders./Wermke, Michael (Hg.): Schulseelsorge – Ein Handbuch, Göttingen 2008.

Koh, Won Seok: Kindgemäß, lebendig und dialektisch: Martin Rangs Bibeldidaktik des »tua res agitur«, Münster 2005.

Kohlberg, Lawrence: Zur kognitiven Entwicklung des Kindes, Baden-Baden 1974.

Ders.: Die Psychologie der Moralentwicklung, Frankfurt/Main 1996.

Kohli-Reichenbach, Claudia: Religiöse Erwachsenenbildung im Umbruch, in: Claudia Kohli Reichenbach/Isabelle Noth (Hg.), Religiöse Erwachsenenbildung. Zugänge – Herausforderungen – Perspektiven (Praktische Theologie im reformierten Kontext 7), Zürich 2013, 15–26.

Korioth, Stefan: Islamischer Religionsunterricht und Art. 7 Abs. 3 GG, in: Wolfgang Bock (Hg.), Islamischer Religionsunterricht? Rechtsfragen, Länderberichte, Hintergründe, Tübingen 2006, 33–53.

Korsch, Dietrich: Art. Dialektische Theologie, in: RGG^4 II, Tübingen 1999, 809–815.

Ders.: Religion – Identität – Differenz. Ein Beitrag zur Bildungskompetenz des Religionsunterrichts, EvTh 63, 2003, 271–279.

Ders.: Weihnachten – Menschwerdung Gottes und Fest der Familie. Systematisch-theologische Gedanken zu gelebter Religion (IJPT 3), Berlin u. a. 1999, 213–228.

Körtner, Ulrich H. J.: Dogmatik. Lehrwerk Evangelische Theologie V, Leipzig 2018.

Ders., Hermeneutische Theologie. Zugänge zur Interpretation des christlichen Glaubens und seiner Lebenspraxis, Neukirchen-Vluyn 2018.

Ders.: Ökumenische Kirchenkunde (Lehrwerk Evangelische Theologie 9), Leipzig 2018.

Koschorke, Albrecht/Ghanbari, Nacim/Eßlinger, Eva/Susteck, Sebastian/Taylor, Michael Thomas: Vor der Familie. Grenzbedingungen einer modernen Institution, München 2010.

Kothmann, Thomas: Art. Religionsunterricht, evangelisch, in: Wissenschaftlich-Religionspädagogisches Lexikon im Internet (www.wirelex.de) 2015, unter: https://www.bibelwissenschaft.de/stichwort/100109/.

Kraemer, Hendrik, Die Kommunikation des christlichen Glaubens, Zürich 1958.

Kranzberg, Melvin: Technology and history: ›Kranzberg's laws‹, in: Technology and Culture 27, 1986, 544–560.

Krapp, Andreas/Weidenmann, Bernd (Hg.), Pädagogische Psychologie. Ein Lehrbuch, Weinheim ^{5}2006.

Krappmann, Lothar: Symbole, Riten, Festlichkeit, in: Caritasverband der Diözese Münster (Hg.), Religiöse Erziehung und christliche Gemeinde. Dokumente der religionspädagogischen Wochen im Bistum Münster, Münster 1981, 16–33.

Kraul, Margret/Radicke, Christina: Familiale Erziehung zwischen Tradierung, intergenerationeller Dynamik und Aneignung. Dimensionen religiöser Praxen, in: Dimitrij Owetschkin (Hg.), Tradierungsprozesse im Wandel der Moderne. Religion und Familie im Spannungsfeld von Konfessionalität und Pluralisierung, Essen 2012, 137–161.

Kronhagel, Kristian Klaus: Religionsunterricht und Reformpädagogik. Otto Eberhards Beitrag zur Religionspädagogik in der Weimarer Republik (Jugend, Religion, Unterricht 10: Beiträge zu einer dialogischen Religionspädagogik), Münster/New York/München/Berlin 2004.

Koselleck, Reinhart: Begriffsgeschichten. Studien zur Semantik und Pragmatik der politischen und sozialen Sprache, Frankfurt a. M. 2006.

Ders.: Einleitung – Zur anthropologischen und semantischen Struktur der Bildung, in: Ders. (Hg.), Bildungsbürgertum im 19. Jahrhundert. Teil II: Bildungsgüter und Bildungswissen, Stuttgart 1990, 11–46.

Kuld, Lothar: Das Entscheidende ist unsichtbar. Wie Kinder und Jugendliche Religion verstehen, München 2001.

Ders./Schweitzer, Friedrich/Tzscheetzsch, Werner/Weinhardt, Joachim (Hg.): Im Religionsunterricht zusammenarbeiten. Evaluation des konfessionell-kooperativen Religionsunterrichts in Baden-Württemberg, Stuttgart 2009.

Ders.: Wie Kinder und Jugendliche Religion verstehen. Das Entscheidende ist unsichtbar, München 2013.

Kultusministerium des Landes Sachsen-Anhalt: Ethik- und Religionsunterricht in der Schule mit Zukunft. Eine Expertise der Arbeitsgruppe zur Zukunft ethischer und religiöser Bildung an den Schulen des Landes Sachsen-Anhalt, in: Michael Domsgen/Matthias Hahn/Gisela Raupach-Strey (Hg.), Religions- und Ethikunterricht in der Schule mit Zukunft, Bad Heilbrunn 2003, 54–60.

Kumlehn, Martina: Offener Blick und offene Fragen zwischen Affirmation und Ideologiekritik. Plädoyer für einen deutungsmachtsensiblen Umgang mit dem Inklusionsdiskurs im Studium der Evangelischen Theologie auf Lehramt, in: Ilona Nord (Hg.): Inklusion im Studium Evangelische Theologie. Grundlagen und Perspektiven mit einem Schwerpunkt im Bereich von Sinnesbehinderungen, Leipzig 2015, 69–83.

Dies.: Symbolisierendes Handeln. Schleiermachers Theorie religiöser Kommunikation und ihre Bedeutung für die gegenwärtige Religionspädagogik, Gütersloh 1999.

Kunstmann, Joachim: Religionspädagogik. Eine Einführung, Tübingen ²2010.

Ders.: Religion und Bildung. Zur ästhetischen Signatur religiöser Bildungsprozesse (RPG 2), Gütersloh 2002.

Lachmann, Rainer: Geschichte der Religionspädagogik bis Anfang des 20. Jahrhunderts – didaktische Schlaglichter, in: Martin Rothgangel/Gottfried Adam/Rainer Lachmann (Hg.), Religionspädagogisches Kompendium, Göttingen ⁷2017, 53–72.

Ders.: Problemorientierte Geschichte der Gemeindepädagogik, in: Gottfried Adam/Rainer Lachmann (Hg.), Neues Gemeindepädagogisches Kompendium (ARPäd 40), Göttingen 2008, 41–61.

Ders.: Problemorientierter Religionsunterricht, Elementarisierung und die Forderung nach einem Kerncurriculum. Religionsdidaktische Perspektiven, in: Friedrich Schweitzer/Volker Elsenbast/Christoph Th. Scheilke (Hg.), Religionspädagogik und Zeitgeschichte im Spiegel der Rezeption von Karl Ernst Nipkow, Gütersloh 2008, 28–40.

Ders.: Vom Westfälischen Frieden bis zur Napoleonischen Ära, in: Rainer Lachmann/Bernd Schröder (Hg.), Geschichte des evangelischen Religionsunterrichts in Deutschland. Ein Studienbuch, Neukirchen-Vluyn 2007, 78–127.

Lähnemann, Johannes: Evangelische Religionspädagogik in interreligiöser Perspektive, Göttingen 1998.

Ders.: War die Evangelische Unterweisung unpädagogisch? Infragestellung eines

Pauschalbildes, in: Horst F. Rupp/Reinhard Wunderlich/Manfred L. Pirner (Hg.), Denk-Würdige Stationen der Religionspädagogik. Festschrift für Rainer Lachmann, Jena 2005, 293–304.

Lames, Gundo: Kirchenbildung – Kirchenentwicklung. Kriterien aus pastoraltheologischer Perspektive, in: Valentin Dessoy/Gundo Lames/Martin Lätzel/Christian Hennecke (Hg.), Kirchenentwicklung. Ansätze – Konzepte – Praxis – Perspektiven, Trier [2]2015, 601–621.

Ders.: Schulpastoral als soziales System, Lebendige Seelsorge 54, 2003, 134–138.

Lämmermann, Godwin: Religionspädagogik im 20. Jahrhundert, Gütersloh 1994.

Ders.: Art. Elementarisierung, in: LexRP I, 2001, 382–388.

Lange, Andreas: Arbeits- und Familienzeiten aus Kinderperspektive, in: Hans Bertram/Helga Krüger/C. Katharina Spieß (Hg.), Wem gehört die Familie der Zukunft? Expertisen zum 7. Familienbericht der Bundesregierung, Opladen 2006, 125–143.

Lange, Ernst: Aus der »Bilanz 65«, in: Ders., Kirche für die Welt. Aufsätze zur Theorie kirchlichen Handelns, hg. v. Rüdiger Schloz, München 1981, 63–160.

Ders.: Bildung als Problem und als Funktion der Kirche, in: Ders., Sprachschule für die Freiheit, hg. von Rüdiger Schloz, München/Gelnhausen 1980, 159–200.

Laube, Martin: Art. Milieu, in: RGG[4] V, Tübingen 2002, 1225 f.

Ders.: Religion als Praxis. Zur Fortschreibung des christentumssoziologischen Rahmens der EKD-Mitgliedschaftsstudien, in: Heinrich Bedford-Strohm/Volker Jung (Hg.), Vernetzte Vielfalt. Kirche angesichts von Individualisierung und Säkularisierung, Die fünfte EKD-Erhebung über Kirchenmitgliedschaft, Gütersloh 2015, 35–49.

Lauster, Jörg: Religion als Lebensdeutung. Theologische Hermeneutik heute, Darmstadt 2005.

Lauterbach, Wolfgang: Die multilokale Mehrgenerationenfamilie. Zum Wandel der Familienstruktur in der zweiten Lebenshälfte (Familie und Gesellschaft 13), Würzburg 2004.

Legare, Christine H./Evans, E. Margarete/Harris, Paul L./Rosengren, Karl S.: The Coexistence of Natural and Supernatural Explications Across Cultures and Development, Child Development 83, 2012, 779–793.

Lehtiö, Pirkko: Religionsunterricht ohne Schule. Die Entwicklung der Lage und des Inhaltes der Evangelischen Christenlehre in der DDR von 1945–1959, Münster 1983.

Leimgruber, Stephan: Interreligiöses Lernen, München 2007.

Lenin, Wladimir I.: Entwurf des Programms der KPR(B), in: Ders., Werke, Band XXIX, Berlin 1961, 81–124.

Leonhard, Silke/Klie, Thomas: Performative Religionspädagogik. Religion leiblich und räumlich in Szene setzen, in: Thomas Klie/Silke Leonhard (Hg.), Schauplatz Religion. Grundzüge einer Performativen Religionspädagogik, Leipzig 2003, 7–16.

Leonhardt, Rochus: Grundinformation Dogmatik (UTB 2214), Göttingen [4]2009.

Leppin, Volker: Geschichte des mittelalterlichen Christentums, Tübingen 2012.

Leutner, Detlev: Bildungspsychologie auf der Mikroebene. Individuelle Bedingungen des Lehrens und Lernens, in: Christiane Spiel/Barbara Schober/Petra Wagner/Ralph Reimann (Hg.), Bildungspsychologie, Göttingen u. a. 2010, 359–376.

Liedke, Ulf: Beziehungsreiches Leben. Studien zu einer inklusiven theologischen Anthropologie für Menschen mit und ohne Behinderung (APTh 59), Göttingen 2009, 516–549.

Ders.: Menschenbilder und Bilderverbot. Eine Studie zum anthropologischen Diskurs in der Behindertenpädagogik, Bad Heilbrunn 2013.

Lienau, Anna-Katharina: Gebete im Internet. Eine praktisch-theologische Untersuchung (Studien zur Christlichen Publizistik 17), Erlangen 2009.

Dies.: Schulseelsorge. System struktureller Kopplung (APrTh 71), Leipzig 2017.

Lienhard, Fitz: Grundlegung, Ursprung, Gegenstand und Methoden der Praktischen Theologie (APrTh 49), Leipzig 2012.

Ders.: Zur zeitgenössischen Lage: Die Debatte zwischen Knoblauch und Pollack, in: Ders./Christian Grappe (Hg.), Religiöser Wandel und Laizität. Eine theologische Annäherung (Heidelberger Studien zur Praktischen Theologie 22), Berlin 2016, 55–73.

Lin, Xiadong u. a.: Instructional design and development of learning communities: An Invitation to a dialogue, in: Brent Wilson (Hg.), Constructivist learning environments, Englewood Cliffs 1996, 203–220.

Link, Christoph: Art. Religionsgesellschaften, in: RGG^{4} VII, Tübingen 2004, 326–328.

Link, Jürgen: Versuch über den Normalismus. Wie Normalität produziert wird, Göttingen ^{3}2006.

Logau, Friedrich von : Deutsche Gedichte des 16. und 17. Jahrhunderts (Renaissance und Barock), hg. v. Werner Milch, Heidelberg 1954.

Lott, Jürgen/Schröder-Klein, Anita: Religion unterrichten in Bremen, in: Martin Rothgangel/Bernd Schröder (Hg.), Evangelischer Religionsunterricht in den Ländern der Bundesrepublik Deutschland. Empirische Daten – Kontexte – Entwicklungen, Leipzig 2009, 111–127.

Ludwig, Holger: Von der Institution zur Organisation. Eine grundbegriffliche Untersuchung zur Beschreibung der Sozialgestalt der Kirche in der neueren evangelischen Ekklesiologie, Leipzig 2010.

Lück, Christhard: Beruf Religionslehrer. Selbstverständnis – Kirchenbindung – Zielorientierung (APrTh 23), Leipzig 2003.

Lüscher, Kurt: Ambivalenz – Eine Annäherung an das Problem der Generationen, in: Ulrike Jureit/Michael Wildt (Hg.), Generationen. Zur Relevanz eines wissenschaftlichen Grundbegriffs, Hamburg 2005, 53–78.

Lütze, Frank: Redet die Religion auch mit den Ungebildeten unter ihren Verächtern? Protestantische Überlegungen zur Bildungsgerechtigkeit, in: Bernhard Grümme/Thomas Schlag (Hg.), Gerechter Religionsunterricht. Religionspädagogische, pädagogische und sozialethische Orientierungen (Religionspädagogik innovativ 11), Stuttgart 2016, 125–138.

Ders.: Religion wahrnehmen – in allen Facetten. Überlegungen und Beispiele zur Begegnung von Schülerinnen und Schülern mit gelebtem Christentum in Mitteldeutschland, in: Michael Domsgen/Henning Schluß/Matthias Spenn

(Hg.), Was gehen uns »die anderen« an? Schule und Religion in der Säkularität, Göttingen 2012, 143–160.

Ders.: Religionsunterricht im Hauptschulbildungsgang. Konzeptionelle Grundlagen einer Religionsdidaktik für den Pflichtschulbereich der Sekundarstufe I (APrTh 47), Leipzig 2011.

Ders.: Religiöse Lernprozesse in semiotischer Rekonstruktion, in: Michael Domsgen (Hg.), Religionspädagogik in systemischer Perspektive. Chancen und Grenzen, Leipzig 2009, 127–140.

Luther, Henning: Religion und Alltag. Bausteine zu einer Praktischen Theologie des Subjekts, Stuttgart 1992.

Luther, Martin: An die Ratsherrn aller Städte deutschen Lands, dass sie christliche Schulen aufrichten und halten sollen (1524), WA 15, 27–53.

Ders.: An den christlichen Adel deutscher Nation von des christlichen Standes Besserung (1520), WA 6, 404–465.

Ders.: Der kleine Katechismus, in: Bekenntnisschriften der evangelisch-lutherischen Kirche, hg. im Gedenkjahr der Augsburgischen Konfession 1930, Berlin [5]1960, 501–541.

Ders.: Eine Predigt, dass man Kinder zur Schule halten solle (1530), WA 30,2, 517–588.

Luhmann, Niklas: Funktion der Religion (suhrkamp taschenbuch wissenschaft 407), Frankfurt a. M. 1982.

Luz, Ulrich: Theologische Hermeneutik des Neuen Testaments, Neukirchen-Vluyn 2014.

Lyotard, Jean-François: La condition postmoderne, Paris 1979.

Macha, Hildegart: Organisation und Partizipation aus pädagogischer Sicht – eine Einführung, in: Susanne Maria Weber/Michael Göhlich/Andreas Schröer/Claudia Fahrenwald/Hildegart Macha (Hg.), Organisation und Parizipation. Beiträge der Kommission Organisationspädagogik (Organisation und Pädagogik 13), Wiesbaden 2013, 44–58.

Mackert, Jürgen/Steinbicker, Jochen: Zur Aktualität von Robert K. Merton (Aktuelle und klassische Sozial- und Kulturwissenschaftler/innen), Wiesbaden 2013.

Markschies, Christoph: Theologische Überlegungen zu einem evangelischen Verständnis von Bildung und Bildungsgerechtigkeit, in: Kirchenamt der EKD (Hg.), »Niemand darf verloren gehen!« Evangelisches Plädoyer für mehr Bildungsgerechtigkeit, Hannover 2010, 36–41.

Ders.: Warum hat das Christentum in der Antike überlebt? (ThLZ.F 13), Leipzig 2006.

Ders.: Wer schrieb die sogenannte Traditio Apostolica?, in: Wolfgang Kinzig/Christoph Markschies/Markus Vincent (Hg.), Tauffragen und Bekenntnis (AKG 74), Berlin 1999, 1–79.

Matthes, Joachim: Auf der Suche nach dem »Religiösen«. Reflexionen zu Theorie und Empirie religionssoziologischer Forschung, SI 30, 1992, 129–142.

Matthieu, Angela: Elternarbeit im Kindergarten, in: Evangelische Akademie Baden (Hg.), Wenn Dich Dein Kind fragt … Erzieherische Kompetenz und religiöse Erziehung in der Familie, Karlsruhe 1998, 84–88.

Mayert, Andreas: Mit gutem Beispiel vorangehen: familienfreundliche Arbeitsbedingungen in evangelischen Einrichtungen, forum erwachsenenbildung 1, 2015, 38 f..

Mediendienst Integration: Religion an Schulen. Islamischer Religionsunterricht, 2018, unter: https://mediendienst-integration.de/fileadmin/Dateien/MDI_Informationspapier_islamischer_Religionsunterricht_April_2018.pdf.

Meißner, Wilfried: Lebensgeschichtliche Bezugspunkte des Zustandekommens von Erwachsenentaufen. Eine qualitativ-empirische Untersuchung zur säkularen Entwicklung von im Erwachsenenalter Getauften, Diss. Uni Halle 2016.

Melanchthon, Philipp: Unterricht der Visitatoren an die Pfarrherren im Kurfürstentum zu Sachsen, in: Robert Stupperich (Hg.), Melanchthons Werke in Auswahl 1, Gütersloh 1951.

Mendl, Hans: Audiovisuelle Medien, in: Gottfried Bitter/Rudolf Englert/Gabriele Müller/Karl Ernst Nipkow (Hg.), Neues Handbuch religionspädagogischer Grundbegriffe, München 2002, 540–543.

Ders.: Eine kurze Geschichte des Performativen – ein kritischer Literaturbericht, in: Ders. (Hg.), Religion zeigen – Religion erleben – Religion verstehen. Ein Studienbuch zum Performativen Religionsunterricht (Religionspädagogik innovativ 16), Stuttgart 2016, 10–49.

Ders.: Konstruktivistische Religionsdidaktik. Anfragen und Klärungsversuche, in: Ders. (Hg.), Konstruktivistische Religionspädagogik. Ein Arbeitsbuch (Religionsdidaktik konkret 1), Münster 2005, 29–47.

Ders. (Hg.): Konstruktivistische Religionspädagogik. Ein Arbeitsbuch, Münster 2005.

Ders.: Konstruktivistischer Religionsunterricht, in: Wissenschaftlich-Religionspädagogisches Lexikon im Internet (www.wirelex.de) 2015, unter: https://www.bibelwissenschaft.de/de/stichwort/100021/.

Merle, Kerstin: Alltagsrelevanz. Zur Frage nach dem Sinn in der Seelsorge (APTLH 65), Göttingen 2011.

Mette, Norbert: »Dass Gott ein Tätigkeitswort werde« (Kurt Marti) – eine religionspädagogische Option, in: Ders., Praktisch-theologische Erkundungen 2, Münster 2007, 263–274.

Ders.: Einführung in die katholische Praktische Theologie, Darmstadt 2005.

Ders.: Familie (Elternhaus), in: LexRP I, 2001, 542–548.

Ders.: »Gottesverdunstung« – eine religionspädagogische Zeitdiagnose, in: Rudolf Englert/Helga Kohler-Spiegel/Norbert Mette/Folkert Rickens/Friedrich Schweitzer (Hg.), Gott im Religionsunterricht (JRP 25), Neukirchen-Vluyn 2009, 9–23.

Ders.: Mündigkeit, in: Burkhard Porzelt/Alexander Schimmel (Hg.), Strukturbegriffe der Religionspädagogik, Bad Heilbrunn 2015, 49–54.

Ders./Schweitzer, Friedrich: Neuere Religionsdidaktik im Überblick (JRP 18), Neukirchen-Vluyn 2002, 21–40.

Ders.: Religionspädagogik (LeTh 24), Düsseldorf 1994.

Ders.: Voraussetzungen christlicher Elementarerziehung. Vorbereitende Studien zu einer Religionspädagogik des Kleinkindalters, Düsseldorf 1983.

Meyer, Guido: Pluralität, in: Burkard Porzelt/Alexander Schimmel (Hg.), Strukturbegriffe der Religionspädagogik, Bad Heilbrunn 2015, 120–126.

Meyer, Karlo: Gottesdienst in der Konfirmandenarbeit. Eine triangulative Studie, Göttingen 2012.

Meyer-Blanck, Michael: Kleine Geschichte der evangelischen Religionspädagogik. Dargestellt anhand ihrer Klassiker, Gütersloh 2003.

Ders./Obermann, Andreas (Hg.): Lebensziel Hartz IV. Jugendliche ohne Ausbildungsberuf im Blickfeld bildungspolitischer und protestantischer Bildungsverantwortung (Glaube – Wertebildung – Interreligiosität. Berufsorientierte Religionspädagogik 3), Münster/New York/Berlin 2013.

Ders.: Liturgik und Didaktik – die Religion in Form. Zur Frage liturgischer Elemente im schulischen Religionsunterricht, in: Wilhelm Gräb (Hg.), Religionsunterricht jenseits der Kirche? Wie lehren wir christliche Religion? Neukirchen-Vluyn 1996, 83–93.

Ders.: Praktische Theologie und Postmoderne. Ein Dialog mit Wolfgang Welsch, PTh 85, 1996, 225–238.

Ders.: Übergänge begleiten. Bilden und Erziehen im Berufsschul-Religionsunterricht (BRU) des Übergangssystems, in: Michael Meyer-Blanck/Andreas Obermann (Hg.), Lebensziel Hartz IV Jugendliche ohne Ausbildungsberuf im Blickfeld bildungspolitischer und protestantischer Bildungsverantwortung (Glaube – Wertebildung – Interreligiosität. Berufsorientierte Religionspädagogik 3), Münster/New York/Berlin 2013, 103–114.

Ders.: Vom Symbol zum Zeichen. Symboldidaktik und Semiotik, Rheinbach ^{2}2002.

Ders.: Was und wie wird in der Konfirmandenarbeit über das Christentum gelernt?, epd/D 28–29, 2009, 28–30.

Ders.: Zeigen und Verstehen. Skizzen zu Glauben und Lernen, Leipzig 2018.

Mietzel, Gerd: Pädagogische Psychologie des Lernens und Lehrens, Göttingen/Bern/Wien u. a. ^{8}2007.

Moran, Gabriel: Religious Education Development. Images for the Future, Minneapolis 1983.

Moser, Tilmann: Gott auf der Couch. Neues zum Verhältnis von Psychoanalyse und Religion, Gütersloh 2011.

Ders.: Gottesvergiftung (suhrkamp taschenbuch 533), Berlin 1980.

Müller, Hans Martin: Gewohnheitschristentum. Eine Frage auch an die Religionspädagogik, in: Reiner Preul/Christoph Th. Scheilke/Friedrich Schweitzer/Alfred K. Treml (Hg.), Bildung – Glaube – Aufklärung. Zur Wiedergewinnung des Bildungsbegriffs in Pädagogik und Theologie, Gütersloh 1989, 206–219.

Müller, Olaf/Pickel, Gert/Pollack, Detlef: Kirchlichkeit und Religiosität in Ostdeutschland: Muster, Trends, Bestimmungsgründe, in: Michael Domsgen (Hg.), Konfessionslos – eine religionspädagogische Herausforderung. Studien am Beispiel Ostdeutschlands, Leipzig 2005, 23–64.

Müller, Sabrina: Fresh expressions of Church, in: Ralph Kunz/Thomas Schlag (Hg.), Handbuch für Kirchen- und Gemeindeentwicklung, Neukirchen-Vluyn 2014, 450–458.

Nanko, Ulrich/Pilger-Strohl, Matthias: Jugendweihe in Geschichte und Gegenwart, in: Kurt-Helmuth Eimuth/Lutz Lemhöfer (Hg.), Zum Beispiel Jugendweihe – Riten in einer nachchristlichen Gesellschaft, Frankfurt a. M. 2000, 12–25.

Nassehi, Armin: Die Organisation des Unorganisierbaren. Warum sich Kirche so leicht, religiöse Praxis aber so schwer verändern lässt, in: Isolde Karle (Hg.), Kirchenreform. Interdisziplinäre Perspektiven (APrTh 41), Leipzig 2009, 199–218.

Ders.: Erstaunliche religiöse Kompetenz. Qualitative Ergebnisse des RELIGIONSMONITORS, in: Bertelsmann Stiftung (Hg.), Religionsmonitor 2008, Gütersloh 2007.

Ders.: Religiöse Kommunikation. Religionssoziologische Konsequenzen einer qualitativen Untersuchung, in: Bertelsmann Stiftung (Hg.), Woran glaubt die Welt? Analysen und Kommentare zum Religionsmonitor 2008, Gütersloh 2009, 169–203.

Naurath, Elisabeth/Schambeck, Mirjam: Einleitung, in: Konstantin Lindner/Mirjam Schambeck/Henrik Simojoki/Elisabeth Naurath (Hg.), Zukunftsfähiger Religionsunterricht. Konfessionell – kooperativ – kontextuell, Freiburg/Basel/Wien 2017, 9–19.

Nave-Herz, Rosemarie: Ehe- und Familiensoziologie. Eine Einführung in Geschichte, theoretische Ansätze und empirische Befunden, Weinheim/Basel [3]2013.

Dies.: Familie heute. Wandel der Familienstrukturen und Folgen für die Erziehung, Darmstadt [7]2019.

Dies.: Unkenrufe. Ist die Familie ein »Auslaufmodell?«, Forschung & Lehre 12, 2015, 992–994.

Niebergall, Friedrich /Emlein, Rudolf: Der neue Religionsunterricht, Teil 1, Langensalza 1926.

Ders.: Praktische Theologie Band II, Tübingen 1919.

Niedlich, Kurd J.: Jahwe oder Jesus? Die Quelle unserer Entartung, Leipzig [2]1925.

Nipkow, Karl Ernst: Bildung als Lebensbegleitung und Erneuerung. Kirchliche Bildungsverantwortung in Gemeinde, Schule und Gesellschaft, Gütersloh [2]1992.

Ders.: Bildung in einer pluralen Welt. Bd. 1: Moralpädagogik im Pluralismus; Bd. 2: Religionspädagogik im Pluralismus, Gütersloh 1998.

Ders.: Bildungsverständnis im Umbruch – Religionspädagogik im Lebenslauf – Elementarisierung. Pädagogik und Religionspädagogik zum neuen Jahrhundert 1, Gütersloh [2]2007.

Ders.: Christlicher Glaubensunterricht in der Säkularität, in: Ders., Schule und Religionsunterricht im Wandel, Düsseldorf 1971, 236–263.

Ders.: Elementarisierung, in: Gottfried Bitter/Rudolf Englert/Gabriele Miller/Karl Ernst Nipkow (Hg.), Neues Handbuch religionspädagogischer Grundbegriffe, München 2002, 451–456.

Ders.: Elementarisierung als Kern der Unterrichtsvorbereitung, Katechetische Blätter 111, 1986, 600–608.

Ders.: Gott in Bedrängnis? Zur Zukunftsfähigkeit von Religionsunterricht, Schule und Kirche, Gütersloh 2010.

Ders.: Grundfragen der Religionspädagogik. Band I: Gesellschaftliche Herausforderungen und theoretische Ausgangspunkte, Gütersloh [2]1978.

Ders.: Grundfragen der Religionspädagogik. Band II: Das pädagogische Handeln der Kirche, Gütersloh [3]1984.

Ders.: Grundfragen der Religionspädagogik. Band III: Gemeinsam leben und glauben lernen, Gütersloh [2]1988.

Ders.: Menschen mit Behinderung nicht ausgrenzen! Zur theologischen Begründung und pädagogischen Verwirklichung einer »Inklusiven Pädagogik«, Zeitschrift für Heilpädagogik 56, 2005, 122–131.

Ders.: Art. Pluralität, Pluralismus, in: LexRP II, 2001, 1520–1525.

Ders.: Problemorientierter Religionsunterricht nach dem »Kontexttypus«, in: Ders., Schule und Religionsunterricht im Wandel, Düsseldorf 1971, 264–279.

Ders./Schweitzer, Friedrich (Hg.): Religionspädagogik. Texte zur evangelischen Erziehungs- und Bildungsverantwortung seit der Reformation. Band I: Von Luther bis Schleiermacher (TB 84), München 1991.

Ders./Schweitzer, Friedrich (Hg.): Religionspädagogik. Texte zur evangelischen Erziehungs- und Bildungsverantwortung seit der Reformation. Band II: 20. Jahrhundert (TB 88), Gütersloh 1994.

Ders./Schweitzer, Friedrich: Religionspädagogik im 19. und 20. Jahrhundert. Einleitung, in: Dies. (Hg.), Religionspädagogik. Texte zur evangelischen Erziehungs- und Bildungsverantwortung seit der Reformation. Band II/1: 19. und 20. Jahrhundert (TB 88), Gütersloh 1994, 17–43.

Ders.: Religiöse Bildung für ein ganzes Leben. Weisheit im Alter als religionspädagogische Herausforderung, in: Ders., Gott in Bedrängnis. Zur Zukunftsfähigkeit von Religionsunterricht, Schule und Kirche (Pädagogik und Religionspädagogik zum neuen Jahrhundert 3), Gütersloh 2010, 359–376.

Nipperdey, Thomas: Deutsche Geschichte 1866–1918, Bd. 1: Arbeitswelt und Bürgergeist, München [2]1991.

Nord, Ilona: Gemeinde in Netzwerken, in: Ralph Kunz/Thomas Schlag (Hg.), Handbuch für Kirchen- und Gemeindeentwicklung, Neukirchen-Vluyn 2014, 409–415.

Obermann, Andreas: Im Beruf Leben finden. Allgemeinde Bildung in der Berufsbildung – didaktische Leitlinien für einen integrativen Bildungsbegriff im Berufsschulunterricht (ARPäd 55), Göttingen 2013.

Ders.: »Laboro, ergo sum« – eine Berufsgerechtigkeit als sozial- und bildungspolitisches Kriterium für eine umfassende Bildungsgerechtigkeit, in: Michael Meyer-Blanck/Andreas Obermann (Hg.), Lebensziel Hartz IV. Jugendliche ohne Ausbildungsberuf im Blickfeld bildungspolitischer und protestantischer Bildungsverantwortung (Glaube – Wertebildung – Interreligiosität. Berufsorientierte Religionspädagogik 3), Münster/New York/Berlin 2013, 115–134.

Obst, Gabriele: Kompetenzorientiertes Lehren und Lernen im Religionsunterricht, Göttingen [4]2015.

Oelkers, Jürgen/Wegenast, Klaus (Hg.): Das Symbol – Brücke des Verstehens, Stuttgart/Berlin/Köln 1991.

Oser, Fritz/Gmünder, Paul: Der Mensch – Stufen seiner religiösen Entwicklung. Ein strukturgenetischer Ansatz, Gütersloh [3]1992.

Ders./Reich, Karl-Helmut/Bucher, Anton: Development of Belief and Unbelief in Childhood and Adolescence, in: Jozef Corveleyn/Dirk Hutsebaut (Hg.), Belief and Unbelief, Amsterdam/Atlanta 1994, 39–62.

Ders./Reich, Karl Helmut: Wie Kinder und Jugendliche gegensätzliche Erklärungen miteinander vereinbaren, in: Gerhard Büttner/Veit-Jakobus Dieterich (Hg.), Die religiöse Entwicklung des Menschen. Ein Grundkurs, Stuttgart 2000, 216–225.

Ders.: Wieviel Religion braucht der Mensch? Erziehung und Entwicklung zur religiösen Autonomie, Gütersloh 1985.

Ders./Reich, Karl Helmut: Zur Entwicklung von Denken in Komplementarität. Berichte zur Erziehungswissenschaft Nr. 53 aus dem Pädagogischen Institut der Universität Freiburg, Schweiz, 1986.

Ders./Spychiger, Maria: Lernen ist schmerzhaft. Zur Theorie des negativen Wissens und zur Praxis der Fehlerkultur, Weinheim/Basel 2005.

Osmer, Richard: Practical Theology. An Introduction, Grand Rapids (MI) 2008.

Otto, Gert/Dörger, Hans-Joachim/Lott, Jürgen (Hg.): Neues Handbuch des Religionsunterrichts, Hamburg 1972.

Ders.: Was heißt Religionspädagogik? (ThPr 9, 1974, 166–170), Wiederabdruck in: Klaus Wegenast (Hg.), Religionspädagogik Band I: Der evangelische Weg (WdF 209), Darmstadt 1981, 359–365.

Ders./Gunter Otto: Art. Ästhetische Erziehung, Ästhetisches Lernen, in: LexRP I, 2001, 12–18.

Paul, Eugen: Geschichte der christlichen Erziehung Band I: Antike bis Mittelalter, Freiburg/Basel/Wien 1993.

Ders.: Geschichte der christlichen Erziehung Band II: Barock und Aufklärung, Freiburg/Basel/Wien 1995.

Paul, Gerhard: Das Jahrhundert der Bilder. Die visuelle Geschichte und der Bildkanon des kulturellen Gedächtnisses, in: Ders. (Hg.), Das Jahrhundert der Bilder. 1949 bis heute, Göttingen 2008, 14–39.

Peters, Christian: Art. Augsburger Bekenntnis (Confessio Augustana), in: RGG[4] 1, 1998, 953–956.

Peuckert, Rüdiger: Familienformen im sozialen Wandel, Wiesbaden [8]2012.

Peuckert, Ursula: Der demokratische Gesellschaftsvertrag und das Verhältnis zur nächsten Generation (Neue Sammlung 37), 1997, 277–293.

Pfleiderer, Georg: Art. Dialektische Theologie (TRT 1), Göttingen [5]2008, 254–257.

Piaget, Jean: Das moralische Urteil beim Kinde, München u. a. 1990.

Ders.: Das Weltbild des Kindes (dtv), München [3]1992.

Ders.: Die Entwicklung des Erkennens I. Das mathematische Denken, Gesammelte Werke 8, Stuttgart 1975.

Pirker, Viera: Identität, in: Burkhard Porzelt/Alexander Schimmel (Hg.), Strukturbegriffe der Religionspädagogik, Bad Heilbrunn 2015, 38–43.

Pirner, Manfred L./Lähnemann, Johannes/Haußmann, Werner (Hg.): Medien-Macht und Religionen. Herausforderung für interkulturelle Bildung (Pädagogische Beiträge zur Kulturbegegnung 29), Berlin 2011.

Pithan, Annabelle: Art. Inklusion, in: Wissenschaftlich-Religionspädagogisches Lexikon im Internet (www.wirelex.de) 2015, unter: https://www.bibelwissenschaft.de/stichwort/100019/.

Dies./Arzt, Silvia/Jakobs, Monika/Knauth, Thorsten (Hg.): Gender – Religion – Bildung. Beiträge zu einer Religionspädagogik der Vielfalt, Gütersloh 2009.

Plagentz, Achim: Religion lehren? Eine theoriegeschichtliche Untersuchung zur liberalen Religionspädagogik im Kontext der Reformpädagogik (Jugend in Kirche und Gesellschaft 1), Hamburg 2006.

Plasger, Georg: Barmer Theologische Erklärung, in: Taschenlexikon Religion und Theologie 1, hg. v. Friedrich Wilhelm Horn und Friederike Nüssel, Göttingen 2008,124–126.

Platow, Birte: »Du sollst dir (k)ein Bild machen«, oder wie Menschen sich Gott vorstellen. Eine qualitative Studie zu individuellen Gotteskonstruktionen, untersucht am und mit dem Medium Film, Neukirchen-Vluyn 2008.

Polak, Regina: Schule im Spannungsfeld sozioreligiöser Transformationsprozesse, in: Henning Schluß/Susanne Tschida/Thomas Krobath/Michael Domsgen (Hg.), Wir sind alle »andere«. Schule und Religion in der Pluralität, Göttingen 2015, 49–69.

Pollack, Detlef/Pickel, Gert/Christof, Anja: Kirchenbindung und Religiosität im Zeitverlauf, in: Heinrich Bedford-Stroh/Volker Jung (Hg.), Vernetzte Vielfalt. Kirche angesichts von Individualisierung und Säkularisierung. Die fünfte EKD-Erhebung über Kirchenmitgliedschaft, Gütersloh 2015, 187–207.

Ders.: Art. Säkularisierung, in: Wissenschaftlich-Religionspädagogisches Lexikon im Internet (www.wirelex.de) 2017, unter: https://www.bibelwissenschaft.de/stichwort/100204/.

Polster, Anne: Der Konfirmationstag in der Perspektive von Konfirmandinnen und Konfirmanden. Eine empirische Untersuchung, Diss. Uni Kiel 2018.

Porzelt, Burkhard: Bibeldidaktik in posttraditionalen Zeiten, Religionspädagogische Beiträge 49, 2002, 33–48.

Ders.: »Ein Erlebnis, das mir wirklich wichtig war.« Jugendliche Intensiverfahrungen als Prüfstein korrelativer Didaktik, in: Burkhard Porzelt/Ralph Güth (Hg.), Empirische Religionspädagogik. Grundlagen – Zugänge – Aktuelle Projekte, Münster/Hamburg/London 2000, 153–166.

Ders.: Grundlegung Religiöses Lernen. Eine problemorientierte Einführung in die Religionspädagogik (UTB 3177), Bad Heilbrunn, [2]2013.

Prammer-Semmler, Eva: Heterogenität, in: Kerstin Ziemen (Hg.), Lexikon Inklusion, Göttingen 2017, 91 f.

Prange, Klaus: Die Zeigestruktur der Erziehung. Grundriss einer Operativen Pädagogik, Paderborn/München/Wien, Zürich [2]2012.

Ders.: Erziehung und Pädagogik im Altertum, in: Rainer Winkel (Hg.), Pädagogische Epochen, Düsseldorf 1988, 17–58.

Ders.: Zeigen – Lernen – Erziehen, hg. v. Karsten Kenklies, Jena 2011.
Prantl, Heribert: Der Islam wird als störend betrachtet, in: Süddeutsche Zeitung, 14. März 2017, unter: EU-Urteile setzen Bundesverfassungsrichter unter Druck, unter: http://www.sueddeutsche.de/karriere/religionsfreiheit-am-arbeitsplatz-der-islam-wird-als-stoerend-betrachtet-1.3419227-2.
Prenzel, Manfred/Sälzer, Christine/Klieme, Eckart/Köller, Olaf (Hg.): PISA 2012. Fortschritte und Herausforderungen in Deutschland, Münster/New York/München/Berlin 2013.
Preul, Reiner, Das öffentliche Auftreten der Kirche in der pluralistischen Gesellschaft, in: Joachim Mehlhausen (Hg.), Pluralismus und Identität (VWGTh 8), Gütersloh 1995, 505–517.
Ders.: Was ist ein religiöser Lernprozeß?, Der Evangelische Erzieher 49, 1997, 124–135.
Pries, Ludger/Maletzky, Martina: Interkulturalität – Multikulturalität – Transkulturalität, in: Ingrid Gogolin/Viola B. Georgi/Marianne Krüger-Potratz/Drorit Lengyel/Uwe Sandfuchs (Hg.), Handbuch Interkulturelle Pädagogik, Bad Heilbrunn 2018, 55–60.

Qualbrink, Andrea/Pithan, Annebelle/Wischer, Marielle (Hg.): Geschlechter bilden. Perspektiven für einen genderbewussten Religionsunterricht, Gütersloh 2011.
Quenzel, Gudrun/Hurrelmann, Klaus: Bildungsverlierer. Neue soziale Ungleichheiten in der Wissensgesellschaft, in: Dies. (Hg.), Bildungsverlierer. Neue Ungleichheiten, Wiesbaden 2010, 11–33.

Rabe, Horst: Deutsche Geschichte 1500–1600. Das Jahrhundert der Glaubensspaltung, München 1991.
Rahner, Karl/Vorgrimler, Herbert (Hg.): Kleines Konzilskompendium. Sämtliche Texte des zweiten Vatikanums, Freiburg [4]2007.
Rang, Martin: Handbuch für den biblischen Unterricht. Theoretische Grundlegung und praktische Handreichung für die christliche Unterweisung der evangelischen Jugend, Band I, Tübingen [2]1947.
Rappaport, Julian: Ein Plädoyer für die Widersprüchlichkeit. Ein sozialpolitisches Konzept des »empowerment« anstelle präventiver Ansätze, Verhaltenstherapie und psychosoziale Praxis 17, 1985, 257–278.
Ders.: In Praise of Paradox. A Social Policy of Empowerment Over Prevention, American Journal of Community Psychology 9, 1981, 1–25.
Ders.: Terms of Empowerment/Exemplars of Prevention: Toward a Theory of Community Psychology, American Journal of Community Psychology 15, 1987, 121–148.
Rat der EKD: Zu verfassungsrechtlichen Fragen des Religionsunterrichts. Stellungnahme der Kommission I der Evangelischen Kirche in Deutschland. Vom Rat der Evangelischen Kirche in Deutschland in seiner Sitzung vom 7.–8. Juli 1971 zustimmend entgegengenommen, in: Kirchenamt der EKD: Die Denkschriften der Evangelischen Kirche in Deutschland 4/1: Bildung und Erziehung, Gütersloh 1987, 56–63.

Rauschenbach, Thomas: Zukunftschance Bildung. Familie, Jugendhilfe und Schule in neuer Allianz, Weinheim/München 2009.

Rebell, Walter: Urchristentum und Pädagogik, Stuttgart 1993.

Reckwitz, Andreas: Die Gesellschaft der Singularitäten. Zum Strukturwandel der Moderne, Frankfurt 2017.

Reich, Kersten: Konstruktivistische Didaktik. Lehr- und Studienbuch mit Methodenpool (Pädagogik und Konstruktivismus), Weinheim/Basel 42008.

Ders.: Systemtisch-konstruktivistische Pädagogik. Einführung in Grundladen einer interaktionistisch-konstruktivistischen Pädagogik (Pädagogik und Konstruktivismus), Weinheim/Basel 52005.

Reiher, Dieter: Einleitung, in: Ders., Kirchlicher Unterricht in der DDR 1949–1990. Dokumentation eines Weges, Göttingen 1992.

Ders.: Kirchliches Handeln in der DDR 1968 und die Katechetik, in: Folkert Rickers/Bernd Schröder (Hg.), 1968 und die Religionspädagogik, Neukirchen-Vluyn 2010, 108–122.

Reischle, Max: Die Frage nach dem Wesen der Religion. Grundlegung zu einer Methodologie der Religionsphilosophie, Freiburg 1889.

Reuter, Ingo: Für ein couragiertes Selbst. Der Impuls Michel Foucaults für eine religionspädagogische Kritik schulischer Bildungsökonomisierung, Leipzig 2014.

Ricken, Norbert: Die Macht der Macht – Rückfragen an Michel Foucault, in: Norbert Ricken/Markus Rieger-Ladich (Hg.), Michel Foucault: pädagogische Lektüren, Wiesbaden 2004.

Rickers, Folkert: Epochaler Einschnitt und fortdauernde Geltung des problemorientierten Ansatzes, in: Ders./Bernhard Dressler (Hg.), Thematisch-problemorientierter Religionsunterricht, Neukirchen-Vluyn 2004.

Ricœur, Paul: Soi-même comme un autre, Paris 1990.

Riesner, Rainer: Jesus als Lehrer. Eine Untersuchung zum Ursprung der Evangelien-Überlieferung (WUNT II/7), Tübingen 31988.

Ritter, Werner Hans/Hanisch, Helmut/Nestler, Erich/Gramzow, Christoph: Leid und Gott. Aus der Perspektive von Kindern und Jugendlichen, Göttingen 2006.

Ders.: Religion in nachchristlicher Zeit. Eine elementare Untersuchung zum Ansatz der neueren Religionspädagogik im Religionsbegriff. Kritik und Konstruktion (EHS.RP 33), Frankfurt a. M./Bern 1982.

Rizutto, Ana-Maria: The Birth of the living God. A Psychoanalytic Study, Chicago/London 1979.

Robertson, Roland: Glokalisierung. Homogenität und Heterogenität in Raum und Zeit, in: Ulrich Beck (Hg.), Perspektiven der Weltgesellschaft, Frankfurt a. M. 2006, 155–169.

Robinsohn, Saul B.: Bildungsreform als Revision des Curriculums, Neuwied 41973.

Roebben, Bert: Schulen für das Leben. Eine kleine Didaktik der Hoffnung, Stuttgart 2016.

Roggenkamp-Kaufmann, Antje: Das (zweite) deutsche Kaiserreich, in: Rainer Lachmann/Bernd Schröder (Hg.), Geschichte des evangelischen Religionsunterrichts in Deutschland. Ein Studienbuch, Neukirchen-Vluyn 2007, 167–202.

Röh, Dieter: Soziale Arbeit, Gerechtigkeit und das gute Leben. Eine Handlungstheorie zur daseinsmächtigen Lebensführung, Wiesbaden 2013.

Röhrig, Hermann-Josef: Art. Diaspora III. Neue Diaspora, in: LThK³ 3, 1995, 202 f.

Rosa, Hartmut: Resonanz. Eine Soziologie der Weltbeziehung, Berlin 2016.

Rosenboom, Enno: Gemeindepädagogik, EvErz. 26, 1974, 25–40.

Rosenow, Gundula: Individuelles Symbolisieren. Zugänge zu Religion im Kontext von Konfessionslosigkeit (Studien zur Religiösen Bildung 12), Leipzig 2016.

Rothe, Aribert: Event als Bildungsangebot? Religiöse Erwachsenenbildung an authentischen und historischen Orten, in: Antje Rösener (Hg.), Was bringt uns das? Vom Nutzen religiöser Bildung für Individuum, Kirche und Gesellschaft (Erwachsenenbildung 1), Münster/New York/München/Berlin 2013, 97–105.

Rothgangel, Martin: Religionspädagogik im Dialog I. Disziplinäre und interdisziplinäre Grenzgänge (Religionspädagogik innovativ 3,1), Stuttgart 2014, 27–33.

Ders./Lück, Christhard/Klutz, Philipp: Rraxis Religonsunterricht. Einstellungen, Wahrnehmungen und Präferenzen von ReligionslehrerInnen (Religionspädagogik innovativ 10), Stuttgart 2017.

Ders./Adam, Gottfried/Lachmann, Rainer (Hg.): Religionspädagogisches Kompendium, Göttingen ⁷2012.

Ders.: Religiöse Kompetenzen und Bildungsstandards Religion, in: Ders./Gottfried Adam/Rainer Lachmann (Hg.), Religionspädagogisches Kompendium, Göttingen ⁷2012, 324–337.

Ders.: Was Erwachsene glauben. Umfrage und Analyse (Studien zur Theologie 13), Würzburg 1996.

Rupp, Hartmut: Didaktik des Perspektivenwechsels. Vorüberlegungen zu »Kindertheologie« und »Theologisieren mit Kindern«, Christenlehre Religionsunterricht Praxis 57, 2004, 17–21.

Ders.: Familiäre Rituale und kirchliche Familienbildung, in: Ders./Christoph Th. Scheilke/Heinz Schmidt (Hg.), Zukunftsfähige Bildung und Protestantismus, Stuttgart 2002, 210–225.

Ders.: Schule/Schulwesen, in: TRE 30, 1999, 591–627.

Ders.: Religiöse Bildung und Erziehung im Mittelalter, in: Rainer Lachmann/Bernd Schröder (Hg.), Geschichte des evangelischen Religionsunterrichts in Deutschland. Ein Studienbuch, Neukirchen-Vluyn 2007, 17–34.

Ders.: Vom Reichsdeputationshauptschluss bis zur Reichsgründung, in: Rainer Lachmann/Bernd Schröder (Hg.), Geschichte des evangelischen Religionsunterrichts in Deutschland. Ein Studienbuch, Neukirchen-Vluyn 2007, 128–166.

Ruster, Thomas: Der verwechselbare Gott. Theologie nach der Entflechtung von Christentum und Kultur, Freiburg i. Br. 2000.

Sachverständigenrat deutscher Stiftungen für Integration und Migration (Hg.), Viele Götter, ein Staat: Religiöse Vielfalt und Teilhabe im Einwanderungsland. Jahresgutachten 2016 mit Integrationsbarometer, in: https://www.svr-migration.de/wp-content/uploads/2016/04/SVR_JG_2016-mit-Integrationsbarome ter_WEB.pdf.

Sander, Uwe: Die Bindung der Unverbindlichkeit. Mediatisierte Kommunikation in modernen Gesellschaften, Frankfurt a. M. 1998.

Saß, Marcell: Schulanfang und Gottesdienst. Religionspädagogische Studien zur Feierpraxis im Kontext der Einschulung (APrTh 45), Leipzig 2010, 116–124.

Ders.: Zwischen Partizipation und Distanzspielräumen. Kommunikation des Evangeliums in der Perspektive der Lebensbegleitung, in: Michael Domsgen/Bernd Schröder (Hg.), Kommunikation des Evangeliums. Leitbegriff der Praktischen Theologie (APrTh 57), Leipzig 2014, 87–99.

Sasse, Ada: Vorwort, in: Hans Eberwein/Ada Sasse (Hg.), Behindert sein oder behindert werden? Interdisziplinäre Analysen zum Behinderungsbegriff, Neuwied/Kriftel/Berlin 1998, 7–12.

Scharer, Matthias: Das »geheiligte« Fragment. Annäherungen an eine Theologie der Familie, in: Albert Biesinger/Herbert Bendel (Hg.), Gottesbeziehung in der Familie. Familienkatechetische Orientierungen von der Kindertaufe bis ins Jugendalter, Ostfildern 2000, 115–136.

Scheidler, Monika: Ökumene, in: Burkhard Porzelt/Alexander Schimmel (Hg.), Strukturbegriffe der Religionspädagogik, Bad Heilbrunn 2015, 180–185.

Schelander, Robert: Religionstheorie und Reformbewegung. Eine Untersuchung zur liberalen Religionspädagogik, Würzburg 1993.

Schlag, Thomas: Eine Chance für systemische Bildung – Die Bedeutung der Eltern für religiöse Erfahrungen von Konfirmandinnen und Konfirmanden und Konsequenzen für die kirchliche Elternbildungsarbeit, ZPT 69, 2017, 242–256.

Ders.: Horizonte demokratischer Bildung. Evangelische Religionspädagogik in politischer Perspektive (Religionspädagogik in pluraler Gesellschaft 14), Freiburg/Basel/Wien 2010.

Ders.: Religionspädagogik und die Desiderata der Ethik, in: Thomas Klie/Ralph Kunz/Thomas Schlag (Hg.), Ästhetik und Ethik. Die öffentliche Bedeutung der praktischen Theologie, Zürich 2007, 65-79.

Ders./Schweitzer, Friedrich: Brauchen Jugendliche Theologie? Jugendtheologie als Herausforderung und didaktische Perspektive, Göttingen 2011.

Dies. (Hg.): Jugendtheologie. Grundlagen – Beispiele – kritische Diskussion, Neukirchen-Vluyn 2012.

Schleiermacher, Friedrich: Pädagogik. Die Theorie der Erziehung von 1820/21 in einer Nachschrift, hg. v. Christine Ehrhardt und Wolfgang Virmond, Berlin/New York 2008.

Ders.: Die praktische Theologie nach den Grundsätzen der evangelischen Kirche im Zusammenhange dargestellt, in: Jacob Frerichs (Hg.), Friedrich Schleiermacher. Sämtliche Werke. Abteilung 1: Zur Theologie (Bd. 13), Berlin/Boston 2018

Ders.: Texte zur Pädagogik. Kommentierte Studienausgabe, Band II, hg. v. Michael Winkler und Jens Brachmann (suhrkamp taschenbuch wissenschaft 1452), Frankfurt 2000.

Ders.: Über die Religion. Reden an die Gebildeten unter ihren Verächtern (Reclams Universal-Bibliothek Nr. 8313), Stuttgart 2007.

Schloz, Rüdiger: Kontinuität und Krise – stabile Strukturen und gravierende Einschnitte nach 30 Jahren, in: Wolfgang Huber/Johannes Friedrich/Peter Steinacker (Hg.), Kirche in der Vielfalt ihrer Lebensbezüge. Die vierte EKD-Erhebung über Kirchenmitgliedschaft, Gütersloh 2006, 51–88.

Schluß, Henning: Religiöse Bildung im öffentlichen Interesse. Analysen im Verhältnis von Pädagogik und Religion, Wiesbaden 2010.

Schlüter, Richard: Konfessioneller Religionsunterricht heute? Hintergründe – Kontroversen – Perspektiven, Darmstadt 2000.

Schmidt, Günter R.: Christentumsdidaktik. Grundlagen des konfessionellen Religionsunterrichts in der Schule, Leipzig 2004.

Ders: Religionspädagogik. Ethos, Religiosität, Glaube in Sozialisation und Erziehung, Göttingen 1993.

Ders.: Religionspädagogik zwischen Theologie und Pädagogik, ThPr 22, 1987, 21–33.

Schmidt, Heinz: Leitfaden Religionspädagogik (Kohlhammer Urban Taschenbücher Band 443), Stuttgart/Berlin/Köln 1991.

Schmidt, Karl Ludwig: Art. kaleo, klhsis, klhtos, antikaleo, egkaleo, egklhma, eiskaleo, metakaleo, prokaleo, sunkaleo, epikaleo, proskaleo, ekklhsia, in: Gerhard Kittel (Hg.), Theologisches Wörterbuch zum Neuen Testament, Bd. III, Stuttgart 1938, 488–539.

Schneewind, Klaus A.: Familienentwicklung, in: Rolf Oerter/Leo Montada (Hg.), Entwicklungspsychologie. Ein Lehrbuch, ^{3}1995, 128–166.

Schneider-Harpprecht, Christoph: Evangelische Seelsorge im Kontext der öffentlichen Schule – theologische Grundlagen, Ziele und Wege, in: Harmjan Dam/ Matthias Spenn (Hg.), Seelsorge in der Schule. Begründungen, Bedingungen, Perspektiven (Reihe Schnittstelle Schule Band 5), Münster 2011, 17–31.

Schnelle, Udo: Das frühe Christentum und die Bildung (NTS 61), 2015, 113–143.

Ders.: Die ersten 100 Jahre des Christentums 30–130 n. Chr. Die Entstehungsgeschichte einer Weltreligion, Göttingen/Bristol 2015.

Ders.: Theologie des Neuen Testaments. Göttingen 2007.

Schnotz, Wolfgang: Pädagogische Psychologie kompakt, Weinheim ^{2}2011.

Schönherr, Albrecht: Die Kirche als Lerngemeinschaft, in: Ders., Horizont und Mitte. Aufsätze, Vorträge, Reden 1953–1977, Berlin/München 1979, 206–229.

Schröder, Bernd: Das Priestertum aller Getauften und die Assistenz der Kirche. Überlegungen zur Neuformatierung der Praktischen Theologie im Anschluss an Christian Grethleins Praktische Theologie, in: Michael Domsgen/Bernd Schröder (Hg.), Kommunikation des Evangeliums. Leitbegriff der Praktischen Theologie (ArPrTh 57), Leipzig 2014, 151–160.

Ders.: Eruditio – Unterricht – Erziehung – Emanzipation – Bildung. Wechselnde Leitbegriffe in der Geschichte der Religionspädagogik, in: Michael Domsgen (Hg.), Religionspädagogik in systemischer Perspektive. Chancen und Grenzen, Leipzig 2009, 47–71.

Ders.: Fachdidaktik zwischen Gütekriterien und Kompetenzorientierung, in: Andreas Feindt/Volker Elsenbast/Peter Schreiner/Albrecht Schöll (Hg.), Kompetenzorientierung im Religionsunterricht. Befunde und Perspektiven, Münster/New York/München/Berlin 2009, 39–56.

Ders.: Katechetik und Religionspädagogik, in: Christian Grethlein/Helmut Schwier (Hg.), Praktische Theologie. Eine Theorie- und Problemgeschichte (APrTh 33), Leipzig 2007, 685–732.

Ders.: Art. Konfirmandenunterricht, in: RGG⁴ 4, 2001, 1555–1558.

Ders./Wermke, Michael (Hg.): Religionsdidaktik zwischen Schulformspezifik und Inklusion. Bestandsaufnahmen und Herausforderungen, Leipzig 2013.

Ders.: Religion, in: Burkard Porzelt/Alexander Schimmel (Hg.), Strukturbegriffe der Religionspädagogik, Bad Heilbrunn 2015, 187–194.

Ders.: Religionspädagogik (NThG 16), Tübingen 2012.

Ders./Grethlein, Christian: Religionspädagogik, in: Wolfgang Marhold/Bernd Schröder (Hg.), Evangelische Theologie studieren, Münster/Hamburg/Berlin/London 2001, 143–154.

Ders.: Von der Reformation bis zum Dreißigjährigen Krieg, in: Rainer Lachmann/Bernd Schröder (Hg.), Geschichte des evangelischen Religionsunterrichts in Deutschland. Ein Studienbuch, Neukirchen-Vluyn 2007, 35–77.

Ders./Domsgen, Michael: Vorwort, in: Michael Domsgen/Bernd Schröder (Hg.), Kommunikation des Evangeliums. Leitbegriff der Praktischen Theologie (APrTh 57), Leipzig 2014, 7–11.

Schröer, Henning: Gemeindepädagogik wohin? – Bilanz einer realen Utopie (JRP 12/1995), Neukirchen-Vluyn 1996, 161–177.

Schröter, Jens: Jesus als Lehrer nach dem Zeugnis des Neuen Testaments, ZPT 53 , 2001, 107–115.

Ders.: Jesus von Nazareth. Jude aus Galiläa – Retter der Welt (BG 15), Leipzig ⁶2017.

Schrupp, Antje: Inside – aus der Perspektive einer Bloggerin und evangelischen Publizistin. Erfahrungen, Analysen, Konzepte für die Zukunft, in: Ilona Nord/Swantje Luthe (Hg.), Social Media, christliche Religiosität und Kirche. Studien zur Praktischen Theologie mit religionspädagogischem Schwerpunkt (POPKULT 14), Jena 2014, 431–440.

Schulte, Christian/Timmer, Rainer: Konfessionell-kooperativer Religionsunterricht. Rechtliche, organisatorische und religionspädagogische Grundlagen, in: Bischöfliches Generalvikariat Münster (Hg.), Kirche und Schule. Zeitschrift der Hauptabteilung Schule und Erziehung, Münster 2018, 12–17.

Schulz, Claudia/Hauschildt, Eberhard/Kohler, Eike: Milieus praktisch. Analyse- und Planungshilfen für Kirche und Gemeinde, Göttingen 2008.

Dies.: Milieus praktisch II. Konkretionen für helfendes Handeln in Kirche und Diakonie, Göttingen 2010.

Schulze, Gerhard: Die Erlebnis-Gesellschaft. Kultursoziologie der Gegenwart, Frankfurt/New York ⁶1996.

Schütz, Alfred: Das Problem der Relevanz, in: Alfred Schütz Werksausgabe VI.1: Relevanz und Handeln, 1. Zur Phänomenologie des Alltagswissens, hg. von Elisabeth List, Konstanz 2004, 57–249.

Ders./Luckmann, Thomas: Strukturen der Lebenswelt (UTB 2412), Konstanz 2003.

Schwab, Ulrich: Eltern, Kinder und die Religion, in: Michael Wermke (Hg.), Aus gutem Grund: Religionsunterricht, Göttingen 2002, 34–43.

Ders.: Familienreligiosität. Religiöse Traditionen im Prozeß der Generationen, Stuttgart/Berlin/Köln 1995.

Schwarz, Susanne/Dörnhöfer, Adriane: SchülerInnenperspektiven auf den evangelischen Religionsunterricht in Bayern. Ausgewählte Ergebnisse, Theo-Web. Zeitschrift für Religionspädagogik 1, 2016, 205–243.

Schwarzer, Ralf/Jerusalem, Matthias: Das Konzept der Selbstwirksamkeit, in: Matthias Jerusalem/Diether Hopf (Hg.), Selbstwirksamkeit und Motivationsprozesse in Bildungsinstitutionen (ZfP 44, Beiheft), Weinheim 2002, 28–53.

Schweitzer, Friedrich: Bildung, Neukirchen-Vluyn 2014.

Ders.: Bildungsstandards auch für Evangelische Religion?, Zeitschrift für Pädagogik und Theologie 56, 2004, 236–241.

Ders., Art. Biographie, IV. Praktisch-theologisch und pädagogisch, in: RGG[4] I, Tübingen 1998, 1604 f.

Ders.: Das Bildungserbe der Reformation. Bleibender Gehalt, Herausforderungen, Zukunftsperspektiven, Gütersloh 2016.

Ders.: Das Recht des Kindes auf Religion, Gütersloh 2013.

Ders.: Die Suche nach dem eigenen Glauben. Einführung in die Religionspädagogik des Jugendalters, Gütersloh [2]1998.

Ders.: Elementarisierung im Religionsunterricht. Erfahrung, Perspektiven, Beispiele, mit weiteren Beiträgen von Karl Ernst Nipkow, Albert Biesinger, Norbert Mette, Regine Froese, Oliver Kliss, Tobias Ziegler, Neukirchen-Vluyn [2]2007, 9–30.

Ders./Englert, Rudolf/Schwab, Ulrich/Ziebertz, Hans-Georg (Hg.): Entwurf einer pluralitätsfähigen Religionspädagogik (Religionspädagogik in pluraler Gesellschaft 1), Gütersloh/Freiburg 2002.

Ders.: Integration durch religiöse Bildung? Überlegungen aus christlicher Sicht. In: Albert Biesinger/Friedrich Schweitzer/Matthias Gronover/Joachim Ruopp (Hg.): Integration durch religiöse Bildung. Perspektiven zwischen beruflicher Bildung und Religionspädagogik, Münster 2012, 85–101.

Ders.: Interreligiöse Bildung. Religiöse Vielfalt als religionspädagogische Herausforderung und Chance, Gütersloh 2014.

Ders./Edelbrock, Anke/Biesinger, Albert (Hg.): Interreligiöse und Interkulturelle Bildung in der Kita. Eine Repräsentativbefragung von Erzieherinnen in Deutschland – interdisziplinäre, interreligiöse und internationale Perspektiven (Interreligiöse und Interkulturelle Bildung im Kindesalter 3), Münster/New York/München/Berlin 2011.

Ders./Wissner, Golde/Bohner, Annette/Nowack, Rebecca/Gronover, Matthias/Boschki, Reinhold: Jugend Glaube Religion. Eine Repräsentativstudie zu Jugendlichen im Religions- und Ethikunterricht, Münster/New York 2018.

Ders./Maaß, Christoph H./Lißmann, Katja/Hardecker, Georg/Ilg, Wolfgang (in Verbindung mit Volker Elsenbast und Matthias Otte): Konfirmandenarbeit im Wandel – Neue Herausforderungen und Chancen. Perspektiven aus der zweiten bundesweiten Studie, Gütersloh 2015.

Ders./Biesinger, Albert (Hg.): Kulturell und religiös sensibel? Interreligiöse und Interkulturelle Kompetenz in der Ausbildung für den Elementarbereich (Interreligiöse und Interkulturelle Bildung im Kindesalter 5), Münster/New York 2015.

Ders.: Lebensgeschichte und Religion. Religiöse Entwicklung und Erziehung im Kindes- und Jugendalter, Gütersloh [6]2007.

Ders.: Postmoderner Lebenszyklus und Religion. Eine Herausforderung für Kirche und Theologie, Gütersloh 2003.

Ders.: Religion als ‚Maß' der Werteerziehung – oder: Hat die Schleiermacher-Formel noch Zukunft?, in: Volker Elsenbast/Friedrich Schweitzer/Gerhard Ziener (Hg.), Werte, Erziehung, Religion, Münster 2008, 28–38.

Ders.: Religionspädagogik. Lehrbuch Praktische Theologie, Band I, Gütersloh 2006.

Ders.: Art. Religionspädagogik (TRT III), Göttingen [5]2008, 1012–1016.

Ders.: Art. Religionspädagogik, in: Wissenschaftlich-Religionspädagogisches Lexikon im Internet (www.wirelex.de) 2015, unter: https://www.bibelwissenschaft.de/stichwort/100099/.

Ders.: Religionspädagogik im Plural. Aufgaben der evangelischen Religionspädagogik im Kontext islamischer Religionspädagogik, ZPT 64, 2012, 66–74.

Ders./Nipkow, Karl Ernst/Faust-Siehl, Gabriele/Krupka, Bernd: Religionsunterricht und Entwicklungspsychologie. Elementarisierung in der Praxis, Gütersloh 1995.

Ders.: Was ist und wozu Kindertheologie?, in: Anton A. Bucher/Gerhard Büttner/Petra Freudenberger-Lötz/Martin Schreiner (Hg.), »Im Himmelreich ist keiner sauer«. Kinder als Exegeten (JB für Kindertheologie 2), Stuttgart 2003, 9–18.

Ders.: Zwischen Theologie und Praxis – Unterrichtsvorbereitung und das Problem der Lehrbarkeit von Religion (Jahrbuch der Religionspädagogik 7, hg. v. Peter Biehl, Christoph Bizer, Hans-Günther Heimbrock, Folkert Rickers), Neukirchen-Vluyn 1990, 3–41.

Schwillus, Harald: Religionspädagogik. Einführung in eine theologische Disziplin mit Bildungsbezug, Berlin 2015, 113–128.

Seckinger, Mike: Art. Empowerment, in: Hans-Uwe Otto/Hans Thiersch/Rainer Treptow/Holger Ziegler (Hg.), Handbuch Soziale Arbeit. Grundlagen der Sozialarbeit und Sozialpädagogik, München [6]2018, 307–314.

Seiferlein, Alfred: Ethikunterricht. Religionspädagogische Studien zum außerordentlichen Schulfach, Göttingen 2000.

Sekretariat der Ständigen Konferenz der Kultusminister der Länder in der Bundesrepublik Deutschland: Allgemeinbildende Schulen in Ganztagsform in den Ländern der Bundesrepublik Deutschland. Statistik 2012–2016, 9, unter: https://www.kmk.org/fileadmin/Dateien/pdf/Statistik/Dokumentationen/GTS_2016_Bericht.pdf.

Serres, Michel: Erfindet euch neu! Eine Liebeserklärung an die vernetzte Generation, Berlin [3]2016.

Shor, Ira: Empowering Education. Critical Teaching for Social Chance, Chicago/London 1992.

Simojoki, Henrik: Beirut in Berlin? Interreligiöse Bildung in der Spannung zwischen Globalem und Lokalem, EvTh 74, 2014, 167–179.

Ders.: Die Ungleichzeitigkeit religiösen Wandels – Globalisierung, in: Rudolf Englert/Helga Kohler-Spiegel/Elisabeth Naurath/Bernd Schröder/Friedrich Schweitzer (Hg.), Religionspädagogik in der Transformationskrise. Ausblicke auf die Zukunft religiöser Bildung (JRP 30), Neukirchen-Vluyn 2014, 23–32.

Ders.: Globalisierte Religion. Ausgangspunkte, Maßstäbe und Perspektiven religiöser Bildung in der Weltgesellschaft (PThGG 12), Tübingen 2012.

Ders.: Ökumenisches Lernen – Neuerschließung eines Programms im Horizont der Globalisierung, ZPT 64, 2012, 212–221.

Ders./Ilg, Wolfgang/Schlag, Thomas/Schweitzer, Friedrich: Zukunftsfähige Konfirmandenarbeit. Empirische Erträge – theologische Orientierungen – Perspektiven für die Praxis (Konfirmandenarbeit erforschen und gestalten 12), Gütersloh 2018.

Simon, Barbara Levy: The Empowerment Tradition in American Social Work. A history (Empowering the Powerless: A Social Work Series), New York 1994.

Sommer, Manfred: Mündigkeit, in: HWP 6, Basel 1984, 225–235.

Sommer, Regina: Lebensgeschichte und gelebte Religion von Frauen. Eine qualitativ-empirische Studie über den Zusammenhang von biographischer Struktur und religiöser Orientierung, Stuttgart 1998.

Spenn, Matthias: Gemeindepädagogische Bildungslandschaften gestalten, PGP 64, 2011, 19–21.

Spinath, Birgit (Hg.): Empirische Bildungsforschung. Aktuelle Themen der Bildungspraxis und Bildungsforschung, Heidelberg 2014, 3–20.

Spuller, Sieglinde: Grundlagen einer Theorie religionspädagogischer Elternarbeit am Lernort Schule vor dem Hintergrund europäischer Perspektiven im säkularen Kontext. Konzeptionelle Grundlagen einer Religionsdidaktik zur schulischen Elternarbeit. Diss. Uni Halle 2016.

Staats, Reinhard: Art. Bekenntnis III. Kirchengeschichtlich, 1. Alte Kirche, in: RGG[4] I, Tübingen 1998, 1249–1251.

Stadt Essen, Statistik Schlagzeile 8/2017. Die Konfessionsbindung der Essener Bevölkerung, unter: https://media.essen.de/media/wwwessende/aemter/12/statistik_schlagzeilen/8_2017_Konfessionsbindung_Essener_Bevoelkerung.pdf.

Stallmann, Martin: Christentum und Schule, Stuttgart 1958.

Ders.: Die biblische Geschichte im Unterricht, ZThK 51, 1954, 216–250.

Statistisches Bundesamt (Hg.): Bevölkerung und Demografie. Auszug aus dem Datenreport 2016, unter: https://www.destatis.de/DE/Publikationen/Datenreport/Downloads/Datenreport2016Kap1.pdf?__blob=publicationFile.

Statistisches Bundesamt (Hg.): Wie die Zeit vergeht. Ergebnisse zur Zeitverwendung 2012/13, Wiesbaden 2015, unter: https://www.destatis.de/DE/PresseService/Presse/Pressekonferenzen/2015/zeitverwendung/Pressebroschuere_zeitverwendung.pdf?__blob=publicationFile.

Staudigl, Günter: Können christliche Grundhaltungen über Vorbilder vermittelt werden? Grundsätzliche Überlegungen zur religionspädagogischen Diskussion um die Bedeutung der Vorbilder in der religiösen Erziehung, in: Konrad Baumgartner/Paul Wehrle/Jürgen Werbick (Hg.), Glauben lernen – leben lernen. Beiträge zu einer Didaktik des Glaubens und der Religion. Erich Feifel zum 60. Geburtstag von seinen Schülern und Mitarbeitern, Sankt Ottilien 1985, 127–145.

Steinmeier, Anne: Kunst der Seelsorge. Religion, Kunst und Psychoanalyse im Diskurs, Göttingen 2011.

Dies.: Verwundbare Freiheit. Seelsorge im Spannungsfeld von Lebenskunst und Kontingenz, in: Ruth Conrad/Roland Kipke (Hg.), Selbstformung. Beiträge zur Aufklärung einer menschlichen Praxis, Münster 2015, 143–157.

Stemm, Sönke von: Expeditionen ins Land des Glaubens »Knockin' On Heaven's Door«. Abschlussbericht, masch. 3 S.

Ders.: Knockin' on Heaven's Door. Projektbericht aus einer westdeutschen Großstadt über Beziehungsräume, in denen sich Jugendliche religiös positionieren, in: Michael Domsgen/Emilia Handke (Hg.), Lebenszugänge begleiten. Was sich von Religiösen Jugendfeiern lernen lässt, Leipzig 2016, 183–196.

Stengel, Friedemann: Aufgearbeitete Vergangenheit? Kirche in der DDR als Problem der Kirche heute, in: Michael Domsgen/Dirk Evers (Hg.), Herausforderung Konfessionslosigkeit. Theologie im säkularen Kontext, Leipzig 2014, 111–149.

Stephan, Achim: Art. Konstruktivismus, in: RGG[4] IV, Tübingen 2001, 1639.

Stetter, Manuel: Die Predigt als Praxis der Veränderung (Arbeiten zur Pastoraltheologie, Liturgik und Hymnologie 56), Göttingen 2018.

Ders.: Relevanz. Überlegungen zu einem Postulat kirchlicher Kommunikationspraxis, in: Birgit Weyel/Peter Bubmann (Hg.), Kirchentheorie. Praktisch-theologische Perspektiven auf die Kirche (VWGTh 41), Leipzig 2014, 205–222.

Stock, Hans: Studien zur Auslegung der synoptischen Evangelien im Unterricht, Gütersloh 1959.

Stogiannidis, Athanasios: Leben und Denken. Bildungstheorien zwischen Theosis und Rechtfertigung. Eine Untersuchung zum Verhältnis von Evangelischer und Orthodoxer Religionspädagogik (Symbol – Mythos – Medien 8), Münster 2003.

Stoodt, Dieter: Religionsunterricht als Interaktion. Grundsätze und Materialien zum evangelischen RU in der Sekundarstufe I, Düsseldorf 1975.

Ders.: Religiöse Sozialisation und emanzipiertes Ich, in: Karl-Wilhelm Dahm/Niklas Luhmann/Dieter Stoodt (Hg.), Religion – System und Sozialisation, Darmstadt/Neuwied 1972, 189–237.

Ders.: Umstrittene Therapie, Schriftliches Interview mit Professor Dr. Dieter Stoodt, Der EvErz 25, 1973, 215–218.

Ders.: Warum Religionsunterricht? Warum Sozialisationsbegleitung?, in: Jürgen Lott (Hg.), Religion – warum und wozu in der Schule, Weinheim 1992, 285–299.

Streib, Heinz: Faith Development Theory Revisited, The Religious Styles Perspective, The International Journal for the Psychology of Religion 11, 2001, 143–158.

Ders./Gennerich, Carsten: Jugend und Religion. Bestandsaufnahmen, Analysen und Fallstudien zur Religiosität Jugendlicher, Weinheim/München 2011.

Ders.: Wie finden interreligiöse Lernprozesse bei Kindern und Jugendlichen statt? Skizze einer xenosophischen Religionsdidaktik, in: Peter Schreiner/Ursula Sieg/Volker Elsenbast (Hg.), Handbuch interreligiösen Lernens, Gütersloh 2005, 230–243.

Sturm, Wilhelm: Religionspädagogische Konzeptionen des 20. Jahrhunderts, in: Gottfried Adam/Rainer Lachmann (Hg.), Religionspädagogisches Kompendium. Ein Leitfaden für Lehramtsstudierende, Göttingen 41993, 30–65 (II.).

Sulzer, Annika: Inklusion als Werterahmen für Bildungsgerechtigkeit, in: Petra Wagner (Hg.), Handbuch Inklusion. Grundlagen vorurteilsbewusster Bildung und Erziehung, Freiburg/Basel/Wien 2013, 12–21.

Synode der Evangelischen Kirche in Deutschland 1958: Wort zur Schulfrage, in: Kirchenamt der EKD (Hg.), Bildung und Erziehung (Die Denkschriften der EKD 4/1), Gütersloh 1987, 37–39.

Szagun, Anna-Katharina: Dem Sprachlosen Sprache verleihen. Rostocker Langzeitstudie zu Gottesverständnis und Gottesbeziehung von Kindern, die in mehrheitlich konfessionslosem Kontext aufwachsen (Kinder erleben Theologie 1), Jena 2006.

Dies./Kießling, Klaus: Editorial, in: Astra Dannenfeldt, Gotteskonzepte bei Kindern in schwierigen Lebenslagen. Rostocker Landzeitstudie zu Gottesverständnis und Gottesbeziehung von Kindern, die in mehrheitlich konfessionslosem Kontext aufwachsen, Jena 2009, 7–11.

Tamminen, Kalevi: Religiöse Entwicklung in Kindheit und Jugend (Forschungen zur Praktischen Theologie 13), Frankfurt a. M./Berlin/Bern/New York/Paris/Wien 1993.

Tautz, Monika: Art. Perspektivenwechsel, in: Wissenschaftlich Religionspädagogisches Lexikon im Internet (www.wirelex.de) 2015, unter: https://www.bibelwissenschaft.de/stichwort/100074/.

Taylor, Charles: Ein säkulares Zeitalter, Berlin 2012.

Ders.: Quellen des Selbst. Die Entstehung der neuzeitlichen Identität, Frankfurt a. M. 1996.

Taylor, Marjorie/Cartwright, Bridget S./Carlson, Stephanie M.: Developmental Investigation of Children's Imaginary Companions, Developmental Psychology 25, 1993, 276–285.

Tenbergen, Teresa: »Can a Song save your Life?« Das Singen im Religionsunterricht im Spiegel seiner Perspektiven, Leipzig 2017.

Tenorth, Heinz-Elmar: »Alle alles zu lehren«. Möglichkeiten und Perspektiven allgemeiner Bildung, Darmstadt 1994.

Theißen, Gerd: Die Religion der ersten Christen. Eine Theorie des Urchristentums, Gütersloh 2000.

Theo-Web, Schulformspezifische Religionsdidaktik, Theo-Web. Zeitschrift für Religionspädagogik 10 (2011), unter: http://www.theo-web.de/zeitschrift/ ausgabe-2011-01/.

Theunissen, Georg: Empowerment und Inklusion behinderter Menschen. Eine Einführung in die Heilpädagogik und Soziale Arbeit, Freiburg i. Br. 32013.

Ders.: Erwachsenenbildung und Behinderung. Impulse für die Arbeit mit Menschen, die als lern- oder geistig behindert gelten (Heilpädagogische Handlungsfelder in Schule und Sozialer Arbeit 2), Bad Heilbrunn 2003.

Thole, Werner: Die Soziale Arbeit – Praxis, Theorie, Forschung und Ausbildung: Versuch einer Standortbestimmung, in: Ders. (Hg.), Grundriss Soziale Arbeit. Ein einführendes Handbuch, Wiesbaden ^{4}2012, 19–70.

Thomas, Günther: Was geschieht in der Taufe? Das Taufgeschehen zwischen Schöpfungsdank und Inanspruchnahme für das Reich Gottes, Neukirchen-Vluyn 2011.

Thomas, R. Murray/Feldmann, Birgitt: Die Entwicklung des Kindes, Weinheim/Basel ^{4}1994.

Tillich, Paul: Religion als eine Funktion des menschlichen Geistes?, in: Ders., Die Frage nach dem Unbedingten. Schriften zur Religionsphilosophie (Gesammelte Werke V), Stuttgart 1964, 37–42.

Tobinski, David/Fritz, Annemarie: Lerntheorien und pädagogisches Handeln, in: Annemarie Fritz/Walter Hussy/David Tobinsky (Hg.), Pädagogische Psychologie, München 2010, 222–246.

Treml, Alfred K./Becker, Nicole: Lernen, in: Hans-Hermann Krüger/Werner Helsper (Hg.), Einführung in die Grundbegriffe und Grundfragen der Erziehungswissenschaft (Einführungskurs Erziehungwissenschaft Bd. 1), Opladen/Farmington Hills ^{9}2010, 103–114.

Unser, Alexander: Soziale Ungleichheiten im Religionsunterricht. Eine quantitativ-empirische Untersuchung mit Blick auf die religionspädagogische Debatte um Bildungsgerechtigkeit, in: Bernhard Grümme/Thomas Schlag (Hg.), Gerechter Religionsunterricht. Religionspädagogische, pädagogische und sozialethische Orientierungen (Religionspädagogik innovativ 11), Stuttgart 2016, 80–95.

Ders.: Wie kann sich Religionspädagogik von Bildungsgerechtigkeit herausfordern lassen? (Religionspädagogische Beiträge 1), 2014, 17–25.

Utsch, Michael: Suche nach Spiritualität auf dem Gesundheits- und Lebenshilfemarkt. Eine Herausforderung für die religiöse Bildung, in: Antje Rösener (Hg.), Was bringt uns das? Vom Nutzen religiöser Bildung für Individuum, Kirche und Gesellschaft (Erwachsenenbildung 1), Münster/New York/München/Berlin 2013, 107–114.

Verburg, Winfried: Missio canonica (zur Erteilung von Religionsunterricht), in: Wissenschaftlich-Religionspädagogisches Lexikon im Internet (www.wirelex.de) 2018, unter: https://www.bibelwissenschaft.de/de/wirelex/das-wissenschaftlich-religionspaedagogische-lexikon/lexikon/sachwort/anzeigen/ details/missio-canonica-zur-erteilung-von-religionsunterricht/ch/ca9b014328fc58d7722b3dc434d5e7da/.

Vieregge, Dörthe: Religiosität in der Lebenswelt sozial benachteiligter Jugendlicher. Eine empirische Studie (Religious Diversity and Education in Europe 26), Münster/New York/München/Berlin 2013.

Vierzig, Siegfried: Ideologiekritik und Religionsunterricht. Zur Theorie und Praxis eines kritischen Religionsunterrichts, Zürich/Einsiedeln/Köln 1975.

Ders.: Zur Theorie der »Religiösen Bildung«, in: Horst Heinemann/Günter Stachel/Siegfried Vierzig (Hg.), Lernziele und Religionsunterricht (UV 11), Einsiedeln/Zürich/Köln 1970, 11–23.

Vögele, Wolfgang/Bremer, Helmut/Vester, Michael (Hg.): Soziale Milieus und Kirche (Religion in der Gesellschaft 11), Würzburg 2002.

Wagner-Rau, Ulrike: Kasualien und Öffentlichkeit. Begegnungen und Vernetzungen im Zwischenraum, PTh 104, 2015, 77–90.

Waldenfels, Bernhard: Phänomenologie der Aufmerksamkeit (stw 1734), Frankfurt a. M. 2004.

Walgenbach, Katharina: Heterogenität – Intersektionalität – Diversity in den Erziehungswissenschaften, Opladen ²2017.

Wall, Heinrich de: Art. Kirchenregiment, in: RGG⁴ IV, Tübingen 2001, 1292–1294.

Watson, John B.: Behaviorism, New York 1925.

Watzlawick, Paul/H. Beavin, Janet/Jackson, Don D.: Menschliche Kommunikation. Formen, Störungen, Paradoxien, Bern ¹⁰2000.

Weber, Judith: Religionssensible Bildung in Kindertageseinrichtungen. Eine empirisch-qualitative Studie zur religiösen Bildung und Erziehung im Kontext der Elementarpädagogik (Interreligiöse und Interkulturelle Bildung im Kindesalter 4), Münster/New York 2014.

Wegenast, Klaus: Die empirische Wendung in der Religionspädagogik (EvErz 20, 1968, 111–124), Wiederabdruck in: Ders. (Hg.), Religionspädagogik Band I: Der Evangelische Weg (WdF 209), Darmstadt 1981, 241–264.

Ders.: Geschichte der Religionspädagogik, in: Gottfried Bitter/Rudolf Englert/Gabriele Miller/Karl Ernst Nipkow (Hg.), Neues Handbuch religionspädagogischer Grundbegriffe, München 2002, 40–46.

Ders.: Religionsdidaktik Sekundarstufe I, Stuttgart 1993.

Weinberger, David: Die digitale Glaskugel, in: Heinrich Geiselberger/Tobias Moorstedt (Hg.), Big Data. Das neue Versprechen der Allwissenheit, Berlin ²2013, 219–237.

Weinert, Franz E.: Vergleichende Leistungsmessung in Schule – eine umstrittene Selbstverständlichkeit, in: Ders. (Hg.), Leistungsmessungen in Schulen, Weinheim 2002, 17–31.

Weitlauff, Manfred: Art. Laizismus I, in: RGG⁴ V, Tübingen 2002, 37 f.

Welsch, Wolfgang: Haus mit vielen Wohnungen. Der Pluralismus läßt Absolutismus zu, wenn er privat bleibt, EK 8, 1994, 476–479.

Ders.: Unsere postmoderne Moderne (Acta humaniora), Berlin ⁷2008.

Ders.: Vernunft. Die zeitgenössische Vernunftkritik und das Konzept der transversalen Vernunft, Frankfurt a. M. ⁴2007.

Weniger, Erich: Glaube, Unglaube und Erziehung, in: Ders., Die Eigenständigkeit der Erziehung in Theorie und Praxis, Weinheim 1957, 99–122.

Wenz, Gunther: Art. Kirche I. Zum Begriff, in: RGG⁴ IV, 2001, 997–999.

Werbick, Jürgen: Glauben als Lernprozeß? Fundamentaltheologische Überlegungen zum Verhältnis von Glauben und Lernen – zugleich ein Versuch zur Verhältnisbestimmung von Fundamentaltheologie und Religionspädagogik, in: Konrad Baumgartner/Paul Wehrle/Jürgen Werbick (Hg.), Glauben lernen – Leben lernen. Beiträge zu einer Didaktik des Glaubens und der Religion (Festschrift Erich Feifel), St. Otilien 1985, 3–18.

Welz, Christian: Eschatologie (NT), in: Wissenschaftlich-Religionspädagogisches Lexikon im Internet (www.wirelex.de) 2017, unter: https://www.bibelwissenschaft.de/stichwort/47910/.

Widl, Maria: Transversalität. Eine inhaltliche Brücke zwischen Christentum und säkularer Welt gestalten, in: Maria Widl/Andrea Schulte, Folge dem Stern! Missionarische Projekte am Weihnachtsmarkt (EThS 36), Würzburg 2009.

Wieland, Norbert: Die soziale Seite des Lernens. Positionsbestimmung von Schulsozialarbeit, Wiesbaden 2010.

Wildt, Andreas: Solidarität, in: Joachim Ritter/Karlfried Gründer (Hg.), Historisches Wörterbuch der Philosophie 9, Basel 1995, 1004–1015.

Willems, Joachim: »Dann merke ich auch hier, ich bin der Moslem«: Interreligiöse Kompetenz und Differenz, Diversität, Dialogizität, in: Christian Wiese/Stefan Alkier/Michael Schneider, Diversität– Differenz– Dialogizität. Religion in pluralen Kontexten. Berlin/Boston 2017, 360–378.

Winkler, Michael: Erziehung, in: Heinz-Hermann Krüger/Werner Helsper (Hg.), Einführung in Grundbegriffe und Grundfragen der Erziehungswissenschaft, Opladen, Farmington Hills ^{9}2010, 57– 78.

Wippermann, Carsten/Magalhaes, Isabel: Milieuhandbuch. »Religiöse und kirchliche Orientierungen in den Sinus-Milieus 2005«, hg. von Medien-Dienstleistungen GmbH, München 2005.

Ders./Calmbach, Marc: Wie ticken Jugendliche? Sinus-Milieustudie U27, hg. v. Bund der Deutschen Katholischen Jugend (BDKJ) und Misereor, Düsseldorf 2008.

Wissenschaftlicher Beirat für Familienfragen, Familiale Erziehungskompetenzen. Beziehungsklima und Erziehungsleistungen in der Familie als Problem und Aufgabe, Gutachten für das Bundesministerium für Familie, Senioren, Frauen und Jugend, Weinheim, München 2005

Witten, Ulrike: Inklusion und Religionspädagogik. Impulse für eine inklusionstheoretisch reflektierte Religionspädagogik und eine releigionspädagogisch reflektierte Inklusionstheorie, Habil. Uni Halle 2019.

Wohlrab-Sahr, Monika: Forcierte Säkularität oder Logiken der Aneignung repressiver Säkularisierung, in: Michael Domsgen/Henning Schluß/Matthias Spenn (Hg.), Was gehen uns »die anderen« an? Schule und Religion in der Säkularität, Göttingen 2012, 27–47.

Dies./Karstein, Uta/Schmidt-Lux, Thomas: Forcierte Säkularität. Religiöser Wandel und Generationendynamik im Osten Deutschlands, Frankfurt a. M./New York 2009.

Wolfes, Matthias: Art. Liberale Theologie II., in: RGG^{4} V, Tübingen 2005, 311 f.

Wolff, Jürgen: Evangelische Erwachsenenbildung zwischen Profil und Zeitgeist, in: Gottfried Adam/Rainer Lachmann (Hg.), Neues Gemeindepädagogisches Kompendium (ARPäd 40), Göttingen 2008, 381–410.

Woppowa, Jan: Differenzsensibel und konfessionsbewusst lernen. Multiperspektivität und Perspektivenverschränkung als religionsdidaktische Prinzipien, Österreichisches Religionspädagogisches Forum 24, 2016, 41–49.

Ders.: Für eine zukunftsfähige religiöse Bildung. Katholische Schule als religionspädagogisches Experimentierfeld, in: Michael Reitemeyer/Winfried Verburg (Hg.), Bildung – Zukunft – Hoffnung. Warum Kirche Schule macht, Freiburg i. Br. 2017, 121–130.

Word Vision Deutschland e. V. (Hg.): Kinder in Deutschland 2013. 3. World-Vision-Kinderstudie, Weinheim/Basel 2013.

Wulf, Christoph/Zirfas, Jörg (Hg.), Handbuch Pädagogische Anthropologie, Wiesbaden 2014.

Wunderlich, Reinhard: Pluralität als religionspädagogische Herausforderung (ARPäd 14), Göttingen 1997.

Wynne, Lyman C.: Die Epigenese von Erziehungssystemen. Ein Modell zum Verständnis familiärer Entwicklung (Familiendynamik 10), 1985, 112–146.

Zachhuber, Johannes: Art. Topix, in: RGG[4] VIII, Tübingen 2005, 475 f.

ZEIT online, Kirchliche Arbeitgeber dürfen Konfession nicht immer fordern, unter: http://www.zeit.de/news/2018-04/17/kirchliche-arbeitgeber-duerfen-konfession-nicht-immer-fordern-180417-99-925281.

Ziebertz, Hans-Georg: Biographisches Lernen, in: Georg Hilger/Stephan Leimgruber/Hans-Georg Ziebertz, Religionsdidaktik. Ein Leitfaden für Studium, Ausbildung und Beruf, München 2001, 349–360.

Ders.: Grenzen des Säkularisierungstheorems, in: Friedrich Schweitzer/Rudolf Englert/Ulrich Schwab/Hans-Georg Ziebertz (Hg.), Entwurf einer pluralitätsfähigen Religionspädagogik (Religionspädagogik in pluraler Gesellschaft 1), Freiburg i. Br. 2002, 51–74.

Ders.: Warum die religiöse Dimension der Wirklichkeit erschließen?, in: Georg Hilger/Stephan Leimgruber/Hans-Georg Ziebertz (Hg.), Religionsdidaktik. Ein Leitfaden für Studium, Ausbildung und Beruf, München 2001, 107–122.

Ziemen, Kerstin: Inklusion, in: Dies. (Hg.), Lexikon Inklusion, Göttingen 2017, 101 f.

Ziemer, Jürgen: Seelsorgelehre (UTB 2147), Stuttgart 2000.

Zilleßen, Dietrich: Geld, Mensch, Religion: Marktübersicht, in: Ders. (Hg.), Markt. Religion und Moral des Marktes (Profane Religionspädagogik 3), Münster 2002, 13–31.

Zimmermann, Mirjam: Kindertheologie als theologische Kompetenz von Kindern. Grundlagen, Methodik und Ziel kindertheologischer Forschung am Beispiel der Deutung des Todes Jesu, Neukirchen-Vluyn [2]2012.

Zimmermann, Peter: Bindungsentwicklung von der frühen Kindheit bis zum Jugendalter und ihre Bedeutung für den Umgang mit Freundschaftsbeziehungen, in: Gottfried Spangler/Peter Zimmermann (Hg.), Die Bindungstheorie. Grundlagen, Forschung und Anwendung, Stuttgart 2007, 326–335.

Zirker, Hans: Religion, Religionskritik, in: LexRP, 2001, 1672–1678.

Alle Internetseiten wurden zuletzt im November 2018 überprüft.

Register

Namen

SACHEN

Bernhard Dressler

Religionsunterricht

Bildungstheoretische Grundlegungen

332 Seiten | Paperback
15,5 x 23 cm
ISBN 978-3-374-05594-4
EUR 68,00 [D]

Der Religionsunterricht ist an deutschen Schulen in seiner Form als konfessioneller Religionsunterricht zwar *de jure* garantiert, aber *de facto* umstritten. In den Erziehungswissenschaften genießt er keine rückhaltlose Zustimmung. Deregulierungen durch rechtliche Grauzonen vermehren sich. Gegenwärtig spitzen sich die Widersprüche zu: Während sich die Etablierung eines islamischen Religionsunterrichts allgemein abzeichnet, geraten evangelische und katholische Religionsunterrichtsangebote unter Druck, unter anderem durch wachsende Teilnahmezahlen an den Alternativfächern Ethik oder Praktische Philosophie. Plädoyers für christlichen Religionsunterricht in konfessioneller Kooperation stoßen auf zögernde Resonanz. Umso dringlicher sind eine zeitgemäße bildungstheoretische Grundlegung des Religionsunterrichts und eine Religionsdidaktik, die es mit den didaktischen Standards anderer Schulfächer aufnehmen kann.

EVANGELISCHE VERLAGSANSTALT
Leipzig www.eva-leipzig.de

Tel +49 (0) 341/ 7 11 41 -44 shop@eva-leipzig.de

Wilfried Härle

Religionsunterricht unter pluralistischen Bedingungen

Eine kritische Sichtung des Hamburger Modells

208 Seiten | Paperback
12 x 19 cm
ISBN 978-3-374-06266-9
EUR 18,00 [D]

Religionsunterricht an öffentlichen Schulen heißt in Hamburg: »Religionsunterricht für alle in evangelischer Verantwortung«. Aber wie verhält sich das »für alle« zu »evangelischer Verantwortung«? Hier zeigt sich die Herausforderung durch den wachsenden weltanschaulich-religiösen Pluralismus.
Der renommierte Theologe Wilfried Härle hat im Auftrag der Nordkirche ein theologisches Gutachten verfasst, in dem er Stärken und Schwächen des Hamburger Modells analysiert und für einen pluralismusoffenen, kooperativ erteilten, aber nicht fusionierten Religionsunterricht als Angebot für alle argumentiert.

EVANGELISCHE VERLAGSANSTALT
Leipzig www.eva-leipzig.de

Tel +49 (0) 341/ 7 11 41 -44 shop@eva-leipzig.de

Michael Meyer-Blanck

Zeigen & Verstehen

Skizzen zu Glauben und Lernen

248 Seiten | Paperback
12 x 19 cm
ISBN 978-3-374-05422-0
EUR 28,00 [D]

Lebensbestimmender Glaube kann nicht gelehrt oder vermittelt werden. Er muss sich im eigenen Lebenszusammenhang erschließen. Dennoch sind andere Menschen auf dem Weg der Glaubensbiographie von erheblicher Bedeutung. Religiöses Lernen hat entscheidend mit Personen zu tun. Lehrerinnen und Lehrer sind mehr und anderes als »Lernbegleiter«. Durch sie versteht man, was Erfahrung mit der eigenen Erfahrung sein könnte. Sie zeigen auf, wie man Leben und Glauben deuten kann: Religiöses Lernen geschieht durch Zeigen und Verstehen. Die Skizzen dieses Bandes beschäftigen sich mit grundlegenden Themen wie dem Bösen in der Pädagogik, der Wahrheitsfrage angesichts von Pluralismus und Konfessionslosigkeit sowie der Problemorientierung und der Kreuzestheologie im Religionsunterricht.

EVANGELISCHE VERLAGSANSTALT
Leipzig www.eva-leipzig.de

Tel +49 (0) 341/ 7 11 41 -44 shop@eva-leipzig.de